漢文學과 漢文敎育

上

보고사

漢文學과 漢文敎育(上) 目次

제1부 李奎報 硏究

李奎報의 意識世界와 文學論 硏究 ······ 11
- Ⅰ. 序 論
- Ⅱ. 時代 背景
- Ⅲ. 李奎報와 武臣政權
- Ⅳ. 李奎報의 人生觀
- Ⅴ. 李奎報의 意識世界
- Ⅵ. 李奎報의 文學論
- Ⅶ. 李奎報文學의 特性과 文學史的 位置
- Ⅷ. 結 論

李奎報의 現實認識과 文學 ······ 239
- Ⅰ. 緖 言
- Ⅱ. 對農民意識
- Ⅲ. 小中華思想
- Ⅳ. 國家現實에 關한 認識
- Ⅴ. 結 語

李奎報의 自然觀과 文學 ······ 275
- Ⅰ. 序 言
- Ⅱ. 自然에 對한 認識
- Ⅲ. 作品 속에서의 自然
- Ⅳ. 結 語

李奎報의 自我意識과 文學 297
  Ⅰ. 序 言
  Ⅱ. 自我意識의 形成
  Ⅲ. 自我意識이 文學에 끼친 影響
  Ⅳ. 結 語

李奎報의 意·氣論 315
  Ⅰ. 序 言
  Ⅱ. 氣 論
  Ⅲ. 義 論
  Ⅳ. 結 語

李奎報의 詩世界 331
  Ⅰ. 생애와 시대
  Ⅱ. 문학적 특성
  Ⅲ. 시세계
  Ⅳ. 문학사적 위치

李奎報의 文學思想 357
  Ⅰ. 序 言
  Ⅱ. 生涯와 時代
  Ⅲ. 文學的 特性
  Ⅳ. 文學思想
  Ⅴ. 結 語

李奎報의 「東明王篇」 研究 385
  Ⅰ. 序
  Ⅱ. 東明王篇의 梗槪
  Ⅲ. 東明王篇의 創作動機
  Ⅳ. 作品의 分析
  Ⅴ. 東明王篇의 文學史上의 位置

「東明王篇」의 形式에 대한 一考察 ·········· 401
    Ⅰ. 序 言
    Ⅱ. 硏究上의 誤謬
    Ⅲ. 東明王篇의 缺陷
    Ⅳ. 結 語

李奎報의「驅詩魔文」硏究 ·········· 417
    Ⅰ. 序 言
    Ⅱ. 驅詩魔文의 內容과 構成
    Ⅲ. 隨筆로서의 驅詩魔文
    Ⅳ. 驅詩魔文을 通해 본 白雲의 詩論
    Ⅴ. 結 語

「驅詩魔文」을 통하여 본 李奎報의 詩論 ·········· 431

附錄 李奎報 年譜 ·········· 441

제2부 麗末·鮮初의 文學硏究

13世紀 高麗文人의 文學觀 小考 ·········· 463
    Ⅰ. 序 言
    Ⅱ. 純粹文學觀은 存在했는가
    Ⅲ. 設意論과 用事論이 對立했는가
    Ⅳ. 結 論

『補閑集』編纂動機에 對하여 ·········· 493
    Ⅰ. 序 言
    Ⅱ. 崔氏政權의 對文臣政策
    Ⅲ. 補閑集의 編纂動機
    Ⅳ. 結 語

益齋의 文學觀 －櫟翁稗說을 中心으로－ 513
 Ⅰ. 序 言
 Ⅱ. 益齋의 生涯와 時代狀況
 Ⅲ. 師承關係
 Ⅳ. 文·道論
 Ⅴ. 詩 論
 Ⅵ. 結 語

淸 譚瑩의 益齋詩에 對한 評攷 541

高麗詩話에 나타난 氣에 대한 意識 549
 Ⅰ. 序 言
 Ⅱ. 高麗詩話에 나타난 氣意識
 Ⅲ. 氣의 先天說과 後天說
 Ⅳ. 高麗詩話에서 氣를 강조한 까닭
 Ⅴ. 結 語

保閑齋의 文學世界 571
 Ⅰ. 序
 Ⅱ. 保閑齋 文學의 特徵
 Ⅲ. 保閑齋의 文學
 Ⅳ. 結 語

漢文學과 漢文敎育(下) 目次

제3부 漢詩論
　　漢詩의 詩韻
　　漢詩와 平仄
　　漢詩의 리듬과 句型
　　近體詩와 對仗
　　漢詩의 詩型과 表現機能
　　漢詩와 時空

제4부 先賢들의 名·字·號 연구
　　先賢들의 名·字·號 小攷
　　先代士類의 名·字 硏究
　　號의 硏究
　　先賢들의 諡號 硏究

제5부 漢文科 敎育論
　　『高校漢文(上)』 교과서에 수록된 近體詩攷
　　중등학교 '한문'의 변천 과정과 문제점
　　漢文敎師들의 資格證所持實態와 問題點
　　漢文敎育與件 얼마나 改善되었는가
　　중·고등학교 교육과정과 한문교과
　　漢字·漢文學界, 앞으로의 과제

제6부 漢字와 經書의 世界
　　漢字의 東來 硏究
　　周易序說
　　春秋時代의 周易筮法

제7부 地域社會와 文化
　　錦江을 題材로 한 漢詩考
　　公州 前十景詩 考釋
　　公州 後十景詩 考釋
　　『朝鮮名勝詩選』에 收錄된 公州關聯詩攷(1)
　　『朝鮮名勝詩選』에 收錄된 公州關聯詩攷(2)
　　『今古實記』에 收錄된 公州人物攷(1)
　　『今古實記』에 收錄된 公州人物攷(2)
　　『今古實記』에 收錄된 公州人物攷(3)
　　『今古實記』에 收錄된 公州人物攷(4)
　　牙山의 題詠

제1부
李奎報 研究

李奎報의 意識世界와 文學論 研究
李奎報의 現實認識과 文學
李奎報의 自然觀과 文學
李奎報의 自我意識과 文學
李奎報의 意·氣論
李奎報의 詩世界
李奎報의 文學思想
李奎報의「東明王篇」硏究
「東明王篇」의 形式에 대한 一考察
李奎報의「驅詩魔文」硏究
「驅詩魔文」을 통하여 본 李奎報의 詩論
附錄 李奎報 年譜

李奎報의 意識世界와 文學論 硏究

Ⅰ. 序 論

1. 硏究 目的

　白雲居士 李奎報(1168~1241)는 高麗 中期 武臣執權 시대의 代表的인 文人으로서 당대까지로는 初有의 거대한 문집 53권을 남겨, 방대한 작품의 양으로 보나 작품이 도달한 높은 수준으로 보아 文學史上 위대한 업적을 남긴 大 文豪라 할 수 있다.
　李奎報는 新舊勢力이 交替되던 過渡期인 武臣執權時代에 父代부터 부상한 新進士人으로서 舊體制는 무너지고 新體制는 아직 정립하지 않은 혼란기를 살아가면서 자신에게 닥쳐 온 환경에 어떻게 저항하고 적응하였으며, 어떤 思想을 바탕으로 文學活動을 하였고, 그의 環境과 思想이 반영된 文學의 樣式은 어떠하였는가를 糾明하는 것은 韓國 漢文學史의 맥락을 정립하기 위하여서도 필요한 일 중의 하나이다.
　近者에 李奎報에 대한 作家論, 文學論, 作品論 등에 관한 연구가 활발히 진행되어「東明王篇」을 비롯한 數個 작품에 대하여는 深度 있는 穿鑿이 이루어졌고 李奎報 문학의 배경이나 문학관에 관한 연구도 상당한 수준에 이르렀다. 그러나 李奎報가 생을 營爲했던 時代와 文人

으로서의 全 生涯 및 그가 남긴 작품을 包括的으로 研究한 업적은 아직 미흡하다고 본다. 그러므로 李奎報 文學의 理解는 물론 文化의 暗黑期를 거쳐 새로 발흥한 武臣執權期의 漢文學 理解에 難點이 있으므로 이를 극복하는데 一助를 하겠다는 하나의 試圖로 本稿를 계획하게 된 것이다.

李奎報가 생을 영위하던 시대의 樣相은 어떠하였고, 李奎報는 이에 어떻게 對處하면서 挑戰해오는 諸問題들에 對應하였으며, 이에 대응하는 마음가짐이나 행동양상은 생애의 단계에 따라 어떻게 변천하였는가. 李奎報가 逢着하게 된 시대상황과 교육여건과 교우관계 등이 그의 人生觀과 價値觀 형성에 어떤 영향을 끼쳤고, 이미 형성된 인생관 및 가치관에 의하여 定立된 自我意識, 自然觀, 現實認識 등은 文學活動에 어떻게 반영되었는가 등을 구체적으로 考察하고, 아울러 文學의 本質과 效能을 무엇이라고 보았으며 문학작품은 어떤 자세로 어떤 過程을 거쳐 創作해야 하고, 品格이 높은 作品은 어떤 것이어야 하는가에 대한 李奎報의 見解와 이러한 견해가 반영된 문학작품을 아울러 考究의 대상으로 삼았다.

그러나 幼年期부터 발휘하기 시작한 出衆한 文學才能과 社會現實을 타개하고 앞으로 나아가려는 進取的인 氣象과, 平生을 手不釋卷하면서 儒佛禪을 비롯한 當代의 諸思想에 두루 깊은 조예를 가졌던 광범하고 심원한 지적 수준을 이해하지 못하고 李奎報의 인생과 문학의 전모를 파악한다는 것은 至難한 일이 아닐 수 없고, 현금까지 李奎報에 대한 研究가 만족할 만한 수준에 이르지 못한 原因이 바로 여기에 있으며, 이 論文을 쓰는 目的도 이러한 目標에 도달하는 단계에서 하나의 礎石이 되고자 해서이다.

2. 硏究 方法

本稿에서는 지금까지 연구되어진 旣成의 업적을 토대로 하여, ① 李奎報의 인간 및 작품의 형성 배경이 되는 당시의 시대상과 文武臣 간의 관계를 武臣執權 前期와 後期로 나누어 살펴보고, 李奎報는 자신이 直面하게 된 시대적 여건에 어떻게 저항하고 적응하며 살아갔는가를 武臣執權에 敵意를 품었던 靑年期와 당시의 정치현실에 馴致되어 가면서 宦海를 헤쳐나갔던 壯年期 以後로 나누어 고찰하고, 李奎報와 崔氏政權의 관계를 李奎報의 입장과 崔氏政權의 입장이라는 양면을 통하여 조명해보려 하며, 이를 통하여 武臣政權에 참여함으로 해서 생긴 御用是非도 糾明하고자 한다.

② 李奎報의 人生觀의 形成과 變遷過程을 4기로 구분하고, 각 시기마다 인생관이 그의 행동과 문학으로 어떻게 반영되었고 인생관 자체가 어떻게 변화하였는가를 살펴보고, 수많은 風雲을 겪고 평생을 手不釋卷하며 探究한 人生의 終着驛이 思想的 宗敎的으로 어느 경지에 이르렀는가도 고찰하여, 이를 배경으로 그의 문학작품을 규명해보려 한다.

③ 지금까지는 전혀 考究한 바가 없는 李奎報의 自我意識을 고찰하여, 부단한 노력으로 문학을 大成한 心理的 要因은 무엇이었으며, 그것이 그의 문학에 어떤 영향을 끼쳤는가를 살펴보고, 인간이 생존하는 바탕이 되는 自然에 대하여는 어떤 認識을 가지고 있었고 그것이 후대의 문인들과는 어떻게 달랐으며, 그의 자연관이 문학에는 어떻게 반영되었는가도 살펴보고자 한다. 한편 新興士大夫로서 상류 계층으로 부상한 그가 고려사회의 기층을 형성하고 있던 農民에 대하여는 어떤 인식을 가지고 있었고, 高麗人으로서의 文學的 自負心을 나타내는 小中華思想은 어떻게 발현되었으며, 蒙古의 侵入으로 초토화된 국토와 塗

炭에 빠져 헤매는 國民에 대하여는 어떤 의식을 가지고 있었는가를 그의 詩文을 통하여 밝혀보고자 한다.

④ 李奎報 자신이 문학에 대한 생각을 밝힌 글과 그 외의 시문을 통하여 문학의 본질에 대하여 어떤 인식을 가지고 있었으며 문학의 목적을 어디에 두었는가를 고찰하고, 시문의 창작을 心底에서 詩想이 떠오르는 단계에서부터 작품을 완성하여 발표하기까지의 단계별로 李奎報가 밝힌 견해를 근거로 作詩論을 살펴보고, 지금까지의 많은 李奎報의 文學에 관한 연구가 李仁老의 用事論과 대립되는 新意論 위주로 이루어진 데 대하여 문제가 있는 것으로 보고 이를 바로잡아 보고자 하며, 어떤 시를 格調높은 시로 보았는가를 고찰하여 그의 文學觀이 실제로 문학비평에 어떻게 반영되었고 시를 보는 안목이 어떠하였는가도 살펴보고자 한다.

이러한 방향과 목적을 가지고 李奎報의 문학을 연구함으로써 그의 문학이 함유하고 있는 내용과 특질을 정확하게 이해하고 이러한 그의 문학과 문학사상이 후대에 어떤 영향을 끼쳤는가도 파악할 수 있으리라고 본다.

3. 硏究史

전술한 바와 같이 李奎報에 대한 연구는 근대에 이르러 고려조 문인들 가운데 가장 활발히 이루어지고 있다. 이는 李奎報의 문학을 究明하는 것이 고려 중기 문학연구의 핵심적 위치를 점하고 있기 때문이기도 하고 아직도 李奎報의 문학에 대한 천착과 평가가 만족할 만한 수준에 이르지 않았다는 반증이기도 하다.

李奎報에 대한 연구는 어느 분야가 어떤 과정을 거쳐 현재 어느 수준에 와 있는가를 살펴보기 이전에 먼저 고려 및 조선조 비평가들의 견해를 기술하고 근래의 연구업적은 作家論, 作品論, 文學論 등으로 나누어 연구사를 살펴보고자 한다. 고려와 조선조 문인들의 비평은 매우 포괄적이고 한두 마디의 짤막한 평에 불과하지만 많은 의미를 함축하고 있어 그들의 문학사상과 비평안목을 살필 수 있는 소중한 것들이므로 간과할 수가 없다.

李奎報와 동시대에 살았던 門人들의 평을 보면, 全履之는 李奎報를 李白과 杜甫에 비겼고,[1] 陳澕는 謫仙이라고 찬양하였으며,[2] 安淳之는 "사람들이 공을 이태백으로 여기는데 이는 사실대로 말한 것이다."[3]라고 하였고, 李需는 "공의 글이 야만적인 無情者(몽고족)들까지 감동시켰다."[4]고 하였다. 李奎報의 恩顧를 입어 文柄을 잡게 되었던 崔滋는 李奎報를 李白의 天才와 白居易의 人才를 두루 갖추었다고 하는 등[5], 온갖 美辭麗句를 총동원하여 극찬하였고,「한림별곡」에는 "李正言陳翰林 雙韻走筆"이라 하여 李奎報가 雙韻 走筆詩에 陳澕와 함께 명성

---

1) 李奎報,『東國李相國集』全集 第26卷,「答全履之論文書」
 但書中譽僕過當 至況以李杜 僕安敢受之
 ※앞으로 東國李相國集의 註는 前集과 後集을 구분하여 卷數만 표시하겠음
 (例:全集 26.「答全履之論文書」)
2) 陳澕,『梅湖遺稿』「讀李春卿詩」
 謫仙逸氣萬象外 一言足倒千詩豪
3) 崔滋,『補閑集』中, 第24話.
 人以公爲李太白 盖實錄
4) 後集 12.「文順公墓地銘」
 ……此公之至誠 能動無情者也
5) 註 3)과 같은 곳.
 今觀文順公詩 雖氣韻逸越 侔於太白 其明道德陳風喩 略與白公契合 可謂天才人才備矣

을 떨쳤음을 나타내었으며, 그 후 고려 후기 문인인 李齊賢은, '老健可尙'[6]하다고 평하였다. 이들 여러 평자 가운데 崔滋는 李奎報와 李仁老를 對比하면서 李奎報를 항상 優位에 놓아 武臣執權時代를 代表할 文人은 李仁老가 아니고 李奎報였음을 강조하였고, 그 외의 高麗 文人들도 한결같이 李奎報를 極讚하였다.

조선조에 이르러서는 鮮初의 대표적 館閣文人중의 一人인 徐居正이 『東人詩話』에서 李奎報를 走筆로 浩汗奔放한 시를 잘 지어서 東方의 詩豪는 이 한 사람뿐이라고 극찬하기도 하고[7], 李奎報가 古人을 답습하지 않고 新義로 시를 지었다고 큰소리쳤지만 그의 시에도 李白, 杜甫 등의 시구를 따다 쓴 것이 있음을 지적하여[8], 모두가 新義에서 나온 것만은 아니라고 꼬집었고, 成俔은, "押韻은 法度에 맞으나 거두어지지 않았다."[9] 하여 시가 산만하고 收束되지 못한 흠을 지적하였고, 李睟光은, "前朝人의 시중 李奎報의 雄贍함과…… 등이 빼어난 것들이며 그 가운데서도 李奎報가 가장 훌륭했다."[10]고 하여, 高麗朝 最高의 詩人이 李奎報라 하였으며, 許筠은 李奎報의 시는 豊富 華麗하고 自由奔放하며 「七夕雨」시는 그 가운데 絶唱이라고 하였다.[11] 조선 후

---

6) 李齊賢, 『櫟翁稗說』 後集 2. 第3話 참조.
7) 徐居正, 『東人詩話』 上.
   文順授筆步韻 韻愈强而思愈健 浩汗奔放……東方詩豪 一人而已
8) 같은 책, 같은 곳.
   文順公平生自謂 擺落陳腐 如犯古語 死且避之……以李高才尙如是
9) 成俔, 『慵齋叢話』 1.
   李奎報 能押闥而不斂
10) 李睟光, 『芝峰類說』 8.
    前期詩人 若李奎報之雄贍……可謂秀出者 而其中李奎報最大乎
11) 許筠, 『惺叟詩話』
    文順公 富麗橫放 其七夕雨詩 信絶唱

기의 문인인 南龍翼은 고려 시인들의 특징을 열거하면서 기력이 웅장함은 李文順이 으뜸이라고 하였고,[12] 金昌協은, "학식은 비루하고 기상은 용렬하며 格調가 떨어지고 語意가 繁多하다 淺薄하다."[13]고 酷評하였으며, 李德懋는, "春卿이 古人詩를 평한 것을 보면 그의 詩性이 下劣함을 알 수 있다."[14]라고 貶下하였다.

지금까지 고찰한 전조 문인들의 李奎報에 대한 평을 一瞥하여 보면 고려조의 문인들은 찬양 일색이고, 조선조의 문인들은 褒貶이 半半이며, 시대가 후기로 내려올수록 貶下하는 쪽이 우세하였음을 알 수 있다.

근세 이후 문인들의 李奎報에 대한 종합적인 평을 살펴보면, 天台山人은, "시는 李太白보다 蘇東坡에 가깝다"[15]고 하였고, 黃義敦은 "麗朝 오백년간을 통하여 제일류의 巨匠이라."[16]하였으며, 李家源은, "高麗後期의 시인군 중에서 李齊賢, 李穡의 이전에는 李奎報가 第一大家"[17]라 하였고, 文旋奎는, "高宗시 文壇에서 문학의 실력으로 제일인자의 위치에 있었고 우리나라 漢詩文學史上 新羅의 崔致遠·高麗의 李齊賢·李朝의 申緯 등과 더불어 四大詩人중의 한 사람"[18]이라고 하였으며, 金東旭은 "문장의 魔力을 구사할 수 있는 문장의 化身"[19]이라 하였

---

12) 南龍翼,『壺谷詩話』
    氣力之雄壯 當以李文順爲冠
13) 金昌協,『農巖集』34.「雜誌外篇」
    其學識鄙陋 氣象庸下 格卑而調雜 語瑣而意淺
14) 李德懋,『淸脾錄』7.
    性其敏速富贍 故人皆畏之 生詩固可畏 死後不足觀 嘗評古人詩 以梅聖兪爲不佳 池塘生春草句爲非警語 而以徐凝瀑布詩爲妙製 則其詩性之下劣 可知也
15) 金台俊,『朝鮮漢文學史』, 朝鮮語文學會, 1931, p.84 參照.
16) 黃義敦,「東國李相國集 序」(古典刊行會, 影印本, 1958)
17) 李家源,『韓國漢文學史』, 民衆書舘, 1961, p.132.
18) 文旋圭,『韓國漢文學史』, 二友出版社, 1961, pp.130~131.

고, 張德順은 "東方의 詩豪"[20]라고 평하였다. 이와 같이 초기에는 李奎報 문학의 구체적인 연구가 아닌 총체적인 인상을 한두 마디의 말로 평한 것에 불과하고 작품이나 작가의 구체적인 연구는 부진하다가 1960년대에 이르러서야 이에 대한 연구가 활기를 띠게 되었다.

근래에 이루어진 李奎報에 대한 연구 업적을 분야별로 열거해보면, 李奎報 문학에 대한 해설류,[21] 총체적인 배경연구,[22] 李奎報의 현실인식에 관한 연구,[23] 문학사상에 관한 연구,[24] 작품 일반에 대한 포괄적

---

19) 金東旭, 「東國李相國集 解題」(民族文化推進會, 『국역동국이상국집』 1, 1980, p.1).
20) 張德順, 『國文學通論』, p.333.
21) 金東旭, 「曠世의 文豪 李奎報」(『人物韓國史』 卷2.)
  _____, 「東國李相國集解題」 註 19)와 같은 책.
  張德順, 「붓의 정치가 李奎報」(『韓國의 人物象』 卷五.)
  李石來, 「東國李相國集解題」(『韓國의 名著』)
22) 徐首生, 「高麗朝漢文學研究」, 螢雪出版社, 1971.
  金鎭英, 「李奎報研究」(『國文學研究』 15, 1972.)
  陳祝三, 「李奎報研究」 成均館大 博士學位論文, 1977.
  金慶洙, 「李奎報研究」 檀國大大學院, 1980.
  金暎春, 「李奎報研究」 啓明大教育大學院, 1981.
23) 申東旭, 「高麗時代 批評論考」(『杏丁李尙憲先生回甲紀念論文集』 1962.)
  김 현, 「中世知性과 權力」(『文學과 知性』 創刊號, 1972)
  李佑成, 「高麗武臣政權下의 文人知識層의 動向」(『文理大學報』 8-10號, 嶺南大, 1977)
  金鎭英, 「麗朝武臣政權期文壇・知性面에서의 李奎報」(『國語教育』 31號, 1979)
  金時鄴, 「李奎報의 現實認識과 農民詩」(『大東文化研究』 12, 成均館大, 1978)
  金東旭, 「變革期의 文學人 李奎報」(『比較文學과 比較文化』, 3・4집, 1979)
  金時鄴, 「武臣政權期의 文學的 轉換」(『韓國文學研究入門』, 知識産業社, 1982)
  金毅圭, 「高麗武人政權期文士의 政治活動」(『韓沽劤博士停年紀念史學論叢』)
  申用浩, 「李奎報의 現實認識과 文學」(『論文集』 22, 公州師大, 1984)
24) 李庸昱, 「李奎報研究・白雲小說을 中心으로」 서울大大學院, 1962.
  趙鍾業, 「高麗詩論研究」(國文研究』 1집, 1963)

인 연구,25) 개별작품에 대한 연구26) 등으로 나누어 볼 수 있다.

　　張鴻在,「李奎報의 文學批評硏究」慶熙大대학원, 1966.
　　崔信浩,「高麗詩話에 나타난 修辭에 대하여」(『人文社會科學』2집, 서울대 敎養學部, 1970).
　　徐首生,「白雲의 詩文學詞藻」(『高麗詩論硏究』, 1971)
　　李相翊,「高麗散文學小考・白雲小說・破閑集」(『國語教育』18-20合集, 1972.
　　崔信浩,「韓國漢文學論의 發達過程」檀國大 박사학위논문, 1977.
　　崔雲植,「李奎報의 詩論 - 白雲小說을 中心으로」(『漢文學硏究』2집, 1979)
　　趙東一,「李奎報」(『韓國文學思想史試論』1978)
　　金鍪大,「高麗의 詩學」(『韓國古典詩學史』1979)
　　金時鄴,「李奎報의 新意識과 詩의 特質」(『漢文學硏究』3・4집, 1979)
　　金鎭英,「李奎報의 文學觀에 대하여」(『論文集』8, 서울여대, 1979)
　　金學主,「中國에 견주어본 李奎報의 氣論」(『震檀學報』48, 1979)
　　柳在泳,「白雲小說硏究」, 圓光大出판부, 1979.
　　李信馥,「李奎報의 文學思想」(『論文集』15, 檀國大, 1981)
　　金周漢,「其詩不甚高小考」(『徐首生博士還曆紀念論叢』1981)
　　申用浩,「13世紀高麗文人의 文學觀小考」(『論文集』20, 公州師大, 1982)
25)　徐首生,「創新詩捷 白雲文學」(『高麗朝漢文學硏究』, 1973)
　　金錫夏,「東國李相國集硏究」(『韓國文學의 樂園思想硏究』, 1973)
　　張德順,「李奎報와 그의 隨筆」(『隨筆文學』41-42호, 1975)
　　權斗煥,「李奎報의 隨筆文學」(『현상과 인식』4권, 2・3호)
　　全鍪大,「李奎報의 漢詩」(『京畿語文學』京畿大, 1981)
　　金慶洙,「李奎報의 詩에 대한 小考」(『國語教育』38, 1981)
　　呂運弼,「李奎報詩硏究」, 서울대대학원, 1982.
　　朴性奎,『李奎報硏究』, 啓明大出版部, 1982.
　　金鎭英,『李奎報文學硏究』, 集文堂, 1984.
　　金正德,「李奎報의 漢詩硏究」, 檀國大大學院, 1985.
26)　鄭在洪,「李奎報의 假傳體文學考」(『國文學論文集』8집, 효성여대, 1968)
　　張德順,「英雄敍事詩 東明王」(『人文科學』5집, 연세대, 1960)
　　李佑成,「高麗中期의 民族敍事詩」(『論文集』7, 成均館大, 1962)
　　李在秀,「朱蒙傳說(東明王篇)考」(『韓國小說硏究』宣明文化社, 1969)
　　朴菖熙,「李奎報의 東明王篇詩」(『歷史教育』11・12合集, 1969)
　　金鉉龍,「麴醇傳과 麴先生傳硏究」(『國語國文學』65・66合集, 1974)

여러 분야에 걸친 이러한 연구 결과로 李奎報 문학의 실상이 상당히 부각되었으나, 李奎報의 시대인식에 대하여는 당시의 武臣政權에 아부했던 어용문인이라는 견해와 불의와 대결하면서 현실을 타개한 문인이라는 평이 엇갈리고, 문학관에 대하여는 그의 문학관 전체를 新意論으로 보는 등 衆論이 분분하며, 그의 대표작의 하나인「東明王篇」의 창작동기에 대하여도 의견이 엇갈리고 있다. 이는 李奎報 文學의 硏究가 아직도 해결해야 할 문제가 많이 남아 있음을 뜻하며 본격적인 연구는 이제부터 착수해야 한다는 것을 의미하기도 한다.

Ⅱ. 時代 背景

1. 高麗後期의 社會相

태조 왕건이 호족과 무신들의 도움을 받아 고려를 건국하고 삼국을 통일한 후, 후손들이 왕위를 계승하면서 건국의 功臣(대부분이 武臣)이나 그 덕택에 官位에 오른 功臣의 子孫들은 왕의 입장에서 보면 왕권을 견제하는 거추장스러운 존재가 되었다. 그러므로 역대 왕들은 이들의 세력을 꺾고 왕권을 강화할 수 있는 정책을 시행하고자 하였다. 光宗은 科擧制를 실시하여 과거에 합격한 士人을 대거 등용하고 勳臣子

朴斗抱,「民族英雄東明王說話考」(『國文學硏究』 1집, 효성여대, 1976)
金時鄴,「李奎報의 現實認識과 農民詩」(『大東文化硏究』 12, 1978)
유대일,「李奎報의 詠物詩에 나타난 卽物的 開放性에 대하여」(『연세어문학』 13집, 1980)
金鉉龍,「李奎報文學의 諷刺性考察」(『語文硏究』 30, 1981)
申用浩,「李奎報의 東明王篇硏究」(『語文論集』 21, 高麗大, 1980)

弟의 등용을 제한하고자 하였고, 奴婢按檢法을 시행하여 豪族所有의 많은 奴婢를 放良하여 그들의 세력기반을 허물어뜨리려 하였다. 역대 왕들의 이런 정책은 효험이 나타나 文臣보다 武臣을 賤視하는 풍조를 낳게 하였고 이런 풍조는 武臣들의 불만을 초래하였다.

그 후 오랜 태평으로 文弱의 弊風이 나타난 데다 王의 無能 및 失政과 輕薄한 文臣들의 노골적인 武臣 蔑視 등으로 누적되었던 불만이 폭발한 것이 歷史의 방향을 바꾸어 놓은 武臣亂(1170)이다. 鄭仲夫・李義方・李高 등의 武臣이 중심이 되어 일으킨 정변으로 정권을 잡은 무신들의 문신에 대한 적대감정은 문신의 마구잡이 처형으로 나타나서 擧事 당일 쿠데타의 주모자들은 부하들에게, "무릇 文冠을 쓴 자들은 비록 胥吏라도 죽여 씨를 남기지 말라."[1]고 명하여, 수많은 문신들이 무고히 희생되는 비극을 초래하게 되었으며, 3년 후(1173) 金甫當의 毅宗 復位운동 진압 과정에서 또 한 차례 대대적인 처형을 당하여[2] 文臣들은 크게 위축되고 國政은 武臣들이 獨斷하게 되었다.

무신들이 政權을 장악한 후에는 武臣 相互간에 主導權 爭奪戰이 벌어져 李義方이 李高를 죽였고, 鄭仲夫가 다시 李義方을 죽이고 全權을 장악했다가 慶大升에게 주멸 당하였고, 경대승이 病死한 후에는 李義旼이 暴政을 행하다가 崔忠獻 형제에게 被戮된 후 崔氏政權이 4대 60여년간 계속되었다. 武臣執權 기간 중에는 崔氏執權期가 다소 안정을 유지했던 시기이다.

崔忠獻 형제가 일으킨 쿠데타는 그 이유가 무인 상호간의 排除와 相剋에서 자기정권을 세워보려는 野心에서뿐 아니라, 당시 政府 및 文・

---

1) 『高麗史』 128, 「鄭仲夫傳」
　　使人呼於道曰 凡戴文冠者 雖胥吏 殺無遺種
2) 兩次의 文臣虐殺이 庚寅年과 癸巳年에 있었으므로 이를 庚癸의 亂이라 한다.

武 兩班社會의 부패와 토지제도의 문란, 州郡吏의 苛斂 등을 是正하려는 의도에도 있었던 것이라고 보아야 한다. 왜냐하면 明宗 26년(1196) 집권 직후 崔忠獻 형제가 王에게 올린 封事에 의하면, 政治의 刷新과 中興을 大目標로 하여, 冗官의 도태, 대토지 소유자가 兼並한 公私田을 文籍에 비추어 還元시킬 것, 王家의 諸道供進을 금할 것, 一・二山人(僧)의 王宮 出入과 王室의 民間에 대한 貸付取利를 금할 것, 裨補寺刹 이외의 것을 削去할 것 등의 10조를 열거하여 時弊를 痛論함으로서였다. 이러한 革舊圖新的인 의미에서 일으킨 충헌 형제의 쿠데타는 鄭・李의 그것과는 다소 類를 달리한 것이라고 본다.3) 그의 집권 역시 武臣이 정권을 잡은 것이지만, 과거 武臣執權者의 폐정을 일소하고 새로운 개혁을 도모하려는 의지를 가지고 집권하였으므로 개혁을 성공시키고 자신의 세력 기반을 공고히 하기 위해서도 文臣의 登用이 必要하게 되었다. 이에 이때부터 문신들이 대거 임용되어 崔氏政權에 봉사하였으며 前代에 비하여 文學이 더욱 발달하여 왕성한 창작으로 假傳・景幾體歌・批評 등 새로운 문학 양식이 시도되고 날카로운 비평의식이 싹트기도 하였다. 즉 구질서가 무너지고 새 질서가 확립되지 않은 混亂期・過渡期가 오히려 사상적으로는 자유로워서(중국의 春秋時代에 사상 학술이 발달하였던 것도 이런 이유에서이다), 이것이 문학발달의 가장 중요한 이유가 되었던 것이다.4)

---

3) 震檀學會,『韓國史・中世篇』乙酉文化社, pp.471~472 參照.
4) 이때에 文學이 발달한 이유를 徐首生은 武臣의 虐殺에서 살아남은 文人들이 도피와 향락의 생활을 하면서 文學을 탐닉했기 때문이라 하였으나,(『高麗朝 漢文學研究』pp.12~24・110~11참조) 당시의 文學人들 대부분이 武臣政權에 協力했거나 參與하고자 하였으므로 이 견해를 인정할 수 없으며, 朴菖熙는 崔忠獻 父子에게 포섭되어 門客 노릇을 하면서 비굴하게 지내는 文臣들에게 文學의 새로운 創造와 문학사상의 대단한 전개를 기대하기 곤란하다고 하였으나,(「武

武臣亂후 정치의 주도권이 武臣의 손으로 넘어갔을 뿐만 아니라 그 과정에서의 사회·경제의 혼란 또한 극심하여, 간악한 아전들이 남의 토지(京外兩班田·軍人田·永業田 등)를 權門의 것으로 만들어 놓고, 權勢家는 서신으로 州郡의 僚員에게 청하여 남의 田租를 수탈하니 농민들은 동일한 전지에서 이중 삼중으로 田租를 징취당하여 그 困苦를 감내하기가 어려웠다.5) 토지제도의 극심한 혼란과 權要者의 公私田 兼併 및 大土地 所有는 國庫의 枯渴을 招來하고 軍師의 扶養을 困難하게 하는 등6) 사회 체제를 송두리째 흔들어놓아 각지에서 民亂과 草賊이 봉기하게 되었다.

武臣執權期의 왕실과 집권 무신들의 부패상은 상식을 초월한 것이었다.

왕이 인물을 등용할 때는 오직 嬖臣·宦官들과만 의론을 한 후 參官 이상은 친히 서명하여 共草를 함봉하여 곧바로 吏曹에 회부하였으며, 이를 下批라 하였다. 政曹에서는 이에 대하여 다시 奏議하는 일이 없이 그대로 시행하니 이 때문에 뇌물을 경쟁적으로 공공연히 주게 되어 賢否가 뒤섞이게 되었다. 嬖臣宦竪가 청탁받은 것이 있으면 왕이 뇌물은 얼마나 받았는가 물어보아 많이 받았으면 기쁘게 들어주고 적게 받

臣政權時代의 文人」『韓國史』7, 국사편찬위) 어느 시대나 文人의 處身과 그의 文學이 반드시 一致하는 것은 아니므로 이 견해도 그대로 받아들일 수 없다.
5) 『高麗史』78,「食貨志」1, 明宗 18年 3月條.
凡州縣 各有京外兩班軍人家田永業田 乃有點黠史民 欲托權要 妄稱閑地 記付其家 有權勢家 又稱爲我家田 要取公牒 卽遣使喚 通書屬托 其州員僚 不避干請 差人微取 一田之徵 乃至二三 民不堪苦.
6) 『高麗史』129, 崔忠獻傳의 明宗 26年 忠獻 형제가 王에게 올린 封事에 '先王制田土 除公田外 其賜臣民 名有差 在位者貪鄙 兼有之 一家膏沃 彌州跨郡 使邦賦削而軍士缺……公私田租 皆由民出 民苟困竭 顧安所取足 吏或不良 惟利之從 動輒侵損 又勢家奴皂 爭徵田租 民皆嗷然愁痛'이라 하였다.

았으면 시일을 지연시켜 더 바치게 하였다. 이 때문에 宦寺들이 主權을 도둑질하여 威福을 누렸다.[7]

　癸未에 令同正 朴元實이 떠도는 이야기를 重房에 告하기를, "校尉張彦夫 등 8인이 반란을 꾀하고 있습니다"하여, 重房에서 彦夫를 잡아다 詰問하니 대답하기를, "지금 권력을 잡고 정치를 하는 자들이 탐욕스럽고 비루하여 白銀을 酷愛하고 官爵을 賣買하며 많은 不法을 恣行하니 이런 자들의 머리를 베어 그 입에 白銀을 물려 朝野에 널리 보여 사람들이 銀을 탐하다가 죽은 자임을 알게 하려 했다"하였다.[8]

한 것으로 보아 왕을 비롯한 주변 인물들과 집권 무신들의 부패상을 짐작할 수 있다. 이렇게 혼란한 시기에 화를 면한 문신 및 과거를 통하여 새로 등장한 문신들이 어떻게 처신하였고 집권 무신들은 그들을 어떻게 대하였는가를 庚寅亂 이후부터 李義旼의 몰락까지를 武臣執權 前期로 보고 崔氏執權期를 後期로 보아, 前後期로 나누어 考察하고 이 시대를 대표할 만한 文人인 李奎報는 이러한 상황에 어떻게 대처했는가를 살펴보고자 한다.

---

7) 『高麗史』 20, 明宗世家 14年 12月.
　王凡用人 唯與嬖臣宦竪議 親署參官以上 封共草 直付政曹 名曰下批 政曹據草謄寫 更無奏議 由是奔競成風 賄賂公行 賢否混淆 嬖臣宦竪有所請託 王問曰 得賂幾何 多則喜從其請 否則延時日 以冀其多 故宦寺盜主權 作威福.
8) 같은 책, 같은 곳, 16年 正月.
　癸未 令同正朴元實 以飛語告重房曰 校尉張彦夫等八人謀亂 重房捕詰彦夫 對曰方今 執政用事者貪鄙 酷愛白銀 賣官鬻爵 多行不法 擬斷如此人頭 啣其口以銀 廣示朝野 使人人知貪銀以死也.

2. 武臣執權期의 文·武臣關係

1) 武臣執權 前期의 文·武臣關係

庚寅亂(1170) 이후부터 崔忠獻이 집권하기 이전까지 26년간을 武臣執權 前期로 보고 이 기간에 집권 무인들은 문신들을 어떻게 대했으며 문신들은 이에 어떻게 대응하였는가를 살펴보면 다음과 같다.

庚癸의 兩亂에 많은 無故한 文臣들이 禍를 입게 되자 요행히 죽음을 면한 文臣들도 벼슬을 버리고 山林에 隱居하여 일시 文化의 暗黑시대를 招來하게 되었다. 武臣亂 초기에는 三京·四都護·八牧으로부터 전국 郡·縣·館·驛의 下位職에 이르기까지 武人들을 임용하여,9) 국정의 운영자를 거의 武人 一色으로 바꾸고 文吏출신의 仕路였던 州縣外補의 자리까지 모조리 탈취하였고, 이 때문에 과거에 합격한 자들이 벼슬을 얻지 못하고 장기간을 기다리다가 끝내 仕路에 오르지 못하는 사람도 있게 되었다.10) 이것을 약간 완화시킨 것이 外官文武交差의 법이었지만 文吏출신의 출세가 억제되기는 여전하였다.11) 그러나 文人이 전문적으로 담당했던 지위를 武人이 담당함에는 많은 문제가 있어 점차 文臣들을 등용하기 시작하였고, 崔氏執權시대에는 오히려 武臣을 견제하고 文臣의 등용에 노력하기도 하였다. 정치의 실권을 武臣들이 장악하고 있었으므로 文臣들이 亂前에 누리던 권위에는 이르지 못하였지만, 武臣亂 이후에도 과거시험은 꾸준히 시행하여 武臣執權期間

---

9) 『高麗史』 19, 世家, 明宗 3年 10月.
 自三京四都護八牧 以至郡縣館驛之任 倂用武人.
10) 全集 26,「上趙太尉書」에 白雲은 이에 대하여, '比來 文吏之橫出銳進者甚衆 而州縣之寄不增於古 故其局於守株者 率淹延不進 積塞前路 有至三十年 或 二十九年而不見調者'라고 하였다.
11) 李佑成,「高麗社會 諸階層의 硏究」成均館大大學院, 1974, pp.137~140 參照.

88년(1170년부터 최씨정방이 폐지되던 1258년까지) 동안에 56회의 과시를 통하여 進士 1,719명, 明經 137명, 恩賜 117명, 計 1,973명의 합격자를 배출하였고[12] 그 가운데 상당수가 宦路에 진출하였으리라고 생각되므로 文臣의 供給은 무신 집권기간에도 중단없이 계속되었다고 본다.

그러나 武臣亂으로 국권을 장악한 무신들의 막강한 힘을 문신들이 꺾을 수는 없었으므로 무신들과의 정면 대결은 시도조차 해본 일이 없고, 산림에 도피하거나 관직에 머물면서 武臣政權에 협조하는 길 밖에 없었다. 이런 상황 속에서의 문신들의 동향을 기성의 논문들은 大同小異하게 隱遁派와 參與派로 크게 구분하고 있다.[13] 본고에서도 기성의 업적을 수용하면서 문신들의 동향을 살펴보고자 하나 은둔자만이 지조를 지킨 문신들이요 참여파는 모두가 곡학아세한 문인이었다는 저간의 견해는 피상적인 관찰이라고 보여지므로 이 점을 규명해 보고자 한다.

李齊賢은 武臣亂으로 모든 文臣이 玉石 薰蕕의 구별 없이 화를 입고 요행히 虎口를 벗어난 자들은 窮山에 숨어서 儒者의 冠帶를 벗어 버리고 僧侶의 袈裟로 바꾸어 입었다고 하였으나,[14] 武臣亂의 와중에서도 免禍·救命되어 자신의 官位를 維持한 사람도 많이 있었다. 예를 들면, 庚寅亂時에 徐恭은 宰相으로 있으면서 文士들의 驕傲함을 미워

---

12) 『高麗史』「志」 27, 選擧 1, 明宗 元年~高宗 45年 參照.
13) 이에 관한 論文으로는 아래에 열거한 것들이 있음.
    李佑成, 「高麗武臣執權下의 文人知識層의 動向」(嶺南大 『文理大學報』 8~10호, 1977)
    朴菖熙, 「武臣政權時代의 文人」(『韓國史』 7, 國史編纂委, 1973)
    金時鄴, 「武臣政權期의 文學的 轉換」(『韓國史研究入門』, 지식산업사)
    金毅圭, 「高麗武人政權期 文士의 政治活動」(『韓㳓劤博士停年紀念史學論叢』)
14) 李齊賢, 『櫟翁稗說』 前集 1, 第13話.
    不幸毅王季年 武人變起所忽 薰蕕同臭 玉石俱焚 其脫身虎口者 遯逃窮山 脫冠帶而蒙伽梨 以終餘年.

하고 武人들을 禮遇하였으므로 重房에서 보호해주었고,[15] 崔維淸 역시 여러 장수가 평소 그의 덕망에 감복하여 보호하여 주었으므로 期功之親들이 모두 화를 면하였고,[16] 아들 讜·誅을 비롯한 후손들이 모두 武臣政權하에서 文翰의 요직을 담당하였다. 李奕蕤는 閥閱에서 생장하였으나 교만한 일이 없었으므로 많은 사람들이 중히 여겨 화를 면하였고,[17] 李光縉도 李奕蕤와 함께 李子淵의 후손으로 高麗朝의 대표적인 閥族으로서 行實이 溫謹하여 禍를 免하고 明宗 初에 中書侍郞으로 승진되었다.[18]

宋佇는 閤門祗候로 있으면서 남의 뜻을 거스른 일이 없으므로 武臣亂에 화를 면하였고 집권 무신들의 뜻을 거스르면서까지 바른 정치를 위하여 노력하다가 많은 시련을 겪기도 하였으며,[19] 文克謙은 閤門祗候 殿中內給事로 있다가 武臣亂을 당하여 도피하다가 병사에게 붙잡혔으나 제장들이 그가 直臣임을 알고 있었으므로 죽이지 않고 宮城에 가두었다가 明宗이 卽位한 후 釋放하여 右承宣御史中丞으로 復職시켰으며 많은 文臣의 그의 비호로 禍를 면하였고 明宗 19년 判尙書吏部事로 卒하였다.[20] 李公升 또한 直臣으로 원한을 많이 사서 癸巳의 亂에 李義方에게 살해될 뻔하였으나 門生 文克謙(李義方의 弟 隣이 克謙의 女와 結婚)의 비호로 모면하여 中書侍郞平章事에 임명되었다.[21]

李知命은 黃州, 忠州 등의 지방관으로 있을 때 廉直하였고 백성들

---

15) 『高麗史』 94, 徐熙傳附 恭傳 參照.
16) 같은 책 99, 崔維淸傳 參照.
17) 같은 책 95, 李子淵傳附 奕蕤傳 參照.
18) 같은 책 95, 같은 곳 光縉傳 參照.
19) 같은 책 101, 宋佇傳 參照.
20) 같은 책 99, 文克謙 參照.
21) 같은 책 99, 李公升 參照.

을 정성껏 賙恤하였으므로 武臣亂에 內外文臣이 도망해와도 받아주는 사람이 없었는데 知命만은 忠州民들이 숨겨주어 화를 면한 후 政堂文學 太子小傅로 明宗 21年에 卒하였다.

庾應圭는 무신난 후 明宗 卽位에 대한 金나라의 승인 획득에 공을 세웠고, 癸巳의 亂時 한 병졸이 宰相 尹鱗瞻을 결박하고 이어서 응규를 묶으려 하니 성내어 꾸짖기를, "너는 賤卒로서 감히 宰相과 郞官을 욕될 수 있느냐"하고, 諸將들을 만나, "예의를 지키지 않고 국가를 보존할 수 있다는 말은 듣지 못했소. 또 古法에 '上大夫는 벌주지 않는다' 했는데 공들이 나라를 바로잡을 뜻을 가지고 있으면 의당 옛일을 본받아야 하거늘 어찌 賤卒을 시켜 大臣을 포박할 수 있는가. 더구나 尹公은 將略廟謀를 가진 분인데 나라에 큰 일이 있을 때 이런 분을 버려서는 안될 것이오. 또 죄없는 사람을 많이 죽이면 반드시 殃禍를 받게 될 것이오."하니, 諸將들의 "庚寅의 사태 때에 公이 金나라 皇帝에게 告奏하지 않았다면 우리들이 모두 처형을 당했을 것이다"하고, 자리에 맞이하여 예를 표하고 尹鱗瞻의 포박을 풀어 주었다.[22] 한편 應圭의 弟 資諒은 16세시 儒家子弟들과 契를 맺고 중론의 반대를 무릅쓰고 武人인 吳光陟·文章弼 등을 契員으로 넣었는데 武臣란이 일어나자 光陟과 章弼이 同契者들을 구해주어 모두 화를 면했다 한다.[23]

盧永淳은 본래 兵家의 子孫이고 또 武臣들과 가까이 지냈으므로 화를 면하고 官이 平章事에 이르렀다.[24]

한편 무신 가운데도 陳俊 같은 사람은 庚癸의 亂에 문신들을 비호하여 俊의 덕으로 살아난 자들이 매우 많았으므로 當時人들이, 陰德을

---

22) 같은 책 99, 庾應圭 參照.
23) 같은 책 99, 庾應圭附 資諒 參照.
24) 같은 책 100, 盧永淳 參照.

많이 베풀었으므로 後孫이 반드시 昌盛할 것이라고 하였다.25)

　심지어는 庚癸亂의 首魁인 鄭仲夫의 비호로 화를 면한 사람도 있었다. 王圭는 왕족으로서 妻男이 毅宗 復位운동을 일으켰다가 무신들에게 捕殺된 東北面兵馬使 金甫當의 妹夫였으므로 李義方이 죽이려 하였으나 鄭仲夫의 집으로 피하여 화를 면한 후 正室을 버리고 仲夫의 딸을 취하여 元職에 복직하였고, 門下侍郞同中書平章事로 致仕한 후 耆老會를 조직하기도 하였다.26)

　그 외에 閔令謀·閔湜·崔汝諧·崔遇淸 등 武臣亂에 화를 면하고 文官으로 考終命한 사람은 枚擧할 수 없을 만큼 많아서 文臣總數 약 3,000 명 중에서 500정도가 화를 입었을 뿐이고,27) 전술한 기록대로 文冠을 쓴 자는 모조리 죽인 것이 아니요 信望있는 문관은 이 혼란의 와중에서도 身命을 保存할 수 있었던 것이다.

　이런 기록을 토대로 당시에 화를 면한 文臣들을 유형별로 나누어 본다면, 庚癸의 난에 일시 몸을 피했다가 난이 진정된 후 元職에 복귀하였던 文官으로는 庾應圭·尹鱗瞻·閔令謀 등을 들 수 있고, 훌륭한 人格이나 치적으로 이름이 알려져서 화를 면한 사람으로는 徐恭·崔維淸·李奕蕤·李光縉·宋佇·文克謙 등이 있고, 동료의 비호나 주민들의 은닉으로 모면한 사람으로는 李公升·李知命 등이 있으며, 武臣중에도 陳俊 같은 사람은 문신을 적극적으로 비호하였다.

　武臣亂에 화를 면하고 계속 관직에 있었던 문신들을 일률적으로 阿附文官으로 보아왔던 견해는 시정되어야 한다. 武臣執權기라 해도 고려왕조는 지속되었고, 왕권의 법통은 그대로 유지되었으며 崔忠獻 집

---

25) 같은 책 100, 陳俊 參照.
26) 같은 책 101, 王珪 參照.
27) 閔丙河「高麗武臣執權時代에 대한 一考」(『歷史硏究』 6, 1959) 參照.

권 이전까지는 문신들도 왕을 보필한다는 당당한 명분하에 국정에 참여한 것일 뿐 스스로를 武臣政權을 위한 阿附文人이라고는 생각한 일이 없었다. 당시의 문신들 가운데 宋佇나 庾應圭 같은 사람은 무신들의 秕政을 공격하고 이를 바로잡고자 애쓰기도 하였으며 國王도 文官의 인사만은 독자적으로 행하고자 노력하였고, 武臣들도 자신들의 권익을 해치지 않는 한 문신들의 일에 적극적으로 간여하지는 않았다.

무신이 아무리 간여하고 싶어도 관여하기 곤란한 文臣들의 專門的이고 獨自的인 영역은 있게 마련이었으므로 文筆職(특히 京職)은 특수한 예외를 제외하고는 무신이 兼掌하기도 어려웠다.

    (明宗 14年) 어떤 사람이 重房에 고소하기를, "修國史 文克謙이 毅宗이 시해당한 일을 사실대로 기록하려 하는데 國王의 弑害는 천하의 大惡이니 武官으로 史官을 겸하게 하여 사실대로 쓰지 못하게 해야 합니다." 하였다. 克謙이 듣고 두려워서 몰래 王에게 아뢰니 왕도 舊制에 어긋나는 일이라 나쁘게 여겼지만 武臣의 뜻을 거스르기 어려워서 崔世輔(武將)로 同修國史를 삼았는데 世輔가 멋대로 歷史를 변조하였으므로 毅宗實錄에는 빠지고 생략되어 사실과 다른 것이 많다. 克謙이 일찍이 曬史堂에서 世輔에게 농담하기를, "儒官으로 上將軍이 된 것은 내가 처음이고, 武官으로 同修國史가 된 것은 公이 처음이오" 하고 함께 껄껄 웃었다. 그때에 崔連과 金富도 將軍으로서 禮部侍郞이 되었는데 武人이 儒官을 겸한 것은 이 세 사람으로부터 시작되었다.[28]

---

28) 『高麗史』 100, 崔世輔列傳(下 p.225)
    明宗十四年……有人訴重房曰 修國史文克謙 直書毅宗被弑事 弑君天下之大惡 宜令武官兼之 使不得直書 克謙聞之 懼密奏王 王重違武臣意 然惡其非舊制 乃授世輔同修國史 世輔擅改事爲我 由是毅宗實錄 脫略多不實 克謙嘗於曬史堂戱世輔曰 儒官之爲上將軍自我始 武官之同修國史自公始 相與一噱 時崔連金富 亦以將軍 並爲禮部侍郞 武人兼儒官自三人始.

이를 통하여 文克謙같은 文官이 武官들의 뜻에 어긋난 일을 해도 武官이 함부로 擯斥하지 못하였음을 알 수 있으며, 이 기록대로라면 庚寅亂 후 14년만인 明宗 14년에야 비로소 武官이 儒官職을 兼하게 되어 崔世輔가 同修國史가 되고 崔連·金富가 禮部侍郞이 되었으며, 形式的으로나마 文武官의 균형을 고려하여 文官인 文克兼에게도 上將軍을 제수하여 文官도 武官職을 兼掌하도록 배려하였다. 高麗史 尹鱗瞻傳에 의하면 金甫當이 毅宗 復位를 揚言하고 起兵하였으므로 李義方은 文臣의 長인 中書侍郞 尹鱗瞻도 이 음모를 알고 있었을 것이라 하여 살해하려 하였으나 전술한 庚應圭의 변호로 화를 면하였을 뿐아닐, 곧 이어 上將軍을 겸하여 武臣들의 重房會議에 참여하고 西京에서 趙位寵이 난을 일으키니 元帥가 되어 武臣亂의 주역들인 奇卓誠·陳俊·崔忠烈·鄭筠 등의 무장을 거느리고 난을 討平하였다. 武臣執權기에 文臣이 군 최고계급인 上將軍을 겸하고 반군 토벌의 총사령관이 되었다는 것은 형식적으로는 仁宗代 妙淸의 亂을 文臣 金富軾이 원수가 되어 討平한 것과 일맥상통하며, 당시에도 문·무신간의 균형유지를 위한 약간의 배려는 있었던 증거로 볼 수 있을 것이다. 그러나 무신들과 함께 국사를 처리했던 尹鱗瞻도 武臣들 틈에서 그들에게 制肘되어 氣를 펴지 못하고 소신껏 職務를 처결하지 못하였으며 자신의 身命을 보전하는 데 급급했을 뿐이었다.[29]

이로써 본다면 東班 京職을 武官이 兼掌한 일이 武臣亂 초기에는 매우 적었다고 생각된다. 그러나 武官의 文職兼屬은 점차 심화되어,

    그때 武臣散官 및 檢校將軍이하 散員同正 이상이 모여 東班에 속한 權務官 자리를 빼앗아 갖기로 의론하였는데 重房이나 臺省에서도 많은

---

[29] 『高麗史』 96, 尹瓘附 尹鱗瞻傳(pp.252~254) 參照.

武官들의 입을 두려워하여 감히 누구도 어쩌지 못하였다. 洪仲方만이 "국가가 設官 分職할 때 卿·監 이외에는 武臣이 文官을 겸하지 못하게 했는데 庚寅年 이후부터 우리들이 臺와 省도 차지하여 朝班에 布列하고 校尉나 隊正에게도 幞頭를 쓰는 것을 허용하고 西班散員을 차출하여 외관에 임명하는데 이것이 본시 先王의 제도는 아니다. 만약 나시 權務官까지 빼앗는다면 東班 西班을 나누어 놓은 제도는 어떻게 되겠는가. 나는 죽어도 그 의론은 따를 수 없다."하니 드디어 잠잠해졌다. 이에 西班散員들이 길에 떼지어 모여서 高官을 만나면 끊임없이 하소연하였다. 하루는 仲方을 만나 길을 막고 모멸하여 꾸짖으니 仲方이 팔을 걷고 말이 늘어선 사이를 헤치고 重房으로 달려와서, "내가 오늘 죽을 뻔하였다. 아랫사람들이 윗사람을 이렇게 능멸할 수 있는가"하고, 비밀히 상의하여 首謀者 4·5인을 섬으로 귀양보내고 그 당여 10여인도 유배시키니 당시의 여론이 더욱 그를 훌륭히 여겼다.30)

하여, 하급장교들이 동반이 맡고 있던 權務官 자리를 탈취하려 할 때 무신 洪仲方은 무인의 東班職 탈취를 반대하고 무신들을 견제한 일도 있다고 하였다. 이로 보면 중앙의 御史臺·中書門下省 尙書省 등의 要職과 外官職에는 武臣이 많이 진출하였음도 알 수 있다. 그 후 한동안은 武官의 文職兼職 현상이 점차 심화된 듯하다.

---

30) 『高麗史』 100, 洪仲方列傳 下.
   ……時 武臣散官檢校將軍以下 散員同正以上 聚議欲奪處東班權務官 重房 臺省畏衆口莫敢誰何 仲方獨曰 國家設官分職 唯卿監外 武臣不兼文官 自庚寅以後 吾濟得處臺省 布列朝班 校尉大正 許着幞頭 西班散員差任外官 固非先王之制 若又遽奪權務官 其如東西定制何 吾寧死不從議 遂寢 於是西班散職 群聚於路 每見達官 控訴不已 一日遇仲方遮道慢罵 仲方攘臂跋馬排突至重房曰 吾今日幾死矣 下之陵上至如是也 乃密謀捕首謀者四五人配島 又流其黨十餘人 時議尤重之.

重房에서 上奏하기를, "庚寅이래로부터 武官들이 모두 文官을 겸했지만 內侍 茶房만은 겸할 수 없었으니 兼屬을 허락해 주십시오"하여, 왕이 車若松 등 43인에게 겸하게 하니 內侍 茶房을 무관에 兼屬시킨 일은 약송의 무리로부터 시작되었다.[31]

하여, 무관이 심지어는 宮中의 內侍 茶房職까지 兼掌하였던 것이다. 이러한 현상은 崔忠獻이 집권하여 제도적으로 문신도 지배할 수 있는 장치가 생겨서 집권자가 문·무신을 공히 지배할 수 있게 되기까지는 지속되었다.

기술한 바와 같이 崔氏執權 이전의 무신지배시대의 문신들은 그들에게 부여된 직무의 범위 내에서는 獨自的으로 일을 처리하였다. 그러므로 庚癸의 난으로 면화한 사람 중에 관계를 떠나 僧이나 處士가 된 사람 외에는 모두 武臣에 阿附한 문인으로 보는 견해는 是正되어야 할 것이다.

한편 庚癸의 亂을 피하여 山林에 隱居하였다가 復職하지 않고 그대로 僧이나 處士로 일생을 마친 文臣도 있었다. 이러한 隱遁派의 대표적 인물로는 神駿·悟生·權敦禮 등을 들 수 있다.

神駿은 武臣亂을 당하여 公州로 도피하여 儒冠을 버리고 佛門에 귀의한 후 名山을 두루 遊覽하다가 公州山莊에 머물면서 郡守의 子弟 및 地方民의 子弟를 가르치며 생을 마쳤고,[32] 悟生은 伽倻山에 근거하면서 幽逸之士로 지내어 世人의 존경을 받은 듯 하다. 대부분의 문

---

31) 『高麗史』 101, 車若松列傳
　　重房奏曰 自庚寅以來 武官皆兼文官 而內侍茶房獨不得兼 請許兼屬 王以若松等四十三人皆兼 內侍茶房武官兼屬 自若松輩始.
32) 李仁老『破閑集』下 第9話(成大大東文化硏,『高麗名賢集』2, p.98)
　　自雲子神駿 掛冠神虎 歸隱公州山莊 郡守遣其子受業.

신들이 武臣亂을 당하여 深潛遠遁하여 盜名僞服으로 一時之亂을 피한 후 다시 利祿을 달게 여겨 벼슬길에 나아갔지만 悟生과 權敦禮만은 箕穎之志를 바꾸지 않아서 貪汚한 사람들도 바로잡을 만하다는 찬양을 받았다.33)

武臣亂 이전에 御史를 지낸 權敦禮는 儒學을 닦고 門徒를 모아 敎育에 從事하며 原州에 隱居하고 있었는데 끝까지 利祿에 뜻을 두지 않아 世人의 존경을 받았다.

　　난리를 만나 세상의 賢士들 중에 草野에 深藏해서 한때의 禍亂을 피하지 않은 이가 없었지만 名利에 유혹되어 속세의 벼슬자리로 돌아간 자가 많습니다. 閤下만은 기미를 보아 일어나서 方外에서 고상하게 처신하면서 爵位를 진흙 찌꺼기처럼 여기고 山林에 은둔하여 千金으로도 그 재능을 살 수 없고 萬乘의 권위로도 그 節操를 굽힐 수 없으니 진실로 明哲하게 그 몸을 保存하는 분이라 이를 만합니다.34)

라 한 것으로 보아 李湛之, 林椿 등 竹林七賢係 文人을 비롯한 많은 사람들이 이런 幽逸之士들을 존경하고 名利에 초연한 處身을 높이 받들었던 듯하다. 또한 武臣亂 이후에도 벼슬을 버리고 草野에 묻혀서 僧이나 處士로 終身한 사람은 극소수에 지나지 않았음도 알 수 있다.

---

33) 林椿『西河集』卷四,「寄山人悟生書」(成大 大東文化硏『高麗名賢集』2, pp.47~48)
　　昨於擾攘之際 人皆深潛遠遁 盜名僞服 以避一時之難 及其神志一變 不待鶴書之聘 甘心利祿……其箕穎之志 始末不渝 淸風爽氣 凜凜與秋霜爭嚴 足以激貪汚之志者 唯足不與北原處士權君耳.
34) 같은 책 4,「代李湛之寄權御史敦禮書」(p.39)
　　自離難之際 世之賢士 莫不深潛草野以避一世之禍 然一爲名利所誘 而使山靈挽回俗 賀者多矣 今閤下見幾而作 高踏方外 泥滓爵位 膠漆山林 千金不能聘其才 萬乘不能屈其節 眞所謂旣明且哲以保其身者也.

이상으로 미루어 보아 庚癸의 亂에 화를 면한 대부분의 문신들은 다시 옛 벼슬자리로 되돌아왔고, 극소수만이 산림에 은거하였으며, 武臣亂 후에 계속 관직에 있었던 문신들을 일률적으로 武臣政權에 아부한 문인으로 보는 것은 부당함을 알 수 있다.

그러나 武臣亂 이후 儒風의 不振은 必然的이었다. 『高麗史』에, '五年冬十月……庚癸以來 儒風不振 學者纔三百餘人'[35]이라 하여 과거 응시자가 격감하였음을 밝히고 있다. 응시자의 격감은 敎育과 文風의 衰微를 반영한 것으로 이로 인하여 합격자의 수준도 낮아졌다. 이런 상황에 대하여 집권층 일부에서도 반성이 있었던 듯하다.

> 명종 6년 8월 새로 급제한 자가 길거리에서 음악을 연주하며 자축하는 것을 허락하여 이를 명예로 여기고 관람하게 하였는데 근래 兵亂으로 오랫동안 폐지되었던 것이 이때에 다시 회복된 것이다.[36]

하여, 武臣亂 후 폐지되었던 성대한 과거합격 축하행사를 儒風을 진흥시키기 위하여 다시 허용했음을 나타내고 있다. 이런 정책적인 배려로 점차 文治가 復活되어 林民庇·文克謙·任濡·李知命·白光信 등의 名儒가 國學의 長, 혹은 知貢擧, 혹은 文翰의 任을 맡아 李奎報를 비롯하여 琴儀·李仁老·趙冲·韓光衍·兪升旦·劉冲祺 등의 저명한 인사를 과거에 합격시켜, 그들이 관계에 진출하면서 文風도 점차 再興되게 되었다.

한편 고려의 人事制度를 살펴보면 文官은 吏部, 武官은 兵部에서 담당하여 官員의 履歷과 勤怠·功過·才能 與否를 기록한 政案을 中

---

35) 『高麗史』 19, 明宗世家 5年 10月條 (上 p.396)
36) 『高麗史』 74, 志 28, 選擧 2(中 p.615)
   明宗六年八月 新及第看榜 許於街路張樂 以爲榮觀 比因兵亂久廢 至是復之.

書省에 올리면 中書省은 이에 의하여 任免을 假定하여 國王에 上奏하고 門下省은 國王의 制勅을 받아 시행하거나 거부함이 定例였고 武臣亂 이후에도 崔忠獻 執權 이전에는 文武官의 人事가 이 규정대로 시행된 듯하다.

2) 武臣執權 後期의 對文臣政策

고려의 인사행정 제도를 보면 文官은 이부, 武官은 병부에서 관장하여 이·병부의 판사와 제료가 모여 관원의 이력과 근태·공과·재능의 유무를 기록한 政案을 중서성에 올리면 중서성에서는 任免 昇黜을 假定하여 국왕에게 上奏하고 문하성은 왕의 制勅을 받아 施行 또는 拒否하게 되어 있으며 이런 頒政은 1년에 6월과 12월 이차에 걸쳐 행하였으며, 이 시기를 지나면 빈 자리가 있어도 보충하지 않는 것이 원칙이었다.

그러나 최씨 집권기에는 이런 원칙이 제대로 지켜지지 않았다. 崔忠獻은 집권 초기에는 극비리에 승선을 심복으로 삼아 왕을 감시하고 왕이 인가한 인사서류라도 자신의 뜻에 맞지 않으면 승선으로 하여금 양부에 회부하지 않고 없애게 하여 관원의 인사에 간여하다가 후에는 양부의 정안을 교정도감에서 직접 사취하여 료좌들과 자의로 전주를 행하였고, 이들이 모이는 곳을 政房이라 하였으며 왕은 괴뢰에 불과하여 정방으로부터의 전의를 그대로 재가할 뿐 거부할 수가 없었으며, 정방과 왕실과의 연락담당자를 政色承宣이라하고 그 밑에 정색소경·정색서제 등을 두었다. 그 후에는 정방출신 문신이 요직을 점하는 일이 많았으니 예를 들면 평장사 금의, 수상 김창, 상서 박훤 등이 정방에서 진출한 자들이었다.

그후 崔瑀는 고종 12년(1225) 이 제도를 더욱 강화하여 사제에 정방을 설치하고 백관이 정방에 가서 정식으로 정년도목(연례 임면에 관한 이유서)을 바치는 의식을 거행하게 하였고,37) 교정도감에 명하기를 금내육관에 공문을 보내어 과거에 합격하고 아직 임명받지 못한 자로 재행이 있는 자를 천거하게 하여 교정도감에 근무하게 하였으므로 우의 문객 가운데 당대의 명유들이 많았고, 그들을 삼번으로 나누어 교대로 서방에서 숙직을 하게 하였다.38) 삼별초와 도방 36번이 崔氏政權의 무관친위대라면 서방 3번은 문관친위대라 할 수 있으며 문신집단인 서방도 崔氏政權 존립에 중요한 역할을 담당하였다.39)

이렇게 문신에 관한 인사권까지 완전히 장악한 崔氏政權은 어떤 기준을 정하여 문신인사를 행하였나 살펴보자.

崔氏政權은 자신의 정권에 적극적으로 가담하지 않는 소극적인 참여문인들에게는 등용을 반대하거나 이미 등용된 사람이라도 능력이나 경력에 걸맞는 직위를 주지 않고 냉대하였다. 崔氏執權 초기 李奎報가 문신 四相國의 천거로 왕의 允可까지 났으나 肆酒放曠하고 현실에 대해 비판적이라고 보아 등용을 저지한 것이나, 吳世才가 과거에 급제하고 문명도 있어서 중망이 있었고 李仁老도 세 차례나 상서하여 추천하였지만 疏雋하다 하여 끝내 등용되지 않아 동경에 우거하며 궁곤하게 살다 죽게 한 것이나,40) 林椿이 문학에 탁월한 재능을 가지고 있었으

---

37) 『高麗史』 75, 志 29, 選擧 3 및 李齊賢 『櫟翁稗說』 前集 1, 第8話 參照.
38) 『高麗史』 下 129, 列傳 42, 崔怡(延大 東方學研究所, p.804)
　　十四年 怡令教定都監 牒禁內六官 各擧登科未官有才行者 初忠獻 置教定都監 掌庶事 怡因之 怡文客多當代名儒 分爲三番 遞宿書房.
39) 같은 책 같은 곳(p.814)
　　……及沆病 召仁烈能 執手曰 君等保護此子 吾死無恨矣 沆死 殿前崔良白 秘不發喪 按劍叱侍婢勿哭 與仁烈謀 以沆言傳于門客 大將軍崔瑛 蔡楨及能 等 會夜別抄神義軍 書房三番都房三十六番擁衛 乃發喪 王卽授誼借將軍 又命爲校定別監 百官皆詣門弔賀.

나 謙恭畏愼하지 못하고 恃才傲物하다고 인식되어 끝내 一官도 얻지 못하고 궁핍속에서 생을 마친 것 등이 그 예이다.[41]

崔氏政權에 참여는 하였으나 적극적으로 이에 가담하지 않아 냉대를 받은 문인으로는 李仁老(1152~1220)를 대표적으로 들 수 있다. 정중부의 난이 일어나자 한때 산림에 들어가 화엄승통 요일에게 의탁하고 있다가 경자년 춘장에 장원하고 계양관기로 벼슬을 시작하여 좌간의대부로 마쳤다. 遇景 落筆할 때에는 시사가 샘솟듯하여 정체함이 없었으므로 당시 사람들이 복고라 불렀고 한때 林椿 吳世才 등과 金蘭之交를 맺고 詩酒로 相娛하여 이들의 모임을 竹林高會라 불렀으며, 仁州 李氏 명문의 후예로서 문장과 가문에 대한 긍지도 대단하여 남에게 쉽게 굴하지 않았으므로 사전은 '性偏急 忤當世'라 평하였으며 이 때문에 능력만큼 크게 쓰이지를 못하였다.

李仁老는 崔忠獻의 시회에 참석하여 문재를 발휘하고 벼슬도 하였으나 완전한 심복으로 인정받지 못하여 당대 제일의 문장이면서도 단 한 차례도 공거가 되어 시생을 선발하는 기회를 얻지 못하였다. 崔氏政權이 李仁老가 좌주가 되어 문생을 거느리는, 즉 문관계층안에 李仁老 중심의 파벌이 형성되는 것을 용납할 수 없었으므로 과시를 관장할 기회를 주지 않았던 것이다. 李仁老는 죽을 때까지 이를 불만으로 여겼다.

    仙化하던 날 저녁 붉은 기운 한줄기가 斗星北과 견우성 사이로 뻗쳐 올라가서 밤이 다하도록 없어지지 않아 보는 이들이 괴이하게 여겼다. 이는 아마 先考께서 평소에 문장으로 명성이 드높다고 자부하였는데도 제형을 담당하지 못함을 원망하여 항시 우울하게 지내시다가 左諫議大夫에 올라 비로소 銓選의 명을 받았는데 試席도 열기 전에 하늘이 수명을 허락하지

---

40) 『高麗史』 102, 列傳 李仁老 附 吳世才 參照.
41) 같은 책 같은 곳, 부 林椿 및 李奎報『東國李相國集』 26,「上閔上侍湜書」參照.

않아서 갑자가 서거하셨으므로 胸中의 憤氣가 하늘로 뻗친 것인지도 모르겠다.[42]

하며 문재가 자신보다 뒤떨어지면서도 崔氏政權의 정방출신 측근들인 금의 김창 박훤 등이 수차 貢擧가 되어 銓選을 담당하였는데 자신은 제형을 담당하지 못함을 원망하며 지내다가 모처럼 한 번 온 기회는 수명이 짧아 잃게 된 것을 죽어서 혼령이 된 후에도 분하게 여겼다는 것이다.

이로 미루어 보아 崔氏政權에서 對文臣政策 중 가장 관심을 가지고 있었던 분야가 貢擧의 선임이었으며 心腹이 아니면 貢擧가 될 수 없게 하여 비판적인 문신 그룹이 형성될 소지를 근원적으로 봉쇄하고, 자신의 心腹이 뽑은 登科者들에게는 후한 하사품을 내려 登科初부터 崔氏政權의 위력을 과시하고 은혜를 베풀어 文士들을 手下에 끌어들였다.[43] 한편 집권무신을 詔事하던 政房출신 文臣들은 華要를 剔歷하고 왕도 이들의 눈치를 살필 정도로 威福을 누리면서 過失이 있어도 庇護를 받았다.[44] 예를 들면 무인년(1218) 八關會 행사시에 外方 수령들 중 賀表를 올리지 않은 자가 있어 李奎報가 이를 탄핵하려 하였으나 琴儀

---

42) 李世黃,「破閑集跋」(成大 大東文化硏究員『高麗名賢集 Ⅱ』pp.81~82)
　　上仙之夕 猶赤氣一條 上衝牛斗間 竟夜不滅 望之者皆怪焉 此蓋先人之平昔也 自負文章聲勢 而恨不得提衡 居常鬱鬱 及登左諫議大夫 始受選銓之命 未開試席 天下暇年 奄然而逝 則其胸中憤氣 發而上衝者 未可知也.
43)『高麗史』列傳 15, 琴儀.
　　崔忠獻當國 求文士 有李宗揆者薦儀 遂詔事忠獻 歷剔華要……熙宗四年 以右副承宣掌試 取皇甫瓘等 瓘等謁忠獻 忠獻 贈隨從坊廂銀瓶各一事 怡亦贈銀瓶 又謁王 親賜酒果 仍觀各坊廂歌吹 命瓘等七八屬內侍 儀爲忠獻所昵 故待以厚禮如此……屢典貢擧 所選多名士 翰林曲有稱琴學士者是也.
44)『高麗史』列傳 15, 琴儀(pp.245~6), 金敞(p.251), 列傳 38, 朴暄(pp.710~711) 參照.

가 만류하여 중지했는데 崔忠獻이 이 사실을 알고 李奎報만 桂陽都護副使로 좌천시키고 琴儀는 불문에 붙인 일이 있다. 그후 李奎報도 崔氏政權의 철저한 신임을 받게 되었지만 그 이전까지는 조금만 과실이 있어도 혹독한 응징을 당했었다.

竹林七賢 중에서도 寬仁恭儉했던 趙通·皇甫坑·咸淳·李湛之 등은 큰 시련없이 평생을 마쳤으나 개성이 강했던 李仁老·吳世才·林椿 등은 전술한 바와 같이 시련을 겪었으며, 이들이 타계한 후에도 후세사람들이 그들을 당대의 最高文人으로 생각하는 것이 못마땅하여 이들을 貶下하는 작업을 진행하기도 하였다.

Ⅲ. 李奎報와 武臣政權

1. 李奎報와 崔氏政權

李奎報가 22세에 司馬試, 23세에 禮部試에 합격하여 官界에 진출할 수 있는 자격을 갖추었으나 40세에 直翰林原으로 權補되기까지 17년간 求官을 위하여 애태우며 수많은 낙망과 좌절을 겪기도 하고 뜻대로 안되는 世事에 失望하여 白雲이라 自號하고 杜門不出 陸沈하면서 詩酒로 울분을 달래기도 하였다. 이 기간이 비록 불운의 시기였지만 나이로는 年少氣銳한 二·三十代요, 그때까지의 학문연찬과 七賢을 비롯한 유명문인들과의 교유를 통하여 익힌 원숙한 文才가 개인적인 不運으로 갈리고 닦여서 詩와 文 공히 주옥같은 名篇을 창작하게 되어 문학적으로는 가장 찬연한 성과를 거두었던 시기였다.

李奎報가 과거에 합격한 후부터 29세까지는 武人 가운데도 가장 暴

惡한 李義旼의 집권기로서 정치·경제를 비롯한 사회 전반이 대 혼란
에 빠져 토지강탈·賄賂公行 등 무신의 횡포가 가장 심했고 각 지방에
서는 民亂과 盜賊의 봉기가 빈발하였다. 이러한 때에 섣불리 관계에 진
출하는 것은 虎穴로 들어가는 것이나 다름없으므로 李奎報는 한때 천
마산에 寓居하며 時勢의 推移를 정관하기도 하였다. 이때 지은 시에,

    我今來遁是亦晚   내 이제 여기에 와 숨었으나 이 또한 늦었으니
    二陰寢長方今知   이음이 차츰 자라고 있음을 이제사 알겠네[1]

하여, 小人의 상징인 두 陰爻가 밑에서 자라고 있어 세상이 어지러울
징조이므로(이는 당시 행패가 극에 달해서 세인들이 雙刀子라 칭했던 李義
旼의 두 아들 至純과 至光의 발호를 諷諭한 것으로 보인다) 君子는 이 괘
를 만나면 隱遁해야 한다는 周易 遯卦[2]를 빌어 자신의 은둔 이유를
밝히고 당시의 사회 혼란을 풍자하였다.

  이때(25세시) 白雲居士傳 및 白雲居士語錄을 지어 세속의 영욕에서
초월하여 완전히 자유롭고 환상적인 無何有之鄕의 정신세계에서 노닐
고 싶은 莊子類의 생각을 갖기도 하였으나, 혈기가 왕성한 20대 청년
인 그로서는 立身揚名하여 兼濟天下하고 싶은 강한 욕망을 떨쳐버릴
수가 없었다.

    同門皆振翮   동문들은 모두 다 드날리는데
    唯我尙搶榆   나만이 아직도 뒤처졌구나
    故苦容顏改   젊었던 얼굴은 변해가는데
    垂垂歲月徂   덧없이 세월만 흘러가네

---

1) 李奎報,『東國李相國集』後集 1,「寓天磨山有作」.
2)『易』遯卦 (䷠)
   天下有山遯 君子以遠小人 不惡而嚴.

…中略…
嘲龍多蝘蜓   용을 비웃는 도마뱀 많고
襲狗幾鼲鼩   개를 습격하려는 쥐들도 여럿이라오
…中略…
擬脫嬰身網   몸에 얽힌 그물을 벗어 버리고
歸安曳尾塗   진흙속에 꼬리끌며 돌아가 쉬리
…中略…
自嗟遭世晚   말세를 만난 것 스스로 탄식하니
人道與時迃   사람들은 때로 우활하다고 나무라네
雷雨初驚後   뇌우가 처음 내리게 되면
乾坤可滌無   천지를 씻을 수 없겠는가
…中略…
器識雖云淺   기국과 지식이 얕다고 이르지만
心肝要欲刳   마음속에 쌓은 포부 헤쳐 보이고 싶다오[3]

하여, 세월은 자꾸 흘러가는데 자신만이 벼슬길에 나아가지 못한 한스러움, 유능한 인재는 뒷전으로 밀리고 소인들이 날뛰는 부조리, 자신을 알아주는 사람이 없음 등을 원망하여 이런 세상 외면하고 은둔하고픈 심정을 토로함과 함께 벼슬길에 나아가 능력을 발휘하고 싶다고 말하기도 하여 정신적인 방황이 엿보인다.

이러한 방황은 29세시 崔忠獻이 李義旼 일파를 몰아내고 집권하면서 끝나고 求官을 위하여 적극적인 자세를 취하여 조정의 유력한 문신들에게 천거를 갈망하는 自薦詩를 지어 올려 벼슬자리를 구하였다.[4] 李奎報는 崔氏政權에 대하여 협력하는 것은 우국충정의 발로라고 스스로 생각하였다. 이에 대해 李佑成은

---

3) 全集 1, 「呈張侍郞自牧一百韻」.
4) 全集 7, 「上趙令公永仁幷序」「上任平章幷序」「上崔平章讜幷序」「上崔樞密詵」 등 參照.

崔忠獻은 鄭仲夫 일파와 많은 차이가 있었다. 정중부 일파가 舊貴族을 넘어뜨린 동시에 문화의 말살을 자행했음에 대하여, 崔忠獻은 新進士人을 보호 육성하여, 새로운 文化를 發芽케 한 셈이었다. 李奎報가 여러 文士와 함께, 崔忠獻의 저택에서 千葉榴花를 賦한 것이 崔氏政權에 접근하게 된 최초의 계기였다고 하거니와 崔忠獻, 崔怡 父子 兩代에 걸쳐, 그는 그의 文學으로 崔氏政權에 마음껏 협조했다. 後世에 史家들은 그를 崔家門客이라고 貶評을 했지만 당시 李奎報의 눈에 비치는 崔忠獻·최이 부자는 國家의 干城이며 民族의 支柱였다. 강화도를 보루로 몽고에 대한 장기항전을 지휘하는 崔氏政權을 李奎報는 충심으로 支持했던 것이다.5)

라 하여, 당시의 李奎報의 생각과 처신을 긍정적으로 평가하였다. 李奎報의 이러한 적극적인 노력이 주효하여 30세시인 丁巳年 12월 총재 조영인, 상국임유, 최선, 최당 등 네 대신이 직명으로 李奎報를 외기에 보하였다가 장차 文翰의 임을 맡기고자 추천 箚子를 올려 왕의 允許를 얻게 되었다. 그러나 이때 상식으로는 이해하지 못할 이변이 일어난다. 문신의 인사권자인 吏部尙書와 세 相國이 천거하여 王이 재가한 서류가 吏部로 돌아오지 않고 掌奏承宣 某人의 손에 들어가 행방불명이 된다.6) 이에 조영인도 그런 推薦箚子를 올린 일이 없다고 거짓 해명하면서 이 사건을 문제삼으려 하지 않는다. 그러면 이 사건이 과연 李奎報의 年譜에 쓰여진 대로 그에게 私感이 있는 일개 承宣이 단독으로 일으킨 것일까, 국왕의 재가까지 난 인사서류를 일개 承宣이 감

---

5) 李佑成,「東國李相國集解題」(『高麗名賢集』1) pp.4~5.
6)『東國李相國集』李奎報 年譜 丁巳(公年 30) 條.
　冬十二月日 冢宰趙永仁 任相國濡 崔相國詵 崔相國讜 聯名上箚子薦公 請補外寄 以備將來文翰之任 上遂允可 掌奏承宣某 以嘗有微憾 至是奪箚子 不付吏曹 佯稱忽失 冢宰亦以箚子不付爲解 便不調之.

추어 시행이 안되고, 이런 행위를 자행한 사람이 아무 처벌도 받지 않
았을 뿐 아니라 인사권자인 조영인은 그 사건을 규명하기는커녕 그런
箚子를 왕께 올린 일이 없다고 발뺌을 한다. 이는 국왕의 결재서류도
무시하고 그 시행을 막을 수 있는 거대한 세력이 배후에서 작용한 것
으로 보아야 할 것이며 당시 이런 세력을 가진 자는 崔忠獻 뿐이었다.
즉 崔忠獻이 문신 재상들도 모르게 극비리에 대궐에 심어 놓은 心腹
承宣이 崔忠獻의 명을 받아 문신의 독자적인 인사조치를 막기 위하여
최초로 행한 일이 李奎報의 임명서류를 없앤 것이다. 이를 간파한 문
신 四相들은 이에 감히 이의를 제기하지 못하고 스스로 발뺌하기에 급
급하였고, 모처럼 宦路에 오를 好機가 도래했다고 雀躍하던 李奎報는
이런 어이없는 사태에 절망과 분노를 나타내게 되었다. 이에 조영인에
게 편지를 보내어,

　　그러나 각하께서는 저의 부족함을 모르시고 헛된 명성을 잘못 들어 크
게 眷遇를 더하셔서 兩府의 세 相國과 함께 職名으로 箚子를 올려 王께
천거하여 郡職에 補하였다가 將來에 점차 擢用하고자 하셨습니다. 允許
의 詔書가 이미 내렸지만 吏府에 회부하기 전에 홀연히 은술잔이 날개가
돋아 날아가듯 사라져버려 조정의 사람들이 이를 알고 손가락을 퉁기며
탄식하고 의아하게 여기지 않는 이가 없음을 相國閣下께서도 또한 들으
셨을 것입니다. …… 宰相이 건의한 것은 본래 경홀히 취급할 수가 없는
것인데 건의한 재상 또한 한두 명이 아니었으며, 건의한 내용도 한 선비
를 천거하여 많은 사람을 고무시키고자 한데 본뜻이 있으므로 意義가 큰
것이었습니다. 上께서 允許하지 않았다면 그만이지만 윤허했는데도 중간
에 이러저러했다는 것은 掌奏者의 못된 행동이므로 반드시 罪를 주어야
합니다.[7]

---

[7] 全集 26,「上趙太尉書」
　　然閣下 不知僕之不肖 過聽虛名 大加眷遇 嘗與兩部三相國(兩崔・任相國) 聯

省樞의 여러 相國께서 함께 箚子를 올려 변변치 않은 저를 추천해 주셔서 制書가 내려왔는데 중도에 갑자기 철회되었으니, 마치 못에 놓아주라는 잉어가 圉人의 솥안으로 들어가고, 왕에게 바치려던 고니가 使者의 조롱속에서 도망친 것과 무엇이 다르겠습니까. 이는 朝野의 모두가 한탄하는 바요 저만의 한탄이 아닙니다. (中略) 아! 하늘이 살피는 바이니 각하 또한 살펴 주십시오.[8]

라고 안타까이 여기며 이 일을 문제삼지 않으려는 태도를 공박하고, 국가의 기강을 바로잡기 위해서라도 承宣을 처벌해야 마땅하다고 주장하였지만, 이는 사건의 배경을 간파하지 못한 소치로서 아무리 高位 文臣이라도 어쩔 수 없는 상황이었다.

그러면 崔忠獻은 무엇 때문에 李奎報의 任命을 방해하였을까. 19세부터 竹林高會 문인들과 어울렸고, 술만 먹으면 분기가 폭발하여 放曠狂狷하다는 평을 듣는 李奎報를 文才가 있다는 이유만으로 등용하고 싶은 생각은 없었을 것이며, 이 기회에 문신 임명에 대한 영향력을 확보하여 자신에게 접근하지 않는 문신들은 벼슬을 할 수 없다는 것을 보여 주려한 것이다. 이 사건은 李奎報에게 귀중한 교훈이 된 듯하다. 宦路에 오르려면 문신들과의 교유도 필요하지만 집권자 崔忠獻의 인정도 받아야 되고 放曠하다는 世評도 拂拭시켜야 함을 깨달은 것이다.

名拜箚子 薦於明天子之耳目 乞補郡職以作將來擢用之漸 兪詔已降 未及付銓曹 而忽若銀杯羽化者 朝廷士林莫不知之 有彈指歎訝者 相國閣下亦曾聞之矣.(中略) 噫 宰相所奏 固不可輕 宰相亦非一二公 而其所奏 亦本於薦一士以勸百人之義 而意非淺淺者 若主上不允則已 上旣允可 而中間云云 則是掌奏者之無狀也 罪必有歸矣.

8) 全集 7,「重上趙令公」
愚伏蒙 省樞諸相國同上箚子薦達鯫生 制書已降 中路遽移 此何異放生之魚反入圉人之鼎 將獻之鵠 忽亡使者之籠 是朝野所共歎也 非獨愚之歎也(中略) 噫 天察之閣下亦察之.

이에 자신의 宦路에 영향을 끼칠만한 有力者들을 찬양하는 시를 계속 써 보내고 放曠·傲慢하다는 여론에 대하여, 이제까지 狂狷한 행동을 한 것이 사실이지만 이는 재능을 발휘할 수 없는 忿懣이 술로 인해 폭발한 것이니 벼슬만 얻는다면 저절로 해소되리라고 해명도 하고 반박도 하였다.[9]

李奎報는 자신의 관계진출이 거의 이루어졌다가 무산된 것이 권신 崔忠獻의 용훼 때문임을 뒤늦게 깨닫고 崔忠獻에게도 접근을 시도한 듯 하다. 李奎報의 家系도 무신들과 전혀 무관한 관계는 아니어서 숙부 李富는 大將軍이 되어 조위총란의 잔당을 토평한 일도 있으므로[10] 그런 연고를 이용하여 崔忠獻에게 접근했을 가능성도 있다. 이러한 노력으로 드디어 崔忠獻의 저택에서 벌어진 詩會에 참여할 好機를 얻게 된다. 李奎報는 32세되던 己未年 5월 知奏事相公(崔忠獻)댁에 千葉榴花가 만발하자 賓客을 招致하여 구경시키고 시인 李仁老·咸淳·李湛之와 李奎報를 불러 시를 짓게 하였다. 李奎報는 이에 知奏事께 감사하는 시를 지어 바쳐서, 崔忠獻의 위업은 南山의 대를 모두 베어다가 붓을 만들어 그 공을 기록한다 해도 모자란다고 아첨하면서, 이 詩會에 참여한 영광은 百越人(南蠻人)이 章甫(예복)를 입은 듯하여(야만인이 갑자기 신사가 된 듯하여) 妻子들도 나를 다시 보고 벗들도 출세길이 열렸다고 축하해 준다고 감격해 하였다.[11] 그 뒤 崔忠獻은 주변사람들에게, "요즈음 文臣 四相國이 某人을 추천하려다 이루지 못하고 箚子를 빼앗은 사람도 있다는데 文人들은 서로 시샘함이 이와 같다."하고 李奎報를 등용할 뜻을 갖게 되어 6월 頒政때 全州牧使錄兼掌書記로 補하

---

9) 全集 20,「狂辯」, 全集 26「呈尹郞中威書」參照.
10)『高麗史』20, 世家 明宗 9年 4月條(上, p.402) 參照.
11) 全集 9,「謝知奏事相公見喚命賦千葉榴花幷序」參照.

였다.12) 즉 李奎報의 적극적인 對崔忠獻 접근과 有爲한 문사를 자기 수하에 두고자 하는 崔忠獻의 정책이 합치되어 己未年 5월에 崔忠獻과 만나게 되고 6월에 大望의 벼슬길에 오르게 된 것이다.

이 사실을 통하여 崔忠獻은 집권 초기부터 文臣의 人事에 陰性的으로 干與하기 始作하였고, 自身과 인연을 맺고 굽히고 들어오지 않는 文臣은 등용하지 않았으며, 李奎報가 詩會에 참석한 것을 친구들이 출세의 계기로 보고 축하한 점으로 보아 집권 4년 후에는 이 사실을 모두 알고 있었지만, 崔忠獻 자신은 왕실에 잠복시킨 심복의 노출을 아직도 꺼리고 있었음을 알 수 있다.

崔氏政權의 문신 인사에 대한 간여는 그 후 점차 노골화하였다.

　　崔忠獻은 왕을 마음대로 폐하기도 하고 세우기도 하며 늘 부중에 머물면서 그의 僚佐들과 함께 양부의 정안을 직접 사취하여 자의로 전주를 행한 후 그의 당여로 승선이 된 자에게 주어 왕께 보고하게 하면 왕은 어쩔 수 없이 그대로 따랐다. 충헌의 자손인 怡·沆·誼까지 4대동안 정권을 잡으면서 이런 일이 상습화되었으며, 그 승선을 政色承宣이라 하고 僚佐로 이 일을 맡은 자 중 三品을 政色尚書, 四品以下를 政色小卿이라 하고 그 밑에서 보좌하는 사람을 政色書題라 하였으며 이들이 모여 사무를 보는 곳을 政房이라 하였는데 이는 곧 府中의 私稱이다. 平章事 琴儀·首相 金敞·尚書 朴暄을 비롯한 여러 명사들이 이곳을 거쳐 진출하였는데 당시 이를 영예로 여길 뿐 수치스러운 일임을 알지 못하였다.13)

---

12) 全集「年譜」己未(公年 32歲) 條.
　　五月知奏事相公宅(後爲晋康公) 千葉榴花盛開 召賓客賞之 因致詩人李仁老 咸淳李湛之及公賦之 後一日偶謂左右曰 聞文儒四相薦某不遂 又有奪箚子者 因曰文人相疾如此 於是始有用公之意 夏六月頒政 補全州牧使錄兼掌書記.
13) 李齊賢『櫟翁稗說』前集 一, 第8話.
　　崔忠獻擅廢立 常居府中 與其僚佐 私取政案 注擬除授 授其黨與爲承宣者 入白于王 王不獲已從之 忠獻之子怡孫沆 沆之子誼 四世秉政 習以爲常 其承宣

한 것으로 보아, 王은 허수아비에 불과하여 정방에서 회부한 注擬를 可하다고만 할 수 있을 뿐이요 拒否하지는 못하였으며, 崔瑀가 집권하면서 이 제도는 완전히 공식화하여 百官이 政房에 가서 정식으로 年例任免에 관한 이유서인 政年都目을 바치는 의식을 거행하게까지 되었다.

 李奎報는 어렵게 얻은 全州牧使錄의 지위를 강한 個性과 僚友들과의 不和 때문에 1년 6개월만에 임기도 채우지 못하고 박탈당한 후 東京 軍幕의 兵馬錄事로 약 1년 4개월간 있었던 것을 제외하고는 39세까지 失職者로 지내게 되었다.

 東征軍幕에서 凱還한 후 史館・翰院・國學 등의 儒官들이 인물을 천거할 때는 매년 李奎報를 首望으로 올렸고, 崔忠獻의 左右에서도 칭찬하는 사람이 많았으므로 충헌도 衆人의 뜻을 계속 어기기가 어려워 등용할 생각을 갖게 되었지만, 重望을 받아들여 등용했다고 믿게 하기보다는 자신과의 인연을 계기로 등용되었다고 생각하기를 바랐다. 그때 마침 그의 茅亭이 준공되매 李仁老・李元老・李允甫 등과 함께 茅亭記를 짓게 하여 심사한 결과 李奎報가 지은 것이 제일로 뽑혀 上板釘壁하게 되니 이를 계기로 丁卯年(40세) 12월 直翰林院에 權補되었다.[14] 이에 李奎報는 뛸 듯이 기뻐서,

---

謂之政色承宣 僚佐之任此者 三品謂之政色尙書 四品以下謂之政色小卿 持筆橐從事於其下者 謂之政色書題 而其所會謂之政房 斯乃府中之私稱也 若琴平章儀 金首相敞 朴尙書暄諸名士 皆由是以進 當世榮之 莫知其爲可羞也. 『高麗史』75, 志 29, 選擧 3에도 이와 유사한 내용이 수록되어 있다.

14) 全集「年譜」丁卯(公年 40)條.
 冬十二月 權補直翰林院 公旣陸沈杜門不出 然每歲史館翰院國學等儒官薦人 常以公爲首 又左右多有揄揚者 晋康侯重違衆志 有用之之意 嫌其無因 時方構茅亭 命李仁老李元老李允甫及公作記 仍使儒官宰相四人科 公爲第一 獨上板釘壁.

뜻밖에도 영공각하께서 넓으신 도량으로 지난 날의 흠(전주사록에서 파면당한 일)을 씻어버리고(中略) 군침 흘리는 악어의 입에서 놀란 넋을 거두어 주시고, 수레바퀴 자국에 생긴 웅덩이에서 말라죽게 된 붕어에게 물을 부어 살려내듯 과분하게 無用之才를 代言의 자리에 발탁해 주시니 쌓인 울분이 하루 아침에 풀리게 되었습니다. 天地가 저를 낳아 주셨으나 내 몸을 윤택하게는 못하였고, 父母가 저를 길러 주셨으니 날개를 붙여 주지는 못하였으니, 무릇 저의 인생은 모두 공께서 생성해 주신 것이라고 하겠습니다.15)

하여, 세상사에 미숙하여 첫 번째 벼슬인 전주사록에서 파면당한 자신을 仁明鏡察之智로 다시 등용하여 代言의 職을 맡긴 데 대하여 天地나 父母에게보다도 더욱 큰 은혜를 입었다고 황공해 하면서 誠心을 다하여 職分을 행하고 忠心으로 崔忠獻을 받들 것을 맹세하였다.

그후 崔忠獻·崔瑀 부자에게 그의 文才를 강하게 인식시킬 기회가 다시 도래하였다.

12월 崔忠獻의 子 崔瑀가 夜宴을 크게 설하여 縉紳貴介들이 모두 모였는데 공은 八品 微官으로 이에 참여하였다. 夜半에 이르러 崔瑀가, "君의 走筆에 대하여 소문은 들었지만 직접 보지는 못했으니 오늘 시험해봄이 어떻겠는가"하면서, 李仁老에게 운을 부르게 하고, 「燭」으로 詩題를 삼았는데 40여운의 장시를 走筆立成하니 우가 감탄하기를 마지 않았다. 이튿날 우는 그 시를 가지고 崔忠獻에게 가서 그의 능력을 한번 시험해 보기를 거듭 청하여 허락을 받은 후 庭中에 노닐고 있는 孔雀을 시제로 하여 賦詩하게 하고 琴儀에게 40여운을 부르게 하였는데 붓을 일순도 멈

---

15) 全集 27,「上晋康侯謝直翰林啓」
豈意令公閣下 恢弘大度 洗滌舊瑕 (中略) 牧驚魄於流涎之鰐口 霈滋澤於在轍之鮒鱗 過收無用之才 擢置代言之地 積年之屈 一旦方伸 天地生我而未澤其身 父母育我而未傳其翼 凡曰 吾之喘息 一皆公所生成.

추지 않고 단숨에 成句하니, 이를 지켜보던 崔忠獻이 감탄하여 눈물을 흘렸다. 公이 물러나고자 하니 희망하는 관직을 묻기에, "제가 지금 八品이니 七品을 제수해 주시면 족하겠습니다."하였는데 옆에서 瑀가 參職을 요구하라고 눈짓하였으나 듣지 않았으며, 12월 頒政 때 七品을 뛰어 司宰丞(從六品)을 제수하였다.16)

이 사건을 계기로 권신 崔忠獻 부자(특히 瑀)에게 출중한 문재를 인정받게 되어 후일의 입신에 큰 힘이 되었으며 특히 이때부터 崔瑀의 권우는 지극히 돈독하였다. 그때 우가 참직을 요구하라고 누차 종용했는데도 칠품관의 제수를 요청하는데 그친 것은 집권자로 하여금 방광하다는 인식을 불식하고 근실한 사람으로 생각하게 하려는 계산이 있었을 것이며, 또한 집권자에게 탁월한 문재를 인정받은 이상 굳이 승진을 서두를 필요도 없었을 것이다.

을해년(48세) 6월에는 崔忠獻에게 「求參職階梯」를 지어 올리고 右正言知制誥(正六品)가 되었다가,17) 을해년(49세) 右司諫知制誥로 옮겼고,

---

16) 全集 「年譜」癸亥(公年 46歲) 條.
十二月 晋康侯嗣子相國 大設夜宴 召縉紳貴介赴座 公獨以八品微官蒙召豫焉 及夜半 相國謂曰 聞君走筆 未之見也 今日成之何如 因使李仁老唱韻 多至四十餘韻 以燭爲題 命名妓硏墨 及成 相國大嗟賞不已 明日將其詩詣府 白於侯 請召試其能 侯初不肯之 再三白之 然後召之 及到 相國曰 此者不飮則不得如意 卽命捷步者 往其宅取酒來 未及到侯已置酒觴之 相國又曰 此者醒醉中 然後可也 乃計箋飮之 至曛乃率詣侯前 侯前有筆匣 筆有十餘事 相國親擇善者授之 時座中有孔雀遊獻 侯以其雀爲題 使琴相國唱韻 多至四十餘韻 筆不容一瞬 侯嘆息至垂涕 及欲退 侯曰 子若望官 則言所志 公曰吾今八品 除七品則足矣 相國屢目之 意欲令直望參官 其日相國還第 召讓曰 子之望官何劣也 何不以參官爲望也 公曰 予志也 及十二月 越七品 除司宰丞.

17) 全集 「年譜」乙亥(公年 48) 條.
夏六月 公作詩求參職階梯 晋康侯將其詩 出示其府典籤宋恂曰 此子志高者也 應不以階梯爲望 權屈而言之耳 若奏上直除參官則想其志謂何也 恂曰 然

同年 가을에 停職을 당하였다. 이때에 崔忠獻이 결정한 某種의 事案에 대하여 省中에서 批評이 있었던 듯하다. 이에 진노한 崔忠獻은 中書門下省의 胥吏를 불러 詰問하였고 겁에 질린 서리는 비평한 사람이 李奎報라고 잘못 보고하여, 崔忠獻 앞에 불려가 준렬한 꾸지람을 듣고 위축되어 변명 한마디 못하고 억울하게 停職을 당한 것이다. 이에 李奎報는 崔忠獻에게 글을 올려,[18] 議案을 세워 발론하는 것은 郞官의 직분이므로 죄줄 일이 아니며 發論者는 다른 사람인데 엉뚱하게 누명을 입었으니 거울같은 明鑑으로 曲直을 분별하여 誣枉을 씻어달라고 懇願하였다. 그 뒤 누명을 벗고 곧 復職된 듯하며 이듬해 정월에는 左司諫으로 옮겨졌다.

기묘년(52세) 봄에는 다시 탄핵을 당하여 면직되었다. 전년 12월 외방의 수령들 중에 팔관하표를 미처 올리지 못한 자들이 있자 李奎報가 이를 문책하려 하였으나 相國 琴儀가 만류하여 중단했는데, 이때에 崔忠獻이 이 사실을 알고 琴儀와 李奎報를 탄핵하였다. 그후 琴儀는 용서되고 李奎報는 파직당했다가 4월에 外職인 桂陽都護府副使 兵馬鈐轄로 左遷되었다.[19]

이는 崔忠獻의 대 문신 인사정책이 어떠했는가를 나타내는 단적인 예이다. 마땅히 문책당해야 할 琴儀는 용서되어 元職에 그대로 남아있고 李奎報만이 左遷된 것은 能力과 功過에 따라 승출을 행한 것이 아니요, 자신과 얼마나 가까운 관계에 있는가가 기준이 된 것이다. 琴儀

則其喜不可言 亦衆望也 及下批 爲右正言知制誥.
18) 全集 27, 「上晉康公書」 參照.
19) 全集 「年譜」己卯(52歲) 條.
   春 公避勅免官 前年十二月日 外方八關賀表有不及進呈者 公欲彈之 琴相國 固止之 至是月 晉康侯考其由 卽勅相國及公 相國見元 而公獨免官 四月出爲 桂陽都護府副使兵馬鈐轄.

는 崔忠獻의 政房 출신으로 측근중의 측근이므로 용서된 것이요, 李奎報는 아직 그만한 측근으로는 인정을 받지 못하였으므로 좌천을 당한 것이다. 이에 李奎報는,

    失路忽從天上落   벼슬길 잃으니 하늘에서 떨어진 것 같아
    登瀛飜似夢中遊   신선세계에서 놀던 일 꿈결같도다.
    一言見訊千金重   위로의 말 한마디 천금보다 중하고
    三黜忘懷萬事休[20]   세 번이나 쫓겨났으니 만사가 그만일세.

라 하여, 하늘에서 떨어진 듯, 선계에서 속계로 전락한 듯, 이제 만사가 끝장난 듯이 절망하였다. 그러나 고통스러운 계양태수생활 1년 3개월만에 李奎報에게는 다시 한 번 행운이 찾아왔다. 즉 권신 崔忠獻이 죽고 李奎報를 더욱 신임하던 崔瑀가 국권을 잡은 것이다. 崔忠獻도 李奎報의 재능을 인정하여 임용해주고 특별히 승진도 시켜 주었지만 그의 성격이 방광하여 검속에 소홀하다는 인식이 남아 있어서 조그만 결점만 나타나도 가차없이 벌을 주었다. 이런 崔忠獻이 死去하고 眷遇가 돈독한 崔瑀가 집권자가 되었다는 것은 다시 雄飛할 기회가 온 것이며 李奎報도 이 기회를 놓치지 않고 이용하였다. 이에 즉각 崔瑀에게 글을 올려 지금까지의 각별한 보살핌에 謝意를 표하고 오직 절개를 지켜 奉公하다가 죄없이 有司의 탄핵을 받아 지방관으로 左遷된 자신을 빨리 불러달라고 간청하였다.[21] 이것이 주효하여 庚辰年(53세) 5월 試禮部郎中起居注知制誥(正五品)로 召命을 받고 품계가 올라서 京師로 되돌아왔으며,[22] 李

---

20) 全集 14, 「次韻吳拾遺夢林以詩見唁」 二首中 第二.
21) 全集 15, 「上崔相國幷序」 參照.
22) 全集 「年譜」庚辰(53歲) 條.
   夏六月 以禮部郎中起居注知制誥見召 (中略) 前年九月 晋康公薨 嗣子相國 代秉政權 故有是命.

奎報의 年譜에도 崔忠獻이 죽고 아들 瑀가 대신 정권을 잡은 까닭에 이런 召命이 있게 되었다고 하였으니 이것이 這間의 事情을 나타낸 것이다.

그후 10년간은 순탄한 승진을 거듭하였다. 그러나 八關會 行使는 李奎報에게 魔가 끼어 있었던 듯, 庚寅年(63세)에 王을 모시고 八關會의 잔치를 열 때 規例에 어긋난 일이 있었는데 이것은 樞密 車倜이 시킨 것이었다. 이에 知御史臺事 王猷가 집사자를 몹시 꾸짖었는데 車倜은 王猷가 宰相을 꾸짖었다고 오해하여 王께 아뢰었고, 그때 마침 李奎報와 左丞相 宋恂도 그 자리에 있었으므로 그 일을 부추겼을 것이라고 의심하여 모두 遠島로 流配하였다. 李奎報는 이해 12월 蝟島로 유배되었다가 一個月만에 고향인 黃驪로 量移되었고, 辛巳年 7월 散官으로 京師로 돌아와 外國에 보내는 書表 등을 도맡아 지었다. 그후 壬辰年(65세) 4월 復職되어 正議大夫 判秘書省事 寶文閣博士 知制誥에 除授되었으며 崔瑀의 각별한 恩顧를 입으며 70세에 門下侍郎平章事(正二品)로 致仕하였다.

즉 崔瑀 집권시대에는 최씨 정권의 看板格인 文人으로서 致仕後까지 殊遇를 받으며,23) 崔忠獻을 李尹·周公·齊桓公·晋文公보다 위대한 공적을 남겼다고 찬양하기도 하고, 그 시대를 泰平盛世로 표현하며,24) 몽고의 침입으로 강화로 천도한 시국의 긴박성을 외면하고 崔瑀의 공적을 극찬하며 그의 호사 방탕한 생활을 옹호하였고,25) 崔瑀와 李奎報 사이의 이런 관계는 종신토록 계속되었다.26)

李奎報는 최씨의 집권후 관계에 진출하여 崔忠獻·崔瑀의 恩威를

---

23) 後集 9,「謝晋陽公送龍腦及醫官理目病」,「又謝晋陽公送白粲幷序」參照.
24) 全集 19,「晋康侯別第迎聖駕次敎坊呈瑞物致語幷序」參照.
25) 全集 19,「故戶部尙書檜谷居士朴公仁碩眞贊幷序」參照.
26) 後集 8,「次韻侍郎上晋陽公女童詩呈令公幷序」,「復次韻李侍郎見和」參照.

겸한 對文臣政策에 철저히 馴致되어 迂闊直方・放曠無檢하던 성격이 謙恭해지면서 崔氏政權에 적극적으로 協力하고 忠誠을 다하는 文人이 되어 文翰의 任을 獨擔하고 外國과의 交聘이나 徵誥文字가 대부분 그의 손으로 쓰여졌던 것이다.

2. 補閑集 編纂과 李奎報

崔滋는 『補閑集』 序에 補閑集의 편찬동기를 다음과 같이 밝혀 놓았다.

> 學士 李仁老가 名章秀句를 대강 모아 책을 만들어 破閑集이라 했다. 晋陽公(崔瑀)은 그 책의 내용이 광범하지 않다고 생각하여 나에 이어 보충하도록 명하였다. (中略) 3권을 만들었으나 雕板할 겨를이 없었는데 지금의 侍中上柱國(崔沆)이 先人의 뜻을 追述하려고 그 책을 찾기에 삼가 써서 바친다.[27]

하였다. 이것으로 보아, 『補閑集』은 집권자 崔瑀의 명으로 파한집의 未廣함을 續補하기 위하여 쓴 것을 그 아들 崔沆이 간행한 것임을 알 수 있다. 著者인 李仁老가 스스로 中外의 題詠으로 博奕보다는 나은 정도의 가치밖에 없는 거들을 모아 編次한 것이라고 한 『破閑集』에 崔瑀는 무슨 까닭으로 이토록 관심을 가지고 續補를 명한 것일까? '其書未廣'이라고 불만스럽게 여긴 이유는 무엇일까. 『破閑集』에는 82종의 詩逸話・詩評・詩論 등이 수록되어 있는데 著者自身 및 그의 家門

---

27) 崔滋, 『補閑集』 序.
……然而 古今諸名賢 編成文集者 唯止數十家 自餘名章十家 自餘名章秀句 皆湮沒無聞 李學士仁老 略集成編 命曰破閑 晋陽公以其書未廣 命予續補 (中略) 爲三卷 而未暇雕板 今侍中上桂國崔公 追述先志 訪採其書 謹繕寫而進.

자랑이 33話이고 林椿이 6회, 吳世才가 1회, 咸淳 4회, 李湛之 3회, 趙通 1회 등 자신과 가까이 교유했던 竹林七賢系 文人에 관하여 언급한 것까지 합치면 전체의 약 반인 40話가 된다.[28] 이러한 『破閑集』만이 세상에 유포된다면 崔氏政權의 冷待를 받았고 武臣政權에 好感을 갖지 않았던 文人 爲主의 七賢系 文人들이 當代의 文學을 主導한 것으로 알려질 것이므로, 執權者 崔瑀가 『破閑集』은 七賢系 文人의 자랑에 치우쳐서 當時의 文壇을 公正하게 반영하지 못한 偏頗的인 것으로 보게 되어 이의 是正을 위한, 같은 형식의 새로운 詩話集의 편찬을 崔滋에게 命한 것이고, 崔瑀의 이런 견해가 『補閑集』편찬의 지침이 되었던 것이다. 즉 七賢系 文人을 貶下하고 崔氏政權에 적극 협력 추종하면서 文名도 놓았던 李奎報를 부각시키려는 목적을 가지고 편찬한 것이 『補閑集』이다. 崔滋는 文才도 있고 李奎報에게 이런 임무의 적격자로 인정되어 『補閑集』편찬의 명을 받게 된 것이다.

竹林七賢 중에서도 武臣政權하에서 가장 핍박을 당한 林椿·吳世才와 능력에 상응하는 대우를 받지 못했던 李仁老 등 3인중 李仁老와 林椿을 주로 배격한 것이 『補閑集』의 특징이며, 이는 당시 집권층의 의도를 그대로 반영한 것이다.

上侍 閔湜이 李奎報에게 당부하기를, "선비는 마땅히 謙恭畏愼을 목표로 노력해야 하는데도 林椿이 恃才傲物하다가 끝내 과거에 한번 급제도 못해보고 窮困하게 살다가 죽었다"[29]고 한 말에서 崔氏執權시

---

28) 한 이야기 속에 數人을 언급하는 경우가 많으므로 眉叟와 七賢系 文人을 언급한 回數의 누계와 차이가 생긴 것임.
29) 全集 26,「上閔上侍湜書」
……方從容笑談間 再三目予曰 士當以謙恭畏愼爲志 近世有詩人林椿者 恃才傲物 竟不登一第 至窮餓而死 觀子之才 不後林生 常謙恭卑損 略無怠傲之色 又觀相貌充澤 必當遠到者.

대 집권층의 對林椿觀을 엿볼 수 있다. 즉 재주만 믿고 남에게(특히 高官에게) 굽히지 않고 아부하지 않는 林椿類의 처세로는 절대로 출세할 수 없었고, 항시 謙恭畏愼한 자세를 취해야만 宦路에 진출할 수 있었던 것인데, 李仁老는『破閑集』에서 이러한 林椿을 극찬하고 그의 死後에는 遺稿를 모아서 文集(『西河集』6권)을 편찬해 주기도 하였다.

과거에 급제하여 仕宦할 자격을 갖춘 吳世才에 대하여도 李仁老는 글을 올려 三次나 천거하였으나 끝내 관직을 얻지 못하고 東京 外家에서 기식하다가 窮困하게 생을 마치고 말았는데 그 이유가 재능과 학식은 뛰어났지만 방자하고 단정하지 못하다고 인식되었기 때문이라 하였다.[30]

이러한 국외자들을 극찬하고 崔氏政權에 적극 협력했던 문인들을 거의 무시한『파한집』만이 세상에 유포된다면 崔氏政權의 이미지가 손상될 것을 우려하여 이에 맞설 만한 동류의 시화집을 편찬하게 한 것이『補閑集』이다. 李仁老의『파한집』과 崔滋의『補閑集』에서 林椿과 吳世才를 각기 어떻게 보았는가를 살펴보자.

1) 林椿에 대한 評

李仁老는, 蘇東坡・黃山谷이 用事에 능하여 그들이 인용한 고사가 시속에 무르녹아 전혀 억지로 꿰매어 맞춘 흔적이 없어서 西崑體의 창시자인 李商隱보다도 뛰어났는데, 林椿 역시 그 묘리를 터득하여 그의 시가 널리 전파되어 인구에 회자되니 진실로 蘇・黃 등의 고인에 부끄러울 것이 없다고 林椿의 탁월한 用事能力을 극찬하고,[31] 林椿의 用事는 옛사람이 이른바 '蠶金結繡 而無痕迹'이라 한 말에 걸맞는다고

---

30)『高麗史』列傳 李仁老附吳世才.
　　性踈雋不容於世 仁老三上書薦之 竟不得官 僑寓東京 窮困而卒.
31) 李仁老,『破閑集』下, 第4話 參照.

칭찬하였다.32) 즉 林椿을 소·황에 비견할 정도로 用事에 탁월한 재능을 발휘하였고, 심(진정)을 진솔하게 표현할 줄 아는 훌륭한 시인으로 보고 '내 친구 耆之'라고 호칭하여 돈독한 우의를 나타내고 있다.

이에 반하여 崔滋는, 林椿과 李奎報의 「睡起詩」를 비교하면서 이 시가 경책이 된다고 하여 임시를 이 시의 아래에 놓았고,33) 林椿이, "당대에 東坡의 경지에 이른 고려 시인은 自身과 李仁老 뿐"이라고 한 데 대하여 이를 부인하고, 李仁老의 시는 『東坡集』속에서 어느 때는 한 구를 그대로 따다 썼지만 李奎報는 4·5자도 따다 쓴 일이 없으나 豪邁한 기상과 富贍한 문체는 동파의 경지와 부합한다고 하여,34) 동파의 수준에 이른 시인은 林椿·李仁老가 아니라 李奎報라고 하였으며, 林椿을 더욱 혹평하여, 椿이 古人體를 터득하여 문장을 지었다고 世人들이 알고 있지만 고인의 말을 수십자씩 연이어 표절하여 자신의 문장에 썼으므로 고인의 체를 터득한 것이 아니라 그 말을 빼앗아 쓴 것이라고 하였고, 이례적으로 아무런 경칭도 붙이지 않고 '椿'이라고 맨이름으로 표기하여 그를 경멸하였다. 즉 동파의 경지에 이른 시인은 李奎報 뿐이요, 李仁老와 林椿은 동파의 시문을 표절한 사람들이라고 매도하였는데 이는 崔滋의 개인 견해라기보다 집권층의 견해를 대표한 것으로 보아야 한다.

2) 吳世才에 대한 評

李仁老는, 귀천빈부와는 관계없이 스스로 일정한 가치를 가진 것이

---

32) 같은 책 下, 第8話 參照.
33) 崔滋, 『補閑集』 中, 第17話 參照.
34) 같은 책 中, 第18話 參照.

문장이요, 문장의 가치는 어떤 힘으로도 가릴 수가 없으므로 평생을 곤궁하게 살다가 죽은 吳世才도 그 문장만은 후세까지 빛날 것이라고 하였다.35)

이 말이 비록 吳世才의 훌륭한 문재를 찬양한 것이지만 그 내면에는 훌륭한 문인이 응분의 대우를 받지 못하는 당시의 사회 현실에 대한 비판이 내포되어 있으며 吳世才를 표면에 내세우고 자신의 불만도 함께 토로한 것이다.

崔滋는, 당시의 유명한 문인 안순지가 吳世才를 칭찬하고 李奎報도 吳世才를 칭모하였다고 하고,36) 송인들도 吳世才를 찬양하였으며,37) 吳世才의 시를 보고 탄복하기를 마지않았던 안순지가 李仁老만은 몹시 경멸하고 폄하하였다38)고 하였다.

李仁老와 崔滋가 吳世才를 찬양함은 공통이었으나, 李仁老가 그의 궁질을 강조한 데 비하여 崔滋는 탁월한 시재를 더욱 강조한 것이 대조적이며 李仁老의 시문이 吳世才만 못했음을 안순지의 말을 빌어 강조하였다.

칠현중의 일인인 吳世才에 대하여 李仁老가 찬양과 동정을 표시한 것은 당연하나 崔滋가 극찬한 것은 무엇 때문인가. 吳世才가 중인이 공인하는 훌륭한 시인이었음이 첫째 이유이겠지만, 崔滋의 은인인 李奎報에게 심대한 영향을 끼친 吳世才를 폄하하는 것은 崔氏執權시대의 간판격 문인인 李奎報의 師承關係를 훼손시킬 염려가 있으므로 崔滋도 吳世才만은 긍정적으로 언급한 것으로 보인다.

---

35) 李仁老,『破閑集』下, 第22話 參照.
36) 崔滋,『補閑集』上, 第44話 參照.
37) 같은 책 上, 第46話.
38) 같은 책 中, 第24話.

3) 補閑集에서의 李奎報와 李仁老의 比較

이 표는 補閑集에서 李奎報와 李仁老를 비교한 부분만을 초록한 것이다.

一連番號	典據	李奎報詩에 대한 評	李仁老詩에 대한 評	備考
①	中卷 第8話	新意入妙…辭趣深勁	主語淸婉…此所謂喩中之喩也	兩人이 任京謙의 寢屛을 읊은 詩에 대한 評
②	中, 9	形容甚工	句句皆用事	兩人 및 金富軾의 動物詩評 (體物之作 用事不如言理 言理不如形容이라 함)
③	中, 10	出自新趣	奇辭妙意 全用南華篇	兩人 및 金克己의 庭園詩評
④	中, 11	不用事 不取比 直穿天心而已	用龍陽事 此詩家意外之喩 警策	兩人 및 諸人의 菊花詩評
⑤	中, 12	率不用事 蓋尙新意耳	但言李不言花 雖用事深何工	兩人 및 諸人의 花詩評
⑥	中, 16	驚於心	驚於眼…然水盆白沙 宜養蒼蒲非養竹 學士但韻語淸婉 而忘其意	兩人의 盆竹詩評
⑦	中, 18	無四五字奪東坡語 其豪邁之氣 富贍之體 直與東坡肳合	或有七字五字從東坡集來	兩人의 詩와 東坡詩의 관계
⑧	中, 20	言人情…言簡意新	弄天機…言蟬甚詳	兩人의 王昭君詩 및 蟬詩評
⑨	中, 24	見文順公文藁 作小序略云 發言成章 頃刻百篇 天縱神授 淸神駿逸 人以公爲李太白 蓋實錄 然以僕言之 其 醉吟之際 狂海蕩然 錦腸爛然 卽已相類 至於格律嚴整 對偶眞切 於忽忽不暇中 尤見工夫 似過之也 今見文順公詩 雖氣韻逸越 侔於太白 期明道德陳風諭 略與白公契合 可謂天才人才 備矣	眉叟嘗以書及詩 求作汲古堂記 再三猶不應 李固迫之 乃不得已作己以駁李所著汲古堂詩之意 非之	安淳之(致民)의 兩人 評價 崔滋의 白雲 評
⑩	中, 27	以李公奎報所述最 遂勒板于亭上	(眉叟詩가 第一이 되어) 笙簧於都下 或曰此聯雖富貴婉艶 其立對相似 使事相近 未免詩家一病	崔忠獻家의 千葉榴花를 읊은 兩人 및 諸人詩의 評 茅亭記에 對한 評

一連番號	典據	李奎報詩에 대한 評	李仁老詩에 대한 評	備考
⑪	中, 31	文順公…此通讚法寶佛寶也…其語豪放不局 故拘凡滯俗者 或議 其偃蹇	李公仁老…以謂音讚詩 乃讚佛德也 大抵賦道場 莊嚴觀覽景致 或歸美君主 敍事說情 皆非也…此雖句語有力 '鵲巢肩'是苦行	兩人의 音讚詩 評(音讚詩는 '若不能專讚佛寶 通讚 王寶亦得'이라 함)
⑫	中, 33	近於類喩 而言肆意大…雖近於類喩非新進輩所得導	時事 非讚萬德莊嚴也 遣意雖大 拘於類喩 言不得肆	白雲의「苦熱」「浦口村」과 眉叟의「春日江行」詩 比較
⑬	中, 46	文順公日 吾不襲古人語 創出新意 雖文順公 遍閱經史百家熏芳染彩 故其辭 自然富艶 雖新意至微難狀處 曲盡其言而皆精熟	眉叟曰 杜門讀黃蘇兩集 然後語遒然韻鏘然得作詩三昧	(時人 聞此言 以爲兩公所入不同 非也 其壺奧雖異 所入皆一門)

　이곳의 ①에서는 兩人이 任景謙의 寢屛에 그려진 그림을 보고 읊은 시에 대하여 평하면서 李奎報의 시는 新意가 묘경에 들어갔고 辭趣가 깊고 굳세며, 李仁老의 시는 主語가 淸婉하고 比喩가 絶妙하다고 하였다. 그러나 이곳에 수록된 李奎報의 시들은 『莊子』〈逍遙遊〉, 『晉書』〈陶潛傳〉, 『蒙求』子猷尋戴 등의 故事를 詩化한 것일 뿐이요 李奎報의 新意는 찾아볼 수가 없으므로 '新意入妙'라 한 말은 지나친 찬양으로 보인다.

　②에서는 金富軾과 李仁老·李奎報 兩人의 動物詩를 비교하여 李仁老는 用事를 잘했고 文列은 理致를 말한 것이 深遠하며 李奎報는 동물 모습을 절묘하게 形容했다고 평하고서, 體物詩에서 用事는 言理만 못하고 言理는 形容만 못하다고 하여 李奎報 詩를 최고로 李仁老 詩를 최하로 놓았다. 그러나 用事도 言理나 形容을 위하여 한 것이요, 用事 자체가 목적이 아니므로 이런 견해는 李仁老를 貶下하기 위한 억설에 불과하다.

　③에서는 兩人의 庭園詩를 비교하여 李仁老는 『장자』에서 奇辭妙

意를 완전히 따다 썼고 李奎報의 시는 新趣에서 나온 창작이라 하여 李仁老의 시가 독창성이 부족한 듯이 말하였다.

 ④에서도 菊花詩에 李仁老가 龍陽事를 인용한 것은 詩家로서 意外之喩를 구사한 것으로 警策이라 할 만하고, 李奎報는 用事나 比喩를 쓰지 않고 天心을 곧바로 표현하였다 하여 意外之用事를 쓴 李仁老보다 直穿天心한 李奎報의 시가 더 좋은 듯이 말하였지만 餘韻, 含蓄, 暗示가 없이 直說的으로 표현한 것이 과연 좋은 詩가 될 수 있는지 의문이다.

 ⑤에서는 兩人의 梨花詩를 比較하면서 李仁老의 詩는 오얏만 말하고 꽃은 언급하지 않아 내용이 보잘 것 없으니 用事가 잘 되었다 해도 무슨 공교로움이 있겠는가라고 깎아내리고, 李奎報의 시는 用事를 전혀 않고 新意를 숭상했을 따름이라고 찬양하였다.

 ⑥에서는 兩人의 盆竹詩를 비교하여 李仁老의 시는 外華에 치우쳐서 눈을 놀라게 하는 시요, 李奎報의 시는 마음을 놀라게 하는 시라 하여 李奎報의 시를 보다 높게 평하면서 水盆白沙에는 菖蒲가 적합한데 李仁老는 그곳에 대를 기른다고 하였으니 진실에 부합되지 않는다고 하였다. 즉 시어를 淸婉하게 하기 위하여 진실에 어긋난 글을 씀은 본 말이 전도된 것으로 본 것이다. 그러나 現今도 盆土위에 白沙나 잔돌을 깔아놓는 경우가 많으므로 이를 흠잡는 것은 고의로 貶下하려 한 것으로밖에 볼 수가 없다.

 ⑦에서는 임춘이 李仁老에게 보낸 편지에 당시 동파의 시경에 이른 사람은 자기들 두사람뿐이라고 한 말을 공박하여 李仁老의 시를 보면 실언이나 오언 한 구 전부를 동파시에서 그대로 따다 쓴 것도 있는데 李奎報의 시에는 5·5자도 동파어를 따다 쓴 것이 없지만 호매한 기상과 부섬한 문체는 동파시의 기상과 일치한다고 하였다. 즉 동파의 경지

에 이른 사람은 林椿이나 李仁老가 아니요 李奎報라고 주장하면서 林椿의 문도 고인어를 수십자씩 표절하여 얽어놓아 자기의 글로 삼았으니 그 본체는 터득하지 못하고 그 말만 훔쳐 쓴 것이라고 林椿과 李仁老를 혹평하였다.

⑧에서는 양인의 禪詩를 평하여 李仁老는 매미에 대하여 매우 자세히 말했다 하고, 李奎報는 말은 간략하나 뜻이 새롭다고 하였다.

⑨에서는 安淳之의 말을 빌어 李仁老를 폄하하고 李奎報를 극찬하였다. 李仁老가 안순지에게 편지와 시를 보내어 「汲古堂記」를 지어주도록 누차 요청하였으나 불응하다가 억지로 지어주면서 李仁老가 지은 「汲古堂詩」를 반박·비난하였다 하여 대수의 눈에는 李仁老가 하찮은 인물로 보였음을 강조하면서 안순지가 백운문고의 소서에 이르기를, '말을 했다 하면 문장이 되어 경각간에 백편을 이루어 하늘이나 신이 준 듯 시가 청신준일하며, 사람들이 공을 이태백이라 하는데 이는 사실대로 기록한 것이다. 그러나 취해서 읊을 때 광해처럼 탕연하고 금장처럼 란연함은 태백과 같지만 율격이 엄정하고 대우가 진절함이 홀홀불가중에 그 능력이 더욱 드러남은 더 나은 듯하다'하여, 이백보다도 훌륭하다고 극찬한 말을 들어 李仁老보다는 월등히 격이 높은 시인으로 보았다. 이것이 비록 안순지의 말을 옮겨 놓은 것이지만 李奎報가 이백보다 정공한 시를 지었다는 말은 지나친 과찬이며, 崔滋는 이에 덧붙여서 도덕을 밝히고 풍유를 훌륭히 한 점은 백락천과도 같아서 태백의 천재와 낙천의 인재를 모두 갖추었다고 극찬하였다.

⑩에서는 崔忠獻의 저택에 千葉榴花가 盛開했을 때 李奎報·李仁老 등이 초빙되어 시를 지었는데 李仁老의 시가 제일로 뽑혀 都下에 膾炙되었고 그 시가 비록 富貴롭고 婉艷하기는 하였으나 對偶가 相似하고 使事가 相近한 결함이 있어 시가의 일병이 됨을 면할 수 없다고

하였다. 李奎報의 시가 李仁老의 시만 못하여 李仁老의 시가 제일로 뽑혔을 터인데도 李奎報 시의 결함에 대하여는 전혀 언급이 없이 李仁老 시의 결점만 지적하였고, 후에 崔忠獻의 모정 낙성식에서 諸人이 지은 茅亭記 가운데 李奎報의 記가 뽑혔음을 첨언하여, 시 이야기 속에 기 이야기를 억지로 덧붙여서 기어이 李奎報를 李仁老 위에 두려는 뜻을 나타내었다.

⑪에서는, 李仁老는 佛德을 찬미하는 音讚詩를 詩格에 맞게 짓지 못했고 音讚詩의 作法조차 몰랐으나 李奎報는 詩格에 맞도록 잘 지었다 하고, 李奎報의 豪放不局한 詩를 俗人들은 偃蹇하다고 하는데 이는 잘못이라고 世評에 대하여 李奎報를 변호하였다. 그러나 李奎報의 말대로 그의 시가 直穿天心했고 雕琢이나 用事에 유의하지 않았다면 偃蹇하다는 世評은 當然한 것이며, 그의 시중에 거칠고 다듬어지지 않은 것이 많은 것도 사실이므로 崔滋의 변호보다 世評이 오히려 맞는다고 할 수 있다.

⑫에서는 李仁老의 「春日江行」시가 類喩에 얽매여서 활달하지 못하다하고, 李奎報의 「苦熱」과 「浦口村」은 類喩에 가까우면서도 말이 활달하고 뜻도 원대하여 新進輩들이 이를 수 없는 경지라고 하였다.

⑬에서는 李仁老와 李奎報 兩人이 당대 시단의 쌍벽임을 인정하고 試論도 양인이 同根에서 출발했다고 보아, 李仁老가 "문을 닫아 걸고 소동파·황산곡의 문집을 숙독한 뒤에야 시어가 꿋꿋하고 운이 쩽쩽 울리는 작시삼매경에 이를 수 있다."고 한 말이나, 李奎報가 "나는 옛 사람의 말을 蹈襲하지 않고 新意를 창출하였다."고 한 말은 양인이 도달한 높은 경지는 다르지만 시관은 다른 것이 아니라고 하였다. 즉 李仁老가 『東坡集』을 숙독한 것처럼 李奎報도 經史百家의 말을 익히고 그 文體를 본받아 이것이 마음 속에 쌓여 문장을 공교롭게 꾸미는 데

익숙해져서, 튀어나온 말은 곧 문장이 되면서도 生澁하지 않으며, 新意에서 나왔다는 것은 뜻을 구상하고 문장으로 늘어놓는 것뿐이요, 兩人이 不同하다고 이르는 것도 이것뿐이라고 하여, 先人의 글 중에서 좋은 말, 좋은 문체를 본받아 詩意를 적절히 표현하는 도구로 삼은 점은 같다고 하였으며, 단 李仁老가 先人들이 썼던 詩語나 用事를 즐겨 활용한 데 비하여 李奎報는 이의 承襲에 노력하지 않았다 하였다. 그러나 이것도 정도 문제로 李奎報의 시에도 많은 用事가 보이고 先人들이 썼던 詩語를 그대로 쓴 예도 이루 枚擧하기 어려울 정도로 許多하다. 한편 이 글의 문맥으로 보아 兩人이 도달한 경지가 다르다고 한 것은 李奎報의 경지가 李仁老의 경지보다 높음을 暗示한 것으로 이것도 다분히 主觀的인 見解이며 굳이 李仁老를 李奎報 밑에 두려는 意圖가 엿보인다.

위에 열거한 兩人에 대한 비교로 보아 崔滋는 武臣政權기 詩壇의 쌍벽이 李仁老와 李奎報임을 인정하고 李仁老의 시는 주어가 淸婉하고 比喩가 絶妙하며, 李奎報의 시는 新意가 妙境에 들어갔고 豪放不局하다고 양인의 시풍을 평하면서도, 당대의 최고 시인은 李仁老가 아니고 李奎報임을 부각시키고자 작위적인 노력을 하였고 李仁老의 인격을 깎아내리고 그의 시를 서슴없이 혹평하기도 하였다. 이는 『補閑集』을 쓴 동기가 李仁老・林椿 등을 폄하하고 崔氏政權에 적극 협력한 李奎報를 부각시키려는 데 있었기 때문이며, 이것은 당시 집권자의 의도를 반영한 것으로 보아야 한다.

李奎報와 李仁老는 시론 때문에 견해의 차이를 노정한 일이 없고, 李奎報는 평소에 李仁老를 깊이 존경하여 이백에 비겨 적선이라 부르면서 李仁老를 위하여는 집편도 사양하지 않겠다고 하였다.[39] 李奎報

---

39) 全集 13, 「問謫仙行贈內翰李眉叟坐上作」 參照.

가 비록 李仁老보다 16세 연하이지만 李奎報의「再入玉堂詩」에 李仁老가 화답시를 보내주었고 李奎報는 이 시에 다시 차운시를 짓기도 하였다.[40] 이러한 양인의 교유는 대를 이어 계속되어 李仁老의 아들 정이 미나리와 시 한 수를 보내니 李奎報가 차운시 두 수를 지어 고마움을 표하였고,[41] 李仁老가 아들 균이 지은「冬日」시의 화답시를 李奎報이 아들 함에게 보내면서 화답할 것을 명하고, 또 李奎報에게도 함께 시를 짓자고 초청한 일도 있었다.[42] 이렇게 돈독한 교분을 유지하며, '筆下新詩詞太高'[43] 라고 李仁老의 시를 극찬했던 李奎報를 높인 것은 집권층의 정치적 의도가 작용한 것으로 보아야 할 것이다.

이러한『補閑集』의 기록을 모두 비판없이 그대로 받아들인다면 당시의 집권자가 목표한 대로 유도되어 崔滋가 왜곡시켜 높은 시평을 그대로 승습하는 우를 범하여 공정한 평가를 결할 염려가 있으므로,『補閑集』에는 李仁老·林椿을 지나치게 폄하하고 李奎報는 과찬한 경우가 많음을 유의해야 한다. 이러한『補閑集』의 편찬동기와 배경 및 그 결과를 유념하지 않고는 당시의 문학을 올바로 이해할 수가 없다.

한편 李奎報 사후 13년이 지나서 간행된『補閑集』에 崔氏政權이 李仁老를 폄하하기 위하여 상대적으로 李奎報를 더욱 부각시켰으므로 역설적으로 말하면 李奎報가 사후까지 崔氏政權의 돈독한 권우를 받게 된 것이 李仁老때문이었다고 할 수 있다.

---

40) 全集 13,「李郞中仁老 孫翰林得之 見和復用前韻」參照.
41) 全集 14,「次韻李程校書惠芹二首」參照.
42) 全集 14,「李侍郞眉叟 和郞子囷冬日詩 命愚息涵和之 又使涵邀予同賦 故次韻奉寄」參照.
43) 같은 곳, 같은 詩 參照.

Ⅳ. 李奎報의 人生觀

한 작가가 인생의 목표를 어디에 두고, 무엇을 가치있는 일로 생각하며, 어떻게 살아가고자 하느냐에 따라, 즉 어떤 인생관을 가지고 있느냐에 따라 인생의 역정과 작품의 경향이 결정되므로, 작가와 작품을 연구하려면 그의 인생관을 고찰하는 것이 불가결한 일이다.

한 인간의 인생관을 형성하는 데는 가계 및 가풍, 시대상황·사승 및 교우관계, 독서의 범위, 본인의 기질 등 제요인이 중대한 영향을 미치며, 환경의 변화에 따라 인생관도 변할 수 있으므로 일단 인생관이 형성되었다 해도 고정불변하는 것이 아니고 상황과 여건의 변화에 따라 변할 수 있는 것이다. 한 작가의 작품 경향이 연대별로 변화하는 일이 있는데 그 원인이 작가의 인생관의 변화와 관계가 있는 경우가 많으므로 인생의 중요한 계기를 맞아 변화하게 된 인생관을 규지하는 일이야 말로 작가의 연구에 있어 중요한 것이다.

본장에서는 李奎報의 人生觀 形成에 영향을 끼친 要因들과 그로 인하여 형성된 인생관이 그의 일상생활에 어떻게 표출되었고, 어떤 계기로 어떻게 변화하였으며, 특히 그의 문학에 어떻게 반영되었나에 초점을 맞추어 살펴보려 하며, 그의 생애를 탄생후 23세에 進士試에 합격하기까지를 修學期로 보고, 과거 합격후 벼슬을 얻기 위하여 방황하던 40세까지를 求宦期로, 40세에 直翰林院으로 시작하여 70세로 致仕하기까지를 仕宦期로, 老退後 74세로 棄世하기까지를 致仕期로 나누어 인생관의 형성과 변화과정을 고찰해 보고자 한다.[1]

---

1) 지금까지 이규보의 생애를 시대를 구분하여 기술한 것을 열거하면 다음과 같다.
 • 金鎭英:修學期(出生~22歲 金榜掛名)·不遇期(~40歲)·榮達期(~死亡)로 區分,『李奎報研究』p.24~39.

1. 修學期

修學期는 李奎報가 1168년에 태어나서 23세에 出仕의 關門인 進士試(大科)에 합격하기까지의 期間을 말한다.

李奎報의 家系는 先祖가 黃驪縣(現驪州)의 鄕吏로서 대대로 그 지방의 戶長·副戶長 등의 鄕職을 역임하고 있다가 父代부터 중앙 관계에 진출한 新進士人으로서 父는 戶部郎中(正五品), 叔父는 直門下省(從三品)에 이르러 武臣亂後 관계의 판도가 바뀌는 시기에 家門이 士人層으로 浮上하였으며, 外祖도 登科하여 蔚珍縣尉를 역임했던 인물로, 李奎報의 가정 분위기가 內外가 공히 進取的인 기상이 충만해 있었고 이런 가정 분위기는 李奎報의 性格과 人生觀 形成에 지대한 영향을 끼치게 되었다.

李奎報는 출생후 4세까지는 開京에 거주하다가 成州(現 成川)守로 나간 부친을 따라 4세부터 7세까지는 成州에서 살았고, 7세에 父親이 內侍로 被召되어 歸京하면서 다시 開京으로 돌아와 이때부터 漢文을 익힌 듯하다. 글을 배우면서 탁월한 才質이 드러나기 시작하여 9세에는 이미 屬文할 수 있게 되어 사람들이 奇童이라 칭하였으며, 11세에는 門下省 省郎들이 그의 詩才를 시험해 보고 모두 탄복하였다 한다.

• 徐首生 : 修學時期(出生~金榜掛名期)·放浪時代(~32歲 初任)·折桂時代(~死亡)로 區分, 『高麗朝漢文學研究』 p.111.
• 李庸昱 : 豪遊期(出生~39歲)·榮達期(~死亡)로 區分, 『李奎報研究』 目次.
• 張德順 : 官職以前時代·仕宦時代로 區分, 『國文學通論』 p.330.
• 張鴻在 : 風流自娛時代(32歲 以前)·宦海轉轉期(32歲 以後)로 區分, 『李奎報의 文學批評研究』 第2章.
• 陳祝三 : 柳妘杯傾의 時期(16~22歲)·願攀鸞鳳의 時期(23~40歲)·跨騰振拔의 時期(40~70세)·心意自評의 時期(致仕~死亡)로 區分, 『李奎報研究』 pp.108~109.

14시에 文憲公徒 誠明齋에 입학하여 九經 三史를 비롯하여 詩賦를 익혔으며,2) 매년 夏課時에 刻燭占韻하고 急作詩를 짓게 하면 매번 1등으로 뽑혀서 이때부터 선비들이 그를 주목하게 되었다. 崔冲이 건립한 전통있는 私學인 文憲公徒의 교육내용은 記誦詞章의 學에 치중하였는데 이는 당시 高麗 儒學이 孔門四科中 文學中心으로서 詩文을 爲主로 하던 시대풍조와 科擧試驗의 준비에 敎育目標를 두었기 때문에 불가피한 것이었다. 誠明齋생활은 李奎報가 일차로 司馬試에 응시했던 16세까지 약 2년 반 동안 계속되었으며, 그는 16, 18, 20세 등 3차나 司馬試에 응시했다가 계속 落榜하고 22세에 비로소 壯元으로 합격하였다.

18세시에는 35세나 年上인 吳世才와 忘年友가 되어 吳世才가 東京 外家로 落鄕하기까지 약 3년간 교유하면서 竹林七賢들의 모임에도 참석하여 詩酒로 自娛하며 지냈는데, 吳世才 및 竹林七賢과의 만남이 그의 인생관 형성에 지대한 영향을 끼치게 되었다.

그후 23세에 進士試에 同進士라는 最下等으로 겨우 합격하여, 이를 불만으로 여겼으나 이로써 官界에 진출할 수 있는 조건은 모두 갖추게 되었다.

이 시기까지를 修學期로 보고, 이 기간에 李奎報의 人生觀의 골격이 형성되었으므로, 그의 인생관 형성에 역할을 한 요소들과 그 결과로 형성된 인생관을 살펴보면 다음과 같다.

權臣貴族들이 국가의 要職을 獨占하고 그 자리를 거의 世襲했던 체제가 武臣亂으로 무너진 후 그 틈에 鄕吏에서 新進士人으로 발돋움한 李奎報의 가정 분위기는 退嬰的이기보다는 前向的이었을 것이다. 李

---

2) 『高麗史』95, 崔冲傳.
每歲暑月 借歸法寺僧房 爲夏課 擇徒中級第學優未官者爲敎導 授以九經三史.

奎報를 과거시험 준비 학교의 성격을 띤 가장 권위있는 교육기관이었 던 文憲公徒에 입학시킨 것도 이런 이유에서였으며, 이곳에서 儒敎經典과 史書 등을 배우고 夏課詩에 詩賦로 同學들을 압도하자 文筆로 出世하여 立身揚名하고 兼濟天下할 수 있다는 긍지와 확신을 갖게 되었으며 이런 생각은 15세시 夏課에서 1등으로 뽑힌 「內直玉堂詩」에 이미 나타나 있다.

  獨直偏知殿閣涼 혼자서 숙직을 하니 전각의 서늘함이 유달리 느껴지는데
  金蓮華燭炤華堂 금련같은 화촉이 화당을 밝히네.
  露凝仙掌驚秋冷 이슬어린 선장에는 가을 기운 싸늘하고
  月透紗窓信夜長 달빛 스민 사창 안은 정말 밤도 길도다.
  七寶床前宮漏永 칠보상 앞 대궐 물시계는 계속 돌아가고
  九華帳裏御爐香 구화장 속 어로에선 향기가 피어 오르네
  詞頭草罷銀河曙 시 한 수 초잡기 끝나자 은하가 밝아오니
  喜見高天瑞一光[3] 높은 하늘 서기어린 일광(王을 칭함)을 기쁘게 뵈오리라.

이 시는 전편이 매우 화려하고 부귀로우며 인생의 고뇌나 슬픔 같은 것은 전혀 찾아볼 수 없고, 미래에 대한 희망과 자신이 은연중에 드러나 있다. 문한을 담당한 옥당에서의 생활을 신선의 생활에 비유하고, 이런 곳에서 왕을 가까이 모시면서 시문을 짓고 사는 생활이 그가 그리던 가치있는 생활이라고 보았던 것이다. 李奎報는 이 시 속에서 화려한 大闕을 憧憬하고 國王을 측근에서 모시면서 文翰의 임을 맡기를 기대하고 있다.

 李奎報는 탄생직후의 신인의 異報·9세부터 文才를 발휘하여 奇童으로 칭예를 받은 일, 誠明齋에서 詩賦로 두각을 나타낸 일, 한 세대나 앞선 吳世才를 비롯한 海左七賢들에게 詩才를 인정받은 일, 22세시 꿈

---

3) 全集「年譜」, 壬寅 (公年 15歲) 條.

에 奎星이 司馬試에 장원할 것을 예보한 일 등이 자신은 특출한 능력을 가지고 태어났고 문필로 입신할 운명이라는 강한 自我意識을 가지게 하였으며,4) 立身揚名하여 兼濟天下하고 그것이 여의치 않을 때에는 獨修其身하려는 儒家的 人生觀이 그의 생애에 큰 영향을 끼쳤다. 이때의 獨修其身은 때가 오면 세상에 나아가 名聲을 드날리며 王을 도와 天下에 恩澤을 입히기 위한 준비에 지나지 않으므로 이 양면을 통틀어 儒家的 出世主義라고 부를 수 있을 것이다.

　李奎報의 父親이 水州(現 水原)수로 있을 때 따라가 水州에 있다가 乙巳年(18세) 봄 司馬試 응시차 上京해서 그해 가을까지 있는 동안 그의 인생과 문학에 많은 영향을 끼친 吳世才를 만나게 되었다. 吳世才와의 교유는 시작부터가 상식을 초월한 것이었다. 35년이나 연상인 53세의 吳世才가 18세 소년 李奎報를 城西의 별장으로 먼저 찾아가서 비로소 兩人이 만나게 되며, 만나자마자 열흘이 넘도록 함께 지내며 간곡하고도 긴밀하게 서로의 포부를 논했다 하니, 첫 대면부터 양인의 志氣가 얼마나 相合했는가를 짐작할 수 있다. 이때 吳世才가 李奎報에게, "옛 사람들은 사귈 때에 그 뜻이 어떤가를 논했을 뿐 반드시 나이를 따지지는 않았네. 내 재주가 비록 혜강에는 미치지 못하지만 그대를 완적으로 보고자 하네."하면서 忘年友로 許하고 자신들의 사귐을 東晉代 竹林七賢중 혜강과 완적의 交遊에 비교하였고, 詩酒의 놀이나 선비들의 큰 모임에는 반드시 대동하고 다니면서 李奎報를 얻게 된 것을 자랑하고, 일부 인사들이 노대한 사유로서 유자와 벗삼음을 비난하였지만 이를 일축하였다. 당대의 대문인이요 불운하게 생을 마친 吳世才를 감수성이 매우 강한 시기인 18세부터 3년간 교유하면서 그로부터 받은 영향은 실로 지대하여 '雖不能盡襲蘭芳 其漬餘膏亦多矣'라고 고백하

---

4) 4章 1節 參照.

였다.5) 吳世才를 통하여 사귀게 된 海左七賢들은 집권세력인 武臣들로부터 소외당했던 文人들로서 李奎報는 이들과의 교유를 통하여 당시의 유명 문인들로부터 詩才를 인정받고 현실에 대한 비판의식이 싹트기도 하였다.6)

인간집단 속에 얽매여서 君父臣子의 윤리에 묶여 있는 儒學에 비하여 우주를 좁게 여기며 無何有鄕에 노닐고자 하는, 즉 인간을 속박하는 모든 규제에서 벗어나 완전한 자유를 누리려는 老莊的 생활을 지향했던 그들에게 매료되어 道家的 價値를 중시하게 되었고 이러한 사상도 그의 일생에 심대한 영향을 끼치게 되었다.

그러나 유가적 출세주의가 거의 무의식적 욕망의 단계로까지 심화된 李奎報이었고, 武臣亂으로 몰락해가는 구귀족 중심의 七賢들과 武臣亂으로 達意의 기회를 잡게 된 李奎報의 家風과는 근본적으로 서로 부합될 수 없어 그들과 완전한 동류가 되기는 불가능하였으며, 武臣執權하의 사회 현실을 불만스럽게 여기면서도 한편으로는 求宦을 위하여 노력하는 七賢중의 일부를 속물로 보아, '未識七賢中 誰爲鑽核人'이라고 오연히 唾罵하기도 하였다.

이렇게 구환기에 형성된 立身揚名하여 兼濟天下하려는 유가적 출세주의와 六合을 좁게 여기고 物外의 無何有鄕에서 노닐고자 하는 道家的 隱逸思想은 70세로 치사할 때까지 그의 내면세계에서 갈등을 일으켰고 이러한 갈등은 많은 문학작품으로 표출되었다.

---

5) 全集 37, 「吳先生 德全哀詞幷序」 參照.
6) 高麗의 竹林高會는 명칭은 中國의 竹林七賢에서 따왔으나 逃避性을 띤 그룹이 아니요 反抗性을 띤 그룹이었으며, 行態面에서 晋代 竹林七賢의 酣暢과 放達은 그대로 수용하였으나 玄理를 談論하는 淸談은 수용하지 못하고 詩와 高談 정도로 대치되었다. 李東歡, 「高麗竹林高會硏究」, 高麗大大學院, 1968, pp.85~97 參照.

2. 求宦期

　科擧에만 급제하면 전도가 탄탄대로처럼 트일 것으로 기대했던 李奎報는 30대 전반에 말직을 잠깐씩 두 차례 역임했던 것을 제외하고는 등과한 23세부터 40세에 直翰林院으로 권보되기까지 17년간을 한인으로 방황하였다. 이 기간에 양친을 잃고 한 가정의 가장이 되어 관직을 구하다가 많은 낙망과 좌절을 겪기도 하고, 뜻대로 안되는 세사에 실망하여 白雲이라 自號하고 杜門不出 陸沈하면서 詩酒로 울분을 달래기도 하였다. 이 기간이 비록 그에게는 가장 불우한 시기였으나 나이로는 年少氣銳한 二·三十代요 그때까지의 연찬과 유명문인들과의 교유를 통하여 익힌 文才가 개인적인 불운으로 갈리고 낚여서 시와 문 공히 주옥같은 명편을 창작하여 문학적으로는 가장 찬란한 업적을 남긴 기간이었다.

　구환기는 다시 23~29세까지의 전반기와 30~39세까지의 후반기로 구분할 수 있다. 전반기는 李義旼의 집권기로서 이 시기에 그에게 닥친 첫 번째 시련은 등과 익년인 신해년 8월의 父親의 死亡이었다. 이때까지 家事에 구애받지 않고 詩酒를 일삼으면서 吳世才를 비롯한 칠현들과 교유하고 지내다가 부친상을 당하자 갑자기 한 가정을 이끌어갈 가장이 되었지만 가장으로서는 무능력자에 가까웠고, 혼란한 시기이므로 등과했다하여 벼슬길에 오를 전망도 없었으므로 천마산에 우거하며 白雲居士라 自號하고 작시로 소일하였다. 집권무신 중에서도 가장 포악했던 이의민 시대인 전반기는 정치 경제를 비롯한 사회전반이 대혼란에 빠졌던 시기이며 토지강탈·회뢰공행 등 무신의 횡포가 가장 심했고 민란과 초적의 봉기가 빈발하던 때였다. 이 기간 동안은 李奎報도 관계진출을 거의 단념하고 시세의 추이를 정관하면서 한 때 산림에 은둔하기도 하였다.

   天下有山豈遁象 하늘 아래 산 있음을 왜 은둔의 상이라 했을까
   改曰遁嵒何所疑 고쳐서 둔암이라 한들 무슨 잘못이 있으랴
   我今來遁是亦晚 내 이제 은둔함이 이 또한 늦었으니
   二陰寖長今方知[7)] 두 음효 자라남을 이제야 알겠노라.

라 하여, 주역 遯卦의 뜻을 빌어다가 천마산을 둔암이라 명칭을 고침이 가하다고 하고 遯卦는 음효가 밑에서부터 차츰 자라는 상이라, 소인이 점차 성해지는 난세에 해당하고, 이런 때는 군자는 세상을 피하여 은둔해야 하므로 비록 늦게나마 자신도 천마산에 와서 숨게 되었다고 하였다.[8)]

 25세시에는 「白雲居士語錄」 및 「白雲居士傳」을 지어 자신의 행장에 대한 견해를 밝혔다. 호는 대체로 거처하는 곳을 호로 정하거나(소처이명), 애완하는 물건을 호로 정하거나(소완이면), 자신의 처지를 호로 정하거나(소우이명), 지향하는 인생의 목표를 호로 정하는데(소지이명),[9)] 백운이라는 호는 소지이명한 것이기 때문에 그의 인생관을 고찰하는 데 매우 중요하므로 이를 자세히 살펴보고자 한다.

 白雲居士라 자호한 이유에 대하여,

  대저 구름이라는 것은 뭉실뭉실하게 한가히 떠서 산에도 막히지 않고 하늘에도 매이지 않으며 표표히 동서로 떠다니면서 행적이 구애받는 바가 없고 경각으로 변화해서 그 끝나는 곳을 알 수가 없다. 油然히 퍼지는 것은 군자가 나타나서 그 덕화가 온누리에 퍼지는 것과 같고, 斂然히 퍼

---

7) 後集 1, 「寓天磨山有作」
8) 易 遯卦 象辭에, '天下有山遯 君子以遠小人 不惡而嚴'이라 하였고, 正傳에 '二陰生於下 陰長將盛 陽消而退 小人漸盛 君子退而避之 故爲遯也'라 하였다.
9) 申用浩, 『先代士類의 字號硏究』, 1977, 高麗大 敎育大學院 參照.

지는 것은 높은 뜻을 가진 사람이 세상에서 숨는 기상이며, 비를 내려서
마른 생물을 소생시킴은 仁이요, 와서도 집착하는 바가 없고 가면서도 미
련을 두는 바가 없음은 通이다. 구름의 青黃赤黑色은 그 正色이 아니요
화채없는 白色만이 正色이다. 그 덕과 색이 이와 같으니 그를 사모해 배
워서 세상에 나가면 만물에 은택을 입히고 집에 들어와서는 마음을 비워
서 그 결백을 지키고 정상에 처하여, 보아도 보이지 않고 들어도 들리지
않는 무어라 이름 붙일 수 없는 선경에 들어가게 된다면 구름이 나인지
내가 구름인지 알 수 없을 것이며, 이렇게 된다면 옛 성인이 얻은 실상에
거의 가깝게 될 것이다.[10]

하였고, 「白雲居士傳」에도,

집에 식량이 자주 떨어져서 끼니를 잇지 못해도 居士는 기쁘게 여겼고,
성격이 방광하고 검속할 줄을 모르며 천지와 우주를 좁게 여겼다. 항상
술을 마셔 스스로 몽롱하게 지내면서 초빙하는 사람이 있으면 흔연히 나
아가 잔뜩 취해 돌아왔으니 어찌 옛 陶淵明의 무리가 아니겠는가. 거문고
타고 술마시며 이렇게 세월을 보내었다. 거사가 술에 취하여 스스로 전을
짓고 찬을 지었는데 찬에 이르기를, '뜻이 본시 우주의 밖에 있으니 천지
에 얽매이지 않는다. 장차 元氣의 母體와 더불어 無何有鄕에서 노닐리
라.'하였다.[11]

---

10) 全集 20, 「白雲居士語錄」.
夫雲之爲物也 溶溶焉洩洩焉 不滯於山 不繫於天 飄飄乎東西 形迹無所拘也
變化於頃刻 端倪莫可愛也 油然而舒 君子之出也 斂然而卷 高人之隱也 作雨
而蘇旱 仁也 來無所着 去無所戀 通也 色之靑黃赤黑 非雲之正也 惟白無華
雲之常也 德旣如彼 色又如此 若慕而學之 出則澤物 入則虛心 守其白處其常
希希夷夷 入於無何有之鄕 不知雲之爲我耶 我爲雲耶 若是則幾於古人所得
之實也.
11) 全集 20, 「白雲居士傳」.
家屢空 火食不續 居士自怡怡如也 性放曠無檢 六合爲隘 天地爲窄 嘗以酒自
昏 人有邀之者 欣然輒造 徑醉而返 豈古陶淵明之徒歟 彈琴飮酒 以此自遣

이 어록에 나타난 李奎報의 사상과 문투는 『장자』소요유편 및 제물론편과 흡사하고, 전의 사상과 문투는 유령의 「주덕송」·陶淵明의 「오류선생전」 등과 흡사하다. 즉 李奎報는 부귀공명이나 빈천 같은 외물에 전혀 구애받지 않는 완전히 자유롭고 환상적인 정신세계(무하유지향)에 노닐고 싶은 장자류의 생각에 잠겨 있었음을 알 수 있으며,12) 자호를 백운이라 한 것도 '乘雲氣 騎日月而遊乎四海之外'13)에 합당하게 살고자 하는 뜻에서였다. 구름이 나인지 내가 구름인지 구분할 수 없는, 자아와 세계가 하나로 합일한 물화의 경지를 동경한 것은 현실과 꿈의 세계를 분별할 수 없는 『莊子』호접몽의 경지이며,14) 六合之外에 노닐면서 詩酒琴으로 소일하는 자신을 陶淵明에 비유한 것이나 「酒德頌」 및 「五柳先生傳」을 點化한 문장으로 보아 劉伶식의 放曠과 陶淵明식의 歸自然을 선망하고 생의 목표로 정했음을 알 수 있다.

세속적 욕망을 초월한 '遊乎無何有鄕'하는 정신적인 완전자유의 경지를 생의 목표로 삼았다 해서 이것만을 추구한다면 이 또한 하나의 집착이 되어, 하늘에도 땅에도 얽매이지 않는 흰 구름의 경지와는 다르게 된다. 즉 속세와 은둔의 세계를 엄격히 구별하고 은둔의 세계만을 추구하는 것도 역시 집착이며, 이는 백운의 경지가 아니다. 이에 세상에 나갈 만하면 나가서 덕화와 은택이 온 누리에 퍼지도록 인정을 베풀고, 물러가게 되면 물러가서 허심으로 결백을 지키는 생활, 행장 출처 어느 쪽에도 구애받지 않고 어느 쪽도 부정하지 않는 초월의 경

此其錄也 居士醉而吟 自作傳 自作贊 贊曰 志固在六合之外 天地所不圍 將與氣母 遊於無何有乎.
12) 『莊子』「逍遙遊」
……今子有大樹 何不樹於無何有之鄕廣野之野 彷徨乎無爲其側 逍遙乎寢臥其下.
13) 『莊子』「齊物論」 參照.
14) 같은 책 같은 곳 參照.

지·포괄의 경지를 동경했던 것이다. 이는 出則兼濟天下하고 入則獨善其身하는 儒學思想과도 一脈相通하지만 유가사상이 立身揚名하려는 出世指向的 사상임에 비하여 이 傳과 語錄의 사상은 기본적으로 道家的 경지라 할 수 있다.

語錄의 內容이 道家思想의 영향을 얼마나 받았는가 살펴보자. '夫雲之爲物也 溶溶焉洩洩焉 不滯於山 不繫於天 飄飄乎東西 形跡無所拘也 變化於頃刻 端倪莫可涯也'라 한 것은 현실 생활 속에서의 각종 牽制와 攪擾에서 벗어나 어떠한 고정된 목적에도 拘執되지 않는, 와도 집착하는 바가 없고 가도 연연하는 바가 없는 심신의 최대 자유를 누리려는 願望을, 천지 사이를 자유자재로 떠다니는 구름의 경지를 빌어 나타낸 것이다. 이런 경지에 이르면 油然而舒해서 만물에 은택을 베풀 수도 있고, 斂然而卷해서 허심으로 白(本質)을 지키고 常에 처하여 평안하고 즐거운 마음으로 無何有鄕에 들어가 구름이 나인지 내가 구름인지 알 수 없는 상태에 이르게 된다고 하였다. 최대의 자유를 누리려면 物慾的 奔逐에서 벗어나서 그 마음을 虛靜하게 함이 첩경이며, 이렇게 되면 外物과 自我(客觀과 主觀)의 對立關係가 해소되어 구름(客觀)과 나(主觀)를 구별할 수 없는 物我(主客) 兩忘의 경계에 도달할 수 있다 하였는데 이는 장자사상을 그대로 받아들인 것이다.

장자철학의 경지를 말한다면 恢弘한 기상은 人類를 중심으로 삼지도 않고(不拘限於人類), 自我를 중심으로 삼지도 않으며(不拘限於自我), 광대한 자연계에 추급할 수 있음을 나타내고 있다. 장자사상의 최고경계는 '천지가 나와 함께 병생하고 만물이 나와 하나가 되는 것'이다. 이런 경계를 가장 잘 드러낸 것이 장자가 천지만물과 나(客觀과 主觀)의 대립관계를 해소한 것이다. 이런 主客一體的 우주관은 실로 중국철학의 대표적인 특징이며 서양철학의 主客對立的 우주관과는 전혀 다른 것이다. 장자는

主客 對峙的 局面을 타파했을 뿐 아니라 나아가 主客合一的 상태에 이르렀으며 한걸음 더 나아가 물아(主客) 兩忘的 경계에 도달하였다.15)

이러한 장자철학이 바로 白雲居士語錄에 함유되어 있는 정신이었고 그가 도달하고자 하는 생의 목표였다.

白雲居士傳의 내용도 어록의 내용과 大差가 없다. 이곳에서는 유령의 「酒德頌」과 陶淵明의 「五柳先生傳」의 문투를 效倣하여 儒家的 禮敎나 細節에 구애받지 않는 放曠無檢함을 나타내고자 하였다. 전에 '家屢空 火食不食 居士自怡怡如也'라고 한 것은 「오류선생전」의 '環堵蕭然 不蔽風日 短褐穿結簞瓢屢空 晏如也'의 點化요, '性放曠無檢 六合爲隘 天地爲窄'이라 한 것은 「주덕송」의 '以天地爲一朝 萬物爲須臾 日月爲扃牖 八荒爲庭衢'의 點化이며, '嘗以酒自昏 人有邀之者 欣然輒造 徑醉而返'이라 한 것은 「오류선생전」의 '性嗜酒 家貧不能常得 親舊知其如此 或置酒而招之 造飮輒盡 期在必醉'와 「주덕송」의 '兀然而醉 恍爾而醒 靜聽不聞雷霆之聲 熟視不見泰山之形'과 同軌이며, 스스로 옛 陶淵明의 무리라고 밝히고 있다.16)

상술한 '家屢空……怡怡如也'는 李奎報의 정신세계가 그러했을 뿐이요 실제로 그렇게 가난하지는 않았다. 고향 황려에도 농토가 있었고

---

15) 陳鼓應 『莊子哲學』, 台灣, 商務印書館, p.135.
從莊子哲學的對境來說, 恢闊的氣象表現在不以人類爲中心(不拘限於人類), 不以自我爲中心(不拘限於自我), 而能推及於廣大的自然界, 莊子思想的最高境界是 '天地與我並生, 萬物與我爲一'.……與天地並生, 萬物爲一的說法, 很顯然的, 莊子取消了天地萬物和我 - 客觀和主觀 - 的對立關係, 這種主客一體的宇宙觀 實爲中國哲學的一代特點, 和西洋哲學主客對立的宇宙觀, 迥然不同, 莊子不僅要打破主客對峙的局面, 進而到主客合一的狀態, 進一步他還要達到物我(主客)兩忘境界.
16) 『古文眞寶』 後集 1, 「酒德頌」 및 後集 2 「五柳先生傳」 參照.

개경성서에도 농토가 있었으며 수인의 노비까지 있어서 경제적으로 크게 곤궁한 생활은 하지 않은 듯하다.17) 즉 이글은 부귀 빈천에 얽매이지 않으려는 마음가짐을 나타낸 것뿐이다. '性放曠無檢……天地爲窄'은 태산에 올라 천하를 작게 보는 절대자유의 정신으로 광막한 우주사이를 종횡으로 치빙하면서 어떠한 속박이나 제한도 거부하는 자유정신을 나타낸 것이다. 北冥·南冥·天池나 鯤·鵬처럼 사람의 발자취가 미칠 수 없는 어느 곳에서도 어느 때에도 볼 수 없는, 그 광원함이 세인의 육안으로는 窺知할 수 없고 심령의 눈으로만 체득할 수 있으며, 유형적 공간과 感官的 認識의 制限을 超越하는 無何有鄕에서 노닐고 싶은 絶對自由의 渴求라 할 수 있다. 李奎報에게는 이런 절대자유의 경지에 이르게 하는 매개물이 술이었다. '嘗以酒自昏……徑醉而返'이라 한 것은 술을 매개로 하여 세속적인 時空의 제약에서 벗어나 雷霆之聲도 들리지 않고 泰山之形도 보이지 않으며 寒暑之切肌와 嗜欲之感情도 느낄 수 없는 '昏'의 세계(醉鄕)에 이르려는 것이었다.

  一杯美酒如丹液 한 잔의 좋은 술은 단액과 같아
  坐使衰顏作少年 앉은 자리에서 쇠안을 소년 모습으로 바뀌게 하네
  若向新豊長醉倒 만약 신풍을 향해 길이 취할 수 있다면
  人間何日不神仙18) 인간세상 어느 날인들 신선 같지 않으랴

이 시는 李奎報가 절친했던 詩僧 文長老에게 지어 준 것이다. 맛좋은 한 잔의 술은 곧 신선이 되는 不老不死藥과 같아서 노쇠한 얼굴을 소년 모습으로 만들어 놓는다. 이런 술을 마시고 길이 취해 지낼 수 있다면 비록 몸이 인간세상에 있다 해도 곧 신선이 된 것과 같다고 술을

---

17) 李佑成, 「高麗中期의 民族敍事詩」, 成大論文集 7輯, 1962. pp.92~95. 參照.
18) 全集 2, 「醉書示文長老」.

찬양하여, 醉鄕이 바로 仙鄕이므로 술에 취해 世事를 잊으면 그 경지가 신선의 경지라 하였다. 그가 평생동안 술을 사랑하여 병중에도 술잔을 놓지 않았던 所以가 바로 여기에 있었던 것이다.

어느 한 법도에 얽매이지 않고 사물에 달관하여 與物推移할 수 있는 생활을 하고자 한 뜻은 그의「春望賦」에도 잘 나타나 있다.

농서자(백운 자신) 같은 사람은 어떠한가. 취했을 때 바라보면 즐겁고 깨었을 때 바라보면 슬프며 궁할 때 바라보면 구름과 안개가 가린 듯하고 달했을 때 바라보면 하늘의 태양이 비치는 것 같다. 기뻐할 만한 때는 기뻐하고 슬퍼할 만할 때는 슬퍼해서 진실로 어느 경우나 계기에 따라 여물 추이할 수 있으므로 일규로 헤아려서는 안될 사람이다.[19]

하여, 취성 궁달에 따라 자유롭게 그에 맞추어 추이할 수 있는 생활 태도를 가지고 어느 한가지 법도의 틀에 얽매이지 않으려는 인생관을 나타내고 있다. 이러한 인생관은 그의 시에서도 빈번히 발견된다. 일례를 들면,

大地不能戴我足	대지도 내 발을 받칠 수 없고
太山不足呑吾胸	태산도 내 가슴을 채울 수 없다.
軒然要出六合外	훨훨 털고 육합 밖으로 벗어나야겠네
六合之內轍皆窮[20]	육합만은 수레로 모두 갈 수 있으니까.

하여, 태산에 올라 천하를 작게 보는 마음으로 천지 어디에도 얽매이지 않고 인적이 미치지 않는 우주 밖의 환상의 세계에서 완전한 자유를

---

[19] 全集 1,「春望賦」
若隴西子何爲哉 醉而望也樂 醒而望也哀 窮而望則雲霧塞 達而望則天日開 可以喜則喜 可以悲則悲 誠能遇境沿機 與物推移 而不可以一揆測之者乎.
[20] 全集 1,「大醉走筆示東皐子」

누리려는 심정을 읊기도 하였다.

　20대에 天磨山에 우거하고 白雲이라 自號하며 이토록 노장사상에 경도된 이유를 살펴보면 다음과 같다.

　첫째, 18세부터 吳世才와 교유하면서 그를 통하여 알게 된 칠현들이 시주로 소일하는 모습을 보고 새로운 가치의 세계에 개안하게 되었고, 엄격한 형식을 준수해야 하는 과시공부가 다혈질의 청년인 그에게 지루하고 답답하게 느껴지고 있을 때 그들에 의한 청신한 자극에 매혹되지 않을 수 없었을 것이다.

　둘째, 당시 李奎報에게는 유일한 知音이었던 吳世才가 동경 외가로 낙향한 후 부친마저 死去하자 지기를 잃은 외로움과 허전함을 감내하기 어려운 데다 갑자기 떠맡게 된 가장이라는 위치가 無職者인 그를 당혹하게 하였다. 이런 상황에서 吳世才를 잃은 외로움을 오세문과의 교유를 통하여 보상받으려 하였으나 오세문이 마음을 열고 받아주지 않으므로 오기로 「論湖水書」와 「和吳東閣三百韻詩」라는 巨篇을 짓기도 하였으며, 고독과 불안을 떨쳐버리고 어디에도 구애받지 않는 자유를 누리고자 老莊에 침잠하였던 것이다.

　셋째, 이제까지 알려진 자신의 문명에 비하여 과시에 최하등으로 합격하여 손상된 자존심을 치유할 수 있고, 이의민 집권기의 혼탁한 세태로 관계진출의 꿈마저 사라져 아무리 벼슬을 하고자 해도 뜻대로 안되는 그에게 정신적 안식처를 제공할 수 있는 사상이 노장사상이었다.

　그러나 아무리 특출한 재능을 소유했던 李奎報라 해도 20대 청년기에는 현실에 참여하여 능력을 발휘하고 싶은 야심 때문에 어떤 욕망에도 얽매이지 않고 물아양망의 경지에 이르기는 불가능하였다. 당시의 李奎報의 가정 형편으로 보아도 관계진출이 절실하였고, 혈기 왕성한 젊은 기질을 마음껏 분출하며 보람을 느끼고 살 수 있는 유일한 길이 당시로서는 사환뿐이었으므로 환상적 절대자유의 경지에 이르는 것은 동경의 세계로 놓아두고 현실로 돌아왔던 것이다. 그러나 은둔주의와 출세주의 사이에서 방황하는 李奎報를 사회에서는 방탕하다 하여 받아주지 않았으므로 환로진출이 어려웠으며, 20대에는 자신도 구환을 위한 노력의 정도가 30대에 비하여 소극적이었다.

이 시기에 사환의 욕망을 나타낸 시에는 「呈張侍郞自牧一百韻」, 「江南舊遊」, 「無官嘆」 등이 있다. 그 가운데 「呈張侍郞自牧詩」에서는 同榜及第者들이 모두 출세했는데 자신만이 뒤떨어진 것을 한하면서 俗人 惡人들이 날뛰는 세상에서 그들로부터 放曠하다는 비난을 받게 된 괴로움을 호소하고 관계에 진출하여 자신의 능력을 마음껏 발휘하고 싶은 심정을 토로하면서 자신을 이끌어주기를 간절히 요망하고 있다. 그가 당시의 시대 상황에 대한 분만을 나타낸 시를 예시해 보면 다음과 같다.

  蜥蜓嘲龜龍 도마뱀은 거북과 용을 조롱하고
  鴟鴞笑鸞鳳 올빼미는 난새와 봉황을 비웃는다.
  何忍折我腰 어찌 차마 내 허리를 굽혀
  突梯事傭冗辱[21] 둥글둥글하게 용렬한 사람을 섬기랴.

하여, 거북·용·난새·봉황 같은 위인이 도마뱀이나 올빼미 같은 소인·악인들에게 조롱을 당하는 현우가 뒤바뀐 세상을 원망하면서 그런 용렬한 인간들에게 허리를 굽히면서 환로를 추구하지는 않겠다고 하였다. 이는 곧 李奎報의 은둔사상이 부조리로 가득 찬 현세에 대한 불만이 내포된 질세적 은둔사상이었음을 나타내는 것이다.

20대 방황기에 불교 교리에도 깊은 지식을 갖게 된 듯하다. 천마산에

---

21) 全集 6, 「九月十三日會客旅舍示諸先輩」

은거했을 때 사원에 우거했음이 확실하고,22) 이때부터 많은 시승들과
의 증답시가 빈번히 나타나는 것이나, 사환기 이후의 각종 법회 행사시
에 그 경위는 의례히 李奎報가 기록한 것 등은 그가 당대 제일의 문인
이기 때문만은 아니요 불도에 조예가 깊었기 때문이라고 할 수 있다.
불교에 대한 이러한 해박한 지식은 그 기초가 20대에 이미 형성된 것으
로 볼 수 있으며 이때 형성된 불교사상은 치사기의 인생관 형성에 심
대한 영향을 끼치게 되었다.

구환기의 후반기(30대)에 이르면 사회의 양상도 변하고 구환을 위한
노력도 적극화된다. 병진년(29세)에 이의민이 제거되고 崔忠獻이 집권
하면서 봉사 10조를 올려 혁구도신의 일대 개혁을 행하게 되자 李奎報
는 환로로 나아갈 호기가 도래한 것으로 보고 적극적으로 노력하였다.
30세시에는 冢宰 趙永仁과 相國 任濡・崔詵・崔讜 등 네 대신에게 求
宦하는 시를 지어 바치고,23) 吏部郎中 尹威와 上侍 閔湜에게도 편지
를 보내어 천거해주기를 간청하였고,24) 31세시에는 內省의 중견관리들
인 閔湜・金迪侯・李桂長・世長・高瑩中・尹威・金冲・崔光遇 등에
게도 求宦詩를 보내어 이끌어 주기를 간청하였다.25) 이때는 이미 李奎
報의 문명이 널리 알려진 후이므로 상기 四相國이 연명으로 천거하는
箚子를 올려 왕의 재가가 났으나 放曠無檢한 행동을 꺼리는 崔忠獻의
견제로 宦路進出이 좌절되었다. 많은 사람들이 文才를 인정하고 천거
하는데도 사환이 좌절된 것은 20대에 가졌던 세속에 얽매이지 않으려
는 老莊사상과 이에 바탕을 둔 無檢한 생활 때문이었다. 즉 喪中에도

---

22) 全集,「年譜」, 辛亥(公年 24)條 參照.
23) 全集 7,「上趙令公永仁幷序」「上任平章幷序」「上崔平章讜幷序」「上崔樞密
詵」參照.
24) 全集 26,「呈尹郎中威書」「上閔上侍湜書」參照.
25) 全集 8,「呈內省諸郎幷序」「投李吏部」參照.

天磨山에 은거하고 飮酒로 消日하며 예절을 무시한 그를 崔忠獻이 좋게 보지 않았기 때문이었다.

李奎報가 환로에 나가려면 광간한 인간으로 보는 세평부터 바꾸어 놓지 않으면 안되었다. 이에, '제가 젊었을 때 술을 많이 마셔 방광했으므로 광이하다는 소리를 듣게 되었습니다.' '진신에서 벗들에 이르기까지 미치광이로 지목하지 않는 사람이 없고, 저 역시 뭇사람들의 소리에 견디지 못하여 스스로 광객이라 이름하였습니다.' '대장부가 재주를 지녔으나 드날리지 못하고, 포부가 있으나 펴지 못하면 술에 취했을 때 폭발함을 제어하지 못하게 되어 이 때문에 미치광이가 된 것입니다.' '만일 뜻을 얻어 관작이나 공명으로 재갈을 물리고 굴레를 씌우게 되면 온갖 계책으로 미치광이가 되라 해도 않을 것입니다.' '사나운 야생마를 길을 잘 들이면 천리를 달리는 일품의 말이 될 수 있습니다.' '한무제가 이르기를 멋대로 뛰는 말과 속박받지 않는 선비는 제어하기에 달렸다고 하였습니다.26)' '세상 사람들은 모두 거사를 미쳤다고 하나 거사가 미친 것이 아니요, 거사를 미쳤다고 말하는 자가 더 심하게 미친 자이다.' '아! 세상에는 이렇게 미친 사람이 많은데 자신을 돌보지 않고 어느 겨를에 거사를 보고 미쳤다고 비웃느냐, 거사는 미친 것이 아니라 그 형적은 미친 듯하나 뜻은 바른 자이다.27)' 하여 자신의 과거 행적을 반성하기도 하고, 그렇게 된 원인이 능력이 있는데 이를 발휘할 수 없었기 때문이라고 변명도 하며, 자신을 미쳤다고 비웃는 사람들을 비난하고 항변도 하면서, 앞으로 관작을 주어서 능력을 발휘할 수 있게 해 달라고 간원하기도 하였다.

---

26) 全集 26, 「呈尹郞中威書」 參照.
27) 全集 20, 「狂辯」 參照.

何者是賢愚	무엇이 현우이고
何者是得失	무엇이 득실인가
得者未必賢	얻은 자가 반드시 어진 것은 아니네
麞頭鼠目翔貴秩	노루 머리에 쥐눈을 한 자도 귀질에 오르니까
瑰意琦行棲蓬蓽28)	사상과 행실이 뛰어난 자도 가난하게 사니까

하여 못난 사람이 貴秩에 오르고 훌륭한 인물이 평민으로 지내는 불의와 비리가 충만한 사회 현실을 증오하며 울분을 詩酒로 달래기도 하였다.

그러나 宦路에 진출하기로 결심한 후 문신들의 천거만으로는 진출이 곤란함을 깨닫고, 집권자 崔忠獻에게 접근을 시도하여 행사가 있을 때마다 시문을 지어 바쳤으므로 李奎報에 대한 崔忠獻의 마음도 부드러워져서 32세에 全州牧司錄兼掌書記로 임명되었다. 그러나 그 직분에 적응을 못하여 중도에 파직당하였다. 그후 35세에 東京叛賊討伐軍의 兵馬錄事兼修製로 종군하였다가 37세에 凱還한 후 그 직책도 자동으로 해임되었다. 이렇게 30대에 2차에 걸쳐 약 3년간 벼슬을 하였으나 담당했던 직무가 원하는 분야가 아니었고 성격에도 맞지 않았다. 李奎報의 特長은 시문을 짓는 일이었고 원하는 일도 文翰의 任이었으며, 목민관이 되거나 군무를 맡는 것은 원하는 바가 아니었다. 즉 儒官으로 출세하려 하면서도 孔門四科中 文學에 傾倒되어 문학외에는 맡으려 하지 않았다.29) 이러한 그의 사상이 극명하게 나타난 글이「上趙太尉書」이다.

제가 9세부터 幽經 僻典 梵書 道家의 說에 이르기까지 비록 근원을 캐

---

28) 全集 11,「全履之見訪與飲大醉贈之」
29) 이러한 경향은 李奎報에 국한된 것이 아니고 고려시대의 일반적인 현상이었으므로 成樂熏은 高麗 儒學의 성격을 '文學儒敎'라고 칭하였다. 成樂熏,「韓國儒敎思想史」(『韓國文化史大系』Ⅵ, 高大 民硏), P.924 參照.

고 묘리를 찾아 깊고 은미한 것을 밝히지는 못하였으나, 두루 섭렵하여 精華를 채집하고 文辭를 구사하여 문장을 아름답게 꾸미는 도구로 삼지 않은 것이 없습니다. 또 伏羲以來 三代 兩漢 秦 晉 隋 唐 五代의 君臣의 得失 邦國의 治亂 忠臣 義士 奸雄 大盜의 成敗와 善惡의 자취를 빠짐없이 다하지는 못하였으나, 번다한 것은 자르고 중요한 것을 모아 거울삼으며 기록하고 암기하여 때에 따라 응용하는 자료로 삼지 않은 것이 없습니다. 혹 풍월을 읊을 때는 長篇巨題로 백여 운에 이르는 것도 거침없이 써 내었으며 또한 詩人의 체재를 잃지는 않았습니다. 바라건대 한 번 五寸 筆管을 잡고 대궐문을 지나 玉堂에 올라가서 國王의 말씀을 대신하는 草稿를 보아 批答을 짓고 訓勅을 내려 皇謨 帝誥의 文詞가 四方에 宣揚되도록 하여 평생의 뜻을 실현하고야 말겠습니다.30)

이 편지는 李奎報가 30세에 四相國의 천거로 宦路에 오를 듯했다가 실패한 후 憤懣에 차서 자신이 지나온 학문의 역정과 인생관을 기록한 것이다. 9세부터 20여년간에 긍한 광범한 독서는 古典의 精華를 채집하여 문장을 꾸미는 도구로 삼기 위해서였고 역대의 史書를 두루 섭렵한 것도 적절한 用事의 자료로 삼기 위해서였으며, 이를 바탕으로 시를 짓게 되면 아무리 長篇巨題라도 거침없이 格率에 맞게 지을 수 있다고 하였다. 즉 평생의 노력이 훌륭한 문장을 짓기 위해서였다는 것이다. 그러나 훌륭한 문장을 짓는 것이 궁극의 목표가 아니고 이를 바탕으로

---

30) 全集 26, 「上趙太尉書」
僕自久齡 始知讀書 至今手不釋卷 自詩書六經諸子百家史筆之文 至於幽經 僻典梵書道家之說 雖不得窮源探奧 鉤索深隱 亦莫不涉獵游泳 採菁撫華 以爲騁詞檎藻之具 又自伏羲已來 三代兩漢秦晉隋唐五代之間 君臣之得失 邦國之理亂 忠臣義士奸雄大盜 成敗善惡之迹 雖不得幷包幷括 擧無遺漏 亦莫不截煩撮要 鑑觀記誦 以爲適時應用之備 其或操觚引紙 題詠風月 則雖長篇巨題 多至百韻 莫不馳騁奔放 筆不停輟……庶一 提五寸之管 亦金門上玉堂 代言視草 作批勅訓令皇謨帝誥之詞 宣揚西方 足償平生之志 然後乃已.

批勅 訓令 皇謨 帝誥의 문사를 지어 왕의 뜻이 사방에 선양되게 하고 이를 통하여 자신의 文名을 드날리려 한 것이었다. 즉 문학 기능으로 나라를 빛내고 자신의 文名을 宣揚하는 것이 인생 목표였던 것이다.[31] 그는 이러한 인생관을 다른 편지에도 표명하였다.

> 그렇다면 나라를 도울 뜻은 어떻게 이룰 수 있으며, 수많은 서적을 읽은 수고는 어디에서 보상을 받으며, 먼 후대까지 남길 이름은 어느 곳에 드리울 수 있겠습니까. 이것이 제가 한밤 중에 세 번씩 일어나 하늘을 우러러보며 크게 탄식하는 까닭입니다.[32]

하여, 광범한 독서는 仕宦輔國을 위한 수단이었고, 국가의 文學技能人으로서 使役되어 文任을 맡아 후세에까지 이름을 떨치는 것이 가장 영광스러운 일이라고 보았으며, 이를 실현하기 위한 강한 집념이 이루어지지 않은 데 대한 고심을 나타내고 있다. 이는 李奎報가 文學儒敎로 교양된 결과로 형성된 인생관을 가장 정직하게 표현한 것이다. 그러나 그가 독서의 범위가 광범했음을 자랑한 것으로 보아 六經만을 典範으로 삼는 순수한 儒家는 아니었다. 육경외의 전적도 진리를 함유하고 있으며 以文華國의 자료가 되는 것은 육경만이 아님을 밝혀 유가적 도덕관념에만 얽매이지는 않았고 이러한 경향은 高麗 문신들의 공통적인 특징이라고 할 수 있다.

登科後 直翰林院에 權補되기까지 17년간의 求宦期는 뜻대로 되지 않는 현실에서 도피하여 한때는 幻想的인 完全自由를 누리려는 老莊

---

31) 李奎報의 이러한 人生觀을 金鎭英은 '以文華國'으로 표현하였다. 金鎭英『李奎報文學硏究』, 集文堂, pp.89~94 參照.
32) 全集 26,「上崔相國誅書」
  ……然則輔國之心何所遂 讀書之勞安所償 百世之名安所垂歟 是僕之所以中夜三起仰天大息者也.

思想에 沈潛하기도 하였고, 다시 현실로 돌아와 求宦에 노력하기도 하면서 방황했던 기간이며, 이 기간이 일대 시련기였지만 그의 일생중 생활이나 직무에 制肘됨이 없이 讀書와 詩酒로 소일하면서 탁월한 문학작품을 대량으로 창작하여 문인으로서의 위치를 공고히 한 기간이었다.

3. 仕宦期

李奎報가 直翰林院으로 권보된 40세부터 치사하던 70세까지를 사환기로 보았다. 이 기간에 몇 차례 우여곡절은 겪었으나 崔氏政權하에서 국조의 고문대책과 외국에 보내는 서표 등을 독담하여, 崔氏政權에 봉사하는 문학기능인으로서의 실력을 마음껏 발휘하며 지낸 득의의 시기였다.

이 기간 동안에 李奎報가 역임했던 관직을 연대순으로 적어보면 다음과 같다.

정묘(40세) : 直翰林院에 權補되다.
무진(41세) : 直翰林院에 卽眞되다.
임신(45세) : 正月에 千牛衛錄事參軍事가 되다. 6월에 다시 直翰林院을 兼하다.
계유(46세) : 崔忠獻 父子 앞에서 詩才를 보인 후 12월에 司宰丞에 오르다.
을해(48세) : 右正言知制誥가 되다.
정축(49세) : 右司諫知制誥에 제수되고 紫金魚帶를 하사받다.
기묘(52세) : 봄에 전년의 八關賀表事件으로 탄핵을 받아 파직되었다가 4월에 桂陽都護府副使 兵馬鈐割에 임명되다.
경신(53세) : 6월에 試禮部郞中起居注 知制誥로 임명되다.(崔瑀가 집권하게 되었기 때문이다) 12월에 試太僕小卿起居注가 되다.

신사(54세) : 6월에 寶文閣待制 知制誥에 임명되다.
임오(55세) : 6월에 太僕小卿에 卽眞되다.
계미(56세) : 12월에 朝散大夫 試將作監이 되었고, 12월에 朝議大夫 試國子祭酒 翰林侍講學士가 되었고 知制誥는 그대로였으며, 翌年에 실시할 司馬試의 座主가 되었다.
을유(58세) : 12월에 左諫議大夫가 되었고 딴 직함은 그대로였다.
병술(59세) : 12월에 祭酒에 卽眞되다.
무자(61세) : 正月에 中散大夫判衛尉事가 되어 딴 직함은 그대로 가졌고, 春場同知貢擧가 되어 合格者를 뽑다.
경인(63세) : 11월에 八關會行事시의 사건으로 蝟島로 유배되다.
신묘(64세) : 1월 故鄕 黃驪로 量移되었고, 7월에 京師로 돌아와 9월부터 蒙古兵에 대비하기 위하여 白衣從軍하여 保定門을 지키면서 達旦에 보내는 書表와 文牒을 모두 맡아 지었다.
임진(65세) : 4월 正議大夫 判秘書省事 寶門閣學士 慶成府右詹事 知制誥에 제수되다. 6월에 江華로 천도하였고 9월에 留守中軍知兵馬事가 되다.
계사(66세) : 6월 銀靑光祿大夫 樞密院副使 左散騎常侍 翰林學士 承旨에 임명되었으나 아들 涵이 直翰林院이 된 까닭에 翰林學士를 寶門閣學士로 바꾸었다. 12월 金紫光祿大夫 知門下省事 戶部尙書 集賢殿太學士 判禮部事에 제수되다.
갑오(67세) : 5월에 春場知貢擧가 되어 合格者를 放榜하다. 12월에 政堂文學 監修國史에 제수되다.
을미(68세) : 正月에 太子小傅 되다. 12월 參知政事 修文殿太學士 判戶部事 太子太傅가 되다.
병신(69세) : 5월에 春場知貢擧가 되어 合格者를 放榜하다. 乞退表를 올렸으나 不許하다.
정유(70세) : 12월에 金紫光祿大夫 守太保 門下侍郞平章事 修文殿太學士 監修國史 判禮部事 翰林院事 太子太保로 致仕하다.[33]

40세부터 70세까지 30년간의 경력을 一瞥해 보면 45세시 6개월간 千牛衛錄事로 있었던 일, 52세 4월부터 53세 6월까지 桂陽都護副使로 있었던 일 등과 52세 63세시에 잠깐씩 면직되었던 때를 제외하고는 일관되게 文筆職에 종사하였음을 알 수 있다. 이는 당시의 집권자도 李奎報가 문필직에 適任者임을 인정한 것이고, 李奎報 자신도 문필직 외의 임무를 담당하면 불만스럽게 생각하고 文翰의 任으로 되돌아오고자 노력하였다.

仕宦期에는 李奎報도 放曠無檢함을 버리고 臣僚社會에 적응하고자 하여 謙遜하고 溫恭한 태도로 타인에 대한 비난 공격을 삼가고 장점을 찾아 칭찬하고자 노력하였다. 官爵과 利祿이 그를 謙恭한 사람이 되도록 馴致하였다고도 볼 수 있고, 직설적이고 날카로왔던 성격34)이 年輪에 따라 鈍化된 것으로도 볼 수 있으며, 험난한 세상을 탈없이 살아가는 처세의 지혜를 깨달은 것으로도 볼 수 있다.

> 친근하다 해서 나의 비밀 누설하지 말아야지. 총애하는 妻妾과 같은 이불 덮고 있어도 생각은 서로 다르다네. 부리는 노복에게도 경솔한 말 말아야지. 겉으로는 순종하나 속으로는 엉뚱한 생각을 한다네. 더구나 나와 친근한 사람도 아니고 내가 부리는 사람도 아님에랴.35)

---

33) 全集,「年譜」參照.
34) 李奎報는 全集 37,「祭張學士自牧文」에서 弱冠 時節의 자신의 성격이 果敢함을 自負하고 거침없이 남의 是非를 논하여 縉紳大夫들이 미워하고 꺼렸다고 하였다.(我昔弱冠 果敢自負 蒺藜在前 直前不顧 論人是非 到口輒吐 縉紳大夫 橫目瞿瞿 雖蹈其門 輒鑰厥戶)
35) 全集 19,「自誡銘」
無曰親昵而漏吾微 籠妻嬖妾兮同衾異意 無謂僕御兮輕其言 外若無骨兮苞蓄有地 況吾不媒近不驅使者乎.

李奎報가 말을 한 마디 하거나 글을 한 편 쓰면 곧바로 비난과 공격이 따랐던 지난날의 고통을 절감하고, 이제 남에게 미움받지 않고 편하게 살고 싶어서, 첫째로 조심한 것이 입[말]이었다. 입의 一語一默에서 榮辱이 所自하므로, '성인은 다른 사람을 두려워하지 않고 오직 자기의 입만을 두려워 하였나니 진실로 자신의 입을 조심할 수 있다면 세상을 살아가는 데 무슨 어려움이 있으리요.'36)하여, 禍福의 근원이 입에 달려있음을 강조하고, '아무리 가까운 처첩이나 부리는 노복에게도 말을 함부로 했다가는 재앙이 따르는데 하물며 다른 사람에게야 더할 말이 있겠는가'하면서 말을 조심할 것을 강조하였다.

입조심과 함께 李奎報가 유의한 것은 천하 사람들을 下視하는 傲然한 기상을 억제하고 卑遜해지고자 노력하여 放曠하다는 世評을 불식하는 것이었다.

　　常直不弓　활처럼 굽지 않고 항상 뻣뻣하면
　　被人怒嗔　남에게 노여움을 받게 된다.
　　能曲如磬　경쇠처럼 굽힐 수 있다면
　　遠辱於身　몸에 욕됨이 미치지 않는다
　　唯人禍福　오직 사람의 화복은
　　係爾屈伸37)　너의 굴신에 달려있다.

하여 傲慢한 행동은 남의 嗔怒를 사게 되어 화를 자초하므로 인간의 화복이 오직 허리의 屈伸에 달려있으니 謙恭한 행동으로 남의 뜻을 거슬리지 않을 것을 다짐하였다. 이런 자세가 지나치면 비굴하게 보이게 된다.

---

36) 全集 1,「畏賦」.
　　聖人不外於人 唯畏於口 苟愼其口 於行世乎何有.
37) 全集 19,「腰箴」.

禁省春深白日長 대궐에 봄 깊고 한 낮이 긴데
珠簾微動好風涼 주렴이 펄럭이며 서늘한 바람이 이네
忽聞丞相嚴呵喝 홀연히 재상의 무서운 꾸지람 듣고
整頓冠巾下砌忙[38] 의관을 정돈하고 뜰로 바삐 내려오네

청년기에 登泰山而小天下하는 기상으로 한 世代나 年上인 七賢들을 '未識七賢內 誰爲鑽核人'이라고 매도하던 豪氣는 씻은 듯이 사라지고 上官의 꾸지람에 衣冠을 바로하고 섬돌 밑에 내려와 공손히 읍하고 서 있는 李奎報의 모습이 눈에 鮮然하다. 宦海를 헤쳐나가기 위한 불가피한 변신이었으리라. 少時와는 판이하게 달라진 이러한 변신이 험난한 세상에서 30년간 관작을 누릴 수 있게 한 것이다.

仕宦期에는 勤愼과 守分을 위하여도 노력하였다. 경솔한 언행에는 뉘우침이 따르고 신중한 計謀가 없이 일을 하다가는 어그러지는 경우가 많으며 어느 한 가지 일에 집착하여 너무 곰곰이 생각하면 의심이 생기기도 하니 商酌折衷하여 세 번쯤 생각한 후에 실행하는 것이 알맞는다고 하였고,[39] 스스로 분수를 지켜 지나친 욕심을 부리지 않고 겸허한 군자처럼 滿溢을 조심하며 順理에 따르는 생활을 하고자 노력하였다.[40]

……그런데도 오히려 겸손하게 남에게 스스로를 낮추어서 한 가지라도 좋은 점이 있으면 반드시 褒獎하여 자기보다 나은 것처럼 여겼다. 弱冠時에 麴秀才傳을 지었는데 史官 李允甫가 처음 等第한 후 이를 본받아 無腸公子傳을 지으니 공이 이것을 보고 매우 훌륭하게 생각하여 늘 문인들에게 자랑하기를. "요즈음 글 잘하는 이윤보를 발견했는데 참으로 훌륭한 史官 재목이다."하였다.[41]

---

38) 全集 14,「春日內省有作」
39) 全集 19,「思箴」參照.
40) 全集 1,「陶罌賦」參照.

이렇게 後進인 이윤보의 「無腸公子傳」을 극찬하고 위 인용문의 생략된 부분에서는 孫得之의 「早茶詩」도 극찬하고, 同年인 文安公 兪升旦을 자기의 위에 놓고 스스로를 낮추어, 좋은 일은 남에게 양보하며 남의 장점을 찾아 칭찬하고 격려하니 老年에는 後進들의 推仰의 대상이 되었고 放曠하다는 世評은 拂拭되었다. 이에 그를 후덕한 宰相으로 보게 되어 주위 사람들이 '人中龍'이라 칭하고,[42] 존경하게 되었다.

이러한 입조심·謙恭·守分·謹愼은 混濁한 시대에 관직을 누리기 위해 필요한 처세술이었다. 이러한 처세가 주효하여 능력을 발휘할 수 있는 場이 주어졌고, 순탄한 승진을 거듭하여 相國의 지위까지 오를 수 있었다. 그는 뜻한 대로 五寸 筆管을 마음껏 휘두르며 詞園을 馳騁하고, 官秩이 오를 때마다 느끼는 보람을 시로 읊으며 爵祿을 즐겼던 것이다.

40세에 처음으로 원하는 벼슬인 直翰林院이 되자

  晩承恩遇出平沈 뒤늦게 은총 입어 평민을 벗어났건만
  猶被人呼李翰林 남들은 그래도 이한림이라 부르네.
  玉署金坡名信美 옥당의 벼슬 이름 참으로 아름다우나
  象床綺食事難尋[43] 자개상에 좋은 음식 찾기 어렵네.

  枯臘方承雲雨潤 마른 육포같은 신세였다가 풍성한 은혜를 받았으나
  衰鬢難避雪霜尋 쇠잔한 수염 눈처럼 희어짐을 면할 길 없네
  人言老鶴乘軒去 남들은 노학이 초헌 타고 가는 듯하다 하지만
  我苦寒螿抱葉吟[44] 나는 쓰르라미처럼 늦가을에 우는 것이 괴롭다오.

---

41) 崔滋,『補閑集』中, 第6話.
 猶能謙下於人 凡有一善必褒奬 若出其右 弱冠時作麴秀才傳 李史館允甫 初登第時 效之亦作無腸公子傳 公見之而甚善 每唱於士林間曰 近得能文者李允甫 眞良史才也.
42) 全集,「序」參照.
43) 全集 13,「丁卯十二月初入翰林夜直有作示禁中諸公」

하였는데, 이 두 수의 시에는 두 가지 감정이 엇갈려 있다. 늦게나마 은총을 받아 翰林이 된 것을 감사하게 생각하고 남들이 축하해줌을 자랑으로 여기면서도 한편으로는 수염이 허옇게 센 40세에 이르러서야 九品官인 直翰林院에 權補된 것을 쑥스럽게 여기고 뒤늦은 관계진출에 초조감을 나타내고 있다.

45세 때에는 잠시 千牛衛錄事로 나갔다가 翰林院으로 되돌아온 후, '다시 고향에 돌아온 듯하다'[45]하여 文翰의 任만이 그를 만족시킬 수 있는 직무임을 표명하기도 하였다.

48세에는 右正言知制誥(6品官)로 승진된 후 그 기쁨을,

    八載花甎沐帝恩　　8년간 한림원에서 임금 은혜입다가
    白頭方始直西垣　　늙어서야 中書省을 맡게 되었네
    平生口訥如囊括　　평소에는 말없이 침묵을 지켰더니
    人道無言老正言[46]　사람들은 말없은 老正言이라 하네

    拾遺班秩要而淸　　습유는 그 벼슬 淸要한 직책이니
    大副書生宿昔情[47]　書生의 오랜 소망 이루어진 셈이네

하여, 평소에 원하던 청요한 벼슬에 오른 것에 만족을 표하고, 눈에 뜨이는 대로 직언을 하여 남의 비위를 거스르던 광간한 청년에서, 장년에 이르러 보신을 위하여 과묵하고 노성한 인물로 변하였음을 스스로 밝히고 있다.

50세에 우사간지제고에 제수되어 자금어대를 하사받고는,

---

44) 全集 13,「次韻諸公見和」
45) 全集 13,「再入玉堂有作書壁上」參照.
46) 全集 14,「初拜正言有作」第一首.
47) 同 第三首.

舊着靑衫人不避　옛날 청삼 입었을 땐 사람들 피하지 않더니
新披紫袖衆爭趨[48]　새로 자수 입으니 뭇 사람들 다투어 달아나네

腰彈金魚微意在　허리에 자금어대 두른 것 깊은 뜻 있으니
自今張目少眠時[49]　이제부턴 눈 부릅뜨고 잠도 적게 자리라

하여, 班秩이 높아져서 官服이 靑衫에서 紫袖로 바뀐 후, 길에서 만나는 사람들이 다투어 길을 비켜주며 우러러 볼 만큼 되었으니 두 눈 부릅뜨고 잠도 덜 자면서 더욱 직무에 충실하겠다고 다짐하였다. 이 시를 통하여 승진의 기쁨을 만끽하고 있는 모습이 눈에 보이는 듯하다.

南州在官稍堪嗟　남쪽 고을로 좌천되어 탄식을 하였는데
西掖重來尙可誇　서액에 다시 오니 자랑할 만하네
好事人人皆說道　잘된 일이라고 사람마다 말하면서
中書門下是君家[50]　중서문하성이 그대의 집이라 하네

이 시는 52세에 八關會 賀表事件으로 桂陽都護府副使로 좌천되었다가 이듬해 試禮部郎中起居住 知制誥로 임명되어 개경으로 돌아와 衆人의 축하를 받으며 外官에서 다시 京官이 된 기쁨을 노래한 것이다. 外官으로 있던 1년여 동안 怏怏不樂하면서 세월을 보내다가 崔瑀가 집권하게 되자 그 영향으로 다시 京職으로 被召된 기쁨을 표한 것이다. 이대로 집권자의 腦裏에서 잊혀져 평생을 지방관으로 지내다가 죽게 되면 어쩌나하고 애태우던 그에게는 이때에 얻은 京職이 더욱 대견했던 것이다.

右史官淸帶禮曹　起居注의 맑은 벼슬에 예조를 겸하니

---

48) 全集 14, 「初除司諫兼受金紫戲贈金正言」 第一首.
49) 同 第三首.
50) 全集 15, 「入京有作」.

  足償江郡二年勞 江郡生活 2년의 괴로움이 보상되었네
  禁池瀲灩猶依舊 금지는 물결 넘쳐 예나 다름없는데
  老鳳重來浴羽毛[51] 늙은 봉황 다시 와서 깃털을 씻네

 起居注에 禮部郞中을 겸하여 다시 國王의 은총을 받는 자리에 오르게 되니 그 기쁨이 지금까지의 고통을 모두 보상받는 듯하고, 외관으로 있을 때 그토록 그리던 대궐로 다시 돌아와 신선 같은 생활을 하게 된 것에 감격하였다.

  紫樞眞與璧門連 자추는 본래 宮門과 이어져 있어
  疑是無階直上天 층계 없이도 곧바로 하늘에 오를 것 같네
  此去黃扉猶隔礙 여기에서 재상 자리는 막혀있는 듯하니
  院胥休作宰臣傳 院吏를 宰臣이라 부르지 마오

  鞓帶霜髥尙舊形 가죽 띠와 흰 수염은 아직도 옛 모습이라
  忽忘新占大官名 새로 대관된 것을 잠시 잊었었네
  欲知此日非前日 오늘이 어제와 다름을 알게 된 것은
  兩個黃鶯引導行[52] 두 金衣童子가 길을 인도해서일세

 이 시는 66세시 銀靑光祿大夫 樞密院副使가 된 후에 지은 것이다. 第一首는 樞密院이 본래 대궐과 가까운 곳이기는 하지만 자신은 아직도 亞相에 머물러 있고 재상이 될 일은 까마득한데 나이도 同甲이고 과거 正言으로 함께 근무했던 金仁鏡은 이미 재상이 되었으므로 부럽기도 하고 축하할 일이기도 한데, 仁鏡이 오히려 李奎報를 宰臣이라 불렀으므로 이를 사양한 것이다. 第二首에서는 銀靑光祿大夫가 되고

---

51) 全集 16,「庚辰八月自桂陽以起居注禮部郞中被召入直西省有作」
52) 全集 18,「癸巳八月十八日始直樞密院寄內史省金相國仁鏡」四首中 第一・二首.

서도 오히려 大官이 된 것을 잊고 輕帶를 매고 있다가 두 金衣童子가 前途를 인도함을 보고 官秩이 높아지고 禮遇가 격상된 것을 실감하고 그 기쁨을 노래한 것이다.

70세 되는 해 12월 金紫光錄大夫 守太保 門下侍郎平章事 修文殿太學士 監修國史 判禮部事 翰林院事 太子太保로 致任한 후 이튿날 지은 시에는,

  擔中身孱恐易顚   짐은 무겁고 몸은 약해 쓰러질까 두려웠는데
  拜章得謝始欣然   사퇴 소청 들어주시니 마음 기쁘네
  聖恩優老猶增秩   성은이 늙은이를 우대하여 품계 더욱 높아졌으니
  雖退難言大弛肩   물러나도 어깨 가벼워졌다 말하기 어렵네

  宰臣班品皆雖貴   재신의 반열이 모두 존귀하지만
  門下平章號最尊   문하평장이 가장 높다고 부르네
  如我孤寒今得忝   나같이 한미한 사람이 그 자리를 얻었으니
  餘光猶足耀千孫   남은 영광 먼 후손까지 비추기에 족하리라.

  兩保相承兩判俱   수태보 태자태보에 판예부사 판한림원사 다 갖추고
  修文修史猶仍舊   태학사 감수국사도 예대로일세
  如此頭銜得者稀   이같은 직함을 받은 이 드문데
  云何老境皆兼有[53]   어쩌다 노경에 이를 모두 겸하게 되었나

하여, 第一首에서는 약한 몸으로 그동안 맡아 온 중책을 대과 없이 마치고 名遂身退하게 된 것을 기뻐하고 老退時에 오히려 품계가 올라서 물러난 후에도 어깨가 무겁다고 최고위 관리로 致仕하게 된 막중한 책임을 절감하고 있다. 第二首에서는 宰臣중에서도 최존의 반열인 門下平章으로 致仕하게 되어 孤寒했던 가문을 크게 일으켜 놓았으므로 남

---

53) 後集 2,「十二月二十九日頒政以門下平章致仕有作」三首.

은 영광이 후손들에게도 오래도록 미치리라고 만족해 하였고, 第三首
에서는 守太保와 太子太保에 判禮部와 判翰林院事를 겸하고 修文殿
太學士와 監修國史를 아울러 가지고 벼슬을 물러나는 사람이 매우 드
문데 자신이 이 영광을 누리게 되었다고 기뻐하였다.

그러나 30년간 헤쳐온 宦路가 순탄하기만 한 것은 아니었고, 어느
때는 적성에 맞지 않는 직무를 담당할 경우도 있었다. 直翰林院에서
千牛衛錄事로 옮긴 후에는,

   久貪名利夢方酣 오랫동안 명리를 탐하고 꿈에 취해서
   未去田園面自慙 전원으로 가지 못했으니 얼굴이 부끄럽네
   白首猶居百寮尾 늙은 몸이 아직도 백관 뒤에 있으면서
   藍衫木板趁朝參 청삼과 목홀로 조례에 참석하네
   長嘯歸田應不餒 길게 휘파람 불고 전원으로 돌아가도 굶지는 않으
             리니
   一年耕得一年糧54) 일년 농사 지으면 일년 식량은 얻으리라

하여, 文翰의 任을 맡아야 능력을 발휘할 수 있는데 强悍한 武人들만
모여 있는 軍部隊의 錄事가 되어 靑衫 木笏로서 수모를 당하게 되자
名利를 탐하는 욕심 때문에 전원으로 돌아가 농사나 짓고 살지 못한
것을 후회하기도 하였다.

경인년에 또 한번 팔관회 사건으로 파직당하고 위도로 유배당하게
되었을 때 지은 시를 보면,

   靑山有路不汝遮 청산에 길 있어 너를 막지 않는데
   胡不歸休早爲所55) 어찌하여 일찍 돌아와 쉬지 않는가

---

54) 後集 1,「元日朝會退來有感」第一・二首.
55) 全集 17,「自責」.

하여, 이런 시련을 겪을 줄 알았으면 일찍이 청산 속으로 歸自然할 것을 부질없이 官爵을 탐하다가 남쪽 하늘 만리 밖에 流落하게 되었음을 후회하면서, 昇沈이 모두 一場春夢임을 알게 되었으니 다시는 行狀의 得失을 따지지 않겠다고 하였다.

이렇게 仕宦期 중에도 일이 뜻대로 되지 않거나 시련에 봉착하면 전원이나 청산으로 돌아가 운둔할 생각을 갖기도 하였으나, 다시 원하는 벼슬을 얻게 되면 이런 생각은 사라지고 文臣으로서 사는 보람을 느꼈던 것이다. 즉 30년간의 사환기 중에 잠깐씩 歸自然 歸老佛할 것을 생각한 일도 있었으나 이는 관료계의 현실에 대한 불만의 토로에 불과하고 이를 행동으로 옮길 생각은 애초부터 없었으며, 기본적인 마음가짐은 儒家的인 立身주의여서, 한 등급씩 품계가 높아지는 일과 文翰의 임을 맡은 文儒로서 王言帝誥의 高文大冊과 外國과 交聘하는 表狀이나 徵誥文字를 훌륭하게 지어내는 일에 보람을 느끼며 지냈고, 이런 생활에 적합하도록 放曠함을 억누르고 守分・謙恭・愼謹에 힘쓰는 처신을 하였던 것이다.

4. 致仕期

李奎報가 老退後 死去하기까지(71~74세) 3년 9개월 간을 致仕期로 보았다. 이 期間은 多事多難했던 武臣執權時代를 70년간 살아오면서 겪었던 일, 생각했던 일들을 土臺로 人生을 總決算하고 大團圓의 幕을 내린 시기이므로 이때에 李奎報가 도달한 意識世界와 인생에 대한 생각이 바로 李奎報의 인생에 대한 결론이라고 볼 수 있다.

李奎報는 致仕하기 전에 이미 致仕後의 生活目標를 定해 놓았다.

我欲乞殘身	나는 벼슬에서 물러나
得解腰間綬	허리에 찬 印綬를 풀고자 하네
退閑一室中	한가히 집으로 물러가
日用宜何取	무엇으로 나날을 보낼까
時弄伽倻琴	때로는 伽倻琴을 희롱하고
連斟杜康酒	연이어 杜康酒를 마시리라
何以裾塵襟	무엇으로 때 묻은 흉금 씻어낼까
樂天詩在手	白樂天의 詩를 펴 보리라
何以修淨業	무엇으로 정업을 닦을까
楞嚴經在口	능엄경을 외리라
此樂若果成	이러한 즐거움이 이루어진다면
不落南面後	임금이 되는 것에 뒤지지 않으리
耆舊餘幾人	몇 안 남은 늙은 친구들
邀爲老境友56)	맞이하여 노경의 벗 삼으리라

 이 시는 70세 되던 해 9월 (退職 3개월전)에 퇴직을 요청할 뜻을 세운 후 지은 것이다. 老退後에 伽倻琴 타고 杜康酒 마시며 樂天의 詩로 塵襟을 씻어내고 『楞嚴經』암송으로 淨業을 닦으며 한가히 늙은 벗들과 담소나 하고 지낼 수 있다면 王位도 부러울 게 없다고 하였다.

南軒居士計如何	남헌거사의 살림살이 어떠한가
所蓄雖多擧最奢	쌓인 것 많으나 자랑할 만한 것은
淡酒一壺詩一簏	술 한 병 시 한 상자에
沖虛經卷與楞伽	충허경과 능가경뿐일세

頭禿身閑坐作趺	대머리에 한거한 몸으로 가부좌하였으니
不同僧處獨髭鬚	중과 다른 점은 수염뿐이네
南軒長老修何業	남헌장로 무슨 업을 닦고 있나
案有楞伽得解無57)	책상에 있는 능가경 이해나 하는가

---

56) 後集 2,「有乞退心有作」

李奎報는 늙어가면서 老莊과 佛教에 더욱 沈潛하였다. 自號를 南軒居士 또는 南軒長老라 하고, 맑은 술 한 병·시 한 상자 준비해 놓고 술 한잔 마시고는 시 한 수 읊다가『冲虛經』과『楞伽經』을 읽으며 때로는 神仙이나 禪僧처럼 結跏趺坐하고 앉아 있으니 일반 僧侶와 다른 것은 수염을 깎지 않은 것뿐이라고 하였다. 이 시도 乞退表를 쓰기 직전인 그해 10월에 지은 것으로 蝸角名 같은 官爵을 좇아 一喜一憂하던 過去가 허무하게 느껴져 자질구레한 利慾을 모두 버리고 歸老하여 澹如하게 살고자 한 뜻을 나타낸 것이다. 이들 시 속에 나타난 詩·酒·琴·佛經(능엄경)·老莊書(列子)·늙은 벗 등이 인생을 결산하고 노후를 즐기는 데 필요한 것들이며, 이를 통하여 致仕期의 李奎報의 인생관도 窺知할 수 있게 된다.

丁酉年 12月 28日 乞退表에 윤허가 내리자,

賴因長暇牢稱病	오랜 휴가 끝에 굳이 병을 핑계하니
果荷優恩許得便	과연 넘치는 은혜로 허락을 받았노라
從此自稱天放客	이로부터 천방객이라 자칭하고
與君同作地行仙	그대와 더불어 지행선이 되리라
兩家有酒頻相喚	양가에 술 있으면 서루 자주 불러서
斷送人間未盡年	남은 여생을 보내 봅시다
備嘗榮辱得身抽	영욕을 모두 맛보고 은퇴하니
驚破槐安夢裡遊	괴안몽에 노닐다 깨어난 듯하네
(中略)	
周行世界閑僧坐	천하를 주유하던 중 한가히 앉아 있는 듯
遍閱夫郞老妓休	뭇 남자 거친 노기가 쉬고 있는 듯
官罷偶思陳跡耳	벼슬 물러나 생각하니 모두가 옛 일이라
漸無一事到心頭[58]	한 가지도 마음에 걸리는 것 없네

---

57) 後集 2,「南軒戲作」二首.

라고 읊어, 이제부터는 하늘에서 귀양 온 신선이라 자칭하고 地行仙 노릇을 하면서 마음내키는 대로 벗과 만나 술이나 마시며 여생을 보내 겠다고 하였다. 또한 온갖 榮辱을 맛보고 官界에서 물러나니 지나간 일들이 南柯一夢처럼 느껴지고, 벼슬에 연연해서 뭇사람들에게 아첨했던 일들이 東家食西家宿하며 뭇 남자를 거친 늙은 妓女처럼 생각되었으며, 이런 일들을 모두 지나간 옛 일로 돌려버리고 온 세상을 周遊하다가 이제 涅槃할 길로 돌아온 중처럼 한가히 앉아 있으니, 아무것도 마음에 거리낄 것이 없다고 하였다.

이상 열거한 몇 수의 시를 통하여 李奎報가 老退하기까지 70년간의 생애를 결산하고 남은 여생을 어떻게 살 것인가 정해 놓았음을 알 수 있으며 그의 여생이 이 계획에 어긋나지 않게 영위되었음이 그 기간에 창작한 많은 시문에서 확인된다. 즉 仕宦期에 견지했던 儒家的 立身主義에 합당한 생활자세(功成名遂를 목표로 하고 愼謹·守分·謙恭한 자세를 가짐)에서 벗어나 어디에도 구애받음이 없이 자유를 누리며 古拙을 지키는 한적한 생활을 하고자 하였다. 당시 老退한 지식인들이 공통적으로 추구한 이상을 한마디로 요약한다면 '閑'이라고 말할 수 있다. 그들의 한은 功成名遂하고 懸車綠野한 후 心無外慕하는 心意自評의 경지였다.

老退한 崔讜·崔詵·高瑩中·白光臣 등 고위 문신들이 雙明齋에서 耆老會를 조직하고 琴碁와 詩酒로 소일한 것이나,[59] 庚資諒이 崇慶 2년에 耆老會를 조직한 것,[60] 蔡洪哲이 耆老會를 연 것[61]등이 고려 문

---

58) 後集 2,「丁巳十二月二十八日乞退表蒙允可 是夜喜不得寐因成長句二首 奉寄李學士百全」
59) 崔瀣,「海東後耆老會序」(『東文選』84 및 『拙藁千百』2)
60)『東文選』122,「銀青光祿大夫尙書左僕射致仕庚公墓地銘」參照.
61)『高麗史』71,「樂志」2, 紫霞洞 參照.

인들이 心靈을 自然의 閑을 통하여 추구했음을 보여주는 예이고, 당시 世人들이 이들을 地上仙이라 부르며 선망하였으며, 이들이 崇仰하는 사람은 睿宗, 仁宗대의 隱士인 郭璵나 李資玄 같은 인물이었다.

이들은 모두 佛家의 영향을 兼有하고 있었으며 문인으로 學佛하는 사람은 대부분이 老莊의 색채를 아울러 띠고 있어서 幻化的·空無的·冥報的인 관념을 가지고 있었다.

李奎報도 이런 풍조의 영향을 받아 世事에 무관심한 閑靜한 생활을 하고자 하여,

  嗜睡輕抛守歲宵 잠을 즐겨 그믐밤도 모른 체 보내고
  日高猶臥放長謠 해늦도록 누워서 길게 읊조리네
  如今始得閑中詠 이제야 한가하게 시도 읊게 되었고
  風雲天寒免會朝(62) 눈바람 추운 날에 조회도 면하였네

  齊復亂齊堆帙理 모았다 흩었다 쌓인 책을 정리하고
  勝還饒勝鬪碁觀(63) 이겼다 졌다 하는 바둑을 구경하네

라고 노래하였다. 시간의 제약이나 속박으로부터 벗어나 安閑한 생활을 즐기며 衣冠도 정제하지 않고 거리낌없이 술마시고, 책을 뒤적거리다가 바둑 두는 것이나 구경하고 마음이 내키면 시 한 수 지어 아무데나 던져버리고 좋은 시나 글씨를 玩賞하며 문전의 채소밭 살피기에도 게으른 생활을 하였다. 이런 생활을 地上仙의 생활로 여기고, 이승에서는 지상선 노릇을 하다가 저승에 가서는 上帝 곁에서 文翰을 담당하는

---

62) 後集 2,「戊戌元日」第二首.
63) 後集 2,「次韻李公需林公成幹兩士見和前詩 伏蒙兩君閣下和予詩 親訪見贈詞各信善不覺絶倒 但不循織錦體耳 豈偶忽之耶 復以其體如二首奉呈」中 第一首.

神仙이 되거나(道家的), 極樂淨土에 往生하기를 바랐는데(佛敎的) 이 두 가지 염원이 李奎報에게는 아무런 갈등없이 하나로 合一되어 있으며, 이것이 儒學思想과도 相馳되는 것이 아니라고 보았다.

> 我昨於南軒　　내 어제 남헌에서
> 晏起日已暾　　늦게 일어나니 해가 이미 솟았더군
> 盥漱執經卷　　세수한 후 불경을 들고
> 方向手中翻　　막 책장을 넘기려 하는데
> 客有枝木冠　　화려한 관을 쓴 객이
> 謁我仍有言　　나를 보고 하는 말이
> (中略)
> 而此浮屠法　　이러한 불법을
> 奚爲於丘門　　어찌 유문에서 하는가 하기에
> (中略)
> 況復儒與釋　　더구나 유도와 불도는
> 理極同一源　　궁극의 이치는 근원이 같으니
> 誰駁又誰純　　어느 것이 잡되고 어느 것이 순수하단 말인가
> 咄哉渠所論[64]　괴이하도다 그대의 주장이

이 시는 나라의 高官으로서 儒家로 處身해왔던 李奎報가 佛經을 읽는 것에 대하여 비난하는 客과 대화하는 형식으로 儒敎와 佛敎는 궁극의 이치가 同一한 근원에서 나왔다고 주장하고 있다. 선비가 큰 뜻을 품고 높은 벼슬에 올라 仁義禮樂으로 國王을 輔弼하고 天下에 恩澤을 베풀다가 老退한 후에 空門에 歸依함이 조금도 흠이 될 것이 없다고 보았다. 당시의 지식인 대부분이 儒敎를 現世를 다스리는 學으로 보고, 佛敎를 來世에 救援을 가져오는 敎로 보아, 대립적인 것으로 생각하지 않았다. 이러한 견해는 性理學이 전래되기 이전의 高麗 知識人

---

64) 後集 6, 「南軒答客」

들의 보편적인 견해였으며, 당시의 유교사상은 敎理面이나 哲學面에서 佛敎와 대항할 힘이 없었다. 고려시대의 문화체질은 의연히 佛敎的이어서, 불교의 입장에서는 儒敎나 道敎를 五乘65) 가운데 人乘이나 天乘의 초보단계로 보고 불교의 결함을 보완하는 기능을 가지는 면에서의 존재가치만 인정하는 정도였으며, 불교쪽에서도 유교나 도교의 전통을 승인하고 포섭하는 자세를 취하였다.66)

儒佛을 대립적인 것으로 보지 않는 견해는 新羅時代 이래의 傳統이었다.

> 우리나라에서도 五經外에 五史(三史・三國志・晋春秋)가 유입되었으나, 道義와 文章만 취하였고 思想으로는 뚜렷한 變遷이 없었다. 또 한가지 中國 中世 儒敎와 다른 점은 經學訓詁의 派分이나 儒老莊佛의 對立이 있지 아니하였다.67)

라고 한 말이나, 崔致遠의 「鸞郎碑序」에 魯司寇(孔子)之旨와 周柱史(老子)之宗과 竺乾太子(釋迦)之化를 종합한 玄妙之道인 風流道가 있었다고 한 말에서도 儒佛仙을 混融한 사상의 뿌리가 深遠함을 알 수 있다.

李奎報가 老佛이 同根이라는 견해를 가지고 많은 佛僧들과 널리 交遊하였고, 佛老諸書에 두루 능통하고 특히 佛法에 조예가 깊었기 때문에 규모가 큰 談禪法會가 있으면 그 經緯는 의례히 그가 기록하였으며,68) 高僧이 사망하면 碑銘도 獨擔하여 지었는데,69) 이것이 禪宗의

---

65) 五乘 : 佛法의 다섯 가지 種別로 人乘, 天乘, 聲聞乘, 緣覺乘, 菩薩乘을 말하며, 一名 五行이라고도 稱함.
66) 金哲埈,「高麗中期의 文化意識과 史學의 性格」(李佑成(外),『韓國의 歷史認識』上) pp.78~79 參照.
67) 成樂熏,「韓國儒學思想史」(高大 民硏,『韓國文化史大系』 VI) p.923.
68) 李奎報가 지은 談禪文을 열거해보면 다음과 같다.

宗旨를 더욱 깊이 이해하는 계기가 되기도 하였을 것이다. 당시 最高의 禪僧인 彗諶도, '認其名則佛儒逈異 知其實則儒佛無殊'[70]라 하여 儒佛이 外觀上으로는 전혀 다른 것 같으나 근본에 있어서는 차이가 없다고 하였다.

李奎報는 이러한 사상적 바탕을 가지고 致仕後에는 佛經(특히 楞嚴經)과 道家書(특히 列子)에 몰입하였다.

儒書老可罷　늙어서는 유서 공부 파하고
遷就首楞王　옮겨서 능엄경을 배웠네
夜臥猶能誦　밤에 누워서도 욀 수 있으니
衾中亦道場　이불 속이 바로 도량이네
(中略)
蓮花森在眼　연화가 선연히 눈에 보이고
千葉夢中開[71]　천엽이 꿈 속에서도 환하네

楞嚴經을 모두 암기하여 밤에 이불 속에서도 이를 암송하면서 千葉의 蓮花가 눈에 森然한 경지에 이른 것이다. 스스로 在家僧이라고 칭하며 跏趺坐하고 空을 생각하다가도 부인이 술을 준비해 놓고 부르면 佛徒임을 잊고 자기도 모르게 벌떡 일어나는 愛酒家였으므로 비록 술을 끊지는

全集 25, 「西普通寺別例談禪牓」「大安寺同前牓」「昌福寺談禪牓」「龍潭寺叢林會牓」
全集 39, 「西普通寺別例談禪牓」
全集 41, 「禪會請禪文」「同前願請說禪文」「同前禪會請說文」
全集 12, 「談禪會須彌山參學等謁祖師眞文」
69) 全集 35, 「靜覺國師碑銘」「眞覺國師碑銘」參照.
70) 彗諶, 『眞覺國師語錄』(安啓賢, 「曹溪宗과 五敎兩宗」『韓國史』 7, 國史編纂委, p.307 再引用)
71) 後集 5, 「臥誦楞嚴有作二首」

못하였으나 佛弟子가 不食해야할 五辛과 牛肉을 끊은 것으로 보아[72] 戒律을 지키며 佛敎 敎理대로 생활하고자 노력하였음을 알 수 있다.
　鄭芝가 지은 李奎報의 誄書에

　　만년에 불법을 더욱 신앙하여 능엄경을 암송하고, 세심경(수역)을 즐겨 읽고, 대연지수를 궁구하였다.[73]

하였고 李奎報 자신도 前述한「有乞退心有作」과「南軒戱作」에서 詩酒琴과『樂天集』,『楞嚴經』,『列子』등을 벗삼으며 지내겠다고 하였으며, 致仕期에 지은 500여수의 시에는 버릇처럼 이를 읊조렸으므로 그가 만년에 즐겨 읽었던 책들의 특징을 살펴 보면 지향했던 생의 목표를 알 수 있을 것이다.
　列禦寇가 지었다는 列子는 老子, 莊子와 함께 代表的인 道家書의 하나이다. 道家는 隱士의 생활을 이상으로 여기는 사상에서 출발했으므로 許由, 務光 같은 사람들을 이상적인 인물로 보고, 정치나 사회의 현실에 대하여는 관심을 갖지 않는 방관자적인 태도를 갖게 되었다. 현실의 모순에 관심을 가지고 이를 타개하려 하다가는 또 다른 모순에 빠지고 말 것이므로 그런 노력 자체를 포기하고 天地의 근원인 道로 돌아가 無爲속에서 살고자 하는 것이다. 즉 삶의 가치를 따지고 是非를 분별하는 知性을 포기하고(인위적인 노력을 포기하고) 자연에 순응하여 살아가는 것을 열자는 無爲라 한 것이다. 천지는 누가 어떤 목적을 가지고 만든 것이 아니고 저절로 그렇게 된 것이므로 이것이 곧 無爲의 所産이며, 인간이 天地의 道와 합치되는 無爲의 德을 지니고 살 때

---

72)　後集 5,「始斷五辛有作」및 後集 6,「斷牛肉」參照.
73)　鄭芝「誄書」(『後集』12)
　　晩年尤信佛法 常誦楞嚴 又嗜讀洗心經 窮大衍之數.

가장 자연스럽고 인간답게 사는 것이므로 外物에 마음이 얽매이지 않고 사는 것이 완전히 자유를 누릴 수 있는 방법이라고 본 것이다.74) 어떻게 하면 外物에 얽매이지 않고 자유를 누릴 수 있는가에 대하여 열자는 마음을 虛하게 하면 된다고 하였다. 마음을 虛하게 한다는 것은 마음이 사려분별하는 작용을 멈추고 淡白한 세계가 드러나는 것을 체험하는 것이다. 虛는 列子의 중심사상이다. 이런 사상은 李奎報로 하여금 生死壽夭나 貧富貴賤도 자연에 맡기고 일체의 外物의 제약으로부터 벗어나 자유롭게 閑을 누리려는 뜻을 갖게 하였으며 이것이 만년에 列子를 부지런히 읽은 所以이다.

李奎報는 晩年에『周易』도 즐겨 읽었다.75)

『周易』의 근본은 陰陽 二氣의 待對推移로써 天地人 三才의 變易의 원리를 포괄하여 설명한 것으로 陰陽 二氣의 근원을 太極이라 하였다.76) 인간이 天地運行의 理致인 원리대로 살고자 하는 것은 道家들이 인간의 행위를 자연의 원리에 맡기려는 사상과 상통하는 점이 있다.

『楞嚴經』은 原名이「大佛頂如來密因修證了義諸菩薩萬行首楞嚴經」으로『首楞嚴經』이라고도 부르며, 불교의 哲理와 修禪法의 要義를 해설한 禪宗의 대표적인 경전의 하나로, 근본 사상은 세욕에 얽매인 허망한 마음(忘心)을 버리고 眞心과 眞見을 드러내야 하며, 眞見은 순수하고 한량이 없고 차별도 없는 것이라 하였다. 李奎報는『楞嚴經』을 모두 暗誦하고 戒律을 지키면서 一切의 欲情에서 벗어나 眞心 眞見을 가지고 千葉의 蓮花가 森然히 보이는 眞覺의 경지에 이르러, 나고 죽는 데서 벗어나고자 하였던 것이다.

---

74) 李元燮譯,『列子』玄岩社, 1977, pp.14~21 參照.
75) 全集 17,「讀易」의 自註에 의하면 易을 좋아해서 册을 등지고 거닐면서 암송하였다고 한다.(晩年好易 至背書遙誦)
76)『易』「繫辭」上 第十一章 및『漢文大系』16,『周易解題』pp.3~16 參照.

李奎報는 만년에 白樂天集을 특히 愛誦하고 樂天詩의 次韻詩를 즐겨 지었다. 그 이유는 兩人의 인생역정이나 만년생활이 비슷하였고 문학을 통하여 도달한 경지가 같았기 때문이다. 兩人은 다 같이 田園과 自然을 사랑하여 이를 作詩의 소재로 삼았고, 晚年의 兩人의 詩風을 보면 獨善其身的 隱逸思想을 나타낸 恬淡한 閑寂詩를 즐겨 지었으며, 청장년기에 즐겨 지었던 사회현실의 모순을 비난하고 풍자하는 강개적이고 嫉世的인 諷諭詩에서 벗어났다. 白樂天도 만년에는 淸淨知足하고 空門無欲的인 道佛사상에 沒入하여 佛禪을 담론하고 佛經을 抄寫하여 현재도 그가 筆寫한 楞嚴經이 전해 오고 있다고 한다.[77] 白樂天의 이런 모든 면이 李奎報의 만년과 너무 酷似하다. 그들은 嗜好까지도 서로 같았다.

그는 성격이 거문고를 좋아하고 술을 좋아하며 시 읊기를 즐겨 이를 삼우라 칭하였고, 이 세 가지는 그의 만년에 항시 따라 다녔다. 그의 북창삼우시에

   今日北窓下 오늘 북창 아래에서
   自問何所爲 스스로 묻노니 무엇을 할까
   欣然得三友 혼연히 세 벗을 얻었는데
   三友者爲誰 세 벗이 누구인가
   琴罷輒擧酒 거문고 끝나면 술을 들고
   罷酒輒吟詩 술마시기 끝나면 바로 시를 읊는다네
   三友遞相引 세 벗을 번갈아 이끌며
   循環無已時[78] 순환하길 끝없이 한다네.

---

77) 邱燮右『白居易』國家出版社, 台灣, 臺北, 1982, pp.168~169 參照.
78) 같은 책, p.169.
  他生性喜琴 好酒 愛吟詩, 號稱三友, 以此三者陪伴他的晚年, 他在「北窓三友」詩也提到……

하였는데, 李奎報가 弱冠에 自號를 三酷好先生이라 했던 것이나 晩年에도 시를 酷愛하여 詩魔에 걸렸다고 자탄하고, 五葷과 牛肉을 끊으면서도 끝내 斷酒는 못하였고, 책을 읽으면서도 손은 가야금을 튕기는 생활을 하여 오백년 전 白樂天의 생활을 그대로 옮겨온 듯하였다. 이런 생활을 통하여 李奎報가 만년에 도달한 경지를 당시에 지은 시를 통하여 살펴보면, '마음은 정히 비어있는 경지에 부합하고, 도를 맛보니 진실로 원융하여 만물이 고르네.'(觀心正契空空了 味道眞融物物齊)79) '내 좋은 대로해도 道 아닌 것 없고, 뜻맞는 대로 노닐면 이게 바로 신선일세'(從吾所好無非道 得意而遊卽是仙)80) '하는 일은 나날이 술마시는 일, 텅빈 마음 일찍부터 속정을 끊었네. (中略) 집안 일 오래 전에 잊어 마음은 이미 부처요, 우연히 속세에 떨어졌으나 뼈대는 아직도 신선일세.'(指日有期日飮連 虛襟早斷俗情牽……久矣忘家心已佛 偶然落世骨猶仙)81) '노경에 허심을 구하니, 도를 버리고 어디를 갈 것인가. 내 몸까지 버리려 하는데, 외물이야 무엇이 아까우랴.'(老境求虛心 捨道將安適 尙欲遺其身 外物何有惜)82) '死生과 壽夭도 자연에 맡겨놓고, 밤낮이 바뀌는 것 보듯이 하네'(死生壽夭付自然 譬觀晝夜相明晦)83)하였다.

神仙의 바탕에 부처의 마음을 가지고 모든 俗事에서 벗어나 虛와 空의 경지에 이르러 자신의 생사수요까지 자연에 맡기는 無爲의 생활을 하면서 森羅萬象 모두를 對立鬪爭의 존재가 아닌, 다함께 佛國土 秩序의 實現에 참여하는 圓融한 존재로 파악하고 인간도 이러한 대자연의 섭리를 그대로 따라야 하는(無爲自然해야 하는) 존재로 본 것이다.

---

79) 後集 2,「寄李侍郎需幷序」
80) 後集 2,「次韻李學士百全復和前詩來贈」第一首.
81) 同 第二首.
82) 後集 4,「次韻趙廉右復和」
83) 後集 4,「次韻李百全學士復和內字韻詩見寄」

그가 사회 현실(外物)에 대한 일체의 관심을 버리고 한적을 누리려 한 것이 일견 2·30대인 求宦期에 가졌던 隱遁思想과 같아 보이지만 그 내면세계를 살펴보면 현격한 차이가 발견된다. 求宦期에 가졌던 은둔사상은 자신이 탁월한 능력을 가졌는데도 補國之心을 이룰 수 없고 讀書之勞도 보상받을 수 없으며 百世之名을 드날릴 수도 없게 된 사회 현실을 忿懣에 가득찬 모습으로 흘겨보면서, 모순과 비리로 충만한 더러운 세상에 나아가지 않고 山林에 숨고 싶다는 '嫉世的 隱遁思想'이었는데 비하여, 晩年의 은둔사상은 자신의 生死까지 자연에 맡기고 虛와 空의 세계에 들어가 어떠한 욕망이나 원한도 끼어들 수 없는 空門無欲의 달관의 경지에서 소요하면서 慾望, 愛憎, 煩悶에서 벗어난 恬淡한 隱遁思想으로 승화되었던 것이다.

즉 만년의 李奎報가 추구했던 정신세계는 儒家的 獨善其身과 佛家的 空門無欲과 道家的 隱逸이 한데 混融된 경지였으며, 당시에는 이런 정신 세계를 敎理나 哲學面에서 가장 論理的으로 설명해 놓은 것이 佛經이었으므로[84] 儒와 仙을 긍정하면서도 死去 직전에는 佛敎에 더욱 傾倒되어 주변 사람들에게 楞嚴經 읽기를 권장하기까지 하였다. 그가 74세 되는 해 9월 2일 시끄럽게 哭을 하지 못하도록 妻子를 물리치고 늘 누웠던 자리(正寢)를 떠나 西域 淨土를 향해 떠나려는 듯 서쪽을 향해 모로 누워 잠자듯 儵然히 세상을 버렸으니[85] 이를 보아도 晩年에 佛心이 더욱 돈독해졌음을 알 수 있다.

李奎報의 인생관의 변천은 시기별로 그의 문학작품에 그대로 반영되

---

84) 金哲埈,「高麗中期의 文化意識과 史學의 性格」(『韓國의 歷史認識』上, 創作과 批評社) pp.78~79 參照.
85) 全集,「年譜」, 辛丑年(公年 74歲)
越九月初二日 忽離常寢 向西而臥 以右脇著於席 至夜儵然而化… 及臨大期 屛妻息等 勿令喧擾 自然抛世.

었으므로 그의 문학을 究明하고자 할 때는 이를 염두에 두고 보아야 작품에 대한 올바른 이해와 평가가 가능하리라고 본다.

Ⅴ. 李奎報의 意識世界

1. 自我意識

인간의 의식과 행동의 주체가 되는 자기 자신이, 무엇을 가치 있는 것으로 여기고 어떤 일을 하면서 어떻게 살아야 할 것인가에 대하여 스스로 갖고 있는 의식이나 관념을 自我意識이라 한다.

심리학자 마슬로우(A.H. Maslow)에 의하면 인간은 다섯 가지 단계의 기본적인 욕구들을 가지고 있다고 한다. 생리적 욕구·안전의 욕구·사랑의 욕구·자기존중의 욕구·자아 실현의 욕구 등이다. 이런 5종의 욕구들 중에서 하위의 욕구들이 충족되면 남은 상위의 욕구들이 더욱 절실해 진다는 것이다. 이러한 인간의 기본적인 욕구들 가운데 최상위 욕구인 자아실현을 위한 욕구는 행동의 기저에 있는 여러 욕구나 경향이 그 개채의 생활사와 함께 경험을 통하여 특수한 질서체계를 형성하고, 어떤 사태에 직면하였을 때 그 개체의 행동특성을 규정하는 주체적 조건이 되며, 이것을 심리학상의 용어로 自我(ego)라 한다. 이렇게 자아는 환경과의 軋轢詰抗에 의하여 의식화되고 또한 사회적 기준이나 환경적 조건의 내면화에 의하여 여러 상황에 있어서의 행동의 시간적 공간적 통일의 중심이 되며 자기에 관한 의식이 된다.

이러한 自我意識은 유년기에서 청년기 사이에 형성되고 일단 自我意識이 형성되면 그 의식 자체가 행동과 사고를 지배하게 되어 생애에 지대한 영향을 끼치게 된다. 이러한 自我意識이 자신은 어떤 인물이고 어떻게 행동해야 하며, 앞으로 어떻게 될 사람이라는 미래에 대한 확신을 갖게 하며, 이를 '自己充足的 豫言'(Self fullfilling prophecy)이라고 하며, 이런 예언이 형성되면 그 예언이 바로 예언 자체의 실현을 위한 강력한 추진력과 수단이 되기도 한다.

이러한 自我意識이 李奎報에게는 어떻게 형성되었으며 이미 형성된 自我意識이 당시의 사회현실과 어떻게 갈등하고 적응하여 그의 문학활동에 반영되었나를 살펴보고, 아울러 그의 自我意識이 표출되어 형성된 문학이 우리 문학사에 어떤 영향을 끼쳤는가도 고찰하고자 한다.

1) 自我意識의 形成

인간은 누구나 유년기가 자아의 형성에 결정적인 역할을 한다고 한다. 李奎報는 黃驪縣 사람으로 선조는 黃驪의 鄕吏로서 대대로 그 지방의 鄕職을 역임하고 있다가 父 李允綏대에 중앙관계에 진출하고 父는 戶部郎中(正五品), 叔父 李富는 直門下省(從三品)에 이르러, 武臣亂으로 政界의 판도가 바뀌는 시기에 家門이 지방향리에서 新進士人으로 부상하게 되었다. 外祖 金施政도 과거에 급제하여 蔚珍縣尉를 지냈던 新進士人이었던 듯하다.[1]

대토지를 소유하고 벌족을 형성하여 대대로 고위 관직을 독점하고 있던 보수적인 귀족세력과는 달리 신진사류층으로 등장하여 부모 양계 다같이 진취적인 가정분위기를 형성하고 있었으므로 이것이 李奎報의 성격과 운명에 영향을 끼쳤으리라고 본다. 李奎報가 전수한 진취적 기

---

1) 文集, 「年譜」戊子
   母金氏 金壞郡人 考諱仲權 後改施政 中古名儒也 擢高第 官至蔚珍縣尉.

질이 그에게 닥쳐오는 무수한 시련과 역경을 극복하고 大文豪로 성장하게 하고 相國의 지위까지 오르게 히는 원동력이 되었던 것이다.

이미 전술한 바와 같이 천부적인 文才를 타고난 李奎報의 유년기부터 청년기까지의 비범한 행적이 자아형성에 지대한 영향을 끼쳤다. 탄생 3개월만에 一老父가 한 말과, 어릴 때부터 文才를 발휘하여 奇童이라 불렸던 일, 文憲公徒에서 교육을 받고 한 세대 年上인 七賢들과 交遊한 일, 奎星의 壯元 豫報 등이 스스로를 凡人과는 다른 특출한 인물로 생각하게 하였다. 文才가 衆人에 뛰어났고, 하늘의 文筆을 담당한 奎星이 장원할 것을 알려주었으므로 自身은 文章으로 世間에서 名聲을 날리고 社會에 寄與할 人物이라는 確信을 갖게 되었다. 이러한 自矜과 자신의 미래에 대한 自己充足的 豫言은 일생동안 변함이 없었고, 연륜이 쌓임에 따라 더욱 굳어져서 현세뿐만이 아니라 前生에서도 文翰의 任을 담당하였고 來生에서도 역시 文翰을 담당할 것이라고 믿게 되었다.

　　……吾子(李奎報를 칭함)도 上帝의 文臣이 되어 상제의 制勅을 맡아 보셨습니다.……제칙이 한번 그대의 손에서 나오면 상제의 뜻에 맞지 않는 것이 없어 상제께서 많은 도움을 받았으므로, 그 노고에 보답하고자 하여 저희들에게 묻기에 저희들이 아뢰기를, "잠시 天上의 文官 자리를 비워 두고 人間의 學士로 내려보내어 西掖 北門에서는 신속하게 紅泥의 制誥를 草하고 紫微 黃閣에서는 金鼎의 국을 알맞게 調理하여 民生에 혜택을 입혀 天下에 이름을 떨치게 한 뒤에, 다시 天上으로 소환하여 仙班에 배치하소서. 그러면 그의 노고에 보답이 될 듯 합니다."하니, 上帝께서 곧 允許하시었습니다.[2]

---

2) 全集 26,「代仙人寄予書」
　　昔者 吾子亦爲上帝之文臣 掌帝之制勅……制勅一出子手 無不稱之 帝用德之 圖有以報爾之勞者 俯詢於臣等 臣等議曰 暫虛天上之文官 遣作人間之學

이 글은 천상의 선인이 李奎報에게 보내는 편지의 형식을 빌어 자작한 것으로 현세에 출생하기 이전에는 상제의 제칙을 맡은 문신으로 큰 공을 세웠으므로 그 보답으로 지상에 잠시 휴가차 내려온 것이며 지상의 대궐에서 왕의 제고를 초하여 문명을 드날리고 훌륭한 정치로 백성들에게 은택을 입히다가 다시 천상으로 소환하여 선반에 배치할 것이라 하였다. 이는 단순한 희문이 아니고, 자신이 전생에 문필로 상제를 보좌하던 신선이었고, 현세에서도 문한을 담당하도록 운명이 정해져 있으며, 사후에는 다시 상제 곁의 선반의 자리로 되돌아갈 것이라는 확신을 적은 것으로, 이런 생각은 문집 곳곳에서 발견된다. 자신이 前生에 神仙이었다는 생각을 나타낸 시를 예로 들어보면,

我昔在何處	내 옛적에 어느 곳에 있었던가
笙簫宮殿有無中	젓대소리 울리는 까마득한 천상의 궁전이었지
鈞天廣樂夢正酣	천국의 풍악소리에 꿈이 한창 달더니
何人引我踏塵紅	누가 나를 끌어 속세를 밟게 했나
(中略)	
蓬萊山在海中央	봉래산은 바다 가운데 있는데
碧玉秀出知誰鎔	벽옥을 빼어다가 누가 녹여 만들었나
君先去我當繼	그대 먼저 가면 나도 곧 뒤쫓으리니
何必論天仙地仙水僊宮3)	천선 지선 수선의 궁전을 어찌 가릴 게 있으랴

속언에 취객과 어린이는 거짓말을 않는다 하였다. 李奎報가 취중에 주필로 쓴 이 시에도 자신이 전생에 젓대소리 울리는 천상의 궁전에서 균천광악[천상악]을 즐거던 신선이었는데 현세에서 뜻을 이루지 못하고

士 西掖北門快草紅泥之誥 紫微黃閣 穩調金鼎之羹 澤潤生民名振環宇 然後勅還天上 更綴仙班 如是儻可以償其勞矣 帝卽肯允.
3) 全集 10, 「大醉走筆詩東皐子」

있으니 앞으로 다시 선계로 돌아가리라고 하였다.

그는 전생에 깊은 바다에 떠 있는 삼신선의 신선으로 있으면서 이백, 두보가 시를 읊는 것을 매미 울음소리처럼 얕잡아보며 희롱했었다고 큰소리치기도 하고,[4] '양 겨드랑에 너울너울 깃이 돋혀 한쌍 봉황을 끼고 하차를 타고 상계로 날아 올라가 신선에게 읍하고 인간세계 내려다보며 초명신세 희롱하리'[5]라고 노래하기도 하면서, 나이를 먹을수록 현세에서 떠난 선계에 오르기를 더욱 간절히 희구하였다. 이런 욕망이 꿈에 빈번히 나타나 꿈속에서 신선과 노닌 것이 속세에서 재상노릇하는 것보다 더욱 기쁘다고도 하고,[6] '인간 세상에서 지치고 고달픈지 오래인데 자황의 부르심이 어이 이리도 더딘가'[7]하여 빨리 선화하지 못함을 안타깝게 여기기도 하였다.

李奎報는 자신의 운명에 대하여 꿈에 예시를 받았다고 하면서 인간의 길흉이 모두 예정된 운명에 따라 행하여진다고 보았다.[8] 이렇게 꿈을 중시하는 그가 신선에 관한 꿈을 빈번히 꾸었다는 것은 신선이 되고 싶은 욕망과 선계가 가장 좋은 세계라는 가치관을 나타낸 것이라 할 수 있다. 꿈은 잠든 사이에 일어나는 특수한 정신기능의 일부이다. 이것은 한편으로는 꿈꾸기 전에 그 사람이 생각한 것, 본 것, 기분, 인상 같은 과거의 경험과 관계가 있으며, 다른 한편으로는 꿈꾼 사람의

---

4) 全集 14, 「醉後亂道大言示文長老」
 詩方不作我何寄 海波深處六鼇項上三山翠 佛法未興子何居 須彌山高五色彩雲裏 李白杜甫似蟬緌 我下視之拍手戲……
5) 全集 19, 「靈丹贊」
 ……兩腋翩翩生羽翎 挾以雙鳳驚霞軿 飛昇上界輯仙靈 下視人世戲焦螟.
6) 後集 1, 「續夢中作幷序」 參照.
7) 後集 5, 「形瘦有感」에 '久矣人間荏荏疲 紫皇徵召一何遲'라 하였다.
8) 後集 3, 「閏四月十一日夢遊仙作」 參照.

마음에 변화를 일으켜 꿈을 꾼뒤에도 어떤 특수한 기분을 느끼게 한다는 점에서 현재와 미래에 작용하며, 옛 사람들은 꿈을 신의 사자이며 예언의 수단으로 생각하였고, 이것이 길흉화복의 점복의 수단으로 이용되어 왔다.9) 李奎報도 꿈의 예시적 기능을 믿고, 스스로 전생·현생·내생 모두 문한의 임을 맡도록 운명이 정해져 잇다는 自我意識을 스스로 꾼 꿈을 근거로 확신하고 있었으므로 현세에서의 관직도 오직 문필로 기여할 수 있는 임무 외에는 관심이 없어서, 백성들을 직접 다스리는 지방관이나 군직을 맡게 되면 불만스럽게 여겼으며 이재에 대하여도 무관심하였다.

2) 自我意識과 文學

李奎報의 自我意識은 그의 생애와 문학에 어떤 영향을 끼쳤는가. 전생·현생·내생이 모두 문한의 임을 맡도록 운명이 정해져 있다고 믿었으므로, 치사한 후에는 현세에서 문필로 국왕을 보좌하던 임무가 끝났으므로 선화하기 위한 준비에 착수하며, 선화하기 전까지는 지상선 같은 생활을 하고자 하여 가야금 타고 두강주 마시고 낙천집, 능엄경, 열자 등을 읽으며 소일하였다. 이러한 의식 속에는 불과 선이 별개가 아니요 구극의 경지는 동일하다는 관념이 내포되어 있다. 그러므로 노장서와 불경을 함께 읽으며 유불선을 포괄하는 경지에 이르러 안한한 생활을 즐기다가 타계하였다. 그의 일생이 비록 많은 시련과 곡절을 겪었지만 스스로 운명지어졌다고 생각한 도정대로 살다가 갔다가 할 수 있다.

李奎報가 스스로 天上仙이 휴가차 지상으로 문명을 드날리고자 내

---

9) 李符永 『分析心理學』, 一潮閣, pp.179~180 參照.

려온 것이라고 생각했다 해서 그렇게 될 시기를 앉아서 기다리고만 있지는 않았다. 그의 문집에는 벼슬을 구하는 서신과 시를 요로에 보낸 것이 다수 수록되어 있으며, 이는 전술한 바와 같이 출세지향적인 가풍의 영향도 받았을 것이고, 현세에서 자신의 소임을 속히 실현하려는 생각을 가졌던 것도 원인이 되었을 것이다. 구환의 서신 가운데 하나인 상조태위서[10]를 보면, 자신은 범인들처럼 처자나 먹여 살리기 위한 벼슬아치가 될 생각은 없고, 옥당에 올라 대언시초하고 비칙 훈령 황모 제고지사를 지어 사방에 선양하는 것이 뜻을 펴는 일이며 기필코 그렇게 하고야 말겠다고 다짐하였다. 또한 9세부터 광범한 독서를 하고 수불석권하면서 문재를 연마하여 높은 수준에 이른 것은 이를 실현하기 위한 준비였다고 하였다. 이 글을 보면 그가 일생동안 치산에 관심을 갖지 않고 청백하게 살면서 문한의 직을 맡았거나 그 분야로 승진되었을 때는 몹시 기뻐하고 그 외의 직에 전보되었을 때는 불만을 토로한 이유도 명백해진다. 즉 그는 문한의 임무 외에서는 생의 보람을 찾을 수 없었던 것이다.

그의 이러한 의식은 물질적인 욕망으로 사리사욕을 위하여 노력하는 자들을 하등인간으로 보게 하여 이런 무리들을 혹독하게 비판하였다.[11] 그러나 그가 청렴과 민중애호를 치자의 조건으로 생각하면서 문한의 직을 맡기 위하여 온갖 노력을 다하였다 해서 이러한 자신에 대하여 스스로 만족스럽게 생각하지는 않았다. 문필직을 비롯한 모든 관작과 명예에 초연한 사람을 보면 이들을 선망하고 스스로를 부끄럽게 생각하였다. 즉 인간의 욕망 중 물질적인 욕망을 추구하는 것을 하위가치로 보고, 입신양명과 문명선양을 추구하는 것을 중위가치로 보았으며, 인

---

10) 全集 26.
11) 後集 1,「代農夫吟二首」, 後集 10,「聞郡守數人以贓被罪二首」 參照.

간의 모든 속사를 초월하여 우주를 좁게 여기고 어느 곳에도 구애받지 않고 자유를 누리며 사는 것을 상위가치로 보았다. 이 가운데 李奎報 자신은 중위가치를 추구하면서 내심 상위가치를 추구하는 자를 존경하였으며, 진취적이고 출세지향적인 가풍과 다혈질적인 성격 대문에 중위가치의 추구를 단념하지 못하고 이러한 자신을 스스로 변명하고 합리화하기도 하였으나, 그의 일생을 통관하면 평생동안 중위가치에 머물면서 상위가치를 동경하다가 노퇴후에야 상위가치의 추구에 심혈을 기울여 이에 접근하였다고 할 수 있다.

전술한 바와 같이 유년기부터 청년기까지의 출중했던 생애가 그의 자부심을 한껏 높여주어 자신은 범인과는 다른, 하늘이 특별히 내려보낸 사람이라는 신념과 자긍을 갖게 하였고 이런 自我意識이 평생을 지배하였다. 이러한 확신과 긍지는 그의 시문 곳곳에 나타나 있다. 오세문의 삼백운시의 차운시를 지어 그의 기를 꺾어놓던 날 태어난 아들의 이름을 이를 기념하는 뜻으로 삼백이라 하였고,[12] 문장에 대한 자부심은 꿈에도 나타나서,

    자신의 꿈에 박환고가, "임선생(춘)이 죽었는데 묘명을 그대 아닌 누구에게 부탁하겠는가"하고 삼촌 남짓한 목참을 꺼내놓고 그곳에 글을 써주기를 청하기에, 내가 그것이 글을 쓰기에는 너무 좁다고 꺼리니, 박이 말하기를, "그대의 글을 얻을 수 있다면 한자라도 충분하다……"[13]

했는데, 이것이 비록 스스로 꾼 꿈을 말한 것이지만 당대의 문장은 자기 외에는 없다는 자신의 문재에 대한 강한 자긍심을 나타낸 것이며,

---

12) 全集 6,「憶二兒」二首中 第二首 自註 參照.
13) 全集 8,「悼朴生兒兼書夢中事幷序」
    夢予友朴還古云 林先生死 墓銘非子焉託 因出木槧三寸許請其辭 予苦慊其狹 朴曰得子辭 雖一字足矣.

아들 함에 의하여 문집이 이루어지자 심간을 태우며 일가를 이룬 노고는 한유나 이백보다 더했다고 하면서 천년후에도 이 시권으로 인하여 동해 한 모퉁이에 백운이 살았음을 기억해주는 사람이 있으리라고 기대하기도 하였으니,14) 그의 문장에 대한 자부심이 얼마나 강했는가를 짐작할 수 있다.

스스로 天上仙이 지상에 하강한 사람이라고 믿고, 시문이 천하에 으뜸이라 더 나은 사람이 있을 수 없고, 그러므로 만인이 모두 이를 인정하고 그에 맞는 예우를 해주어야 하며, 국가에서도 그에 합당한 벼슬을 주어야 한다고 생각하였다. 이런 자부심은 꿈에 자주 나타나 백운소설 제17화에는 꿈에 선녀들을 만나 그들에게, '明眸皓齒笑相迎 始識仙娥亦世情'이라 시를 지어주니, 한 선녀가, '不是世情能到我 爲憐才子異於常'이라 수작하였다는 이야기가 나온다. 꿈속에서 선녀가 화답한 시 역시 그가 평소에 생각하고 소망했던 바가 꿈에 선녀를 통하여 나타난 것이므로 선녀가 李奎報에게 "才子가 범상한 사람과 다름을 아름다이 여겨서"라고 한 것은 스스로 자신은 凡常한 사람이 아니라는 잠재의식을 가지고 있었다는 증거로 보아야 한다. 이런 自我意識이 젊어서는 주위 사람들을 무시하는 행동으로 나타나 肆酒放曠하다는 世評을 낳게 하였고,15) 술에 취하면 眼下無人 격으로 행동하여 禮法을 중시하는 인사들의 미움을 샀으며 迂闊直方한 행동이 집권자인 崔忠獻에게까지 알려져 宦路가 열리지 않았고, 모처럼 주었던 관직도 조금이라도 잘못이 보이면 가차없이 파면하거나 좌천시켰던 것이다.

그러므로 자신이 출세하지 못한 것은 官職이 뇌물에 左右되기 때문이요, 惡人은 많고 善人은 적은 까닭으로 탐욕스럽고 비루한 자가 오

---

14) 後集 1, 「兒子涵編詩文書其後」 參照.
15) 『高麗史』 102, 列傳 15, 「李奎報」 參照.

히려 높은 지위에 오른다고 보았으며, 자신은 꾸밈없이 행동할 뿐인데 曲士들이 是非를 걸고, 丹穴의 鳳凰은 날개를 움츠리고 있는데 호랑이 승냥이가 날뛰며, 賈宜같이 정직한 文人인 그를 小人들이 讒訴한다고 한탄하기도 하였다.16)

李奎報의 시문에 대한 자긍은 당대의 문인 중에 자기보다 나은 사람은 있을 수 없다는 생각을 갖게 되어 객관적으로 남에게 뒤떨어지는 일이 있어도 이를 인정하거나 승복하기를 거부하였다. 그는 23세 때 예부시에 최하등인 同進士로 합격하였는데 과시 성적이 나빴던 것은 場屋之文을 익히지 않아 作賦한 것이 荒蕪하고 格律에 맞지 않았기 때문이라 생각하고 열등한 성적으로 합격한 것을 불만으로 여겨 합격을 사퇴하고 재응시하고자 하다가 뜻을 이루지 못하자 술에 취하여 하객들에게, "내가 비록 과제는 下等으로 뽑혔으나 어찌 3,4차 門生을 陶鑄할 사람이 아니겠는가"17)하여, 앞으로 우수한 성적으로 급제한 사람들보다 더욱 훌륭하게 되어 文柄을 잡고 科試를 管掌하는 貢擧를 3,4차 맡아 後生들을 발탁하여 門生으로 삼을 것이라고 揚言하였다.(이 말은 그대로 적중하여 사마시를 1회, 예부시를 3회 관장하여 합격자를 放榜하였다) 이런 언행은 과시 준비만 하여 상위석차로 합격한 사람들보다 자신의 文才가 결코 뒤떨어지지 않으며 場屋之文의 형식을 조금만 익혀 재응시하면 壯元도 능히 할 수 있다는 자부를 나타낸 것이라고 볼 수 있다.

李奎報의 이러한 자긍은 或人이 특수한 양식의 詩文을 지었다 하면 자신도 그와 유사한 형식의 시문을 지어 상대방을 꺾어 놓고야 마는 好勝之癖을 갖게 하였다. 오세문이 湖水의 원리에 대하여 글을 짓고도 보여

---

16) 全集 8,「咸興」, 全集 11,「全履之見訪與飮大醉贈之」, 全集 12,「崔大博復和依韻奉答」, 全集 21,「酒賂說」「鏡說」 등 參照.
17) 全集,「年譜」庚子(23歲) 參照.

주지 않자「寄吳東閣世文論湖水書」를 짓고,[18] 역시 오세문이 三百韻의 長詩를 짓고, "古今의 시집 가운데 三百韻詩를 지은 사람이 없는데 내가 이 三百韻詩를 지어 誥院의 諸學士들에게 주었으니 그대가 화답할 수 있겠는가"라고 자랑하자, 하룻밤 사이에「次韻吳東閣世文呈誥院諸學士 三百韻詩」를 지어 오세문에게 보내었고, 林椿이「麴醇傳」을 짓자 이에 지지 않고자「麴先生傳」을 지었다. 好勝之癖은 노후에도 변함이 없어서 남이 시 한 수를 지어 보내면 두 수로 답하고 다섯 수를 지어 보내면 일곱 수로 답하여,[19] 남이 보내준 시에 30수나 화답한 일도 있으며,[20] 시를 겨루어 져본 일이 없다고 스스로 자랑하기도 하였다.[21] 그는 廻文詩나 走 筆詩에 대하여 詩體를 손상하기 쉬우므로 함부로 지어서는 안된다고 경 계하면서도 次韻詩를 짓기도 하였는데,[22] 이것도 다른 시인이 짓는 어떤 형식의 시를 막론하고 자신이 상대방보다 더욱 잘 지을 수 있다는 자부심 때문으로 보아야 할 것이다.

　李奎報의 생존시에 아들 涵이 문집 편찬에 착수하자 이를 적극적으 로 도우면서 친지들에게 서신을 보내어 시문의 윤색이나 서를 지어주 기를 부탁하기도 하였다.[23] 이것도 자신의 시문이 인멸되어서는 안되 고 후세에 길이 전해져야 한다는 긍지의 발로로 보아야 할 것이다. 시 문에 대한 이러한 자긍심은 노령으로 치사한 후에도 그대로 나타나서

---

18) 全集 26.
19) 後集 7,「次韻李侍郎見和二首」「次韻李侍郎以詩二首送土卵予以三首答之」
　　「次韻李侍郎見和三首以四首答之」「次韻李侍郎見和五首予以七首答之」
20) 後集 8,「答客問詩幷序」
　　客有問於予者曰 子言累月被沈痾不起 似妄語也 何者 以今觀之 其於和人之
　　詩 多至三十二十 或十餘首 然詩中無憊氣.
21) 後集 9,「又次絶句廻文韻」
22) 後集 9,「次韻李侍郎需以廻文和長句雪詩三十韻幷序」
23) 全集 27,「與兪侍郎升旦手簡」參照.

戊戌年에 南宋詩人 歐陽伯虎가 高麗에 왔을 때 그와 數次 만나 그로부터 자신의 詩가 송에서 족자로 만들어져 인구에 회자되고 있다는 말을 듣고 반신반의하면서도 내심으로 크게 기뻐하였으며, 송에서 크게 유행하던 詞를 배워 고려의 문인으로서는 최초로 詞를 남기게 되었다. 老後에도 끊이지 않는 이러한 탐구 정신은 어떤 類의 시문이든 당대에는 자신을 능가하는 사람은 있을 수 없다는 자부심과 선구자 정신의 발로로 보아야 할 것이며 이런 정신이 그로 하여금 당시 문인들에게는 매우 생소한 詞를 12수나 창작하게 하였던 것이다.[24]

또한 李奎報의 사 가운데 당시의 문인으로 詞를 지어 李奎報와 贈答한 사람이 空空上人, 盧同年, 樞院 朴椐, 學士 朴仁著, 侍郞 朴暉, 侍郞 李需, 學士 朴暄 등 7인이나 기록되어 있는 것으로 보아 흔히 高麗 最初의 詞 作家로 보았던 李齊賢(1287~1367)이 詞를 짓기보다 1세기 이전에 門人間에 詞가 이미 지어졌음을 알 수 있다. 高麗中期는 蘇黃之風이 詩壇의 주류를 이루고 있을 때이고 蘇東坡의 詞 13수가 7수의 賦와 함께 그의 문집에 수록되어 있는 것으로 보아,[25] 고려 문인들이 이를 몰랐을 리가 없으므로 文學史上 高麗에 詞가 전래되어 창작되기

---

24) 白雲의 文集 속에 있는 詞 12首를 열거하면 다음과 같다.
　　全集 8, 「希禪師方丈觀碁一首」
　　同　 15, 「籠中鳥詞一首」 「衿州客舍次孫舍人留題詞韻」
　　　　　 4, 「登家園遙聽樂聲卽作詞漁家傲」
　　　　　 5, 「重九日無聊有空空上人盧同年來訪小酌泛菊有感作詞一首」 「兩君見和又作」
　　同　 10, 「丙申年門生及第等設宴慰宗工朴尙書予於筵上作詞一首幷序」
　　　　　　 「是日三學士見和復次韻」 「又別贈門生」 「次韻李侍郞需和桂枝香詞見寄二首」
　　　　　　 「六月一日朴學士暄設華筵會客並邀予參赴酒酣作詞一首贈之」
25) 『蘇東坡全集』 第19卷, 景仁文化社, 1983. 目次 參照.

시작한 시기를 13세기 초까지는 올려 잡아야 하리라고 본다.26)

李奎報는 자신이 당대 제일의 문장가라 생각하여 好勝之癖을 가지게 되었고, 走筆詩・廻文詩・假傳・詞 등의 창작동기도 여기에 있었다. 특히 그가 走筆詩의 문학성에 부정적인 견해를 표하면서도 이를 창작한 것은 호승지벽과 자기 과시욕 때문이었다.

그의 이러한 자부심과 선구자 정신이 그에게 詩魔가 깃들었다고 말할 정도로 作詩를 위한 부단한 노력과 탐구를 계속하게 하여 現傳作品으로는 고려문인으로서 최초로 12수의 詞를 남기게 되었고, 자신의 문장은 인멸되어서는 안되고 영원히 간직되어야 한다고 생각하게 하여 생존시에 문집 편찬에 적극 노력하게 하였다.

2. 自然觀

自然이란 사물이나 인간의 고유한 본질과 이 본질에 의하여 발현된 모든 현상으로서 그 고유성을 파기하고 만든 인위적인 것과 구별되며, 상식적인 의미로는 사회에 대립되는 자연 일반을 말한다.

自然觀이란 이러한 자연에 대한 인간의 주체적인 견해나 태도를 뜻하며, 한 인간이 자연에 대하여 어떤 견해를 갖느냐의 문제는 그의 우주관 및 인생관과도 밀접하게 연관되고, 자연에 대한 미적 태도, 즉 자연미에 대한 감정은 많은 예술가에 의하여 표현되었으므로 이는 美學上으로도 중요한 意義를 갖게 되었다. 즉 어느 작가가 자연에 대하여 어떤 견해를 갖느냐에 따라 작품의 방향과 경향이 결정되므로 작가 연구에 있어서 그의 자연관을 고찰한다는 것은 그의 문학 이해에 매우

---

26) 林椿,『西河集』4,「與眉叟論東坡文書」에 당시에 東坡의 詩文을 效倣하는 것이 하나의 時流였음을 나타내고 있다.

중요한 계기가 된다.

本節에서는 李奎報가 자연에 대하여 어떤 견해를 가지고 어떤 태도로 임하였으며, 이러한 견해가 그의 문학에서는 어떻게 발현되었는가를 살펴보고자 한다.

本節에서는 李奎報가 자연에 대하여 어떤 견해를 가지고 어떤 태도로 임하였으며, 이러한 견해가 그의 문학에서는 어떻게 발현되었는가를 살펴보고자 한다.

1) 自然에 대한 基本認識

李奎報의 자연에 대한 인식을 가장 직질히 나타내고 있는 것이 「壞土室說」이다. 어느 해 10월 초하룻날 그가 외출했다가 돌아오니, 아이들이 흙을 파서 토실(온실)을 만들어 놓고 말하기를, "겨울에 화초나 과일을 저장하기에 좋고, 아무리 추운 겨울이라도 토실은 봄날씨 같아서 길쌈하는 부인들에게는 손이 얼지 않아 좋습니다." 하자 화를 내면서,

> 여름은 덥고 겨울이 추운 것은 四時의 正常的인 理致이니, 만일 이와 반대가 된다면 이야말로 괴이한 일이다. 옛 성인이 겨울에는 털옷을 입도록 마련하였으니 그만한 준비가 있으면 족할 것인데, 다시 土室을 만들어서 추위를 더위로 바꾸어 놓는다면 이는 하늘의 명령을 거역하는 것이다. 사람은 뱀이나 두꺼비가 아니므로 겨울에 토굴 속에 엎드려 있는 것은 상서롭지 못한 일이다. 길쌈이란 시기가 있는 것인데 하필이면 겨울에 하려하느냐. 또 봄에 꽃이 피었다가 겨울에 시드는 것은 초목의 정상적인 성질인데, 만일 이와 반대가 된다면 이것은 사물의 이치에 어긋나는 것이다. 물리에 어긋나는 일을 하며 때에 어긋나는 일을 즐긴다면 이는 하늘의 권능을 빼앗는 것이니, 이런 것은 모두 나의 뜻이 아니다. 빨리 헐어버리지 않으면 너희들을 용서없이 때리겠다.[27]

하여 土室을 허물게 했다는 것이다. 天令(자연법칙)에 순응하는 것이 인간이 지켜야 할 기본 자세이고, 넓은 의미로는 인간도 자연의 일부이기 때문에 이를 어기는 것은 비자연적일 뿐 아니라 비인간적인 일이 된다. 즉 자연법칙과 인간의 행위가 일치해야 하며 이에 어긋나는 것은 죄악인 것이다. 季節・晝夜・生死의 循環은 자연의 법칙이므로 이를 받아들여 인간의 생활을 이에 맞추어야 하며 인간의 욕망 달성을 위하여 자연법칙에 어긋나는 일을 하는 것은 용서할 수 없다는 것이 李奎報의 견해이다. 이욕에 사로잡혀 인위적으로 무슨 일을 하다가는 오히려 해를 초래하게 되므로 자연의 원리에 순응하는 무위자연・임진의 생활을 하는 것이 바른 생활태도이며 이를 어기는 것은 반자연적 행위라고 보았다.

그러면 사시・주야를 순환하게 하고 만물을 영고・사생하게 하는 원동력, 즉 자연의 운행을 주재하는 힘의 존재(절대자)를 李奎報는 어떻게 보았는가. 그가 조물주와의 대화형식으로 쓴「問造物」편에 이에 관한 견해를 밝히고 있다. 하늘이 사람을 내고 사람을 사랑하고 이롭게 하기 위하여 오곡과 상마를 내었다면, 어찌 또 맹수・독충도 내어 해를 끼치기도 하는지 그 이유를 물으니 조물주는,

"네가 묻는 바 사람과 만물이 나는 것은 모두 만물이 아직 구체적인 모습을 드러내기 이전인 혼돈속의 신비한 조짐(명조)에서 정해져서 자연으로 발로된 것이므로 하늘이나 조물주도 알지 못한다. 사람이 태어남은 본

---

27) 全集 21,「壞土室說」
　　夏熱冬寒 四時之常數也 苟反是則爲怪異 古聖人所制寒而裘 署而褐 其備亦足矣 又更營土室 反寒爲燠 是謂逆天令也 人非蛇蟾 冬伏窟穴 不祥莫大焉 紡績自有時 何必於冬歟 又春榮冬猝 草木之常性 苟反是 亦乖物也 養乖物爲不時之翫 是奪天權也 此皆非予之志 汝不速壞 吾笞汝不赦也.

래 스스로 태어날 뿐이요 하늘이 시켜 태어난 것이 아니며, 오곡·상마의 생산도 본래 스스로 난 것이요 하늘이 낸 것이 아니다. 그런데 무슨 리와 독을 분별하여 그 사이에 놓아두었겠는가. 오직 도 있는 자는 리가 오면 받아들이면서도 굳이 기뻐하지 않으며 독이 이르러도 당연히 여기고 구차히 꺼리지 않아 마음을 비워서 외물을 대하므로 외물도 그를 해칠 수 없다."하였다.(中略) "네가 '하늘도 모르고 나도 모른다'하였는데, 하늘은 무위한 것이니 스스로 알지 못함이 당연하지만, 조물주인 너는 왜 모르느냐"하니, 조물주는 "내가 몸소 만물을 만드는 것을 네가 보았는가. 대저 만물은 제 스스로 나고 제 스스로 변화한다. 내가 무엇을 만들며 내가 무엇을 알겠는가. 내가 조물주가 된 이유를 나도 모른다."[28]

하였다. 조물주와의 대화를 통하여 조물주의 존재를 부정한 것이다. 즉 자연의 운행원리는 저절로 그렇게 되었고 되어가고 있는 것일 뿐이다. 만물이 생성변화되는 요인은 원기(太極)가 천·지·인 삼재로 나뉘어지기 이전인 혼돈기의 명조에서 이미 정해진 것이므로, 그 후에 태어나게 된 인간이 스스로를 기준으로 리·독을 따지는 것 자체가 자연스럽지 못한 것이다. 외물중에 내게 이가 되고 독이 됨을 따지는 것은 스스로 이욕에 사로잡혀서이므로, 내 뜻과는 관계없이 내 앞에 사시가 거쳐가듯 내게 닥쳐오는 리와 독도 그렇게 볼 수 있어야 도있는 사람이고, 이런 사람은 외물이 나에게 이익을 주거나 해를 끼친다는 생각 자체가 없으므로, 이도 해도 있을 수가 없게 된다. 이러한 경지에 이르면 만물

---

28) 後集 11,「問造物」.
　　……造物曰 子之所問人與物之生 皆定於冥兆 發於自然 天不知造物亦不知也 夫蒸人之生 夫固自生而已 五穀桑麻之産 夫固自生也 天不使之産也 況復分別利毒措置於其間哉 唯有道者 利之來也 受焉而勿苟喜 毒之至也 當焉而勿苟憚 遇物如虛 故物亦莫之害也……予曰……但不知自然天下自知也 子亦不知也 且天則無爲 宜其不自知也 汝造物者 何得不自知耶 曰 予以手造物其物 汝見之乎 夫物自生自化耳 予何知哉 予何知哉 名予爲造物 吾又不知也.

이 나와 더불어 하나가 되므로[萬物與我爲一] 외물의 이해를 그대로 받아들일 뿐, 이에 일희일비하지 않으며, 나를 자연의 운행에 맡기고 인위적 작위적인 노력을 않는다. 나를 대자연 질서속의 한 요소로 파악하고 외물과 나를 대립적인 관계로 보지 않는다. 이러한 득도의 경지는 이욕으로부터 벗어나 마음을 비워 놓아야 가능하다고 보고, 하늘도 함이 없는[無爲] 존재이므로 인간에게 리나 해를 끼치려는 의지가 없는 것이며, 조물주라는 것은 애초부터 존재하지도 않았다고 하였다. 즉 자연의 운행은 자연히 되는 것으로 본 것이다.

(前略)
冥觀則皆空   그윽히 관조하면 모두가 공이니
孰爲生老死   누가 나고 늙고 죽게 하는가
我皆堆自然   나는 자연으로 뭉쳐진 몸
因性循理耳   본성대로 순리에 따를 뿐이니
咄彼造物兒   저놈의 조물주가
何與於此矣29) 어찌 여기에 관여하랴

깊은 명상에 잠겨 生老病死(四苦)를 관조해 보면 내 의지대로 되는 것이 아니요 모두가 헛된 공이다. 자연히 이루어진 것이 나요, 자연의 섭리대로 죽게 될 것이 나인데, 무슨 인위적인 작위가 필요하겠는가. 오직 자연의 순리에 따를 뿐이다. 이러한 자연의 섭리나 그 섭리의 일부분이 발현되어 존재하게 된 나는 조물주와는 아무 상관이 없는 존재라는 것이다.

이렇게 저절로 생성되고 또한 사멸하는 만물중에 혈기를 갖게 된 모든 동물은 생을 탐하고 사를 싫어함이 모두 같다. 큰 동물만이 죽음을 싫어하고 작은 동물이라고 죽음을 싫어하지 않는 것이 아니다. 그러므

---

29) 後集 1,「病中」

로 생명을 기준으로 본다면 달팽이뿔이나 소뿔이나 한가지이고, 쑥대밭 사이를 겨우 나는 뱁새나 한번에 구만리를 나는 대붕이나 동일한 것이다. 즉 생명은 누구에게나 어느 동물에게나 모두 소중한 것이라 하여 생명을 해치지 않는 것이 자연의 법칙에 따르는 것이라 하였다.30)

대자연 속에서는 인간이나 만물이 한가지이고, 생명도 인간이나 미물이나 다같이 소중한 것이라 강조하고, 인위적인 노력을 부정하고 무위자연을 강조한다면 자연 속에서의 인간의 위치는 어떻게 설정해야 할 것인가. 이에 대하여 李奎報는 돌과 자신의 문답형식의 寓言인 「答石問」에 그에 관한 견해를 밝혀 놓았다.

> 커다란 돌이 나에게 묻기를, "……사람은 진실로 만물의 영장인데도 어찌 그 몸과 마음을 마음대로 못하고 항상 외물의 부림을 받게 되고 남에게 이끌리게 되어, 혹 외물이 유혹하면 거기에 빠져서 헤어나지 못하고 외물이 오지 않으면 우울해져서 즐거워하지 않으며, 남이 좋아하면 기를 펴고 남이 배척하면 기가 꺾이니, 근본되는 천진함을 잃고 지조 없기가 너같은 것이 없다. 만물의 영장이 이같을 수 있는가" 하기에 내가 웃으며 대답하기를, "……나는 안으로 실상을 온전히하고 밖으로는 연정을 끊어 일체를 공으로 돌렸기에 외물의 부림을 받아도 외물에 무심하고, 남에게 밀침을 당해도 남을 원망하지 않으며, 절박한 형편이 닥친 후에야 움직이고 부른 뒤에야 가며, 행할 만하면 행하고 그칠 만하면 그쳐서 가한 것도 불가한 것도 없다. 그대는 빈 배를 보지 않았는가. 내가 그 빈 배와 같은 자이다."하니 돌이 부끄러워하며 대답이 없었다.31)

---

30) 全集 21, 「虱犬說」參照.
31) 後集 11, 「答石問」
有石礧然大者 問於予曰……予亦受天所命 得而爲人 人固靈於物者也 曷不自由其身 自適其性 常爲物所使 常爲人所推 物或有誘 則溺焉而不出 物或不來 則慘然而不樂 人肯則伸焉 人排則屈焉 先本性無特操 莫爾若也 夫靈於物者 若是乎 予笑而答之曰……予則內全實相而外空緣境 爲物所使也 無心於

만물의 영장이라 하는 인간이 외물을 추구하는 이욕에 사로잡혀 일희일우하면서 천진을 잃고 이리저리 흔들리는 것으로 보아 미물인 나만도 못하다고 돌이 李奎報를 희롱하기에, 자신은 마음을 공하고 허하게 해서라고 외물에 흔들리지 않으며, 형세에 따라 자유자재로 처신할 수 있는 존재라고 반박했다는 것이다. 이 글에서는 인간이 천지간의 원기 중 가장 정수한 기를 품부받고 태어난 만물의 영장이므로 우둔치완한 정신이 화해서 된 목석과는 비교가 안된다 하여 대자연의 질서속에서 선택된 존재임을 강조하였다. 그러나 인간이 만물의 영장이라는 것이 인위를 긍정하는 것은 아니다. 인간이외의 만물은 자연에 순응한다는 생각 자체도 없이 자연법칙대로 생멸하지만 인간은 고도의 이성적 능력으로 합자연이 인간다운 삶이요 우주의 질서에 순응하는 일이라는 것을 스스로 판단하고 이욕으로부터 벗어나 합자연할 수 있다는 것이다. 인간은 갈대처럼 약한 존재이지만 생각할 수 있는 능력이 있기 때문에 위대한 존재라는 파스칼의 말과 같은 논리이다. 그러나 이욕에 사로잡혀 상심을 잃으면 목석만도 못한 존재로 전락할 수도 있음을 경고하면서, 일체를 공으로 돌리고 마음을 빈 배[虛舟]처럼 가질 때 비로소 만물의 영장이 될 수 있다고 하였다. 마음을 허하게 한다는 것인 인욕을 버리고 자신을 자연에 맡긴다는 뜻이며, 인도의 근원이 자연에서 소자한다고 보는 것이 동양적인 자연관이어서 일찍이 동중서(179~104 B.C. 前漢人)는 이를 「道之大原 出於天 天不變 道亦不變」이라고 표현하였다.

　이러한 자연의 기본원리가 자연의 운행을 통하여 아무런 굴절없이 그대로 발현된 것이 강호와 산림이요, 인간의 부귀·명예 등 이욕 때문

　　物 爲人所推也 無忤於人 迫而後動 招而後往 行則行 止則止 無可無不可也 子不見虛舟乎 予類夫是者也 子何詰哉 石慙而無對.

에 인간계에 왜곡되어 나타난 것이 인위적인 세속이므로, 굴절없는 자연현상은 진이요, 인위는 위가 된다. 그러므로 강호산림에 은거하며 獨善其身함을 潔身亂倫이나 索隱行怪로 보지 않고 인간의 天眞한 본심을 지키는 守拙로 보았으며, 중국의 巢父·許由나 고려의 李資玄·郭輿 같은 인물을 자연의 원리대로 산 이상적인 인물로 보고 隱逸과 閑居를 원했던 것이다.

그러나 인간이 자연의 원리에 순응하는 생활을 하느냐 않느냐가 반드시 속세를 떠나서 산림에 은둔하느냐 않느냐에 달려 있는 것은 아니다. 마음을 虛舟처럼 가질 수 있다면 번잡한 도시의 저자 속에 있다 해도 자연의 원리에 어긋날 것이 없고, 벼슬을 버렸다해서 반드시 歸自然한 것도 아니다. 즉 利慾으로부터 벗어나 마음을 虛하게 할 수 있나면 인간사회 속에 있건 산림 속에 있건 그것이 문제될 것이 없으며, 언제 어떤 경우에도 融通自在하게 한의 경지에 이를 수 있다는 것이다. 그가 城東에 있는 자신의 草堂名을 止止軒이라 정하고 軒號를 止止라 한 이유를 『太玄經』止卦에서 따왔다고 하면서,

'初二는 말이 그치고 수레가 대기한다'하였는데, 이것은 초이가 평인이 되어서 숨지도 않고 벼슬도 하지 않기 때문에 수레가 대기하고 말이 그치는 데에 나아가는 것을 말한다. 거사가 기뻐하며 말하기를, "이것이 모두 나의 뜻이다. 내가 그칠 곳을 알아서 그칠 수 있다면 초일의 정신에 응하였다고 할 수 있고, 나아가서는 평인이 되면 초이의 뜻에 합한다고 할 수 있다. 내가 이것을 얻어서 헌호를 지지라고 하였으니, 과연 나의 출처와 같지 않은가."32)

---

32) 全集 23, 「止止軒記」.
初二馬酋止軔侯 此言二爲平人 不隱不仕 故車軔侯 而馬就止也 是皆予之志也 予能 識其所止而止 則可謂應初一之體 進不急於仕 退不苟於隱 以是而爲

하여, 之卦 初一과 初二의 뜻이 자신의 出處에 대한 신념과 같다고 하고, 굳이 나아가 벼슬하려 할 것도 없지만 또한 물러나서 반드시 산림에 은둔할 필요도 없는 '平人'이 되는 것이 자신의 뜻이라 하였다. 이는 陶淵明의 「飮酒」시에 나오는 '心遠地自偏'의 경지이다. 마음이 세속으로부터 멀어지면 그가 있는 곳이 어디이건 그곳이 곧 자연인 것이다.

　　내가 閑이라고 한 것은 功名을 이루고 綠野에 수레를 달아매어 마음에 外慕하는 것이 없는 자나 자취를 산림에 감추어, 주리면 먹고 피곤하면 자는 자라야 그 한가함을 온전히 누릴 수 있는 것이다. …… 塵勞에 시달리고 名宦에 골몰하여 炎涼을 좇아서 東西로 분주한 자가 하루 아침에 벼슬을 잃게 되면 外貌는 한가로운 듯하나 中心은 흉흉할 것이니 이은 한가함이 병이 된 것이다.[33]

벼슬에서 물러난 자라도 마음에 외모가 없는 자는 한을 누리며 귀자연할 수 있지만 명환에 미련이 있는 자는 외모는 한가한 듯하나 속 마음은 흉흉하여 한을 누릴 수 없으며 이런 자에게는 한이 오히려 병이 된다고 하였다. 몸을 산림에 감추고 자연의 섭리대로 따르는 자나 산림에 은둔하지 않았어도 마음에 외모함이 없는 자를 동일하게 한을 누릴 수 있는 사람으로 본 것이다. 이것은 비록 李仁老의 말이지만 李奎報를 비롯한 당시 문인들의 공통된 의식세계로 볼 수 있다. 즉 몸이 산림에 있느냐 속세에 있느냐가 문제가 아니요, 마음의 외모를 버리고 허하게 할 수 있느냐 없느냐가 귀자연 여부를 결정하는 기준이 된다고 보

　　平人 則可謂叶初二之辭 予得是而名軒曰止止 果不類予之行藏乎.
33) 李仁老,『破閑集』下,「跋文」
　　吾所謂閑者 蓋功成名遂縣車綠野 心無外慕者 又遁跡山林 飢食困眠者 然後閑可得而全矣……若夫汨塵勞役名宦 附炎借熱 東鶩西馳者 一朝有失 則外貌似閑 而中心胸胸 此亦閑爲病者也.

있던 것이다.

이러한 李奎報의 자연관은 때가 오면 치국평천하하기 위한 준비나 기다림을 위하여 林泉에서 獨善其身하는 儒家의 一時的·條件的인 隱遁과는 다르다.34) 즉 歸自然이 궁극의 가치요 목적이며, 속세로 되돌아와 뜻을 펴기 위한 준비나 수단이 아니었다.

이는 신라시대의 四仙35)이나 고려조의 李資玄·郭璵 류의 歸自然 사상과 同軌에 속하며 아국 고유의 仙道(郎家思想)나 老莊에 가까운 자연관으로 생각하며, 이런 면에서 문인들의 자연관이 羅麗대와 조선조 사이에 차이가 있음도 규지된다. 즉 羅麗의 자연관은 선도와 노장에 바탕을 둔 것이고 조선조의 자연관은 유학에 바탕을 둔 것이었다. 나려대의 귀자연은 인간의 본연지성으로 돌아가기 위한 목적이었고, 조선조의 귀자연은 겸재천하라는 목적을 실현하기 위하여 때를 기다리는 수단이요 준비였던 것이다.

2) 作品 속에서의 自然

전술한 바와 같이 李奎報는 자연을 永遠·開放·自由·閑寂·平等·調和·善美 등으로 표현할 수 있는 우주 만유의 본체요 질서라고 보았다. 이러한 자연에 자신을 접근시키려는 것은 인간의 본성에 충실하려는 시도라고 할 수 있다. 자연에 접근하여 자연과 자아를 합일시키려는 노력이 그의 많은 작품 속에서 발견되며 그 가운데 몇 작품을 예시하고 이를 통하여 그가 친자연하고자 하는 이유와 그 양상을 살펴보고자 한다.

---

34) 朴性奎, 『李奎報研究』, 啓明大出版部, pp.90~103 參照.
35) 新羅의 國仙이었던 永郎, 述郎, 安祥, 南石行 등을 말하며, 동해안에 이들이 노닐었다는 유적이 남아있다.

方丈蕭然古樹邊　　고목나무 곁의 쓸쓸한 암자
　　一龕燈火一爐烟　　감실에 등 하나 향로도 하나
　　老僧日用何須問　　노승의 일상사 무어 물을 것이 있으랴
　　客至淸談客去眠36)　손이 오면 淸談하고 손이 가면 잔다

 이 시는 李奎報가 26·7세 경에 外院의 可上人을 방문했다가 암자 벽에 써 놓은 옛 시인의 詩韻을 따서 지은 것이다. 이 시에 전혀 꾸밈이 없이 진솔한 자연의 참 모습대로 소박하게 사는 스님을 나타내고 있다. 그 속에 있는 인간인 노승도 자연의 모습 그대로여서, 청산이 찾는 이 있으면 거절하지 않고 가는 사람도 막지 않듯이, 객이 오면 오는 대로 함께 청담을 나누고 객이 가면 다시 평상 생활로 되돌아간다. '손이 가면 잔다'한 것은 木石처럼 나 자신의 존재 자체도 의식하지 않는 忘己의 경지를 나타낸 것으로 자연과 내가 하나로 융해된, 인위가 개재할 수 없으며 인간세계의 煩擾나 慾望 등이 나타날 수 없는, 閑寂하고 虛靜한 경지인 것이다. 즉 나를 자연에 맡기는 任自然의 경지를 나타낸 것이다.

　　寓興撫桐孫　　홍이 일면 거문고 어루만지다
　　虛心對竹君　　무심히 대나무를 마주보네
　　林深鴉哺子　　숲 깊으니 까마귀 새끼를 치고
　　園靜鳥呼群　　정원 고요하니 새들이 무리를 부르네
　　坐石吟移日　　돌에 앉아 읊조리며 날을 보내고
　　開窓臥送雲　　창 열고 누워 지나가는 구름을 보네
　　塵喧卽咫尺　　속세의 소란함 지척이지만
　　閉戶不曾聞37)　문 닫으니 전혀 들리지 않네

---

36) 全集 3,「訪外院可上人用壁上古人韻」.
37) 全集 10,「又次新草屋詩」五首中 第二.

이 시는 전주사록에서 파직당하고 돌아와 30대 중반에 지은 것이다. 이 시에서도 속세는 시끄러운 곳이다. 그러나 산림과 속세는 지역적인 구분이 아니고 마음의 문제이다. 집안에 자그마한 정원을 만들고 마음을 비우고 대숲을 보다가 흥이 나면 거문고도 퉁겨 본다. 이미 허심의 상태에 이르렀으므로 세사에 아무런 욕심이 없다. 새들도 기심이 없음을 알고 아무 두려움 없이 모여들어 지저귀고 까마귀도 새끼를 친다. 세사에 얽매이지 않는 모습은 창 사이로 보이는 구름과 같다. 머물고 싶으면 머물고 떠나고 싶으면 떠나는 구름은 자유의 상징이요, 이곳의 창은 마음의 창이다. 마음을 비우고 열어놓으면 마음의 창을 스치고 지나가는 모든 세사를 뜬구름이 흘러감을 보듯이 할 수가 있으므로 희노애락이나 애증이 끼여들 여지가 없다. 마치 거울같이 맑온 수면에 흘러가는 구름이 잠시 비쳤다 지나가는 것과 같다. 이런 경지에 이른다면 굳이 홍진 자욱한 속세를 피하기 위하여 임천을 찾을 필요도 없다. 속세의 소란함에 마음을 쓰지 않고 마음의 문을 청산 백운을 향하여 열어놓을 수 있다면 몸이 어느 곳에 있든지 이미 나와 자연과의 융화가 이루어져 속세의 시끄러운 소리가 귀에 들리지 않을 수 있는 것이다.

絶頂望都城　　정상에 올라 도성을 바라보니
浩浩萬人海　　넓디 넓게 人海를 이루었네
小屋不容言　　작은 집이야 말할 것도 없고
大屋正如塊　　큰 집들도 흙덩이만 하네
可憐路上人　　가엾어라 길에 오가는 사람들
蟻奔塵土內　　흙먼지속 헤매는 개미와 같네
經營覓何利　　대체 무슨 이익을 얻겠다고
意各有所掛　　생각이 저마나 얽매이나
區區蠻觸間　　달팽이뿔 만도 못한 이해 때문에
死生哀樂在　　生死와 哀樂이 있게 되니

安得出其中　　어찌해야 이 속에서 벗어나
遊於六合外[38]　六合 밖에서 노닐 수 있을가

　이 시는 北岳 정상에 올라 開京을 내려다보고 지은 시이다. 인간은 高門巨族이 도어 高臺廣室에 사는 것을 뽐내지만 산위에서 내려다보면 大屋들도 흙덩이만하게 보이고, 영리나 공명을 좇아 분주히 오가는 사람들이 흙먼지 속을 내닫는 개미떼처럼 보인다. 廣大無邊한 대자연 속에서 인생의 협소함과 덧없음을 깨달은 것이다. 外物에 얽매여서 생의 진실을 깨닫지 못하고 하찮은 이해에 生死哀樂을 걸은 인생들이 가엾게까지 보인다. 그러나 이것은 남의 일이 아니다. 이 산에서 내려가 都城에 이르르면 속세 속인의 무리속에 자신도 필연적으로 휩싸이게 될 것이다. 이렇게 狹窄하고 煩擾로운 인생에서 어떻게 하면 벗어나 대자연의 품속에서 어디에도 얽매이지 않고 자유롭게 살 수 있을가. 이것이 李奎報의 소망인 것이다. 자연의 관점에서 본다면 슬픔이나 근심이 본래 없는 것이니 이에서 벗어났다 하여 기쁠 것도 없는 것이다. 生도 저절로 된 것이요 死도 저절로 올 것이니 인지로 해결할 수 없는 일 때문에 기뻐하거나 슬퍼하지 말고 자연의 物化에 맡기고 모든 번뇌로부터 초탈하는 것, 이것이 李奎報가 추구하는 궁극의 목표인 것이다.

　人慾을 부정하고 자연과 가까이 하는 것이 소망이라면 광대하고 영원한 자연의 품속으로 돌아가야 한다. 歸自然하고자 하는 사상이 深度를 더할 때 자연에 沒入하여 不二의 경지에 도달한다. 李奎報의 자연에의 몰입은 紅塵에 묻힌 속에서 마음과 몸이 벗어나 대자연 속에 묻히고 싶은 강렬한 욕망의 표시이다.

---

38) 全集 12,「登北岳望都城」

(前略)
我言天地內　　내가 말하기를 이 천지 사이에
浮生信如寓　　덧없는 인생 붙여 사는 것 같아서
彼此無眞宅　　어딜 가나 참된 내집은 없고
隨意且相住　　뜻대로 멈추면 그만이거늘
何必戀洛塵　　하필이면 서울의 티끌을 못잊어
局促首歸路　　세속에 얽매여서 돌아갈 길을 향할 건가
換酒傾一壺　　사온 술 항아리 다 비우니
胸膈無細故　　가슴에 모든 생각 없어져
頹然臥前榮　　평상에 쓰러져 누웠는데
萬木蒼烟暮39)　수풀 사이로 푸른 연기만 저물어 가네

이 시의 생략된 전빈부에는 싱그러운 농촌의 아침 경치를 그리고 갑자기 먹구름이 몰려와 폭우가 쏟아질 듯 하자 따라온 童子가 歸京하도록 권고한 내용이 실려 있다. 이에 李奎報는 天地 사이를 떠돌다가 때가 되면 멈춰야 할 덧없는 인생인데 하필이면 홍진 가득한 서울을 못 잊어 돌아갈 길을 재촉할 것이 무어 있느냐 하고 이곳에서 술에 취해 자질구레한 세상사를 잊고 頹然히 누워 저물녘까지 있었다는 것이다. 잠시 머물다 떠날 과객처럼, 천지간에 잠시 寓居하고 있는 것이 인생이다. 이런 인생이 世事에 얽매이기 보다는 '快哉農家樂 歸田從此始'40) 라고 외치면서 도시의 世網에서 벗어나 歸田園하고자 하여 西郊에 있는 草堂名을 '有田可以耕而食 有桑可以蠶而衣 有泉可飮 有木可薪 可吾意者有四'라는 뜻으로 四可齋라 짓고,

　　　　내가 四可齋에 살면서 만약 田園之樂을 얻을 수 있어서 世網에서 벗어나 결연히 일어나 故園으로 돌아가 늙으면서 태평한 시대에 농사짓는 늙

---

39) 全集 2,「復遊西郊草堂」.
40) 全集 2,「遊家君別業西郊草堂」二首中 第一首 參照.

은이가 되어 배를 두드리며 擊壤歌를 불러 성스러운 왕의 교화를 노래하고 읊조려서 이를 管絃에 올린다면 어찌 不可할 것이 있으랴[41]

하였다. 즉 田園으로 돌아가 食·衣·飮·薪 등 생존에 필요한 최소한만을 갖추고 그 밖의 外物에는 욕심을 내지 않고 堯舜의 百姓처럼 擊壤歌를 부르며 살다가 인생을 마치겠다고 하였다. 도시는 허위와 허술이 난무하는 곳이므로 이에서 벗어나 四時의 운행에 맞추어 春耕秋收하는 농촌의 진실한 생활로 돌아가고자 하였으며, 이는 인간이 본래의 天眞을 지키며 살 수 있는 곳을 農村으로 볼 것이다. 즉 도시를 떠나 전원으로 돌아가는 것도 자연으로 돌아가는 하나의 방법으로 보았으며, 전원생활이야말로 守拙할 수 있는 곳이라고 생각한 것이다.

```
重峯複嶺翠磨空    중첩한 산봉우리 하늘을 찌를 듯한데
路入招提一線通    절로 들어가는 길 한가닥 실낱같이 통했네
信步從敎巾濕雨    천천히 걸으니 건은 비에 젖고
閑吟不覺笠欹風    한가히 읊조리며 갓이 바람에 기울어도 모르네
山花染出燕脂爛    연지같이 물든 산꽃 난만히 피어있고
野燒橫來漢幟紅    번져오는 들불은 한나라 깃발처럼 붉도다
三尺樵童吹葦笛    삼척 초동이 갈피리 부니
太平都在此聲中[42]  태평성세가 모두 이 소리에 있도다
```

첩첩 산중으로 실낱같이 이어진 길을 따라 산사로 향하고 있는 李奎報는 이미 世事의 煩擾로움을 잊었으므로 바쁠 것이 없다. 천천히 걸으며 巾이 비에 젖어도 아랑곳하지 않고 한가히 읊조리며 衣冠이 흐트

---

41) 全集 23,「西可齋記」
  予居是齋也 若有得田園之樂 則其唾棄也世網 拂衣裹足 歸老故園 作太平農叟 擊壤鼓腹 歌詠聖化 以被于管絃 亦何不可哉.
42) 全集 3,「遊北山」

러져도 상관이 없다. 의관을 정제하고 예절을 지킴은 塵世의 일이라 이미 자연 속에 묻힌 내가 어떤 행위를 하건 是非할 사람이 없고, 자연은 너그럽게 나의 모든 행동을 받아준다. 산에 묻혀서 주변을 바라보니 天道의 운행은 어김이 없어 山野가 온통 불타는 듯 붉은 꽃으로 덮여 있는데 멀리서 樵童의 갈피리 소리가 은은히 들려온다. 투쟁도 갈등도 근심도 없는 태평성세가 바로 이런 경지인 듯하다. 이 시 속의 자연은 깨끗하고 아름다우며 塵世의 번거로움을 모두 잊을 수 있는 太平한 곳이다. 옷이 젖는 줄도 모르고 갓이 기운 것도 모르는 것은 숭엄한 자연미에 몰입하여 스스로를 잊은 것이다. 내가 자연과 하나가 된 것이다.

(前略)
嗟我本狂直　　아아 나는 본래 광직한 사람으로
世味備相涉　　세상 맛을 고루 보았으니
不如早歸來　　일찍이 이곳으로 와서
得此幽興愜　　그윽한 흥취 즐김이 낫겠네
學道師應癯　　도 배우는 파리한 스님과
遺形我方熟　　形骸 잊고 꼼짝 않는 내가
塊然兩枯木　　두 개의 마른 나무처럼 외로이
相對度小劫[43]　마주 보며 여생을 보냅시다

이 시는 29운 58구의 장시이다. 생략된 부분에서는 성중에서 까마득하게 보이는 惠元寺에 첩첩 산중을 지나 찾아가서 絶景과 훌륭한 조화를 이룬 寺院과, 그곳에 은거하는 道僧을 만난 과정을 그려 놓았다. 성격이 狂直하여 世間에서 온갖 辛苦를 다 맛보았으니 나도 이제 俗世를 떠나 이곳에 와서 幽興을 즐기겠다고 하면서, 세속의 온갖 구속에서 벗어나 이곳에 있는 스님처럼 아무런 구애도 받지 않고 道의 眞味를

---

43) 全集 11, 「留題惠元寺」

맛보며 安閑한 생활을 하고 싶어한다. 자신의 形骸가 존재한다는 의식마저 버리고 스님과 더불어 枯木처럼 앉아서 모든 妄念을 다 잊고 法悅을 즐기며 餘生을 보내고자 한 것이다.

　화려한 듯하고 큰 뜻을 이룰 수 있는 듯한 俗世를, 歸自然하여 돌아본다면 모두가 幻이요 空이요 僞인 것이다. 이를 알았으면 하루라도 빨리 그곳에서 벗어나 참다운 도를 깨닫고 자연의 품에 안겨야 할 것이다. 그러나 스스로 고백했듯이 上根이 못돼서 자연 속에서 잠시 마음의 때를 씻어버린 후 다시 온갖 허위와 비리가 가득한 속계로 돌아올 수밖에 없다. 자연에 뜻을 두면서도 속세를 벗어날 수 없는 것이 白雲의 한계이고 번민이다. 이러한 한계는 致仕後 佛敎에 歸依함으로써 해소되었으며 이에 관하여는 전장에 밝혀 놓았다.[44]

久爲紅塵客　　오랫동안 홍진에 묻힌 나그네
浪走無時休　　이리저리 뛰느라 쉴 새가 없어
到山本無意　　산에 오르려 생각도 않았는데
偶爾得玆遊　　우연히 이번 길을 나서게 되었네
(中略)
已愜幽居趣　　어느새 은거하는 취미에 젖어
又欲便成留　　계속 이곳에 머물고 싶네
迺知中下性　　中性이나 下性을 타고난 자는
反覆隨所由　　처지에 따라 달라지기에
趁世悅紛華　　속세에 나가면 번화함을 즐기고
入山樂淸幽　　산에 들어오면 淸幽를 즐기네
明朝返都城　　내일 아침 도성에 들어가면
又縛營生謀　　다시 생계에 얽매여야 하니
嗟哉更何言　　아아! 다시 무얼 말하랴

---

44) 第4章 4節 致仕期 參照.

未免塵緣拘　　塵世의 속박 면할 길 없네
要當婚嫁畢　　마땅히 자녀의 혼가가 끝나면
始脫籠中囚[45]　새장에 갇힌 몸 벗어날 수 있으리

이 시의 전반부에서는 紅塵이 날리는 都城에서 뜻맞는 친구와 함께 山寺를 찾기까지의 과정과 그 사이에 眼前에 전개되는 景致를 읊고, 후반부에서는 자신도 이런 곳에서 은거하고 싶지만 稟賦받은 본성이 上根에 속하지 못하고 中根이나 下根쯤에 해당되어 不動心을 갖지 못하여 내일 下山하면 다시 世事에 얽매이게 되었으니, 世緣의 속박에서 벗어나려면 자녀들의 婚事를 마친 후에야 가능할 것 같다는 내용이다. 즉 上性(上根)에 속한 사람이라면 마땅히 산림에 묻혀 塵緣을 끊을 수 있겠지만 자신은 아직 그런 수준에 이르지 못했음을 안타까워하면서 인간의 궁극적인 목적이 될 가치있는 일은 자연에의 沒入임을 밝히고 있다. 俗世는 天眞의 진솔함을 왜곡한 분화함으로 가득찬 곳이요, 온갖 世緣에 얽매인 감옥이나 새장 같은 곳이다. 이러한 人爲(僞) 때문에 복잡해진 속세의 紛華를 벗어나 閑寂을 누리고 籠中鳥 같은 생활에서 벗어나 완전한 자유를 누리는 길이 歸自然이다. 당장은 이를 실현하지 못한다 해도 영원한 희망이요 이상인 歸自然을 여건만 조성되면 반드시 이루리라고 다짐하면서, 당장 이를 이루지 못함을 한하였다.

步步行隨入谷雲　　발걸음 닿는 대로 구름어린 골짜기를 들어가니
自然幽洞辟紅塵　　자연의 깊은 골짜기 속세를 피해있네
已將蚊雀觀鍾釜　　이미 俸祿을 蚊雀처럼 여겼고
曾把螟蛉戱縉紳　　일찍이 縉紳을 螟蛉처럼 희롱했네
俯仰歸來推幻化　　俯仰과 歸來를 幻化로 보고
死生得喪任天鈞　　死生과 得失을 하늘에 맡겼네

---

45) 全集 5,「偶遊山中書壁上」

多師雪裡猶賒酒　　고맙게도 스님이 눈 속에 술을 사와
借與山中一日春[46]　산중의 하루 봄을 빌려주누나

　발걸음 가는 대로 걸어서 속세를 떠나 있는 그윽한 골짜기로 들어가니 이미 人間世를 벗어나 大自然의 품속에 안기게 된 것이다. 대자연 속에서 人世를 보니 많은 俸祿을 받는 지위높은 縉紳貴介가 모두 모기나 참새 또는 나나니벌 새끼보다 나을 것이 없어 보인다. 세속적인 貴賤의 차별이 자연 속에서는 權威도 의미도 없어진다. 俯仰이나 歸來가 본래는 구별할 것이 없는, 즉 실재하지 않는 虛幻한 변화로 보고, 나의 死生 得失을 모두 자연의 운행에 맡겼다. 人爲(人慾)를 버리고 나를 自然에 맡긴 것이다. 이리하여 나와 자연이 하나가 되니 이미 合自然의 경지에 이른 스님도 나를 배척하지 않고 반갑게 맞아 자연의 한 부분으로 받아들인 것이다. 즉 자연에서는 萬有가 無差別이요 平等인 것이다. 萬有가 각기 개성대로 소리와 빛깔을 내면서 하나로 조화된 세계가 자연이므로 귀천의 구별이 있을 수 없고, 生과 得이 기쁠 것도, 死와 喪이 슬픈 것도 없는 사실이다. 俗世의 紅塵을 씻고 이런 경지에 이르고자 하는 李奎報를 반갑게 맞이하여 淸談을 나누는 상대가 되어준 覺月 스님이 있어 더욱 즐거울 수 있었던 것이며, 이런 차별이 없고 萬有가 대등하게 하나로 융화된 自然 속에 자신을 沒入시켜 合自然하고자 하는 것이 李奎報의 뜻인 것이다.

3. 社會觀

　고려 무신이 집권하면서 기존 벌족들은 몰락하고 무신들이 그 자리

---

46) 全集 11,「訪覺月師用東坡詩韻各賦」

를 맡게 되지만 그들이 문필의 임을 감내할 수 없으므로 다시 문신들을 등용하게 되었다. 이렇게 등용된 문신 가운데 최씨 정권시대의 대표적 문인이 李奎報였다. 당대의 문인 중 남겨놓은 작품이 가장 많은 그의 시문들은 그의 자아가 사회 현실과의 軋轢詰抗 과정에서 형성된 생각을 표현한 것이므로, 이를 이해하려면 그의 사회 현실에 대한 인식을 알아보지 않을 수가 없다. 즉 李奎報의 시문 중 많은 부분이 의식적이든 무의식적이든 현실에 대한 인식의 반영이므로 李奎報 문학의 배경이 되는 그의 사회현실에 대한 인식을 고찰하지 않고는 그의 문학을 올바로 이해할 수 없게 된다.

본절에서는 李奎報의 사회현실에 대한 인식과 문학과의 관계를 고구의 대상으로 하여, 그는 당시 사회 형성의 기층이라 할 수 있는 농민에 대하여 어떻게 생각하였으며, 국가에 관한 의식은 어떠하였는가, 당시의 사회 현실에 대하여는 어떻게 생각하였는가, 이런 생각들이 그의 문학에는 어떻게 반영되었는가 등을 구명하고자 한다.

李奎報가 생존했던 기간은 무신이 집권하면서 토지제도는 더욱 문란해져서 농민에 대한 혹심한 수탈이 자행되었고 문신에서 무신에로의 지배층의 변혁은 극심한 사회 혼란을 야기하였으며 최씨가 집권하면서 이런 혼란이 어느 정도 극복되어 소강상태가 유지되다가 몽고의 침입을 받아 강화도로 천도하면서 국토는 황폐해졌고 민생은 도탄에 빠지게 되었다.

李奎報의 가계는 선조들이 대대로 향리로 지내다가 부대부터 무신이 집권하면서 신진사인으로 부상하였으며 이러한 상승세를 탄 진취적인 가정 분위기 속에서 생장한 그는 천부적인 문재를 타고난 데다가 유년기부터 청년기 사이에 문인으로 입신할 것이라는 계시를 몇 차례 받았으며, 문헌공도 성명재에서 수준 높은 교육을 받아서 자신이 당대 최고의 문인이 될 것이요, 문필로 국가에 이바지할 인물로 운명지어져 있다는 강한 自我意識을 가지고 있었다.

이러한 당시의 사회적 배경과 가정적 배경 및 自我意識이 그로 하여금 사회 현실에 대하여 어떤 의식을 갖게 했는가를 살펴보고자 한다.

1) 對農民意識

高麗의 사회계층은 支配階層과 被支配階層으로 大別하고, 지배계층을 다시 上流와 中流로, 被支配階層을 下流와 賤流와 구분함이 일반적이다. 이 가운데 下流階層의 대부분과 賤流階層의 일부는 農業에 종사하였고 농업이 사회 유지에 절대적인 중요성을 띠고 있던 시기이므로, 李奎報가 농민에 대하여 어떤 생각을 가지고 있었는가를 중심으로 그의 社會에 대한 意識을 고찰하려 한다.

李奎報가 29세 되던 丙辰年(1196) 4月 잔인무도하고 탐학을 일삼던 李義旼 일파가 崔忠獻 형제에게 숙청당하는 大流血劇이 開京에서 벌어질 때 그의 姊夫가 黃驪로 左遷되었고, 이때 李奎報도 黃驪로 내려와 尙州로 향하면서 자신의 田庄이 있는 根谷村을 방문하여 하룻밤을 묵으며 佃戶들의 극진한 접대를 받고 地主로서의 權威를 만끽하였다.

畦丁羅拜似獼猴　밭갈이하는 농부들 원숭이처럼 늘어서 절하고
嘍囉頗帶南蠻語　재잘거리는 말소리는 남녘 오랑캐 억양일세
田家主人瘴髮黃　전가의 주인 장기로 모발이 누렇고
邀我欣然具鷄黍　나를 반가이 맞아 닭잡고 기장밥 해주네
髯奴舁甕走汲泉　수염난 놈은 동이 들고 달려가 샘물 길어오고
癯嫗洗臼力擧杵　혹난 노파 절구 씻어내고 힘껏 절구질하네
三尺山樽腰復皤　석자되는 시골 술동이 허리가 불룩한데
松明吹火酌芳醑　관솔불 켜놓고 향기로운 술 잔질하네

堂下曲腰爭磬折　　당 아래서는 허리 굽히고 다투어 조심하는데
堂上脫幘自箕踞[47]　당 위에서는 건 벗고 다리 뻗고 앉아 있네

　이 시에 나오는 전호들은 李奎報와 대등한 인격인이 아니다. 자신은 전호들과는 다른 특수계층이고, 그들의 극진한 접대를 당연한 것으로 아는 귀족으로서의 오만이 엿보인다. 농부들의 모습은 원숭이와 같고 그들 모발마저 노랗다고 하면서 늙은 농부와 그의 부인을 염노·구구라는 비칭으로 불렀다. 전호들이 바치는 주식을 다리를 뻗고 앉아 먹으면서 당 아래에서 시중드는 늙은 농부를 불러 술 한 잔 권할 아량도 베풀 줄 모르는 地主宅 靑年이 바로 李奎報였다. 이런 면에서 그의 하류계층에 대한 인식이 여실히 드러난다.
　李奎報가 일반 백성에 대하여 어떤 생각을 갖고 있었는가를 알기 위하여 지방관으로 있을 때 백성들을 어떻게 대하였는가를 살펴보자. 그의 지방관 역임 경력은 1199년 9월부터 1200년 12월까지 최초로 入仕한 1년 4개월간(32~33세) 全州牧使錄兼掌書記로 근무한 것과, 1202년 12월부터 1204년 3월까지(35~37세) 兵部錄事兼修製員으로 東京(慶州) 軍幕에 근무한 것 및 1219년 4월부터 1220년 12월까지 1년 9개월간(52~53세) 桂陽都護府副使兵馬鈐割로 근무한 것 등을 들 수 있다. 이 가운데 兵部錄事로 근무한 기간은 東京地方 草賊토벌군의 錄事로 군영안에 있어서 직접 일반 백성을 다스리는 직책은 아니었으므로 全州牧과 桂陽都護府에 근무하던 시기만을 살펴보고자 한다.
　李奎報가 全州牧의 司錄兼掌書記로 부임한 것은 과거에 합격한 후 10년만의 일로 그동안 온갖 고초를 겪으며 仕宦을 위하여 눈물겨운 노력을 기울인 결과였으므로 全州로 부임할 때는 훌륭한 치적을 쌓으려

---

47) 全集 6,「六月十一日發黃驪向尙州出宿根谷村」

는 남다른 각오가 돼 있었을 듯 한데 그의 詩文속에 개경의 친지들과 작별하는 아쉬움은 나타나 있으나 어렵게 벼슬을 얻은 자로서의 각오는 보이지 않는다.

그토록 간절히 바라던 벼슬이었지만 32세까지 詩酒로 소일하며 자유롭게 지내던 그에게는 엄격한 법도와 규칙을 지켜야 하는 벼슬살이가 마치 야생마에게 굴레를 씌워놓은 것 같은 속박을 느끼게 하였으며, 맡겨진 직책마저 마음에 들지 않아 울적한 나날을 보내었다. 더욱이 그의 全州 생활을 괴롭힌 것은 주변 사람들과의 不和였다. 상사나 동료들과도 가까이 지내지 못하였고, 아랫사람들에게도 剛猛하게 대하여 두려워하게 하였으며, 이런 것들이 원인이 되어 임기도 채우지 못하고 罷職되었다. '……얼마 뒤 全州書記에 보직되었는데 정사를 너무 剛猛하게 하다가 동료들의 지탄을 받아 참소를 당하여 서울로 올라왔다.'[48] 한 기록이나, '제가 전일 전주 막부에 있을 때 우매한 데다 일을 겪어보지 않은 소치로 한갓 자신의 쓸데없는 청백만 가지고 장관을 업신여기어 공사를 논쟁하며 뜻을 거스려, 매양 범의 꼬리를 건드리다가 도리어 참소와 모함에 되얽혔고……'[49] '지난번에 제가 전주를 다스릴 때 자못 가혹하다는 소문이 들릴 때가 많았는데……전주는 옛날의 백제 땅으로 성질이 매우 사나워 관대한 정사로는 다스릴 수 없기 때문에 어쩔 수 없이 형벌로 다스린 것이요 본심으로 한 것이 아닙니다.'[50]라고 하여,

---

48) 後集 終,「誄書」參照.
49) 全集 27,「答李允甫手書」
僕曩在全州幕府 緣愚暗 不更事變 徒以己之無益之淸浚 侮長官 爭公事忤意 每振觸虎尾 反爲讒構所中…….
50) 全集 27,「與某書記書」
僕之理全也 頗多苛名 聞於時者 而反以此告 固非僕之理之之狀也……全古百濟 其性大悍 不可以寬政理 故勉强用刑耳 非本心也.

스스로 한 말이나 타인의 기록이 일치하는 것으로 보아 처음부터 백성들을 은애로 다스릴 마음은 없었다고 본다. 스스로는 화살같이 곧은 도를 행하면서 아첨할 줄을 몰라 고지식하게 장관들에게 굴하지 않다가 교묘한 참소를 당하여 파직되었다고 하였으나[51] 실은 전주 백성들의 성질이 사나우므로 엄한 형벌로 다스려야 한다는 선입관을 가지고 부임하여 백성들을 가혹하게 다스리다가 동료 및 상사들과 갈등이 생겨 파직된 것으로 보아야 할 것이다. 李奎報가 정주 백성들은 성질이 사나워서 관대한 정사로는 다스릴 수 없으므로 가혹한 형벌로 다스려야 한다고 생각하게 된 이유는 무엇일까? 그 해답은 그의 15세시에 일어난 全州 官奴의 亂에서 찾아야 할 것이다. 明宗 12년(慶大升 집권기)에 旗頭・竹同 등이 官奴들을 동원하여 全州司錄 陳大有와 上戶長 李澤民 등을 몰아내고 判官 高孝升을 협박하여 州吏들을 교체한 후 全州城을 점령하고 40일간 官軍에 대항하다가 평정된 일이 있었다.[52] 그는 이 사건이 일어나고 17년이 지난 후에 全州司錄으로 부임하였으므로 전주목은 사납다는 선입관을 가지고 있었으며, 이런 생각이 전주 주민들과의 갈등을 야기하고 임기도 채우지 못하고 파직당한 이유가 되었을 것이다.

그는 또한 개경인이라는 것에 긍지를 가지고 전주지방민들을 깔보았다.

蕭條古縣拖山根	쓸쓸한 옛고을 산밑에 있는데
只對村胥貌似猿[53]	대하는 사람이란 원숭이 모양의 아전뿐이네
俗習例多如蜒子[54]	풍속은 으레 연자 같은 것 많고

---

51) 全集 10, 「十二月十九日被讒見替發州日有作」「路上有作示生塤韓韶」「自嘲 入京後作」 등 參照.
52) 『高麗史』 世家 20, 明宗 12年條 參照.
53) 全集 10, 「十一月二十日出宿屬郡馬靈客舍」

| 郡吏來迎如老狖 | 나와 맞이하는 아전은 늙은 원숭이 같고 |
| 村民走避似驚麞55) | 마을 사람들 놀라 피하는 것이 놀란 노루 같네 |

| 貪吏猶逃鼠 | 욕심 많은 아전 도망치는 쥐같고 |
| 愚民似沐猴56) | 어리석은 백성 원숭이같네 |

    속군을 두루 다녀 보았더니 馬靈·鎭安은 山谷間의 옛 고을이라 백성들이 질박하고 미개하여 얼굴은 원숭이와 같고, 杯盤이나 음식에는 오랑캐의 풍속이 있으며, 꾸짖으면 형상이 마치 놀란 사슴과 같아서 달아날 것만 같았다.57)

    위에 예시한 글들이 모두 전주목의 사록으로 있을 때 지은 것이다. 그 고장 아전들은 원숭이와 쥐같다고 표현하고 백성들은 놀라 노루·사슴·원숭이같다고 표현하여 자기와 대등한 인격인으로 보지 않았으며, 그들의 풍습은 오랑캐와 같다거나 중국 남방의 선상족인 연자와 같다고 보아, 이들을 같은 동포라고 생각하고 있었는지 의심스러우며, 이런 글들을 통하여 당시 경향간의 문명수준의 격차가 얼마나 심했는가도 짐작이 된다.

    다만 송사의 처리, 조세의 부과 등의 임무를 행할 때는 하층민의 편에서서 그 지방 출신 서리들의 횡포를 견제하고자 노력하였다.

| 忍課殘村稅 | 가난한 마을에 세금 차마 부과하겠나 |
| 愁看滿獄囚58) | 감옥에 가득한 죄수들을 안타까이 바라보네 |

---

54) 全集 9, 「扶寧客舍次板上李祭酒純佑詩韻」
55) 全集 9, 「郎山縣監倉後有作」
56) 全集 9, 「自古阜夜入金溝縣書壁上」
57) 全集 23, 「南行月日記」
    始歷行屬郡 則馬靈鎭安山谷間古縣也 其民質野 面如獼猴 杯盤飮食膻檀有蠻貊風有所呵詰 則狀若駭鹿然 似將奔遁也.

恤獄情頻惻　　죄수가 불쌍해 마음 자주 측은해지고
摧强力不任[59]　강호를 꺾자니 힘이 부족하네

　이런 시구 속에 향리들에게 시달리는 약한 백성들을 동정하는 휴매니티가 엿보이기는 하지만 전술한 바와 같이 그들의 입장에서 아픔을 함께 나눈 것이 아니고 하류층인 서민과 중류층인 아전들을 함께 다스리는 입장에서 아전들의 서민에 대한 횡포를 막고자 노력한 것일 뿐이다. 상류층이 지방관이 된 경우에는 일정한 기간이 지나면 遞任되지만, 중류층 속하는 향리들은 대대로 그 지방에 거주하면서 지위와 임무를 세습하기 때문에 지방실정을 가장 잘 알아서, 임기만 끝나면 떠나야 할 상관을 깔보며 골탕을 먹이는 경우도 있었고, 그 지방 백성들의 조세의 징수·부역 등에 절대적인 권한을 가지고 있었으므로 온갖 횡포를 자행하며 백성들 위에 군림하기도 하였다. 그는 이러한 향리들에게 깊은 증오심을 나타내었다.

其間猾吏輩　　그 중에 교활한 아전들이야
雖斃固其理　　비록 죽더라도 이치에 당연한 것이
平生幾侵漁　　평소에 그 얼마나 침탈하여
瘠民以肥己　　백성의 고혈로 제몸 살찌웠던가
愚民本何辜　　하지만 어리석은 백성이야 무슨 죄인가
未識皇天意[60]　하늘의 뜻 모르겠도다

　교활한 방법으로 어리석은 백성들의 고혈을 침탈하여 제 몸을 살찌운 아전들이 골수에 사무치도록 미워서 홍수가 나서 이런 인간들을 모

---

58) 全集 9,「莫道爲州樂」四首中 第一首.
59) 全集 9,「次韻高先先抗中獻廉察尹司業威幷序」
60) 全集 11,「七月三日聞雲梯縣大水所濡幷序」

두 쓸어가 죽였으면 좋겠다는 것이 李奎報의 심정이다. 그런데 하늘은 교활한 아전들은 놓아두고 아무 죄도 없는 백성들을 홍수를 일으켜 쓸어갔으니 그 뜻을 알 수 없다고 안타까워하였다. 전주 향리들은 역시 향리 집안에서 사인으로 부상한 李奎報에 대하여 신분이 높아졌다 하여 그들 위에 군림하려 하는 태도가 역겨웠을 것이고, 이런 것들이 그와 향리들과의 갈등을 더욱 촉진시켰을 것이다. 그가 아전들을 이토록 증오하였으므로 그들에게 침탈을 당하는 계층에게는 연민의 정을 느끼게 된 것이다. 홍수가 저주받아야 할 아전들보다는 엉뚱하게 착취만 당했던 백성들을 떠내려가게 하였으니 하늘조차 원망스러웠으며, 특히 청백을 신조로 삼아 치산에는 관심이 없고 이를 천시했던 그에게는 이기심만 채우려는 아전들이 더욱 저주스러웠던 것이다. 李奎報가 하층민들을 동정하면서 강호들의 횡포를 막고자 한 것은 임무를 바르게 수행하기 위해서는 당연한 것이었으며, 강호들에게 시달리는 백성들에 대하여 측은한 마음을 가지고 있었으나 이것이 곧 그들의 입장에 서서 정사를 처리했다면 전술한 바와 같이 가혹한 형벌로 백성을 다스리면서 백제 유민인 전주 주민들이 사납기 때문에 그럴 수밖에 없었다고 변명하지는 않았을 것이다.

   李奎報가 50대에 左司諫知制誥에서 桂陽都護府副使로 左遷되어 1년 9개월간 근무하는 동안 지방 태수로 있으면서 어떤 생각을 가지고 어떤 생활을 하였나 살펴보자. 2년 가까운 桂陽太守 생활은 중앙의 관직에서 억울하게 좌천당한 결과이므로 유배당했다는 심정으로 赴任하게 되어 즐거울 것이 없었다. 五寸 筆管을 잡고 皇謨帝誥나 지으면서 시주로 소일해야 할 地上仙이 궁벽한 시골의 太守로 있다는 것은 괴롭고 귀찮은 일이었다. 그러므로 백성들을 잘 다스리는 牧民官이 되고자 하는 생각은 애초부터 없었으며 풍장이 훈증하여 얼굴이 검게 타는 것이 옛 친구들을 만나게 되면 부끄러워할 일이라,⁶¹⁾백성들의 困苦를 살피기 위한 노력은 않고 교활한 짓을 하는 鄕吏를 보면서 막을 생각도 않는 무기력한 생활을 하였다.⁶²⁾ 입으로는 굶주린 백성들을 동정하면서도 그들을 구제하기 위한 행동은 전혀 않고, 籠中鳥 같은 지방태수 생활을 하루 속히 청산하고 서울의 봉지에서 노닐고 싶은 생각뿐이었다.⁶³⁾

崔忠獻이 죽고 아들 崔瑀가 집권하자 재빨리 글을 올려 좌천당한 억울함을 호소하면서 하루가 3년같은 시골살이를 면하게 해달라고 간청하여 庚辰年 6月에 試禮部郎中 起居注 知制誥로 召命을 받고 개경으로 돌아왔다. 京職으로 복귀된 기쁨은 헤아릴 수 없을 정도여서 知命之年이라는 자신의 나이도 잊고 어린이처럼 雀躍하였다.

  醉中狂態誰復罵 취중의 광태를 누가 다시 꾸짖으랴
  終日叫呼喉不嗄⁶⁴⁾ 종일 고함을 질러도 목도 쉬지 않네

하여 영전한 기쁨에 마음껏 마시고 고래고래 소리를 질러도 목도 쉬지 않는다고 하였으며, 고을을 떠나면서 전별하는 촌민들을 보고는,

  好去莫遠來 잘 가고 멀리 따라오지 말라
  我行疾奔川 내 행차 치닫는 냇물처럼 빠르네
  爾邑誠困我 너희 고을이 진실로 나를 괴롭혀서
  二年如百年⁶⁵⁾ 두 해가 마치 백년 같았다오

---

61) 全集 15,「示通判鄭君」參照.
62) 全集 15,「上崔相國幷序」
  訟庭愁見飢民色 公席慚看黠吏姿…….
63) 全集 15,「籠中鳥詞望江南令」參照.
64) 全集 15,「七月二十五日善法寺堂頭設餞見邀乞詩」
65) 全集 15,「發州有作示餞客」

하였다. 이 시 속에서 척박한 고을 사는 쇠잔한 백성들에 대하여는 조금도 연민의 정을 표하지 않고, 그래도 떠나는 태수를 아쉬워하며 따라오는 촌민들에게 너희 고을 태수생활 2년간이 지긋지긋하게 괴로운 나날이었다고 외치면서 매정하게 돌아선다. 지방의 태수생활을 이토록 괴로워하며 서울만 처다보고 산 사람이 지방민의 困苦에 크게 관심을 가졌을 리가 없다. 그 결과 李奎報 자신의 기록이나 타인의 기록 어디에도 그의 지방관으로서의 치적을 발견할 수 없으며, 이것은 그가 일반 백성을 어떤 시각으로 보았는가를 알 수 있는 하나의 기준이 되리라고 본다.

그러나 李奎報 자신도 평생동안 많은 시련을 겪어서 약자에 대한 동정심도 각별하였고 儒敎的 農本思想에 입각하여 농민이 국가의 존립에 기본이 되는 계층임을 인정하고 있었다. 농업이 피폐하고 농민이 동요하면 국가의 존립이 위태로워지고 상류계층의 존립도 불가능해지므로 농민을 괴롭히는 치자들을 증오하고 농민을 동정하는 시를 짓기도 하였다.

帶雨鋤禾復畝中	비 맞으며 이랑 사이에 엎드려 김을 매니
形容醜黑豈人容	검고 추한 형용이 어찌 사람 모습이랴만
王孫公子休輕侮	왕손공자들아 깔보지 마라
富貴豪奢出自儂	부귀와 호사가 농부로부터 나오나니
新穀靑靑猶在畝	푸른 햇곡식 수확도 않았는데
縣胥官吏已徵租	아전들 벌써 조세 거두려 성화일세
力耕富國關吾輩	힘써 농사지어 부국함이 우리 손에 달렸는데
何苦相侵剝及膚[66]	어찌 이리도 극성스레 침탈하나

---

66) 後集 1, 「代農夫吟二首」

이 시에서 田野에 파묻혀 형편없는 몰골로 농사를 짓고 있는 農夫가 바로 王孫 公子들의 富貴豪奢를 뒷받침해주는 계층인데도 穀食이 익기도 전부터 官吏들의 租稅 독촉에 시달리니, 國富의 원천인 農夫를 이렇게 괴롭혀서는 안된다고 하면서 酷吏에게 시달리는 農夫들을 동정하고 있다. 이 외에 數篇의 시에서도 농민의 노고에 감사하고 그들에게 동정을 표하고 있다.

長安豪俠家	장안의 세력있는 집에는
珠具堆如阜	구슬과 패물이 산같이 쌓여 있고
春粒瑩如珠	절구로 찧어낸 구슬 같은 낟알을
或飼馬與狗	말이나 개에게도 먹이며
碧醪湛若油	기름처럼 맑은 청주를
霑洽童僕味	종들도 마음껏 먹는다데
是皆出於農	이 모두 농부에서 나온 것이요
非乃本所受	본래부터 가졌던 것 아니로다
(中略)	
假饒得千鍾	풍년들어 천종의 곡식을 얻어도
徒爲官家守	한갓 관가 것 밖에 되지 않네
無何遭奪歸	얼마 안되어서 모두 빼앗겨
一介非所有	하나도 소유하지 못하고
乃反掘鳧芘	도리어 부자를 캐먹다가
飢付不自救	굶주려 쓰러져도 구할 길 없네
除却作勞時	노동할 때 아니라면
何人餉汝厚	누가 너희를 배불리 먹이랴
所要賭其力	목적은 힘을 취하기 위해서이지
非必愛爾口[67]	이들의 입을 사랑해서가 아니라오

---

67) 後集 1, 「聞國令禁農餉淸酒白飯」

한때 국가에서는 농사철에 농민들이 맑은 술과 쌀밥 먹는 것을 금지하는 국령을 내렸다. 이 말을 듣고 생산자는 이들의 생산물을 소비하는 上流層은 호의호식하면서 종이나 牛馬까지도 쌀밥을 먹이는 사회 현실을 고정화시키려고 禁令까지 발동한 자들을 비난하였다. 장안 호협가의 저택에는 보석이 산더미같이 쌓였고 구슬 같은 흰 쌀밥을 개나 말에게도 먹이며 기름같이 맑은 술을 童僕들도 싫도록 마시는 데, 이것이 모두 농민의 피땀으로 생산된 것임을 모르고 당연히 누리는 것으로 오해하고 있는 것이다. 힘들여 생산하는 농부들은 헐벗고 굶주리며 부지런히 수확을 해도 모두 관가에 바치고 나면 풀뿌리나 캐먹다가 굶주려 쓰러지게 된다. 이들이 농사철이나마 백반을 먹고 청주를 마시는 것은 노동을 위한 필요에서요 호사를 위해서가 아닌데 이것마저 금하는 것은 도저히 있을 수 없는 일이라고 분개하였다. 이 시 한 수로는 公憤이 가라앉지 않은 듯, 수일 후 다시 이를 논란하는 시를 지어 禁令의 폐지를 강력히 주장하였다.68) 또한 '나는 농부 공경하기를 부처님 공경하듯 한다.'69)고 공언하면서 흉년으로 고생하는 백성들을 수탈하다가 벌을 받게 된 지방 수령들의 끝없는 욕심을 증오하기도 하였다.70)

그러나 농민의 고통에 대한 동정이나 농민을 수탈하는 무리에 대한 증오를 시를 나타내는 데 그쳤을 뿐 자신이 정부의 고관이 된 후에도 이의시정을 위한 노력은 전혀 없었다. 이는 李奎報가 스스로 문인으로 만족하였을 뿐 문필 이외의 국정에 간여하여 이를 개혁할 의지는 없었음을 나타내는 것이며, 이런 처신 때문에 崔氏政權에서 안심하고 고위직으로 승진시키고 간판격인 문신으로 이용하였다고 볼 수도 있다.

---

68) 後集 1, 「後數日有作」 參照.
69) 後集 1, 「新穀行」
······我敬農夫如敬佛······.
70) 後集 10, 「聞郡守數人以贓被罪二首」 參照.

李奎報가 하층민의 곤고에 대하여 동정을 표하고, 그들을 괴롭히는 관리들을 비난하며, 그들이 생산하는 농산물이 국부의 원천이요 국가 존립의 기틀이며 상류층 존립의 기본 조건임을 강조하고는 있지만, 농민들이 자신과 동등한 인격체라는 생각에까지는 이르지 못하였다. 어느 중이 계율을 범하고 여인과 사통하여 자식을 낳았다가 형벌을 받게 되었다는 말을 듣고 국령으로 일일이 그런 일을 적발하여 벌을 줄 것 없이 낳은 자식들이 장대해지거든 아비나 자식이나 모두 남녀 들판으로 몰아내어 밭갈이나 시키라고 희롱하였다.[71] 범법자나 그 자식들을 밭갈이나 시키라고 한 것은 밭갈이하는 농부들은 무식하고 법도를 모르는 사람들이라는 생각을 나타낸 것이며, 이는 농민이 자신과 대등한 인격체일 수 없다는 생각의 발로로 보아야 할 것이다. 李奎報가 생존했던 기간이 武臣執權기요, 이 시기는 전자과제도의 붕괴로 토지제도의 혼란이 야기되면서 농민들은 전보다 심한 수탈을 당하게 되었고, 이에 대한 농민의 항거로 국가가 위태로울 정도였으므로, 이러한 위기의식이 그의 농민시에도 반영된 것이다. 즉 농민의 고통에 대한 동정심과 혹리에 대한 증오심 및 토지제도와 조세제도의 문란으로 인한 국가의 동요라는 위기의식이 농민시 창작의 배경이 되었다고 본다. 이러한 李奎報의 대농민의식을 지금까지 서술한 내용을 토대로 정리해보면 다음과 같다.

　　서민(주로 농민)들을 자신과 대등한 인격을 소유한 존재로 생각하지 않았고, 농민들의 곤고에 대하여 동정을 표하였으나 농민의 입장에 서서 동정한 것은 아니다. 스스로 지배층의 입장에서 계층사회로 구성된 사회의 질서유지를 위하여는 농민계층의 안정이 불가결한 요소였으므로 지나친 수탈로 농민을 괴롭히는 것을 비난하였다.

---

71) 後集 1,「聞批職僧犯戒被刑以詩戱之」參照.

당시에는 유학사상이 국가통치의 이념이었으므로 이에 입각하여 지배층의 청렴과 공평한 부역 및 과세를 주장하고 각 계층(특히 지배층)이 스스로 분수를 지킬 것을 기대하였고, 서리와 농민을 함께 다스리는 상류층의 입장에서 향리들의 농민 수탈을 증오하고 이를 억제하고자 하였고, 농민의 공고에 대하여 몇 수의 시에 언급하였으나 통치자에게 이의 시정을 건의한 일도 없고 자신이 국정에 영향력을 행사할 수 있는 고위직에 오른 후에도 이런 문제에 손을 댄 일이 없었다. 이는 문필 이외의 일은 자신의 소임이 아니라는 자세를 견지하였기 때문이기도 하고, 이러한 민감한 문제로 집권자의 비위를 건드릴 생각이 없기 때문이기도 하였으며, 이런 그의 태도 때문에 崔瑀는 그를 자신이 집권하던 시기의 대표적인 문인으로 안심하고 이용하였고, 李奎報도 이를 기쁘게 여겼던 것이다.

2) 小中華思想

중국인들은 中華思想에 젖어 있어서, 중국이 세계의 중심에 위치에 있고 문명도 가장 발달한 곳이며 중국 주변에는 東夷·西狄·南蠻·北狄 등의 야만인이 살고 있다고 믿어왔다. 中華思想을 기준으로 하여 우리나라를 본다면 東夷에 속하나 우리 민족은 스스로 우리의 문명 수준이 중국에 버금간다고 믿어 小中華라 하였고 중국인들도 우리나라를 찬양할 때 小中華라고 불러 주었다.

봄 2월에 唐 玄宗은 聖德大王의 訃音을 듣고 오랫동안 애도하면서 左贊善大夫 邢璹를 鴻臚 少卿으로 삼아 가서 弔問하게 하였다.……璹가 떠나려 하니 황제가 시서를 지어주었고, 太子 이하 百僚들도 모두 시를 지어 보내주었으며, 황제가 璹에게 이르기를, "新羅는 君子之國이라 부르고 文字를 이해함도 中國과 같다. 卿이 돈독한 선비이기 때문에 보내는 것이니 마땅히 經典의 뜻을 강론하여 大國에 儒敎가 성함을 알리도록 하라"하였다.72)

한 바와 같이 中國에서도 我國을 각별히 文化國・君子國으로 禮遇하였으므로 이것이 민족의 자부심을 일깨우는 데 크게 기여하였고, 小中華思想이 더욱 강화되게 되었다. 이러한 小中華思想은 그 연원을 漢四郡 시대까지 거슬러 올라갈 수 있다. 한사군이 설치된 후 특히 樂浪 지방은 中原에 비해도 손색이 없을 정도로 文物이 발달하였고 이를 바탕으로 小中華思想이 싹트기 시작하여 시대가 지나면서 더욱 심화되었다. 이러한 사상은 麗代에 이르러 북방민족의 압력을 받으면서 민족의 긍지를 높여 외침을 방어하는 정신적 지주가 되었다. 고려 전기 사람인 朴寅亮(?~1096)은 '聲名이 빛나고 文物이 번성하여 융성함이 上國과 견줄 만하므로 小中華라 일컬었다73) 하여, 高麗의 문명 수준이 중국에 버금가서 小中華라 불렀음을 자랑하였으며, 이는 高麗人들의 공통된 긍지였다.

李奎報도 중국인이 我國을 小中華라 부르는 것을 몹시 기뻐하여,

今古才賢袞袞生	고금에 어진 인재 끊임없이 태어나
較之中夏無多愧	중국에 견주어도 크게 부끄러울 것 없네
有人曰國無則非	인재 있으면 나라요 없으면 나라가 아니니

---

72) 金富軾,『三國史記』9, 孝成王 2年.
　　春二月　唐玄宗聞聖德王薨　悼惜久之　遣左贊善大夫邢璹以鴻臚少卿往弔祭……璹將發帝製詩序 太子以下百寮咸賦詩以送 帝謂曰 新羅號爲君子之國 頗知書記 有類中國 以卿惇儒 故持節往 宣演經義 使知大國儒敎之盛.
73) 朴寅亮,「文王哀冊」(『東文選』28).
　　聲名烜赫 文物芬苾 比盛上國 稱小中華

胡戎雖大猶如芥　　오랑캐는 땅만 컸지 초개같을 뿐
　　君不見華人謂我小中華　그대는 보지 않았는가 중국인이
　　　　　　　　　　　　우리를 소중화라 말하는 것을
　　此語眞堪採74)　　　이 말은 진실로 채택할 만하네

라고 노래하였다. 즉 중국에 비하여 국토는 좁지만 인재를 끊임없이 배출하여 훌륭한 문명사회를 이룩하였으므로 중국인이 우리를 小中華라 부르게 되었고 이말이야말로 기쁘게 받아들일 만하다고 하였다. 이런 사상은 李承休에게도 이어져서,

　　遼東別有一乾坤　　요하 동쪽에 따로 하나의 천지가 있으니
　　斗與中朝區以分　　斗星으로 중국과 구분되었다
　　洪濤萬頃圍三面　　큰 파도 넘실넘실 삼면 두르고
　　於北有陸連如鮮　　북쪽엔 육지 있어 실같이 이어졌다
　　中方千里是朝鮮　　그 안에 사방 천리 이것이 조선
　　江山形勝名敷天　　강산의 좋은 경치 그 이름 천하에 퍼졌다
　　耕田鑿井禮義家　　농사를 짓고 사는 예의의 나라
　　華人題作小中華75)　중국인이 이름하여 소중화라 부르네

하여, 중국과 구별되는 별도의 天地가 한반도로 아름다운 강산 속에서 예의를 지키며 농사를 짓고 사는 문명사회이며, 중국인도 이를 小中華라 부른다고 자랑하고 있다.

　그러나 이러한 소중화사상은 당시의 고려 문인 사이에도 약간의 차이가 발견된다. 陳澕는 金에 사신으로 가서 이미 기울어지고 있는 金과 南宋의 國運을 看破하고,

---

74) 全集 17,「題華夷圖長短句」
75) 李承休,『帝王韻紀』卷下(『高麗名賢集』1, p.636)

西華已蕭索	서쪽 중화(南宋)는 이미 쓸쓸해졌고
北塞尙昏濛	북쪽 변새(金)는 아직도 캄캄하다
坐待文明旦	밤새워 문명의 아침을 기다리는데
天東日欲紅[76]	하늘 동쪽(高麗)에 붉으레 오르는 새로운 태양이여

하였다. 이 시는 國際的 격변기에 처하여 이 기회의 국운의 雄飛를 기원하는 지성인의 민족적 자각을 나타내고 있다. 고려가 小中華의 소가 필요없는 완전한 세계문명의 중심지가 되기를 기대한 것이다. 이에 대하여 이우성은,

> 이 시는 고려인으로서의 시대적 자각과 민족적 긍지를 보여주는 것이다. 중국은 이미 노쇠의 경지에 있고 북방민족은 아직 몽매한 상태에 있는데 새로운 문명의 아침이 동쪽에서 트이어 온다는 것이다. 이 동쪽이란 두말할 것도 없이 고려 자신을 말하는 것이다. 송과 단절된 후에 고려는 문명의 나라로서 영광있는 고립을 지키는 데 그칠 뿐 아니라 人間의 樂國을 실현할 가능성을 지니고 있는 고려는 나아가 다가오는 새 시대의 역사 위에 문명의 서광을 비추어 주리라는 것이다.[77]

라고 하여, 中華가 쇠미한 현재 세계 문명의 중심지는 高麗이어야 하며, 고려가 인간의 樂國이 되리라는 강한 자부심과 기대를 나타내는 것이라고 보았다.

陳澕가 이 시에 나타낸 강한 自我意識에 대하여 崔滋는 비판적인 견해를 표하였다. '陳澕가 幕左로서 金에 입조하여 北塞(金)를 혼몽하다고 말한 것은 예절에 어긋난다.'[78]하여, 당시에 金에 대하여 事大한

---

76) 陳澕, 「奉使入金」, 『補閑集』 上, 第16話.
77) 李佑成, 「高麗詩人에 있어서의 文明意識의 形成」, 『梨花史學研究』 3집, 1968, p.3.
78) 崔滋, 『補閑集』 上, 第16話.

것을 당연하게 여기고 事大의 禮에 어긋나게 相對國을 혼몽하다고 한 것은 잘못이라고 하였다. 事大의 예를 행하기 위하여 使臣으로 入金한 陳澕는 金을 문명의 중심지에서 벗어난 北塞의 夷狄으로 낮추어 본 데 대하여, 崔滋는 公式外交使節로 간 사람이 그런 시를 쓴 것은 非禮라 한 것이다. 즉 金을 大國으로 섬기러 가서 金을 卑下시킴은 잘못이라는 것이다. 이는 민족의식과 역사관의 차이로 볼 수 있으며, 高麗 前期에 稱帝建元과 金國정벌을 주장했던 妙淸·鄭知常 등의 自主派와 金을 事大의 禮로 섬기기를 주장했던 金富軾 등 事大派의 주장이 이 때까지 이어져 내려온 것으로 보아야 한다. 즉 漢民族이 중원에 세운 문명국이 아닌 北方民族이 세운 나라로 高麗에 압력을 가할 만한 힘을 가진 강국에 대하여 文人들이 어떤 태도로 임해야 하느냐의 문제인 것이다. 몽고의 침입으로 강화천도 문제를 협의하는 자리에서 崔瑀가 두려워서 아무도 반대를 못하고 있을 때 兪升旦이 홀로 주장하기를,

　작은 나라로서 큰 나라를 섬기는 것은 義입니다. 그들을 예로써 섬기고 新意를 가지고 사귄다면 저들이 무슨 명분으로 우리를 괴롭히겠습니까. 城郭과 宗社를 버리고 섬으로 도망가 숨어서 구차히 시일만 끌다가 적의 활과 창에 모두 죽고 노약자는 노예로 잡혀가게 하는 것은 나라를 위한 장구한 계책이 못됩니다.[79]

하여 개경에 머물러 성곽과 종사를 지키면서 蒙古에 대하여 以小事大·事之以禮·交之以信하여 백성들의 희생을 막자고 주장하였다. 즉 北方民族도 국력이 우리보다 강하다면 事大의 禮로 섬겨서 국토와 국

---

79) 『高麗史』 102, 列傳 15, 兪升旦.
　　升旦獨曰 以小事大義也 事之以禮 交之以信 彼亦何名而困我哉 棄城郭損宗社 竄伏海島 苟延歲月 使邊氓丁壯 盡於鋒鏑 老弱係爲奴虜非爲國長計也.

민을 보존하자고 하였다.

李奎報는 그의 생존기간이 몽고의 계속적인 침략을 받고 이에 항거하던 對蒙抗戰期이므로, 몽고에 대하여는 적개심을 갖지 않을 수 없었으며, 宋에 대하여는 慕華的인 태도를 가져서 宋에서는 이름도 알려지지 않은 歐陽伯虎가 高麗에 오자 그를 극진히 대하고, 중국인이 高麗를 小中華라 불러준 데 대하여 감격해 한 것으로 보아 中國에는 慕華的이었고 北方民族에 대하여는 敵對的이었다고 보여진다. 그러므로 李奎報의 小中華思想은 중국이 세계 문명의 중심지로서의 영향력이 약화된 현실을 보고 앞으로는 고려가 문명의 중심이 되기를 기대한 陳澕나, 금이나 몽고에도 사대하면서 국가를 보존해야 한다고 주장한 崔滋・兪升旦 등의 주장의 중간쯤에 해당된다고 볼 수 있다. 李奎報 류의 의식은 후대에도 계속되어, 李齊賢의 文宗에 대한 史論에 '宋朝는 번번히 포상의 명을 내리고 遼에서는 해마다 慶壽의 예절을 닦으며 倭人들은 바다를 건너와 보배를 바치고 북쪽 野人들은 관문을 통해서 무역하여 갔다.'(宋朝每錫褒賞之命 遼代世講慶壽之禮 東倭浮海而獻琛 北貊扣關而受廛)하여 형식적으로는 遼에 事大하면서도 高麗人 스스로는 事大라 생각하지 않고 宋만을 事大의 대상으로 보고 遼는 대등한 상대로 생각하였다.[80]

李奎報는 詩文에 我國의 人名이나 地名을 표시해야 할 때면 으레히 中國의 人名이나 地名을 따다 썼으며, 詩僧 元湛은 이를 비판하여,

> 지금의 士大夫들이 시를 짓는 데 멀리 異域의 인물이나 지명에 의탁하여 本朝의 사실로 삼고 있으니 可笑로운 일이다. 文順公의 南遊詩에, '가

---

80) 金哲埈, 「高麗中期의 文化意識과 史學의 性格」(李佑成(外)編 『韓國의 歷史認識』 上) p.77 參照.

을 서리는 吳땅의 나무를 모두 물들이고, 저문 비에 楚나라 밖의 산이 어두워오네.'(秋霜染盡吳中樹 暮雨昏來楚外山) 하였는데 비록 造語는 淸遠하나 吳·楚는 우리 땅이 아니다. 前輩의 「松京早發」에 ……라 한 것이 말이 특별히 새롭거나 지취가 좋지는 않지만 言辭가 매우 的實하니 이것만 못하다.81)

하여 李奎報의 詩가 我國의 일을 말하면서 中國의 지명으로 표현한 것을 비판하고, 내나라 일은 내나라 고유의 지명을 쓰는 것이 외국 지명을 갖다 붙인 시보다 造語나 辭趣가 뒤떨어져도 眞實에 가까운 면에서는 더 좋다고 하였다.

한편 小中華思想이 李奎報에 이르러서는 中國人의 華夷思想의 영향을 받아 我國 全域을 小中華로 보지 않고 개경과 그 일원만을 소중화로 보고 주변지역은 小夷狄으로 보는 생각으로 변하였다. 全州牧 書記로 있을 때나 蝟島로 流配될 때 湖南地方을 지나면서 지은 詩를 보면, 湖南을 蠻鄕·蠻天 등의 용어로 표현하였고,82) 중국인들이 기후가 무덥고 습기가 많으며 항시 안개가 끼어 漢人이 그곳에 거주하면 風土病에 걸리기 쉬운 南方(現 雲南·福建省 等地)을 瘴氣가 끼어 있는 고장이라 부르는 것을 흉내내어 호남지방을 장기 낀 고장으로 보았다.83) 호남은 장독을 일으키게 하는 嵐瘴之鄕이요, 그곳 주민은 중국 남방에

---

81) 崔滋,『補閑集』中, 第22話.
　　詩僧元湛謂予云 今之士大夫作詩 遠託異域人物之名 以爲本朝事實可笑 如文順公南遊日 秋霜染盡吳中樹 暮雨昏來楚山外 雖造語淸遠 吳楚非我地也 未若前輩松京早發云……非特辭新趣勝 言辭甚的.
82) 全集 10,「二月復指扶寧郡馬上讀小畜詩用恭園詩韻記所見」및 全集 17,「庚寅十一月二十一日將流猬島路次扶寧郡寓宿故人資福寺堂頭宗誼上人方丈」「暫遊感佛寺贈堂頭老比丘」등 參照.
83) 全集 10,「萬頃縣路上」, 全集 17,「謝古阜太守吳同年闈猷携酒來訪」參照.

거주하는 蠻族과 같은 사람들로 본 것이다.

習俗例多如蜒子[84] 풍속은 으레 연자와 같은 것 말다

蕭條古縣枕山根 쓸쓸한 옛 고을 산밑에 있는데
只對村胥貌似猿[85] 대하는 사람이란 원숭이 모양의 시골 아전일세

蜒子란 중국 남방에서 일생동안 배를 타고 생활하는 船上族이다. 어찌 농경에 종사하는 호남지방민의 풍습에 그들과 같은 점이 많을 수 있겠는가. 이는 李奎報가 중국의 남방과 고려 개경의 남방을 不當하게 等位에 놓고 본 것일 뿐이다. 그 지역 주민들을 개경인과는 類가 다른 사람들로 보아 늙은 원숭이 같다거나 놀란 사슴, 또는 노루 같다고 표현하고 그 지방은 瘴氣가 사람을 쪄서 瘴毒 때문에 일을 할 수가 없다고 말하기도 하였다.

李奎報는 호남뿐 아니라 영남도 瘴氣가 있는 고장으로 보았다. 東京 군막에 있으면서 지은 시문을 보면, 경주지방을 장지라 하였고,[86] 그 지방 주민들이 초적으로 화하여 고려를 괴롭히는 것을 꾸짖으면서 과거 태조가 신라를 병합할 때에 베푼 은혜와 고려의 정통성을 강조하였다.

……옛날 신라가 기울 무렵 백제의 방자한 탐학에 곤욕을 당하여 견훤의 예졸에게 포위되었을 때, 태조의 구원병이 아니었다면 거의 살아남은 백성이 없었을 것입니다. 나라를 들어서 고려에 내부하여 속령이 된 뒤에도 은혜를 입은 것이 적지 않거늘, 아무리 못된 습속으로 무지하다 해도 우리 선왕의 큰 덕을 잊을 수 있겠습니까……[87]

---

84) 全集 9,「扶寧客舍次板上李祭酒純佑詩韻」
85) 全集 9,「十二月二十日出宿屬郡馬靈客舍重臺堂頭携酒來訪以詩贈之」
86) 全集 27,「軍還後寄兵馬留侯朴郎中仁碩手書」參照.

하여 태조가 경주지방에 베풀었던 은혜를 강조하면서 은혜를 입은 신라의 후손들이 배반함을 꾸짖는 것이 마치 정복자가 피정복민족을 효유하는 듯한 언사를 쓰고 있다.

李奎報는 계양 태수가 되었을 때, '드디어 풍파같은 비방에 빠지게 되어 서울에서 쫓겨나 嵐瘴之鄕을 맡게 되었습니다.'[88]하여, 영·호남 뿐 아니라 개경에서 멀지 않은 계양(현 경기도 부천)까지도 장기가 있는 고장으로 보았다. 이렇게 개경 일원만을 문명세계로 보고 그 외의 지역을 蠻鄕으로 보았으며, 이런 생각은 京鄕간의 문명수준의 현저한 차이도 원인이 되었을 것으로 생각된다.

李奎報의 소중화사상은 고려가 중국과는 별개의, 중국에 버금가는 문명사회라는 긍정적인 면을 내포하여 민족의 긍지와 주체성의 함양에 기여하였고, 몽고가 고려를 지배하던 시대에 살았던 李承休의 帝王韻紀에는 소중화사상을 더욱 구체적으로 표현하여, 소중화는 지리적으로는 요하 이동부터 한반도까지이고, 강산의 형승이 특히 수려하며, 농경생활을 영위하는 예의의 고장이어서 중국인들이 소중화라 하며 단군이 이 지역에 최초로 개국하였다고 하였다.[89] 이러한 소중화사상이 契丹·女眞·蒙古 등 북방민족의 끊임없는 압력을 받으면서도 국가를 굳건히 지탱하는 정신적인 지주가 되기도 하였으나, 李奎報에 이르러서는 개경일원 이외의 지역 주민을 夷狄視하는 사상으로 변질되어 오히려 민족의 단결을 저해하는 부정적인 면도 나타났다.

---

87) 全集 38,「太一醮禮文」
  ……昔新羅之向衰困 百濟之肆虐 方甄氏之銳卒 逼以重圍 微太祖之救兵 幾無唯類 及擧國而內屬 亦受賜之不貲 夫何獷俗之無知 忘我先王之大德…….
88) 全集 31,「謝禮部郞中起居注知制誥表」
  果陷風波之謗 出司嵐瘴之鄕.
89) 註 75) 參照.

3) 國家現實에 관한 認識

왕건이 나라를 세운 후 국호를 고려라 한 것은 고구려의 후계국임을 건국이념으로 하여 고구려의 옛 강역을 모두 수복하려는 포부를 나타낸 것이다. 그러나 보수적인 귀족세력이 득세하여 진취적인 서경세력을 몰아내고 전권을 장악했던 인종대 이후에는 고려가 신라의 후계국이라는 사관을 가진 세력이 강해져서 김부식의 삼국사기도 이러한 사관에 의거하여 기술된 것이다. 고려시대의 역사 계승의식의 변천과정을 살펴보면 전기(건국~武臣執權이전, 918~1170)는 신라의 귀족이 고려의 귀족으로 이어져서 국가를 통치한 시기로 대내적으로는 신라의 후계자로, 대외적으로는 고구려의 후계자라고 주장하였으며, 무인집권시대에는 중앙에서는 신라계 귀족이 몰락하고 지방에서는 신라부흥운동이 발생한 시기로 고구려의 후계자임을 강조하였고, 원의 간섭과 지배를 받던 기간에는 강한 외압이 민족적 위기를 절감하게 하여 어느 특정 왕조의 계승자가 아닌 같은 조상의 동일한 후손이라는 단일민족으로서의 자각이 싹트기 시작하여 민족의식이 형성되었다. 원의 간섭을 받던 시기에는 국가에 대한 역사의식이 확대되어 삼국 이전으로 올라가게 되었고, 이 시대에 나온 제왕운기와 삼국유사에서는 단군을 민족 전체의 시조로 민족의 상징으로 높이게 되었다.[90]

고려가 武臣執權기에 접어들면서 각지방에서 민란에 계기하였고, 특히 경상도 지방에서 봉기한 난민들은 신라의 부흥을 표방하였으므로 고려를 수호하려는 중앙세력은 고려가 고구려의 후계국임을 주장하면서 역사적 정통성을 강조하였다. 이런 주장은 李奎報의 「동명왕편」에도 여실히 드러나 있다.

---

90) 河炫綱,「高麗時代의 歷史繼承意識」(李佑成(外)編 『韓國의 歷史認識』上) pp.191~211 參照.

……하물며 동명왕의 일들은 신이한 변화로 뭇 사람들의 눈을 현혹하려는 것이 아니요, 실로 나라를 창시한 신성한 사적이니 이것을 기술해 놓지 않는다면 후세 사람들이 무엇을 볼 게 있으랴. 이에 시를 지어 기록해서 천하 사람들로 하여금 우리나라가 본시 성인이 세운 나라임을 알게 하고자 하는 것이다.[91]

하여 동명왕의 탄생 및 창국의 신적을 기술하는 것은 동명왕의 고구려 건국이 귀환이 아닌 신성한 일로서 이를 계승한 고려가 성인이 세운 나라임을 알리기 위해서라 하였다. 즉 고려는 성인이 세운 나라를 계승했으므로 지방의 민란을 진압하고 수호해야 할 나라이며 성인지국 국민으로서의 긍지를 가져야 한다는 것이다. 고려인이라면 비록 우부·애부까지도 모두 알고 있는 동명왕의 신이지사는 고려인들이 하나로 뭉쳐서 부단히 계속되어온 북방민족들의 압력과 내부적 반발을 극복하고 나라를 지탱해온 정신적 지주가 되었고 민족적 긍지를 일깨우는 계기가 되었으며, 李奎報는 구전해오는 동명왕의 신이지적과 泯滅할 염려가 있는 『舊三國史』「東明王本紀」를 敍事詩로 재현하여 고려인의 애국심을 일깨웠던 것이다.

李奎報가 「東明王篇」을 창작했던 시기(26세, 1193)는 武臣執權자들 중에서도 가장 잔인하고 포악했던 李義旼의 집권기로서 정치·경제 등 사회 전반이 대혼란에 빠졌고, 토지강탈·회뢰공행 등 무신의 횡포가 극에 달하고 민란과 도적의 봉기로 암담했던 시기이다.

李義旼이 전에 양 겨드랑이에서 무지개가 일어나는 꿈을 꾸고 매우 기뻐하였고, 또 참서에 '龍孫十二盡 更有十八子'라는 말이 있는데 '十八子'

---

91) 全集 3,「東明篇序」
矧東明之事 非以變化神異眩惑衆目 乃實創國之神迹 則此而不述 後將何觀 是用作詩以記之 欲使夫天下知我國本聖人之都耳.

는 '李'字를 뜻한다는 말을 듣고 왕이 될 욕망을 품고 貪鄙한 행위를 약간 자제하여 名士들을 거두어 쓰면서 虛譽를 낚았으며, 자신의 본적이 慶州 이므로 新羅를 復興시킬 뜻을 품고 초적들인 沙彌·孝心 등과도 密通하 였으며 賊들도 義旼에게 鉅萬의 재물을 바쳤다.92)

더구나 이의민은 이와 같이 十八子讖을 믿고 지방의 초적들과도 결 탁하여 왕시 고려의 전복을 꾀하면서 스스로 왕위에 오르고자 하여 고 려 사직의 운명이 풍전등화와 같이 위태로운 상황이었다. 「동명왕편」 이 창작되던 해 7월에는 대장군 全存傑이 장군 李至純(이의민의 자) 등 을 거느리고 金沙彌·孝心 등을 토벌하였는데 지순이 적과 내통·관군 의 비밀이 적에게 누설되어 번번이 패전하였다. 이에 지순을 처벌하면 의민의 박해를 받을 것이고 그대로 두면 토벌이 불가능하므로 고민하 다가 전존걸이 자살하는 사건이 일어났다. 이렇게 고려가 흥망의 기로 에 서있을 때 감수성이 예민한 청년 李奎報가 『구삼국사』 「동명왕본 기」를 읽게 되었고, 이에 고려의 국권과 역사적 정통성의 수호를 위하 여 「동명왕편」을 창작했던 것이며,93) 李奎報 개인에게도 고려왕조가 붕괴된다면 父代에 향리에서 중앙관료로 부상한 가문의 신분유지에도 위협이 되므로 고려의 역사적 정통성을 더욱 강력히 주장하였을 것이 다.

동경 반적 토벌군의 수제원으로 동경 군막에 있으면서 제신에게 반

---

92) 『高麗史』 128, 列傳 41, 李義旼
  義旼嘗夢 紅霓起兩腋間 頗負之 又聞古讖有「龍孫十二盡更有十八子」之語 十八子乃李字 因懷非望 稍損貪鄙 收用名士 以釣虛譽 自以籍出慶州 潛有興 復新羅之志 與賊沙彌孝心等通 賊亦贈遺鉅萬.
93) 東明王篇 創作動機에 대하여, 李佑成「高麗中期의 民族敍事詩」에서는 民族 意識의 발로로, 朴菖熙 「李奎報의 東明王篇詩」에서는 國家意識의 발로로 보 았다.

란의 평정을 기원한 醮·疏·祭文[94] 등을 보면 한결같이 후삼국을 통일한 태조의 은덕을 찬양하고 그 은혜를 입은 백성의 후손들이 반란을 일으키는 것은 배은망덕이라고 꾸짖었다. 즉 이런 글을 통하여 고려의 정통성과 태조의 위업을 강조하고, 이를 배반하는 행위는 도저히 용납할 수 없다고 하였다.

이렇게 수호해야 할 정통국가인 고려가 이의민의 정치기간중 혼란의 극에 달했다가 이의민 일파를 주살하고 집권하게 된 崔忠獻에 의하여 질서가 약간 회복되고 소강상태가 되면서 李奎報도 환로에 진출하게 된다. 崔忠獻을 비롯한 최씨일문의 집권기간을 역사적인 긴 안목으로 볼 때는 혼란기이지만 이의민의 학정을 체험한 당대의 일부 지식인의 눈에는 완전하지는 못하나마 전대의 부정을 척결하고 국가를 안정시킨 정권으로 보였을 것이고, 이 정권이 무너진다면 제2, 제3의 포악한 이의민 류의 정권이 재등장할 가능성도 배제할 수 없으므로 崔氏政權의 문신등용정책에 호응하여 협력하였을 것이다. 환로를 추구한 것은 문한의 임을 담당하고 싶은 강렬한 욕망이 주인이 되었겠지만, 고려의 국정을 안정시킨 崔氏政權에 문필로 참여한다는 명분도 있었던 것이다.

또한 武臣執權기간중 무고한 사람들이 목숨을 잃는 현실을 수없이 목도한 李奎報로서는 집권자의 눈에 거슬리는 것은 생명의 위험을 초래하는 것임을 절실히 느꼈을 것이다. 이 때문에 환로에 본격적으로 진출한 40대 이후부터는 각별히 처신에 조심하여, 몽고의침입·강도로의 천도·국토의 황폐화·국민의 유리 등 국가의 존립 자체가 위태로운 상황 속에서도 崔氏政權의 찬양에만 급급할 뿐이었다. 사환의 뜻이 이루어지지 않아 怏怏不樂하던 청년기에는,

---

[94] 全集 38,「太一醮禮文」「基州太祖眞前祭文」「開泰寺太祖前願文」등 參照.

群盜如蝟毛　도둑 떼가 고슴도치 털처럼 일어나
生民灑腥血　생민이 피를 뿌리네
郡守徒戎衣　군수는 한갓 전복만 입고서
望賊氣先奪　적을 바라보자 기가 먼저 꺾이네
(中略)
賊脛迅於鹿　적의 발걸음 사슴보다도 빨라
越山如電滅　산 넘기를 번개불 사라지듯 하는데
士卒追不及　사졸들은 추격하다 따라잡지 못하고
聚首空訝咄　모여서 부질없이 탄식만 하네
(中略)
腐儒雖無知　나 같은 썩은 선비 아는 것은 없으나
流涕每鳴咽　눈물 흘리며 매양 목제어 흐느끼네
嗟非肉食徒　슬프다 높은 벼슬아치 못되어
未掉直言舌　직언하는 혀 내두를 수 없구나
已矣若爲陳　할 수 없네, 말씀 드리고자 해도
天陛無由謁95)　천폐를 뵈올 길이 없으니

하여 도둑떼의 봉기, 지방 수령들의 무능과 부패, 날쌘 도둑을 잡지 못하는 노둔한 사졸들, 시달리는 백성, 고관들의 방탕 등으로 쇠잔해진 국가 현실을 개탄하면서 자신이 등용되면 이런 일들을 바로잡을 수 있을 터인데 천폐를 뵈올 길이 없어 안타깝다고 불우를 탄식하던 그가, 고관이 되어 천폐를 뵈올 수 있는 지위에 오르게 되자 이런 문제의 해결을 위하여 노력한 일이 없었다.

　李奎報가 정통성을 주장하면서 반드시 수호해야 할 나라라고 역설했던 고려가 몽고의 침입으로 최대의 시련을 겪게 된 시기가 江華遷都 時代이다. 이때 李奎報는,

---

95) 全集 6,「八月五日聞群盜漸熾」

遷都自古上天難　　천도란 예부터 하늘 오르기만큼 어려운 일인데
　　一旦移來似轉丸　　하루 아침에 공굴리듯 옮겨왔네
　　不是淸河謀大早　　청하의 계획 그토록 서둘지 않았다면
　　三韓曾已化胡蠻　　삼한은 벌써 오랑캐 땅 되었으리라
　　表裏江山坐萬家　　강산 안팎에 집이 가득 들어찼네
　　舊京形勝復何加[96]　옛 서울 좋은 경치 어찌 이에 더할손가

라고 노래하여, 백성들이야 어찌 되었든 강화도로 옮겨간 군신들이 편안히 살 수 있고 천도 전의 개경에 못지 않게 번창하는 신경을 대견하게 여기며 이런 일을 과단성있게 실현한 崔瑀를 우러러 볼 뿐이었다. 이 시기에 그가 詩文속에 간혹 몽고에 대한 적개심을 표한 일은 있으나 몽고의 침입으로 온갖 시련을 겪는 백성들의 곤고에 대한 연민의 정을 나타낸 시구는 찾아볼 수 없다. 강도에 앉아서 제주산 황귤·개경산 주리·임금(능금) 등을 먹게 된 것만을 기뻐할 뿐,[97] 몽고를 몰아내고 환도하여 국민을 안주할 수 있게 하고자 노력했던 모습은 발견할 수가 없다.

　李奎報의 시에 나타난 몽고침입 방어 및 퇴치책을 보면, 강도는 수중도시이므로 적이 쉽게 넘보지 못할 것이나 도나 닦고 보수만 잘하면 될 것이고, 국토를 유린하는 오랑캐들은 부처님의 힘을 빌거나, 벼락이 때리거나, 주조가 쪼아서 섬멸시켜 주기를 기원할 뿐이요,[98] 국민의 역량을 총집결하여 적극적으로 적을 격퇴할 뜻을 어느 곳에서도 표한 일이 없었다. 이토록 긴박한 시국하에서도 臥薪嘗膽하며 切齒腐心해야 할 왕과 崔瑀를 위시한 高官들의 생활은 開京시대를 능가하는 방탕한

---

96) 全集 18, 「望海因追慶遷都」二首中, 第一·三首.
97) 後集 4, 「初食朱李」「屢食朱李」「七月三日食林擒」 參照.
98) 後集 5, 「九月六日聞虜兵來屯江外國人不能無驚以詩解之」「又」「十月電」「二月聞虜兵猶在南」 등 參照. *花山은 江華를 말함.

생활이었으며, 이를 반성하는 기색은 추호도 찾아볼 수가 없다.

松麓遺蹤一夢空	송악산 옛 자취 허황한 꿈이거니
不須更憶荒虛地	황폐한 그 땅을 다시는 생각마오
君看新邑是花山	그대여 바라보라 저 신읍의 화산을
中闢彤闈奉天子	그 사이에 궁전 열어 천자를 받드노라
遠近千家碧瓦差	원근의 많은 가옥 푸른 기와 즐비하고
朝昏萬竈靑烟起	일만 부엌 아침 저녁 푸른 연기 일어나네
百官擁似拱辰星	옹위한 만조백관 별이 북신에 공읍하듯
四域奔如朝海水	달려오는 백성들 물이 바다에 모여들 듯
鳳樓御宴不減前	대궐에서 베푼 잔치 전일에 손색없어
萬妓盈庭獻娟媚[99]	뜰 가득한 기생들은 고운 자태 보이누나

　황폐해진 구경은 다시 생각할 것도 없고, 신도에 있는 궁궐의 화려함과 즐비하게 늘어선 기와집들이 보는 이를 흐뭇하게 한다고 하였다. 개경의 번영은 지난날의 꿈에 불과하니 황폐해진 그 땅을 다시 생각할 것도 없다면 침구한 오랑캐를 몰아내고 국토를 수복한 후 구경으로 천도할 경의나 의지를 어디에서 찾아볼 것인가. 대궐에서 왕이 베푸는 연회도 개경시대와 다름이 없어 뜰에 가득한 기녀들의 노래와 춤에 도취하여 취생몽사할 수 있으니 얼마나 기쁜 일이냐고 하였다. 이 시를 통하여 당시 지배층의 의식의 일단을 짐작할 수 있다. 崔瑀를 정점으로 한 당시의 지배층들은 천도 이전보다도 더욱 퇴폐적인 향락에 빠져 강화도 밖 육지의 참담한 모습에 대하여는 거들떠보지도 않았다.

　제가 듣자옵건대 令公 閤下[崔瑀를 칭함]께서 만기를 총람하시는 여가에 빈객들을 크게 초청하여 밤을 지새워 즐기셨는데, 그 기악과 녹죽은

---

99) 後集 7, 「次韻李侍郞見和二首」中 第二首.

언제나 있던 것이었으나 별도로 여동들이 있어 나이는 7·8세 정도였으며 총명 영리하게 잘 깨우쳐서 놀이하는 재주에 능숙하지 않은 것이 없었다 합니다. 공께서 이로써 기쁨을 누리시며 왕을 사랑하는 마음 때문에 차마 혼자 감상하지 못하고 왕께서 보시도록 바치니 왕께서도 기뻐하시며 밤마다 연회를 베푸셨습니다. 이에 文閣 李需가 시를 지어 저하께 바쳤으며, 이에 공이 감탄하고 칭찬하기를 마지않으시다가 드디어 이 시를 왕께 올리니 왕께서도 가상히 여기시고 격려하면서 크게 상을 내려 주셨습니다. 이는 공께서 삼한을 진정시켜 태평의 훌륭한 업적을 이룩하셨기 때문에 될 수 있었던 일이므로, 저는 비록 나이 많은 늙은이지만 이 사실을 듣고서 감탄을 금할 수가 없어 삼가 원운에 의거하여 시 한 수를 지어 올리나이다.[100]

하여, 개경시대보다 더욱 화려한 연회를 왕과 崔瑀가 연이어 열어서, 마치 전쟁을 모르는 태평성세처럼 연락에 도취된 생활을 하였고, 심지어는 7~8세의 女童들까지 놀이개로 동원하였던 것이다. 이에 대하여 진단학회편『한국사』에는,

　　권신 崔瑀는……마치 太平盛代에서와 같은 호화로운 의식과 향연에 파묻히기를 좋아하였다. 일례를 들면 고종 32년 4월 8일(불탄일)에 찬란한 연등과 채붕을 設하고 철야토록 伎樂을 視聽하더니, 翌 5월에는 종실과 재추를 사제에 초대하여 大宴을 베풀고 역시 伎樂百戱를 연주할새, 八坊廂工人(樂工) 1300여인이 모두 성장을 하고 입정하여 樂을 奏하니, 그 관현악성이 천지를 진동하였다 한다. 怡는 매우 기뻐하여 金帛으로써 악공

---

100) 後集 8,「次韻李侍郎上晋陽公女童詩呈令公並序」
　　僕竊聞 令公閤下以機務之隙 大集賓客 爲度夜之樂 其妓樂絲竹 則皆所常有 別有女童輩 年皆可七八 聰利警悟 凡曰 伶才無所不曉 公於此爲樂 以愛君之心 不忍獨賞 進供御覽 上亦樂焉 至於連夜開宴 於是詩人文閣李需 詩進於邸下 公賞不已 遂進於上 上亦嘉奬 大加襃賞 此公之所以鎭定三韓 將致太平之嘉事也 予雖耄老 聞之不勝嘉歎 謹依韻和成一首 奉呈云.

에게 상을 주었는데, 그 비용이 鉅萬에 달하였다 한다. 史宦評에, '八坊廂者 國家太平盛事也 今避兵竄島 社稷僅存 實君臣同憂 若涉淵氷之時而 怡盜窃國柄 今矜侈大 罪不容誅'(東國通鑑 32)라고 한 것은 적절한 평이라 하겠다.101)

라고 기술하고 있다. 고금 사적을 두루 읽어서 국가 흥망의 기미를 간파할 만한 식견을 가지고 있었던 李奎報를 비롯한 문신들이 이를 시정하려는 노력은 않고 崔瑀가 삼한을 진정시켜 태평을 이루었으므로 이런 일이 가능하게 되었다가 아부하면서, 이러한 작태를 오히려 시를 지어 찬양하기에 급급할 뿐이었다.

疆土誰將覦剖菰　이 강토를 어느 누가 엿보랴
跨江彌嶺立天戈　강과 산이 천연적인 요새가 되었다오
摠開中令乘時奮　우리 영공 때맞추어 일어나
圖滅强胡用算多　강한 오랑캐 섬멸하느라 마음씀이 많았네
已振國威飛電電　이미 국위를 번개처럼 떨치고
坐觀隣寇等蟲蛾　이웃 적들을 벌레처럼 바라보네
(中略)
蓋代功名巍若此　일세를 덮을 만한 공명이 이러하니
有時歡樂捨將何　향락인들 왜 가끔 취하지 않으랴
言言大闢華堂邃　활짝 열린 화려한 저택 깊기도 하고
翼翼高張綵幕峨102)　나는 듯한 채색 장막 높기도 하네

이 시를 보면 江都로 쫓겨나서나마 고려를 보존한 것은 崔瑀의 위대한 공적이고 崔瑀의 위세에 눌려 이제 몽고군은 이 강토에 얼씬도 못하게 되었고, 이렇게 위대한 공을 세운 崔瑀가 화려한 저택에서 환락을

---

101) 震檀學會『韓國史・中世篇』pp.569~570.
102) 後集 8,「復次韻李侍郎見和」

누림은 당연한 일이라고 하였다. 이런 시를 보면 이들이 과연 정신이 정상인지, 몽고의 끊임없는 침입과 혹리들의 가렴주구로 도탄에 빠져 헤매는 육지 백성들의 곤고를 집권층으로서 꿈에나마 생각한 일이 있으며 양심을 가지고 이런 시를 지을 수 있는지 의심스럽다. 그가 과연 시국의 긴박성을 느끼지 못해서 이런 시를 지은 것일까. 그렇지는 않을 것이다. 그가 문신으로 출세할 수 있었던 것이 崔忠獻 부자의 뒷받침 때문이어서 이들에 대한 아유시를 지을 때마다 품계가 올라갔으며, 노퇴한 후에도 계속 崔瑀의 은고를 입고 있었으므로 기회만 있으면 이들을 찬양하는 시를 지어 바쳤던 것이다.

그러나 시대상황이나 사물의 추이를 가장 예리하게 관찰할 수 있는 직관능력을 가진 대시인 李奎報가 당시 국가사태의 긴박성을 전혀 몰랐다고 볼 수는 없다. 다만 과거 무신간의 정권쟁탈전의 와중에서 죄없는 사람들이 무수히 죽어가는 참상을 목도하였고, 젊을 때에는 방광하다는 세평 때문에 환로에 오르는데 무수한 시련도 겪었으며, 팔관회 행사 절차의 잘못을 지적하는 신료의 곁에 있다가 그와 동조한 것으로 몰려 억울하게 처벌당한 경험도 있으므로, 노경에 천신만고 끝에 쌓아올린 현재의 사회적 지위가 글 한 구절 잘못 쓰면 모두 수포로 돌아갈 수도 있다고 여겨 시국을 개탄하거나 집권자를 비판하는 일은 삼갔던 것이다.

그는 당시 국정의 급선무가 무엇인가를 정확히 알고 있었다. 그가 知貢擧가 되어 시생들에게 물은 책문을 보면,

問 : 우리나라가 오랑캐의 란 때문에 백성을 거느리고 도읍을 옮겨서 사직을 보존하게 되었으니, 이것이 비록 성스러운 천자와 재상의 묘책 때문이었지만 또한 하늘이 도와서 그렇게 된 것이다. 과연 하늘이 도운 바라면 반드시 흥부할 기회가 있을 터인데, 앉아서 기다려야 되겠는가? 인

사를 부지런히 닦아서 천심에 부응해야 되겠는가? 이른바 인사라는 것은 덕화를 베풀고 백성을 편안히 하며 농업에 힘쓰고 수재 한재에 대비하는 것들이다. 그러나 현실을 살펴보면 열군의 잔민이 떠돌아다니며 농토에 정착하지 못하고 있는데 이들을 안집시키려면 어떻게 해야 하며, 농토가 황폐하고 묵은 땅이 있는데, 농업을 일으키는 계책은 또한 어떤 방법을 써야 하며, 수재 한재에 대비하고 덕화를 펴는 것은 무엇이 가장 급선무인가. 제생은 고금의 이체에 밝으니 숨김없이 모두 진술하라.103)

問 : 전에 이르기를 '문무를 병용하는 것이 장구하게 하는 방법이다.'하였으니, 예로부터 국가가 어느 한 쪽도 폐할 수 없는 것이 문과 무이다. 우리나라가 이에 힘쓰지 않은 것은 아니지만 근년 이래로 군대는 매우 허하여 실하지 못하고 유풍이 극히 쇠하여 떨치지 못한 것이 문무를 닦는 도가 지극하지 않은 까닭인가. 하늘의 운수가 그렇게 시킨 것인가. 사람으로 말하면, (中略) 학문에 종사하는 자가 적어졌다.(中略) 그 폐단을 개혁하여 옛날대로 회복하는 방안은 무엇인가, 군대로 말하면 (中略) 담당관서에서 급히 소집하면 춥고 배고파서 의지할 곳이 없는 자만이 모이고 일이 힘들고 식량이 떨어지면 후환을 생각 않고 도망가는 자가 많다. 과거에는 이렇지 않았는데 지금 이렇게 된 것은 그 까닭이 무엇인가, (中略) 제생은 숨김없이 말하라.104)

---

103) 後集 11,「甲午年禮部試策問, 首望制可」
　　問 ; 我國家 因狼子之亂 率民遷都 得宗社稷 則此雖聖天子賢宰相之妙算長策也 亦莫非天之所祐然也 果必爲天之所祐 則必有興復之期矣 坐而俟之可乎 必動修人事 以應天心然後可乎 所謂人事者 施德化安人 民務稼穡備水旱之類是已 然以今之勢觀之 列郡殘民之流移不得土着者 皆是安集之要 當在何道 田疇荒廢而地之閑曠者多矣 興農之計亦左何術 其水旱所備 德化所施 何者爲最 諸生明於古今理體 宜悉陳之 無隱也.
104) 後集 11,「同前策問 : 次望不行」
　　問 : 傳曰 文武並用 長久之道 則自古國家之所不可偏廢者 文武是也 本朝非不廣精於此 而近年已來 軍隊僅虛而不實 儒風極衰而不振者 豈修之之道有所未至耶 將天數使然耶 以士林言之 古者入仕之路甚難 故士必力學而終

이 두 책문은 고종 21년(67세, 1234) 지문하성사 호부상서 집현전태학사 판례부사로 있으면서 江都에서 춘장 지공거가 되어 진사에 금련성 등 31인과 명경에 이방수 등 2인을 선발하여 방방하였을 때 출제했던 문제로서 첫 번째 문제가 채택되고 두 번째 문제는 시행되지 않은 것이다.

이 책문들 속에 당시 고려가 당면한 급선무들이 모두 포함되어 있다. 첫 번째 책문은 몽고의 침입이 있었으나 하늘의 도움과 국왕 및 崔瑀의 묘책으로 사직을 보존할 수 있었는데, 하늘에만 의지하지 말고 인사를 부지런히 닦아 나라를 흥부하려면 어떻게 해야 하며, 몽고의 빈번한 침입으로 농민들이 그들의 전택이 있는 곳에 안주하지 못하고 잔민이 되어 떠돌아 다녀서 경작하지 않은 땅이 많은데, 백성들을 안주시키고 농업을 진흥시킬 방안이 무엇인지 묻고 있으며, 두 번째 책문은 유풍이 쇠하여 학문에 힘쓰는 자가 적은데 그 폐단을 개혁할 방안과, 군대가 실하지 못하여 징집에 응하는 자들은 유리걸식하는 자들뿐이요, 그나마 일이 힘들면 도망병이 속출하니 그 원인과 대책을 밝히라는 것이다. 이 문제를 더욱 요약하면 부국·강병·문화창달 방안을 밝히라는 것이다.

李奎報가 이 책문을 통하여 시생들에게 요구한 해답은 무엇이었을까, 유리한 잔민들을 안집시키고 황폐해진 농업을 진흥하는 데 불가결한 기본 요건이 전쟁의 종식이었다. 몽고군이 계속 처들어오는데 어떻게 자기의 전택이 있는 곳에 안주할 수 있으며, 어떻게 황폐해진 농업

於科擧者多矣 今則入仕之路甚易 故士不必要科擧 而趣於學者寡矣 其入仕之難易 古今所以不同何也 其革弊復古之術 又如何而可哉 以軍隊言之 皆名有所受分田 今忽安往而隊伍之不充耶 必散歸其田所在 若有司考而逼還 則獨飢寒無援者至焉 顧învoke役苦食乏則不慮後患 逃還者衆矣 古當不爾 而今之至是 其故何也 豈內外有司不能追考而一一懲之耶 其考之懲之之道 亦安在哉 諸生宜悉言之 無諱也.

을 진흥시킬 수 있겠는가, 전쟁이 종식된 후 농민들에게 조세와 부역을 공평히 부과하면 농민의 안집과 농업의 진흥은 가능해진다. 몽고의 침입을 맞는 방법은 협상을 통한 해결과 무력으로 격퇴하는 두 가지 방안밖에 없으며, 어느 방안을 택하든 강력한 국방력이 뒷받침되지 않으면 불가능하다. 무력의 뒷받침이 없는 협상은 항복을 의미하기 때문이다. 이렇게 보면 제일책문의 문제는 제이책문의 두 번째 문제인 군사력 강화방안으로 이어진다. 고려의 군사제도가 병농일치제이므로 농민이 농토에서 유리되면 군사조직도 자연히 무너지게 된다. 그러므로 군사력 강화를 위하여는 농민을 토지에 안착시킴이 선결요건인데 이것이 무너졌고, 신체가 건강하고 전투력이 있는 장정은 모두 삼별초나 도방 등 崔瑀의 신변호위를 위한 근위병에 충당하고, 몽고와 싸울 전투부대에는 병약한 부랑민들만 모아 놓고서 군의 사기가 오르고 용감히 싸우기를 바라는 것 자체가 어불성설이다. 이에 대하여 진단학회간 『한국사』에는,

> 崔忠獻은 매양 '國富兵强'을 과신하고 국방을 소홀히 하였던 점과, 또 정예분자를 모두 자기의 사병으로 흡수하여 관군을 허약케 한 것이라든지, 심지어는 출정군 편성에 있어서 자가의 가병을 한 사람도 움직이지 못하게 하여(그 문객 가병으로 간혹 초군에 응하려는 자가 있으면 유형에 처하기도 하였다) 출정 장병으로 하여금 불평을 품게 한 것 등을 들 수가 있다. 어떻든 중요한 이유는 충헌이 관군의 양성보다는 사병의 강화에 치중하고 오직 허약한 관군만으로써 적에 당케 한 데 있었다고 하겠다.105)

라고 패전 이유를 기술하였다. 그러므로 당시의 국방력 강화를 위한 선결요건은 최고 집권층의 사심 없는 국방 의지에 달려 있었다. 이런 문

---

105) 震檀學會, 『韓國史・中世篇』, p.548.

제를 정확히 간파하고 있던 李奎報였지만 신상의 위험을 무릅쓰고 모순의 해결을 위하여 노력할 용기는 없었으므로 자신은 문제의 제기에 그치고 시생들의 답안을 통하여 간접적인 방법으로 국정의 개혁방안을 모색해 보려 한 것으로 볼 수도 있다.

제2책문 문제 중의 하나인 유풍의 진작도 전쟁의 종식이 선행되지 않으면 불가능한 문제였다. 육지는 전쟁의 와중에 휩쓸려 있는데 백성들이 어떻게 과시 일자를 알 것이며 설령 안다 해도 어떻게 적진을 뚫고 강도로 응시하러 갈 수 있겠는가, 결국 당시의 과시는 강도로 피란 간 지배층 자제들만의 시험에 불과하였고, 응시자의 범위가 축소된 만큼 합격자의 수준도 저하되었을 것이며, 더구나 崔瑀가 마음대로 급제하지 않은 자도 벼슬을 주어 환로에 오르기가 쉬워졌는데 굳이 학문을 열심히 닦으려는 사람이 얼마나 되겠는가, 어느 시대를 막론하고 전쟁은 인간으로 하여금 향락의 추구에만 몰두하게 하는 것이 상례인데, 이런 시기에 장구한 노력이 있은 후에야 그 성과가 나타나는 학문에 관심을 가질 사람이 얼마나 있겠는가, 결국 부국·강병 및 문화의 창달은 그 선결요건이 전쟁의 종식과 집권층의 자각에 달려 있었다. 그러나 외적을 퇴치하고 전쟁을 끝내려면 최강의 부대를 전투에 투입해야 할 터인데 이런 주장을 하면 崔瑀의 미움을 살까 보아 이런 주장을 못하고 시생들의 답안지에서나 국난극복의 방안을 찾아보려고 하였던 것이다.

지금까지 살펴본 李奎報의 국가의식과 이의 실현을 위한 실제행동을 정리해 보면 다음과 같다.

고려는 성인이 창국한 고구려의 후계국이므로 긍지를 가지고 수호하는 것이 국민의 의무라고 보았으며, 고려왕조는 지방의 반란이나 중앙의 정변에 의하여 바뀌어져서는 안될 정통왕조라고 생각하였다.

崔氏政權은 포악한 이의민이 고려왕조의 정통성을 무시하고 탈권하려는 기도를 봉쇄하고 집권한 것이므로 이에 협력해야 하며, 崔瑀의 강화 천도는 고려를 수호하기 위한 획기적인 조치로 보았다.

국가 흥망의 기미를 간파할 만한 사안을 구유하고 있던 李奎報로서 몽고의 침입·국토의 황폐화·농민의 곤고·문화의 정체 등을 해결할 만한 경륜을 알고는 있었으나, 국운의 진작보다는 자신의 정권유지에 급급한 崔瑀의 미움을 사서 몰락을 초래할까 염려하여 이를 주장하지 못하고 과시 책문으로 해답을 유도했을 뿐이었고, 당시의 급무는 농민이 농토에 안주하면서 농업에 힘쓰도록 하여 경제력을 향상시키는 일, 병농일체 제도의 철저한 이행을 통한 국방력 강화, 유풍의 진작을 통한 문화의 창달 등이라고 보았다.

李奎報는 부내부터 상류계층으로 부상한 가문의 지위 유지를 위하여도 고려왕조가 계속 존립하기를 바랐고, 국운보다는 자신의 정권유지 및 강화에 더욱 노력했던 崔氏政權과 자신의 가문의 지위 유지를 위하여 국가의 발전방안을 알면서도 개진하지 못했던 李奎報는 비록 역사에 끼친 영향에는 차이가 있으나 동일한 역사적 평가를 받아야 할 것이다.

Ⅵ. 李奎報의 文學論

문학의 가치와 효용에 대한 견해와 문학작품에 발현된 작가의 생각은 그 작가의 문학사상의 핵심이다. 문학관이 문학에 관한 사상만을 지칭하는 데 비하여 문학사상은 보다 포괄적인 의미를 함유한 용어로서[1] 본장에서는 李奎報가 문학의 가치와 효용에 관하여 직접 기술한 견해

---

1) 趙東一,『韓國文學思想史試論』, 知識產業社, 1978, P.9 參照.

와 그의 시문에 나타난 문학에 대한 인식, 즉 문학사상을 고찰의 대상으로 삼고자 한다.

지금까지 일부 현대문학 연구자들이 고전문학은 이론이나 비평의식이 결여되어 있었던 듯이 말한 경우도 있었으나,[2] 우리의 선인들도 그들대로의 문학관을 가지고 작품을 창작하고 비평도 하였으며, 그들이 필수적으로 읽은 기본서가 유교경전이었으므로 경전에 수록된 문학에 관한 사상은 고려조 문인들에게도 절대적인 영향을 끼쳤다고 본다. 선인들의 문학관에 대하여 조동일은,

> 唯美主義的인 文學觀은 지니지 않았고, 포괄적인 사상을 바탕으로 문학을 논하면서 문학적 표현의 문제와 그 사회적 의의의 문제를 분리시키지 않았다. 이러한 전통을 학문 이전의 것이라고 해서 배격한다면 학문의 개념이 너무나 협소한 것이 되고 만다.[3]

하여 선인들의 문학관을 현대에도 수용할 가치가 있다고 하였다. 『論語』나 「詩經序」를 보면 유교적 문학관이 후대인이 흔히 생각하듯이 공용성만을 강조하고 예술성은 무시한 편협하고 독선적·배타적인 문학관이 아니요, 서로 모순되는 것 같은 예술성과 공용성을 조화하고 중용을 보지한 문학관임을 알 수 있다.[4] 유교적 문학관이 예술성보다는 공용성이 현저하기는 하였으나 후세의 일부 인사들의 주장처럼 공용성만을 고집하여 서로 충돌하지는 않았다.

이러한 유교적 문학사상을 바탕으로 한 문학론과 비평활동이 엄연히 행해졌으며 이런 양상은 한문학의 연구가 진전됨에 따라 점차 그 면모

---

2) 金鎭英,『李奎報文學研究』, 集文堂, 1984, p.66 參照.
3) 趙東一,『文學研究方法論』, 知識産業社, 1980, p.187.
4) 車相轅,『中國古典文學評論史』, 汎學圖書, 1975, pp.13~18 參照.

를 확연히 드러내어가고 있다. 이러한 유교적 문학관이 李奎報의 문학사상이나 문학활동에도 깊은 영향을 끼쳤다고 보아, 그 양상을 고찰해 보고자 하며 李奎報의 문학론이 시론 위주로 되어 있지만 시론과 문론을 구분하지 않고 포괄적으로 논한 부분이 많으므로 본고에서도 이를 구분하지 않고 論究하고자 한다.

1. 文學本質論

1) 意本文末論

상기 유교적 문학관은 당시의 문인들로서는 너무나 당연한 것으로 여겨졌기 때문에 李奎報도 이를 이의 없이 받아들였고 이에 대하여는 새삼스레 언급조차 않았다. 그러나 문학론을 나타낸 몇 편의 詩文중 일부에는 도를 중시하는 유교적 문학관이 드러나 있다. 「論詩」시에,

　　作詩尤所難　　시짓기가 더욱 어려운 것은
　　語意得雙美　　말과 뜻이 함께 아름다워야 해서라네
　　(中略)
　　邇來作者輩　　근래에 시 짓는 무리들은
　　不思風雅意　　풍아(詩經)의 본 뜻은 생각지 않고
　　外飾假丹靑　　외면만 꾸미고 거짓 단청만 하여
　　求中一時嗜　　한 때의 기호만 맞추려 하네
　　(中略)
　　此俗浸已成　　이런 습속이 차츰 이루어져
　　斯文垂墮地　　사문(道)이 땅에 떨어졌네
　　(中略)
　　誦詩三百篇　　시경 삼백편을 암송한들
　　何處補諷刺5)　어느 곳에 풍자하여 보익하리

하여 시의 근본은 시경의 정신에 있다고 하였다. 시경의 정신인 '思無邪', '溫柔敦厚'의 경지에 이르는 것이 작시의 목표요 이것이 문학의 본질이라고 보고, 당시의 문인들이 시의를 세움이 어려움을 알고 외식으로 諸人을 현혹시키려 하여, 이런 폐습이 하나의 습속이 되어 사문이 땅에 떨어지게 되었다고 하였다. 이곳에서 언급한 斯文은 儒敎의 道이며, 六經 속에 함유된 仁義禮智 孝悌忠信의 정신을 가리키는 것이다. 비록 貫道論이나 載道論을 직접 언급한 일은 없지만 이들과 뜻을 같이 하고 있었음이 이 시를 통하여 증명된다. 의를 세움(立意)에 노력하지 않고 綺靡하게 꾸미는 데만 열중하여 斯文이 땅에 떨어지게 되었다는 것은 또한 이곳에서 언급한 意가 六經之意, 곧 道를 나타낸 것임을 의미하며, 이 시의 근본 취지는 意를 本으로 삼고 文을 末로 삼는 意本文末論으로 볼 수 있다.

즉 詩는 六經처럼 道를 나타내는 것을 목표로 思無邪한 詩經詩를 典範으로 삼았고 性情을 醇化하고 民風을 敎化하며 治者에 裨益할 수 있는 詩를 높이 평가하여 詩經詩的 詩敎를 중시하는 典型的인 儒敎的 文學觀을 그대로 수용하고 있었음을 알 수 있으며, 이런 문학관은 崔滋에게도 이어져서, '文者蹈道之門 不涉不經之語'6)라 하여, 文은 道를 실천하는 출발점이므로 법도에 어긋나는 말을 써서는 안된다고 하였다. 즉 도가 광포되고 인간을 감화시키려면 문을 통해서만 가능하고, 문은 도를 전파하는 역할을 충실히 해야 한다고 하였으며, 이는 주돈이의 載道說과 軌를 같이 하는 것이다. 이런 문학관은 당시 뿐 아니라 조선조까지 일관되게 이어져 내려온 보편적인 문학관이었다.7)

---

5) 後集 1, 「論詩」
6) 崔滋, 『補閑集』 「序」
7) 鄭堯一, 『韓國古典文學理論으로서의 道德論 硏究』, 서울大大學院, 1985,

문학이 도를 근본으로 삼게 되면 자연히 문사가 번다하고 화려해지는 것을 배격하게 된다. 論語에 '子曰 辭達而已矣'[8])라 하였는데, 이는 文辭는 뜻이 전달되는 데에 그칠 뿐이요 富麗해서는 안된다는 것이며 지나치게 華美함에 가려져서 本意가 不達해서는 안된다는 것이다. 李奎報를 비롯한 많은 文人들이 意를 강조한 것이 이런 이유에서이며, 또한 達意를 위한 적절한 修飾을 부정한 사람이 없음도 이 때문이므로 意와 語(設意와 綴辭)를 기본 요건으로 생각하게 되었다. 그러나 意와 語를 함께 아름답게 하는 것은 쉬운 일이 아니다. 함축된 意가 深厚하면 詛嚼할수록 淸新한 감동을 느끼게 된다. 이렇게 含蓄과 餘韻을 내포하고 있어서 語盡而意不盡·意盡而味不盡하여 씹을수록 맛이 나고 무궁한 뜻이 스며 나오는 시라야 좋은 시인 것이다. 이런 경지를 李齊賢은,

> 옛사람의 詩는 눈앞의 景物을 묘사하였지만 뜻은 말 밖에 있어서 말은 끝났으나 맛은 끝이 없다. 陶淵明의 '동쪽 울타리에서 菊花를 따다가 그윽히 南山을 바라보노라' 한 시와 陳與義의 '문 여니 비온 줄 알겠는 것이 늙은나무 반쯤 젖어서일세' 한 것이 이런 類이다. 내가 유독 '池塘生春草' 句를 사랑하는 것은 남에게 전하기 어려운 오묘한 경지가 있어서이다. 전에 여항 땅에 나그네로 있을 때 어떤 사람이 화분에 난초를 심어서 주기에 책상 위에 놓아두었다. 賓客을 접대하고 사물을 議論할 때는 향기를 느끼지 못했었는데, 밝은 달이 창을 비추는 깊은 밤에 고요히 앉아 있으니 향기가 코를 스치는데, 맑은 향기가 멀리까지 퍼져 매우 사랑스러웠으나 말로 형용할 수가 없었다. 나는 혼연히 혼자 말하기를, "惠連을 만나 '池塘生春草'의 시구를 얻은 것과 같다."[9])하였다.[10])

---

pp.53~81 參照.
8) 『論語』,「衛靈公」
9) 『南史』謝惠連傳에 謝靈運이 종일토록 詩를 구상하다가 이루지 못하고 잠이

하여, 시의 상징성을 중시하여 한 번 읽으면 명료하게 작자의 뜻이 전달되는 시보다 씹을수록 맛이 나는 시, 읽고 또 읽어도 여운이 남는 시가 좋은 시라 하였다. 깊은 밤에 달빛에 어울려 은은히 풍겨오는 난초의 향기처럼 청정한 마음으로 완상할 때 형언할 수 없는 감흥을 느끼게 하는 시를 격조가 가장 높은 시로 본 것이다.

그러나 深厚한 含意가 있다 해도 표현이 원숙하지 못하면 乾澁해서 뜻이나 느낌의 전달이 어려워지며, 뜻을 적절히 표현하는 정도를 넘어서 華美하게 꾸미기에 힘쓰다보면 시의 本旨를 잃는 경우가 생긴다. 北宋 柳開는,

　　文章이 꽃답기만 하고 實이 없게 되면 아로새기는 일만 취하여 공교롭다고 여기고 聲律에 맞추는 것만으로 능숙하다고 여기게 되는데, 아로새김은 朴을 손상시키고 聲律에 힘씀은 德을 박하게 한다. 朴과 德이 없어진다면 仁義禮智信에 무슨 이익이 있겠는가.[11]

하여 實·朴·德을 중시하고 華·刻削·聲律을 배격하였고 문장의 최고 유교적 도의 실현에 두었다.

　　들었는데 族弟 惠連을 만나 이 詩句를 얻었다 하였다.(『국역 익재집』 2, 민족문화추진회, p.141 註 10)에서 再引用

10) 李齊賢, 『櫟翁稗說』, 後集 1, 第15話.
　　古人之詩 目前寫景 意在言外 言可盡而味不盡 若陶彭澤 採菊東籬下 悠然見南山 陳簡齋 開門知有雨 老樹半身濕之類 是也 予獨愛池塘生春草 以爲不傳之妙 昔嘗客于餘杭 人有種蘭盆中以相惠者 置之几案之上 方其應對賓客 酬酢事物 未覺其有香焉 夜久靜坐 明月在牖 菊香觸于鼻觀 淸遠可愛 而不可形於言也 予欣然獨曰 惠連春草之句也.

11) 柳開, 「上王學士第三書」(黃啓方 『北宋文學批評資料彙編』 p.81)
　　文章者 華而不實 取其刻削爲工 聲律爲能 刻削傷於朴 聲律薄于德 無朴與德 于仁義禮智信可也.

李奎報는「論詩」詩를 통하여 風雅(詩經)의 참 뜻은 民情을 반영하고 風俗을 교화하는 것인데 이러한 內實은 없으면서 外華와 修飾에만 힘쓰려 한 당시의 풍조를 개탄하면서,

  我欲築頹基 내가 허물어진 기반을 다시 쌓으려 하나
  無人助一簣 아무도 조금도 돕는 이 없네
  (中略)
  自行亦云可 스스로 하는 일이 또한 옳다 해도
  孤唱人必戱12) 외로운 외침이라 남들이 비웃으리

하여, 이러한 시풍의 타락을 혼자서 아무리 막으려 해도 비웃음만 살 뿐 바로잡기 어렵다고 하였다. 이「論詩」詩의 취지를 요약해 보면 溫柔敦厚한 性情을 기르고 儒敎의 德目을 발현하는 것이 詩가 지향하는 목표이며, 이것이 어려우므로 作詩者들이 內實은 없으면서 華美하게 雕琢하는 데만 힘쓰게 되어 그 때문에 詩風이 쇠미해지고, 이를 바로잡으려는 자신의 외로운 노력이 남의 비웃음만 살 뿐이라는 것이다.

 당시 高麗의 文風은 宋詩風이 主流를 이루고 있었으므로 이러한 사상도 北宋 文人들의 영향을 받은 것으로 보인다. 北宋의 强至는,

  진실로 경전에 통할 수 있다면 性은 참으로 밝아지고 文은 深厚 淳朴해질 것이요, 경전의 정신에 배치되는 文은 꽃과 잎만이 무성한 것과 같아서 보는 자들이 좋아하지만 열매는 끝내 맺지 못하는 것과 같다.13)

하였고, 李奎報가 깊이 존경했던 梅堯臣도 시가 만약 道를 근본으로

---

12) 註 5)와 같은 詩.
13) 强至,「上通判馬太傳書」(黃啓方, 같은 책, p.173)
  經苟通 則性誠明 而文深淳 不經之文 猶葩葉爛漫 見者悅之 終無益於實也 通經所以知道之本 不經之文 卽無根本 故終無益.

할 수 없다면 이는 하나의 기예에 불과하게 되며, 合道할 수 있는 방법은 風騷之旨[詩經·離騷의 근본 취지]에 근거하는 데 있다고 하였다.14)

상술한 바와 같이 李奎報는 儒學과 北宋 文人들의 영향을 받아 시는 詩經詩의 정신[詩序에 요약되어 있음]을 典範으로 하여 斯文을 復興시키는 데 있다고 보고 지나친 文飾은 道를 해친다고 보았으며, 道를 文學의 根本으로 보는 이러한 文學觀은 東方에 性理學이 傳來한 후 深化된 載道의 文學觀의 先端을 연 것으로 볼 수 있다.

儒敎的 文學觀의 특징의 하나가 效用을 중시하는 것이다. 특히 治國과 敎化에 큰 비중을 두어 詩敎를 통해서 國民의 性情이 溫柔敦厚해지기를 도모하고 멀리는 王을 훌륭히 섬길 수 있고 가까이는 父母를 잘 모실 수 있으며 심지어 鳥獸 草木의 이름까지 많이 알 수 있고, 得失을 바로잡고 天地와 鬼神도 감동시킬 수 있는 것이 詩의 功效라고 보았다. 思無邪한 詩는 감흥을 자아낼 수 있게 하고(興), 풍속의 성쇠를 관찰할 수 있게 하며(觀), 서로 모여서 切磋할 수 있게 하고(群), 지도층을 풍자할 수 있다(怨)고 하였다. 즉 도덕적 순화라는 교화 기능과 사회풍자를 통하여 치자를 일깨우는 기능 등 유교적 이상 실현에 기여하는 것이 시라고 보아 시경을 유교이념이 실려 있는 三經中의 하나로 넣었던 것이다.

이러한 문학 효용론은 李奎報에게도 그대로 이어져서 문학을 통하여 국가를 빛내고 자신의 출세도 이를 통하여 도모하려는 '以文華國'15)을 인생의 목표로 삼게 되었다. 이러한 李奎報의 문학효용론의 실상을 살펴보면, 9세부터 독서를 시작하여 평생동안 手不釋卷하면서 諸書를 두루 섭렵하고 시문의 재능을 연마한 이유를,

---

14) 梅堯臣,「答韓子華韓持國韓玉汝見贈述詩」(黃啓方, 같은 책, p.108 參照).
15) 金鎭英,『李奎報文學硏究』, 集文堂, pp.89~94 參照.

> 한 번 五寸 筆管을 잡아 대궐문을 지나 翰林院에 올라 王言을 대신 적은 草稿를 보고 批勅 訓令 皇謨 帝誥의 글을 지어 사방에 펼쳐서 평생의 뜻을 실현하고야 말겠습니다. 어찌 쩨쩨하게 몇 말 몇 되의 祿이나 얻어 처자나 살리기를 도모하는 무리 속에 끼일 수가 있겠습니까?[16]

하여, 文學으로 出世하여 帝王을 보필하고 批勅 訓令 謨誥 등을 능숙하게 지어 天下에 널러 펴서 百姓들을 敎化하는 것을 平生의 目標로 삼았던 것이다. 그가 40세에 翰林院에 入仕한 후 死亡時까지 國家의 高文大策과 外國과 交聘하는 書表 등을 獨擔하여, 文化 暢達, 國民 敎化, 外交 등의 一翼을 擔當하여 능력을 발휘할 수 있었던 것은 그가 文學을 통하여 이루고자 한 인생 목표가 실현된 것으로도 볼 수 있다. 이는 문학 자체를 목적으로 생각하지 않고 治國과 敎化에 資하는 수단으로 본 것이며, 이것이 유교적 문학관의 특징이며 載道的 文學觀의 必然的인 歸結이라고 할 수 있다. 즉 문학은 得失을 살피고 勸善懲惡을 돕는 역할을 할 때 有用한 것이며 이런 일에 도움이 되지 않는 문학은 無用之物로서 오히려 害가 된다고도 생각하였다. 民情을 반영하고 風俗을 교화하며 性情을 吟詠하는 것이 詩의 功效로 보았기 때문에 外華와 修飾에 치중한 문학을 배격할 수밖에 없었다. 北宋의 石介는,

> 잘 다듬고 아름답게 꾸미는 일은 그 본을 상하게 하고 부화하게 치장하는 것은 그 진을 잃게 하여 인의예악의 교화에는 전혀 도움이 되지 않는다.[17]

---

16) 全集 26,「上趙太尉書」
庶一提五寸之管 歷金門上玉堂 代言視草 作批勅訓令皇謨帝誥之詞 宣暢四方 足償平生之志 然後乃已 豈琭琭鎖鎖 求斗升祿 謀活其妻子者之類耶.
17) 石介,「上趙先生書」(黃啓方, 前揭書, p.117)
雕鏤篆刻傷其本 浮華緣飾喪其眞 於敎化仁義禮樂 則缺然無髣髴者.

하여 文章의 雕鎪篆刻 浮華緣飾은 그 本과 眞을 잃게 하고 仁義禮樂의 敎化에는 無益하므로 이를 배격하지 않을 수 없다고 하였고, 李奎報도 전술한「論詩」詩에서 斯文(儒敎的 道, 즉 仁義禮樂)을 진흥시킴이 문학의 목표인데 이에는 힘쓰지 않고 문장의 수식에만 힘쓰는 시대풍조를 개탄하였다. 그가 문학은 國家에 補益할 수 있어야 한다고 생각한 사상이 발현된 몇 가지 예를 들어보면,

  몸이 宰相의 자리에 있으면서 道를 논하고 나라를 잘 경영한다는 名聲도 없고, 名色은 儒臣이라 稱하면서 모자란 것은 文章으로 나라를 빛내지 못한 것입니다. 공연히 俸祿만 虛費하여 妻子를 肉食으로 기르니 자신을 위한 계책은 이룬 것이지만 세상을 補益함에 무슨 이익이 되겠습니까.18)

  浮虛한 章句나 지을 만한 技藝를 가지고 朝廷의 機要한 직책을 맡고 있으니 이는 평화시에도 오히려 감내하기 어려운데, 하물며 국가가 오랑캐의 침입을 수없이 겪게 되어 조정에서 적을 처리해야 할 때인데 격문을 지어도 무지한 되놈들을 깨우칠 수 없고, 제압하여 승리할 지략도 없으면서 헛되이 붓만 잡고 있으니 앞일에 무슨 이익이 있겠습니까.19)

하여, 文章의 技能으로 나라를 빛내고 來侵한 敵을 물리칠 수 있어야 文人으로서의 所任을 다한 것인데 그런 역할을 다하지 못한 것을 자신의 無能으로 돌리면서 致仕를 允許해 달라고 빌었던 것이다. 즉 문인이 글을 쓰는 목적 중에는 국가에서 필요로 하는 글을 짓는 것도 포함

---

18) 全集 31,「丁酉年乞退表」
  身都商位而未聞乎論道經邦 名竊儒臣而消欠者以文華國 靡費廩祿家養妻兒 顧自爲謀則殆幾 其於補世也何有.
19) 同「二度乞退表」
  以章句浮虛之伎 居朝廷機要之司 其在平時常難堪處 方國家厭虜之際 是廟堂料敵之時 書檄不能曉無知之賊 知略不得施制勝之策 虛提寸管何益前籌.

되어 있다고 본 것이다. 이에 대하여 趙東一은,

> 선비가 글을 하는 것은 사사로운 마음을 펴는 자기의 글만을 쓰자는 것이 아니고 전쟁이나 정치에 필요한 나라의 글을 맡아서 쓰자는 것이 오히려 더 중요한 목표였으니, 강수는 외교문서를 잘 써서 칭송을 받았으며, 최치원은 이러한 기회를 만나서 글을 한 보람을 찾았던 것이다. ……관직에 종사하면서 명령을 받아 쓴 글이 개인의 글보다 문집을 꾸미는 데 더 요긴하다는 생각이 여기서부터 나타나고, 개인의 글을 쓰는 것은 관직에 종사하면서 쓰는 글을 잘 쓰기 위한 문장수련으로서 필요하다는 생각도 엿볼 수 있다.[20]

하였는데 이러한 문학관은 후대에 관직에 오른 문인들에게도 공통적으로 나타나 있다. 李奎報 역시 문임을 맡아 문장가로 사역되어 능력을 발휘하는 것이 관료로서 가장 영광스러운 일로 인식하고 있었고 이러한 임무를 훌륭하게 수행하여 문장으로 보국하였으니,

> 오랫동안 양제를 맡고 있었는데 그때 몽고 군대가 국경에 압력을 가하자 규보가 진정하는 서표를 지어 보내니 몽고 황제가 감동하여 군대를 철수시켰다.[21]

라고 한 사평을 얻게 된 것이 그 증거이다. 李奎報 자신도 이런 직책을 맡기를 간절히 원하였고 그런 자리에 오르면 매우 기뻐하였는데, 이는 문인인 자신의 인생목표를 以文華國에 두었기 때문으로 보아야 한다.

---

20) 趙東一,『韓國文學思想史試論』, 知識産業社, p.49.
21)『高麗史節要』16, 高宗 28年 9月條
　　久司兩制 時蒙兵壓境 奎報製陳情書表 帝感悟撤兵.

以文華國할 만한 문학기능을 가지고 있다 해도 이를 발휘할 만한 지위에 오르지 못하면 애써 닦아놓은 기능이 사장될 것이므로 그러한 지위에 오르고자 노력하였고, 그러한 기능을 보유한 사람은 당연히 문한의 임을 맡아야 한다고 생각하였다. 즉 문재를 갖춘 사람의 영달은 당연한 것, 필연적인 것으로 여겼으며 이러한 당위가 실현되지 않음을 안타깝게 여겨,

……그렇다면 나라를 도우려는 뜻은 어디서 이루고, 글을 읽은 노고는 어디에서 보상하며, 백세에 전할 이름은 어디에 남길 수 있겠습니까. 이것이 제가 한 밤중에도 세 번씩이나 일어나 하늘을 우러러 보며 크게 탄식하는 이유입니다.[22]

하였다. 문한의 임을 맡아 어려서부터 수불석권하며 독서에 노력하여 닦아놓은 기능을 발휘하고, 이를 통하여 백세 후에도 이름을 남겨야 할 터인데, 이것이 이루어지지 않아 한밤중에도 몇 번씩 놀라 깨어 장탄식했다는 것이다. 자신과 같이 훌륭한 문재를 지닌 사람은 당연히 청요한 문한직에 올라야 하고 후세에 명성을 드날려야 하는데, 현실은 그렇지 않으므로 이를 원망한 것이다.

훌륭한 문재를 가진 사람은 현달해져서 명성을 드날리는 것이 당연하다는 관념은 이제현도 가지고 있었다.

전에 강도에 선달 이담이라는 사람이 있었는데 시를 지으면 사율이 엄격하고 뜻이 새로웠으며 用事가 험벽하여 당시인들이 숭상하는 바와 배치되었으므로 끝내 현달하지 못하였다. 그는 황산곡을 배워서 혹사한 경

---

22) 全集 26,「上崔上國誨書」
夫然則 輔國之心何所遂 讀書之勞安所償 百世之名安所垂歟 是僕之所以中夜三起仰天大息者也.

지에 이른 사람이었다. 이로써 보건대 고심지사 가운데 현달한 지기가 이끌어줌을 만나지 못하여 죽을 때까지 알려지지 않기를 이선달과 같았던 자들이 얼마나 많겠는가, 애석할 일이다.[23]

하여, 能詩者는 당연히 立身揚名해야 하는데 범속한 시풍 때문에 뛰어난 시인이 名顯하지 못하는 현실을 안타깝게 생각하였다.

李奎報는 시의 功效에 대하여 寓言형식의 戱文으로 언급한 「驅詩魔文」[24]을 남겼는데, 이곳에서 시의 공효(詩魔의 罪)를 다음과 같이 열거하였다.

첫째, 시는 순박하고 미개했던 인간을 문명인으로 만들기도 하고 온갖 사악한 짓을 하도록 타락시키기도 한다고 하여, 시의 교화기능을 인정하는 동양의 전통적 시관을 수용하고 시를 통하여 인의예악으로 인간을 교화할 수 있다는 시교를 긍정하였다. 그러나 그릇된 시는 인간의 순박함을 잃게 하고 타락시키기도 한다고 하여 시의 순기능과 역기능을 동시에 지적하였다.

둘째, 은미 영묘한 천지 일월의 이치를 밝혀 놓았다고 하여 이치를 강조하였다. 이는 황산곡이 '문장이리위주 리득이사순 문장자연출군발취'[25]라 한 말과 상통한다.

셋째, 삼라만상의 온갖 아름다움을 남김없이 읊어 놓았다 하여, 자연의 아름다움을 표현한 미의 발현을 시의 공효로 보기도 하였다.

---

23) 李齊賢,『櫟翁稗說』, 後集 1, 제30회.
昔在江都有先達李湛者 爲詩 詞嚴而意新 用事險僻 與當時所尙背馳 故卒不顯 蓋學涪翁而酷似之者也 由是觀之 苦心之士 不遇靑雲之己 沒齒而無聞 如李先達者幾何 可不惜哉.
24) 全集 20,「驅詩魔文 效退之送窮文」參照.
25) 黃廷堅,「與王觀復書」(黃啓方, 같은 책, p.13 參照.)

넷째, 포폄 상벌 풍자 등을 자유로이 한다고 하여 세교와 정치에 기여할 수 있다고 하였다.[26]

다섯째, 좋은 시를 짓기 위해 작시자가 영육이 모두 여윌 정도로 고심하게 하다고 하였다.

이 시마가 李奎報 개인에게는 기로써 시를 웅장하게 하고 수사로 시를 꾸며 주었으며, 연이어 과거에 합격하게 하여 천지를 놀라게 하고 명성을 사방에 떨치게 하여 고귀한 사람들까지 모두 우러러 보게 하였다고 하였다.

즉 시를 통하여 인간을 교화하고 우주만물의 오묘하고 은미한 이치를 밝힐 수 있으며 작시자의 이름을 드날리게 할 수 있다고 하였는데, 이는 유교적 문학관에 입각한 시의 효용론을 수용한 것이다.

2) 意・氣論

李奎報는 作詩에 있어서 조비・유협・종영을 비롯한 중국 역대 문인들의 영향을 받아 意와 氣를 중시하였다.

문작 작품이라 일컬어지는 글이라면 적어도 청신한 뜻의 표명과 나타내려는 뜻에 밀착하는 수사의 운용이 과불급 없이 조화되어야 하므로 '의'가 중요함은 누구나 수긍할 수 있는 일이다. 그러나 문학에 있어서의 기의 문제는 의처럼 명료하게 규명된 문제가 아니다. 수많은 시인 및 시론가들이 시에 있어서의 기의 중요성을 언급하고 있지만 기가 무엇을 의미하는가를 분명히 밝혀놓은 것이 없으며, 기의 의미와 역할에

---

26) 이러한 견해는 宋朝의 文人들에게서도 나타난다. 예를 들면 石介는, '政治之得失 又往往見於文章 故反映政治 亦文章之大功'이라 하였다.(黃啓方, 같은 책, P.19 參照)

관한 견해도 논자에 따라 약간씩 차이가 나고 있다.

시에 있어서의 意와 氣의 중요성을 아국 문인으로서는 최초로 논급한 사람이 李奎報로서, 그가 이에 대하여 어떤 견해를 가지고 시론을 전개하였고, 이것이 당대의 다른 문인들의 견해와는 어떤 차이가 있으며, 이것이 그의 문학작품에는 어떻게 반영되었는가를 살펴보는 것은 매우 중요한 일이라고 생각된다. 이에 李奎報의 의와 기에 대한 견해를 고찰하고, 李奎報의 시에 대한 후대 문인들의 평을 통하여 그의 의기론이 그의 시에는 어떻게 반영되었는가도 살펴보고자 하며, 특히 의와 기가 천부적 생득적인 것이냐, 후천적으로 기를 수 있는 것이냐에 대한 李奎報의 견해를 중점적으로 규명하는 데에 초점을 두고자 한다.

李奎報는 시의 요체를 意와 氣로 보아,

> 대저 詩는 意로 근본을 삼는다. 意를 세우기가 가장 어렵고, 文辭를 연결하는 것은 그 다음의 일이다. 意는 또한 氣로써 근본을 삼으며 氣의 우열 때문에 뜻이 深厚한 시와 淺薄한 시가 있게 된다. 그러나 氣는 天에 근본을 두고 있어서 배워서 얻을 수 있는 것이 아니다. 그러므로 氣가 拙劣한 자는 文辭를 아로새기는 것만을 공교롭게 여기고 뜻을 우선으로 삼지 않는다. 대체로 문장을 아로새기고 詩句를 화려하게 꾸미면 정말 아름답기는 하지만 속에 깊은 뜻이 없어서 처음에는 완상할 만하다가 거듭 씹어보면 맛이 이미 없어져버리고 만다.[27]

하였다. 훌륭한 시가 될 수 있느냐는 시 속에 심후한 뜻이 함유되어 있느냐의 여부에 달려있고, 심후한 뜻을 함유하는 것은 뛰어난 기를 가져

---

27) 全集 22, 「論詩中微旨略言」
夫詩 以意爲主 設意最難 綴辭次之 意亦以氣爲主 由氣之優劣 乃有深淺耳 然氣本乎天 不可學得 故氣之劣者 以雕文爲工 未嘗以意爲先也 蓋雕鏤其文 丹靑其句 信麗矣 然中無含蓄深厚之意 則初若可翫 至再嚼 則味已窮矣.

야 가능하나, 기는 배워서 얻을 수 있는 것이 아니요, 천에 근본을 둔 것이라고 하였다. 즉 의는 기를 으뜸으로 삼으며 기가 우하면 기가 심후해지고 기가 열하면 의가 천박해진다고 하였고, 기는 천에 근본을 두고 있다고 하였다. 그러면 李奎報가 말한 기는 무엇을 의미하는가. 기의 자전적 의미로 문학과 연관지을 수 있는 것을 들어보면 '신체의 근원이 되는 생활력', '원기・만물생성의 근원력', '기상', '질성', '우주의 만물을 생성하는 질료' 등으로 표현하고 있으며,[28] 현대의 학자들은 기를 천분 혹은 재능으로 보기도 하고,[29] 선천적으로 타고난 기상,[30] 생명력[31], 육체적 컨디션[32] 등으로 보기도 하였으며, 재주(才)와 담력(膽)과 식견(識)과 역량(力)을 포괄하는 개념으로 보기도 하였다.[33] 본고에서는 氣를 才・膽・識・力을 포괄하는 의미로 보고 논의를 전개하고자 한다. 이렇게 보면 위에 열거한 제인의 기에 대한 개념이 대체로 포함된다고 보아서이다.

李奎報가 기에 대하여 정의를 내리지는 않았으나 그가 말하는 기는 생명력 내지는 창의력과 기상을 의미하는 듯하다. 그래서 말단적 기교의 법칙에 구애됨이 없이, 전인이 말하지 않은 것을 말하고 전인이 드러내지 않은 것을 드러내야 한다는 것을 시를 짓는 척도로 강조한 것이다. 즉 활달한 기상과 왕성한 생명력이 시의를 호건심후하게 하여 좋은 시를 이루게 하지만, 위축되고 섬약한 기상과 생명력으로는 뜻이 천박한 시밖에 지을 수 없다는 것이다. 崔滋는 李奎報의 시를 평하여,

---

28) 諸橋轍次,『大漢和辭典』6, p.847.
29) 朴性奎,『李奎報硏究』, 啓明大出版部, 1982, pp.22~27 參照.
30) 沈浩澤,「漢文學에서의 氣의 槪念」(『韓國學論集』8輯, 啓明大), p.79 參照.
31) 黃啓方,『北宋文學批評資料彙編』, 成文出版社, 台灣, p.16 參照.
32) 金容沃,『東洋學 어떻게 할 것인가』, 民音社, 1985, p.111 參照.
33) 車柱環,「中國詩論」27 (『心象』75, 9, pp.141~142)

근래에 李學士 春卿의 詩稿를 얻어서 읽어보니 警策이 될 만한 구가 매우 많았고, 長篇 가운데 末句로 갈수록 기상이 더욱 씩씩해서 마치 탁 트인 거리를 달려가는 千里馬를 가운데서 억지로 세워 놓은 것 같다.34)

하였다. 전속력으로 달리는 천리마를 갑자기 멈추게 하였다면 거친 숨을 내쉬며 다시 내다를 듯한 기세를 나타낼 터인데, 李奎報의 시에 중인을 압도하는 이러한 씩씩한 기상이 나타나 있다는 것이다. 이러한 기가 곧 李奎報의 의의 근본이 된다고 본 기와 동일한 것이다. 시에서 씩씩한 기상을 중시한 유사한 예를 들어 보면,

　　(蘇東坡가 지은 漁父詞는) 李廣[漢代의 名將]이 오랑캐의 활을 빼앗아 시위를 딩긴 재 아직 쏘지 않고 있는 싱태를 龍眠[宋代의 畫家 李公麟의 號]이 그린 것 같고, 悟生[고려 武臣執權기의 處士]의 시는 추격해 오는 騎兵을 쏘아 맞힌 상태를 그린 것 같다.35)

하여 東坡와 悟生의 시 한 聯씩을 예시하고 이를 評하기를, 東坡의 漁父詞는 勇將 李廣이 적진에 뛰어들어 오랑캐의 활을 빼앗아 시위를 당기고 쏘려는 찰나를 명화가의 훌륭한 솜씨로 그려 놓은 것 같다고 하여 생명력이 충만하고 팽팽한 긴장감을 자아내는 기상이 이 시의 長處임을 강조하였고, 悟生의 시는 추격해오는 기병을 쏘아 맞힌 것 같다고 하여, 일이 이미 끝났고 긴장도 풀려서 시 속에 함유된 기상이 東坡의 시보다 약화되어 격이 떨어지는 시라고 본 것이다.

---

34) 崔滋,『補閑集』中 第19話.
　　近得李學士春卿詩稿 見之 警絶新意頗多 其長篇中 氣至末句而愈壯 如千里驥足方展走通衢 未半途而勒止也.
35) 李齊賢,『櫟翁稗說』, 後集 2, 第13話.
　　東坡漁父詞云……如龍眠畫李廣奪胡兒弓 引滿不發 悟生畫作射中追騎矣.

李奎報와 동시대 사람인 林椿도,

　　무릇 글을 짓는 것은 기로써 으뜸을 삼는데, 여러 차례 우환을 겪어 정신과 뜻이 황패해져서 기력이 쇠한 老農처럼 되었습니다.36)

하여 작문은 기를 주로 삼는다 하고, 자신은 여러 차례 우환을 겪었기 때문에 정신과 뜻이 황패해지고 기력이 다하여 꾸벅꾸벅 조는 늙은 농부처럼 되어 좋은 글을 지을 수 없게 되었다고 하였다. 즉 기상이 약해지면 좋은 글을 지을 수 없다고 본 것이고, 기상은 후천적 환경에 의하여 강해질 수도 약해질 수도 있다고 본 것이다. 林椿은 문장과 기의 관계에 대하여 주목할 만한 견해를 피력하였다.

　　글짓기의 어려움은 예부터 일컬어져 온 일이고, 배운다고 잘할 수 있는 것도 아니다. 지극히 강한 기가 심중에 충만하여 외모로 드러나고 말로 발현되되 그런 과정을 스스로도 알지 못하는 것이다. 진실로 기를 기를 수 있다면 비록 붓을 잡고 이를 배우지 않는다 해도 문은 스스로 기이해질 것이다. 기를 기르는 데 명산 대천을 두루 열람하여 천하의 기문장관을 구하지 않는다면 흉중의 뜻을 넓힐 수가 없다. 이 때문에 소자유[소철]는 산은 종남산 호상 화산의 높음을 보고, 물은 황하의 큼을 보고, 인물은 구양공 한태위를 본 뒤에야 천하의 대관을 두루 보았다고 할 수 있다 하였다.37)

---

36) 林椿,『西河集』4,「與皇甫若水書」
　　凡作文以氣爲主 而累經憂患 神志荒敗 睡睡焉眞一老農也.
37) 林椿,『西河集』4,「上李學士書」
　　文之難尙矣 而不可學而能也 蓋其至剛之氣 充乎中而溢乎貌 發乎言而不自知者爾 苟能養其氣 雖未嘗執筆以學之 文益自奇矣 養其氣者 非周覽名山大川 求天下之奇聞壯觀 則亦無以自廣胸中之志矣 是以蘇子由以爲 於山見終南嵩華之高 於水見黃河之大 於人見歐陽公韓大尉 然後爲盡天下之大觀焉.

하여, 至剛한 氣를 가진 사람이라야 훌륭한 문장을 지을 수 있고, 후천적인 노력이나 환경에 따라 養氣나 喪氣가 가능하다고 보았으며 이러한 문·기론은 후술한 蘇轍의 주장과 동일하다.

이와 같이 당대의 문인들 중 多數가 氣를 강조하였고 이러한 경향은 중국 宋朝의 문인들도 동일하였다. 陣(陳이 아닌지 확인 요)師道의 後山詩話에 '寧粗無弱'이라 하여 시가 차라리 조잡할지언정 기상이 약해서는 안된다고 하였고, 이들이 한결같이 '道'·'理'와 함께 '氣'를 강조하였으며 당시의 고려시풍이 宋風이었던 바와 같이 文學論도 宋의 영향을 받았다고 본다. 송 이전에도 孟子는 '我善養浩然之氣'라 하여 수양을 위하여 浩然한 기상을 기름이 중요함을 역설하였고 曹丕는,

　　文은 氣를 으뜸으로 삼는다. 氣의 淸濁은 본래의 바탕이 있어서 억지로 힘써서 이르게 할 수 있는 것이 아니다. 음악에 비유해 말한다면 曲度가 비록 고르고 박자가 같더라도 氣를 길게 빼어 노래를 부름이 고르지 않음과 익숙하고 졸렬함에 본래의 바탕이 있는데 이르러서는 비록 父母가 가진 것이라 해도 子弟에게 옮겨줄 수가 없다.[38]

하여 문학에 있어서 천부적인 氣를 중시하였다.

宋朝 문인들의 氣에 대한 관념을 보면 夏竦은 '文은 氣骨로 主를 삼는다.'[39]하였고 劉弇은,

　　기가 온전한 자는 문사가 혼후하고 기가 약한 자는 구속되어 비루하다. (中略) '문장은 기로 주를 삼는다.' 한 것이 어찌 헛된 말이겠는가. 공자의

---

38) 曹丕,「典論 論文」
　　文以氣爲主 氣之淸濁有體 不可力强而致 譬於音樂 曲度雖均 節奏同檢 至於引氣不齊 巧拙有素 雖在父兄 不能以移子弟.
39) 夏竦,「宋敏求文莊集序」

기는 천지를 두루하고 만변에 적응할 수 있어서 그 때문에 육경에는 쓸데
없는 말이 없으며, 그 작은 것으로도 또한 협곡의 강한 제를 꾸짖기에 충
분하였다. 맹자는 만종의 녹을 겨자씨처럼 보고 안영과 관중을 소인으로
여겼으며, 그것을 스스로 기르면 이른바 호연한 것이 된다 하였는데 그
때문에 그의 글이 후세에 남게 된 것이다. (中略) 기가 온전하지 못한 사
람은 문장의 논리성이 부족하게 되는데 이는 당연한 형세이다.[40]

하였고 李𪻒은,

  문장에 기가 없으면 비록 보고 듣고 냄새맡고 맛볼 줄을 안다 해도 혈
기가 충만하지 못하고 수족이 몸을 보호할 수 없게 되어 마치 숨이 끊길
듯한 병자처럼 정신이 흩어지고 수척해져서 생기가 없어지게 된다.[41]

하였으며 蘇轍은,

  나는 본래 글짓기를 좋아하였는데, 문이란 기가 발현된 것이라고 생각
한다. 그리고 문은 배운다고 잘 지을 수 있는 것이 아니지만 기는 기르면
이르게 할 수 있는 것이다. 맹자가 "나는 호연한 기를 잘 길렀다."하였는
데, 지금 그 문장을 보면 관후굉박한 기상이 천지 사이에 충만해서 그 기
가 큰일에나 작은 일에나 모두 알맞는다. 태사공은 천하를 여행하며 명산
대천을 두루 관람하고 연·조 사이의 호걸들과 교유하였기 때문에 그 문

---

40) 劉弇,「上運判王司封書」
   其氣完者其辭渾 其氣削者局以卑……文章以氣爲主 豈虛言哉 孔子之氣 周
天地該萬變 故六經無餘辭焉 而其小子尤足以叱夾谷之强者 孟子芥視萬鍾
小晏嬰管仲 而其自養則有所謂浩然者 故其書卒貽後世……其氣之不完者 故
其文章終餒於理 亦其勢也.
41) 李𪻒,「答趙士舞論宏詞書」
   文章之無氣 雖知視聽臭味 而血氣不充於內 手足不衛於外 若奄奄病人 支離
顚悴生意消削.

장이 소탕하고 기이한 기상이 있다. 이 두 사람이 어찌 이런 문장 짓기를
배워서 그렇게 된 것이겠는가. 그 기가 흉중에 충만해져서 외모로 넘쳐
나와 말로 표현되고 문장으로 발현되었는데도 기 때문에 그렇게 된 것임
을 몰랐을 뿐이다.42)

하였다. 이 가운데 孟子·劉弇·蘇轍 등은 氣를 後天的으로 養致할
수도 있고 萎縮되기도 한다고 보았으며 養氣의 방법은 孟子와 蘇轍이
서로 달라서 孟子는 수양을 통한 內養을, 소철은 名山 大川의 周覽과
天下豪傑들과의 交遊 등 閱歷을 강조하였다. 반면에 曹丕는 氣는 天
賦的인 것이므로 後天的으로 바꿀 수도 없고 배워서 얻을 수도 없는
것으로 보았다. 고려 문인 중에 林椿은 前說을 따라서 자신은 많은 고
난을 겪으면서 氣가 沮喪되어 좋은 문장을 지을 수 없게 되었다고 하
면서 蘇轍과 同一한 養氣論을 전개하였으며, 李奎報는 氣는 天에 根
本을 둔 것이므로 배워서 얻을 수 있는 것이 아니라고 하였다.

李奎報가 氣는 不可學得이라 하였다 하여 後天的인 養氣를 否定한
것은 아니다. 「驅詩魔文」에서 遇景觸物하면 이를 詩化하지 않고는 견
디지 못하는 자신의 性癖을 詩魔라 부르고 이 詩魔가 그에게, "그대의
氣를 웅장하게 해 주고, 文辭를 아름답게 꾸며 주었다." 하기에 이를
승복하였다고 하여,43) 좋은 시를 짓기 위한 끊임없는 노력이 기상을 웅

---

42) 蘇轍,「上樞密韓太尉書」
轍生好爲文 以爲文者氣之所形 然文不可以學而能 氣可以養而致 孟子曰 我
善養吾浩然之氣 今觀其文章 寬厚宏博 充乎天地之間 稱其氣之大小 太史公
行天下 周覽四海名山大川 與燕趙間豪傑交遊 故其文疏蕩 頗有奇氣 此二子
者 豈嘗執筆學爲如此之文哉 其氣充乎其中 而溢乎其貌 動乎其言而見乎其
文 而不自知也.
43) 全集 20,「驅詩魔文」
雄子以氣 飾子以辭.

장하게 해준다고 본 것이다. 이는 곧 후천적인 養氣를 긍정한 것으로 前述한 '氣本乎天 不可學得'이라한 論旨와는 모순되는 듯이 보인다. 그러나「論詩中微旨略言」의 내용도 詩의 雕琢·丹靑에만 노력해서는 시 속에 雄壯한 氣象을 含有시킬 수가 없으며, 修飾에만 지나치게 用心하지 말고 意境을 直敍할 때 자연스럽게 天然의 氣象이 발현된다는 뜻으로 보아 이것이 氣의 先天說을 주장한 것은 아니라고 본다.

 李奎報는 氣를 '不可學得'이라 하였고, 林椿과 蘇轍은 文을 '不可學而能也' 또는 '不可以學而能'이라 하였다. 모두가 배워서 잘할 수 있는 것이 아니라는 동일한 뜻인데, 林椿과 소철의 말은 文이 天賦的 生得的인 것이므로 不可學而能한 것이 아니라 氣를 養致하면 文은 저절로 寬厚雄博하고 益自奇하게 된다고 한 것이다. 즉 이곳의 '學'을 綴辭之學으로 한정하여 단순한 글짓기 공부만으로는 좋은 글을 지을 수 없고 氣를 기르면 문도 자연히 훌륭해진다고 한 것이다. 李奎報가 '氣本乎天 不可學得'이라 한 것도 氣가 人爲的으로는 어쩔 수 없는 天賦的인 것이므로 後天的으로는 기를 수 없다는 것이 아니라 詩의 雕琢丹靑에만 노력해서는 시 속에 雄壯한 氣象과 深厚한 뜻을 含有할 수 없으니 수식에만 用心하지 말고 意境을 直敍할 때 자연스럽게 氣象이 발현된다는 뜻으로 한 말로 보아야 한다. 李奎報가 詩는 意로 근본을 삼고 意는 또한 氣로 主를 삼는다고 하였으며, 氣가 풍부한 사람만이 시 속에 심후한 뜻을 함축할 수 있다고 하였으므로, 氣가 天賦的인 것이어서 기를 수 없는 것이라면 人爲的인 노력으로는 深厚한 뜻을 지닌 시를 지을 수 없게 되며, 그렇다면 飢渴寒暑를 잊으면서 시를 짓기 위해 全心全力으로 노력한 것이(이 말은 驅詩魔文 속에 있는 것임) 무엇을 위해서인지 의심이 생기게 되고, 人爲的으로 가능한 것은 李奎報가 배격하는 雕鏤丹靑밖에 없다는 모순에 봉착하게 된다. 그러므로 이곳에서의 '天'을 自然・天然 등의 뜻으로 보고 '不可學得'의 해석도 綴辭를 위한 공부만으로는 자연 속에 충만한 氣를 나의 浩然 雄壯한 氣로 삼아 시의 속에 內含시킬 수 없다고 한 것으로 後天的인 養氣의 가능성을 否定한 것이 아니며, 이렇게 본다면 일견 모순된 듯한 '雄子以氣'와 '氣本乎天 不可學得'이라는 두 말의 차이도 해소된다.

이들 三人 모두가 文은 氣가 主가 되는 것이므로 氣가 心中에 가득 차서 詩文으로 발현되면 별도로 글을 잘 짓기 위한 공부를 하지 않아도 寬厚宏博하고 심후한 뜻을 함축한 시문이 된다고 본 것이다. 蘇轍 외에도 北宋의 문인들 중 夏竦・李薦(薦은 초두가 없는 글자)・劉弇 등 많은 사람들이 이와 유사한 氣論을 주장하였고 이런 주장이 고려문인들에게 영향을 끼친 것으로 보인다.

李奎報는 전술한 바와 같이, '대저 詩는 意를 근본으로 삼는다. 意를 세우기가 가장 어렵고 文辭를 연결하는 것은 그 다음의 일이다.'[44]하여 훌륭한 시가 될 수 있느냐는 시 속에 심후한 뜻이 있느냐의 여부에 달려 있다고 하였다. 詩經 大序에도

> 시란 뜻이 [文字로] 옮겨진 것이다. 마음 속에 있는 것이 志가 되고 언어로 발현되어 詩가 된다. 情이 마음 속에서 움직이면 말로 나타난다.[45]

하여 인간의 情・志를 시의 근본으로 보았는데, 이 설은 후세에 지대한 영향을 끼쳤고, 唐・宋代의 중국 문인들이나 고려의 문인들도 이 설을 그대로 수용하여 시의 근본을 情・志에 두었다. 司馬光은 '文之精者無如詩 詩者 志之所之也'[46]라 하였고, 黃裳은 '詩之所自 根於心 本於

---

44) 註 27) 參照.
45) 『詩經』 大序.
　詩者 志之所之也 在心爲志 發言爲詩 情動於中而形於言.

性情有所感 志有所通'47)이라 하였는데, 宋朝 諸人의 설이 詩의 근본에 대하여 비록 情・性・志・意 등으로 표현은 달랐지만 취지는 같은 것이었다. 시의 근본이라고 본 '志'・'意'는 시 속에 함유되어 있는 작자가 밝히고자 한 '뜻'을 말하며, 이는 시의 내용이라고도 할 수 있다. 즉 시에서 밝히고자 하는 내용이 시의 근본이고 이를 문사로 표현하는 형식[綴辭]은 그 다음의 문제라고 본 것이다.

    作詩尤所難   시짓기가 더욱 어려운 것은
    語義得雙美   말과 뜻이 함께 아름다워야 해서이네
    (中略)
    意本得於天   뜻은 본시 하늘에서 얻는 것이므로
    難可率爾致48)   쉽게 이르게 하기가 어렵다네
    (後略)

라 하여, 훌륭한 시가 되려면 語와 意, 즉 綴辭와 詩에 함유된 내용이 모두 훌륭해야 하며 이는 쉬운 일이 아니라 하고, 뜻은 본래 하늘에서 얻는 것이므로 쉽게 이룰 수 있는 것이 아니라고 하였다. 의는 '難可率爾致'라 하여 갑자기 쉽게 이르게 하기는 어렵다고 한 것은 후천적인 노력으로 이르게 하는 것이 전혀 불가능한 것은 아니고 쉽게 이르게 할 수 없을 뿐이라는 것이며, 이는 앞 구의 '意本得於天'의 '天'이 인위적으로 접근이 가능한 天을 뜻하는 것으로 보아야 한다.

  지금까지 발표된 대다수 논저들의 해석처럼 李奎報가 意와 氣를 모두 天賦的인 것으로 보았다면 作詩者가 後天的인 노력으로 이룰 수 있는 것은 綴辭, 즉 文章의 修飾과 雕琢뿐이게 된다. 意와 氣를 강조

---

46) 司馬光, 「薛田詩集序」
47) 黃裳, 「樂府詩集序」
48) 後集 1, 「論詩」

하여 그 근원을 모두 先天的인 것에 붙이다 보면 人爲的인 노력으로 가능한 것은 逆說的으로 그가 가장 배격하는 雕鏤丹靑뿐이라는 결론에 도달하게 된다. 이렇게 본다면 그의 의도와는 상반되는 결론에 이르게 되므로 '天'의 해석을 後天的 努力으로는 到達이 불가능한 耕地로 보지 말고 다른 意味로 해석해야 할 필요가 있다. 이에 金興圭 교수는 이곳의 天의 개념을,

> 시인이 추구하여야 할 근본과제는 合理的 計算과 瑣末的 技藝 및 繁多한 知識·用事·典故類의 영역 저편에 있는 詩的 認識의 自然性, 生命的 本源性에 달려 있다는 것으로 이해된다. 그것을 오늘날의 용어로 바꾼다면 理性·知識 및 意識의 規律과 대립하는 生命的 直觀力, 創造的 想像力에 의해서 言語 以前의 詩, 즉 意가 성립한다는 말이 될 것이다.[49]

하여, 天을 知的인 認識과 意圖의 作爲로부터 獨立한 創造的 直觀과 感性 및 想像의 영역에 속하는 것으로 보았다. 그러나 生命的 直觀力·創造的 想像力도 역시 天賦的인 것으로 보았으므로 이 견해도 또한 後天的인 노력으로 意를 深化시키기는 不可能한 것이 되어 先天的인 能力이 없으면 深厚한 뜻을 지닌 詩는 지을 수 없다는 結論에 이르게 된다.

그러므로 이곳의 天을 『孟子』의 '順天者存 逆天者亡'이라 한 곳의 天이나, 『中庸』에서 이른바 '誠者天之道也 誠之者人之道也'라 한 '天道'로 보아 천지 자연의 이법으로 해석하고, 천지도를 실현하고자 노력하는 것이 인지도이므로 '意本得於天 難可率爾致'를 심후한 詩意는 본래 天道에서 얻어지는 것이므로 天道를 깨닫고 이를 이루고자 부단히

---

[49] 金興圭, 「李奎報의 意·氣論」(第3回 『東洋學國際學術會議』 資料 第一部. 1985, 成均館大 大東文化硏究院, p.3)

노력하여 知的 道德的으로 높은 次元에 이른 사람이 아니면 갑자기 이루려 해도 그렇게 되기가 어렵다는 뜻으로 보아야 할 것이다. 즉 이 시구를 '뜻은 본래 천도에서 얻는 것이므로 갑자기 이르게 하기는 어렵다'라고 해석하고, 천도를 실현하고자 후천적으로 노력하여 높은 경지에 달한 사람이라야 시 속에 심후한 뜻을 세울 수 있는데, 수양과 학식이 부족한 사람들은 높은 의경에 도달할 수 없으므로 이를 호도하기 위하여 雕鏤丹靑에만 주력하게 된다고 한 것이 李奎報의 뜻이었다고 보아야 할 것이다. 광범한 독서와 수양을 통하여 심오한 학식과 인격을 갖게 된다면 天道와 합치되는 차원 높은 '意'를 가질 수 있고 이것이 문학으로 발현되면 훌륭한 작품이 될 것이므로 意를 天賦的인 것으로 보는 것은 인간이 後天的인 노력으로 이룰 수 있는 분야를 너무 좁혀 놓은 것이 되며 李奎報의 의도도 이런 것은 아니었으리라고 본다.

　李奎報 자신도 시문을 짓기 위한 노력과 준비를 중요시하였다. 9세부터 手不釋卷하면서 六經·諸子百家로부터 幽經 僻典 梵書 道家之說에 이르기까지 그 精華를 뽑아내어 문장을 훌륭하게 짓는 자료로 삼고, 上古以來의 歷代 史書를 두루 섭렵하여 그 요점을 따다가 적시에 응용할 준비를 해 놓았다고 스스로 말하였는데,50) 이것이 모두 綴辭와 雕鏤丹靑만을 위한 준비였다고는 볼 수 없고, 뜻을 높게 갖고 이를 文辭로 적절히 표현하기 위해서였다고 보아야 한다. 만약 이를 雕鏤丹靑만을 위한 준비로 본다면 李奎報는 평생동안 內實을 버리고 外華를 위한 준비만 하였다는 말이 된다. 金春洙는,

　　능력있는 詩人에게는 讀書는 나중에 詩作에 많은 도움이 될 것임은 물론이다. 독서는 그때의 인상적인 부분이 의식하에 잠재하였다가 시인의

---

50) 全集 26, 「上趙太尉書」

상상력이 활동할 적에 훌륭한 심상을 제공해주는 수가 얼마든지 있을 것이다. 생활에서 실지로 경험하는 때보다 한층 독서에서 우리는 생생한 것을 느끼는 수도 있다.……즉 시인은 천성의 바탕위에 후천적 시작의 노력을 게을리해서는 안 될 것이란 말이다.51)

하였는데, 이 말은 현대문학이나 고전문학이나 공통으로 타당한 것이며, 李奎報가 제서를 두루 섭렵한 것도 바로 이 때문이었고, 광범한 독서의 결과로 어느 한 시체로 한정지을 수 없는, 제체에 두루 능숙한 시인이 될 수 있었고, 각종 전적에 나타난 정신[意]을 자유자재로 구사하여 詩意를 세웠기 때문에 新意로 창작하는 시인이라는 稱譽를 들을 수 있었던 것이다. 淸의 吳寶之는,

뜻 세우기를 반드시 높게 하고, 책 읽기를 반드시 많이 하고, 노력하기를 반드시 부지런히 하고, 스승에게 배우기를 반드시 진실되게 해야 한다. 이 네 가지를 갖추지 않았다면 시를 논할 수가 없다.52)

하였는데, 뜻[志·意]을 높게 갖고자 힘써야 한다는 것은 후천적인 노력에 따라 높은 뜻을 갖는 것이 가능하다고 본 것이며, 多讀·勤勉·師傳도 모두 후천적인 노력에 속하는 것이므로 천부적인 詩才를 무시할 수는 없지만 후천적인 노력이 없으면 높은 뜻이 함유된 좋은 시를 창작할 수 없다고 본 것이다. 元代의 方回도 驚人할 만한 佳句는 애써 생각한다고 얻어지는 것이 아니요, 생각도 않았는데 자연스레 얻어지는 것이라고 하고는, 이렇게 될 수 있는 조건으로 천하에서 할 수 있는 일

---

51) 金春洙, 『金春洙全集 Ⅱ 詩論』, 文章社, 1982, pp.162~163.
52) 吳寶芝, 「重刻律隨記言」8則中 第4則, (朱榮智, 『元代文學批評之研究』 聯經出版立業公司, 台灣, p.40에서 再引用) 立志必高 讀書必多 用力必勤 師傳必眞 四者不備 不可言詩.

은 모두 해서 胸襟에 스스로 터득한 높은 경지가 생겨 이것이 시로 발현될 때만 그러한 경지에 도달할 수 있다고 하였다.53) 즉 후천적인 노력을 다한 뒤에야 佳句가 자연히 流露되는 경지·不思而得之하는 경지에 이를 수 있다는 것으로 이 兩人의 설이 타당한 文學論으로 보이며, 李奎報의 뜻도 이에서 벗어나지 않는다고 본다.

李奎報는 시의 근본을 意와 氣로 보아 심후한 뜻을 함유하고 기상이 호방한 시를 지어야 한다고 하였으며, 氣는 天에 근본을 둔 것이므로 배워서 얻을 수 있는 것이 아니라고 보는 先天說과 수양이나 閱歷을 통하여 養致할 수 있다고 보는 後天說 가운데 前說에 가까운 주장을 폈으면서도 作詩를 위하여 노력하다 보면 기상이 웅장해진다고도 하여, 氣가 天賦的인 것이냐 後天的인 養氣가 가능하냐에 대한 명확한 견해를 밝히지 않았다. 그의「論詩中微旨略言」의 내용도 시의 수식에만 노력해서는 시 속에 웅장한 기상을 함유할 수 없으며, 문장의 수식에 지나치게 用心하지 말고 意境을 直敍할 때 자연스럽게 천연의 기상이 발현된다는 뜻으로, 기의 선천설을 주장한 것은 아니라고 본다. 즉 작시에 있어서 철사를 위한 지나친 노력으로 시를 艶麗하게 꾸미는 데만 힘쓰다 보면, 시의 주가 되는 의경이 오히려 손상되며 作詩者의 천연스런 기상도 시에 그대로 발현되지 않는다는 뜻으로 보아, 이곳의 '天'을 天賦的·生得的이라는 의미로 보지 말고 自然·天然·天眞 등의 뜻으로, '不可學得'의 해석도 作詩를 위한 修飾之學만으로는 천연의 기를 얻을 수 없다는 의미로 보아야 하며, 李奎報가 陽氣의 가능성을 부정한 것은 아니라고 생각한다.

李奎報는 의도 또한 하늘에서 얻는 것이라고 하였는데, 이를 대부분의

---

53) 方回,『桐江集』2,「跋昭武黃瀠文卷」

詩論家들이 인위로 도달할 수 없는 선천적인 것이라는 뜻으로 해석하였으나, 이곳의 천은 天道, 즉 천지자연의 理法을 뜻하는 것으로서, 李奎報도 선천적인 노력으로 이를 실현할 수 있는 것으로 생각하고, 의경을 심후하게 하기 위하여 스스로 많은 노력을 기울이기도 하였다.

2. 作詩論

1) 作詩段階論

李奎報는 심중에 시상이 생겨서 시로 발현되고 세상에 발표되기까지의 과정을 「논시중미지약언」 등에 소상히 밝혀 놓았다. 그가 작시단계에 대하여 말한 것을 보면,

　　대저 시는 뜻[意]을 으뜸으로 삼는 것이니 뜻을 베푸는 것이 가장 어렵고, 말을 만드는 것[綴辭]은 그 다음의 일이다.[54]

　　또 글이란 정에 연유하여 발로되는 것이므로, 마음 속에 부딪히는 것이 있으면 반드시 밖으로 드러나서 막을 수가 없는 것이다.[55]

하였는데, 이것은 심중에 시상이 생겨 마음에 부딪히면 이것이 심외로 발현되어 시가 되며 심의가 시화하려면 철사의 과정을 거쳐야 하므로 철사는 설의 다음 단계의 일이어서 '철사차지'라 한 것이다. 이는 「詩經序」의 '詩者志之所之也 在心爲志 發言爲詩(志의 오자) 情動於中而形

---

54) 全集 22, 「論詩中微旨略言」
　　夫詩 以意爲主 設意最難 綴辭次之.
55) 全集 27, 「與朴侍御犀書」
　　且文者 緣情而發 有激於中 必形于外 而不可遏之者也.

於言'이라 한 말을 그대로 부연한 것이니, 詩序에서 情·志라 한 것을 李奎報는 情·意로, 發言이라 한 것을 形於外라는 같은 뜻의 다른 말로 바꾸어 쓴 데 지나지 않는다. 詩序에서 밝힌 작시의 단계를 도해하면,

| 마음(心) | → | 뜻(志) | → | 말(言) | → | 詩 |56)

이렇게 된다. 李奎報의 상기 소언도 같은 방식으로 도해하면,

| 中(心中) | → | 情·意 | → | 綴辭(形於外) | → | 詩 |

이렇게 된다. 즉 시경서의 소론과 李奎報의 소론이 일치하는 것임을 알 수 있다. 이를 좀더 구체적으로 서술해 보면, 한 편의 시가 이루어지려면 심중에 뜻(지·정·의 등으로 표현)이 생겨서 이 시적 심상이 철사의 형식을 거쳐 외부로 발현되어야 한다는 것이다. 綴辭란 무엇인가. '綴'의 字意는 '聯之以絲也·連也·係也·結也·緝也·飾也·表也'57) 등이므로 綴辭란 聯辭·緝辭·飾辭·表辭 등으로 풀 수 있다. 즉 문사를 연결함, 실로 옷감을 짜듯이 문사를 얽어서(構文하여) 뜻을 밝힘, 문사로 수식함, 문사로 표현함 등을 뜻한다. 綴辭란 첫째, 心中의 뜻을 詩化하기 위하여 형식을 갖추는 일, 즉 字數 押韻 對偶를 맞추는 일로서 이것이 이루어지지 않으면 漢詩가 될 수 없다. 둘째 시적 이미지를 玲瓏 明確 美麗하게 발현시키는 일로서 故事의 引用, 文辭의 修飾 및

---

56) 趙載勳,「詩經에 나타난 詩觀考」(公州師大『錦江文化』14, p.107)
57) 諸橋轍次,『大漢和辭典』8, pp.1101~1102.
 一 [說文, 段注] 聯之以絲也, 二 [國語, 注] 連也, 三 [楚辭, 注] 係也, 四 [詩·商頌·長發, 注] 結也, 六 [玉篇] 緝也, 八 [大戴禮·明堂, 注] 飾也, 十[詩·商頌·長發, 傳] 表也.

推敲 등을 총칭한 말이다. 즉 詩의 내용이 되는 詩意를 독자에게 전달하고 시의 형식을 갖추기 위한 모든 기법을 총칭하여 綴辭라 한 것이며, 詩意와 綴辭는 시의 내용과 형식으로서, 어느 쪽도 缺해서는 시가 성립될 수 없는 作詩의 兩面인 것이다.

그러면 意(心象)를 시화하기 위한 綴辭는 어떻게 해야 하는가. 李奎報는 이에 대하여,

> 자신이 먼저 韻을 달 때 뜻에 방해가 되는 것 같으면 고치는 것이 옳다. 和韻하는 시에 만약 險韻이 있으면 먼저 韻의 안치할 바를 생각한 후에 뜻을 세워야 한다. 시구가 對偶를 맞추기 어려워 오래도록 沈詠해도 얻을 수 없으면 즉시 끊어버리기를 아까워하지 않아야 마땅하다. ……더러는 後句로서 前句의 폐단을 구하기도 하고 한 자를 잘 써서 한 句를 편안하게 할 수도 있으니 이런 것을 생각 않을 수 없다.58)

하여, 아무런 제약이 없는 상태에서 시를 지을 때는 詩韻이 詩意와 맞지 않으면 韻을 바꾸어야 한다고 하였다. 즉 意와 韻이 조화를 이루지 못할 때는 韻을 바꾸어야 한다고 하였다. 즉 意와 韻이 조화를 이루지 못할 때는 韻을 바꾸어야 한다는 것으로 이는 시의 형식의 일부인 韻보다 內容이 되는 뜻이 더욱 중요하다고 본 것이다. 남이 이미 지은 詩의 韻에 맞추어 시를 지어야 하는 和韻詩는 만약 韻字를 고르기 어려운 險韻이면 앞의 작시방법과는 반대로 韻이 穩當한가를 먼저 생각하고 뜻을 거기에 맞추어야 한다고 하였다. 즉 남의 시에 和韻하는 경우에는 '押韻爲先 設意次之'해야 한다고, 일반적인 作詩段階와는 반대되

---

58) 註 27)과 같은 책 같은 곳
自先押韻 似若妨意 則改之可也 唯於和韻之詩也 若有險韻 先思韻之所安 然後措意也 句有難於對者 沈詠良久 不能易得 則卽割棄不惜宜也……或以後句救前句之弊 以一字助一句之安 此不可不思也.

는 과정을 제시하였다. 近體詩의 律詩와 排律은 首兩句와 末兩句를 제외한 諸聯의 出句와 對句가 對偶를 이루어야 하는데 出句를 완성한 후 아무리 沈吟해도 對句의 對偶가 생각나지 않으면 이미 지어 놓은 出句를 아깝다고 여기지 말고 버린 후에 처음부터 다시 생각해야 한다고 하였고, 일련의 兩句 가운데 對句를 절묘하게 지어서 出句의 瑕疵를 구제할 수도 있고 한 자를 잘 써서 한 구 전체를 빛나게 할 수도 있는 것이므로 一字 一句도 소홀히 할 수 없다고 하였다. 이것이 作詩에 있어서 押韻·對偶·構想·措字 등을 어떻게 해야 할 것인가를 밝힌 李奎報의 綴辭論이다.

設意와 綴辭의 과정을 거쳐 詩가 이루어졌다 해도 곧바로 세상에 발표해서는 안되고 타인의 評도 들어보고 病이 될 만한 부분은 없는가 거듭 推敲를 해본 후 疵失을 발견할 수 없을 때 내놓아야 한다고 하였다. 이에 대한 所論을 살펴보면,

시의 결함을 말해주는 사람이 있으면 기쁜 일이다. 그러나 그의 말이 옳으면 받아들이고 옳지 않으면 나의 뜻대로 할 뿐이다. 어찌 듣기 싫어하기를 마치 임금이 諫言을 거절하는 것과 같이 하여 끝내 그 허물을 모르고 넘길 필요가 있겠는가. 무릇 시가 이루어지면 반복하여 관찰하되 자기가 지은 것이라 생각하지 말고 다른 사람이나 또는 평생 심히 미워하는 자의 시를 보듯이 하여, 그 하자를 열심히 찾아도 찾을 수 없게 된 후에야 그 시를 세상에 내놓아야 한다.[59]

하여, 타인의 비평을 어떤 자세로 수용할 것이며 시의 推敲는 어떤 자

---

59) 같은 책 같은 곳
  人有言詩病者 在所可喜 所言可則從之 否則在吾意耳 何必惡聞如人君拒諫 終不知其過也 凡詩成 反覆視之 略不以己之所著 觀之如他人及平生深疾者之詩 好覺其疵失 猶不知之 方可行之也.

세로 할 것인가에 대하여 매우 교훈이 될 만한 말을 하였다. 시의 결점을 말해주는 사람이 있으면 기쁜 일이라고 하여 타인의 비평을 고맙게 여기고 겸허하게 받아들이되 비평 가운데는 옳은 것도 있고 그른 것도 있으므로 이를 수용하느냐 않느냐는 스스로의 기준에 따라 결정하면 된다고 하고, 자기가 지은 시의 결점을 지적받으면 마치 왕이 간언을 거절하듯 받아들이지 않아 끝내 허물을 고치지 못하는 사람도 있는데 이는 온당한 자세가 아니라고 하였다.

또한 시가 이루어지면 바로 세상에 내놓지 말고 스스로 객관적 입장에 서서 반복하여 관찰하며 瑕疵를 찾아내기를 평소에 미워하는 사람이 지은 시의 결점을 찾아내는 태도로 하여도 疵失을 발견할 수 없게 된 뒤에야 세상에 내어놓아야 한다고 하였다.

이와 같이 李奎報는 마음 속에 뜻(意)이 생기는 設意段階부터 綴辭를 거쳐 시가 이루어진 후 반복하여 推敲를 해보고 남의 평도 들어본 후 결함이 없으면 세상에 내놓아야 한다고 작시과정을 단계별로 매우 합리적으로 설명하였다. 한편 '지금까지 논한 바는 시 뿐 아니라 문도 그러하다. …… 詩와 文은 역시 한 법칙이다.'[60]하여, 지금까지 서술한 作詩論은 作文論에도 그대로 적용될 수 있다고 하였다. 즉 詩와 文의 創作原理를 같다고 본 것이다.

2) 新意論과 用事論

作詩에 있어서 심중에 設意가 이루어지면 이것을 綴辭하여 詩化하게 되는 것이라고 앞에서 기술하였다. 이 철사의 한 방법으로 시 속에

---

60) 같은 책 같은 곳
    凡所論不獨詩也 文亦幾矣……然則詩與文亦一揆歟.

고사를 인용하는 것을 用事라 한다. 즉 시에 고인의 명이나 고인의 관직이나 고인의 말이나 고인의 일 등을 빌어서 한두 자로 압축하여 쓰는 것을 用事라 한다. 지금까지 많은 한시 시론가들이 新意와 用事에 대하여 갖가지 견해를 나타내었는데 이를 대별하여 보면, 고려 중기의 시인들 중 시를 지을 때 新意를 특히 강조하여 新意論을 주장하는 사람이 있었다고 보는 견해와,61) 用事는 설의한 것을 표현하기 위한 방법이므로 대립이란 있을 수 없고, 의와 用事는 주종의 관계라고 보는 견해가 있다.62) 그러면 新意와 用事는 어떤 관계에 있으며, 고려 중기에 시인들이 新意論者와 用事論者로 나뉘어져 대립한 일이 있는가를 고구해 보고자 한다.

李仁老는 用事論을 주장하고 李奎報는 新意論을 주장하여 당시의 대표적인 두 시인이 대립하였고, 이러한 대립은 양인의 문학관의 차이 때문으로 보기도 하나 이러한 견해는 받아들일 수가 없다. 新意와 用事는 좋은 시를 짓기 위하여 필요한 양면이기 때문에 어느 쪽도 소홀히 할 수가 없으며, 여조 문인들도 이에 대한 견해의 차이는 없었다고 본다. 李仁老가 新意를 부정한 일도 李奎報가 用事를 배격한 일도 없었다.

---

61) 이런 견해를 나타낸 논문을 열거하면 다음과 같다.
　　徐首生,『高麗朝漢文學研究』, 螢雪出版社, pp.60~62, 174~190.
　　全鎣大(外),『韓國古典詩學史』, 弘盛社, 1981, pp.56~68, 73~82.
　　趙東一,『韓國文學思想史試論』, 知識産業社, 1978, p.77~84.
　　趙鍾業,『高麗詩論研究』, 1963, pp.26~29.
　　　　『韓國古代詩論史』, 太學社, 1984, pp.19~22.
62) 이런 견해를 나타낸 논문을 열거하면 다음과 같다.
　　朴性奎,「東人詩話解說」(『東人詩話』, 螢雪出版社, 1981, pp.271~277.)
　　　　『李奎報研究』, 啓明大出版部, 1982, pp.27~28.
　　申用浩,「13世紀高麗文人의 文學觀小考」(公州師大『論文集』20, 1982, pp.6~13)

李奎報가 新意를 강조한 것은 사실이지만 이것을 用事와 맞세워서 말한 것은 아니며, 全履之가 당대에 李奎報만이 고인을 답습하지 않고 조어가 모두 新語에서 나왔으므로 사람들의 이목을 놀라게 한다고 한 편지에 답하기를,

> 나는 어려서부터 방랑무검하여 책을 읽어도 정독을 못하였으므로 육경이나 자·사 등도 섭렵만 하였을 뿐 근원을 궁구하지는 못하였으니 하물며 제가의 장구지문이야 말할 게 있겠는가. 그 글을 숙독하지 않고서 그 체를 본받고 그 말을 훔칠 수 있겠는가. 이것이 어쩔 수 없이 신어로 시를 지은 까닭이다.[63]

하여, 자신은 독창적인 新意로 시를 지었고 님의 시를 모빙하거나 도둑질한 일이 없으며, 그 이유는 어려서부터 많은 책을 읽었지만 정독한 일이 없었기 때문이라고 하였다. 이백·두보나 소동파처럼 누구의 시도 모방하지 않고 자기의 개성대로 新意로 독창적인 시를 지어 일가를 이루고 싶은 것은 모든 시인들의 공통된 욕망이다. 그러나 이것이 누구에게나 가능한 것은 아니므로 당시의 속된 시인들이 동파의 시풍만을 오로지 효방하였으므로, 이를 배격하기 위하여 新意를 더욱 강조한 것이다. 李奎報도 어느 특정인의 시체만을 효방하지는 않았지만 그의 시에도 각종 전적과 제가의 문집에서 시상이나 시어를 끌어다 쓴 것이 이루 매거할 수도 없을 정도로 빈출하며, 그도 이런 사실을 인정하고 자랑까지 하였다. 그가 작시를 위한 用事의 자료를 얻기 위하여 얼마나 노력하였는가를 보면, 스스로 각종 전적을 두루 섭렵하여 그 정화를

---

63) 全集 26,「答全履之論文書」.
予者少放浪無檢 讀書不甚精 雖六經子史之文 涉獵而已 不至窮源 況諸家章句之文哉 旣不熟其文 其可效其體 盜其語乎 此所以不作新語.

따다가 문사를 아름답게 꾸미는 도구로(用事의 도구로) 삼지 않은 것이 없고, 적시에 응용할 준비(用事의 준비)로 삼지 않은 것이 없다고 한 데서64) 알 수 있다. 즉 자신의 생각을 시문으로 적절히 표현하기 위한 用事의 준비가 남보다 광범위하였기 때문에 어느 한 문인의 문풍만을 따를 필요가 없었으며, 이것이 독서의 범위가 협소한 사람들의 눈에는 新意·新語로 창작하는 것처럼 보였을 것이고, 일부 문인들이 이것을 칭찬하자 자신도 이를 수긍하였던 것이다. 이에 崔滋도 李奎報가 창출新意할 수 있었던 것은 경사백가의 훈방염채를 두루 열람하였기 때문에 가능했다고 하였다.65) 전절에서 고구한 「論詩」시에서 李奎報는 어와 의가 雙美한 시라야 좋은 시이기 때문에 作詩가 어려운 것이라 하여 의와 어를 다같이 중시하고, 뜻을 세우는 데 말이 원숙하지 못하면 難澁해져서 뜻을 옳게 펼 수 없다고 하였다. '의'를 적절히 표현하기 위한 '어'는 세련된 시어를 구사한 것이어야 하며 이러한 시어는 선대 시인들에 의하여 이미 갈리고 다듬긴(다듬겨진) 말들로 用事가 다수 포함되게 마련이므로 用事의 배격이란 있을 수 없고 李奎報도 물론 用事를 배격한 일이 없다. 즉 李奎報는 用事를 시의를 함축성있고 여운이 풍기도록 표현하는 하나의 방법으로 보고, 이러한 역할을 제대로 못하는 그릇된 用事를 배격하였을 따름이다. 이렇게 보면 李奎報가 新意를 강조한 이유가 분명해진다. 당시의 시풍이 외화에 모방에 치우쳐 시지를 소홀히 여겼기 때문에 이를 바로잡고자 한 것일 뿐이고, 用事를 반대하거나 경시해서가 아니었다. 즉 조루단청에 기울어진 시풍을 바로잡아 설의와 균형을 회복하기 위하여 新意를 강조하였을 뿐이요 用事를 배격한 일은 없었다.

---

64) 全集 26, 「上趙太尉書」 參照.
65) 崔滋, 『補閑集』 中, 第36話 參照.

李奎報가 新意의 중요성을 강조하면서 의를 발현시키는 방법의 하나인 用事를 수용한 것처럼 李仁老도 用事를 빈번히 언급했다 해서 新意를 무시한 것은 아니며 무시할 수도 없는 것이다. 李仁老가 심중의 뜻이 시화하는 과정에 대하여 언급한 것을 보면,

    옛날 복상이 쓴 시경서에, '마음에 있는 것이 충(志의 오기인듯:筆者)이 되고 言으로 드러난 것이 詩가 된다'하였고, 양자운도 '言은 마음이 소리로 나타난 것이다'하였는데 마음이 천지를 포괄할 수도 있지만 항상 고요하고 아득한 사이에 숨어 있어서 그 형상을 볼 수가 없다. 心이 言에 의탁한 후에야 명백해지는 것이 金石은 無聲物이지만 두드리면 울리는 것과 같다.66)

하여 시경시와 양웅의 시화과정에 대한 설을 받아들이고 이를 부연하여, 마음이란 비록 하늘에 닿을 수도 땅에 서릴 수도 있는 것이지만 말의 의지해야 드러나고 시로 발현돼야 명료해진다고 하였다. 즉 心中의 뜻은 言과 詩를 통해서만 드러날 수 있다는 것으로, 李奎報가 心中에 設意한 것을 綴辭하여 시를 이루는 것이라고 한 말과 같은 의미이다.67) 이는 기본적인 詩觀에 李仁老와 李奎報가 차이가 없음을 뜻한다.

    많은 논자들이 李仁老가 新意論에 대립하는 用事論者라는 증거로

---

66) 李仁老,「雙明齋集序」(『東文選』 83.)
    昔卜商詩序曰 在心爲忠 發言爲詩 楊子雲亦曰 言心聲 蓋心也者 雖際天幡地 而常潛於寂默杳冥之間 不可以得見其形象 心托於言而後顯 發於詩而後著 如金石無聲物也 叩之則鳴.
67) 趙東一, 같은 책 p.79에는 이것을 李仁老가 表現의 중요성을 강조한 것으로 보아 이규보가 設意의 중요성을 강조한 것과는 對立되는 견해를 표시한 것으로 보았다.

李仁老의 다음 글들을 들고 있다.68)

ⓐ 시구를 조탁하는 법은 杜少陵만이 그 묘방을 모두 터득하였다. (中略) 또 사람의 재능은 그릇에 네모진 것과 둥근 것이 있는 것과 같아서 겸비할 수 없는 것이니 마음과 눈을 즐겁게 하는 천하의 기이한 구경거리가 매우 많으나 진실로 재능이 뜻에 미치지 못하면 마치 노둔한 말이 연과 월 사이 천리길에 임하는 것 같아서 아무리 부지런히 채찍질을 해도 먼 곳에 이를 수는 없다. 이 때문에 옛 사람은 뛰어난 재능이 있더라도 함부로 손을 대지 못하고 반드시 단련 탁마한 뒤에야 무지개처럼 빛을 드리워서 천고에 빛나게 할 수 있었던 것이다.(中略) 그리고 소·황에 이르러서는 고사를 인용한 것이 더욱 정밀하고 뛰어난 기운이 용출하여 시구를 조탁하는 묘방은 杜少陵과 견줄 만하였다.69)

ⓑ 시인이 시를 지을 때 用事를 많이 쓰는 것을 點鬼簿라 하고, 이상은은 用事가 험벽하다 하여 후세에 이 유파의 문체를 서곤체라 하였는데 이들은 모두 문장의 결점이다. 근자에 蘇東坡·黃山谷이 굴기하여 그 법을 숭상해 따르면서도 造語가 매우 공교로워 쪼아낸 흔적이 없으니 靑於藍한 것이라 하겠다.(中略) 구법이 마치 조화가 생성한 것 같아서 독자가 어느 고사를 인용했는지 알지 못하게 된다.(中略) 내 친구 耆之도 그 妙理를 얻었다.70)

---

68) 註 57) 참조.
69) 李仁老,『破閑集』上, 第20話.
  琢句之法 唯少陵獨盡其妙 (中略) 且人之才 如器皿方圓 不可以該備 而天下之奇 觀異賞可以悅心目者甚夥 苟能才不逮意 則譬如駑蹄臨燕越千里之途 鞭策雖勤 不可以致遠 是以古之人 雖有逸材 不敢妄下手 必加鍊琢之工 然後足以垂光虹兒 輝映千古 (中略) 至及蘇黃 則使事益精 逸氣橫出 琢句之妙 可以與少陵並駕.
70) 같은 책 下, 第4話.
  詩家作詩多使事 謂之點鬼簿 李商隱用事險僻 號西崑體 此皆文章一病 近者蘇黃掘起 雖追尙其法 而造語益工 了無斧鑿之痕 可謂靑於藍矣 (中略) 吾友

ⓒ 西河 耆之는 (中略) 用事가 매우 정밀하므로 古人이 말한 '金 실로 수를 놓았으나 조금도 흔적이 없다'고 한 것이 이런 것이다.71)

ⓐ에 대하여 趙鍾業은, '이것을 요약한다면, 사람의 재질은 국한되어 있는 기구와 같기 때문에 만능적인 신과 같이 모든 사물의 극도에 적응할 수가 없다. 그러기에 아무리 뛰어난 재질이라도 반드시 鍊琢之功을 가한 뒤에야『李奎報의 말과 다른 점』그 사물의 극치에까지 묘사할 수가 있고 만세에 示範이 될 수 있다는 것이다.'72)라고 하고, 이는 형식으로 내용을 규정해 보려는 태도라 하였다.

두루 갖출 수 없다는 人之才는 어떤 재능인가, 천하의 기관이상으로 심목을 기쁘게 하는 것이 매우 많아서, 이를 시로 표현하고 싶은 생각(의)은 떠올랐는데 재능이 뜻(의)에 미치지 못한다는 말이므로 이곳의 人之才는 표현능력을 말한다. 뜻을 적절하게 드러내기 위한 표현능력에는 한계가 있으므로 用事, 연탁, 推敲 등의 괴로운 탁구 과정을 거쳐야 천고에 빛나고 일기가 橫出한(逮意한) 좋은 작품이 나온다는 것이다. 즉 아무리 훌륭한 뜻을 가지고 있다 해도 이를 적절히 표현하여 시화하지 않으면 빼어난 기상이 자유로이 분출되는 좋은 시가 될 수 없다는 것이다. 무지개처럼 영롱하고 천고에 빛을 드리운다는 의(體:內容)를 적절히 표현(用:形式)해서 작자의 設意가 제대로 드러난 것을 말하며, 李仁老가 用事와 推敲를 강조한 것이 체의를 위해서이므로 이것도 李奎報의 작시론과 일치하며 이런 문제는 李奎報도 李仁老만큼이나 중시했음을 이미 앞에서 설명하였다. 이것이 형식(用事)으로 내용(設意)

耆之 亦得其妙.
71) 같은 책 下, 第8話.
 西河耆之 (中略) 其用事甚精 此古人所謂蹙金結繡而無痕迹.
72) 趙鍾業,『高麗詩論研究』, p.29.

을 규정해 보려는, 내용보다 형식을 중시한 시론이라고는 볼 수 없다. ⓑ에서는 古人名을 많이 따다 詩化한 點鬼簿나 險僻한 用事를 많이 쓰는 西崑體 등은 문장의 병폐이고, 用事를 했으되 造語를 絶妙하게 하여 전혀 따다 쓴 흔적이 없으며 어느 고사를 用事한 것인지 모를 정도로 시속에 용해된 시가 出藍한 시이며, 蘇東坡·黃山谷과 林椿이 이런 수준에 이르렀다고 하였고, ⓒ에서는 林椿은 用事의 재능이 정교하여 흔적도 없이 故事를 잘 따다 썼다고 하였다.

 李仁老가 좋은 用事로 본 것은 點鬼簿나 西崑體가 아니요, 斧鑿之痕이 없이 시속에 자연스럽게 融化된 用事이며, 麗代의 문인중 이러한 用事를 배격한 사람이 없으므로 李仁老를 특별히 用事論者로 보는 것은 부당하다. 新意論者로 보는 李奎報도 시문의 창작을 위하여 모든 典籍에서 필요한 부분을 拔萃 記誦하여 聘詞摛藻之具로 삼아 適時에 응용(用事)할 수 있도록 대비하였으며, 文章의 一病이라고 李仁老가 배격한 點鬼簿를 李奎報도 載鬼盈車體라 명명하여 역시 배격하였다.

 李仁老는 詩意를 적절히 表現하지 못한 生澁한 用事, 해진 옷을 천과 색이 전혀 다른 것으로 기워 놓은 듯 부조화가 드러나는 用事를 배격하고, 시의를 적절히 드러내어 조화가 잘 되고 斧鑿之痕이 없는 天衣無縫한 用事를 용납한 것이다. 즉 用事도 잘 쓰면 약이 되고 잘못 쓰면 병이 된다고 본 것으로 잘 썼다는 것은 뜻과 표현이 일치하는 시이고 잘못 썼다는 것은 뜻을 표현하는데 不適한 生硬한 用事를 한 시를 말한다.

 작품의 경향이 李奎報의 시는 시의를 직설적으로 표현하고 기상이 豪莊하나 生澁한 면이 보이고, 李仁老의 시는 시의를 婉曲하게 표현하고 用事와 수식에 능하여 정교한 점이 특징이지만, 이런 경향이 詩觀의 차이 때문이라기보다는 兩人의 性格이나 氣質의 차이 때문이며,

의미가 深長한 시를 쓰려면 시의가 함축되어 餘韻이 풍기도록 비유를 써야 할 경우가 많게 되고 이런 형식은 用事를 쓰는 것이 가장 적절하므로 作詩者가 用事를 배격할 수는 없는 것이다. 用事를 않고 시의를 直敍하는 시가 六經 六儀중 賦體에 가깝다고 본다면, 用事를 한 시는 比體나 興體에 가까운 시가 되기 쉽다고 할 수 있으며, 用事를 했느냐 않았느냐를 가지고 시의 우열을 논하기는 불가능하고, 더구나 이제까지 도달하지 못했던 새로운 경지[新意]를 시화하고 싶은 마음은 모든 시인의 공통된 욕망일 것이므로 어느 특정인만을 新意論者로 보는 것은 옳지 않은 자세이다. 崔滋가『補閑集』에서 李奎報를 李仁老보다 높이 평가한 것은 당대의 대표적 문인들인 兩人 가운데 기상이 豪放했던 李奎報의 시가 기질이 纖弱한 李仁老의 시보다 격이 높다고 보았고, 당시의 정치상황이 武臣政權에 냉대를 받던 李仁老를 貶下하고 李奎報를 부각시킬 필요가 있었으며, 崔滋 자신이 李奎報의 恩顧를 입은 것도 양인의 비교평가에 영향을 끼쳤으리라고 본다.

 이 시대의 시인들은 詩論으로 志→發言→詩라는 詩經序의 이론을 받아들여 李仁老는 心→言→詩, 李奎報는 設意→綴辭→詩라는, 말은 다르나 뜻은 같은 공통의 기초 위에 서 있어서 시의 本質이나 作詩過程에 대한 異見은 전혀 없었으며, 전술한 바와 같이 崔滋가 정치적 목적으로 李仁老를 貶下하고 李奎報를 부각시키기 위하여, 李仁老는 用事에는 능하나 詩意가 부적절한 것이 많고 衆體에 고루 익숙하지 못하였고, 李奎報는 用事도 비유도 쓰지 않고 直穿天心한 기상이 豪放한 시를 지었다고 評하면서 李仁老를 李奎報 밑에 놓았는데, 현금까지도 일부 論者들이 당시의 상황을 고려하지 않고 이를 비판없이 받아들여 李奎報를 新意論者로 李仁老를 用事論者로 보아 兩論이 대립했던 것처럼 인식하고 있음은 再考를 要한다. 李奎報의 시를 보면 李仁老에 못지않게 用事를 즐겨 써서 그 예를 枚擧할 수가 없을 정도이며, 더러는 타인의 시구를 거의 그대로 따다쓰기도 하여 이미 일부 학자들의 지적을 받기도 하였다. 用事를 好用한 예를 지적한 것을 보면,

> 전집 9,「六月八日 鷺谷驛遇劉天院冲祺小酌用小畜詩韻各賦」頸聯에, '傷錦拙能慚郡寄 燃藜大手賀儒宗'이라 하였는데 出句는 정치 경험이 없는 사람에게 고을을 맡김은 재단을 배우는 사람에게 좋은 비단을 주어 상하게 함과 같다고 반대한 고사에 기대어, 아무런 행정 경험이나 수완이 없는 李奎報 자신이 全州司錄으로 있음이 부끄럽다는 뜻이요 대구는 한나라 劉向이 天祿院에서 校書할 때 太乙之精이 老人으로 化身하여 燃藜했다는 고사에 기대어 그와 동생인 劉冲祺를 추켜올린 구절이다. 이와 같이 每句마다 난해한 고사를 인용하여 자신의 博識을 과시하고 讀者를 당황하게 하는 시가 매우 많다.73)

한 말에서 일반적인 인식과는 다르게 李奎報는 文章之病으로 보았던 險僻한 用事도 거침없이 구사하였음을 알 수 있다. 타인의 시구를 거의 그대로 쓴 예를 지적당한 것을 보면,『東人詩話』에,

> 시는 古人을 蹈襲하지 않기가 어렵다. 李文順이 평생 말하기를, '진부한 것을 버리고 스스로의 솜씨에서 나왔으며 古人語를 따다쓰는 것은 죽어도 피했다'하였으나, 그의 시구 '黃稻日肥鷄鶩喜 碧梧秋老鳳凰愁'는 小陵의 '紅稻啄餘鸚鵡粒 碧梧棲老鳳凰枝'를 따라 쓴 것이고, '洞府微歌調玉案 敎房選妓醉仙桃'는 太白의 '選妓隨雕輦 微歌出洞房'을 따다 쓴 것이며, '春暖鳥聲碎 日斜人影長'은 唐人의 '風暖鳥聲碎 日高花影重'을 따다쓴 것이다. 李奎報의 높은 재주로도 이와 같았으니 하물며 그만 못한 사람에랴74)

---

73) 柳在泳,「用事雜考」(『藏菴池憲英先生古稀紀念論集』, 1980, p.432)
74) 徐居正,『東人詩話』上, 第20話.

하여,「吳德全東遊不來以詩寄之」[75])의 일부는 杜詩「秋興」의 일부를 빌어쓴 것이고,「文機障子詩」[76]) 제2수의 일부는 李白의 詩를 빌어 쓴 것이며,「絶句」[77]) 3수중 제3수도 唐人의 시를 따다쓴 것이라 하였고, 李丙疇는,

> '黃稻日肥鷄鶩喜 碧梧秋老鳳凰愁'는 杜詩「秋興」의 依樣이다. 일찍이 '自出機杼 如犯古語 死且避之'라고 호언한 高邁이면서도 오히려 이랬거든 하물며 이에 不及한 人士야 논란의 여지가 없다.[78])

하여, '文辭를 스스로 만들어 썼고 古語를 범하는 일은 죽어도 피했다'고 하였지만 사실은 그렇지 않았다는 것이다. 즉 뜻과 문사를 모두 창작하여 시를 지었다고 한 말은 지나친 과장이며 실제로 시들을 보면 上述한 바와 같이 표절에 가까운 것 까지도 다수 발견된다. 이로 보아 李奎報와 李仁老가 作詩할 때 用事를 활용한 것도 정도의 차이만 있을 뿐이다. 李奎報는 개인적으로도 16년 年上인 李仁老를 깊이 존경하여 謫仙이라 불렀다.[79]) 이는 시인에게 붙이는 최상의 존칭이다. 李仁老가 用事에만 익숙할 뿐 심후한 뜻이 없는 시를 지었다고 생각하고 그의 시풍이나 시론에 이견을 가졌었다면 謫仙이라 부르며 존경하지는 않았을 것이다. 李奎報와 李仁老가 氣質・性格・家風 등의 차이 때

詩不蹈襲古人所難 李文順平生自謂 擺落陳腐 自出機杼 如犯古語 死且避之 然有句云 '……' 用少陵 '……' 用太白'……'之句 '……' 用唐人 '……'之句 以李高才尙如是 況不及李者乎.

75) 全集 1.
76) 全集 13.
77) 全集 16.
78) 李丙疇,『韓國文學上의 杜詩硏究』, 二友出版社, 1979, p.155.
79) 全集 2,「題咸校勘子眞石硯幷序」參照.

문에 작품의 경향은 달랐지만 文學觀의 차이는 없었다. 李奎報가 新語로 詩意를 直敍한 시를 즐겨 짓고, 李仁老가 이미 갈리고 다듬긴(다듬겨진) 세련된 시어 및 精工한 用事를 활용한 시를 즐겨 지은 것은 다혈질형이고 정력적이었던 李奎報와 선병질형이고 섬약했던 李仁老의 성격과 기질의 차이 및 武臣亂으로 상승된 가문과 퇴조한 가문이라는 대조적인 가정환경 때문으로 보아야 한다. 즉 兩人의 차이는 근본적인 문학사상의 차이가 아니요 기질과 성격의 相異에서 오는 문학 스타일의 차이로 보아야 할 것이다. 이 때문에 崔滋도,

그들이 도달한 높은 경지는 비록 다르지만 들어간 곳은 모두 같은 문이다.[80]

한 것이다. 즉 兩人의 文學觀의 차이는 없었으며 新意論者니 用事論者니 하여 맞세워 놓고 보는 시각은 시정되어야 한다.

3. 文學格調論

李奎報가 풍격이 높다고 본 작품과 풍격이 떨어진다고 본 작품이나 작가를 살펴보면 그의 문학관과 비평의식이 드러날 것이므로 본절에서는 李奎報가 높이 평가하여 효방하려 한 작가나 작품은 어떤 것이며, 타기하려 한 작가나 작품은 어떤 것이었는가를 살펴보고자 한다.

李奎報는 개성이 있고 독특한 의경을 그려낸 작품을 높게 보아,

옛날 李翶가 말하기를, '육경의 문사는 창조나 조언을 서로 모방하지 않았기 때문에, 春秋를 읽을 때는 詩經이 있지 않은 듯하고, 詩經을 읽을

---

80) 崔滋,『補閑集』中, 第46話.
其壼奧雖異 所入皆一門.

때는 易經이 있지 않은 듯하다.……' ……聲律이 생긴 이래 近古의 시인들로 當代의 陳子昻·李白·杜甫……등은 汪洋閎肆하여 河淮를 기울이고 큰 바다를 쏟아놓은 듯한 豪猛한 기운을 구사하지 않은 사람이 없으나, 하나도 先輩某人의 體를 본받아 그 骨髓를 빼어 먹었다는 말은 듣지 못하였다. ……그러나 가기 一家를 이룸으로써 배와 귤의 맛이 다르나 입에 맞지 않는 것이 없는 것과 같았다.81)

하였다. 즉 一家를 이룬 文人은 각기 自己式으로 글을 지었고, 남의 글을 모방하지 않았다고 하여 獨創性과 個性을 중시하였다. 위로 孔子·孟子·荀子·揚雄으로부터 當代의 初唐四傑·李白·杜甫 등과 宋代의 王安石·司馬光·歐陽修·三蘇·梅堯臣 등이 모두 자기의 개성에 맞는 독자적인 시문을 지었던 바와 같이 스스로 일가를 이루도록 노력해야 하는데 요즈음 사람들은 한결같이 東坡의 詩體만 效倣하려 한다고 개탄하고, 옛 시인들은 남의 시문을 그대로 답습하는 일이 없어 뜻이 새롭고 시구는 원숙하였는데 이는 經史 百家와 옛 성현의 말에 訓導되어 賦詠할 때 이를 익숙하게 商酌하여 썼기 때문이라고 하였다. 즉 깊은 수양과 광범한 지식을 具有하고 있으면 개성에 맞는 독창적인 시문을 창작할 수 있다고 하고, 만약 남의 시문을 답습만 한다면 이는 탁본을 하는 것과 같아서 紙墨만 虛費할 뿐 세상에 도움이 될 것이 없다고 하였다.

李奎報는 독창성과 함께 심후한 뜻이 함유되어 있어야 한다고 하였다. 뜻이 심후해서 거듭 詛嚼해 보아도 맛이 無窮한 시를 格調가 높은

---

81) 全集 26,「答全履之論文序」
 昔李翶曰 六經之詞 創意造言 皆不相師 故其讀春秋也 如未嘗有詩 其讀詩也 如未嘗有易……聲律以來 近古詩人言之 有若唐之陳子昻李白杜甫……莫不 汪洋宏肆傾 河淮倒瀛海 騁其豪猛者也 未聞有一人 效前輩某人之體 刲剝骨 髓者……然各成一家 梨橘異味 無有不可於口者.

것으로 보았고, 雕鏤丹靑만 일삼아서 지은 시는 처음 읽을 때는 맛이 있는 듯하지만 거듭 詛嚼해 보면 맛이 이미 다 없어져버린다고 하였다. 즉 시는 餘韻을 함축하고 있어서 言盡而意不盡하고 意盡而味不盡해야 한다고 본 것이다. 「白雲小說」에,

　　琳宮梵語罷　　절간에 독경소리 그치고
　　天色淨琉璃[82]　하늘 빛은 유리같이 맑도다.

하로 鄭知常이 시를 지으니 金富軾이 그 시를 빼앗으려 하였다는 일화가 있다. 이 시구를 빼앗으려 한 이유는 자기는 도저히 지을 수 없을 정도로 山寺의 고요함을 절묘하게 표현하였기 때문이었다. 즉 山寺는 본래 寂寞하고 고요한 곳인데 그 적막함을 깨는 것이 있다면 스님의 讀經소리뿐이다. 그 독경소리마저 멎어서 천지가 停止된 듯한 적막을 느끼는 것이 出句의 含意이다. 對句에서는 이렇게 고요할 때 하늘마저 구름 한 점 없이 유리처럼 맑아 정적감을 더하게 해 준다고 出句의 이미지를 점층적으로 더욱 심화시키고 있다. 이렇게 이미지가 함축되어 여운을 풍기는 시를 격조 높은 시로 보았으므로 한 번 읽으면 의미가 바로 이해되고 맛이 이미 다해서(味已窮) 더 읽을 필요가 없는 시를 낮게 보았다. 이 시구 속에는 적막하다든지 고요하다는 말은 한마디도 없으면서 깊은 정적감을 절묘하게 표현하고 있다. 이렇게 미묘한 세계를 표현하자면 비유를 통하여 상징적으로 표현하지 않고는 불가능하며, 시어가 일상시의 의미만을 그대로 가지고 있어서는 안되고 二重 三重의 의미를 가지고 미묘 복잡한 빛깔을 내야만 하며 이런 요건을 완벽하게 갖춘 것이 鄭知常의 이 시구인 것이다. 李奎報가 함축을 중시한 예를 하나 더 들어보면,

---

82)『白雲小說』, 第7話(東國李相國集에는 수록되지 않음)

내가 전에 梅堯臣의 시를 읽고 마음 속으로 대수롭지 않게 여겨 옛 사람이 그를 詩翁이라 부른 이유를 알지 못했는데 이제 열람해보니 겉으로는 연약한 듯하나 속에 단단한 뼈대를 함유하고 있어서 참으로 시 가운데 빼어난 것이었으니 梅의 詩를 안 뒤에야 시를 아는 자라고 이를 만하다.83)

하여 거듭 읽을수록 단단한 뼈대를 느낄 수 있는 시를 높이 보고 자신이 이를 깨닫는 데 오랜 기간이 걸렸다 하여 이런 시를 이해하려면 장기간의 수련을 통한 높은 안목이 필요하다고 하였다. 이런 류의 시는 직설적인 표현보다는 高度의 隱喩로 표현된 경우가 많으며, 修辭상의 노련한 技術이 필요하게 된다. 補閑集에서도 解詩之難에 대하여,

　　文安公(兪升旦)이 ……또 말하기를, "지극히 奧妙한 말은 오래 되어야 맛을 알게 되고 卑近한 작품은 한 번 보면 곧 기뻐진다. 배우는 자가 글을 볼 때는 숙독하고 깊이 생각해서 뜻을 터득하는 경지에 이르기를 기약해야 마땅하다"하였고, 文順公(李奎報)은 "전에 내가 歐陽公集을 보고 그 풍부함을 사랑했는데 두 번째 보고는 佳處를 알았고 세 번째에 이르러서는 손을 잡고 탄복하였다.……"하였다.84)

하여 지극히 오묘한 시구는 거듭 거듭 저작해 보아야 그 言外之意를 터득할 수 있으므로 시를 읽을 때는 숙독하고 심사하여 含意를 터득하고 분위기를 느끼도록 노력해야 한다는 것이고, 李奎報가 歐陽修의 문

---

83) 全集 21,「論詩說」
　　予昔讀梅聖兪詩 私心竊薄之 未識古人所以號詩翁者 及今閱之 外若羸弱 中含骨鞭 眞詩中之精雋也 知梅詩 然後可謂知詩者也.
84) 崔滋,『補閑集』中, 第46話.
　　文安公……又曰 至妙之辭 久而得味 鄙近之作 一見卽悅 學者看書 當熟讀之 深思之 期至於得意 文順公曰 曩余見歐陽公集 愛其富 再見 得佳處 至于三 拱手歎服.

집을 처음 읽을 때는 내용이 풍부하다고만 느꼈는데 다시 읽고는 존경하는 마음이 생겨서 두 손을 맞잡고 그 문장의 높은 경지에 탄복했다고 한 것은, 읽을수록 깊은 경지를 깨닫게 하는 무한한 含意가 담겨진 시를 격조높은 시로 본 것이다. 그러나 시를 읽고서 속에 함유된 높은 경지를 이해하기도 쉬운 일은 아니어서 이렇게 되는 데는 많은 수련이 필요하다. 李奎報 자신도 老境에 이르러서야 古人이 評詩한 의미와 맛을 자세히 이해하게 되어 마음에 와 닿지 않는 것이 없었지만 謝靈運의 '池塘生春草' 구만은 아직도 그 참맛을 알 수 없다고 하여, 격조 높은 시를 이해하기가 매우 어려운 것임을 자신의 경험을 통하여 실토하였다. 知詩의 어려움에 대하여 崔滋는,

무릇 공(李奎報)이 젊어서 깊은 생각 없이 붓을 달려 急作한 走筆詩로 時俗의 詩體에 가까운 것은 사람들이 돌려가며 筆寫하여 암송하지만, 노후에 한가히 읊조리며 곰곰이 생각하여 지은 높은 경지의 시는 그 맛을 즐기는 자가 드물다. 그런즉 시를 이해한다는 것은 어렵고도 어려운 일이다.[85]

하여, 李奎報의 시도 깊은 뜻이 함유되어 있는 격조높은 시를 이해하는 사람이 적고 젊어서 지은 時俗에 영합할 만한 急作 卽興詩는 좋아하는 사람이 많다고 시의 참맛을 알기가 얼마나 어려운 것인가를 강조하였다. 李奎報는 梅堯臣의 시와 함께 陶淵明 시의 恬淡和靜함을 최고의 풍격으로 극찬하여,

陶潛의 시는 無欲 淡白하고 온화 고요해서 文王의 頌詩를 타는 비파의 朱絃과 疏越이 부드럽고 느린 소리를 내지만 한 번 타면 세 차례나 탄복

---

85) 같은 책 같은 곳
凡公少年時 走筆立書 略不構想 其語或近於詩體者 則人皆傳寫而頌之 至於 老貴 閑吟徐詠 覃思造語之作 學者罕能悅其味 然則知時之難 難復難矣.

하게 되는 것과 같다. 내가 그 詩體를 본받고자 하나 끝내 비슷하게도 할 수 없으니 더욱 가소롭다.86)

하였다. 즉 陶淵明의 시를 恬淡和靜해서 시의 진미가 은은히 스며 나와 거듭 잔잔한 기쁨을 느낄 수 있게 하는 최고의 경지로 보고, 자신도 이를 본받고자 노력하였으나 도저히 이룰 수 없으니 스스로 생각해도 자기의 시인으로서의 능력이 가소롭다고 하였다. 이렇게 격조가 높은 시는 꾸밈이 없지만 아름답고(質而實綺) 메마른 듯하지만 살이 쪄서(癯而實腴)87) 외면만 공교롭게 꾸며 중인들의 떠들썩한 찬양을 받는 시와는 달리 홀로 고요히 앉아 곰곰이 생각해보면 깊은 뜻이 이해되고 머리가 끄덕거려진다는 것이다.88) 李奎報는 이렇게 陶淵明을 높이 평하여 그에 대한 찬탄과 존경을 시로도 표현하였다.

吾愛陶淵明	내가 陶淵明을 사랑하는 것은
吐語淡而粹	시어가 맑고 순수해서라네
(中略)	
至言本無文	지극한 말은 꾸밈이 없는 법이니
安事雕鑿費	어찌 아로새김을 일삼으랴
平和出天然	자연에서 나온 평화로운 말들
久嚼知醇味89)	오래 음미할수록 순수한 아름다움을 느끼게 되네

---

86) 全集 21,「論詩說」
陶潛詩 恬淡和靜 如淸廟之瑟 朱弦疏越 一唱三歎 余欲效其體 終不得髣髴 尤可笑已.
87) 黃啓方, 같은 책, p.59 參照.
88) 王若虛,「常山周先生昂小傳」(林明德,『金代文學批評資料彙編』, 成文出版社, p.27)
文章工於外而拙於內者 可以驚四筵而不可以適獨坐 可以取口稱耳而不可以得首肯.

하여, 平淡 無文, 和平, 天然을 사랑하고 雕鑿을 일삼지 않는 陶淵明은 순수한 太古의 백성처럼 인간의 本性을 그대로 지켰다고 높이 숭상하였다.

李奎報는 中唐 詩人 白居易의 시를 특히 좋아하여 많은 和韻詩를 지었고 老後에는 항상 樂天集을 곁에 두고 있었다 한다. 樂天詩의 특징에 대하여

  白公의 詩를 읽으면 입에 걸리지 않고 그 文辭가 平易·淡淡·和平하여 마치 직접 대면해서 자세히 일러주는 것과 같다. 비록 당시의 일을 보지 못하였으나 직접 본 것처럼 상상할 수 있으니 이 또한 일가의 詩體이다. 옛사람 중에 白公의 시는 매우 淺近하다 하여 囁嚅翁(수다스러운 늙은이)으로 지목한 자도 있었는데, 이는 필시 시인들이 서로 경멸해서 한 말이지 어찌 반드시 그럴 리가 있겠는가.90)

라 하고, 樂天詩를 좋아함은 平澹和易해서라고 하였다. 李奎報가 樂天詩를 酷愛한 것은 兩人의 노후의 생활과 지향점이 일치했던 것도 하나의 이유가 되었으리라 본다.

李奎報는 李白이 格外語를 구사하여 자유분방한 시를 지은 것으로 보아 謫仙이라고 부른 賀知章의 말이 맞는다 하였고,91) 李白·杜甫의 시는 熊蹯 豹胎와 같아서 사람의 입에 맞지 않음이 없고, 그 이름이 雷霆星斗와 같아서 세상에서 그 빛을 바라보고 그 소리에 놀라지 않는

---

89) 全集 14,「讀陶潛詩」
90) 後集 11,「書白樂天集後」
  白公詩讀不滯口 其辭平澹和易 諄諄相告者 雖不見當時事 想親覩之也 是亦一家體也 古人之或以白公詩頗涉淺近 有以囁嚅翁目之者 此必詩人相輕之說耳 何必爾也.
91) 全集 14,「讀李白詩」參照.

자가 없다고 하였으며,92) 東坡는 近世이래로 富瞻하고 豪逸하여 시가 뛰어나다고 하였다.93)

우리나라 시인의 詩로는 乙支文德의 「遺隋將于仲文」詩를 句法이 奇古하고 綺麗雕飾之習이 없다고 찬양하고,94) 新羅 眞德女王이 唐 高宗에게 보낸 「太平頌」을 高古雄渾하여 初唐 諸作에 비하여도 손색이 없다고 하였으며,95) 吳世才의 시는 遒邁勁俊하다고 높이 보았고,96) 惠文禪師는 山人體에 익숙하여 幽致自在한 시를 지었다고 하였으며,97) 淸警・雄豪・姸麗・平淡을 섞어 쓸 수 있어야 어느 한 詩體로 이름 지어져 비난받는 것을 면할 수 있다고 하였다.98)

李奎報는 또한 억지로 노력해서 지은 시보다 정서가 저절로 감발하여 스스로도 모르게 지어진 시를 좋은 시로 보았다. 李奎報가 그렇게 지은 시를 자랑한 것을 보면,

> 萬景이 넋을 건드리매 정서가 스스로 뒤흔들려서 시를 지을 생각을 하지 않았는데도 나도 모르게 시가 저절로 지어졌다.99)

하였다. 그러나 이런 경지에 이르려면 이전에 작시에 대한 깊은 식견이

---

92) 全集 22, 「唐書杜甫傳史臣贊議」
    李杜則其詩如熊膰豹胎 無有不適於人口者 其名固已若雷霆星斗 世無不仰其光駭其響者.
93) 全集 26, 「答全履之論文書」
    東坡近世以來富瞻豪邁 詩之雄者也.
94) 『白雲小說』, 第一話.
95) 『白雲小說』, 第二話.
96) 全集 21, 「吳德全戟巖詩跋尾」
97) 全集 37, 「文禪師哀詞」
98) 全集 22, 「論詩中微旨略言」
99) 全集 23, 「南行月日記」
    然萬景觸惱 使人情張王 初不思爲詩 不覺率然自作也.

없으면 불가능하다.

이상 기술한 것을 요약해보면 李奎報는 작자의 개성이 드러난 獨創的인 시, 深厚한 뜻을 지닌 시, 餘韻을 함축하고 있어서 言盡而意不盡하고 意盡而味不盡한 시, 恬淡和靜하고 質而實綺하며 癯而實腴한 시, 平易하고 淡淡한 시, 格外語를 구사하는 자유분방한 시, 富贍豪逸한 시, 高古雄渾하고 遒邁勁俊한 시, 幽致自在한 시 등을 격조 높은 시로 보았던 것이다.

李奎報가 품격이 떨어진다고 본 시는 어떤 시인가, 누누이 말한 바와 같이 기상이 纖弱하고 含意가 부실하며 華美하게 꾸미기만 한 시를 배격하였고, 신중한 사색의 과정을 거칠 수 없이 지어야 하는 走筆詩와 지나치게 형식에 얽매이는 廻文詩를 짓는 것을 시가의 罪人이라 하면서 이런 시는 詩體를 손상함을 면할 수 없다고 하였다.[100]

李奎報는 또한 作詩者가 피해야 할 9종의 詩體를 九不宜體라 하여 다음과 같이 열거하였다.

① 귀신을 수레에 가득 실은 체(載鬼盈車體) : 한 편의 시 속에 고인의 명을 다용한 시
② 서툰 도둑이 쉽게 잡히는 체(拙盜易擒體) : 고인의 뜻을 훔쳐다 쓰기를 적절히 하지 못한 시
③ 쇠뇌를 당기고선 감당을 못하는 체(挽弩不勝體) : 근거도 없는 강운으로 압운한 시
④ 술을 지나치게 마신 체(飮酒過量體) : 자신의 능력으로는 감당하기 어려운 압운을 한 시
⑤ 구덩이를 파 놓고 맹인을 유도한 체(設坑導盲體) : 험벽한 시어를 써서 독자를 미혹시킨 시

---

100) 全集 22, 「論走筆事略言」 및 後集 10, 「文以短篇 破酷嗜廻文之意」 參照.

⑥ 남에게 억지로 자기를 따르게 하는 체(强人從己體) : 말이 순하지 않
　는데도 남에게 이를 쓰도록 한 시
⑦ 촌사람들이 모여 떠드는 체(村夫會談體) : 상스러운 말을 사용한 저속
　한 시
⑧ 존귀한 분을 함부로 범하는 체(凌犯尊貴體) : 성인을 함부로 들먹인 시
⑨ 강아지풀이 밭에 가득한 체(莨莠滿田體) : 시어가 거친데도 깎아내지
　않고 그대로 쓴 시

　九不宜體 가운데 ①②는 用事를 적절히 하지 않았거나 古人의 뜻을 부적절한 자리에 훔쳐 쓴 시이고, ③④는 押韻이 不適節한 시이며, ⑤ ⑥⑦⑨는 和平하고 다듬긴(다듬겨진) 정선된 詩語를 쓰지 않고 險僻하고 상스럽고 거친 詩語를 그대로 쓴 시이고, ⑧은 孔孟 같은 聖賢을 모독하는 不敬스러운 시이다. 이렇게 用事를 잘못했거나 古人語를 부적절하게 攘取한 시, 押韻이 부적절한 시, 措辭를 잘못하여 低俗한 시어를 사용한 시, 不敬한 시 등은 詩格이 떨어지는 시로 보았다.[101]

Ⅶ. 李奎報文學의 特性과 文學史的 位置

　李奎報가 문인으로 활약하던 1200년대의 高麗는 시는 宋詩風이 풍미하고 文은 古文과 騈文의 勢가 비슷했던 시기로, 李奎報도 이러한 시대 조류의 영향을 받았으며 아울러 이러한 시대 조류의 형성에 중요한 역할을 하였다. 당시의 고려에는 宋詩 가운데도 蘇東坡의 詩風이 널리 유행하여 과거급제자의 榜이 붙으면, '30명의 東坡가 배출되었다'고 말할 정도였다.

---

101) 註 98)과 같은 곳 參照.

李奎報의 시도 蘇東坡의 詩風을 따랐으므로 崔滋는,

> (詩語에) 4~5字도 東坡의 말을 따다 쓴 것이 없으면서도 豪邁한 氣象과 풍부하고 다양한 詩體는 東坡의 詩風과 一致한다.102)

고 하였다.

李奎報의 시는 餘韻과 含蓄이 不足하고 直說的 說明的이어서 詩經의 賦・比・興의 세 體를 기준으로 하여 살펴보면 賦體에 해당하는 詩가 대부분으로, 用事나 比喩도 쓰지 않고 本心을 곧바로 표현한 詩가 多數를 점하고 있다.103) 그의 詩는 氣象이 豪放하고 內容이 多樣하며 詩語의 雅俗을 가리지 않고 섞어 쓰면서 獨創的인 시를 짓고자 노력하였고, 스스로도 '나는 古人의 말을 蹈襲하지 않고 新意를 創出하였다.'104)고 말하였다.

그의 시 가운데는 佛敎의 老莊的인 傾向을 띤 것이 많다. 이는 高麗의 崇佛政策과 亂世에는 으레히 盛行하는 隱遁思想의 影響으로 보아야 할 것이다.

그는, '淸警・雄豪・姸麗・平淡한 시를 고루 지을 수 있어야 어느 한 詩體로 이름이 한정되어 비난받는 것을 면할 수 있다.'105)하고, 여러 경향의 시를 모두 연마하여 諸體의 시에 두루 능하였으며, 작은 사물의 묘사나 큰 세계의 묘사에 공히 성공하여 각 분야의 시에 고루 명작을 남겼다.

---

102) 崔滋, 『補閑集』 中, 第18話.
　　…無四五者奪東坡語 其豪邁之氣 富贍之體 直與東坡咨合.
103) 같은 책, 第11話.
　　不用事不取比 直穿天心而已.
104) 같은 책, 第46話.
　　文順公曰 吾不襲古人語 創出新意.
105) 全集 22, 「論詩中微旨略言」 參照.

晚年에 이르러서는 白樂天의 시를 특히 愛誦하고 樂天詩의 次韻詩를 즐겨 지었으며 詩風도 樂天의 詩風을 效倣하였다. 이는 兩人의 人生歷程이나 晚年의 處地가 類似하였고, 詩·酒·琴을 酷愛하는 취미와 佛敎와 老莊에 몰입한 것 등도 同一하였으며, 자연을 사랑하며 艶淡한 閑寂詩를 즐겨 짓고 平易한 詩語로 표현하고자 노력한 점 등도 同一하였다. 즉 李奎報의 詩는 學蘇로 入門하여 晚年에 學白으로 마쳤다고 할 수 있다.

그의 시의 缺點으로는 蘊蓄이 不足하고 直說的이어서 餘韻이나 象徵性이 떨어지며, 대체로 거칠고 구성이 完整하지 못한 점 등을 들 수 있다.

그는 시 외에 文에도 주목할만한 작품을 많이 남겼다. 實用文에도 능하여 國王의 制誥·批答·表箋 등을 도맡아 지어 以文華國의 뜻을 실현하였으며,106) 箴銘類·頌讚類·序跋類·論辨類·碑誌類·哀祭類·雜記類 및 佛敎의 道場文·道敎의 靑詞 등 諸體의 散文에 고루 모범이 될 글들을 남겼다.

그 가운데 「論詩說」「答全履之論文書」「論詩中微旨略言」 등은 我國 文人 最初의 詩論 및 詩評論으로서 이 분야의 先端을 열었으며, 畏賦·放蟬賦 등 數篇의 賦는 당시의 시대상에 대한 反感을 寓意的·諷刺的으로 나타내었다. 鏡說·忌名說·虱犬說·舟賂說 등은 隨筆文學의 조건을 두루 갖춘 작품들로서 비록 小品들이지만 그의 사상과 당시의 세태를 이해하는 데 도움이 되며, 타인의 문집에서는 찾아보기 어려운 희귀한 것 들이다.

한편 麴先生傳·淸江使者玄夫傳 등 두 편의 假傳은 林椿의 麴醇傳·孔方傳과 함께 고려 假傳의 초기 작품들로서 漢文學史上 說話에

---

106) 金鎭英, 『李奎報文學硏究』, 集文堂, pp.89~94 參照.

서 傳奇小說로 발전하는 中間期·過渡期의 文學으로 중요한 위치를 점하고 있다.

羅末 麗初의 艶麗하고 哀傷的인 晩唐詩風이 武臣亂이 발발한 후 정중부·경대승·이의민 등이 집권하던 약 30년간의 변환기를 거쳐 崔氏執權시대부터 豪放하고 進取的인 宋 蘇東坡의 詩風으로 바뀌었으며, 이때에 詩風의 變換에 주도적인 역할을 한 계층이 몰락한 閥族勢力을 대신하여 새로이 등장한 新進士大夫層이었고, 그 중심인물이 李奎報였다.

새로 등장한 新進士大夫 중심의 문인들은 새로운 문학양식의 도입 창작을 시도하여, 宋에서 유행하던 詞를 짓고 설화문학에서 일보 전진한 개인의 창작적 산물인 假傳도 짓기 시작하였다. 이러한 새로운 문학의 先端을 열어 文學界를 주도한 인물이 李奎報로서, 그가 지은 詞 12首가 우리나라에 現傳하는 最古의 것이고 假傳 2편도 林椿의 작품과 함께 가장 오래된 것이다.

한편 李奎報 이전의 문인들은 개인적인 不運이나 困苦를 詩化하기는 하였으나 사회의 非理나 不義를 批判하고 諷刺하는 시는 지은 일이 없었다. 이러한 社會詩도 李奎報로부터 開端되어 漢詩文學史에 면면히 이어오는 하나의 조류를 이루게 되었다.

그는 그때까지 전해오던 각종 경향과 양식의 문학에 두루 능통하여 詩와 散文 諸體에 모범이 될만한 작품들을 고루 남겨, 문학을 공부하는 사람들이 典範으로 삼을 수 있게 하였으며, 아울러 새로운 文學의 端初를 열었으므로 過去 文學의 集大成者요 새 文學의 開端者라고 말할 수 있다.

어느 한 宗敎나 思想에 구애받지 않는 自由奔放하고 豪放한 그의 詩風이 많은 문인들의 讚賞을 받고 그들에게 영향을 끼쳤으나, 조선조

中期에 排他的인 性理學이 社會를 지배하는 理念으로 굳어지자 詩文學界도 儒學의 理念에 充實한 謹嚴 典實한 詩만을 높이게 되어 그의 시를, '識見은 淺陋하고 氣象은 庸劣하며 格調가 떨어지고 語意가 繁多하고 淺薄하다'[107]라고 貶下하는 견해가 대두되었고, 그 후 性理學의 영향력이 감퇴하면서 다시 東方의 詩豪로 推仰을 받게 되었다.

Ⅷ. 結 論

本稿에서 筆者는 高麗 中期의 詩豪인 白雲 李奎報가 활약하던 시대의 社會相 및 李奎報와 武臣政權과의 관계를 考察하여 그가 이룩한 文學의 背景을 究明하고자 하였고, 이를 基底로 하여 그의 人生觀은 어떻게 形成되었으며 時期別로 어떻게 變遷하였는가. 李奎報가 스스로 자신을 보는 觀點과 社會 및 自然을 보는 관점은 어떠하였고 이것이 文學에는 어떻게 反映되었는가. 어떤 文學觀을 가지고 詩文을 創作하고 남의 作品을 批評하였는가 등을 살펴보았으며, 그 결과로 얻어진 結論을 要約해 보면 다음과 같다.

당시의 시대상 및 文臣과 武臣간의 관계를 보면, 庚寅亂이 일어나고부터 李義旼 집권시대까지의 26년간은 文化의 暗黑時代를 초래하였고 사회가 대혼란에 빠졌으나 武臣이 文臣을 지배하는 제도적인 장치는 없었고 國王도 文臣의 人士만은 獨自的으로 행할 수 있었으므로 이 기간에 산림에 은둔하지 않고 官職에 있었던 文臣들을 一律的으로 阿諛輩로 罵倒함은 不當하다고 보며, 崔忠獻이 집권하면서 政房을 설치

---

107) 金昌協, 『農巖集』 34, 「雜誌外篇」.
其學識鄙陋 氣象庸下 格卑而調雜 語瑣而意淺.

하여 이곳에서 文官의 人事를 주관하게 되자 武臣의 文臣 支配權이 制度的으로 確立되었고, 崔氏政權에의 충성심을 기준으로 文臣을 任用하여 政房出身 文臣들을 특히 優待하고 武人 執權層에 阿附하지 않는 文臣은 冷待하였다.

李奎報는 李義旼 집권기에는 宦路 진출을 거의 斷念하였다가 崔忠獻이 집권하면서 적극적으로 求宦에 노력하여 40세부터는 순탄하게 宦海를 헤쳐나가 門下侍郞으로 致仕하였으며, 이 기간은 放曠無檢하던 李奎報가 武臣政權에 馴致되어가는 과정이었다고 할 수 있다. 이때에 李仁老가 편찬한『破閑集』이 武臣政權하에서 소외당했던 七賢系 文人들을 중점적으로 찬양하였으므로 이 論旨를 꺾고자 崔瑀가 崔滋로 하여금『補閑集』을 편찬하게 하여 李仁老·林椿 등을 貶下하고 崔氏政權에 적극적으로 협력하였던 李奎報를 當代를 代表할 문인으로 부각시키고자 하였으며, 이때에 崔滋가 李奎報에게는 有利하고 李仁老에게는 不利하게 偏頗的으로 記述한 主張이 現今까지도 많은 論著에 그대로 수용되고 있으므로 이는 是正되어야 한다고 보았다.

李奎報는 修學期(탄생~23세)에 立身揚名하고 兼濟天下하려는 儒家的 出世主義와 六合을 좁게 여기고 物外의 無何有鄕에서 노닐려는 老莊的 隱遁思想이 함께 형성되어, 상황의 변화에 따라 그 가운데 한 면이 더욱 강하게 작용하는 상태가 지속되었다. 求宦期(23~40세)에는 仕宦을 위하여 노력하다가 여러 차례 실패한 후 자신을 속박하는 모든 세사로부터 벗어나 완전한 자유를 누리며 逍遙遊하는 환상적 생활을 동경하기도 하였으나 2·30대 청년의 深化되지 않은 정신능력과 현세에서 입신양명하고 싶은 강렬한 야심 때문에 物我 兩忘의 경지에 도달한다는 것은 불가능한 일이었으며, 이때의 隱遁思想은 儒家的 出世主義가 이루어지지 않은데 대한 忿懣이 內在된 嫉世的인 隱遁思想이었다. 仕宦期(40~70세)에는 몇 차례의 시련을 제외하고는 벼슬길이 순탄하게 열려서 文翰으로 國王을 輔弼하고 자신의 뜻을 이루어 名聲을 드날린 得意의 時期였으며 儒家的 出世主義를 信念으로 삼고 이를 실현하려 노력한 기간이었다. 致仕期(70~74세)는 그때까지 겪어온 인생경험과 평생을 手不釋卷하며 연찬한 학문과 문학을 토대로 생애를 總決算한 시기로서 列子의 '虛', 楞嚴經의 '眞見'의 경지를 궁극 목표로 삼고, 佛家的 인생관을 담담하게 吟詠한 『白樂天集』을 즐겨 읽고 大衍之數를 궁구하고 『楞嚴經』과 『列子』를 암송하면서 安閑한 閑寂詩를 즐겨 지었으니, 이 시기의 정신세계는 儒家的 獨修其身과 佛家的 空門無欲과 道家的 隱逸이 하나로 渾融된 경지였으며, 특히 晩年에는 佛敎에 歸依하여 西域淨土에 往生極樂하고자 하였다.

晩年에 玄室에 超然한 無爲의 생활을 하려 한 것이 求宦期에 지녔던 隱遁思想과 類似한 듯하나 求宦期의 隱遁사상이 嫉世的인 성격을 띠었던 데 비하여 致仕期에는 愛憎을 떠나 安閑한 생활을 누리는 恬淡的 隱遁思想으로 昇華된 데서 차이점을 찾을 수 있다. 李奎報의 인생관의 변천은 시기별로 문학에 그대로 반영되었으므로 이를 염두에 두지 않고는 문학의 올바른 이해가 불가능하며, 李奎報를 위시한 당대 문인들의 老莊哲學과 禪宗에 대한 깊은 이해가 후대 문인들에게 영향을 주어 극히 思辨的인 性理學을 무리없이 수용하여 소화할 수 있는 知的인 土壤이 되었던 것이다.

李奎報의 의식세계를 살펴보면 자신은 文筆로 나라를 빛내고 명성을 드날릴 사람이고 당대에 자기보다 훌륭한 문인은 있을 수 없다는 自我意識이 형성되어 이러한 심리적 요인이 문학 창작을 위하여 부단한 노력을 하게 하고 好勝之癖을 가지게 하여 문학사상 탁월한 업적을 남기는 원동력이 되었다. 그는 인간이 자연과 하나가 된 合自然의 경지에서 자연법칙에 순응해야 하며, 자연 질서에 역행하는 인위를 배격해야 한다고 하였고, 無爲自然하려면 利慾으로부터 벗어나 마음을 虛舟처럼 가져야 한다고 하였다. 그의 자연관은 우리나라 전래의 禪道나 老莊의 영향을 받아 형성된 것으로 조선조 문인들이 兼濟天下가 어려울 때 일시적으로 江湖에 隱居하여 獨修其身하던 것과는 달리 歸自然 자체가 궁극의 目的이었으며, 문학작품 속에는 자연을 無限・永遠・開放・自由・天道・本性・平等・融化 등으로 표현하였다.

　新進 士人으로 부상한 李奎報는 고려 사회의 계층구조를 긍정하고 변화를 바라지 않았으며, 고위 관직에 오르기 이전 현실에 불만을 품고 있을 때는 농민의 困苦를 동정하는 數篇의 시를 짓기도 하였으나 농민을 자신과 대등한 人格人으로 생각하지 않았고, 고려를 中華에 버금가는 문명사회인 小中華라고 자부하고 高句麗를 계승한 정통국가인 高麗는 어떠한 경우에도 계속 존속되어야 한다고 믿었으며, 그의 小中華思想은 中國의 華夷思想까지 모방하여 開京一圓 이외의 地方을 蠻夷처럼 보기도 하였다. 李奎報는 민란과 외침으로 황폐해진 국가를 부흥시킬 방안을 알고는 있었으나 이를 실현하기 위해 노력한 일은 없고, 지성인으로서 용납하기 어려운 현실에 그대로 안주하였으며, 불교와 노장에 침잠한 것도 현실개혁 의지를 약화시킨 원인의 하나가 되었다고 보았다.

　李奎報의 문학사상을 살펴보면, 유교적 도를 발현하여 치국과 교화에 공헌하는 것을 문학의 본질로 보는 도본문말론을 주장하여 후대 성리학자들의 載道的 文學觀의 先端을 열었으며, 意와 氣를 강조하고 雕飾을 배격하면서 意와 氣가 天에 근본을 두고 있다고 한 데 대하여 많은 論著에서 이를 先天的인 것으로 보았으나 本稿에서는 이곳의 天을 인간이 실현해야 할 天道로 해석하여 後天的인 노력으로 이룰 수 있는 것으로 보아야 하리라는 견해를 제시하였다.

　李奎報는 儒敎的 文學效用論을 그대로 수용하여 治國에 資하고 性情을 溫柔敦厚하게 醇化하며, 개인적으로는 立身揚名하고 以文華國하는 것이 文學의 公能이라고 보았고, 作詩段階에 대하여는 心底에 詩想이 생겨 外部로 發現되어 詩가 된다는 詩經序의 주장을 그대로 받아들이고 시가 완성된 후에도 신중하고 겸허한 자세로 남의 비평을 수용하고 조탁과 推敲의 과정을 거친 후에 발표해야 한다고 하였으며, 일부 논저에서 李奎報를 新意論者·李仁老를 用事論者로 보아 당대에 兩論이 對立되었던 듯이 보고 있는 것은 崔滋가 왜곡시켜 놓은 그릇된 論旨를 그대로 承襲하는 것이므로 是正되어야 한다고 보았다. 李奎報는 작시에 있어서 창의와 개성을 중시하여 특정인의 시체만을 效倣한 일이 없었고, 기상이 豪放한 시, 恬淡和易한 시, 謹嚴忠厚한 시, 富贍豪逸한 시 등을 두루 격조높은 시로 인정하였으며, 시는 심후한 뜻을 함유하여 言盡而意不盡하고 意盡而味不盡하여, 거듭 읽어도 여운이 남아야 한다고 하였는데 이는 시론이 당시의 정통적인 시론과 일치하는 것임을 나타내는 것이다.

　상술한 결론을 통하여 李奎報의 인간적인 면모와 의식 세계 및 문학 사상을 어느 정도 파악하고, 13세기 고려 한문학의 실상과 李奎報가 당시 및 후세의 문학에 끼친 영향 등을 이해하는데 一助가 되기를 기대하며, 그의 방대한 문학 작품의 전모를 了解하려면 앞으로도 계속적인 硏究가 필요하리라고 본다.

李奎報의 現實認識과 文學

Ⅰ. 緒 言

　高麗 中期 武臣이 집권하면서 旣存 閥族들은 몰락하고 武臣들이 그 자리를 맡게 되지만 그들이 文筆의 任을 감내할 수 없으므로 다시 一部 文臣들을 등용하게 되었다. 이렇게 등용된 문신 가운데 崔氏執權時代의 代表的인 文人이 白雲 李奎報(1168~1241)였다. 당대의 문인 중 質로 보아 가장 우수하고, 남겨 놓은 작품도 가장 많은 白雲의 詩文들은 그의 自我가 社會 現實과의 軋轢詰抗 과정에서 형성된 생각을 표현한 것이므로, 이를 이해하려면 그의 社會現實에 대한 인식을 알아보지 않을 수가 없다. 즉 白雲의 詩文中 많은 부분이 의식적이든 무의식적이든 현실에 대한 인식의 반영이므로 白雲 文學의 背景이 되는 그의 사회 현실에 대한 인식을 고찰하지 않고는 그의 문학을 올바로 이해할 수 없게 된다.

　이렇게 볼 때 本攷는 白雲 文學에 관한 일종의 背景研究라 할 수 있다. 문학의 배경이 되는 것으로는 時代 및 思潮, 政治 및 社會, 信仰 및 思想, 自我意識 및 文學觀, 人生觀, 社會 現實에 대한 인식 등 많은 분야가 있고, 이런 모든 면을 하나 하나 究明하여 다시 종합한 논거를 기준으로 작품을 고찰할 때 그 문학의 올바른 이해가 가능해진다.

그러나 이러한 모든 배경을 종합적으로 연구하는 것은 너무나 방대한 작업이어서 짤막한 한 편의 논문에 모두 수용하기는 어려우므로 本攷에서는 白雲의 社會 現實에 대한 인식과 문학과의 관계만을 考究의 대상으로 삼았다.

白雲은 당시 사회 형성의 基層이라 할 수 있는 農民에 대하여 어떻게 생각하였으며, 國家에 관한 의식은 어떠하였는가, 당시의 사회 현실에 대하여는 어떻게 생각하였는가, 이런 생각들이 그의 문학에는 어떻게 반영되었는가, 등이 本攷에서 究明하고자 한 문제들이다. 이런 문제들을 구명하는 데는 당시의 시대 사조, 정치 현실, 이미 작자에게 형성된 사상과 자아의식, 인생관, 문학관 등이 유기적으로 결합하여 다시 그 배경이 되기도 하며 이런 문제들을 제외한 사회 현실 인식이란 있을 수 없으므로 考究의 초점을 사회현실 인식에 두었을 뿐이요, 그 외의 배경연구를 완전히 제외한 것은 아님도 아울러 밝혀 둔다.

白雲이 생존했던 기간은 武臣이 집권하면서 토지제도는 더욱 문란해져서 농민에 대한 혹심한 수탈이 자행되었고 文臣에서 武臣에로의 지배계층의 대 변혁은 극심한 사회의 혼란을 야기하였으며 崔氏가 정권을 잡으면서 이런 혼란이 어느 정도 극복되어 소강상태가 유지되다가 몽고의 침입을 받아 江華島로 천도하면서 국토는 황폐해졌고 민생은 도탄에 빠지게 되었다.

白雲의 家系는 先祖들이 代代로 黃驪(現驪州)의 鄕吏를 지내다가 父代부터 武臣이 집권하면서 時流에 편승하여 新興 士大夫 계층으로 浮上하였으며 이러한 上昇勢를 탄 進就的인 가정 분위기 속에서 生長한 白雲은 天賦的인 文才를 타고난 데다가 유년기부터 청년기 사이에 비범한 인물이 될 것이라는 계시를 몇 차례 받았으며 文憲公徒 誠明齋에서 가장 수준 높은 교육을 받아서 自身이 당대 최상의 문인이요, 문필로 국가에 도움을 줄 인물로 운명지어져 있다는 강한 자아의식을 가지고 있었다.

이러한 당시의 사회적 배경과 가정적 배경 및 자아의식이 그로 하여금 사회 현실에 대하여 어떠한 의식을 갖게 했는가를 살펴보고자 한다.

Ⅱ. 對農民意識

高麗의 社會階層을 支配階層과 被支配階層으로 大別하고, 支配階層을 다시 上流와 中流로, 被支配階層을 下流와 賤流로 區分함이 一般的이다. 이 가운데 下流 계층의 거의 전부와 賤流階層의 一部分은 農業에 從事하였고 농업이 社會維持에 絶對的인 重要性을 띠고 있던 시기이므로 白雲이 農民에 對하여 어떤 생각을 가지고 있었는가를 중심으로 그의 社會에 對한 意識을 考察하려 한다.

白雲이 29歲되던 丙辰年(1196) 4月 殘忍無道하고 貪虐을 일삼던 執權者 李義旼 一派가 崔忠獻 兄弟에게 肅淸당하는 大流血劇이 開京에서 벌어질 때 그의 姉夫가 黃驪로 流配되었고, 이때 白雲도 黃驪로 내려와 尙州로 向하면서 自身의 田庄이 있는 根谷村을 訪問하여 하룻밤을 묵으며 佃戶들의 極盡한 接待를 받고 地主로서의 權威를 滿喫하였다.

(前略)
畦丁羅拜似獼猴　밭갈이하는 농부들 원숭이처럼 늘어서 절하고
嘍囉頗帶南蠻語　재잘거리는 말소리 자못 남녘 오랑캐 억양일세
田家主人瘴髮黃　田家의 主人 瘴氣로 모발이 누런데
邀我欣然具鷄黍　나를 반가이 맞아 닭잡고 기장밥 해주네

鬑奴舁甕走汲泉　수염난 놈은 동이 들고 달려가 샘물 길어오고
癭媼洗臼力擧杵　혹난 노파 절구 씻어내고 힘껏 절구질하네
三尺山樽腰復皤　석자되는 시골 술동이 허리가 불룩한데
松明吹火酌芳醑　관솔불 켜놓고 향기로운 술 잔질하네
堂下曲腰爭磬折　당 아래서는 허리 굽혀 다투어 조심하는데
堂上脫幘自箕踞　당 위에선 건 벗고 다리 뻗고 앉아있네
(後略)[1]

이 詩 속에서의 佃戶들은 白雲과 對等한 人格人이 아니다. 자신은 佃戶들과는 다른 特殊階層이고, 그들의 極盡한 接待를 당연한 것으로 아는 貴族으로서의 傲慢이 엿보인다. 農夫들의 모습은 원숭이와 같고 그들의 말씨에는 남녘 사투리가 섞여서 南蠻語와 같으며, 瘴氣낀 고장이라 毛髮마저 노랗다고 하면서, 늙은 농부와 부인을 鬑奴·癭媼라는 卑稱으로 불렀다. 佃戶들이 바치는 酒食을 다리를 뻗고 앉아 먹으면서 堂아래에서 시중드는 늙은 농부를 불러 술 한잔 권할 아량도 베풀 줄 모르는 地主宅 靑年이 바로 白雲이었다.

白雲이 一般 百姓들에 대하여 어떤 생각을 가지고 있었냐를 알기 위하여 地方官으로 있을 때 백성들을 어떻게 대하였는가를 살펴보자. 그의 地方官 歷任 經歷은 1199년 9월부터 1200년 12월까지 最初로 入仕한 1년 4개월간(32~33세) 全州牧 司錄兼掌書記로 근무한 것과, 1202년 12월부터 1204년 3월까지 1년 4개월간(35~37세) 兵部錄事兼修製員으로 東京(慶州) 軍幕에 근무한 것 및 1219년 4월부터 1220년 12월까지 1년 9개월간(52~53세) 桂陽都護府副使兵馬鈐割로 근무한 것 등을 들 수 있다. 이 가운데 兵部錄事로 근무한 기간은 東京地方 草賊討伐軍의

---

1) 李奎報,『東國李相國集』全集 6,「六月十一日發黃驪向尙州出宿根谷村」(성 대 大東文化硏究院『高麗名賢集 Ⅰ』p.67.) ※ 앞으로 東國李相國集의 引用 기록은 集名, 卷數, 題目, 高麗名賢集(Ⅰ)에서의 page만으로 표시하겠음.

錄事로 軍幕안에 있어서 直接 一般百姓을 다스리는 직책은 아니었으므로 全州牧司錄과 桂陽都護府副使로 근무하던 시기만을 살펴보고자 한다.

白雲이 全州牧의 司錄兼掌書記로 赴任한 것은 科擧에 合格한 후 10년만의 일로 그동안 온갖 고초를 겪으며 仕宦을 위하여 눈물겨운 노력을 기울인 결과였으므로 全州로 부임할 때는 훌륭한 治積을 쌓으려는 굳은 각오가 돼 있었을 듯 한데 그의 詩文속에 開京의 親知들과 작별하는 아쉬움은 나타나 있으나 어렵게 벼슬을 얻은 자로서의 각오는 보이지 않는다.

그토록 간절히 바라던 벼슬이었지만 32세까지 詩酒나 일삼으며 자유롭게 지내던 그에게는 엄격한 法度와 規則을 지켜야하는 벼슬살이가 마치 野生馬에게 굴레를 씌워놓은 것 같은 속박을 느끼게 하였으며, 맡겨진 직책마저 마음에 들지 않아 울적한 나날을 보내었다. 더욱이 그의 전주생활을 괴롭힌 것은 주변 사람들과의 不和였다. 上士나 同僚들과도 가까이 지내지 못했고, 아랫사람들에게도 剛猛하게 대하여 두려워하게 하였으며, 이런 것들이 원인이 되어 任期도 채우지 못하고 罷職되었다. 「…… 얼마 뒤 全州書記에 보직되었는데 政事를 너무 剛猛하게 하다가 同僚의 지탄을 받아 참소를 입고 서울로 올라왔다.」2) 한 기록이나, 「제가 전일 전주 막부에 있을 때 우매한데다 일을 겪어보지 않은 소치로 한갓 자신의 쓸데없는 淸白만 가지고 長官을 업신여기어 公事를 논쟁하며 뜻을 거슬러, 매양 범의 꼬리를 건드리다가 도리어 참소와 모함에 되얽혔고 ……」3) 「지난번에 제가 全州를 다스릴 때 자못

---

2) 後集終「誅書」pp.568~569 參照.
3) 全集 27, 「答李允甫手書」pp.291~292. "僕曩在全州幕府 緣愚暗 不更事變 徒以己之無益之淸凌 侮長官 爭公事忤意 每振觸虎尾 反爲讒構所中…"

가혹하다는 소문이 들릴 때가 많았는데 …… 전주는 옛날의 백제 땅으로 그 성질이 매우 사나워 관대한 政事로는 다스릴 수 없기 때문에 어쩔 수 없이 형벌로 다스린 것이요 본심으로 한 것은 아닙니다.」[4]라고, 스스로 한 말이나 他人의 기록이 一致하는 것으로 보아 처음부터 百姓들을 恩愛로 다스릴 마음은 없었다고 본다. 스스로는 화살같이 곧은 道를 행하면서 아첨할 줄을 몰라 고지식하게 長官에게 屈하지 않다가 교묘한 참소를 당하여 罷職당하였다고 하였으나,[5] 實은 全州 百姓들은 성질이 사나우므로 嚴한 刑罰로 다스려야 한다는 先入觀을 가지고 부임하여 백성들을 가혹하게 다스리다가 同僚 및 上士들과 갈등이 생겨 파직된 것으로 보아야 할 것이다. 그는 또한 開京人이라는 肯持를 가지고 全州地方사람들을 깔보았다.

  蕭條古縣扥山根 쓸쓸한 옛 고을 산밑에 있는데
  只對村胥貌似猿 對하는 사람이란 원숭이모양의 아전일세
  (後略)[6]

  (前略)
  俗習例多如蜒子 풍속은 으레 蜒子같은 것 많고
  (後略)[7]

  (前略)
  郡吏來迎如老猿 나와 맞는 아전은 늙은 원숭이같고

---

4) 全集 27,「與某書記書」p.294."曩僕之理全也 頗多苛名 聞於時者 而反以此告 固非僕之所以理之之狀也…全古百濟 其性大悍 不可以寬政理 故勉强用刑耳 非本心也…"
5) 全集 10.「十二月十九日被讒見替發州日有作」「路上有作示生塤韓韶」「自嘲入京後作」등 參照.
6) 全集 10.「十一月二十日出宿屬郡馬靈客舍」
7) 全集 9.「扶寧客舍次板上李祭酒純佑詩韻」p.104.

村民走避似驚麞   마을 백성 놀라 피하는 것이 놀란 노루같네
(後略)8)
(前略)
貪吏猶逃鼠   욕심많은 아전 도망치는 쥐같고
愚民似沐猴   어리석은 백성 원숭이같네
(後略)9)

(前略) 속군을 두루 다녀 보았더니 馬靈·鎭安은 山谷間의 옛 고을이라 그 백성들이 질박하고 미개하여 얼굴은 원숭이와 같고, 杯盤이나 음식에는 오랑캐의 풍속이 있으며, 꾸짖거나 나무라면 형상이 마치 놀란 사슴과 같아서 달아날 것만 같았다.10)

위에 例示한 글들이 모두 全州牧의 司錄으로 있을 때 지은 것들이다. 그 고장 출신의 아전들은 원숭이나 쥐 같다고 표현하고 백성들은 놀란 노루·사슴·원숭이같다고 표현하여 자기와 대등한 人格人으로 보지 않았으며, 그들의 풍습은 오랑캐와 같다거나 中國 南方의 船上族인 蜒子와 같다고 보아, 이들을 같은 同胞라고 생각하고 있었는지 의심스러우며, 이런 글들을 통하여 당시 京鄕間의 文明水準의 격차가 얼마나 심했는가도 짐작이 된다.

다만 訟事의 處理, 租稅의 부과 등의 任務를 행할 때는 下層百姓의 편에 서서 그 지방출신 아전들의 횡포를 견제하고자 노력하였다.

(前略)
忍課殘村稅   가난한 마을에 세금 차마 부과하겠나

---

8) 全集 9. 「郎山縣監倉後有作」 p.105.
9) 全集 9. 「自古阜夜入金溝縣書壁上」 p.109.
10) 全集 23. 「南行月日記」 p.247. "始歷行屬郡 則馬靈鎭安山谷間古縣也 其民質野 面如獼猴 杯盤飮食 腥膻有蠻貊風 有所訶詰 則狀若駭鹿然 似將奔遁也…"

愁看滿獄囚　감옥에 가득한 죄수들을 안타까이 바라보네
(後略)[11]

(前略)
恤獄情頻惻　죄수가 불쌍해 마음 자주 측은해지고
摧强力不任　强豪를 꺾자니 힘이 부족하네
(後略)[12]

이런 詩句속에 鄕吏들에게 시달리는 약한 백성들을 同情하는 휴머니티가 엿보이기는 하지만 前述한 바와 같이 그들의 立場에서 아픔을 함께 나눈 것이 아니고 下流層인 庶民과 中流層인 아전들을 함께 다스리는 上流層으로서 아전들의 庶民에 대한 횡포를 막고자 노력한 것일 뿐이다. 上流層이 地方官이 된 경우에는 一定한 기간이 지니면 遞任되지만, 中流層에 屬하는 鄕吏들은 代代로 그 地方에 居住하면서 地位와 任務를 世襲하기 때문에 地方實情을 가장 잘 알아서, 任期만 끝나면 떠나야 할 上官을 깔보며 골탕을 먹이는 경우도 있었고, 그 地方 百姓들의 租稅의 징수나 賦役등에 絶對的인 權限을 가지고 있으므로 온갖 횡포를 자행하며 백성들 위에 군림하기도 하였다. 白雲은 이러한 鄕吏들에게 깊은 증오심을 가지고 있었다.

(前略)
其間猾吏輩　그 중에 교활한 아전들이야
雖斃固其理　비록 죽더라도 이치에 당연한 것이
平生幾侵漁　평소에 그 얼마나 침탈하여
瘠民以肥己　백성의 고혈로 제몸 살찌웠던가
愚民本何辜　하지만 어리석은 백성이야 무슨 죄인가

---

11) 全集 9.「莫道爲州樂四首」中 第一首 p.105.
12) 全集 9.「次韻高先生抗中獻廉察尹司業威幷序」p.109.

未識皇天意　　하늘의 뜻 모르겠도다
(後略)13)

　　교활한 방법으로 어리석은 백성들의 고혈을 침탈하여 제몸을 살찌운 아전들이 골수에 사무치도록 미워서 홍수가 나서 이런 인간들을 모두 쓸어가 죽였으면 좋겠다는 것이 白雲의 심정이다. 아전들을 이토록 증오하였으므로 그들에게 침탈을 당하는 계층에게는 연민의 정을 느끼게 된 것이다. 홍수가 엉뚱하게 저주받아야할 아전들보다는 착취만 당했던 백성들을 떠내려가게 하였으니 하늘조차 원망스러웠으며 특히 清白을 信條로 삼아 治產에는 전혀 관심이 없고 이를 賤視했던 그에게는 利己心만 채우려는 아전들이 더욱 저주스러웠던 것이다. 白雲이 백성들을 동정하면서 强豪들의 횡포를 막고자 한 것은 任務를 바르게 遂行하기 위해서는 당연한 것이었으며, 强豪들에게 시달리는 백성들에 대하여 측은한 마음은 가지고 있었으나 이것이 곧 그들의 입장에 서서 그들을 대변한 것으로 볼 수는 없다. 그들의 입장에 서서 政事를 처리했다면 前述한 바와 같이 苛酷한 刑罰로 백성을 다스리면서 百濟 遺民인 全州 住民들이 사납기 때문에 그럴 수밖에 없었다고 변명할 수는 없었을 것이다.

　　白雲이 50代에 左司諫知制誥에서 桂陽都護府副使로 左遷되어 1년 9개월간 근무하는 동안 地方太守로 있으면서 어떤 생각을 가지고 어떤 생활을 하였나 살펴보자. 1년여 동안의 桂陽太守 生活은 中央의 顯職에서 억울하게 左遷당한 결과이므로 流配당했다는 心情으로 赴任하게 되어 즐거울 것이 없었다. 五寸 筆管을 잡고 皇謨 帝誥나 지으면서 詩酒로 소일해야할 地上仙이 窮僻한 시골의 太守로 있다는 것은 괴롭고

---

13) 全集 11, 「七月三日聞雲梯縣爲大水所濡幷序」 p.129.

귀찮은 일이었다. 그러므로 백성들을 잘 다스리는 牧民官이 되고자 하는 생각은 애초부터 없었으며 嵐瘴이 熏烝하여 얼굴이 검게 타는 것이 옛 친구들을 만나게 되면 부끄러워 할 일이라,14) 百姓들의 困苦를 살피기 위한 노력을 않고 교활한 짓을 하는 鄕吏를 보면서 막을 생각도 않는 무기력한 생활을 하였다.15) 입으로는 굶주린 백성들을 동정하면서도 그들을 구제하기 위한 행동은 전혀 보이지 않고, 籠中鳥같은 地方太守 生活을 하루 속히 淸算하고 王이 계신 서울의 鳳地에서 노닐고 싶은 생각뿐이었다.16)

崔忠獻이 죽고 그 아들 崔瑀가 執權하자 재빨리 崔瑀에게 글을 올려 左遷당한 억울함을 호소하면서 하루가 3년 같은 시골살이를 면하게 해달라고 간청하여17) 庚辰 6월에 試禮部郎中起居注知制誥로 召命을 받고 開京으로 돌아왔다. 京職으로 소환된 기쁨은 헤아릴 수 없을 정도여서 知命之年이라는 자신의 나이도 잊고 어린이처럼 雀躍하였다.

  (前略)
  醉中狂態誰復罵 취중의 狂態를 누가 다시 꾸짖으랴
  終日叫呼嗳不嘎 종일 고함을 질러도 목도 쉬지 않네
  (後略)18)

하여, 영전한 기쁨에 마음껏 마시고 고래고래 소리를 질러도 목도 쉬지 않는다고 하였으며, 고을을 떠나면서 전별하는 村民들을 보고서는,

---

14) 全集 15.「示通判鄭君」p.161 參照.
15) 全集 15.「上崔相國幷序」p.166. "訟庭愁見飢民色 公席慚看黠吏姿…"
16) 全集 15.「籠中鳥詞望江南令」p.161 參照.
17) 註 15) 參照.
18) 全集 15.「七月二十五日善法寺堂頭設饌見邀乞詩」p.169.

(前略)
好去莫遠來　　잘 되어 가는 것이니 멀리 따라오지 말라
我行疾奔川　　내 행차 치닫는 냇물처럼 빠르네
爾邑誠困我　　너희 고을이 진실로 나를 괴롭혀서
二年如百年[19]　두 해가 마치 백년 같았다오

하였다. 이 詩 속에서 척박한 고을에 사는 쇠잔한 백성들에 대하여는 조금도 憐愍의 情을 표하지 않고, 그래도 떠나는 太守를 아쉬워하며 따라오는 村民들에게 너희 고을 太守生活 2年間이 지긋지긋하게 괴로운 나날이었다고 외치면서 매정하게 돌아선다. 地方의 太守生活을 이토록 괴로워하며 서울만 쳐다보고 산 사람이 地方民의 困苦에 크게 관심을 가졌을 理가 없다. 그 결과 白雲의 文集序나 誄書를 비롯하여 어느 記錄에도 그의 地方官으로서의 治績을 찬양한 것을 發見할 수 없으며 이것은 그가 一般 百姓을 어떤 視角으로 보았는가를 알 수 있는 하나의 기준이 되리라고 본다.

그러나 白雲 自身도 平生동안 많은 試鍊을 겪어서 弱者에 對한 同情心도 恪別하였고, 高麗의 統治理念은 儒學理念이었으므로 儒敎的 農本思想은 白雲도 受容하여 農民이 國家의 存立에 基本이 되는 階層임을 알고 있었다. 農業이 피폐하고 農民이 動搖하면 國家의 存立이 위태로워지고 上流階層의 存立도 不可能해지므로 農民을 괴롭히는 治者들을 증오하고 농민을 동정하는 시를 짓기도 하였다.

帶雨鋤禾伏畝中　　비 맞으며 이랑 사이에 엎드려 김을 매니
形容醜黑豈人容　　검고 추한 형용이 어찌 사람 모습이랴만
王孫公子休輕侮　　왕손 공자들아 깔보지 말라
富貴豪奢出自儂　　부귀와 호사가 농부로부터 나오나니

---

19) 全集 15. 「發州有作示餞客」 pp. 169~170.

新穀靑靑猶在畝　푸릇푸릇한 햇곡식 수확도 않았는데
縣胥官吏已徵租　아전들 벌써부터 조세 거두려 성화일세
力耕富國關吾輩　힘써 농사지어 부국함이 우리 노력에 달렸는데
何苦相侵剝及膚[20]　어찌 이리도 극성스레 침탈하나

　이 詩에서 田野에 파묻혀 형편없는 몰골로 농사를 짓고 있는 농부가 바로 王孫公子들의 富貴豪奢를 뒷받침해주는 계층인데도 곡식이 익기도 전부터 官吏들의 租稅督促에 시달리니, 國富의 원천인 농부를 이렇게 괴롭혀서는 안 된다고 하면서 酷吏에게 시달리는 농부들을 동정하고 있다. 이 外에 數篇의 詩에서도 農民의 勞苦에 감사하고 그들의 困苦에 同情을 표하였다.

長安豪俠家　장안의 세력있는 집에는
珠貝堆如阜　구슬과 패물이 산같이 쌓였는데
舂粒瑩如珠　절구로 찧어낸 구슬같은 낱알을
或飼馬與狗　말이나 개에게도 먹이며
碧醪湛若油　기름처럼 맑은 청주를
霑洽童僕味　종들도 마음껏 맛보네
是皆出於農　이 모두 농부에게서 나온 것이요
非乃本所受　본래부터 가졌던 것 아니로다
假他手上勞　다른 사람 수고를 빌리고서는
妄謂能自富　망녕되이 스스로 부자가 되었다 하네
力穡奉君子　힘들여 농사지어 군자를 받드니
是之謂田父　그들을 일컬어 농부라 하네
赤身掩短褐　알몸을 단갈로 가리고는
一日耕幾畝　날마다 몇 이랑씩 간다네
才及稻芽靑　벼이삭 겨우 파릇파릇 돋아나면
辛苦鋤稂莠　고생하며 호미로 김을 맨다네

---

20) 後集 1.「代農夫吟二首」p.446.

假饒得千種 풍년 들어 천종의 곡식을 얻어도
徒爲官家守 한갓 관청 것밖에 되지 않네
無何遭奪歸 어쩔 수 없이 모두 빼앗겨
一介非所有 하나도 소유하지 못하고
乃反掘鳧茈 도리어 부자를 캐 먹다가
飢仆不自救 굶주려 쓰러져도 구할 길없네
除却作勞時 노동할 때 아니라며
何人餉汝厚 누가 너희를 배불리 먹이랴
所要賭其力 목적은 힘을 취하기 위해서이지
非必愛爾口 이들의 입을 아껴서가 아니라오
粲粲白玉飯 희디 흰 쌀밥이나
澄澄綠波酒 맑디 맑은 청주는
是汝力所生 너희들 힘으로 생산한 것이라
天亦不之咎 하늘도 이들이 먹는 것 허물하지 않으리
爲報勸農使 권농사에게 권하노니
國令容或謬 국령이 혹 잘못된 것 아니요
可矣卿與相 높은 벼슬아치들은
酒食厭腐朽 주식에 물려 썩히고
野人亦有之 야인들도 가지고 있어
每飮必醇酎 언제나 청주를 마신다오
游手尙如此 노는 사람도 이와 같은데
農餉安可後[21] 농부들을 어찌 못먹게 하는가

한 때 국가에서는 농사철에 농민들이 맑은 술과 쌀밥 먹는 것을 금지하는 國令을 내렸다. 이 말을 듣고 生産者는 가난하고 이들의 生産物을 소비하는 上流層은 호의호식하면서 종이나 牛馬까지도 쌀밥을 먹이는 社會 現實을 固定化시키려고 禁令까지 발동한 자들을 비난하였다. 長安 豪俠家의 저택에는 보석이 산더미 같이 쌓였고 구슬같은

---
21) 後集 1.「聞國令禁農餉淸酒白飯」p.451.

흰 쌀밥을 개나 말에게도 먹이며 기름같이 맑은 술을 童僕들도 싫도록 마시는데, 힘들여 생산하는 농부들은 헐벗고 굶주리며 부지런히 수확을 해도 모두 官家에 바치고 나면 풀뿌리나 캐먹다가 굶주려 쓰러지게 된다. 이들이 농사철이나마 白飯먹고 淸酒마시는 것은 노동을 위해 필요해서요 豪奢를 위해서가 아닌데 이것마저 금하는 것은 도저히 있을 수 없는 일이라고 분개하였다. 이 詩 한 篇으로는 公憤이 가라앉지 않은 듯, 數日後 다시 이를 논란하는 詩를 지어 금령의 폐지를 강력히 주장하였다.22) 또한 「나는 농부 공경하기를 부처님 공경하듯 한다.」23)고 公言하면서 흉년으로 고생하는 백성들을 수탈하다가 벌을 받게 된 郡守들의 끝없는 욕심을 증오하기도 하였다.24)

그러나 농민의 고통에 대한 동정이나 농민을 수탈하는 무리에 대한 증오를 詩로 나타내는데 그쳤을 뿐이요 자신이 정부의 고관이 된 뒤에도 이의 시정을 위한 노력은 전혀 없었다. 이는 白雲이 스스로 文人으로 만족하였을 뿐 文筆 以外의 國政에 간여하여 이를 개혁할 의지는 없었음을 나타내는 것이며, 이런 처신 때문에 崔氏政權에서 安心하고 高位職으로 승진시키고 간판격인 文臣으로 이용하였다고 볼 수도 있다.

또한 白雲이 下層民의 困苦에 대하여 同情을 표하고, 그들을 괴롭히는 관리들을 비난하며, 그들이 생산하는 농산물이 國富의 원천이요 국가 존립의 기틀이며 上流層 生存의 기본 조건임을 강조하고는 있지만, 農民들이 자신과 동등한 人格體라는 생각에까지는 이르지 못하였다. 어떤 중이 女色을 좋아하여 戒律을 犯하고 女人과 私通하여 자식을 낳았다가 형벌을 받게 되었다는 말을 듣고 國令으로 일일이 그런

---

22) 後集 1. 「後數日有作」 p.451 참조.
23) 後集 1. 「新穀行」 p.453. "…我敬農夫如敬佛…"
24) 後集 10. 「聞郡守數人以贓被罪二首」 p.549 참조.

일을 적발하여 벌을 줄 것 없이 낳은 자식들이 壯大해지거든 아비나 자식이나 모두 남녘 들판으로 몰아내어 밭갈이나 시키라고 희롱하였다.25) 犯法者나 그 자식들을 들판으로 내몰아 밭갈이나 시키라고 한 말은 들판에서 밭갈이 하는 농부들을 犯法罪人과 同一視한 것이요, 농부는 무식하고 완악한 사람들이라는 생각을 나타낸 것이며, 이는 농민이 자신과 對等한 人格體일 수 없다는 생각의 발로로 보아야 할 것이다. 白雲이 생존했던 시기가 武臣집권기요, 이 시기는 田柴科制度의 붕괴로 旣存 土地制度의 혼란이 야기되면서 농민들은 前보다 심한 수탈을 당하게 되었고, 이에 對한 농민의 抗拒로 國基가 위태로울 정도였으므로, 이러한 危機意識이 그의 農民詩에도 일부 반영된 것이다. 즉 농민의 고통에 대한 동정심과 酷吏에 대한 증오심 및 토지제도와 조세제도의 문란으로 인한 國基의 動搖라는 위기의식이 농민시 창작의 배경이 되었다고 본다.

지금까지 敍述한 白雲의 對農民意識을 要約해보면 다음과 같다.

① 庶民(主로 農民)들을 自身과 對等한 人格을 所有한 存在로 생각하지 않았다.

② 農民들의 困苦에 對하여 同情을 표하였으나 農民의 立場에 서서 동정한 것은 아니다. 스스로 支配層의 立場에서 階層社會로 構成된 社會의 秩序 維持를 위하여는 農民階層의 安定이 不可缺한 要素였으므로 지나친 수탈이나 再生産이 곤란할 정도로 농민을 괴롭히는 것은 비난하였다.

③ 당시에는 儒學理念으로 國家를 통치하였으므로 이에 입각하여 지배층의 청렴과 공평한 부역 및 과세를 주장하고 각 계층이 스스로 분수를 지킬 것(특히 지배층이 과욕을 부리지 말고 절제할 것)을 주장하였다.

---

25) 後集 1.「聞批職僧犯戒被刑以詩戲之」p.448 참조.

④ 胥吏와 農民을 함께 다스리는 上流層의 立場에서 鄕吏들의 농민 수탈을 증오하고 이를 억제하고자 하였다.

⑤ 上記 諸 問題들을 몇 편의 詩로는 표현하였으나 통치자에게 이의 시정을 건의한 일도 없고 자신이 국정에 영향력을 행사할 수 있는 고위 관직에 오른 후에도 이런 문제에 손을 댄 일이 없었다. 이는 文筆 以外의 일은 자신의 所任이 아니라는 자세를 견지하였기 때문이기도 하고, 이런 민감한 문제로 집권자의 비위를 건드릴 생각이 없기 때문이기도 하였다. 이러한 그의 자세 때문에 崔瑀는 그를 자기 정부의 代表格인 文人으로 安心하고 이용하였고 白雲도 이를 기쁘게 받아들였다.

Ⅲ. 小中華思想

中國人들은 中和思想에 젖어 있어서, 中國이 世界의 中心에 位置해 있고 文明도 가장 發達한 곳이며 中國의 周邊에는 東夷・西狄・南蠻・北狄등의 野蠻人이 살고 있다고 믿어 왔다. 中華思想을 기준으로 하여 우리나라를 본다면 東夷에 屬하나 우리 民族은 스스로 우리의 文明水準이 中國에 버금간다고 믿어 我國을 小中華라 하였고 中國人들도 우리를 찬양할 때는 小中華라 불러 주었다.

　봄 2월에 唐 玄宗은 聖德大王의 訃音을 듣고 오랫동안 애도하였고, 左贊善大夫 邢璹를 鴻臚少卿으로 삼아 가서 弔問하게 하였다. (中略) 璹가 떠나려 하니 皇帝가 詩序를 지어주었고, 太子以下 百寮들도 모두 詩를 지어 보내주었으며, 皇帝가 璹에게 이르기를 "新羅는 君子之國이라 부르고 文字를 이해함도 중국과 같다. 卿이 돈독한 선비이기 때문에 使臣으로 보내는 것이니 마땅히 經義를 펴서 大國의 儒敎가 盛함을 알리도록 하라."하였다.[26]

이렇게 中國에서도 我國은 각별히 文化國・君子國으로 禮遇하였으므로 이것이 民族의 自負心을 일깨우는데 크게 기여하였고, 小中華思想을 강화하는 역할을 하였다.

이러한 小中華思想은 그 연원을 漢四郡時代까지 거슬러 올라갈 수 있다. 漢四郡이 設置된 後 特히 樂浪地方은 中原에 비해도 손색이 없을 정도로 文物이 發達하였고, 이를 바탕으로 小中華思想이 싹트기 시작하여 時代가 지나면서 더욱 深化되었다. 이러한 사상은 麗代에 이르러 北方民族의 壓力을 끊임없이 받으면서, 民族의 肯持를 높여 外侵을 방어하는 精神的 支柱가 되었다.

白雲도 中國人이 我國을 小中華라 부르는 것을 몹시 기뻐하여,

(前略)	
今古才賢袞袞生	고금에 어진 인재 끊임없이 태어나
較之中夏無多愧	중국에 견주어도 크게 부끄러울 것 없네
有人曰國無則非	인재 있으면 나라요 없으면 나라가 아니니
胡戎雖大猶如芥	오랑캐는 땅만 컸지 초개같을 뿐
君不見華人謂我小中華	그대는 보지 않았는가, 중국인이 우리를 小中華라 말하는 것을
此語眞堪採[27]	이 말은 진실로 채택할 만하네

라고 노래하였다. 즉 中國에 比하여 國土는 비록 좁지만 훌륭한 인재를 끊임없이 배출하여 훌륭한 문명사회를 이룩하였으므로 중국인이 우리를 小中華라 부르게 되었고 이 말이야말로 기쁘게 받아들일만 하다

---

26) 金富軾, 『三國史記』 卷第九, 孝成王 2年條. "春二月 唐玄宗聞聖德王薨 悼惜久之 遣左贊善大夫邢璹 以鴻臚少卿 往吊祭…璹將發 帝製詩序 太子以下百寮咸賦詩以送 帝謂璹曰 新羅號爲君子之國 頗知書記 有類中國 以卿惇儒 故持節往 宣演經義 使知大國儒敎之盛"
27) 全集 17. 『題華夷圖長短句』 p.187.

고 하였다. 이런 思想은 李承休에게도 이어져서,

  遼東別有一乾坤 요하 동쪽에 따로 하나의 乾坤이 있으니
  斗與中朝區以分 斗星으로 中國과 區分되었다
  洪濤萬頃圍三面 큰 파도 넘실넘실 三面두르고
  於北有陸連如線 북쪽엔 육지 있어 실같이 이어졌다
  中方千里是朝鮮 그 안에 사방 천리 이것이 조선
  江山形勝名敷天 강산의 좋은 경치 그이름 天下에 퍼졌다
  耕田鑿井禮義家 농사를 짓고 사는 예의의 나라
  華人題作小中華[28] 중국인이 이름하여 小中華라 부르네 (後略)

라 하여, 中國과 區別되는 별도의 天地가 韓半島로 아름다운 江山 속에서 예의를 지키며 농사를 짓고 사는 文明社會이며, 中國人도 이를 小中華라 부른다고 자랑하고 있다.

 그러나 小中華思想이 白雲에 이르러서는 中國人의 華夷思想의 영향을 받아 我國 全域을 小中華로 보지 않고 開京과 그 一圓은 小中華로 보고 周邊地域은 小夷狄視하는 생각으로 變하였다. 全州府 書記로 있을 때 지은 詩나 猬島로 流配될 때 다시 湖南地方을 지나면서 지은 詩를 보면 湖南을 蠻鄕·蠻天 등의 用語를 써서 野蠻스런 지방으로 표현하였고,[29] 中國人들이 氣候가 따뜻하고 습기가 많으며 항시 안개가 끼어 漢人이 그곳에 居住하면 風土病에 걸리기 쉬운 南方(現 雲南·福建省 等地)을 瘴氣가 끼어 있는 고장이라 부르는 것을 흉내내어 湖南地方을 瘴氣낀 고장으로 보았다.[30] 湖南은 瘴毒을 일으키게 하는

---

28) 李承休,『帝王韻紀』卷下 (『高麗名賢集 1』. p.636)
29) 全集 10. 「二月復指扶寧郡馬上讀小畜詩用恭園詩韻記所見」p.111 및, 全集 17. 「庚寅十一月二十一日」"將流猬島路次扶寧郡寓宿故人資福寺堂頭宗誼上人方丈…" p.188, 「暫遊感佛寺贈堂頭老比丘」p.189 등 참조.

嵐瘴之鄕이요, 그 곳 住民은 中國 南方에 居住하는 野蠻人과 같은 사
람들로 본 것이다.

    習俗例多如蜑子[31]   풍속은 으레 蜑子같은 것 많고…

    蕭條古縣枕山根   쓸쓸한 옛 고을 산밑에 있는데
    只對村胥貌似猿[32]   對하는 사람이란 원숭이 모양의 시골 아전일세

  蜑子란 中國 南方에서 一生동안 배를 타고 생활하는 船上族이다. 어찌 農耕에 從事하는 湖南지방 풍습에 그들과 같은 點이 많을 수 있겠는가. 이는 白雲이 中國의 南方과 開京의 南方을 不當하게 等位에 놓고 본 것일 뿐이다. 그 地域 住民들을 開京人과는 類가 다른 사람들로 보아 늙은 원숭이 같다거나 놀란 사슴, 또는 노루 같다고 표현하고, 그 지방은 瘴氣가 사람을 쪄서 瘴毒때문에 일을 할 수 없다고 말하기도 하였다.

  白雲은 湖南뿐 아니라 嶺南地方도 瘴氣가 끼는 고장으로 보았다. 그가 東京 軍幕에 있으면서 지은 詩文을 보면, 慶州地方을 壯志라 하였고,[33] 그 地方 住民들이 草賊으로 化하여 高麗를 괴롭히는 것을 꾸짖으면서 過去 太祖가 新羅를 幷合할 때 베푼 은혜와 高麗의 正統性을 강조하였다.

  ……옛날 신라가 기울 무렵 백제의 방자한 탐학에 곤욕을 받아서, 견훤

---

30) 全集 10.「萬頃縣路上」p.111. 全集 17.「謝古阜太守吳同年闡猷携酒來訪」p.188, 등 참조.
31) 全集 9.「扶寧客舍次板上李祭酒純佑詩韻」p.104.
32) 全集 27. "十一月二十日出宿屬郡馬靈客舍重臺堂頭携酒來訪以詩贈之" p.104.
33) 全集 27.「軍還後寄兵馬留後朴朗中仁碩手書」참조.

의 銳卒에게 포위되었을 때, 태조의 구원병이 아니었다면 거의 살아 남은 백성이 없었을 것입니다. 나라를 들어서 고려에 내부하여 속령이 된 뒤에 도 은혜를 입은 것이 적지 않거늘, 아무리 못된 습속으로 무지하기로서니 우리 先王의 큰 덕을 잊을 수 있겠습니까…34)

하여, 太祖가 慶州地方에 베풀었던 은혜를 강조하면서 은혜를 입은 新羅의 後孫들이 背反함을 꾸짖는 것이 마치 征服民族이 被征服民族을 曉諭하는 듯한 言辭를 쓰고 있다.

白雲은 桂陽太守가 되었을 때, 「(前略) 드디어 風波같은 誹謗에 빠지게 되어 서울에서 쫓겨나 嵐瘴之鄕을 맡게 되었습니다.」35)하여, 嶺・湖南 뿐 아니라 開京에서 멀지 않은 桂陽(京畿道 부천)까지도 瘴氣가 끼는 고장으로 보았다. 이렇게 開京을 中心으로 그 一圓만을 文明世界로 보고 그 外의 地域을 蠻鄕으로 보았으며 이런 생각은 京鄕間의 文明水準의 현저한 차이도 하나의 원인이 되었을 것으로 생각된다.

白雲의 小中華思想은 高麗가 中國과는 別個의, 中國에 버금가는 文明社會라는 肯定的인 面을 內包하여 民族의 肯持와 主體性 함양에 기여하였고, 蒙古가 高麗를 支配하던 時代에 살았던 李承休의 帝王韻紀에는 前述한 바와 같이 小中華思想을 더욱 구체적으로 표현하여, 小中華는 地理的으로는 遼河 以東부터 韓半島까지이고, 江山의 形勝이 특히 秀麗하며, 農耕生活을 영위하는 禮義의 고장이어서 中國人들이 小中華라 稱하며 檀君이 이 地域에 최초로 개국하였다고 하였다.36)

---

34) 全集 38. 「太一醮禮文」 p.405. "…昔新羅之向衰困 百濟之肆虐 方甄氏之銳卒 逼以重圍 微太祖之救兵 幾無噍類 及擧國而內屬 亦受賜之不貲 夫何獷俗之無知 忘我先王之大德…"

35) 全集 31. 「謝禮部郎中起居注知制誥表」 p.333. "…果陷風波之謗出司嵐瘴之鄕…"

36) 주 28) 참조.

이러한 小中華思想이 契丹·女眞·蒙古등 北方民族의 끊임없는 壓力을 받으면서도 국가를 굳건히 지탱하는 精神的 支柱가 되기도 하였지만, 白雲에 이르러서는 開京一圓 以外의 地域 住民을 夷狄視하는 사상으로 變質되어 오히려 民族의 團結을 沮害하는 要素로 作用하기도 하여 肯定的인 面과 否定的인 面을 함께 가지고 있었다.

Ⅳ. 國家現實에 關한 認識

王建이 나라를 세운 後 國號를 高麗라 한 것은 高句麗의 後繼國임을 建國理念으로 하여 高句麗의 옛 疆域을 모두 수복하려는 抱負를 나타낸 것이다. 그러나 保守的인 貴族勢力이 得勢하여 進就的인 西京勢力(妙淸·鄭知常등)을 몰아내고 專權을 掌握했던 仁宗 以後에는 高麗가 新羅의 後繼國이라는 史觀을 가진 세력이 강해져서 金富軾의 三國史記도 이러한 史觀에서 記述된 것이었다.

高麗가 武臣執權期에 접어들면서 各地方에서 民亂이 繼起하였고, 특히 慶尙道地方에서 봉기한 亂民들은 新羅의 復興을 標榜하였으므로 高麗를 守護하려는 中央勢力은 高麗가 高句麗의 後繼國임을 주장하면서 歷史的 正統性을 強調하였다. 이런 주장은 白雲의「東明王篇」에도 여실히 드러나 있다.

 (前略) 하물며 동명왕의 일들은 神異한 變化로 뭇 사람들의 눈을 현혹하려는 것이 아니요, 실로 나라를 창시한 신성한 史蹟이니 이것을 記述해 놓지 않는다면 후세 사람들이 무엇을 볼게 있으랴. 이에 詩를 지어 기록해서 天下 사람들로 하여금 우리나라가 본시 聖人이 세운 나라임을 알게 하고자 하는 것이다.[37]

하여, 東明王의 誕生및 創國의 神述을 記述하는 것은 東明王이 建國한 高句麗의 後繼國 高麗가 聖人이 세운 나라임을 알리기 위해서라 하였다. 즉 高麗는 聖人이 세운 나라이므로 地方의 民亂을 鎭壓하고 守護해야 할 나라이며 聖人之國 國民으로서의 肯持와 自負心을 가져야 한다는 것이다. 高麗사람이라면 비록 愚夫·駿婦까지도 모두 알고 있는 東明王의 神異之事는 高麗人들이 하나로 뭉쳐서 建國以後 不斷히 계속되어온 北方民族들의 壓力과 內部의 反撥을 克服하고 나라를 支撐해온 精神的 支柱가 되었고 民族的 肯持를 일깨우는 계기가 되었으며, 白雲은 이렇게 口傳해오는 東明王의 神異之迹과 泯滅할 염려가 있는 舊三國史 東明王本紀를 東明王篇이라는 敍事詩로 再現하여 高麗人의 愛國心을 일깨웠던 것이다.

白雲이 東明王篇을 創作했던 時期(26세시 1193년)는 武臣執權者中에도 가장 殘忍하고 暴惡하였던 李義旼의 執權期로서 政治·經濟등 社會 全般이 大混亂에 빠졌고, 土地强奪·賄賂公行·武臣의 文職兼任 등 武臣의 횡포가 極에 達하고 民亂과 도적의 蜂起로 앞이 보이지 않는 암담한 시기였다. 더구나 李義旼은 十八子讖38)을 믿고 地方의 草賊들과도 結託하여 王氏 高麗의 顚覆을 꾀하면서 스스로 王位에 오르고자 하여 高麗 社稷의 運命이 風前燈火와 같이 위태로운 상황이었다.39) 이렇게 高麗가 興亡의 岐路에 서 있을 때 感受性이 銳敏한 靑年 李奎報가 舊三國史 東明王本紀를 읽게 되었고, 이에 高麗의 國權

---

37) 全集 3.「東明王篇序」p.33. "(前略)矧東明之事 非以變化神異 眩惑衆目 乃實 創國之神迹 則此而不述後將何觀 是用作詩以記之 欲使夫天下 知我國本聖人之都耳"

38) "龍孫十二盡更有十八子"라는 讖言이 當時 流布되었는데, 이는 王氏高麗는 12代만에 亡하고 李氏가 王이 될 것이라는 뜻임.

39) 金宗瑞,『高麗史』, 列傳 41. 李義旼 (延世大 東方學硏究所, pp.784~785) 參照.

과 歷史的 正統性의 守護를 위하여 東明王篇을 創作했던 것이며, 白雲 個人에게는 高麗王朝의 崩壞가 父代에 地方 鄕吏에서 中央貴族으로 겨우 浮上한 家門의 身分維持에도 威脅이 된다고 보아 高麗의 歷史的 正統性을 주장하기도 하였을 것이다.

慶尙道 一部 地方民이 中央政府에 叛逆하여 草賊이 되었을 때 慶州 軍幕에 있으면서 諸神에서 叛亂의 平定을 祈願한 醮·疏·祭文 등40)을 보면 한결같이 後三國을 統一한 太祖의 恩德을 찬양하고 그 은혜를 입은 백성의 후손들이 叛亂을 일으키는 것은 背恩忘德하는 행위라고 꾸짖었다. 즉 이런 글을 통하여 高麗의 正統性과 太祖의 偉業을 강조하고, 이를 배반하는 행위는 도저히 용납할 수 없다고 하였다.

이렇게 반드시 守護해야 할 正統國家인 高麗가 李義旼의 統治期間 中 混亂의 極에 達했다가 李義旼 一派를 誅殺하고 執權하게 된 崔忠獻에 의하여 秩序가 약간 회복되고 小康狀態가 되면서 白雲도 宦路에 進出하게 된다. 崔忠獻을 비롯한 崔氏 一門의 執權期間을 歷史的인 긴 眼目으로 볼 때는 混亂期이지만 李義旼의 政治를 體驗한 當代의 一部 知識人의 눈에는 完全하지는 못하나마 前代의 不正을 剔抉하고 國家를 安定시킨 政權으로 비쳤을 것이고, 이 政權이 무너진다면 第二, 第三의 暴惡한 李義旼政權이 再登場할 可能性도 배제할 수 없으므로 崔氏政權의 文臣登用政策에 적극적으로 호응하여 협력하였을 것이다. 白雲이 宦路를 追求한 것은 文翰의 任을 담당하고 싶은 强烈한 慾望이 主因이 되었겠지만, 고려의 國政을 安定시킨 崔氏政權에 文筆로 參與한다는 名分도 있어서 이것이 그의 行動을 合理化하는 구실도 하였던 것이다.

---

40) 全集 38.「太一醮禮文」,「基州太祖眞前祭文」,「天皇前別醮文」,「開泰寺太祖前願文」등 참조.

또한 武臣執權期間中 無辜한 사람들이 목숨을 잃는 현실을 수 없이 목도한 白雲으로서는 執權者의 눈에 거슬리는 것은 生命의 危險을 招來하는 것임을 절실히 느꼈을 것이다. 이 때문에 宦路에 本格的으로 進出한 40代 이후부터는 각별히 處身에 조심하여, 蒙古의 侵入·江都로의 遷都·國土의 荒廢化·國民의 流離등 國家의 存立 自體가 위태로운 狀況속에서도 國政의 改革이나 國權의 守護를 위한 一言半句의 建議도 한 일이 없다. 그만한 學識을 갖추었고 高位官僚로서 國政의 一役을 담당하고 있었으면서도 崔氏一門의 찬양에만 汲汲할 뿐이었다.

청년 시절에는 도둑떼의 봉기·지방 수령들의 무능과 부패·날쌘 도둑을 잡지 못하는 魯鈍한 士卒늘·시달리는 백성·지독한 흉년·고관들의 방탕 등 국가의 衰殘을 개탄하면서 自身이 登用되면 이런 일들을 바로 잡을 수 있을 터인데 天陛를 뵈올 길이 없어 안타깝다고 不遇를 탄식[41] 하던 그가 高官이 되어 天陛를 뵈올수 있게 되자 이런 문제의 해결을 위한 노력은 전혀 않고 詩 몇 首에 言及하는 것으로 塞責하려 하였다.

白雲이 正統性을 주장하면서 반드시 守護해야 할 나라라고 力說하던 高麗가 蒙古의 侵入으로 最大의 試鍊을 겪게 된 시기가 江華遷都시대이다. 이 시기에 그가 지은 詩文 속에 간혹 몽고에 대한 적개심은 표하였지만 몽고의 침입으로 온갖 시련을 겪는 百姓들의 困苦에 대한 憐憫의 情을 나타낸 詩句는 별로 없으며, 百姓들이야 어찌 되었든 江都로 옮겨간 君臣들이 편안히 살 수 있고 遷都前의 開京에 못지 않게 繁昌하는 新京을 대견하게 여기며 이런 일을 果斷性있게 實現한 崔瑀를 우러러 볼 뿐이었다.[42] 江都에 앉아서 濟州産 黃橘, 開京産 朱李(오

---

41) 全集 6, 「八月五日聞群盜漸熾」 p.69 참조.

앗)・林檎(능금) 등을 먹게 된 것만을 기뻐할 뿐,⁴³⁾ 몽고를 몰아내고 還都하여 國民이 安住할 수 있게 하려는 노력은 보이지 않는다.

白雲의 몽고침입 방어 및 퇴치책을 보면, 江都는 水中都市이므로 적이 쉽게 넘보지 못할 것이니 道나 닦고 保水나 잘 하면 될 것이요, 國土를 蹂躪하는 오랑캐들은 부처님의 힘을 빌거나, 벼락이 때리거나, 朱鳥가 쪼아서 섬멸시켜 주기를 기원할 뿐이요,⁴⁴⁾ 國民의 力量을 總集結하여 積極的으로 敵을 退治할 뜻은 어느 곳에서도 표현하지 않았다. 이토록 緊迫한 時局下에서도 王과 崔瑀를 위시한 高官들의 생활은 開京時代를 능가하는 방탕한 생활이었으며, 이를 反省하는 기색은 추호도 찾아 볼 수가 없다.

松麓遺蹤一夢空	송악산 옛 자취 허황한 꿈이거니
不須更憶荒墟地	황폐한 그땅을 다시는 생각마오
君看新邑是花山	그대여 바라보라 저 新邑의 花山*1)을
中闢彤闈奉天子	그 중간 궁전 열어 天子를 받드노라
遠近千家碧瓦差	원근의 많은 가옥 푸른 기와 즐비하고
朝昏萬竈青烟起	일만 부엌 아침 저녁 푸른 연기 일어나네
百官擁似拱辰星	옹위한 만조백관 별이 북신에 공읍하듯
四域奔如朝海水	달려오는 백성들 물이 바다에 모여들듯
鳳樓御宴不減前	대궐에서 베푼 잔치 전일에 손색없어
萬妓盈庭獻娟媚⁴⁵⁾	뜰 가득 기생들은 고운 자태 보이누나 (後略)

---

42) 全集 18.「望海因追慶遷都」p.199 參照.
43) 後集 4.「初食朱李」,「屢食朱李」,「七月三日食林檎」參照.
44) 後集 5.「九月六日聞虜兵來屯江外國人不能無驚以詩解之」,「又」,「十月電」, 「二月聞虜兵猶在南」 등 참조.
 *1) 花山은 江華를 말함.
45) 後集 7.「次韻李侍郎見和二首」中 第2, p.517.

荒廢해진 舊京은 다시 생각할 것도 없고, 新都에 있는 宮闕의 화려함과 즐비하게 들어선 기와집들이 보는 이를 흐뭇하게 한다. 大闕에서 王이 베푸는 宴會도 舊京時代와 다름이 없어 뜰에 가득한 妓女들의 노래와 춤에 도취하여 醉生夢死할 수 있으니 얼마나 기쁜 일이냐고 하였다. 이 詩를 통하여 당시 支配層의 意識의 一端을 짐작할 수 있다. 崔瑀를 頂點으로 한 당시의 지배층들은 遷都 以前보다도 더욱 퇴폐적인 향락에 빠져 江華島 밖 陸地의 참담한 모습에 대하여는 거들떠보지도 않았다.

제가 듣자옵건대 令公 閤下(崔瑀를 稱함)께서 萬機를 총람하시는 여가에 빈객들을 크게 초청하여 밤을 지새며 즐기셨는데, 그 妓樂과 絲竹은 언제나 있던 것이었으나 별도로 女童들이 있어 나이는 7~8세 정도였으며 총명영리하게 잘 깨우쳐서 놀이하는 재주에 능숙하지 않은 것이 없었다 합니다. 公께서 이로써 기쁨을 누리시며 王을 사랑하는 마음 때문에 차마 혼자 감상하시지 못하고 王께서 보시도록 바치니 王께서도 기뻐하시며 밤마다 연회를 베푸셨습니다. 이에 文閣 李需가 詩歌를 지어 邸下께 바쳤으며, 이에 公이 감탄하고 칭찬하기를 마지않으시다가 드디어 이 詩를 王께 올리니 王께서도 가상히 여기시고 격려하면서 크게 상을 내려 주셨습니다. 이는 公께서 三韓을 鎭定시켜 太平의 훌륭한 업적을 이룩하셨기 때문에 될 수 있었던 일이므로, 저는 비록 나이 많은 늙은이지만 이 사실을 듣고서 감탄을 금할 수가 없어 삼가 原韻에 의거하여 詩 한 首를 지어 올리나이다.[46]

---

46) 後集 8.「次韻李侍郞上普陽公女童詩呈令公幷序」p.528, "僕竊聞 令公閤下以 機務之隙 大集賓客 爲度夜之樂 其妓樂絲竹 則皆所常有 別有女童輩 皆年可 七八 聰利驚悟 凡曰 伶才無所不曉 公於此爲樂 以愛君之心 不忍獨賞 進供 御覽 上亦樂焉 至於連夜開宴 於是詩人文閣李需 進詩於邸下 公嘆賞不已 遂 進於上 上亦嘉獎 大加褒賞 此公之所以鎭定三韓 將致大平之嘉事也 予雖耄 老 聞之不勝嘉歎 謹依韻 和成一首 奉呈云"

하여, 開京時代보다 더욱 華麗한 宴會를 王과 崔瑀가 연이어 열어서, 마치 戰爭을 모르는 太平聖世처럼 宴樂에 陶醉된 생활을 하였고, 심지어는 7~8세의 女童輩까지 노리개로 動員하였으나, 古今 史籍을 두루 읽어 國家 興亡의 幾微를 看破할만한 識見을 가진 白雲을 비롯한 文臣들은 이를 시정하려는 노력은 않고 이러한 작태를 오히려 詩를 지어 찬양하기에 汲汲할 뿐이었다.

疆土誰將覰剖苽	이 疆土를 어느 누가 엿보랴
跨江彌嶺立天戈	江과 山에 天戈를 세워 놓았다오
摠開中令乘時奮	우리 令公 때맞추어 일어나
圖滅强胡用算多	강한 오랑캐 섬멸하느라 마음 씀이 많았다네
已振國威飛電雹	이미 국위를 번개처럼 떨치고
坐觀隣寇等蟲蛾	이웃 적들을 벌레처럼 바라보네
狐狸遺醜無今日	여우 이리 같은 무리 이제야 없어지고
魔鬼餘醒僅此儺	마귀의 잔당도 이제야 물리쳤네
更卜花山延世統	다시 花山을 이룩하며 世統을 계승하니
必無楡塞聽夷歌	반드시 변방에도 오랑캐의 노래 없어지리
奉尊主勢崇藩衛	임금 권위 높이고 변방을 공고히 하니
燕及居民保穴窠	그 혜택 백성에 미쳐 생업을 보존했네
盖代功名巍若此	一世를 덮을만한 功名이 이러하니
有時歡樂捨將何	향락인들 왜 가끔 취하지 않으랴
言言大闢華堂遂	활짝 열린 화려한 저택 깊기도 하고
翼翼高張綵幕峨[47]	날으는 듯한 채색 장막 높기도 하네 (後略)

이 詩를 보면 江島로 쫓겨나서나마 高麗를 보존한 것은 崔瑀의 偉大한 功績이고 崔瑀의 威勢에 눌려 이제 蒙古軍은 이 疆土에 얼씬도 못하게 되었고, 이렇게 偉大한 功을 세운 崔瑀가 華麗한 邸宅에서 환

---

47) 後集 8.「復次韻李侍郞見和」p.529.

락을 누림은 당연한 일이라고 하였다. 이런 詩文을 보면 이들이 과연 精神이 正常的인지, 蒙古의 끊임없는 侵入과 酷吏들의 苛斂誅求로 도탄에 빠져 헤매는 陸地 百姓들의 困苦를 執權層으로서 꿈에나마 생각한 일이 있으며 제 정신을 가지고 이런 詩를 지을 수 있는지 의심스럽다. 白雲이 과연 時局의 緊迫性을 느낄 수 없어서 이런 글을 弄한 것일까. 그렇지는 않을 것이다. 그가 文臣으로 出世할 수 있었던 것이 崔忠獻 父子의 뒷받침 때문이어서 이들에 對한 阿諛詩를 지을 때마다 品階가 올라갔으며, 老退한 後에도 계속 崔瑀의 恩顧를 입고 있었으므로 기회만 있으면 이들을 찬양하는 詩를 버릇처럼 지어 바쳤던 것이다.

　그러나 時代狀況이나 事物의 推移를 가장 銳利하게 觀察할 수 있는 直觀能力을 가신 大詩人 白雲이 當時 國家事態의 緊迫性을 전혀 몰랐다고 볼 수는 없다. 다만 過去 武臣間의 政權爭奪戰의 渦中에서 罪없는 사람들이 파리목숨처럼 죽어가는 慘狀을 목도하였고, 젊을 때에는 放狂하다는 世評때문에 宦路에 오르는데 무수한 試鍊도 겪었으며, 八關會行事절차의 잘못을 지적하는 臣僚의 곁에 있다가 그와 동조한 것으로 몰려 억울하게 처벌당한 경험도 있으므로, 老境에 千辛萬苦 끝에 쌓아 올린 現在의 社會的 地位가 글 한 句節 잘못 쓰면 모두 水泡로 돌아갈 수도 있다고 여겨 時局을 개탄하거나 執權者를 비난하는 일은 삼갔던 것이다.

　白雲은 당시 國政의 急先務가 무엇인가를 正確히 알고 있었다. 그가 知貢擧가 되어 試生들에게 물은 策問을 보면,

　　問 : 우리나라가 오랑캐의 난 때문에 백성을 거느리고 도읍을 옮겨서 社稷을 보전하게 되었으니, 이것이 비록 성스러운 天子와 宰相의 妙策때문이었지만 또한 하늘이 도와서 그렇게 된 것이다. 과연 하늘이 도운 바라면 반드시 興復할 기회가 있을 터인데, 앉아서 기다려야 되겠는가? 人

事를 부지런히 닦아서 天心에 부응해야 되겠는가? 이른바 人事라는 것은 德化를 베풀고 백성을 편안히 하며 농업에 힘쓰고 水災 旱災에 대비하는 것들이다. 그러나 現實을 살펴 보면 列郡의 殘民이 떠돌아다니며 농토에 정착하지 못하고 있는데 이들을 安集시키려면 어떻게 해야 하며, 농토가 황폐하고 묵은 땅이 많은데, 농업을 일으키는 계책은 또한 어떤 方法을 써야 하며, 수재 한재에 대비하고 덕화를 펴는 것은 무엇이 가장 급선무인가, 諸生은 古今의 理體에 밝으니 숨김없이 모두 진술하라.[48]

問 : 傳에 이르기를 '文武를 並用하는 것이 長久하게 하는 方法이다.'하였으니 예로부터 국가가 어느 한 쪽도 폐할 수 없는 것이 文과 武이다. 우리나라가 이에 힘쓰지 않은 것은 아니지만 근년 이래로 軍隊는 매우 虛하여 實하지 못하고 儒風이 극히 衰하여 떨치지 못한 것이 文武를 닦는 道가 지극하지 않은 까닭인가. 하늘의 운수가 그렇게 시킨 것인가.

士林으로 말하면, 옛날에는 벼슬에 나가는 길이 매우 어려웠으며 선비가 반드시 학문에 힘써서 科擧에 응시하는 자가 많았는데, 지금은 벼슬에 나가는 길이 매우 쉬우므로 반드시 과거를 볼 필요가 없기 때문에 학문에 종사하는 자가 적다. 벼슬하기가 어렵고 쉬움이 古今이 같지 않은 것은 무엇 때문인가. 그 폐단을 개혁하여 옛날대로 회복하는 길은 무엇인가.

군대로 말하면 각자가 모두 지급받은 토지가 있는데 지금 갑자기 어디로 갔기에 隊伍가 채워지지 않는가. 틀림없이 그의 토지가 있는 곳으로 흩어져 돌아갔을 터인데 담당 관서에서 조사하여 급히 소집하면 춥고 배고파서 의지할 곳이 없는 자만이 모이고, 일이 힘들고 먹을 것이 떨어지

---

48) 後集 11.「甲午年禮部試策問, 首望制可」p.556. "問 我國家 因狼子之難 率民遷都 得完社稷 則此 雖聖天子賢宰相之妙算長策也 亦莫非天之所祐然也 果必爲天之所祐 則必有興復之期矣 坐而俟之可乎 必勤修人事 以應天心然後可乎 所謂人事者 施德化安人民務稼穡 備水旱之類是已 然以今之勢觀之 列郡殘民之流移 不得土着者 皆是安集之要 當在何道 田疇荒廢而 地之閑曠者 多矣 興農之計 亦在何術 其水旱所備 德化所施 何者爲最 諸生明於古今理體 宣悉陣之 無隱也"

면 후환을 생각 않고 도망치는 자가 많다. 옛날에는 이렇지 않았는데 지금 이렇게 된 것은 그 까닭이 무엇인가. 內外의 담당 관서에서 조사하여 일일이 징계하지 않아서인가. 조사하여 징계하는 방법은 어떤 것인가. 諸生은 숨김없이 말하라.49)

이 두 策問은 高宗21년 (1234, 67세시) 知門下省事 戶部尙書 集賢殿太學士 判禮部事로 있으면서 江都에서 春場知貢擧가 되어 金鍊成등 31人과 明經에 李邦秀등 2人을 선발하여 放榜하였을 때 出題했던 문제로서 첫번째 문제가 채택되고 두번째 문제는 시행되지 않은 것이다.

이 策問들 속에 당시 고려가 당면한 急務들이 모두 포함되어 있다. 첫번째 策問은 몽고의 빈번한 침입으로 농민들이 그들의 田宅이 있는 곳에 安住하지 못하고 殘民이 되어 떠돌아 다녀서 耕作하지 않는 땅이 많은데, 백성들을 安住시키고 농업을 진흥시킬 방안이 무엇인지 묻고 있으며, 두번째 策問은 儒風이 衰하여 학문에 힘쓰는 자가 적은데 그 폐단을 개혁할 방안과, 軍隊가 實하지 못하여 徵集에 應하는 者들은 流離乞食하는 者들 뿐이요, 그나마 일이 힘들면 도망병이 속출하니 그 원인과 대책을 밝히라는 것이다. 이 문제를 더욱 要約하면 富國・强兵・文化暢達정책을 밝히라는 것이다.

白雲이 이 策問을 통하여 試生들에게 요구한 해답은 무엇이었을까.

---

49) 後集 11.「同前策問:次望不行」pp.556~557. "問 傳曰 文武並用 長久之道 則自古國家之所不可偏廢者 文武是也 本朝非不廣精於此 而近年已來 軍隊僅虛而不實 儒風極衰而不振者 豈修之之道有所未至耶 將天數使然耶 以士林言之 古者入仕之路甚難 故士必力學而從於科擧者多矣 今則入仕之路甚易 故士不必要科擧 而趨於學者寡矣 其入仕之難易 古今所以不同何也 其革弊復古之術 又如何而可哉 以軍隊言之 皆各有所受分田 今忽安往而隊伍之不充耶 必散歸其田所在 若有司考而逼遷 則獨飢寒無授者至焉 顧役苦食乏 則不慮後患 逃還者衆矣 古當不爾 而今之至是 其故何也 豈內外有司不能追考 而 一一懲之耶 其考之懲之之術 亦安在哉 諸生宣悉言之 無諱也"

流離한 殘民들을 安集시키고 荒廢해진 農業을 진흥하는데 不可缺한 기본 요건이 戰爭의 終息이었다. 몽고군이 계속 쳐들어 오는데 어떻게 자기의 田宅이 있는 곳에 安住할 수 있으며, 어떻게 황폐해진 농업을 진흥시킬 수 있겠는가. 戰爭이 終息된 후 농민들에게 租稅와 徭役을 公平히 賦課하면 農民의 安集과 農業의 進興은 可能해진다. 蒙古의 侵入을 막는 方法은 協商을 通한 해결과 武力으로 擊退하는 두 가지 방안 밖에 없으며, 어느 方案을 擇하든 强力한 國防力이 뒷받침되지 않으면 不可能하다. 武力의 뒷받침이 없는 협상은 降服을 의미하기 때문이다. 이렇게 보면 第一策問의 問題는 第二 策問의 두번째 문제인 軍事力 强化方案으로 이어진다. 高麗의 軍事制度가 兵農一致制度이므로 農民이 農土에서 流離되면 軍事組織은 자연히 무너지게 된다. 그러므로 軍事力 强化를 위하여는 農民을 土地에 安着시킴이 先決要件인데 이것이 무너졌고, 身體가 健壯하고 戰鬪力이 있는 壯丁은 모두 三別抄 등 崔瑀의 身邊護衛를 위한 近衛兵에 充當하고, 몽고와 싸울 戰鬪部隊에는 病弱한 浮浪民들만 모아놓고서 軍의 士氣가 오르고 勇敢히 싸우기를 바라는 것 자체가 語不成說이다. 그러므로 당시의 國防力 强化를 위한 先決要件은 最高 執權層(崔瑀)의 私心없는 國防意志에 달려 있었다. 이런 問題를 정확히 看破하고 있는 白雲이었지만 身上의 危險을 무릅쓰고 矛盾의 解決을 위하여 노력할 용기는 없었으므로 自身은 문제의 提起에 그치고 試生들의 答案을 통하여 間接的인 方法으로 國政改革方案을 摸索해보려 한 것으로 볼 수도 있다.

　第二 策問 문제중의 하나인 儒風의 振作도 戰爭의 終息이 先行되지 않으면 不可能한 問題였다. 陸地는 戰爭의 渦中에 쌓여 있는데 백성들이 어떻게 科試日字를 알 것이며 설령 안다 해도 어떻게 敵陣을 뚫고 江都로 응시하러 갈 수 있겠는가. 結局 당시의 科試는 江都로 避

亂간 支配層子弟들 만의 試驗에 不過하였고, 應試者의 範圍가 縮小된 만큼 合格者의 水準도 低下 되었을 것이며, 더구나 崔瑀가 마음대로 及第하지 않은 者도 벼슬을 주어 벼슬길에 나아가기가 쉬워졌는데 굳이 학문을 열심히 닦으려는 사람이 얼마나 되겠는가 어느 時代를 莫論하고 戰爭은 많은 人間으로 하여금 享樂의 追求에만 沒頭하게 하는 것이 常例인데, 이런 時期에 長久한 努力이 있은 후에야 그 成果가 나타나는 學問에 關心을 가질 사람이 몇이나 되겠는가. 결국 富國·强兵 및 文化의 暢達은 그 先決要件이 戰爭의 終息과 執權層의 自覺에 달려 있었다. 그러나 外敵을 退治하고 戰爭을 끝내려면 最强의 部隊를 전투에 투입해야 할 터인데 이런 주장을 하면 崔瑀의 미움을 살까봐 스스로는 이런 주장을 못하고 試生들의 답안지에서나 國難克服의 方案을 찾아보려 하였을 뿐이다.

　지금까지 살펴 본 白雲의 國家觀과 이의 실현을 위한 실제 행동을 요약해 보면 다음과 같다.

　① 高麗는 聖人이 創國한 고구려의 후계국이므로 矜持를 갖고 이를 守護하는 것을 國民의 義務로 보았다.

　② 王建에 의하여 건국되었고 그 子孫들이 계승하고 있는 高麗王朝는 地方의 叛亂(東京民亂등)이나 中央의 政變(李義旼의 奪權등)에 의하여 바뀌어져서는 안될 正統 왕조라고 생각하였다.

　③ 崔氏 武臣政權은 暴惡한 李義旼이 高麗王朝의 正統性을 무시하고 奪權하려는 企圖를 봉쇄하고 執權한 것이므로 이에 협력해야 하며, 崔瑀의 江都遷都는 高麗의 國權守護를 위한 획기적인 조치로 보았다.

　④ 國家 興亡의 機微를 看破할만한 史眼을 具有하고 있던 白雲으로서 蒙古의 侵入·國土의 荒廢化·農民의 困苦·文化의 停滯등을

解決할만한 經綸을 알고는 있었으나, 國運의 振作보다는 自身의 政權 維持에 汲汲한 崔瑀의 미움을 사서 몰락을 초래할까 염려하여 이를 주장하지 못하고 科試 策問으로 해답을 유도했을 뿐이다.

⑤ 當時의 國家 復興을 위한 急務는 農民이 農土에 安住하면서 農業에 힘쓰도록 하여 經濟力을 向上시키는 일, 兵農一致 制度의 徹底한 履行을 통한 國防力 强化, 儒風의 振作을 통한 文化의 暢達 등으로 보았다.

⑥ 父代부터 上流 階層으로 浮上한 家門의 地位 維持를 위하여도 高麗王朝가 계속 存立해 주기를 바랐다.

⑦ 國權보다는 自身의 正權 維持및 强化에 더욱 노력했던 崔氏政權과 자신과 가문의 지위 유지를 위하여 國家의 發展方案을 알면서도 이를 開陳하지 못했던 李奎報는 비록 歷史에 끼친 영향에는 差異가 있으나 同一한 歷史的 評價를 받아야 할 것이다.

V. 結 語

이제까지 고찰한 것을 총정리하여 보면 다음과 같다.

白雲은 고려 사회의 계층구조를 긍정하고 변화를 바라지 않았으며, 자신은 前生·現生·來生에서 모두 文筆로 명성을 날리고 사회에 봉사할 인물로 운명이 결정되어 있다는 확신이 사회현실 인식의 근저를 이루고 있었다. 그러므로 상류층에 속하는 그는 하류층에 속하는 농민을 자신과 대등한 인격인으로 인정할 수 없었고, 상류층이나 중류층의 농민 수탈을 비난하기는 하였으나 이는 농민에 대한 지나친 착취가 고려의 사회체제를 붕괴시킬 우려가 있고, 공평한 과세와 부역이 유학적 통치 이념에 합치되었기 때문일 뿐이요, 농민의 입장에 서서 농민 편을 든 것으로는 볼 수 없다. 그러므로 地方官으로 있을 때나 국정에 영향을 끼칠만한 중앙의 고위 관직에 올랐을 때나 농민의 困苦를 해소해주려는 시책은 시도조차 해본 일이 없었다.

그는 고려를 中華에 버금갈만한 文明社會라고 자부하는 小中華사상을 가지고 있었고 고려는 고구려를 계승한 正統國家로 절대로 멸망해서는 안될 나라라고 생각하였다. 이런 민족의식이 고려에 침입한 유목민족인 몽고족을 야만인으로 보고, 국가의 시련을 감내하고 독립을 유지하는 원동력이 되었던 것이다. 그러나 小中華사상이 고려를 中華世界와는 別個의 乾坤으로 보고 中國의 華夷사상까지 본받아 中央인 開京一圓만을 文明社會로 생각하고 그 외의 각지방은 미개사회로 생각하여 문명인이 살기 어려운 瘴氣가 끼는 고장으로, 未開人이 사는 고장으로, 얕잡아 보기도 하였다. 이런 생각은 국민의 一體感형성을 저해하는 요인이 되어 각지방의 民亂을 촉발시키는 동기의 하나가 되기도 하였다.

한편 각지의 민란빈발, 몽고의 침입으로 인한 국토황폐, 농민의 流移民化, 집권층의 전횡 및 퇴폐적인 생활 등 사회의 모순을 해결할 경륜은 가지고 있었으나 國政의 一役을 담당하는 요직에 오른 후에도 이를 실현하기 위한 노력은 한 일이 없으며 집권층과 영합하여 일신의 안일을 누리기에 급급하였을 뿐이다. 이는 가장 포악한 무인집권자였던 李義旼을 제거하고 집권한 최충헌·최우 등의 정권을 社會를 안정시킨 세력으로 보고 그에 협력한 것도 하나의 이유가 되었을 것이다.

白雲의 文學이 벼슬하기 이전과 이후에 사회를 보는 관점이 달라진 것이 이미 지적한 백운의 현실관 때문이었다. 白雲의 청년시절 未宦期의 작품에서는 암담한 사회 현실의 모순을 비판하고 자신의 불우를 괴로워하는 시문들이 나타나지만 仕宦期의 문학작품에는 당시의 사회 현실을 반영하려는 노력을 엿볼 수 없고, 지성인으로서는 용인하기 어려운 현실을 그대로 긍정하고 이에 安住하려는 자세를 취했던 이유도 그의 처세관에서 찾아보아야 할 것이다. 混濁하고 非理가 충만한 사회를 살아가면서 그곳에서 영화를 누리려한 白雲에게서 현실 개혁의 의지를 찾아보려는 것 자체가 무리이며, 그가 老後에 애써 仙化하기를 바라고 佛經과 老莊에 침잠한 것도 功成名遂하고 身退한 후 安住를 위하여 현실에서 도피하고자 한 것으로 보아야 할 것이다.

李奎報의 自然觀과 文學

Ⅰ. 序言

　自然이란 事物이나 人間의 固有한 本質과 이 本質에 依하여 발현된 모든 현상을 의미하며, 그 固有性을 파괴하고 만든 人爲的인 것과 區別되는 것으로, 常識的인 意味로는 社會에 對立되는 自然一般을 말한다.
　自然觀이란 이러한 自然에 對한 人間의 主觀的인 견해나 태도를 뜻하며, 한 人間이 自然에 對하여 어떤 見解를 갖느냐의 문제는 그의 宇宙觀 및 人生觀과도 밀접하게 연관되고, 自然에 對한 美的 態度, 즉 自然美에 對한 感情은 많은 예술가에 의하여 표현되었으므로 이는 美學上으로도 중요한 의의를 갖게 되었다. 즉 어느 작가가 自然에 대하여 어떤 견해를 갖느냐에 따라 作品의 方向과 傾向이 결정되므로 作家硏究에 있어서 그의 自然觀을 고찰한다는 것은 그의 文學理論에 매우 중요한 계기가 된다.
　本攷에서는 高麗 中期의 大文豪 白雲居士 李奎報(1168~1241)가 自然에 對하여 어떤 見解를 가지고 어떤 態度로 臨하였으며, 이러한 견해가 그의 文學에는 어떻게 발현되었는가를 살펴보고자 한다.

Ⅱ. 自然에 對한 認識

李奎報의 自然에 대한 인식을 가장 적절히 나타내고 있는 것이 「壞土室說」이다. 어느 해 10월 초하룻날 李奎報가 外出했다가 돌아오니, 아이들이 흙을 파서 土室(溫室)을 만들어 놓고 말하기를, "겨울에 花草나 과일을 저장하기에 좋고, 아무리 추운 겨울이라도 토실은 봄날씨 같아서 길쌈하는 부인들에게는 손이 얼지 않아 좋습니다."하기에, 화를 내면서,

여름은 덥고 겨울이 추운 것은 四時의 正常的인 이치이니, 만일 이와 반대가 된다면 이야말로 괴이한 일이다. 옛성인이 겨울에는 털옷을 입고 여름에는 베옷을 입도록 마련하였으니 그만한 준비가 있으면 足한 것인데, 다시 土室을 만들어서 추위를 더위로 바꾸어 놓는다면 이는 하늘의 명령을 거역하는 것이다. 사람은 뱀이나 두꺼비가 아니므로 겨울에 토굴 속에 엎드려 있는 것은 상서롭지 못한 일이다. 길쌈이란 할 시기가 있는 것인데 하필 겨울에 하려하느냐. 또 봄에 꽃이 되었다가 겨울에 시드는 것은 초목의 정상적인 성질인데, 만일 이와 반대가 된다면 이것은 事物의 이치에 어긋나는 것이다. 物理에 어긋나는 일을 하여 때에 어긋나는 일을 즐긴다면 이는 하늘의 권능을 빼앗는 것이니, 이런 것은 모두 나의 뜻이 아니다. 빨리 헐어버리지 않으면 너희들을 용서 없이 때리겠다.[1]

---

1) 李奎報,『東國李相國集』全集 21卷,「壞土室說」
　　夏熱冬寒 四時之常數也 苟反是則爲怪異 古聖人所制 寒而裘 暑而褐 其備亦足矣 又經營土室 反寒爲燠 是謂逆天令也 人非蛇蟾 冬伏窟穴 不祥莫大焉 紡績自有時 何必於冬歟 又春榮冬悴 草木之常性 苟反是 亦乖物也 養乖物 爲不時之翫 是奪天權也 此皆非予之志 如不速壞 吾苔汝不赦也.
　　※앞으로 東國李相國集에 대한 註는 권수와 제목만 표시하겠음.(例:全集 11,「壞土室說」)

하여, 土室을 허물게 했다는 것이다. 天令(自然法則)에 順應하는 것이 인간이 지켜야 할 기본 자세이고, 넓은 의미로는 인간도 자연의 일부이기 때문에 이를 어기는 것은 非自然的일 뿐 아니라 非人間的인 일이 된다. 즉 자연법칙과 인간의 행위가 일치해야 하며 이에 어긋나는 것은 죄악인 것이다. 季節·晝夜·生死의 순환은 자연의 법칙이므로 이를 받아들여 인간의 생활을 이에 맞추어야 하며 인간의 욕망 달성을 위하여 자연법칙에 어긋나는 일을 하는 것은 용서할 수 없다는 것이 李奎報의 견해이다. 利慾에 사로잡혀 人爲的으로 무슨 일을 하다가는 오히려 해를 초래하게 되므로 自然의 原理에 순응하는 無爲自然·任眞의 생활을 하는 것이 바른 생활태도이며 이를 어기는 것은 反自然的인 행위로 보았다.

그러면 四時 晝夜를 순환하게 하고 萬物을 榮枯 死生하게 하는 原動力, 즉 自然의 운행을 主宰하는 어떤 힘의 存在(絶對者)를 李奎報는 어떻게 보았는가? 李奎報는 造物主와의 對話形式으로 쓴「問造物」篇에 이에 관한 견해를 밝히고 있다. 하늘이 사람을 내고 사람을 사랑하고 이롭게 하기 위하여 五穀과 桑麻를 내었다면, 어찌 또 猛獸와 毒虫도 내어 해를 끼치기도 하는지 그 이유를 물으니, 造物主는,

"네가 묻는 바 사람과 만물이 나는 것은 모두 만물이 아직 구체적인 모습을 드러내기 이전인 混沌 속의 신비한 조짐(冥兆)에서 정해져서 自然으로 발표된 것이므로 하늘이나 조물주도 알지 못한다. 사람의 태어남은 본래 스스로 태어날 뿐이요 하늘이 시켜 태어난 것이 아니며, 五穀·桑麻의 생산도 본래 스스로 난 것이요 하늘이 낸 것이 아니다. 그런데 무슨 利와 毒을 분별하여 그 사이에 놓아두었겠는가. 오직 道 있는 者는 利가 오면 받아들이면서도 굳이 기뻐하지 않으며 毒이 이르러도 당연히 여기고 구차히 꺼리지 않아 마음을 비워서 外物을 대하므로 外物도 그를 해칠

수 없다."하였다. (中略) 내가, "네가 '하늘도 모르고 나도 모른다.'하였는데 하늘은 無爲한 것이니 스스로 알지 못함이 당연하지만, 조물주인 너는 왜 모르느냐."하니, 조물주는, "내가 몸소 만물을 만드는 것을 네가 보았는가? 대저 만물은 제 스스로 나고 제 스스로 변화한다. 내가 무엇을 만들며 내기 무엇을 알겠는가? 내가 조물주가 된 이유를 나도 모른다."[2)]

하였다. 造物主와의 對話를 통하여 造物主의 존재를 부정한 것이다. 즉 自然의 運行原理는 저절로 그렇게 되었고 되어가고 있는 것일 뿐이다. 萬物이 生成變化되는 要因은 元氣(太極)가 天・地・人 三才로 나뉘어지기 이전인 混沌期의 冥兆에서 이미 定해진 것이므로, 그 후에 태어나게 된 人間이 스스로를 기준으로 利・毒을 따지는 것 자체가 자연스럽지 못한 것이다. 外物中에 내게 利가 되고 毒이 됨을 따지는 것은 스스로 利慾에 사로잡혀서이므로, 내 뜻과는 관계없이 내 앞에 四時가 거쳐가듯 내게 닥쳐오는 利와 毒도 그렇게 볼 수 있어야 道있는 사람이고, 이런 사람은 外物이 나에게 利益을 주거나 害를 끼친다는 생각 자체가 없으므로, 利도 害도 있을 수가 없게 된다. 이러한 境地에 이르면 萬物이 나와 더불어 하나가 되므로(萬物與我爲一) 外物의 利害를 그대로 받아들일 뿐 이에 一喜一悲하지 않으며, 나를 自然의 운행에 맡기고 人爲的 作爲的인 노력을 않는다. 나를 大自然 秩序 속의 한 요소로 파악하고 外物과 나를 對立的인 관계로 보지 않는다. 이

---

2) 後集 11.「問造物」
  ……造物曰 子之所問人與物之生 皆定於冥兆 發於自然 天不自知 造物亦不知也 夫蒸人之生 夫固自生而已 天不使之生也 五穀桑麻之産 夫固自生也 天不使之産也 況復分別利毒 措置於其間哉 唯有道者 利之來也 受焉而勿苟喜 毒之至也 堂焉而勿苟憚 遇物如虛 故物亦莫之害也……予曰……但不知子言天不自知 子亦不知也 且天則無爲 宜其不自知也 汝造物者何得不自知耶 曰 予以手造物 汝見之乎 夫物自生自化耳 予何造哉 名予爲造物 吾又不知也.

러한 得道의 경지는 利慾으로부터 벗어나 마음을 비워 놓아야 가능하다고 보고, 하늘도 함이 없는(無爲) 존재이므로 人間에게 利나 害를 끼치려는 意志가 없는 것이며, 造物主라는 것은 애초부터 존재하지도 않았다고 하였다. 즉 自然의 운행은 自然히 되는 것으로 본 것이다.

 (前略)
 冥觀則皆空   그윽히 관조하면 모두가 공이니
 孰爲生老死   누가 나고 늙고 죽게 하는가
 我皆埏自然   나는 자연으로 뭉쳐진 몸
 因性順理耳   본성대로 순리에 따를 뿐이니
 咄彼造物兒   저놈의 조물주가
 何與於此矣[3]   어찌 여기에 관여하랴.

깊은 명상에 잠겨 生老病死(四苦)를 관조해 보면 내 의지대로 되는 것이 아니요, 모두가 헛된 空이다. 자연히 이루어진 것이 나요, 자연의 섭리대로 죽게 될 것이 나인데, 무슨 人爲的인 作爲가 필요하겠는가. 오직 자연의 순리에 따를 뿐이다. 이러한 자연의 섭리의 일부분이 발현되어 존재하게 된 나는 조물주와는 아무 상관이 없는 존재라는 것이다.

이렇게 저절로 生成되고 또한 死滅하는 萬物中에 血氣를 갖게 된 모든 動物들은 生을 貪하고 死를 싫어함이 모두 같다. 큰 동물만이 죽음을 싫어하고 작은 동물이라고 죽음을 싫어하지 않는 것이 아니다. 그러므로 生命을 기준으로 본다면 달팽이 뿔이나 소뿔이나 한가지이고, 쑥대밭 사이를 겨우 나는 뱁새나 한번에 九萬里를 나는 大鵬이나 동일한 것이다. 즉 生命은 누구에게나 어느 동물에게나 모두 소중한 것이라 하여 생명을 해치지 않는 것이 自然의 法則에 따르는 것이라 하였다.[4]

---

[3] 後集 1, 「病中」
[4] 全集 21, 「虱犬說」 참조.

大自然 속에서는 人間이나 萬物이 한가지이고, 生命도 人間이나 微物이나 다같이 소중한 것이라고 강조하고, 人爲的인 努力을 否定하고 無爲自然을 강조한다면 自然 속에서의 人間의 位置는 어떻게 設定해야 할 것인가. 이에 對하여 李奎報는 돌과 自身의 問答形式의 寓言인「答石問」에 그에 관한 견해를 밝혀 놓았다.

커다란 돌이 나에게 묻기를, "나는 하늘이 낳은 것으로 땅위에 있으니, 안전하기는 엎어 놓은 동이와 같고, 견고하기는 깊이 박힌 뿌리와 같아, 外物이나 사람에 의하여 옮겨지지 않아서 천성을 보존할 수 있으니 매우 즐겁다. 너도 하늘의 명을 받아 사람으로 태어났고, 사람은 진실로 만물의 영장인데도 어찌 그 몸과 마음을 마음대로 못하고 항상 外物의 부림을 받게 되고 남에게 이끌리게 되어, 혹 外物이 유혹하던 서기에 빠져서 헤이나지 못하고 外物이 오지 않으면 우울해져서 즐거워하지 않으며, 남이 좋아하면 志氣를 펴고 남이 배척하면 기가 꺽이니, 근본되는 天眞함을 잃고 지조 없기가 너같은 것이 없다. 만물의 영장이 이같을 수 있는가." 하기에 내가 웃으면서 대답하기를, "나는 안으로 實相을 온전히 하고 밖으로는 緣境을 끊어 一切를 空으로 돌렸기에 外物의 부림을 받아도 外物에 無心하고 남에게 밀침을 당해도 남을 원망하지 않으며, 절박한 형편이 닥친 후에야 움직이고, 부른 뒤에야 가며, 行할만하면 行하고 그칠만하면 그쳐서 可한 것도 不可한 것도 없다. 그대는 빈 배를 보지 않았는가. 내가 그 빈 배와 같은 자이다."하니, 돌이 부끄러워하며 대답이 없었다.[5]

---

5) 後集 11.「答石問」
有石磊然大者 問於予曰 予爲天所生 居地之上 安如覆盂 固若植根 不爲物轉 不爲人移 保其性 完其眞 信樂矣 子亦受天所命 得而爲人 人固靈於物者也 曷不自由其身 自適其性 常爲物所使 常爲人所推 物或有誘 則 溺焉而不出 物或不來 則慘然而不樂 人肯則伸焉 人排則屈焉 失本性 無持操 莫爾若也 夫靈於物者若是乎 予笑而答之曰……予則內全實相 而外空緣境 爲物所使也 無心於物 爲人所推 無忤於人 迫而後動 招而後往 行則行 止則止 無可無 不可也 子不見虛舟乎 予類夫是者也 子何詰哉 石慚而無對.

人間이 萬物의 靈長이라 하면서 外物을 추구하는 利慾에 사로잡혀 一喜一憂하면서 天眞을 잃고 이리저리 흔들리는 것으로 보아 微物인 나만도 못하다고 돌이 李奎報를 희롱하기에, 자신은 마음을 空하고 虛하게 해서 外物에 흔들리지 않으며, 형세에 따라 자유자재로 처신할 수 있는 존재라고 반박했다는 것이다. 이 글에서는 人間이 天地間의 元氣 가운데 가장 精粹한 氣를 稟賦받고 태어난 萬物의 靈長이므로 愚鈍癡頑한 정신이 化해서 된 木石과는 비교가 안 된다 하여 大自然의 秩序 속에서 選擇된 存在임을 강조하였다. 그러나 人間이 萬物의 靈長이라는 것이 人爲를 肯定하는 것은 아니다. 人間 以外의 萬物은 自然에 順應한다는 생각자체도 없이 自然法則대로 生滅하지만 人間은 高度의 理性的 能力으로 合自然이 人間다운 삶이요 宇宙의 秩序에 순응하는 일이라는 것을 스스로 判斷하고 利慾으로부터 벗어나 合自然할 수 있다는 것이다. 人間은 갈대처럼 弱한 존재이지만 생각할 수 있는 능력이 있기 때문에 위대한 존재라는 파스칼의 말과 같은 논리이다. 그러나 利慾에 사로잡혀 常心을 잃으면 木石만도 못한 존재로 전락할 수도 있음을 경고하면서, 一切를 空으로 돌리고 마음을 빈배(虛舟)처럼 가릴 때 비로소 만물의 영장이 될 수 있다고 하였다. 마음을 虛하게 한다는 것은 人慾을 버리고 自然에 맡긴다는 뜻이며, 人道의 根源이 自然에서 所自한다고 보는 것이 東洋的인 自然觀이어서 일찍이 董仲舒(179~104.B.C.前漢人)는 이를 '道之大原 出於天 天不變 道亦不變'이라고 표현하였다.

 이러한 自然의 基本 原理가 自然의 運行을 통하여 아무런 굴절없이 그대로 발현된 것이 江湖와 山林이요, 人間의 富貴·名譽 등 利慾 때문에 人間界에 歪曲되어 나타난 것이 人爲的인 世俗이므로, 屈折없는 自然현상은 眞이요, 人爲는 僞가 된다. 그러므로 江湖山林에 隱居하여 獨善其身함을 潔身亂倫이나 索隱行怪로 보지 않고 人間의 天眞한 本心을 지키는 守拙로 보았으며, 中國의 巢父·許由나 高麗의 李資玄·郭璵같은 人物은 自然의 原理대로 산 理想的인 人物로 보고 隱逸과 閑居를 원했던 것이다.

그러나 人間이 自然의 原理에 順應하는 生活을 하느냐 않느냐가 반드시 俗世를 떠나서 山林에 隱遁하느냐 않느냐에 달려 있는 것은 아니다. 마음을 虛舟처럼 가질 수 있다면 번잡한 도시의 저자속에 있다해도 自然의 原理에 어긋날 것이 없고, 벼슬을 버렸다 해서 반드시 歸自然한 것도 아니다. 즉 利慾으로부터 벗어나 마음을 虛하게 할 수 있다면 人間社會 속에 있건 山林 속에 있건 그것이 문제될 것이 없으며, 언제 어떤 경우에도 융통자재하게 閑의 경시에 이를 수 있다는 것이다. 李奎報가 城東에 있는 자신의 草堂名을 止止軒이라 정하고 軒號를 止止라 한 이유를「太玄經」止卦에서 따왔다고 설명하면서,

'初二는 말이 멈추고 수레가 대기한다.'하였는데, 이것은 初二가 平人이 되어서 숨지도 않고 벼슬도 하지 않기 때문에 수레가 대기하고 말이 그치는 데에 나아가는 것을 말함이다. 居士가 기뻐하며 말하기를, "이것이 모두 나의 뜻이다. 내가 그칠 곳을 알아서 그칠 수 있다면 初一의 정신에 응하였다고 할 수 있고, 나아가서는 벼슬하는데에 급급하지 않고 물러나서는 숨는 데에 구차하지 않아, 이것으로 平人이 되면 初二의 뜻에 합한다고 할 수 있다. 내가 이것을 얻어서 軒號를 止止라고 하였으니 과연 나의 出處와 같지 않은가."⁶⁾

---

6) 全集 23.「止止軒記」
初二 馬酉止車軔俟 此言二爲平人不隱不仕 故車軔俟而馬就止也 是皆予之志也 予能識其所止而止 則可謂應初一之體 進不急於仕 退不苟於隱 以是而爲平人 則可謂叶初二之辭 予得是而名軒曰止止 果不類予之行藏乎.

하여, 止卦 初一과 初二爻의 뜻이 自身의 出處에 대한 信念과 같다고 하고, 굳이 나아가 벼슬하려 할 것도 없지만 또한 물러나서 山林에 은둔할 필요도 없는 平人이 되는 것이 자신의 뜻이라 하였다. 이는 陶淵明의 「飮酒」詩에 나오는 '心遠地自偏'의 경지이다. 마음이 俗世로부터 멀어지면 그가 있는 곳이 어디이건 그곳이 곧 自然인 것이다.

> 내가 閑이라고 한 것은 功名을 이루고 綠野에 수레를 달아매어(懸車綠野) 마음에 外慕하는 것이 없는 者나 자취를 山林에 감추어 주리면 먹고 피곤하면 자는 자라야 그 閑暇함을 온전히 누릴 수 있는 것이다. 塵勞에 시달리고 名宦에 골몰하여 炎凉을 쫓아서 東西로 분주한 자가 하루 아침에 벼슬을 잃게 되면 外貌는 한가로운 듯하나 中心은 洶洶할 것이니 이는 한가함이 병이 된 것이다.7)

벼슬에서 물러난 者라도 마음에 外慕가 없는 者는 閑을 누리며 歸自然할 수 있지만 名宦에 미련이 있는 자는 外貌는 한가한 듯하나 中心은 洶洶하여 閑을 누릴 수 없으며 이런 者에게는 閑이 오히려 病이 된다고 하였다. 몸을 山林에 감추고 自然의 섭리대로 따르는 者나 山林에 隱居하지 않았어도 功成名遂한 후에 마음에 外慕함이 없는 者를 同一하게 閑을 누릴 수 있는 사람으로 본 것이다. 이것은 비록 李仁老의 말이지만 李奎報를 비롯한 당시의 선비들의 공통된 의식세계이었다. 즉 몸이 山林에 있느냐 속세에 있느냐가 문제가 아니요, 마음의 外慕를 버리고 虛하게 할 수 있느냐 없느냐가 歸自然與否를 결정하는 기준이 된다고 보았던 것이다. 이러한 李奎報의 自然觀은 때가 오면 兼

───────────────
7) 李仁老,『破閑集』下,「跋文」
  吾所謂閑者 蓋功成名遂 懸車綠野 心無外慕者 又遁跡山林 飢食困眠者 然後 其閑 可得而全矣……若夫泊塵勞役名宦 附炎借熱 東鶩西馳者 一朝有失 則 外貌似閑 而中心洶洶 此亦閑爲病者也.

濟天下하기 위한 준비나 기다림을 위하여 林泉에서 獨善其身하는 儒家의 一時的 條件的인 隱遁과는 다르다.8) 즉 歸自然이 窮極의 價値요 目的이며, 俗世로 되돌아와 뜻을 펴기 위한 준비나 수단이 아니다.

이는 新羅時代의 四仙9)이나 高麗朝의 李資玄·郭璵 流의 歸自然思想과 同軌에 속하며 우리나라 固有의 仙道(郞家思想)나 老莊에 가까운 自然觀으로 보아야 하고, 이런면에서 文人들의 自然觀이 羅麗代와 朝鮮朝사이에 差異가 생김도 窺知된다. 羅麗代의 歸自然은 人間의 本然之性으로 돌아가기 위한 目的이었고 朝鮮朝의 歸自然은 兼濟天下라는 目的을 실현하기 위하여 때를 기다리는 手段이요 準備였던 것이다.

Ⅲ. 作品 속에서의 自然

1. 親自然

前述한 바와 같이 李奎報는 自然을 人爲와 相對가 되는 永遠·廣濶·開放·自由·閑適·平等·調和·善美 등으로 표현할 수 있는 宇宙 萬有의 本體요 秩序라고 보았다. 이러한 自然에 自身을 接近시키려는 것은 人間의 本性에 충실하려는 시도라고 할 수 있다. 李奎報가 自然에 接近하여 自我를 合一 시키려는 노력은 그의 많은 作品속에서 발견되며 그 가운데 몇 作品을 例示하고 이를 통하여 李奎報의 親自然하고자 하는 이유와 그 양상을 살펴보고자 한다.

---

8) 朴性奎,『李奎報硏究』, 啓明大出版部, pp.90~103 참조.
9) 新羅의 國仙이었던 永郞·述郎·安祥·南石行 등을 말하며, 동해안에 이들이 노닐었다는 유적이 산재해 있다.

方丈蕭然古樹邊　　고목나무 곁의 쓸쓸한 암자
　　一龕燈火一爐烟　　감실에 등 하나 향로도 하나
　　老僧日用何須問　　노승의 일상사 무어 물을게 있으랴
　　客至淸談客去眠[10]　손이 오면 청담하고 손이 가면 잔다.

이 시는 李奎報가 26·27세 경에 外院의 可上人을 방문했다가 암자 벽에 써 놓은 옛 詩의 詩韻을 따서 지은 것이다. 이 詩에 전혀 꾸밈이 없는, 道를 닦는데 필요한 최소한의 도구만 구비한 소박함이 人爲가 없는 진솔한 자연의 모습을 나타내고 있다. 그 속에 있는 人間인 老僧도 自然의 모습 그대로여서, 靑山이 찾는 이 있으면 거절하지 않고 가는 사람도 막지 않듯이, 客이 오면 오는대로 함께 淸談을 나누고 客이 가면 다시 自然과 하나가 된다. '손이 가면 잔다'한 것은 木石처럼 나 자신의 존재 자체도 의식하지 않는 忘機의 境地를 나타낸 것으로 自然과 내가 하나로 溶解된, 人爲가 介在할 수 없으며 人間世界의 煩擾나 慾望등이 나타날 수 없는, 閑寂하고 虛靜한 경지인 것이다. 즉 나를 自然에 맡기는 任自然의 경지를 나타낸 것이다.

　　寓興撫桐孫　　　홍이 일면 거문고 어루만지다
　　虛心對竹君　　　무심히 대나무를 마주보네
　　林深鴉哺子　　　숲 깊으니 까마귀 새끼를 치고
　　園靜鳥呼群　　　정원 고요하니 새들이 무리를 부르네
　　坐石吟移日　　　돌에 앉아 읊조리며 날을 보내고
　　開窓臥送雲　　　창 열고 누워 지나가는 구름을 보네
　　塵喧卽咫尺　　　속세의 소란함 지척이지만
　　閉戶不曾聞[11]　　문 닫으니 전혀 들리지 않네

---

10) 全集 3,「訪外院上可人用壁上古人韻」
11) 全集 10,「又次新賃草屋詩」五首中 第二首.

이 詩는 全州錄司에서 파직당하고 돌아와 30代 中半에 지은 것이다. 이 詩에서도 俗世는 시끄러운 곳이다. 그러나 山林과 俗世는 地域的인 區分이 아니고 마음의 문제이다. 집안에 자그마한 정원을 만들고 마음을 비우고 대숲을 보다가 흥이 나면 거문고로 퉁겨 본다. 이미 虛心의 상태에 이르렀으므로 世事에 아무런 욕심이 없다. 새들도 機心이 없음을 알고 아무 두려움 없이 모여들어 지저귀고 까마귀도 새끼를 친다. 世事에 얽매이지 않는 모습은 창 사이로 보이는 구름과 같다. 머물고 싶으면 머물고 떠나고 싶으면 떠나는 구름은 自由의 상징이요, 이곳의 窓은 마음의 창이다. 마음을 비우고 열어 놓으면 마음의 창을 스치고 지나가는 모든 世事를 뜬구름이 흘러감을 보듯이 할 수가 있으므로 喜怒愛樂이나 愛憎이 끼여들 여지가 없다. 마치 서울같이 맑은 수면에 흘러가는 구름이 잠시 비쳤다 지나가는 것과 같다. 이런 경지에 이른다면 굳이 紅塵자욱한 俗世를 피하기 위하여 林泉을 찾을 필요도 없다. 속세의 소란함에 마음을 쓰지 않고 마음의 문을 靑山 白雲을 향하여 열어 놓을 수 있다면 몸이 어느 곳에 있던 이미 나와 自然과의 융화가 이루어진 것이 되어 속세의 시끄러운 소리가 귀에 들리지 않을 수 있는 것이다.

   絶頂望都城 정상에 올라 도성을 바라보니
   浩浩萬人海 넓디넓게 人海를 이루었네
   小屋不容言 작은 집이야 말할 것도 없고
   大屋正如塊 큰집들도 흙덩이만 하네
   可憐路上人 가엾어라 길에 오가는 사람들
   蟻奔塵土內 흙먼지 속 헤매는 개미와 같네
   經營覓何利 대체 무슨 이익을 얻겠다고
   意各有所掛 생각이 저마다 얽매이나
   區區蠻觸間 달팽이 뿔만도 못한 이해 때문에

```
    死生哀樂在      생사와 애락이 있게 되니
    安得出其中      어찌해야 이 속에서 벗어나
    遊於六合外12)   六合 밖에서 노닐 수 있을까
```

　이 시는 北岳 頂上에 올라 開京을 내려다보고 지은 詩이다. 人間은 高門巨族이 되어 高臺廣室에 사는 것을 뽐내지만 山 위에서 내려다보면 大屋들도 흙덩이만하게 보이고, 榮利나 功名을 쫓아 분주히 오가는 사람들이 흙먼지 속을 내닫는 개미떼처럼 보인다. 廣大無邊한 大自然 속에서 人世의 협소함과 덧없음을 깨달은 것이다. 外物에 얽매어서 生의 眞實을 깨닫지 못하고 하찮은 이해에 死生哀樂을 걸은 人生들이 가엽게까지 보인다. 그러나 이것은 남의 일이 아니다. 이 山에서 내려가 都城에 이르면 俗世·俗人의 우리 속에 자신도 필연적으로 휩싸이게 될 것이다. 이렇게 狹穿하고 煩擾로운 人世에서 어떻게 하면 벗어나 大自然의 품속에서 어디에도 얽매이지 않고 자유롭게 살 수 있을까? 이것이 李奎報의 所望인 것이다. 自然의 觀點에서 본다면 슬픔이나 근심이 본래 없는 것이니 이에서 벗어났다 하여 기쁠 것도 없는 것이다. 生도 저절로 된 것이요 死도 저절로 올 것이니 人知로 해결할 수 없는 일 때문에 기뻐하거나 슬퍼하지 말고 自然의 物化에 맡기고 모든 煩惱로부터 초탈하는 것, 이것이 李奎報가 추구하는 궁극의 目標인 것이다.

2. 歸自然

　人慾을 否定하고 自然과 가까이 하는 것이 소망이라면 廣大하고 永遠

---

12) 全集 12.「登北岳望都城」

한 자연의 품속으로 돌아가야 한다. 親自然하고자 한다면 歸自然해야 함은 必然的인 귀결이다. 李奎報의 歸自然思想은 紅塵에 묻힌 俗世에서 마음과 몸이 벗어나 大自然 속에 묻히고 싶은 강렬한 욕망의 표시이다.

  (前略)
  我言天地內 내가 말하기를 이 천지 사이에
  浮生信如寓 덧없는 인생 붙여 사는 것 같아서
  彼此無眞宅 어딜 가나 참된 내 집은 없고
  隨意且相住 뜻대로 멈추면 그만이거늘
  何必戀洛塵 하필이면 서울의 티끌을 못 잊어
  局促首歸路 소견 좁게 돌아갈 길 향할 건가
  換酒傾一壺 사온 술항아리 다 비우니
  胸膈無細故 가슴에 모든 생각 없어져
  頹然臥前榮 평상에 쓰러져 누웠는데
  萬木蒼烟暮[13] 수풀 사이로 푸른 연기만 저물어가네.

 이 詩의 省略된 前半部에는 싱그러운 농촌의 아침 경치를 그리고 갑자기 먹구름이 몰려와 폭우가 쏟아진 듯하자 따라온 童子가 歸京하도록 권고한 내용이 실려 있다. 이에 李奎報는 天地 사이를 떠돌다가 때가 되면 멈춰야 할 덧없는 人生인데 하필이면 紅塵 가득한 서울을 못잊어 돌아갈 길을 재촉할 것이 무어 있느냐 하고 이곳에서 술에 취해 자질구레한 세상사를 잊고 頹然히 누워 저물 녘까지 있었다는 것이다. 잠시 머물다 떠날 過客처럼 天地間에 잠시 寓居하고 있는 것이 人生이다. 이런 人生이 世事에 얽매이기보다는 '快哉農家樂 歸田從此始[14]'라고 외치면서 도시의 世網에서 벗어나 歸田園하고자 하여, 西郊

---

13) 全集 2.「復遊西郊草堂」.
14) 全集 2.「遊家君別業西郊草堂」二首中 第一首 참조.

에 있는 草堂名을 '有田可以耕而食 有桑可以蠶而衣 有泉可飮 有木可薪 可吾意者有四'라는 뜻으로 「四可齋」라 짓고,

> 내가 四可齋에 살면서 만약 田園之樂을 얻을 수 있어서 世網에서 벗어나 결연히 일어나 故園으로 돌아가 늙으면서 太平한 세대에 농사짓는 늙은이가 되어 배를 두드리며 擊壤歌를 불러 성스러운 王의 敎化를 노래하고 읊조려서 이를 管絃에 올린다면 어찌 불가할 것이 있으랴.15)

하였다. 즉 田園으로 돌아가 食·衣·飮·薪 등 生存에 필요한 最小限만을 갖추고 外物에는 욕심을 내지 않고 堯舜의 백성처럼 격양가를 부르며 살다가 人生을 마치겠다고 하였다. 都市는 虛僞와 詐術이 亂舞하는 곳이므로 이에서 벗어나 四時의 運行에 맞추어 春耕 秋收하는 농촌의 진실한 생활로 돌아가고자 하였으며, 이는 人間이 本來의 天眞을 지키며 살 수 있는 곳은 농촌이라고 본 것이다. 즉 도시를 떠나 전원으로 돌아가는 것도 자연으로 돌아가는 하나의 방법으로 생각하였으며, 전원생활이야말로 守拙할 수 있는 곳이라고 생각한 것이다.

```
重峯複嶺翠磨公      중첩한 산봉우리 하늘을 찌를 듯한데
路入招提一線通      절로 들어가는 길 한가닥 실날같이 통했네
信步從敎巾墊雨      천천히 걸으니 건은 비에 젖고
閑吟不覺笠欹風      한가히 읊조리며 갓이 바람에 기울어도 모르네
山花染出燕脂爛      연지같이 물든 산 꽃 난만히 피어 있고
野燒橫來漢幟紅      불타는 듯한 들꽃은 한나라 깃발처럼 붉도다
三尺樵童吹葦笛      삼척초동이 갈피리 부니
太平都在此聲中16)   태평성세가 모두 이 소리에 있도다.
```

---

15) 全集 23. 「四可齋記」.
　　予居是齋也 若得田園之樂 則其唾棄世網 拂衣裏足 歸老故園 作太平農叟 擊壤鼓腹 歌詠聖化 以被于管絃 亦何有不可哉.

첩첩산중으로 실낱같이 이어진 길을 따라 山寺로 向하고 있는 李奎報는 이미 世事의 煩擾로움을 잊었으므로 바쁠 것이 없다. 천천히 걸으며 巾이 비에 젖어도 아랑곳하지 않고 한가히 읊조리며 衣冠이 흐트러져도 상관이 없다. 의관을 정제하고 예절을 지킴은 塵世의 일이라 이미 自然 속에 묻힌 내가 어떤 행위를 하건 시비할 사람이 없고, 자연은 너그럽게 나의 모든 행동을 받아준다. 산에 묻혀서 주변을 바라보니 天道의 運行은 어김이 없어 山野가 온통 불타는 듯 붉은 꽃으로 덮여 있는데 멀리서 樵童의 갈피리 소리가 은은히 들려온다. 투쟁도 갈등도 근심도 없는 太平盛世가 바로 이런 경지인 듯하다. 이 詩속의 自然은 깨끗하고 아름다우며 塵世의 번거로움을 모두 잊을 수 있는 太平한 곳이다. 옷이 젖는 줄도 모르고 갓이 기운 것도 모르는 것이 崇嚴한 自然美에 몰입하여 스스로를 잊은 것이다. 내가 자연과 하나가 된 것이다.

(前略)
嗟我本狂直　　아아! 나는 본래 狂直한 사람으로
世味備相涉　　세상 맛을 고루 보았으니
不如早歸來　　일찍이 이곳으로 와서
得此幽興愜　　그윽한 흥취 즐김이 낫겠네
學道師應癯　　도 배우는 파리한 스님과
遺形我方慹　　形骸잊고 꼼짝 않는 내가
塊然兩枯木　　두 개의 마른 나무처럼 외로이
相對度小劫[17]　마주보며 여생을 보냅시다.

이 詩는 29韻 58句의 長詩이다. 省略된 부분에서는 城中에서 까마득하게 보이는 惠元寺에 첩첩산중을 지나 찾아가서 絶境과 훌륭한 조

---

16) 全集 3.「遊北山」
17) 全集 11.「留題惠元寺」

화를 이룬 寺院과, 그곳에 隱居하는 道僧을 만난 과정을 그려 놓았다. 性格이 狂直하여 世間에서 온갖 辛苦를 다 맛보았으니 나도 이제 속세를 떠나 이곳에 와서 幽興을 즐기겠다고 하면서, 世俗의 온갖 拘束에서 벗어나 이곳에 있는 스님처럼 아무런 구애도 받지 않고 道의 眞味를 맛보며 安閑한 생활을 하고 싶어한다. 자신의 形骸가 존재한다는 의식마저 버리고 스님과 더불어 枯木처럼 앉아서 모든 妄念을 다 잊고 法悅을 즐기며 여생을 보내고자 한 것이다.

화려한 듯하고 큰 뜻을 이룰 수 있는 듯한 俗世를 歸自然하여 돌아본다면 모두가 幻이요 空이요 僞인 것이다. 이를 알았으면 하루라도 빨리 그곳에서 벗어나 참다운 도를 깨닫고 자연의 품에 안겨야 할 것이다. 그러나 스스로 고백했듯이 上根이 못돼서 자연 속으로 잠시 마음의 때를 씻어 버린 후 다시 온갖 허위와 비리가 가득한 俗界로 돌아올 수밖에 없다. 자연에 뜻을 두면서도 속세를 벗어날 수 없는 것이 李奎報의 限界이고 번민이다. 이러한 한계는 致仕後 佛敎에 歸依함으로써 해소되었다.

久爲紅塵客	오랫동안 홍진에 묻힌 나그네
浪走無時休	이리저리 뛰노라 쉴 새가 없어
到山本無意	산에 오르며 생각도 않았는데
偶爾得玆遊	우연히 이번 길을 나서게 되었네
無奈愛山人	산을 좋아하는 어떤 사람이
獨往嫌無儔	함께 갈 친구가 없어
相逢許聯轡	나를 만나 고삐를 나란히 하고
出郭行悠悠	성을 나와 유유히 걸었는데
雲烟漸掩靄	구름과 안개에 차츰 가려짐을 보고
始覺向林丘	山林에 가까이 왔음을 깨달았네
苒苒松上霧	안개는 소나무 위로 뭉게뭉게 피어오르고

冷冷石間流	돌사이의 물은 차갑게 흐르네
相將入僧舍	함께 山寺에 들러
小酌語綢繆	한 잔씩 마시며 정답게 담소하니
已愜幽居趣	어느새 은거하는 취미에 젖어
又欲便成留	계속 이곳에 머물고 싶네
迺知中下性	中性이나 下性을 타고난 자는
反覆隨所由	처지에 따라 달라지기에
趁世悅紛華	속세에 나가면 번화함을 즐기고
入山樂淸幽	산에 들어오면 淸幽를 즐기네
明朝返都城	내일 아침 도성에 돌아가면
又縛營生謀	다시 생계에 얽매여야 하니
嗟哉更何言	아아! 다시 무얼 말하랴
未免塵緣拘	塵世의 속박 면할 길 없네
要當婚嫁畢	마땅히 자녀의 혼가가 끝나면
始脫籠中囚[18]	새장에 갇힌 몸 벗어날 수 있으리.

이 詩의 前半部에서는 紅塵이 날리는 도성에서 뜻맞는 친구와 함께 山寺를 찾기까지의 과정과 그 사이에 眼前에 展開되는 경치를 읊고 後半部에서는 자신도 이런 곳에서 은거하고 싶지만 禀賦받은 本性이 上根에 속하지 못하고 中根이나 下根쯤에 해당되어 不動心을 갖지 못하여, 내일 下山하면 다시 世事에 얽매이게 되었으니, 世緣의 속박에서 벗어나려면 자녀들의 혼사를 마친 후에야 가능할 것 같다는 내용이다. 즉 得道의 경지에 이른 上性(上根)에 속한 사람이라면 마땅히 山林에 묻혀 塵緣을 끊을 수 있겠지만 자신은 아직 그런 수준에 이르지 못했음을 밝히면서 인간의 궁극적인 목적이 될 가치있는 일은 歸自然임을 밝히고 있다. 속세는 天眞의 眞率함을 歪曲한 紛華함으로 가득찬 곳이요, 온갖 世緣에 얽매인 감옥이나 새장 같은 곳이다. 이러한 人爲

---

18) 全集 5.「偶遊山中書壁上」

(僞) 때문에 복잡해진 俗世의 紛華를 벗어나 閑適을 누리고 籠中鳥같은 생활에서 벗어나 完全한 자유를 누리는 길이 歸自然이다. 당장은 이를 실현하지 못한다 해도 영원한 희망이요 이상인 歸自然을 輿件만 조성되면 반드시 이루리라고 다짐하면서, 당장 이를 이루지 못함을 한하였다.

步步行隨入谷雲	발걸음 닿는 대로 구름어린 골짜기를 들어가니
自然幽洞辟紅塵	자연의 깊은 구렁 속세를 피해 있네
已將蚊雀觀鍾釜	이미 봉록을 문작처럼 여겼고
曾把螟蛉戲搢紳	일찍이 진신을 명령처럼 희롱했네
俯仰歸來推幻化	부앙과 귀래를 환화로 보고
死生得喪任天鈞	사생과 득실을 하늘에 맡겼네
多師雪裡猶賖酒	고맙게도 스님이 눈속에 술을 사와
借與山中一日春[19]	산중의 하루봄을 빌려 주누나.

발걸음 가는 대로 걸어서 속세를 떠나 있는 그윽한 골짜기로 들어가니 이미 人間世를 벗어나 大自然의 품속에 안기게 된 것이다. 大自然 속에서 人世를 보니 많은 俸祿을 받는 地位높은 搢紳貴介가 모두 모기나 참새 또는 나나니 벌 새끼보다 나을 것이 없어 보인다. 世俗的인 貴賤의 差別이 自然 속에서는 權威도 의미도 없어진다. 俯仰이나 歸來가 본래는 구별할 것이 없는, 즉 實在하지 않는 虛幻한 변화로 보고, 나의 死生 得失을 모두 自然의 운행에 맡겼다. 人爲(人慾)를 버리고 나를 自然에 맡긴 것이다. 이리하여 나와 自然이 하나가 되니 이미 合自然의 경지에 이른 스님도 나를 배척하지 않고 반갑게 맞아 자연의 한 부분으로 받아드린 것이다. 즉 自然에서는 萬有가 無差別이요 平等인 것이다. 萬有가 각기 個性대로 소리와 빛깔을 내면서 하나로 조화

---

[19] 全集 11. 「訪覺月師用東坡詩韻各賦」

된 世界가 自然이므로 實踐의 구별이 있을 수 없고, 生과 得이 기쁠
것도, 死와 喪이 슬플 것도 없는 것이다. 自然을 기준으로 본다면 死生
이 同根이요 得도 없고 喪도 없는 것이다. 俗世의 紅塵을 씻고 이런
경지에 이르고자 하는 李奎報를 반갑게 맞이하여 淸談을 나누는 相對
가 되어 준 覽月스님이 있어 더욱 즐거울 수 있었던 것이며, 이런 差別
이 없고 萬有가 對等하게 하나로 融和된 自然 속에 자신을 몰입시켜
合自然하고자 하는 것이 李奎報의 뜻이었다.

Ⅳ. 結 語

지금까지 考察한 李奎報의 自然觀과 그의 自然觀이 作品으로 발현
된 양상을 요약해 보면 다음과 같다.

人間을 自然과 對立하는 존재로 보지 않고 인간이 자연과 하나가
되어(合自然) 自然法則에 순응하는 것이 바른 길이라고 생각하여 자연
질서에 역행하는 人爲를 罪惡視하였다.

自然의 운행을 主宰하는 絶對的 存在[天 또는 造物主]를 인정하지 않
고 自然은 渾沌期(太初)의 冥兆에서 정해진 대로 운행하는 것으로 보
았으며, 인간이 外物에 대한 욕망을 버리고 合自然할 수 있게 된다면
萬物이 나와 하나가 될 수 있으므로(萬物與我爲一) 外物이 나에게 利
가 될 것도 害가 될 것도 없다고 하였다. 自然히 이루어진 것이 나요,
자연의 섭리대로 죽게 될 것이 나이므로, 生老病死를 괴로워하며 이에
서 벗어나려 人爲的인 노력을 할 필요가 없고 오직 자연의 운행에 나
를 맡기는 것(無爲自然)이 내가 할 일이라고 하면서 無爲自然하려면
人世의 모든 利慾으로부터 벗어나 마음을 虛舟처럼 가져야 한다고 하

였다.
 그러나 人間以外의 萬物은 자연의 운행에 따라 生滅한다는 의식도 없이 無爲自然하지만, 人間은 이를 의식하면서 스스로의 意志로 無爲自然할 수 있는 存在이며, 이것이 萬物의 靈長이 될 수 있는 所以라고 하여 人間의 靈性을 인정하였다. 그러나 大自然의 觀點에서 본다면 萬有는 크건 작건 모두가 같이 自然의 운행법칙에 의하여 각기 個性대로 生하여 存하다 滅하는 것이므로 差別이 있을 수 없고, 모든 生物은 大小의 區別없이 生을 유지하고자 하는 공통의 욕구를 가지고 있으므로 모든 生命을 소중히 여기고 해치지 않는 것이 자연법칙에 따르는 것이라 하였다.
 自然의 원리가 人爲的으로 變形됨이 없이 本然의 모습대로 발현된 것이 江湖山林이요, 人間의 利慾 때문에 歪曲되어진 것이 俗世이므로 江湖山林은 眞이요, 俗世는 僞로서 人間이 山林에 隱遁함은 僞를 떠나 眞으로 돌아가는 것이므로, 이것이 곧 인간의 本心을 지키는 守拙인 것이다. 그러나 이렇게 自然으로 돌아가는 것은 守拙할 수 있느냐의 與否가 중요하고, 守拙이 가능하다면 저자 속에서도 歸自然이 가능하므로, 歸自然은 그가 있는 장소가 문제가 아니요 마음가짐이 문제라고도 보았다.
 歸自然은 인간이 本然之性으로 돌아가는 것이므로 그 자체가 인간의 궁극의 목적이요 다른 목적을 위한 수단이 아니다. 이렇게 본다면 近世朝鮮의 儒學者들이 江湖에 隱遁하여 獨修其身하면서 治國平天下할 때를 기다리는 것과는 다르다. 조선조의 유학자들이 兼濟天下하기 위한 준비로 一時的으로 山林에 隱居한데 反하여 李奎報를 비롯한 羅麗朝의 文人들은 歸自然 자체가 목적이었고 이를 다시 속세로 나와 天下를 다스리기 위한 준비로 생각하지 않았으며, 이러한 歸自然 사상은 我國 傳來의 仙道나 老莊의 영향을 받은 것으로 보인다.

　李奎報의 이러한 自然觀은 그의 詩文 속에 이루 枚擧할 수도 없을 정도로 빈번하게 나타나며, 俗世의 人間事는 有限·狹小·煩擾·閉鎖·束縛·人慾·不安·假飾·差別·分裂·葛藤 등으로 표현한데 反하여, 自然은 無限·永遠·閑適·開放·自由·天道·安閑·本性·平等·眞實·融和 등으로 그 성격을 표현하였다. 이러한 자연에 자신을 접근시키려는 것은 인간의 本性에 충실하려는 것이므로, 無慾虛靜의 경지에 들어가 자신을 자연에 맡기고 싶다고 하였다. 一切의 機心을 버리고 虛靜한 마음을 갖게 되면 自然 속의 禽獸를 비롯한 微物들과도 가까워질 수 있다고 보았으며, 이런 경지에 이르면 死生哀樂으로부터 벗어나 자유로워진다고 하였다. 이러한 歸自然 思想은 李奎報의 生의 궁극목표이었으나 世慾을 버리고 任自然 한다는 것이 쉬운 일은 아니어서, 그 때문에 번민하다가 老退後 佛教에 귀의함으로써 번민에서 벗어나게 되었다.

李奎報의 自我意識과 文學

I. 序言

　人間의 認識과 行動의 主體가 되는 自己 自身에 대하여 스스로 갖고 있는 意識이나 觀念을 自我意識이라 한다. 즉 자신은 어떤 사람으로 어떤 일을 하며 어떻게 살아야 할 것인가에 대하여 스스로 품고 있는 생각이 自我意識이다.
　이러한 自我意識은 行動의 基底에 있는 여러 欲求나 傾向이 그 個體의 生活史와 함께 경험을 통하여 特殊한 秩序體系를 형성하고, 어떤 事態에 직면하였을 때 그 個體의 行動特性을 규정하는 主體的 條件이 되며, 이것을 心理學的 自我(ego)라 한다. 이렇게 自我는 環境과의 軋轢詰抗에 의하여 意識化되고 또한 社會的 基準이나 환경적 조건의 內面化에 依하여 여러 狀況에 있어서의 行動의 時間的·空間的 統一의 中心이 되며 自己에 關한 意識이 된다. 이것을 ego와 區別하여 self라고 할 때도 있다. 自我는 다시 社會的 抵抗에 의하여 超自我를 分化하고 그것에 의하여 道德的 監視를 받는다. 超自我란 人間의 精神 속에 있는 制止作用으로서, 自我와는 區別된다. 그러나 이 超自我는 그것 자체로서는 인식되지 않으면서도 그 기능을 발휘하는 것으로서 良心의 원 터전이 된다. 즉, 스스로 형성한 도덕적 양심에 따라 무의식적인 억압이 행하여지는데 이 경우의 機構를 超自我라 한다.

이러한 自我意識 및 超自我는 幼年期에서 靑少年期 사이에 형성되며 일단 자아의식이 형성되면 그 의식 자체가 그 사람의 行動과 思考를 지배하게 되어 그의 생애에 至大한 영향을 끼치게 된다. 이런 自我 및 超自我意識이 자신은 어떤 人物이고 어떻게 행동해야 하며, 앞으로 어떻게 될 사람이라는 未來에 대한 확신을 갖게 하는 바 이를 「自己充足的豫言(self fulfilling prophecy)」이라 하며 이런 예언이 형성되면 그 예언 자체의 실현을 위한 강력한 추진력과 수단이 되기도 한다.

本稿에서는 高麗 武臣執權時代의 代表的 文豪로 國文學史上 偉大한 자취를 남긴 白雲 李奎報(1168~1241)의 自我意識은 어떻게 형성되었으며, 형성된 자아의식이 당시의 사회현실과 어떻게 葛藤하고 適應하여 그의 文學活動에 반영되었나를 살펴보고, 아울러 그의 자아의식이 표출되어 형성된 文學이 우리 文學史에 어떤 영향을 끼쳤는가도 고찰하여 보고자 하였다.

Ⅱ. 自我意識의 形成

人間은 누구나 幼年期가 自我의 形成에 決定的인 役割을 한다고 한다. 李奎報는 黃驪縣(驪州) 사람으로 先祖는 黃驪의 鄕吏로서 代代로 그 地方의 鄕職을 歷任하고 있다가 父 李允綏代에 中央官界에 進出하여 父는 戶部郎中(正五品), 叔父 李富는 直門下省(從三品)에 이르러, 武臣亂으로 官界의 版圖가 바뀌는 시기에 재빨리 時流에 便乘하여 家門이 中流에서 上流階層으로 浮上하게 된다. 外祖 金施政도 科

擧에 及第하여 蔚珍縣尉를 역임하였다.

大土地를 所有하고 閥族을 形成하여 代代로 高位 官職을 獨占하고 있던 保守的인 貴族勢力과는 달리 新進 士類層으로 등장하여 父母 兩系 共히 進取的인 家庭雰圍氣를 形成하고 있었으므로 이것이 白雲의 性格과 運命에 至大한 影響을 끼쳤으리라고 본다. 白雲이 傳受받은 新進 士大夫의 進就的 氣像이 그에게 닥쳐오는 무수한 試鍊과 逆境을 극복하고 大文豪로 成長하게 하고 相國의 地位에 오르게 하는 原動力이 되었던 것이다.

한편 白雲이 誕生한 후 3個月만에 一老人(神人?)이 乳媼에게 「此兒 千金之子……宜善護養」하라고 豫言하였다 하는데, 이런 豫言을 幼年期부터 듣고 자랐을 것이므로1) 그의 惱裏에는 自身이 탄생시부터 偉大한 人物로 미리 定해져 있었음을 神人이 이미 啓示해 주었다는 觀念이 심어졌을 것이고, 이 事件도 그가 一生동안 逆境에 屈하지 않고 大成할 수 있는 精神的인 確信이 되었으리라고 생각된다.

白雲은 매우 어린 나이에 글을 익힌 듯 하다. 9歲에 이미 屬文할 수 있게 되어2) 주위에서 奇童이라 稱했으며, 11歲에는 叔父 李富의 소개

---

1) 李奎報 『東國李相國集』 年譜. 戊子條에 "…公始生三月 惡瘇滿身 衆藥不理 嚴君愼之 詣松岳祠宇 擲策卜生死 曰生 問藥理與否 曰勿藥理 自是不復傳藥 皮皆爛 未辨面目 乳媼常以白麵鋪兩臂 然後抱持之 一日乳媼抱 出門外 有一老父過曰 此兒千金之子 何棄之如此 宜善護養 乳媼走白嚴君 君疑其神人 使人追之 以路有三岐 遣三人追之 皆不見而還…"이라 하였으며, 이 年譜는 公이 손수 草한 家狀을 근거로 嗣子涵이 작성한 것이므로 公이 幼年時부터 이 이야기를 듣고 자랐음이 확실하다.

2) 李需, 「東國李相國集序」, 「…九歲能屬文 時號奇童…」
  鄭芝, 「東國李相國誄書」, 「…公幼聰明穎悟 九歲能屬文 時號奇童」
  李奎報, 『東國李相國集』, 全集 卷 26 "上趙太尉書"(성大 大東文化硏究院 『高麗名賢集』 I, p.282), 「僕自九齡 始知讀書 至今手不釋卷…」
  ※ 앞으로 東國李相國集의 引用기록은 集名, 卷數, 題目, 高麗名賢集 1에서의

로 門下省에 들어가 詩才를 발휘하여 「紙路長行毛學士, 盃心常在麴先生」이라는 聯句를 지어 郎官들을 탄복하게 하였다. 9歲부터 文名이 주변에 알려지면서 11歲時에는 門下省에 나아가 재주를 시험받은 것으로 보아 天賦的인 文才를 타고 났고, 幼年時期부터 집안에서 글을 익히며 재능을 연마하여 文人으로 大成할 기반을 착실히 다졌음을 알 수 있다.

14歲부터 16歲까지 약 3년간은 文憲公徒 誠明齋[3]에 籍을 두고 學業을 硏磨하여 每年 夏課때 先達들이 諸生을 모아놓고 占韻賦詩하게 되면 白雲이 매번 膀頭가 되어 모든 선비들이 그를 주목하게 되었다.

그가 文憲公徒에서 학업을 연마한 것은 開京 上流層의 同年輩 및 先輩들과 널리 交遊하면서 文才를 인정받을 機會를 얻고 當代로는 最高 良質의 敎育을 받을 수 있었으므로 이런 點들이 후일에 많은 보탬이 되었다.

18歲時에는 35年이나 年上인 德全 吳世才와 忘年友가 되어 그를 따라 竹林七賢들의 모임에 參與하면서, 당시 舊貴族의 殘存勢力으로 武臣政權下의 現實에 不滿을 품은 七賢들을 通하여 社會現實에도 눈뜨게 되고, 吳世才를 비롯한 李仁老 林椿등 당대의 저명한 문인들의 영향을 받기도 하였다.

22歲時에는 꿈에 奎星이 司馬試에 壯元할 것을 알려 주었는데 과연 壯元하였으므로 「仁氐」라는 初名을 「奎報」로 改名하였다.

위에 열거한 白雲의 幼年期부터 靑年期까지의 행적이 自我形成에

---

page등만을 다음과 같이 표시하겠음.(예. 全集26「上趙太尉書」, pp.282~283)

[3] 고려 文宗代 崔冲이 세운 私學을 後世에 그의 諡號를 따서 文憲公徒라 불렀고, 樂聖·大中·誠明·敬業·造道·率性·進德·大和·待聘齋 등 9齋로 나누어 학생을 가르쳤으며, 이 私學이 高麗後期까지 존속하였다.

至大한 영향을 끼치게 된다. 誕生 3個月만에 一老父가「千金같은 아이이니 잘 보호해 길러야 한다」고 하였고, 어릴 때부터 文才를 발휘하여 주변 사람들이 奇童이라 불렀으며, 文憲公徒 誠明齋에서 교육을 받고, 한 世代쯤 年上인 竹林七賢系 文人들과 交遊하였으며, 奎星의 異報로 科擧에 壯元할 것을 豫知하였으므로, 그는 스스로 凡人들과는 다른 特出한 人物이라 생각하였다. 文才가 衆人에 뛰어나고 天上의 二十八宿 가운데 文章을 擔當했다는 奎星이 壯元할 것을 알려 주었으므로 自身은 文章으로 世間에서 名聲을 날리고 社會에 寄與할 人物이라는 確信을 갖게 되었다. 이러한 自身의 未來에 對한 自己充足的 豫言(self fulfilling prophecy)[4]은 一生동안 변함이 없었고 年輪이 쌓임에 따라 더욱 굳어져서 現世뿐만이 아니라 前生에서도 文翰의 任을 담당하였고 來生에서도 역시 文翰을 담당할 것이라 믿게 된다.

……吾子(白雲을 稱함)도 上帝의 文臣이 되어 上帝의 制勅을 맡아 보셨습니다. ……制勅이 한 번 그대의 손에서 나오게 되면 上帝의 뜻에 맞지 않는 것이 없어 上帝께서 많은 도움을 받았으므로, 그 노고에 보답하시고자 하여 저희들에게 下問하시기에 저희들이 아뢰기를, "잠시 天上의 文官 자리를 비워 두고 人間의 學士로 내려 보내어 西掖 北門에서는 신속하게 紅泥의 制誥를 草하고, 紫薇 黃閣에서는 金鼎의 국을 알맞게 調理하여 民生에 혜택을 입혀 天下에 이름을 떨치게 한 뒤에 다시 天上으로 소환하여 仙班에 배치하소서, 그러면 그의 노고에 보답이 될 듯 합니다."하매 上帝께서 곧 允許하시니……[5]

---

4) 金豪權;『完全學習의 原理』(培英社, 1970), pp.14~20 참조.
5) 全集 26,「代仙人寄予書」, p.278.
「…昔者 吾子亦爲上帝之文臣 掌帝之制勅…制勅一出子手 無不稱之 帝用德之 圖有以報爾之勞者 俯詢於臣等 臣等議曰 暫虛天上之文官 遣作人間之學士 西掖北門 快草紅泥之誥 紫微黃閣 穩調金鼎之羹 澤潤生民 名振環宇 然

이 글은 天上의 仙人이 白雲에게 보내는 글의 形式을 빌어 自作한 것으로 現世에 出生하기 以前에는 上帝의 制勅을 맡아보는 文臣으로 能力을 발휘하여 그 보답으로 地上에 잠시 내려온 것이며 地上의 大闕에서 王의 制誥를 草하여 文名을 드날리고 훌륭한 政治로 百姓들에게 혜택을 입히다가 다시 天上으로 소환하여 仙班에 배치할 것이라 하였다. 이는 단순한 戱文이 아니고, 自身이 前生에서 文筆을 맡아 上帝를 보좌하던 神人이었고, 現世에서도 역시 文翰을 담당하도록 운명이 정해져 있으며, 死後에는 前生에 맡고 있던 仙班의 자리로 되돌아 갈 것이라는 信念을 적은 것으로, 이런 생각은 그의 文集 곳곳에서 發見된다.

我昔在何處	내 옛적에 어느 곳에 있었던가
笙簫宮殿有無中	젓대소리 울리는 까마득한 천상의 궁전이었지
鈞天廣樂夢正酣	천국의 풍악소리에 꿈이 한창 달더니
何人引我踏塵紅	누가 나를 끌어 내어 속세를 밟게 했나
大地不能載我足	대지도 내 발을 받힐 수 없고
大山不足呑吾胸	태산도 내 가슴 삼킬 수 없네
軒然要出六合外	훨훨 털고 모름지기 육합 밖으로 나가야지
六合之內轍皆窮	육합안은 수레로 모두 갈 수 있으니까
茫茫丘隴不可望	망망한 무덤들 바라볼 수 없구나
今古忍埋龍虎雄	고금의 영웅들 어이 차마 묻혀 있나
蓬萊山在海中央	봉래산은 바다 가운데 있는데
碧玉秀出知誰鎔	벽옥을 빼어다가 누가 녹여 만들었나
君先去我當繼	그대 먼저 가면 나도 곧 뒤쫓으리니
何必論天仙地仙水僊官[6]	천선 지선 수선의 궁전을 어찌 가릴게 있으랴

後勅還天上 更綴仙班 如定儻可以償其勞矣 帝卽肯允…」
6) 全集 10. 「大醉走筆示東皐子」, p.117.

俗言에 醉客과 어린이는 거짓말을 않는다고 한다. 白雲이 醉中에 走筆로 쓴 이 詩에도 自身이 前生에 젓대소리 울리는 天上의 宮殿에서 鈞天廣樂(天上樂)을 즐겼었는데 現世에서 뜻을 이루지 못하고 있으니 앞으로 다시 仙界로 돌아가리라 하였다. 그는 前生에 깊은 바다위에 떠있는 三神山의 神仙이었으며 그때는 李白·杜甫를 下視하며 희롱했었다고 큰소리 치기도 하고,7) 「양 겨드랑이에 너울너울 깃이 돋쳐 한쌍 봉황을 끼고 霞車를 타고 上界로 날아 올라가 神仙에게 揖하고, 人間世界 내려다보며 焦螟신세 희롱하리」8)라고 노래하여 나이를 먹을수록 現世에서 떠나 仙界에 오르기를 希求한다. 이런 慾望이 꿈에 자주 나타나 꿈속에서 신선과 노닌 것이 俗世에서 宰相노릇 하는 것보다 더욱 기쁘다고도 하고,9) 「인간 세상에서 지치고 고달픈지 오래인데, 紫皇의 부르심이 어이 이리도 더딘가」10)하여 빨리 仙化하지 못함을 안타깝게 여기기도 하였다.

白雲은 자신의 運命에 대하여 항상 꿈에 豫示를 받았다고 하면서 인간의 길흉이 모두 豫定된 운명에 따라 行해진다고 보았다.11) 이렇게 꿈을 重視하는 그가 神仙에 관한 꿈을 빈번히 꾸었다는 것은 神仙이 되고픈 욕망과 仙界가 最高價値의 世界라는 價値觀을 나타내는 것이라 할 수 있다. 그는 스스로 前生·現生·來生 모두 文翰의 任을 맡

---

7) 全集 14, 「醉後亂道大言示文長老」, p.153. "詩方不作我何寄 海波深處六鰲頂上三山翠 佛法未興子何居 須彌山高五色彩雲裏 李白杜甫似蟬噪 我下視之拍手戲…"
8) 全集 19, 「靈丹贊」, 「…兩腋翩翩生羽翎 挾以雙鳳駕霞軿 飛昇上界揖仙靈 下視人世戲焦螟」, p.210.
9) 後集 1, 「續夢中作幷序」, p.449 참조.
10) 後集 5, 「形瘦有感」, p.503. 「久矣人間苶苶疲 紫皇徵名一何遲…」
11) 後集3, 「閏四月十一日夢遊仙作」, p.776 참조.

도록 운명지어져 있다는 自我意識을 가지고 있었으므로 在世時의 官職도 오직 「五寸의 筆管을 잡고 金門을 지나 玉堂에 올라 代言을 視草하고 批勅 訓令 皇謨 帝誥의 글을 지어 四方에 宣暢해야 할」12) 文翰의 任務 外에는 관심이 없어서, 百姓들을 직접 다스리는 地方官이나 軍職을 맡게 되면 不滿스럽게 여겼으며 理財에 대해서도 무관심하였다.

Ⅲ. 自我意識이 文學에 끼친 影響

白雲의 自我意識은 그의 生涯와 文學에 어떤 영향을 끼쳤는가?

白雲이 32세에 처음으로 全州牧의 司錄겸 掌書記의 벼슬을 얻어 근무할 때에 山같이 쌓인 文書의 處理나 귀찮은 訟事의 처리는 勿論 斫木官이라는 伐木場 감독일까지 맡게 되어 괴로운 나날을 보내었다.

帝誥 皇謨를 지어야 할 사람이 이런 일을 맡게 되었다는 不滿으로 일에 흥미나 보람을 느낄 수 없었던 것이다. 그가 左司諫知制誥에서 桂陽都護府副使 兵馬鈐轄로 좌천되어 있던 1년 2개월 간 地方官으로서 牧民을 위한 노력이나 苦心은 전혀 없이 京師로 돌아올 궁리에만 열중한 것도 억울하게 左遷당한 忿懣때문이기도 하지만 地方官으로 있으면서는 紅泥의 制誥를 초할 수 없기 때문이었다.

白雲이 致仕한 후에는 地上(現世)에서 文筆로 國王을 보좌하던 自身의 임무가 끝났으므로 仙化하기 위한 준비에 착수하며, 仙化하기 前까지는 地上仙같은 생활을 하고자 하였다.

---

12) 全集 26, 「上趙太尉書」, pp.282~283. "…一提五寸之管 歷金門上玉堂 代言視草 作批勅訓令皇謨帝誥之詞 宣暢四方…"

我欲乞殘身	쇠잔한 몸 벼슬에서 물러나
得解腰間綬	허리에 찬 인수 풀고자 하네
退閑一室中	한가히 집으로 물러가
日用宜何取	무엇으로 나날을 보낼까
時弄伽倻琴	때로 가야금 희롱하며
連酌杜康酒	연달아 두강주를 마시랴
何以去塵襟	무엇으로 속세의 마음 씻을까
樂天詩在手	백락천의 시를 펴보리라
何以修淨業	무엇으로 佛心을 닦을까
楞嚴經在口	능엄경을 외리라
此樂若果成	이러한 즐거움 이루어 지면
不落南面後13)	왕이 되는 것에 뒤지지 않으리
南軒居士計如何	남헌거사의 살림이 어떠한가
所蓄數多擧最奢	쌓여 있는 것 많으나 가장 사치스러운 것은
淡酒一壺詩一篋	술 한병 시 한 상자에
冲虛卷卷與楞伽14)	충허경도 한 질 능가경도 한질

　白雲은 老退後에 가야금 타고 杜康酒 마시고 樂天集·楞嚴經·列子(冲虛經) 등을 읽으며 소일하려 하였다. 이러한 생각 속에는 佛과 仙이 別個가 아니요 究極의 境地는 同一하다는 觀念이 含有되어 있다.
　그러므로 老莊書와 佛經을 함께 읽으며 現實世界와 神仙界를 區別하지 않았다. 조용히 楞嚴經을 暗誦하여 三摩地에 들어간 佛敎的 法悅15)은 온 宇宙를 좁게 여기며 無何有鄕에 이른 老莊的 道의 境地16)와 同一하다고 보고 심지어 儒道와 佛道의 窮極의 理致도 一源으로

---

13) 後集 1,「有乞退心有作」, p.454.
14) 後集 2,「南軒戱作」, 二首中 第一首, p.456.
15) 後集 7,「誦楞嚴偶題」, p.521 참조.
16) 後集 9,「病中獨坐鬱懷得長短句一首 無處寄示 因贈李侍郎」, p.544 참조.

보아 선비가 높은 벼슬에 오르면 人倫과 制度로 다스리고 詩書와 禮樂으로 王을 보필하다가 致仕後 琴酒를 즐기며 事佛함이 힘될 것이 없다고 주장하였다.[17] 즉 儒佛仙의 究境의 境地가 서로 相反되는 것이 아니라는 - 當時의 諸觀念을 抱括하는 - 사상을 가지고 老退後 安閑한 생활을 즐기다가 他界하였다. 그의 一生이 비록 많은 試鍊과 곡절은 있었지만 그가 스스로 운명지어졌다고 생각한 道程대로 살다가 갔다고 할 수 있다.

白雲이 스스로 天上仙이 休暇次 地上으로 文名을 드날리러 내려온 것이라 생각했다 해서 그렇게 될 시기를 앉아서 기다리고만 있지는 않았다. 그의 文集 속에는 벼슬을 求하는 書信을 쓰고 詩를 지어 要路에 보내어 온갖 方法을 동원하여 아부도 하면시 부끄러움 없이 스스로를 薦擧한 글이 多數 수록되어 있다. 이는 前述한 바와 같이 出世指向的인 家風의 영향도 받았을 것이고, 現世에서 自身의 所任을 속히 실현하려는 생각도 원인이 되었을 것이다.

저는 9세부터 글을 읽을 줄 알아서 지금까지 手不釋卷하고 六經·諸子百家 史筆之文부터 幽經·僻典·梵書·道家之文에 이르기까지 비록 근원을 끝까지 밝히고 妙理를 찾아 깊고 은미한 뜻을 탐구하지는 못했지만 涉獵遊泳하며 精華를 채집하고 文詞를 구사하여, 文章을 꾸미는 道具로 삼지 않은 것이 없습니다. 또 伏羲以來 三代·兩漢·秦·晉·隋·唐·五代之間의 君臣之得失과 邦國之治亂 및 忠臣 義士 奸雄 大盜의 成敗와 善惡의 자취를 비록 모두 포괄하여 하나도 빠짐없이 하지는 못하였으나, 번다한 것은 자르고 중요한 것을 모아 거울삼아보며 기억하고 외우되 때에 맞추어 응용하지 않은 것이 없습니다. 혹 종이에 글을 짓고 風月을 읊게 되면 비록 長篇 巨題로 百韻에 이르는 것도 거침없이 써내려

---

17) 後集 6,「南軒答客」, p.506 참조.

가서 붓을 멈추거나 머뭇거린 일이 없으며 그 작품들이 비록 錦繡에 배열하고 珠玉에 편입하지는 못할망정 詩人의 체재를 잃지는 않았습니다.
　돌이켜보건대 自負가 이러하므로 끝내 草木과 더불어 썩어버리기는 애석합니다. 행여 한번 5寸의 붓을 잡고 金門을 지나 玉堂에 올라서 王을 대신하여 草稿를 보아 批答을 짓고 訓勅을 내려 皇謨 帝誥의 文詞가 四方에 宣暢되어 平生의 뜻을 실현한 후에야 말겠습니다. 어찌 쩨쩨하게 몇 말 몇 되의 祿을 구하여 처자나 먹여 살리는 類가 될 수야 있겠습니까?18)

하여 자신은 凡人들처럼 妻子나 먹여 살리기 위한 벼슬아치가 될 생각은 없고, 玉堂에 올라 代言視草하고 批刺 訓令 皇謨 帝誥之詞를 지어 四方에 宣暢하는 것이 뜻을 펴는 일이며 기필코 그렇게 하고야 말겠다고 다짐한다. 또한 9歲부터 廣範한 讀書를 하고 지금까지 手不釋卷하면서 文才를 연마하여 높은 수준에 이르는 것은 이를 실현하기위한 준비라고 하였다. 이 글을 보면 그가 一生동안 治産에 관심을 두지 않고 淸白하게 살면서 文翰의 職을 맡았거나 그 分野로 승진되었을 때는 몹시 기뻐하고 文翰外의 職에 전보되었을 때는 불만을 토로한 이유도 명백해 진다. 즉 그는 文翰의 任 外에는 생의 보람을 찾을 수 없었던 것이다.

---

18) 全集 26, 「上輯太尉書」, pp.282~283.
　"僕自九齡 始知讀書 至今手不釋卷 自詩書六經諸子百家史筆之文 至於幽經僻典梵書道家之說 雖不得窮源 探奧鉤索深隱 亦莫不涉獵遊泳 採著撫華 以爲騁詞擒藻之具 又自伏羲已來 三代兩漢秦晉隋唐五代之間 君臣之得失 邦國之理亂 忠臣義士奸雄大盜 成敗善惡之迹 雖不得幷包幷括 擧無遺漏 亦莫不截煩撮要 鑑視記誦 以爲適時應用之備 其或操筆引紙 題詠風月 則雖長篇巨題 多至百韻 莫不馳騁奔放 筆不停輟 雖不得排比錦繡 編列珠玉 亦不失詩人之體裁 顧自負如此 措終與草木同腐 庶一提五寸之管 歷金門上玉堂 代言視草 作批勅訓令皇謨帝誥之詞 宣暢四方 足償平生之志 然後乃已 豈琭琭銷銷 求斗升祿 謀活其妻子者之類耶…"

그의 이러한 의식은 物質的인 慾望으로 私利私慾을 위하여 힘쓰는 자들을 下等人間으로 생각하여 이런 무리를 보게 되면 혹독하게 비판하였다.[19] 그러나 그가 淸廉과 民衆愛護를 治者의 條件으로 생각하면서 文翰의 職을 맡기 위하여 온갖 노력을 다하였다해서 이러한 자신에 대하여 스스로 만족스럽게 생각하지는 않았다. 文筆職을 비롯한 모든 벼슬과 名譽에 超然한 사람을 보면 이를 羨望하고 자신을 부끄럽게 생각하였다.[20] 즉 物質的인 욕망 추구를 下位價値로 보고, 立身揚名과 文名宣暢을 中位價値로 보았으며, 人間의 모든 俗事를 초월하여 宇宙를 좁게 여기고 無何有鄕에 노니는 것을 上位價値로 보았다. 이 가운데 白雲 自身은 中位價値를 추구하면서 內心으로 上位價値 추구자를 존경하였으며, 進就的이고 出世指向的인 家風과 安心立命하면서 세상을 觀照하고 있지 못하는 多血質的 性格 때문에 中位價値卷에서 헤어나지 못하고 이러한 자신을 스스로 변명하고 합리화하기도 하였으나, 白雲의 일생을 通觀하면 平生동안 中位價値에 머물면서 上位價値를 동경하다가 老退後에는 上位價値추구에 심혈을 기울였다고 할 수 있다.

前述한 바와 같이 誕生 3個月後의 神人의 豫言, 幼年期의 奇童이라는 世評, 11歲時 門下省에서의 文才발휘, 文憲公徒 誠明齋에서의 修學과 그곳에서의 詩才발휘, 吳世才와의 忘年交 및 七賢系文人들과의 交遊, 奎星의 司馬試 壯元 豫報 등 幼年期부터 靑年期까지의 事件들이 그의 自負心을 한껏 높여주어 自身은 凡人과는 다른 하늘이 특별히 내려보낸 사람이라는 確信과 自肯을 갖게 하였고 이런 自我意識이 그의 平生을 지배하였다.

---

19) 後集 1,「代農夫吟二首」, p.447 및 後集 10,「聞郡守數人以贓被罪二首」, p.549 참조.
20) 後集 4,「次韻星山李先輩和前詩」, p.488 참조.

스스로 天上仙이 地上에 下降한 사람이라 믿고, 詩文이 天下에 으뜸이라 더 나은 사람이 있을 수 없고, 그러므로 萬人이 모두 그의 文才를 인정하고 그에 맞는 예우를 해야 하며 國家에서도 그에 걸맞는 벼슬을 주어야 할 것으로 생각하였다. 이러한 自負心은 꿈에도 자주 나타나 白雲小說 第17話에는 公이 꿈에 仙女들을 만나 그들에게 「明眸皓齒笑相迎 始識仙娥亦世情」이라 지어주니, 한 仙女가 「不是世情能到我 爲憐才子異於常」이라 和答하였다는 이야기가 나온다. 公의 꿈속에서 仙女가 화답한 詩 역시 公이 平素에 생각하거나 所望했던 바가 仙女를 통하여 나타난 것이므로 仙女가 公에게 「才子가 범상한 사람과 다름을 아름다이 여겨서라」고 한 것은 스스로 自身은 凡常한 人物이 아니라는 잠재의식을 가지고 있었다는 증거로 보아야 한다. 이런 생각이 젊어서는 주변 사람들을 무시하는 행동으로 나타나 「放狂無檢」,「肆酒放曠」하다는 世評을 낳게 하였고,21) 술만 먹으면 眼下無人格으로 行動하여 禮法을 重視하는 文士들의 미움을 샀으며 迂闊直方한 行動이 執權者인 崔忠獻에게까지 알려져 벼슬길이 열리지 않았고, 모처럼 주었던 官職도 조금이라도 잘못이 보이면 가차없이 파면하거나 좌천시켜 버렸다.

그러므로 자신이 출세하지 못하는 것은 官職이 賂物에 左右되기 때문이요, 惡人은 많고 善人은 적어서이므로 탐욕스럽고 비루한 자가 오히려 높은 지위에 오른다고 보았으며, 자신은 꾸밈없이 행동할 뿐인데 曲士들이 시비를 걸고 丹穴의 鳳凰은 날개를 움추리고 있는데 호랑이 승냥이가 날뛰며, 賈誼같이 正直한 文人인 그를 小人들이 참소한다고 한탄하기도 하였다.22)

---

21) 金宗瑞,『高麗史』, 卷102, 列傳 15,「李奎報」참조.
22) 全集 8,「感興」, 全集 11,「全覆之見訪與飮大醉贈之」, 全集 12,「崔大博復和

그러나 그의 이러한 생각과 행동이 出世에 장애가 됨을 깨닫고 스스로 변명도 하고 행동도 조심하여 官界에 本格的으로 進出한 40代以後부터는 남을 비난하기 보다는 칭찬하고자 노력하고, 愼重한 言行을 하도록 자신을 경계하며 입조심을 맹세하고, 심지어 허리의 屈伸에 禍福이 달려 있다고까지 말하였다.23) 이러한 努力으로 後世에는 원만하고 포용력있고 겸손한 사람으로 보는 사람까지 생기지만 이런 變身은 立身을 위한 수단에 불과할 뿐 마음속 깊이 도사리고 있는 自肯心이 사라진 것은 아니었다. 그는 迂闊直方하고 放曠하다는 世評때문에 初年 고생을 많이 하였으므로 子孫들까지 이런 前轍을 밟는 것은 원하지 않아 長子 涵이 洪州守가 되어 떠날 때 淸白·愼·謙에 힘써 家門의 명예를 떨어뜨리지 말도록 당부하기도 하였다.24)

白雲의 詩文에 對한 自肯은 當代의 文人中에 자기보다 나은 사람은 있을 수 없다는 생각을 갖게 하여 客觀的으로 남에게 뒤떨어지는 일이 있어도 이를 인정하거나 승복하기를 거부하였다. 그는 23歲時 禮部試에 最下等인 同進士로 合格하였는데 科試 成績이 나빴던 것은 場屋之文을 익히지 않아 賦를 지은 것이 荒蕪하고 格律에 맞지 않았기 때문이라 하고 劣等한 성적으로 合格한 것을 불만스럽게 여겨 合格을 사퇴하고 再應試하려다가 뜻을 이루지 못하였고, 술에 취하여 賀客들에게 「내가 科第는 비록 下等에 뽑혔으나 어찌 3·4次 門生을 陶鑄할 사람이 아니겠는가?」하여,25) 앞으로 上位 成績으로 及第한 사람들보다 훨씬 훌륭하게 되어 文柄을 잡고 科試를 管掌하는 知貢擧를 3~4

依韻奉答」, 全集 21, 「酒賂說」, 「鏡說」등 參照.
23) 全集 19, 「思箴」, 「自誡銘」, 「要箴」등 參照.
24) 後集 9, 「辛丑三月三日送長子涵以洪州守之任有作」, p.538 參照.
25) 『李相國集』, 「年譜」, 庚戌年條 參照.

次 맡아 後生들을 발탁하여 門生으로 삼을 것이라고 큰 소리 쳤다.(이 말은 그대로 的中하여 司馬試를 一回, 禮部試를 三回 管掌하여 合格者를 뽑았다.) 이런 言行 속에는 오직 科試準備만 하여 上位席次로 合格한 사람들보다 자신의 文才가 결코 뒤떨어지지 않으며 場屋之文의 形式을 조금만 익혀 再應試하면 壯元도 능히 할 수 있다는 自負를 나타낸 것이라고 볼 수 있다.

白雲의 이러한 自肯은 或人이 特殊한 詩나 文을 지었다 하면 公도 그와 類似한 形式의 詩文을 지어 相對를 꺾어놓고야 마는 好勝之癖을 갖게 하였다. 吳世文이 潮水의 原理에 대하여 글을 짓고도 보여주지 않는데 오기가 나서 "寄吳東閣世文論潮水書"26)를 짓고, 역시 吳世文이 三百韻의 長詩를 짓고, 「古今의 詩集 中에 三百韻詩를 지은 사람이 없는데 내가 이 三百韻詩를 지어 誥院의 諸學士들에게 주었으니 자네가 和答할 수 있겠는가?」라고 자랑하는 것을 보고 하룻밤 사이에 "次韻吳東閣世文呈誥院諸學士三百韻詩"를 지어 吳世文에게 보냈고 林椿이 "麴醇傳"을 지으니 이에 질세라 그도 "麴先生傳"을 지었다.

好勝之癖은 老後에도 변함이 없어서 남이 詩 한 首를 지어 보내면 두 首로 答하고 다섯 수를 지어 보내면 일곱 수로 답하여,27) 남이 보내준 詩에 30首나 和答하기도 하였고,28) 詩를 겨루어 모두 이겼는데 李侍郞 白全만이 여러번 기이한 솜씨를 보였다고 말하기도 하였다.29) 그

---

26) 全集 26.
27) 後集 7, 「次韻李侍郞見和二首」, 「次韻李侍郞以詩二首送土卵 予以三首答之」,・「次韻李侍郞見和三首以四首答之」, 「次韻李侍郞見和五首予以七首答之」, pp.516~519.
28) 後集 8, 「答客問詩幷序」, p.527.
「客有問於予者曰 子言累月被沈痾不起似妄語也 何者 以今觀之 其於和人之詩多至三十二十 或十餘首 然詩中猶無憊氣…」

는 廻文詩에 대하여 詩體를 損傷하기 쉬우므로 함부로 지어서는 안된 다고 경계하면서도 次韻詩를 지어 보내기도 하였으니30) 이것도 다른 詩人이 짓는 詩는 어떤 형식의 詩든지 자신이 상대방보다 더욱 잘 지 을 수 있다는 自負心 때문으로 보아야 할 것이다.

　白雲의 생존시에 아들 涵이 文集 刊行에 着手하자 이에 적극 협조 하면서 親知들에게 편지를 보내어 詩文의 潤色이나 序文을 지어주기 를 부탁하기도 하였다.31) 이것도 자신의 詩文이 湮沒되어서는 안되고 후세에 길이 빛나야 한다는 自矜心의 발로로 보아야 할 것이다. 詩文 에 대한 이러한 自矜心은 老齡으로 致仕한 後에도 그대로 나타나서 71歲時인 戊戌年 7월에 南宋 詩人 歐陽伯虎가 고려에 왔을 때 그와 數次 만나면서 그로부터 宋에 크게 유행하던 詞를 배워 고려의 문인으 로서는 최초로 詞를 짓게 된다. 老後에도 끊이지 않는 이러한 탐구정 신은 어떤 類의 시문이든 당대에는 자신보다 앞서는 사람은 있을 수 없다는 自負心과 先驅者精神의 發露로 보아야 할 것이며 이런 정신이 그로 하여금 당시 문인들에게는 매우 생소한 詞를 9首나 創作하게 하 였던 것이다.32)

---

29) 後集 9,「又次絶句廻文韻」, p.537 참조.
30) 後集 9,「次韻李侍郎需以廻文和長句雪詩三十韻幷序」, p.536 參照.
31) 全集 27,「與兪侍郎升旦手簡」, pp.296~297 참조.
32) 後集 4,「登家園遙聽樂聲卽作詞漁家傲」
　　　5,「重九日無聊有空空上人盧同年來訪小酌泛菊因有感作詞一首」,「兩 君見和又作」
　　　10,「丙申年門生及第等設宴慰宗工朴尙書予於筵上作詞一首幷序」,「是 日三學士見和復次韻」,「又別贈門生」,「次韻李侍郎需和桂枝香詞見寄二首」, 「六月一日朴學士暄設華筵會客幷邀予參赴酒酣作詞一首贈之」등 9首의 詞 를 지었으며, 後集 10의 5首는 丙申年(69세시)의 作으로 되어 있으나「是日三 學士見和復次韻」의 自註에「戊戌年(71歲時)予之四度門生等設如此筵慰于致

Ⅳ. 結 語

지금까지 서술한 白雲의 自我意識 形成과 그 結果로 나타난 文學活動들을 요약해 보면 다음과 같다.

① 父代부터 中流에서 上流階層으로 浮上한 新進士類 가문의 進就的인 氣風이 自我意識 형성에 영향을 주었다.

② 誕生 三個月 後의 神人의 豫言, 靑少年期에 詩名을 드날린 일, 22歲時 奎星의 異報로 司馬試에 壯元할 것을 豫知한 일 등이 自我意識 形成에 決定的인 役割을 하였다.

③ 상기 ①②의 영향으로 자신은 앞으로 詩文으로 왕을 도와 국가에 봉사하고 명성을 드날릴 사람이라는 확신을 갖게 되었고, 이러한 自己充足的 豫言(self fulfilling prophecy) 자체가 예언 실현을 위한 강력한 신념이 되었으며, 자아 실현을 위하여 정력적으로 노력하는 원동력이 되었다.

④ 이러한 자아의식은 더욱 확대되어 자신은 前生에서도 上帝를 文筆로 보필하던 文官이었고, 來生에서도 神仙이 되어 上帝를 文筆로 보좌할 것이라는 확신을 가지게 되었다.

⑤ 詩文에는 자신이 당대의 최고라는 강한 自我意識 때문에 남을 깔보게 되어 放曠하다는 世評을 듣게 되었고 그 때문에 出世에 제약을 당하기도 하였다.

⑥ 그가 現生에서 보람을 느낄 수 있는 일은 五寸 筆管을 잡고 金門을 지나 玉堂에 올라 代言視草하고 批勅 訓令 皇謨 帝誥의 詞를

政此門生亦於其日在焉」이라 한 것이나 5首의 詩들의 辛丑年 5月~6月 1日에 지은 詩 사이에 배열된 것으로 보아 丙申年이 아닌 辛丑年 5月의 作으로 보아야 한다.

지어 四方에 宣暢하는 것뿐이라고 생각하여 그 외의 일에는 관심이 없었다.

⑦ 물질적인 욕망을 추구하는 무리들을 천하게 여겼고 世俗에 超然한 隱遁者를 부러워하였다.

⑧ 자신이 당대 제일의 문필가라 생각하여 他의 추종을 不許하였고 새로운 類의 시문을 창작하는 자가 있으면 그도 同類의 詩文을 지어 기어이 相對를 꺾어놓고야 마는 好勝之癖을 가지게 되었다. 그의 走筆詩・廻文詩・假傳・詞 등의 창작동기도 여기에 있었다.

⑨ 그의 이러한 自負心과 先驅者精神이 그에게 詩魔가 깃들었다고 할 정도로 作詩를 위한 부단한 노력과 탐구를 계속하게 하여 70대에 詞를 배워 고려문인으로서는 최초로 9首의 詞를 짓게 하였다.

⑩ 그의 이러한 自負心이 자신의 文章은 湮滅되어서는 안되고 영원히 간직되어야 한다고 생각하게 하여 生時에 文集編撰에 적극 노력하게 하였다.

李奎報의 意·氣論

Ⅰ. 序言

西紀 1200年代는 우리나라 漢文學史上 매우 주목할 만한 시기이다. 武臣執權期인 이 시기에 高麗의 支配階層 一部가 교체되었고, 새로운 文學樣式이 시도되기도 하였으며, 文學理論이 본격적으로 論議되기 시작하였다. 이 時期의 代表的인 文人이요 文學理論家의 한 사람인 李奎報(1168~1241)는 作詩에 있어서 曹丕·劉勰·鍾嶸을 비롯한 中國 歷代 文人들의 영향을 받아 意와 氣를 重視하였다.

文學作品이라 일컬어지는 글이라면 적어도 淸新한 뜻의 表明과 나타내려는 뜻에 密着하는 修辭의 운용이 過不及없이 調和되어야 하므로 「意」가 중요함은 누구나 수긍할 수 있는 일이다. 그러나 文學에 있어서의 氣의 문제는 意처럼 명료하게 규명되어 있지는 않다. 수많은 詩人 및 詩論家들이 詩에 있어서는 氣의 중요성을 언급하고 있지만 氣가 무엇을 의미하는가를 분명히 밝혀 놓은 것이 없으며, 氣의 의미와 역할에 관한 견해도 論者에 따라 약간씩 차이가 나고 있다.

詩에 있어서의 意와 氣의 중요성을 我國 文人으로서는 最初로 論及한 사람이 李奎報로서, 그가 이에 대하여 어떤 견해를 가지고 詩論을 전개하였고, 이것이 당대의 다른 문인들의 견해와는 어떤 차이가 있으며, 이것이 그의 文學作品에는 어떻게 반영되었는가를 살펴보는 것은 매우 중요한 일이라고 생각한다. 이에 本攷에서는 李奎報의 意와 氣에 대한 견해를 고찰하고, 李奎報의 詩에 대한 後代 文人들의 評을 통하여 그의 意氣論이 그의 詩에는 어떻게 반영되었는가도 살펴보고자 하며, 특히 意와 氣가 天賦的 生得的인 것이냐, 後天的으로 기를 수 있는 것이냐에 대한 李奎報의 견해를 중점적으로 규명하는 데에 본고의 초점을 두고자 한다.

Ⅱ. 氣 論

李奎報는 詩의 要諦를 意와 氣로 보아 다음과 같이 말하였다.

> 대저 詩는 意로 根本을 삼는다. 意를 세우기가 가장 어렵고, 文辭를 연결하는 것은 그 다음의 일이다. 意는 또한 氣로써 근본을 삼으며 氣의 優劣 때문에 뜻이 深厚한 詩와 淺薄한 詩가 있게 된다. 그러나 氣는 天에 근본을 두고 있어서 배워서 얻을 수 있는 것이 아니다. 그러므로 氣가 졸렬한 자는 文辭를 아로새기는 것만을 공교롭게 여기고 뜻을 우선으로 삼지 않는다. 대체로 문장을 아로새기고 詩句를 화려하게 꾸미면 정말 아름답기는 하지만 속에 깊은 뜻이 없어서 처음에는 완상할만 하다가 거듭 씹어보면 맛이 이미 없어져 버리고 만다.[1]

---

1) 李奎報,『東國李相國集』22,「論詩中微盲略言」.
夫詩 以意爲主 設意最難 綴辭次之 意亦以氣爲主 由氣之優劣 乃有深淺耳. 然氣本乎天 不可學得 故氣之劣者 以雕文爲工 未嘗以意爲先也 蓋雕鏤其文 丹靑其句 信麗矣 然中無含蓄深厚之意 則初若可翫 至再嚼則味已窮矣.

하였다. 훌륭한 詩가 될 수 있느냐는 詩 속에 深厚한 뜻이 함유되어 있느냐의 여부에 달려있고, 심후한 뜻을 함유하는 것은 뛰어난 氣를 가져야 가능하나, 氣는 배워서 얻을 수 있는 것이 아니요, 天賦的인 것이라고 하였다. 즉 意는 氣를 으뜸으로 삼으며 氣가 優하면 意가 深厚해지고 氣가 劣하면 意가 淺薄해진다고 하였고, 氣는 天에 근본을 두고 있다고 하였다. 그러면 李奎報가 말한 氣는 무엇을 의미하는가. 氣의 字典的 의미로 문학과 연관지을 수 있는 것을 들어보면「身體의 根元이 되는 活動力」,「元氣·萬物生成의 根元力」,「氣象」,「質性」,「宇宙의 萬物을 生成하는 質料」등으로 표현하고 있으며,[2] 現代의 學者들은 氣를 天分 혹은 才能으로 보기도 하고,[3] 先天的으로 타고난 氣象,[4] 生命力,[5] 肉體의 콘디숀[6] 등으로 보기도 하였다.

李奎報가 氣에 대하여 정의를 내리지는 않았으나 그가 말하는 氣는 生命力 내지는 創意力과 氣象을 의미하는 듯하다. 그래서 말단적 기교의 법칙에 구애됨이 없이, 前人이 말하지 않은 것을 말하고 前人이 들어내지 않은 것을 들어내야 한다는 것을 詩를 짓는 척도로 강조한 것이다. 그는 氣가 先天的으로 타고난 氣象·生命力이기 때문에 배워서 얻을 수 있는 것이 아니라고 하였다. 즉, 활달한 기상과 왕성한 생명력이 詩意를 豪健深厚하게 하여 좋은 詩를 이루게 하지만, 萎縮되고 纖弱한 기상과 생명력으로는 뜻이 천박한 시 밖에 지을 수 없다는 것이다. 崔滋는 李奎報의 詩를 評하여,

---

2) 諸橋轍次,『大漢和辭典』6, p.847.
3) 朴性奎,『李奎報硏究』啓明大出版部, 1982, pp.24~27 參照.
4) 沈浩澤,「漢文學에서의 氣의 槪念」(『韓國學論集』8輯, 啓明大), p.79 參照.
5) 黃啓方,『北宋文學批評資料彙編』, 成文出版社, 臺灣, p.16 參照.
6) 金容沃,『東洋學 어떻게 할 것인가』, 民音社, 1985, p.111 參照.

근래에 李學士 春卿의 詩稿를 얻어서 읽어보니 警策이 될만한 句가 매우 많았고, 長篇 가운데 末句로 갈수록 氣象이 더욱 씩씩해서 마치 탁 트인 거리를 달려가는 千里馬를 길 가운데서 억지로 세워 놓은 것 같다.[7]

하였다. 진속력으로 달리는 천리마를 갑자기 멈추게 하였다면 거친 숨을 내쉬며 다시 내다른 듯한 기세를 나타낼 터인데, 李奎報의 詩에 衆人을 압도할 이러한 씩씩한 기상이 나타나 있다는 것이다. 이러한 氣가 곧 李奎報가 意의 根本이 된다고 본 氣와 동일한 것이다. 詩에서 씩씩한 기상을 중시한 유사한 예를 들어보면,

　　(蘇東坡가 지은 漁父詞는) 李廣[漢代의 名將]이 오랑캐의 활을 빼앗아 시위를 당긴채 아직 쏘지 않고 있는 상태를 龍眠[宋代의 畵家 李公麟의 號]이 그린 것 같고, 悟生[고려 武臣執權期의 處士]의 詩는 추격해 오는 騎兵을 쏘아 맞힌 상태를 그린 것 같다.[8]

하여 東坡와 悟生의 詩 한 聯씩을 例示하고 이를 評하기를, 동파의 漁父詞는 勇將 李廣이 적진에 뛰어들어 오랑캐의 활을 빼앗아 시위를 당기며 쏘려는 찰라를 名畵家의 훌륭한 솜씨로 그려 놓은 것 같다고 하여 生命力이 충만하고 팽팽한 긴장감을 자아내는 기상이 이 詩의 長處임을 강조하였고, 悟生의 詩는 추격해오는 騎兵을 쏘아 맞힌 것 같다고 하여, 일이 이미 끝났고 긴장도 풀려서 詩속에 함유된 氣象이 東坡의 詩보다 弱化되어 格이 떨어지는 詩라고 보았다.

---

7) 崔滋, 『補閑集』中, 第19話.
　　近得李學士春卿詩稿 見之 警絶新意頗多 其長篇中 氣至末句而愈壯 如千里驥足方 展走通衢 未半途而勒止也.
8) 李齊賢, 『櫟翁稗說』後集 2, 第13話.
　　東坡漁父詞云…… 如龍眠畵李廣奪胡兒弓 引滿不發 悟生畵作射中迫騎矣.

李奎報와 同時代 사람인 林椿도,

> 무릇 글을 짓는 것은 氣로써 으뜸을 삼는데, 여러차례 우환을 겪어 정신과 뜻이 荒敗해져서 氣力이 衰한 老農처럼 되었습니다.9)

하여 作文은 氣를 主로 삼는다 하고, 자신은 여러 차례 우환을 겪었기 때문에 정신과 뜻이 황패해지고 氣力이 다하여 꾸벅꾸벅 조는 늙은 농부처럼 되어 좋은 글을 지을 수 없게 되었다고 하였다. 즉 氣象이 약해지면 좋은 글을 지을 수 없다고 본 것이고, 氣象은 後天的 환경에 의하여 강해질 수도 약해질 수도 있다고 본 것이다. 林椿은 文章과 氣의 관계에 대하여 주목할 만한 견해를 피력하였다.

> 글짓기의 어려움은 예부터 일컬어져 온 일이고, 배운다고 잘 할 수 있는 것도 아니다. 지극히 剛한 氣가 心中에 충만하여 外貌로 드러나고 말로 발현되되 그런 과정을 스스로도 알지 못하는 것이다. 진실로 氣를 기를 수 있다면 비록 붓을 잡고 이를 배우지 않는다 해도 文은 스스로 奇異해질 것이다. 氣를 기르는데 名山 大川을 두루 열람하여 天下의 奇聞壯觀을 求하지 않는다면 胸中의 뜻을 넓힐 수가 없다. 이 때문에 蘇子由[蘇轍]는 山은 終南山 嵩山 華山의 높음을 보고, 물은 黃河의 큼을 보고, 人物은 歐陽公 韓太尉를 본 뒤에야 天下의 大觀을 두루 보았다고 하였다.10)

---

9) 林椿,『西河集』4,「與皇甫若水書」
　凡作文以氣爲主 而累經憂患 神志荒敗 睡睡焉眞一老農也.
10) 林椿,『西河集』4,「上李學士書」
　文之難尙矣 而不可學而能也 蓋其至剛之氣 充乎中而溢乎貌 發乎言而不自知者爾苟能養其氣 雖未嘗執筆以學之 文益自奇矣 養其氣者 非周覽名山大川 求天下之奇聞壯觀 則亦無以自廣胸中之志矣 是以蘇子由以爲 於山見終南嵩華之高 於水見黃河之大 於人見歐陽公韓大尉 然後爲盡天下之大觀焉.

하여 至剛한 氣를 가진 사람이라야 훌륭한 문장을 지을 수 있다고 보고 李奎報와는 달리 氣를 天賦的인 것으로 보지 않고 後天的인 노력이나 환경에 따라 養氣나 喪氣가 가능하다고 보았으며 이러한 文·氣論은 後述한 蘇轍의 주장과 同一하다.

이와 같이 當代의 文人들 中 다수가 氣를 강조하였고 이러한 경향은 中國 宋朝의 文人들도 동일하였다. 陳師道의 後山詩話에 '寧粗無弱'이라하여 詩가 차라리 粗雜할지언정 氣象이 약해서는 안된다고 하였고 이들이 한결같이 「道」·「理」와 함께 「氣」를 강조하였으며 당시의 高麗詩風이 宋風이었던 바와 같이 文學論도 宋의 영향을 받았다고 본다. 宋 이전에도 孟子는 '我善養浩然之氣'라 하여 수양을 위하여 浩然한 氣象을 기름이 중요함을 역설하였고 曹丕는

　　文은 氣를 으뜸으로 삼는다. 氣의 淸濁은 本來의 바탕이 있어서 억지로 힘써서 이르게 할 수 있는 것이 아니다. 음악에 비유해 말한다면 曲度가 비록 고르고 박자가 같더라도 氣를 길게 빼어 노래를 부름이 고르지 않음과 익숙하고 졸렬함이 본래의 바탕이 있는데 이르러서는 비록 부모가 가진 것이라 해도 子弟에게 옮겨줄 수가 없다.[11]

하여 문학에 있어서 天賦的인 氣를 중시하였다.

宋朝 문인들의 氣에 대한 관념을 보면 夏竦은 '文은 氣骨로 主를 삼는다.'[12]하였고 劉弇은

　　氣가 온전한 자는 文辭가 渾厚하고 氣가 약한 자는 구속되어 비루하다.

---

11) 曹丕,「典論 論文」
　　文以氣爲主 氣之淸濁有體 不可力强而致 譬語音樂 曲度雖均 節奏同檢 至於引氣不齊 巧拙有素 雖在父兄 不能以移子弟.
12) 夏竦,「宋敏求文莊集序」

(中略) '文章은 氣로 主를 삼는다.'한 것이 어찌 헛된 말이겠는가. 孔子의 氣는 天地를 두루하고 萬變에 적응할 수 있어서 그 때문에 六經에는 쓸데없는 말이 없으며, 그 작은 것으로도 또한 夾谷의 강한 齊를 꾸짖기에 충분하였다. 孟子는 萬鍾의 祿을 겨자씨처럼 보고 晏嬰과 管仲을 小人으로 여겼으며, 그것을 스스로 기르면 이른바 호연한 것이 된다 하였는데 그 때문에 그의 글이 후세에 남게 된 것이다. (中略) 氣가 온전하지 못한 사람은 文章의 논리성이 부족하게 되는데 이는 당연한 형세이다.[13]

하였고 李薦은

文章에 氣가 없으면 비록 보고 듣고 냄새맡고 맛볼 줄을 안다해도 血氣가 體內에 충만하지 못하고 手足이 몸을 보호할 수 없게 되어 마치 숨이 끊길 듯한 병자처럼 정신이 흩어지고 수척해져서 生氣가 없어지게 된다.[14]

하였으며 蘇轍은

나는 본래 글짓기를 좋아 하였는데, 文이란 氣가 발현된 것이라고 생각한다. 그리고 文은 배운다고 잘 지을 수 있는 것이 아니지만 氣는 기르면 이르게 할 수 있는 것이다. 孟子가 "나는 浩然한 氣를 잘 길렀다."하였는데, 지금 그 문장을 보면 寬厚宏博한 氣象이 천지 사이에 충만해서 그 氣가 큰 일에나 작은 일에나 모두 알맞는다. 太史公은 천하를 여행하며 명산 대천을 두루 관람하고 燕・趙 사이의 호걸들과 교유하였기 때문에 그

---

13) 劉弇,「上運判王司封書」
其氣完者其辭渾 其氣削者局以卑……文章以氣爲主 豈虛言哉 孔子之氣 周天地該萬變 故六經無餘辭焉 而其小者尤足以叱夾谷之强者 孟子芥視萬鍾 小晏嬰管仲 而其自養則 有所謂浩然者 故其書卒貽後世……其氣之不完者 故其文章終餒於理 亦其勢也.
14) 李薦,「答趙士舞論宏詞書」
文章之無氣 雖知視聽臭味而血氣不充於內 手足不衛於外 若奄奄病人 支離顚頷生意消削.

文章이 疏蕩하고 기이한 기상이 있다. 이 두 사람이 어찌 이런 문장 짓기를 배워서 그렇게 된 것이겠는가. 그 氣가 胸中에 충만해져서 외모로 넘쳐 나와 말로 표현되고 문장으로 발현되었는데도 氣 때문에 그렇게 된 것임을 몰랐을 뿐이다.15)

하였다. 이 가운데 孟子·劉弇·蘇轍 등은 氣를 後天的으로 養致할 수도 있고 萎縮되기도 한다고 보았으며 養氣의 방법은 孟子와 蘇轍이 서로 달라서 孟子는 修養을 통한 內養을, 蘇轍은 名山 大川의 周覽과 天下豪傑들과의 교유 등 閱歷을 강조하였다. 반면에 曹丕는 氣는 天賦的인 것이므로 後天的으로 바꿀 수도 없고 배워서 얻을 수도 없는 것으로 보았다. 고려 문인중에 林椿은 前說을 따라서 자신은 많은 고난을 겪으면서 氣가 沮喪되어 좋은 문장을 지을 수 없게 되었다고 하면서 蘇轍과 동일한 養氣論을 전개하였으며, 李奎報는 後說을 따라서 氣는 天에 근본을 둔 것이므로 배워서 얻을 수 있는 것이 아니라고 하였다. 李奎報가 氣는 不可學得이라 한 것은 曹丕의 영향을 받은 것으로 보여진다.

李奎報가 氣는 不可學得이라 하였다하여 後天的인 養氣를 언제나 全面的으로 否定한 것도 아니다. 「驅詩魔文」에서 遇景觸物하면 이를 詩化하지 않고는 견디지 못하는 자신의 性癖을 詩魔라 부르고 이 詩魔가 그에게, "그대의 氣를 雄壯하게 해주고, 文辭를 아름답게 꾸며 주었다."하기에 이에 승복하였다고 하여,16) 좋은 시를 짓기 위한 끊임없

---

15) 蘇轍,「上樞密韓太尉書」
　　轍生好爲文 以爲文者氣之所形 然文不可以學而能 氣可以養而致 孟子曰 我善養吾浩然之氣 今觀其文章 寬厚宏博 充乎天地之間 稱其氣之大小 太史公行天下 周覽四海名山大川 與燕趙間豪傑交遊 故其之疏蕩 頗有奇氣 此二子者豈嘗執筆學爲如此之文哉 其氣充乎其中而溢乎其貌 動乎其言而見乎其文 而不自知也.

는 노력이 氣象을 웅장하게 해준다고 보기도 하였다. 이는 곧 後天的인 양기를 긍정한 것으로 前述한 '氣本乎天 不可學得'이라 한 논지와는 모순되는 것이다. 이는 李奎報가 詩를 짓는데 있어서 기가 중요함은 변함없이 역설하였으나 後天的인 養氣의 가능성 與否에 대하여는 확고불변한 견해를 가지고 있지 않았음을 나타내는 것으로 보아야 하며,「論詩中微旨略言」의 내용도 詩의 彫琢・丹青에만 노력해서는 詩 속에 웅장한 기상을 함유시킬 수가 없으며, 修飾에만 지나치게 用心하지 말고 意境을 直敍할 때 자연스럽게 天然의 기상이 발현된다는 뜻으로 보아 이것이 氣의 先天說을 확고부동하게 주장한 것은 아니라고 본다. 즉 作詩에 있어서 綴辭를 위한 지나친 노력으로 詩를 工巧롭고 艶麗하게 꾸미는 데만 힘쓰다 보면 詩의 核心이 되는 意境이 오히려 손상되며 作詩者의 天然스런 氣象도 詩에 그대로 발현되지 않는다는 뜻으로 보아 이곳에서의「天」을 天賦的・生得的이라는 뜻으로 보지 말고, 自然・天然・天眞 등의 뜻으로 보고,「不可學得」의 해석도 綴辭를 위한 修飾之學 만으로는 天然의 氣를 얻을 수 없다는 의미로 보아야 하며, 이렇게 본다면 李奎報가 後天的인 養氣의 가능성을 전적으로 부정한 것은 아니라는 해석도 가능해진다.

Ⅲ. 義 論

李奎報는 前述한 바와 같이, '대저 詩는 意를 근본으로 삼는다. 意를 세우기가 가장 어렵고 文辭를 연결하는 것은 그 다음의 일이다.'[17] 하여 훌륭한 詩가 될 수 있느냐는 詩 속에 심후한 뜻이 있느냐의 여부에

---

16) 李奎報,『東國李相國集』,「驅詩魔文」
17) 註 1) 참조.

달려 있다고 하였다. 詩經 大序에도,

　　詩란 뜻이 [文字로] 옮겨진 것이다. 마음 속에 있는 것이 志가 되고 言語로 발현되어 詩가 된다. 情이 마음 속에서 움직이면 말로 나타난다.18)

하여 인간의 情·志를 詩의 근본으로 보았는데, 이 說은 후세에 지대한 영향을 끼쳤고 唐·宋代의 중국 문인들이나 고려의 문인들도 이 설을 그대로 수용하여 詩의 근본을 情·志에 두었다. 司馬光은, '文之精者 無如詩 詩者 志之所之也'19)라 하였고, 黃裳은 '詩之所自 根於心 本於情性有所感 志有所通'20)이라 하였는데, 宋朝 詩人의 說이 詩의 근본에 대하여 비록 情·性·志·意 등으로 표현은 달랐지만 취지는 같은 것이었다. 詩의 근본이라고 본「志」·「意」는 詩 속에 含有되어 있는 作者가 밝히고자 한「뜻」을 말하며, 이는 詩의 內容이라고도 할 수 있다. 즉 詩에서 밝히고자 하는 내용이 詩의 근본이고 이를 文辭로 표현하는 형식[綴辭]은 그 다음의 문제라고 본 것이다.

　李奎報는 또한

作詩尤所難	시짓기가 더욱 어려운 것은
語意得雙美	말과 뜻이 함께 아름다워야 해서이네
(中略)	
意本得於天	뜻은 본시 하늘에서 얻는 것이므로
難可率爾致21)	쉽게 이르게 하기가 어렵다네
(後略)	

---

18)『詩經』大序.
　　詩者 志之所之也 在心爲志 發言爲詩 情動於中而形於言.
19) 司馬光,「薛田詩集序」.
20) 黃裳,「樂府詩集序」.
21) 李奎報, 같은 책 後集 1,「論詩」.

라 하여, 훌륭한 詩가 되려면 語와 意 즉 綴辭와 詩에 含有된 內容이 모두 훌륭해야 하며 이는 쉬운 일이 아니라 하고, 뜻은 본래 하늘에서 얻는 것이므로 쉽게 이를 수 있는 것이 아니라고 하였다. 意는 '難可率爾致'라 하여 갑자기 쉽게 이르게 하기는 어렵다고 한 것은 後天的인 노력으로 이르게 하는 것이 전혀 불가능한 것은 아니고 쉽게 이르게 할 수 없을 뿐이라는 것이며, 이는 앞 句의 '意本得於天'의 「天」이 人爲的으로 접근이 가능한 천을 뜻하는 것으로 보아야 한다.

지금까지 발표된 대다수 論著들의 해석처럼 李奎報가 意와 氣를 모두 天賦的인 것으로 보았다면 作詩者가 後天的인 노력으로 이룰 수 있는 것은 綴辭, 즉 文章의 修飾과 彫琢뿐이게 된다. 意와 氣를 강조하여 그 근원을 모두 先天的인 것에 붙이다 보면 人爲的인 노력으로 가능한 것은 逆說的으로 그가 가장 배격하는 雕鏤丹靑 뿐이라는 결론에 도달하게 된다. 이렇게 본다면 그의 의도와는 상반되는 결론에 이르게 되므로 「天」의 해석을 後天的 노력으로는 도달이 불가능한 경지로 보지 말고 다른 의미로 해석해야 할 필요가 있다. 이에 金興圭교수는 이곳의 天의 개념을,

> 시인이 추구하여야 할 근본과제는 합리적 계산과 瑣末的 技藝 및 번다한 지식・用事・典故類의 영역 저편에 있는 시적 인식의 자연성, 생명적 본원성에 달려 있다는 것으로 이해된다. 그것을 오늘날의 용어로 바꾼다면 이성・지식 및 의식의 규율과 대립하는 생명적 직관력, 창조적 상상력에 의해서 언어 이전의 詩, 즉 意가 성립한다는 말이 될 것이다.[22]

하여, 天을 知的인 認識과 意圖의 作爲로부터 독립한 創造的 直觀과

---

22) 金興圭, 「李奎報의 氣・意論」(第3回 〈東洋學國際學術會議〉資料 第一部. 1985, 成均館大 大東文化硏究院, p.3)

感性 및 상상의 영역에 속하는 것으로 보았다. 그러나 生命的 直觀力・創造的 상상력도 역시 天賦的인 것으로 보았으므로 이 견해도 또한 後天的인 노력으로 意를 심화시키기는 불가능한 것이 되어 선천적인 능력이 없으면 深厚한 뜻을 지닌 詩는 지을 수 없다는 결론에 이르게 된다.

그러므로 이곳의 天을「孟子」의 '順天者存 逆天者亡'이라 한 곳의 天이나, 「中庸」에서 이른바 '誠者天之道也 誠之者人之道也'라 한 '天道'로 보아 天地 自然의 理法으로 해석하고, 天之道를 실현하고자 노력하는 것이 人之道이므로 '意本得於天 難可率爾致'를 深厚한 詩意는 본래 天道에서 얻어지는 것이므로 天道를 깨닫고 이를 이루고자 부단히 노력하여 知的 道德的으로 높은 차원에 이를 사람이 아니면 갑자기 이루려 해도 그렇게 되기가 어렵다는 뜻으로 보아야 할 것이다. 즉 이 詩句를 '뜻은 본래 天道에서 얻는 것이므로 갑자기 이르게 하기는 어렵다.'라고 해석하고, 天道를 실현하고자 後天的으로 노력하여 높은 경지에 달한 사람이라야 詩속에 심후한 뜻을 세울 수 있는데, 수양과 학식이 부족한 사람들은 높은 意境에 도달할 수 없으므로 이를 호도하기 위하여 雕鏤丹靑에만 주력하게 된다고 한 것이 李奎報의 뜻이었다고 보아야 할 것이다. 광범한 독서와 수양을 통하여 심오한 학식과 인격을 갖게 된다면 天道와 합치되는 次元높은「意」를 가질 수 있고 이것이 文學으로 발현되면 훌륭한 작품이 될 것이므로 意를 天賦的인 것으로 보는 것은 인간이 後天的인 노력으로 이룰 수 있는 분야를 너무 좁혀 놓는 것이 되며 李奎報의 의도도 이런 것은 아니었으리라고 본다.

李奎報 자신도 詩文을 짓기 위한 노력과 준비를 중요시하였다. 9세부터 手不釋卷하면서 六經・諸子百家로부터 幽經 僻典 梵書 道家之說에 이르기까지 그 精華를 뽑아내어 문장을 훌륭하게 짓는 자료로 삼

고, 上古以來의 歷代 史書를 두루 涉獵하여 그 要點을 따다가 適時에 응용할 준비를 해 놓았다고 스스로 말하였는데,23) 이것이 모두 綴辭와 雕鏤丹靑만을 위한 준비였다고는 볼 수 없고 뜻을 높게 갖고 이를 文辭로 적절히 표현하기 위해서였다고 보아야 한다. 만약 이를 雕鏤丹靑만을 위한 준비로 본다면 李奎報는 평생동안 內實을 버리고 外華를 위한 준비만 하였다는 말이 된다. 金春洙는,

> 능력있는 詩人에게는 독서는 나중에 詩作에 많은 도움이 될 것임은 물론이다. 독서는 그때의 인상적인 부분이 의식하에 잠재하였다가 시인의 상상력이 활동할 적에 훌륭한 심상을 제공해 주는 수가 얼마든지 있을 것이다. 생활에서 실지로 경험하는 때보다 한층 독서에서 우리는 생생한 것을 느끼는 수도 있다. …… 즉 시인은 천성의 바탕 위에 후천적 시작의 노력을 게을리 해서는 안 될 것이란 말이다.24)

하였는데, 이 말은 현대문학이나 고전문학이나 공통으로 타당한 것이며, 李奎報가 諸書를 두루 涉獵한 것도 바로 이 때문이었고, 광범한 독서의 결과로 어느 한 詩體로 한정지을 수 없는 諸體에 두루 능숙한 시인이 될 수 있었고, 각종 典籍에 나타난 精神[議]을 자유자재로 구사하여 詩意를 세웠기 때문에 新意로 창작하는 시인이라는 稱譽를 들을 수 있었던 것이다. 淸의 吳寶之는,

> 뜻을 세우기를 반드시 높게 하고, 책 읽기를 반드시 많이 하고, 노력하기를 반드시 부지런히 하고, 스승에게 배우기를 반드시 진실되게 해야 한다. 이 네 가지를 갖추지 않았다면 詩를 논할 수가 없다.25)

---

23) 李奎報, 같은 책 26, 「上趙太尉書」.
24) 金春洙, 『金春洙全集Ⅱ 詩論』, 文章社, 1982, pp.162~163.
25) 吳寶芝, 「重刻律髓記言」8則中 第4則, (朱榮智, 『元代文學批評之硏究』, 聯經

하였는데, 뜻[志・意]을 높게 갖고자 힘써야 한다는 것은 後天的인 노력에 따라 높은 뜻을 갖는 것이 가능하다고 본 것이며, 多讀・勤勉・師傳도 모두 後天的인 노력에 속하는 것이므로 天賦的인 詩才를 무시할 수는 없지만 後天的인 노력이 없으면 높은 뜻이 함유된 좋은 詩를 창작할 수 없다고 본 것이다. 元代의 方回도 驚人할 만한 佳句는 애써 생각한다고 얻어지는 것이 아니요, 생각도 않았는데 자연스레 얻어지는 것이라고 하고는, 이렇게 될 수 있는 조건으로 天下에서 할 수 있는 일은 모두 해서 胸襟에 스스로 터득한 높은 경지가 생겨 이것이 詩로 발현될 때만 그러한 지경에 도달할 수 있다고 하였다.26) 즉, 後天的인 노력을 다한 뒤에야 佳句가 자연히 流露되는 경지・不思而得之하는 경지에 이를 수 있다는 것이며 이 兩人의 說이 妥當한 文學論으로 보이며, 李奎報의 뜻도 이에서 벗어나지 않는다고 본다.

Ⅳ. 結 語

李奎報는 詩의 根本을 意와 氣로 보아 深厚한 뜻을 함유하고 氣象이 豪放한 시를 지어야 한다고 하였으며, 氣는 天에 근본을 둔 것이므로 배워서 얻을 수 있는 것이 아니라고 보는 先天說과 修養이나 閱歷을 통하여 養致할 수 있다고 보는 後天說 가운데 前說에 가까운 주장을 폈으면서도 作詩를 위하여 노력하다 보면 氣象이 웅장해진다고도 하여, 氣가 天賦的인 것이냐 後天的인 養氣가 가능하냐에 대한 명확

出版事業公司, 臺灣, p.40에서 再引用)
　立志必高 讀書必多 用力必勤 師傳必眞 四者不備 不可言詩.
26) 方回, 『桐江集』2, 「跋昭武黃㴌文卷」

한 견해를 밝히지 않았다. 그의 「論詩中微旨略言」의 내용도 詩의 修飾에만 노력해서는 시 속에 웅장한 기상을 함유할 수 없으며, 문장의 수식에 지나치게 用心하지 말고 意境은 直敍할 때 자연스럽게 天然의 氣象이 발현된다는 뜻으로 보아 氣의 先天說을 주장한 것은 아니라고 본다. 즉 作詩에 있어서 綴辭를 위한 지나친 노력으로 詩를 艶麗하게 꾸미는 데만 힘쓰다 보면 詩의 主가 되는 意境이 오히려 손상되며 作詩者의 天然스런 기상도 詩에 그대로 발현되지 않는다는 뜻으로 보아, 이곳의 「天」을 天賦的·生得的이라는 의미로 보지 말고, 自然·天然·天眞 등의 뜻으로 보고, '不可學得'의 해석도 作詩를 위한 修飾之學 만으로는 天然의 氣를 얻을 수 없다는 의미로 보아야 하며, 이렇게 본다면 李奎報가 養氣의 가능성을 전적으로 부정한 것은 아니라고 보았다.

李奎報는 意도 또한 하늘에서 얻는 것이라고 하였는데, 이를 대부분의 詩論家들이 人爲로 도달할 수 없는 先天的인 것이라는 뜻으로 해석하였으나, 이곳의 天은 天道 즉 天地自然의 理法을 뜻하는 것으로서, 李奎報도 後天的인 노력으로 이를 실현할 수 있는 것으로 생각하고, 意境을 심후하게 하기 위하여 스스로 많은 노력을 기울이기도 하였다.

李奎報의 詩世界

Ⅰ. 생애와 시대

　李奎報(1168~1241)는 고려 중기 무신의 난과 그들의 집권, 몽고의 침입 등으로 사회가 격동하던 시기에 생을 영위하면서 보고 느낀 모든 것을 8천여 수의 시로 표현했던 당대 제일의 시인이었다. 그의 자는 春卿, 호는 三酷好先生·白雲居士·止止軒·四可齋·南軒長老 등이었고, 諡號는 文順公이었다.
　毅宗 21년(1168)에 父 戶部郞中 李允綏와 母 金壤金氏 사이에서 태어나 9세부터 이미 글을 지을 줄 알아 사람들이 奇童이라고 불렀으며 11세때에는 門下省의 省郞들 앞에서 시재를 발휘하여 그들을 감탄하게 하였다. 14세때에 가장 권위있는 私學인 文憲公徒 誠明齋에 입학하여 학문과 문학을 익혔으며, 夏課時에 시 짓기를 겨룰 때는 매번 일등으로 뽑혀 선비들의 주목을 받았다. 16·18·20세시에 司馬試에 응시하였다가 번번이 낙방하고, 21세시 꿈에 천상의 문필을 담당한 奎星이 장원할 것을 예보하였는데, 과연 장원으로 급제하였으므로 初名 仁氐를 奎報로 개명하였으며, 23세에 進士試에도 합격하여 官界에 진출할 수 있는 조건을 모두 갖추게 되었다.

이 시기에 우주를 좁게 여기며 無何有鄕에서 노닐려는 도가사상과 입신양명하여 천하에 恩澤을 입히려는 유가사상이 그의 심저에 함께 형성되었으며, 18세부터 3년간은 35세나 연상인 吳世才와 忘年交를 맺고 그에 이끌리어 竹林高會의 모임에 참석하여 당대의 대표적인 문인들과 교유하면서 그들에게 문학 재능을 인정받기도 하였다.

이규보의 20대는 무신집권자 가운데도 가장 포악했던 李義旼의 집권기로, 관직을 구하다가 좌절되자 불의와 모순이 遍滿한 사회현실에 실망하여 백운거사라 自號하고 詩酒로 울분을 달래면서 은둔을 생각하기도 하였고, 그때까지 익힌 文才가 개인적인 불운으로 연마되어 詩와 文 공히 주옥같은 명편을 창작하기도 하였다.

29세시에 이의민을 제거하고 새 집권자로 등상한 崔忠獻이 封事10條를 왕에게 올리고, 革舊圖新의 대개혁을 단행하여 혼란했던 정국이 소강을 유지하게 되자, 그는 宦路에 나아갈 호기가 도래한 것으로 보고 要路에 求宦의 시와 편지를 보내어 천거해주기를 간청하였다. 그 후 32세시에 全州牧司錄 겸 掌書記에 보임되었으나 狂簡直方한 성격 때문에 중도에 파직당한 후 40세에 이르기까지 환로에 오르지 못하고 불우한 流落생활을 계속하였다.

그 후 40세에 直翰林院에 임명되어 70세에 門下侍郎으로 致仕할 때까지 30년간은 잠시 정직·유배 등의 시련을 겪기도 하였으나 文翰의 任을 담당하면서 대체로 순탄한 승진을 계속하였고, 최충헌을 이어 권좌에 오른 崔瑀의 돈독한 권우를 입기도 하였다.

그의 60·70대는 몽고의 침입으로 국가가 존망의 기로에 처했던 때로서 65세시에 수도를 강화로 옮기자 강화로 이주하여 친지의 집에 우거하면서 곤궁하게 지내었다. 致仕 후에는 詩·酒·琴을 벗삼고 楞嚴經·列子·周易 등을 읽으면서 安閑한 생활을 즐기다가 74세 되는 신축년(1241)

9월 2일에 잠자듯 조용히 세상을 떠나 江華島 鎭江山 東麓에 묻혔다.

그의 문집은 그가 와병하자 집권자 최우의 특별한 배려로 급히 간행에 착수하였으나 사후에야 완간되어『東國李相國集(53권)』이라는 이름으로 세상에 전해오고 있다.

Ⅱ. 문학적 특성

이규보가 문인으로 활약하던 1200년대의 고려는, 시는 宋詩風이 풍미하고 文은 古文과 騈文의 세가 비슷했던 시기로, 이규보도 이러한 시대조류의 영향을 받았으며 아울러 이러한 시대조류의 형성에 중요한 역할을 하였다. 송시 가운데도 蘇東坡의 시풍이 크게 유행하여 과거 합격자의 방이 붙으면, 〈30명의 東坡가 배출되었다〉고 말할 정도였다. 이규보의 시도 소동파의 시풍을 따라서, 崔滋는

> (詩語에) 4~5자도 東坡의 말을 따다 쓴 것이 없으면서도 호매한 기상과 풍부하고 다양한 詩體는 동파의 시풍과 딱 들어맞는다.[1]

고 하였다.

이규보의 시는 여운과 함축이 부족하고 직설적·설명적이어서 詩經의 賦·比·興 세 體를 기준으로 하여 살펴보면 부체에 해당하는 시가 대부분으로, 用事나 비유도 쓰지 않고 본심을 곧바로 표현한 시가 다수를 점하고 있다.[2] 그의 시는 기상이 호방하고 내용이 다양하며 시어

---

1) 崔滋,『補閑集』, 제18화.
　……無四五字奪東坡語 其豪邁之氣 富贍之體 直與東坡吻合.
2) 같은 책, 제11화.

의 雅俗을 가리지 않고 섞어 쓰면서 독창적인 시를 짓고자 노력하였고, 스스로도 〈나는 古人語를 도습하지 않고 新意를 創出하였다〉3)고 말하였다.

그의 시 가운데는 불교적·노장적인 경향을 띤 것이 많다. 이는 고려의 숭불정책과 난세를 살아가는 처세방법의 하나라고 할 수 있는 은둔사상의 영향으로 보아야 할 것이다.

그는 〈淸警·雄豪·姸麗·平淡한 시를 고루 지을 수 있어야 어느 한 시체로 이름이 한정되어 비난받는 것을 면할 수 있다〉4)고 하고, 여러 경향의 시를 모두 연마하여 諸體에 두루 능하였으며, 작은 사물의 묘사나 큰 세계의 묘사에 공히 성공하여 각 분야의 시에 고루 명작을 남겼다.

만년에 이르러서는 『白樂天集』을 특히 애송하고 낙천 시의 次韻詩를 즐겨 지었으며 시풍도 낙천의 시풍을 效倣하였다. 이는 양인의 인생역정이나 만년의 처지가 유사하였고 詩·酒·琴을 酷愛하는 취미와 불교와 노장에 몰입한 것 등도 동일하였으며, 자연을 사랑하며 恬淡한 閑適詩를 즐겨 짓고 평이한 시어로 표현하고자 노력한 점 등도 동일하였다.

즉, 이규보의 시는 學蘇로 입문하여 만년에 學白으로 마쳤다고 할 수 있다.

그의 시의 결점으로는 온축이 부족하고 직설적이어서 여운이나 상징성이 떨어지며, 대체로 거칠고 구성이 完整하지 못한 점 등을 들 수 있다.

不用事 不取比 直穿天心而已.
3) 같은 책, 제46화.
 文順公曰 吾不襲古人語 創出新意.
4) 李奎報,「論詩中微旨略言」,『東國李相國集』22 참조(이하 인명과 책명을 略하고 권수만 표시함)

그는 시 외에 文에도 주목할만한 작품을 많이 남겼다. 실용문에도 능하여 국왕의 制誥·批答·表箋 등을 도맡아 지어 以文華國의 사상을 실천하였으며,5) 箴銘類·頌贊類·序跋類·論辨類·碑誌類·哀祭類·雜記類를 비롯하여 불교의 道場文, 도교의 靑詞 등 諸體의 산문에 고루 모범이 될 글들을 남겼다.

그 가운데「論詩說」「答全履之論文書」「論詩中微旨略言」등은 我國文人 최초의 시론 및 시평론으로서 이 분야의 先端을 열었으며,「畏賦」「放蟬賦」등 수편의 賦는 당시의 시대상에 대한 반감을 우의적·풍자적으로 나타내었다.「鏡說」「忌名說」「蝨犬說」「舟賂說」등은 수필문학의 조건을 두루 갖춘 작품들로서 비록 소품들이지만 그의 사상과 당시의 세태를 이해하는 데 도움이 되며, 여타 인사의 문집에서는 찾아보기 힘든 희귀한 것들이다.

한편,「麴先生傳」「淸江使者玄夫傳」등 두 편의 假傳은 林椿의「麴醇傳」「孔方傳」과 함께 고려 가전의 초기 작품들로서 한문학사상 설화에서 傳奇小說로 이행하는 과도기의 문학으로 중요한 위치를 점하고 있다.

Ⅲ. 시세계

이규보는 일생 동안 8천여 수의 시를 지었으며, 그 가운데 2천여수가 문집에 수록되어 전해오고 있다. 그는 신변의 일상사를 비롯하여 교훈이 될만한 역사적 사실, 사회의 현실, 눈에 뜨이는 모든 사물 및 생각이 미치는 모든 영역을 두루 시의 소재로 삼았으며, 일기를 쓰듯 매일 시를 이었다 해도 과언이 아닐 정도로 다작이어서, 이 시들을 통하여

---

5) 金鎭英,『李奎報文學研究』(集文堂), pp. 89~94 참조

그의 인생역정과 의식의 변화를 이해할 수 있다.

이곳에서는 그의 생애를 23세로 禮部試에 합격하기까지를 修學期로, 과거에 합격한 후에도 벼슬을 얻지 못하고 정신적 방황을 계속했던 40세까지를 求宦期로, 40세에 직한림원으로 벼슬길에 올라 70세로 致仕하기까지를 仕宦期로, 老退 후 74세로 서거하기까지를 致仕期로 나누어 구환기 이후 그의 시가 어떻게 변하였는가를 살펴보고, 아울러 그의 자아의식·자연관·사회의식 등이 어떻게 시로 발현되었는가도 고찰하여 그의 시세계 전반을 개괄적으로나마 이해하는 데 일조하고자 한다.

1. 求宦期

이규보는 수학기인 10대 후반부터 시재를 발휘하여 주변사람들의 주목을 끌었으며, 23세에 진사시에 합격한 후 40세에 벼슬을 얻기까지 17년간 함께 급제한 사람들은 모두 출세하여 이름을 드날리는데 자신만이 뒤처진 것은 무능해서가 아니요, 세상이 말세가 되어 유능한 인물을 써주지 않기 때문이라 생각하고 그러한 세태를 원망하였다. 그가 당시의 시대상황에 대한 忿懣을 나타낸 시를 예시해보면 다음과 같다.

　　九月十三日會客旅舍示諸先輩
　　蝘蜓嘲龜龍
　　鴟鴞笑鸞鳳
　　何忍折我腰
　　突梯事儜[6)]

　　도마뱀은 거북과 용을 조롱하고

---

6) 권6

올빼미는 난새와 봉황을 비웃는다
어찌 차마 내 허리를 굽혀
순종하며 용렬한 사람을 섬기랴.

　　세상이 온통 뒤바뀌어 속인·악인이 출세하여 날뛰며, 선하고 유능한 사람을 비웃고 음해하는 세상, 즉 賢愚가 뒤바뀌어 거북·용·봉황·난새 같은 위인이 도마뱀이나 올빼미 같은 소인·악인들에게 조롱을 당하는 세태를 원망하면서 그런 용렬한 인간들에게 자존심을 버리고 허리를 굽히면서까지 벼슬을 구하지는 않겠다고 하였다. 이는 부조리로 가득 찬 현세에 눈을 흘기며 차라리 은둔할 것을 생각하는 嫉世的 은둔사상의 발로로 보아야한다.

全履之見訪與飮大醉贈之

何者是賢愚
何者是得失
得者未必賢
犛頭鼠目翔貴秩
失者未必愚
瑰意琦行棲蓬蓽[7]

무엇이 賢과 愚고
무엇이 得과 失인가
얻은 자가 반드시 어진 것은 아니네
노루 머리에 쥐눈을 한 자도 높은 벼슬에 오르니까
잃은 자가 반드시 어리석은 것은 아니네
뜻과 행실이 뛰어난 자도 가난하게 사니까.

---

7) 권11

이 시는 그와 처지가 비슷했던 詩友 全履之가 방문하여 함께 술을 마시고 크게 취했을 때 그에게 지어준 것이다.

이규보의 20대에는 포악무도한 이의민이 집권하면서 十八子識(이씨가 왕이 되리라는 참설)에 현혹되어 스스로 왕이 되겠다는 야심을 품고 온갖 부정과 불의를 자행하였으며, 각 지방의 민란과 초적의 횡행으로 혼란이 극에 달했던 시기이다. 열혈청년 이규보는 현우가 뒤바뀌고 관리의 임용이나 승진이 인품이나 업적과는 관계없이 집권무신에게 어떻게 보였느냐에 따라 결정되는 사회현실에 실망하고, 불만을 시와 술로 발산하였다. 이러한 시 속에는 벼슬길에 나아가고 싶은 강한 욕망과 그것이 이루어지지 않는 현상 사이에서 번민하는 모습이 엿보인다.

한편 불의와 비리로 충만한 이러한 사회에서 벗어나 정신적인 자유를 누리고 싶은 욕망을 시화한 작품도 이 시기에 다수 나타난다.

大醉走筆示東皐子

大地不能戴我足
太山不足呑吾胸
軒然要出六合外
六合之內轍皆窮[8]

대지도 내 발을 받칠 수 없고
태산도 내 가슴을 채울 수 없다
훨훨 털고 천지 밖으로 벗어나야겠네
천지 사이는 수레로 모두 갈 수 있으니까.

하여, 태산에 올라 천하를 작게 보는 마음으로 우주의 어디에도 얽매이지 않고 언적이 미치지 않는 우주 밖의 환상의 세계에서 완전한 자유

---

8) 권1

를 누리려는 심정을 읊기도 하였다. 이 시 역시 술에 크게 취하여 急作詩를 지어 東皐子에게 준 것이다.

2. 仕宦期

　직한림원으로 權補된 40세부터 致仕하던 70세까지의 사환기에는 몇차례 시련도 겪었으나 최씨 정권하에서 國朝의 高文大冊과 외국에 보내는 書表등을 獨擔하며 자신의 문학 실력을 한껏 발휘한 득의의 시기였다.
　사환기에는 放曠無檢함을 버리고 臣僚사회에 적응하고자 하여 겸손하고 온공한 태도로 타인에 대한 비난이나 공격을 삼가고 장점을 찾아 칭찬하고자 노력하였다. 官爵과 利祿이 그를 謙恭한 사람이 되도록 순치하였다고도 볼 수 있고, 직설적이고 날카로웠던 성격이 연륜이 쌓임에 따라 원만해진 것으로도 볼 수 있다. 이렇게 바뀌어진 모습을 드러낸 시 몇 편을 살펴보자.

　　腰箴
　　常道不弓
　　被人怒嗔
　　能曲如磬
　　遠辱於身
　　唯人禍福
　　係爾屈伸9)

　　활처럼 굽지 않고 항상 뻣뻣하면
　　남의 노여움을 받게된다

---
9) 권19

경쇠처럼 굽힐 수 있다면
몸에서 욕됨이 멀어진다
오직 사람의 화와 복은
너를 굽히느냐 펴느냐에 달려 있다.

하여, 오만한 행동은 남의 진노를 초래하여 화를 입게 되며, 오만과 겸손의 기준이 허리의 屈伸에 달려 있으므로 부지런히 허리를 굽혀 남의 뜻을 거스르지 않을 것을 다짐하였다. 그는 말을 한마디 하거나 글을 한 편 쓰면 곧바로 비난이 따랐던 지난날의 고통을 절감하고 첫째로 조심한 것이 입(말)이었다. 입의 一語一默이 바로 榮辱의 근원이 된다고 여겨 말을 조심할 것을 명심하고,10) 傲然한 기상을 억제하고 卑遜해지고자 하여 짓게 된 것이 바로 이 「腰箴」이었다.

사환기에 그의 모습이 어떻게 변하였는가 살펴보자.

春日內省有作

禁省春深白日長
珠簾微動好風涼
忽聞丞相嚴呵喝
整頓冠巾下砌忙11)

대궐에 봄기운 깊고 한낮이 긴데
주렴이 하늘거리며 서늘한 바람이 이네
재상의 엄한 꾸지람 홀연히 들려와
의관을 정돈하고 뜰로 바삐 내려오네.

청년기에 〈登泰山而小天下〉하는 기상으로 뭇사람들을 下視하던 호

---

10) 권1, 「畏賦」
11) 권14

기는 씻은 듯이 사라지고 상관의 꾸지람에 의관을 정제하고 섬돌 밑에 내려와 공손히 揖하고 서 있는 모습이 눈에 선연하다. 宦海를 헤쳐 나가기 위한 불가피한 변신이었으리라.

이러한 謙恭 謹愼은 혼탁한 시대에 관직을 누리기 위해 필요한 처세술이었으며, 이것이 주효하여 그가 뜻한 대로 五寸筆管을 마음껏 휘두르며 국가의 고문대책을 독담하여 지을 수 있었고, 순탄한 승진을 거듭하여 재상의 位에까지 오를 수 있었다.

十二月二十九日領政以門下平章致仕有作
宰臣班品皆雖貴
門下平章號最尊
如我孤寒今得忝
餘光猶足燿千孫[12]

재신의 반열이 모두 존귀하지만
문하평장이 가장 높다고 이르네
나같이 한미한 사람이 그 자리를 얻었으니
남은 영광 먼 후손까지 비추기에 족하리라.

이 시는 70세 되던 해인 정유년 12월 29일 領政時에 老退가 허락되어 벼슬에서 물러나면서 지은 3수의 시 가운데 제2수이다. 제1수에서는 쇠약한 몸으로 중책을 대과 없이 마치고 功成名遂身退하게 된 것을 기뻐하면서 老退時에 오히려 품계가 올라서 어깨가 무겁다고 하였고, 이 시에서는 재신 중에서도 집권자 최우 다음으로 높은 반열인 門下侍郎 平章事로 致仕하게 되어 孤寒했던 가문을 크게 일으켜 놓았으므로 餘光이 후손들에게도 오래도록 미치리라고 기뻐하였다. 남들보다 뒤늦게

---

12) 後集 권2

벼슬길에 올라 한때 불만도 많았으나 70세에 최고의 지위까지 승진하여 은퇴하게 된 것을 스스로 만족하게 여긴 것이다.

3. 致仕期

이규보가 老退後 死去하기까지(71~74세)의 3년 9개월간은 다사다난했던 시대에 생을 영위하면서 경험하고 생각했던 일들을 토대로 인생을 총결산하고 대단원의 막을 내린 시기로서 이 시기에 그의 의식세계를 표현한 시들은 바로 그의 인생에 대한 결론이라 할 수 있다.

有乞退心有作
我欲乞殘身
得解腰間綬
退閑一室中
日用宜何取
時弄伽倻琴
連斟杜康酒
何以祛塵襟
樂天詩在手
何以修淨業
楞嚴經在口
此樂若果成
不落南面後
耆舊餘幾人
遙爲老境友[13]

---

13) 後集 권2

나는 벼슬에서 물러나
허리에 찬 인수를 풀고자 하네
한가히 집으로 물러가
무엇으로 나날을 보낼까
때때로 가야금 희롱하고
연이어 두강주를 마시리라
무엇으로 먼지낀 마음 씻어낼까
백낙천의 시를 펴보리라
무엇으로 정업을 닦을까
능엄경을 암송하리라
이러한 즐거움이 이루어지면
왕이 되는 것보다 나을 것이요
늙은 친구 몇 사람 남아 있으니
맞이하여 노경의 벗 삼고 지내리라

이 시는 70세 되는 해 9월에 퇴직을 결심하고 사직서를 낸 후 老退 후의 생활목표를 시화한 것이다. 老退 후 한가할 때 가야금 타고 두강주(맛좋은 술) 마시며 백낙천의 시를 읊고 능엄경을 암송하고 늙은 벗들과 담소나 하면서 여생을 보내겠다는 것이다. 노후의 목표를 〈閑〉으로 정하고 〈한〉을 즐기는 생활을 하고자 한 것이다.

南軒戲作(2수)

南軒居士計如何
所著雖多擧最奢
淡酒一壺詩一篋
沖虛經卷與楞伽

남헌거사의 살림살이 어떠한가
쌓인 것 많으나 가장 호사스러운 것은

술 한 병 시 한 상자에
충허경과 능가경뿐일세

頭禿身閑坐作趺
不同僧處獨髭鬚
南軒長老修何業
案有楞伽得解無[14]

대머리로 한가히 가부좌하였으니
스님과 다른 것은 수염뿐이네
남헌장로 무슨 업을 닦고있나
책상 위의 능가경 이해나 하는가

그는 늙어가면서 노장과 불교에 더욱 침잠하였다. 장자의 호 南華眞人을 효방하여 自號를 南軒居士 또는 南軒長老라 하고, 맑은 술 한 병과 시 한 상자를 준비해놓고 술 한 잔 마시고는 시 한 수 읊다가 노장서인 沖虛經(列子)과 불교 선종의 대표적 경전인 능엄경을 읽으며, 때로는 결가부좌하고 참선까지 하니 일반 승려와 다른 것은 수염을 깎지 않은 것뿐이라고 하였다(머리는 본래 대머리라 깎을 것도 없었다).

이 시도 퇴직의 疏를 올리고 사퇴를 준비하던 70세 되던 해 10월에 지은 것으로 달팽이 뿔 끝의 면적만도 못한 관작이나 명예를 좇아 一喜一憂하던 과거가 허무하게 느껴져 世欲을 버리고 歸老하여 澹如하게 살고자 한 뜻을 나타낸 것이다. 이들 시 속에 나타난 詩·酒·琴·楞嚴經·沖虛經·老境友 등이 그가 노후를 즐기는 데 필요한 것들이며, 이를 통하여 致仕期의 그의 인생 목표가 무엇이었는가도 알 수 있다.

그는 스스로 在家僧이라 칭하며 가부좌하고 空을 생각하다가도 부

---

14) 後集 권2

인이 술을 준비해놓고 부르면 자기도 모르게 벌떡 일어나는 애주가였으므로 술은 비록 끊지 못하였으나 불제자가 不食해야 할 五辛과 牛肉을 끊고 계율을 지키며 불교 교리대로 생활하고자 노력하였다.
　鄭芝가 지은 「誄書」에

> 만년에 佛法을 더욱 신앙하여 능엄경을 암송하고, 洗心經(列子)을 즐겨 읽었으며, 大衍之數(周易)를 궁구하였다.15)

하였듯이, 致仕期에 지은 500여 수의 시에도 버릇처럼 이 능엄경·열자·주역 등의 세계에 대하여 언급하였다. 이는 만년에 이규보가 추구했던 정신세계가 유가적 獨善其身과 불가적 空門無欲과 도가적 은일이 한데 混融된 경지였음을 나타내는 것이다.
　만년에 『白樂天集』을 특히 애송하고 낙천 시의 차운시를 즐겨 지은 것도 양인의 인생역정과 만년생활이 유사하고, 문학을 통하여 도달한 경지가 같았기 때문이었다. 양인은 다같이 전원과 자연을 사랑하여 이를 즐겨 시의 소재로 삼았고, 독선기신적 은일사상을 나타낸 恬淡한 閒適詩를 즐겨 지었으며, 청·장년기에 즐겨 지었던 사회의 모순을 비난하고 풍자하는 강개적이고 嫉世的인 풍유시에서 벗어났다. 백낙천도 만년에는 淸淨知足하고 공문무욕적인 道佛사상에 몰입하여 佛仙을 담론하고 불경을 抄寫하여 현재도 그가 필사한 능엄경이 전해온다고 한다.

4. 대표적인 작품들

　이곳에서는 이규보의 자연관이나 사회의식이 반영된 시 몇 수와 인

---

15) 鄭芝,「誄書」(後集 권12)

구에 회자되었던 시 몇 수를 뽑아 살펴보고자 한다.

이규보가 인위와 상대가 되는 자연에 대하여 어떤 견해를 가지고 있었으며 이것이 문학에는 어떻게 발현되었는가 살펴보자. 그는 자연을 우주 만유의 본체요 질서라고 인식하고 자연에 자신을 합일시키는 것이 인간의 본성에 충실해지는 길이라고 여겼다.

訪外院可上人用壁上古人韻
方丈蕭然古樹邊
一龕燈火一爐煙
老僧日用何須問
客至淸談客去眠16)

고목나무 가의 쓸쓸한 암자
감실에 등 하나 향로도 하나
노승의 일상사 무어 물을 게 있으랴
손이 오면 청담하고 손이 가면 잔다.

이 시는 도성 밖 사원으로 可上人을 방문했다가 암자 벽에 쓰인 옛 시인의 시운을 따라 지은 것으로, 전혀 꾸밈이 없이 소박하게 자연의 참모습대로 사는 스님을 나타내고 있다. 청산이 찾는 이 있으면 받아들이고 떠나는 사람도 막지 않듯이, 하상인은 객이 오면 오는 대로 함께 청담을 나누고 객이 가면 다시 평상으로 돌아간다. 〈손이 가면 잔다〉한 것은 목석처럼 나 자신의 존재 자체도 의식하지 않는 忘機의 경지로 자연과 내가 하나로 용해된, 인위가 개재할 수 없고 인간세계의 煩擾나 욕망이 나타날 수 없는 한적하고 虛靜한 경지인 것이다. 즉 나를 자연에 맡기는 任自然의 경지인 것이다.

---

16) 권3

又次新草屋詩
寓興撫桐孫
虛心對竹君
林深鴉哺子
園靜鳥呼群
坐石吟移日
開窓臥送雲
塵喧卽咫尺
閉戶不曾聞17)

홍이 나면 거문고 어루만지다
마음 비우고 대나무를 마주보네
숲 깊으니 까마귀 새끼를 치고
정원 고요하니 새들이 무리를 부르네
돌에 앉아 읊조리며 날을 보내고
창 열고 누워 지나가는 구름을 보네
속세의 시끄러움 지척이지만
문 닫으니 전혀 들리지 않네.

이 시에서도 속세는 시끄러운 곳이다. 그러나 산림과 속세는 지역적인 구분이 아니고 마음의 문제이다. 집 안에 자그마한 정원을 만들고 마음을 비우고 대숲을 보다가 홍이 나면 거문고도 퉁겨본다. 이미 虛心의 상태에 이르렀으므로 세사에 아무런 욕심이 없다. 새들도 機心이 없음을 알고 두려움없이 모여들어 지저귀고 새끼를 친다. 세사에 얽매이지 않은 모습은 창사이로 보이는 구름과 같다. 머물고 싶으면 머물고 떠나고 싶으면 떠나는 구름은 자유의 상징이요, 이곳의 창은 마음의 창이다. 마음을 비우고 열어놓으면 마음의 창을 스치고 지나가는 모든 세사를 뜬구름이

17) 권10

흘러감을 보듯이 할 수가 있으므로 희로애락이나 애증이 끼어들 여지가 없다. 이런 경지에 이른다면 굳이 紅塵 자욱한 속세를 피하기 위하여 林泉을 찾을 필요도 없다. 속세의 소란함에 마음을 쓰지 않고 마음의 문을 청산 백운을 향하여 열어놓을 수 있다면 몸이 어느 곳에 있든지 이미 나와 자연과의 융화가 이루어져 속세의 시끄러운 소리가 들리지 않을 수 있는 것이다. 이렇게 만유가 하나로 융화된 자연 속에 자신을 몰입시켜 合自然하고자 하는 것이 바로 작자의 뜻이다.

이규보가 생존했던 기간은, 무신이 집권하면서 토지제도는 더욱 문란해져서 농민에 대한 혹심한 수탈이 자행되었으며, 몽고의 침입을 받아 강화로 천도하면서 국토는 황폐해졌고 민생은 도탄에 빠지게 되었다. 이러한 시기에 그는 농민에 대하여 어떤 생각을 가지고 있었는가를 살펴보자.

  代農夫吟(2수)
  帶雨鋤禾伏畝中
  形容醜黑豈人容
  王孫公子休輕侮
  富貴豪奢出自儂

  비 맞으며 이랑에 엎드려 김을 매니
  검고 추한 형용이 어찌 사람 모습이랴만
  왕손 공자들아 깔보지 마라
  부귀 호사가 농부로부터 나오나니라.

  新穀靑靑猶在畝
  縣胥官吏已徵租
  力耕富國關吾輩
  何苦相侵剝及膚[18]

햇곡식 익지 않아 이랑에 그대로 있는데
아전들 벌써부터 조세 거두려 성화일세
힘써 농사지어 부국함이 우리 손에 달렸는데
어찌 이다지도 극성스레 침탈하나

이 시에서 田野에 파묻혀 형편없는 몰골로 농사를 짓고 있는 농부가 바로 왕손 공자들의 부귀 호사를 뒷받침해주는 계층인데도 곡식이 익기도 전부터 관리들의 조세 독촉에 시달리니, 국부의 원천인 농부를 이렇게 괴롭혀서는 안 된다고 하면서 酷吏에게 시달리는 농부들을 동정하고 있다. 이외에 몇 수의 시에서도 농민의 노고에 감사하고 그들에게 동정의 뜻을 나타내었다.

聞國令禁農餉淸酒白飯

長安豪俠家
珠貝堆如阜
舂粒瑩如珠
或飼馬與狗
碧醪湛若油
霑洽童僕味
是皆出於農
非乃本所受
(中略)
假饒得千鍾
徒爲官家守
無何遭奪歸
一介非所有
乃反掘鳧芷

---

18) 後集 권1

飢仆不自救
除却作勞時
何人餇汝厚
所要賭其力
非心愛爾口 19)

장안의 세력있는 집에는
구슬과 패물이 산같이 쌓여 있고
절구로 찧어낸 구슬 같은 낟알을
말이나 개에게도 먹이며
기름처럼 맑은 청주를
종들도 마음껏 먹는다네
이 모두 농사지어 나온 것이요
본래부터 가졌던 건 아니로다
(중략)
풍년들어 천 종의 곡식을 얻어도
한갓 관가의 차지가 될 뿐이네
얼마 있다가 모두 빼앗겨
하나도 소유하지 못하고
도리어 부자를 캐먹다가
굶주려 쓰러져도 구할 길 없네
철맞춰 농사짓지 않으면 때맞춰
누가 너희를 배불리 먹이랴
목적은 힘을 취하기 위해서이지
너희들 입을 사랑해서가 아니라오.

한때 국가에서 농사철에 농민들이 맑은 술과 쌀밥 먹는 것을 금지하는 국령을 내렸었다. 이 말을 듣고 이규보는 이러한 금령을 발동한 자

---

19) 後集 권1

들을 비난하였다. 지배층의 호의호식이 모두 농부들의 피땀으로 생산된 것임을 모르고 당연히 누리는 것으로 생각하고, 힘들여 생산하는 농부들은 헐벗고 굶주리며 부지런히 수확을 해도 이를 모두 관가에 바치고나면 풀뿌리나 캐먹다가 굶주려 쓰러지게 된다. 이들이 농사철이나마 白飯을 먹고 청주를 마시는 것은 노동을 위해서요 호사를 위해서가 아닌데 이것마저 금하는 것은 도저히 있을 수 없는 일이라고 분개하였다. 이 시 한 수로는 公憤이 가라앉지 않은 듯, 수일 후 다시 이를 논란하는 시를 지어 금령의 폐지를 주장하였다.[20]

당시에는 유학사상이 국가의 통치이념이었으므로 이에 입각하여 지배층의 청렴과 공평한 과세와 부역을 주장하고 각 계층이 스스로 분수를 지킬 것을 기대하였고, 상류층과 서리들의 농민 수탈을 증오하고 이를 억제하고자 하였으며, 농민의 困苦에 대하여 몇수의 시에서 언급하였으나 그 이상의 행동은 한 일이 없었다. 이는 문필 이외에는 자신의 소임이 아니라는 자세를 견지하였기 때문으로 보인다.

이외에 대부분의 시선집에 거의 빠짐없이 수록되어 있는 시 몇수를 살펴보려 한다.

詠井中月
山僧貪月色
幷汲一甁中
到寺方應覺
甁傾月亦空[21]

산 속의 스님 달빛이 탐이 나서

---

20) 後集 권1,「後數日有作」참조
21) 吳世昌,『大東詩選』1

한 병 속에 함께 길어 넣었네
절에 돌아와 이를 깨닫고
병을 기울이니 달 또한 사라졌네

 샘으로 물을 길러 간 스님이 우물 속에 비친 달을 보고 탐이 나서 물과 함께 병 속에 길어 넣었다. 그 후 이를 잊고 있다가 절에 이르러서야 깨닫고 병 속의 물을 쏟아내었으나 달은 이미 사라져버렸다는 것이다. 흔히 좋은 시는 어린이가 읽으면 동요가 되고 젊은이가 읽으면 철학을 느끼며 늙은이가 읽으면 인생을 느끼는 시라야 한다고 말한다. 이 시가 바로 이런 요건을 두루 갖춘 시로서 이규보의 시로서는 이례적으로 여운과 함축과 상징성이 풍부한 시이다.

 이 시에서는 山僧은 탐심을 버려야 하는데도 월색을 탐하고 있다. 그러나 그가 탐하는 것은 속인들이 탐하는 利祿이나 逸樂이 아니요, 우물 속에 비친 월색이다. 또한 그의 탐심은 우물물을 길을 때 잠시 일어났다가 절로 돌아오는 길에는 이미 잊었으며 절에 이르러서야 다시 깨닫고 병을 기울이니 달빛 또한 사라졌다는 것이다. 이곳의 월색은 불도를 깨우치기 위한 상징적인 화두로서 空界를 깨닫게 하기 위하여 제시한 것으로, 절 밖 우물 속에 있던 월색이 절로 돌아와서는 空으로 변했다는 것은 불도를 깨우치기 이전에 느끼고 탐하던 모든 色界가 불도를 깨닫고 나면 一切皆空으로 돌아감을 상징한 것이다. 곧 般若心經에서 강조한 색즉시공의 사상을 20자의 5언절구로 응축해 놓았으며 起句의 末字를 〈色〉으로 결구의 끝자를 〈空〉으로 하고 매구의 끝자를 色·中·覺·空으로 한 것은 절묘한 鋪置라 하겠다.

夏日卽事

輕衫小簟臥風欞

夢斷啼鶯三兩聲
密葉翳花春後在
薄雲漏日雨中明[22)]

등걸이 바람에 대자리 깔고 바람이 난간에 누웠다가
꾀꼬리울음 두서너 마디에 꿈이 끊겼네
빽빽한 잎에 가려진 꽃은 봄이 지났는데도 남아있고
얇은 구름에 햇살이 새어 비가 오는데도 밝도다.

  이 시는 초여름에 격식에 얽매이지 않는 가벼운 옷차림으로 대자리 위에 누워 낮잠을 즐기다가 꾀꼬리 울음소리에 잠이 깨어 눈앞에 전개된 풍경을 보고 읊은 즉흥시이다. 특히 轉句와 결구에서 초여름의 싱그럽고 무성한 잎 사이로 늦게야 핀 꽃이 보이고 소나기가 내리는데도 햇살이 함께 비추는 모습을 사실적으로 그려놓은 풍경묘사가 절묘하여 읽는 이들을 감탄하게 하였으며 밝은 색채로 초여름의 경치를 산뜻하게 그려놓은 풍경화를 대하는 듯한 느낌을 갖게 한다.
  이 시에 등장하는 가벼운 적삼, 작은 대자리, 바람이 통하는 난간, 꾀꼬리울음, 무성한 신록과 대비되어 더욱 돋보이는 꽃, 얇은 구름 사이로 새어나오는 햇살, 소나기 등이 모두 가볍고 경쾌한 느낌을 갖게 하며, 이것을 바라보는 작자의 마음도 자연의 경개와 그대로 어우러져서 세욕에서 벗어나 자연과 하나가 된 순수함이 엿보인다.

  雪中訪友人不遇
  雪色白於紙
  擧鞭書姓字
  莫敎風掃地

---

22) 권2

好待主人至[23]

　　눈빛 종이보다도 흰 곳에
　　채찍으로 성자를 써놓았네
　　바람에게 이르노니 땅을 쓸어가지 말고
　　주인이 올 때까지 고이 기다리렴

　이 시는 눈이 내리는 날 갑자기 친구 생각이 나서 먼 길을 말을 타고 찾아갔다가 친구가 출타하여 만나지 못하자 집 안에도 들어가지 않고 문전에서 발길을 돌리면서 눈 위에다 말채찍으로 적어놓았다는 시로서, 중국의 왕휘지 (자:子猷)가 친구 戴逵를 보고 싶은 생각이 나서 눈이 내리는 날 천리 밖 剡溪까지 배를 타고 가서 그의 문전에 이르렀다가 흥이 다하여 뱃머리를 돌렸다는 「子猷訪戴」의 고사를 연상하게 한다.

　눈이 내리는 날 보고 싶어서 찾아갔으나 만나지 못한 것을 그 친구가 알아도 좋고 몰라도 그만이다. 눈 위에 써놓은 姓字는 남아 있어도 좋고 바람에 쓸려 없어져도 그만이다. 그저 잠시 보고 싶었을 뿐 만나보아야 할 말도 없다. 이런 마음의 경지를 그린 이 시는 期必함과 얽매임이 없는 道友 사이의 淸高한 교유의 경지를 느끼게 한다.

　지금까지 언급한 작품 외에도 고구려 건국서사시 「東明王篇」을 비롯하여 다수의 명편이 있으나 지면관계로 여기에서 줄인다.

Ⅳ. 문학사적 위치

　무신의 난 이후 30년 가까이 문화의 암흑기를 거치면서 閥族文臣들이

---

23) 권8

몰락하였고, 최충헌이 정권을 잡으면서 문신들을 대거 등용하자 문신들의 세대교체가 이루어졌으며 이때에 한미한 출신으로 시류를 타고 등용되어 최씨 집권시대의 대표적 문인으로 부상한 인물이 이규보였다. 이때에 새로이 중앙의 상류층으로 등장한 계층이 신진 士人層으로 亂前의 문인들과는 문학 경향도 달라서 豪邁하고 진취적이었으며, 그들과 출신이 유사했고 시풍이 호방하고 불교적·노장적이었던 송 소동파를 효방하여 동파 시풍이 유행하였고, 이규보도 이를 선도하는 사람의 하나였다.

새로 등장한 신진사인 중심의 문인들은 새로운 문학양식의 도입 창작을 시도하여, 송에서 유행하던 詞를 짓고 설화문학에서 일보전진한 개인의 창작적 산문인 가전도 짓기 시작하였다. 이러한 새로운 문학의 선단을 열어 문학계를 주도한 인물이 이규보로서, 그가 지은 詞 12수가 우리나라에 현전하는 最古의 것이고 가전 2편도 같은 시대사람인 임춘의 작품과 함께 가장 오래된 것이다.

한편 이규보 이전의 문인들은 개인적인 불운이나 인고를 시화하기는 하였으나 사회의 비리나 부정을 비판하고 풍자하는 시는 지은 일이 없었다. 이러한 사회시도 이규보로부터 開端되어 한시문학사에 면면히 이어오는 하나의 줄기를 이루게 되었다.

그는 그때까지 전해오던 각종 양식의 문학에 두루 능통하여 시와 산문 諸體에 모범이 될만한 작품들을 고루 남겨 문학을 공부하는 사람들이 전범으로 삼을 수 있게 하였으며, 새로운 문학의 단초를 열었으므로 과거 문학의 집대성자요 새 문학의 開端者라고 말할 수 있다.

어느 한 종교나 사상에 구애받지 않는 자유분방하고 호방한 그의 시풍이 많은 문인들의 찬상을 받고 그들에게 영향을 끼쳤으나, 조선조 중기에 배타적인 성리학이 사회를 지배하는 이념으로 굳어지자 시문학계도 유학의 이념에 충실한 謹嚴 典實한 시만을 높이게 되어, 그의 시를

〈식견은 천루하고 기상은 용렬하며 격조가 떨어지고 語意가 번다하고 천박하다〉24)라고 폄하하는 견해가 대두되었고, 그 후 성리학의 영향력이 감퇴하면서 다시 동방의 詩豪로 推崇을 받게 되었다.

---

24) 金昌協,「雜詩外篇」,『農巖集』34.
　　其學識鄙陋 氣象庸下 格卑而粗雜 語瑣而意淺.

李奎報의 文學思想

Ⅰ. 序 言

　李奎報(1168~1241)는 고려 중기 무신집권시대의 대표적인 문인으로 53권으로 된 동국이상국집을 남겼으며, 그 속에는 이규보 자신이 직접 밝힌 문학관과 그의 문학사상을 규지할 수 있는 많은 자료들이 수록되어 있다.
　우리나라의 문인들이 삼국시대부터 훌륭한 작품을 많이 남겨놓았으나 문학에 대한 견해를 본격적으로 밝히고 자신의 문학관에 입각하여 문학작품을 비평한 글은 찾아보기가 어렵고, 다만 부분적 단편적으로 문학에 대한 견해를 밝혀놓은 기록이 산견될 뿐이다. 그 후 13세기에 이르러 중국 宋代의 논리적 설명적인 문학작품과 문학이론의 전래로 문학작품을 비평하고 문학이론을 전개한 글이 쓰여지기 시작하였고, 그 선단을 열은 사람이 당시 죽림고회의 구성원이었던 이인로와 임춘이었다.
　이들에 의하여 문학의 본질과 품격과 문학창달의 기법 등이 탐구되었고 주제가 유사한 작품들을 모아 그 우열을 평하기도 하였다.
　당시 오세재는 35세나 연하인 이규보를 망년우로 허여하고, 매번 이규보를 이끌고 죽림고회에 참여하여 오세재 자신을 비롯하여 이인로·임춘 등의 문학과 문학론을 접하고 그 영향을 받을 수 있게 하였다.

이들의 영향과 자신의 깊은 천착을 통하여 훌륭한 작품을 다량으로 창작하고 탁월한 문학관을 정립하여 후대에 큰 영향을 끼칠 수 있었던 것이다.

Ⅱ. 生涯와 時代

이규보는 고려 중기 무신의 난과 그들이 집권·몽고의 침입 등으로 사회가 격동하던 시기에 생을 영위하면서 보고 느낀 모든 것을 8천여 수의 시로 표현했던 당대 제일의 시인이었다. 그의 字는 春卿이고 號는 三酷好先生·白雲居士·止止軒·四可齋·南軒長老 등이었고, 시호는 文順公이었다.

의종 21년(1168)에 父 호부낭중 李允綏와 母 金壤金氏 사이에서 태어나 9세부터 이미 글을 지을 줄 알아 奇童이라 불렸으며 11세 때에는 門下省의 성랑들 앞에서 詩才를 발휘하여 그들을 감탄하게 하기도 하였다. 14세때에 당시 가장 권위있는 私學인 文憲公徒 誠明齋에 입학하여 학문과 문학을 익혔으며, 夏課時에 시짓기를 겨룰 때에는 매번 1등으로 뽑혀 선비들의 주목을 받았다. 16·18·20세시에 司馬試에 응시하였다가 번번이 낙방하고 21세시 꿈에 天上의 문필을 담당한 奎星이 장원할 것을 豫報하였는데 과연 장원으로 급제하였으므로 初名 仁低를 奎報로 개명하였으며, 23세에 進士試에도 합격하여 관계에 진출할 수 있는 조건을 모두 갖추게 되었다.

이 시기에 우주를 좁게 여기며 無何有鄕에서 노닐려는 도가사상과 입신양명하여 천하에 은택을 입히려는 유가사상이 그의 심저에 함께 형성되었으며, 18세부터 3년간을 35세나 연상인 오세재와 忘年交를 맺고 그에 이끌리어 죽림고회의 모임에 참석하여 당대의 저명한 문인들과 교육하면서 그들에게 문학재능을 인정받기도 하였다.

이규보의 20대는 무신집권자 가운데도 가장 포악했던 李義旼의 집권기로, 벼슬을 구하다가 좌절되자 불의와 모순이 편만한 사회현실에 실망하여 白雲居士라 호를 짓고 시와 술로 울분을 달래면서 은둔을 생각하기도 하였고, 그 때까지 익힌 文才가 개인적인 불운으로 연마되어 주옥같은 명편의 시문을 창작하기도 하였다.

29세시에 이의민을 제거하고 새 집권자로 등장한 崔忠獻이 封事10條를 왕에게 올리고 革舊圖新의 대개혁을 단행하여 혼란했던 정국이 소강을 유지하게 되자, 그는 管路에 나아갈 호기가 도래한 것으로 보고 요로에 벼슬을 구하는 시와 편지를 보내어 천거해주기를 간청하였다. 그후 34세시에 全州牧司錄 겸 掌書記에 보임되었으나 狂簡直方한 성격때문에 중도에 파직당한 후 40세에 이르기까지 벼슬길에 오르지 못하고 불우한 流落생활을 계속하였다.

그후 40세에 直翰林院에 임명되어 70세에 門下侍郎으로 致仕할 때까지 30년간을 잠시 정직·유배·좌천 등의 시련을 겪기도 하였으나 文翰의 任을 담당하면서 대체로 순탄한 승진을 계속하였고, 최충헌을 이어 권좌에 오른 崔瑀의 돈독한 권우를 입기도 하였다.

그의 60·70代는 몽고의 침입으로 국가가 존망의 기로에 처했던 때로서 65세시에 수도를 강화로 옮기자 이규보도 강화로 이주하여 친지의 집에 우거하면서 곤궁하게 지내었다. 致仕후에는 詩·書·琴을 벗삼고 능엄경·열자·주역 등을 읽으면서 安閒한 생활을 즐기다가 74세되는 辛丑年(1241) 9월 2일에 서거하여 강화도 鎭江山 동록에 묻혔다.

그의 文集은 그가 臥病하자 집권자 최우의 특별한 배려로 급히 간행에 착수하였으나 사후에야 완간되어 『東國李相國集』이라는 이름으로 세상에 전해오고 있다.

Ⅲ. 文學的 特性

이규보가 문인으로 활약하던 1200년대의 고려는 시는 宋詩風이 풍미하고 문은 古文과 騈文의 세가 백중했던 시기로, 이규보도 이러한 시대조류의 영향을 받았으며 아울러 이러한 시대조류의 형성에 중요한 역할을 하였다. 宋詩 가운데도 蘇軾의 시풍이 크게 유행하여 과거 합격자의 방이 붙으면, '30명의 동파가 배출되었다.'고 말할 정도였다.
이규보의 시도 소동파의 시풍을 따라서, 최자는

(詩語에) 4·5字도 동파의 말을 따다 쓴 것이 없으면서도 호매한 기상과 풍부하고 다양함은 동파의 시풍과 일치한다.[1]

고 하였다.
이규보의 시는 여운과 함축이 부족하고 직설적 설명적이어서 시경의 賦·比·興의 세 체를 기준으로 살펴보면 賦體에 해당하는 시가 대부분으로, 用事나 比喩도 쓰지 않고 本心을 곧바로 표현한 시가 다수를 점하고 있다.[2] 그의 시는 기상이 호방하고 내용이 다양하며 시어의 雅俗을 가리지 않고 섞어 쓰면서 독창적인 시를 짓고자 노력하였고, 스스로도, '나는 古人語를 蹈襲하지 않고 新意를 創出하였다.'[3]고 말하

---

1) 崔滋, 『補閑集』中. 第18話
2) 같은 책, 第11話

였다.

그의 詩 가운데는 불교적 노장적인 경향을 띤 것이 많다. 이는 고려의 숭불정책과 난세를 살아가는 처세방법의 하나라고 할 수 있는 은둔사상의 영향과, 이런 경향을 띠고 있는 소동파의 시풍에 영향을 받아서라고 보아야 할 것이다.

그는 '淸警・雄豪・姸麗・平淡한 시를 고루 지을 수 있어야 어느 한 詩體로 이름이 한정되어 비난받는 것을 면할 수 있다.'[4]고 하고, 여러 경향의 시를 모두 연마하여 諸體의 시에 두루 능하였으며, 작은 사물의 묘사나 큰 세계의 묘사에 공히 성공하여 각 분야의 시에 고루 명작을 남겼다.

만년에 이르러서는 白樂天集을 특히 애송하고 樂天詩의 次韻詩를 즐겨 지었으며 시풍도 효방하였다. 이는 양인의 인생역정이나 만년의 처지가 유사하였고, 詩・酒・琴를 혹애하는 취미와 불교와 노장에 몰입한 것 등도 동일하였으며, 자연을 사랑하며 恬淡한 한적시를 즐겨 짓고 평이한 시어로 시를 짓고자 노력한 점 등도 동일하였다. 즉 이규보의 시는 學蘇로 入門하여 만년에 백낙천의 시풍으로 변하였다고 할 수 있다.

그의 시의 결점으로는 온축이 부족하고 직설적이어서 여운이나 상징성이 떨어지며, 대체로 거칠고 구성이 完整하지 못한 점 등을 들 수 있다.

그는 시 외에 文에도 주목할만한 작품을 많이 남겼다. 실용문에도 능하여 국왕의 制誥・批答・表箋 등을 도맡아 지었으며, 箴銘類・頌贊類・序跋類・論辨類・碑誌類・哀祭類・雜記類를 비롯하여 불교의 道場文, 도교의 靑詞 등 諸體의 산문에 고루 모범이 될 글들을 남겼다.

그 가운데「論詩說」「答全履之論文書」「論詩中微旨略言」등은 시

---

3) 같은 책, 제46話
4) 李奎報,『東國李相國集』22.「論時中微旨略言」

론 및 시평론으로서 이 분야의 先端을 열었으며,「畏賦」「放蟬賦」등 수편의 賦는 당시의 시대상에 대한 반감을 우의적·풍자적으로 나타내었다.「鏡說」「忌名說」「虱犬說」「舟賂說」등은 수필문학의 조건을 두루 갖춘 작품들로서 비록 소품들이라지만 그의 사상과 당시의 세태를 이해하는 데 도움이 되며, 여타 인사의 문집에서는 찾아보기 힘든 희귀한 것들이다.

한편,「麴先生傳」「淸江使者玄夫傳」등 두 편의 假傳은 林椿의「麴醇傳」「孔方傳」과 함께 고려 가전의 초기 작품들로서 한문학사상 설화에서 傳奇소설로 이행하는 과도기의 문학으로 중요한 위치를 점하고 있다.

Ⅳ. 文學思想

本章에서는 이규보가 문학의 가치와 효용에 관하여 직접 기술한 견해와 그의 시문에 나타난 문학에 대한 인식을 고찰의 대상으로 삼고자 한다.

지금까지 일부 현대문학 연구자들이 고전문학을 이론이나 비평의식이 결여되어 있었던 듯이 본 경우도 있었으나, 우리의 선인들도 그들대로의 문학관을 가지고 작품을 창작하고 비평도 하였으며, 그들이 읽은 기본서가 유교경전이었으므로 경전에 수록된 문학에 관한 사상은 고려 문인들에게도 절대적인 영향을 끼쳤다고 본다.

『論語』나「詩經序」를 보면 儒敎的 문학관이 후대인이 흔히 생각하듯이 功用性만을 강조하고 예술성은 무시한 편협한 문학관이 아니고, 서로 모순되는 것 같은 예술성과 공용성을 조화하고 中庸을 유지한 문학관임을 알 수 있다.

이러한 유교적 문학사상을 바탕으로 한 문학론과 비평활동이 엄연히 행해졌으며, 유교적 문학관이 이규보의 문학사상이나 문학활동에도 깊은 영향을 끼쳤다고 보아, 그 양상을 고찰해 보고자 한다.

1. 文學本質論

1) 道本文末論

上記 유교적 문학관은 당시의 문인들로서는 당연한 것으로 여겼기 때문에 이규보도 이를 이의없이 받아들였고 이에 대하여는 새삼스레 언급조차 않았다. 그러나 문학론을 나타낸 몇 편의 시문 가운데 일부에는 道를 중시하는 유교적 문학관이 드러나 있다. 「論詩」詩에,

作詩尤所難	시짓기가 더욱 어려운 것은
語義得雙美	말과 뜻이 함께 아름다워야 해서라네
(中略)	
邇來作者輩	근래의 시짓는 무리들은
不思風雅意	풍아의 본뜻은 생각지 않고
外飾假丹靑	외면만 거짓화려하게 꾸며
求中一時嗜	한때의 기호만 맞추려 하네
(中略)	
此俗浸已成	이런 습속이 차츰 이루어져
斯文垂墮地	道가 땅에 떨어졌네
(中略)	
誦詩三百篇	시경 三百편을 암송한들
何處補諷刺[5]	풍자가 어디에 도움이 되리

---

5) 後集 1. 「論詩」

하여, 시의 근본은 시경의 정신에 있다고 하였다. 시경의 정신인 思無邪, 溫柔敦厚의 경지에 이르는 것이 作詩의 목표요 문학의 본질이라고 보고, 당시의 문인들이 뜻을 세움이 어려움을 알고 外飾으로 사람들을 현혹시키려 하여, 이런 폐습이 하나의 습속이 되어 斯文이 땅에 떨어지게 되었다고 하였다.

이곳에서 언급한 斯文은 유교의 道이며, 六經 속에 함유된 仁義禮智孝悌忠信의 정신을 가리키는 것이다. 비록 貫道論이나 載道論을 직접 언급한 일은 없지만 이들과 뜻을 같이하고 있었음이 이 시를 통하여 증명된다. 뜻을 세움(立志)에 노력하지 않고 綺靡하게 꾸미는데 열중하여 斯文이 땅에 떨어지게 되었다는 것은 이곳에서 언급한 意가 六經之意 곧 道를 나타낸 것이라 할 수 있으며, 이 시의 근본 취지는 道를 本으로 삼고 文을 末로 삼는 道本文末論으로 볼 수 있다.

즉 시는 六經처럼 道를 나타내는 것을 목표로 思無邪한 詩經詩를 典範으로 삼았고 性情을 순화하고 民風을 교화하며 治者에 補益할 수 있는 시를 높이 평가하여 전형적인 유교적 문학관을 그대로 수용하였음을 알 수 있다.

文學이 道를 근본으로 삼게 되면 자연히 文辭가 繁多하고 화려해지는 것을 배격하게 된다. 論語에, '子曰 辭遠而已矣'[6]라 하였는데, 이는 文辭는 뜻이 전달되는 데에 그칠 뿐이요, 富麗해서는 안된다는 것이며 지나치게 華美함에 가려져서 本意가 不達해서는 안된다는 것이다.

그러나 심후한 含意가 있다 해도 표현이 원숙하지 못하면 乾澁해서 뜻이나 느낌의 전달이 어려워지며, 뜻을 적절히 표현하는 정도를 넘어서 화미하게 꾸미기에 힘쓰다보면 시의 本旨를 잃게 된다.

이규보는 「論詩」시를 통하여 風雅(시경)의 참 뜻은 民情을 반영하고

---

6) 『論語』, 「衛靈公」

풍속을 교화하는 것인데 이러한 내실은 없으면서 外華와 修飾에만 힘쓰는 당시의 풍조를 개탄하면서,

  我欲築頹基 내가 허물어진 기반을 다시 쌓으려 하나
  無人助一簣 아무도 조금도 돕는 이 없네
  (中略)
  自行亦云可 스스로 하는 일이 옳다 해도
  孤唱人必戲[7)] 외로운 외침이라 남들이 비웃으리

하여, 이러한 시풍의 타락을 혼자서 아무리 막으려 해도 비웃음만 살 뿐 바로잡기가 어렵다고 하였다. 이 「論語」시의 취지를 요약해 보면 溫柔敦厚한 性情을 기르고 유교적 덕목을 발현하는 것이 詩가 지향하는 목표이며, 이것이 어려우므로 작시자들이 내실은 없으면서 화미하게 彫琢하는 데만 힘쓰게 되어 그 때문에 시풍이 쇠미해지고, 이를 바로잡으려는 자신의 외로운 노력이 남의 비웃음만 살 뿐이라는 것이다.

 이규보가 깊이 존경했던 宋의 梅堯臣도 시가 만약 道를 근본으로 할 수 없다면 이는 하나의 技藝에 불과하게 되며, 合道할 수 있는 방법은 風騷之旨(詩經·離騷의 근본취지)에 근거하는데 있다고 하였다.[8)]

 上述한 바와 같이 이규보는 유학과 북송 문인들의 영향을 받아 시는 시경시의 정신을 典範으로 하여 斯文을 부흥시키는데 있다고 보고 지나친 文飾은 道를 해친다고 보았으며, 道를 문학의 근본으로 보는 이러한 문학관은 我國에 성리학이 전래된 후 심화된 載道적 문학관의 先端을 연 것으로 볼 수 있다.

---

7) 주 5)와 같음
8) 梅堯臣, 「答韓子華韓持國韓玉汝見贈述詩」 (黃啓方, 『北宋代文學批評資料彙編』 p.108) 참조

유교적 문학관의 특징의 하나가 效用을 중시하는 것이다. 특히 치국과 교화에 큰 비중을 두어 詩敎를 통해서 국민의 성정이 온유돈후해지기를 도모하고 멀리는 王을 훌륭히 섬길 수 있고 가까이는 부모를 잘 모실 수 있으며 심지어 鳥獸와 草木의 이름까지 많이 알 수 있고, 得失을 바로잡고 천지와 귀신도 감동시킬 수 있는 것이 詩의 功效라고 보았다. 思無邪한 시는 감흥을 자아낼 수 있게 하고(興), 풍속의 성쇠를 관찰할 수 있게 하며(觀), 서로 모여서 切磋할 수 있게 하고(群), 지도층을 풍자할 수 있게 한다(怨)고도 하였다. 즉 도덕적 순화라는 교화의 기능과 사회풍자를 통하여 치자를 일깨우는 기능 등 유교적 이상 실현에 기여하는 것이 시라고 보아 시경을 유교이념이 실려있는 경서의 하나로 넣었던 것이다.

　이러한 문학효용론은 이규보에게도 그대로 이어져서 문학을 통하여 국가를 빛내고 자신의 출세도 이를 통하여 도모하려는 '以文華國'을 인생의 목표로 삼게 되었다. 이러한 이규보의 문학효용론의 실상을 살펴보면, 9세에 독서를 시작하여 평생동안 手不釋卷하면서 諸書를 두루 섭렵하고 시문의 재능을 연마한 이유를,

　　　한 번 다섯 치되는 붓을 잡고 대궐문을 지나 한림원에 올라 王의 말씀을 적은 초고를 보고 批勅 訓令 皇謨 帝誥의 글을 지어 사방에 펼쳐서 평생의 뜻을 실현하고야 말겠습니다. 어찌 쩨쩨하게 하찮은 녹이나 얻어 처자나 살리기를 도모하는 무리 속에 끼일 수가 있겠습니까.[9]

라 하여, 문학을 출세하여 제왕을 보필하고 勅令 謨誥 등을 능숙하게 지어 천하에 널리 펴서 백성들을 교화하는 것으로 생의 목표를 삼았던 것이다. 그가 40세에 한림원에 入仕한 후 사망시까지 국가의 高文大冊

---

9) 26. 「上趙太衛書」

과 외국과 교빙하는 書表등을 獨擔하여, 문화창달·국민교화·외교 등의 일익을 담당하여 능력을 발휘할 수 있었던 것은 그가 문학 자체를 통하여 이루고자 한 인생목표가 실현된 것으로도 볼 수 있다. 이는 문학 자체를 목적으로 생각하지 않고 치국과 교화에 資하는 수단으로 본 것이며, 이것이 유교적 문학관의 특징이고 재도적 문학관의 필연적인 귀결이라고할 수 있다.

이규보는 시의 공효에 대하여 寓言 형식의 戱文으로 지은 「驅詩魔文」[10]을 남겼는데, 이곳에서 詩의 功效(詩魔의 죄)를 다음과 같이 열거하였다.

첫째, 시는 순박하고 미개했던 인간을 문명인으로 만들기도 하고 온갖 사악한 행동을 하도록 타락시키기도 한다고 하여, 시의 교화기능을 인정하는 유교적 시관을 수용하였다. 그러나 그릇된 시는 인간의 순박함을 잃게 하고 타락시키기도 한다고 하여 순기능과 역기능을 동시에 지적하였다.

둘째, 은미 영묘한 천지 일월의 이치를 밝혀 놓았다고 하여, 이치를 강조하였다. 이은 黃廷堅이 '文章以理爲主'[11]라 한 말과 상통한다.

셋째, 삼라만상의 온갖 아름다움을 남김없이 읊어놓았다 하여, 자연의 아름다움을 표현한 美의 발현을 시의 공효로 보기도 하였다.

넷째, 褒貶 賞罰 풍자 등을 자유로이 한다고 하여, 정치의 득실을 시에 반영하여, 治國과 世敎에 이바지 할 수 있다고 하였다.

다섯째, 좋은 시를 짓기 위해 作詩者가 영육이 모두 여윌 정도로 고심하게 된다고 하였다.

이 시마가 이규보 개인에게는 氣로써 시를 웅장하게 하고 修辭로 시

---

10) 20 「驅詩魔文·效退之送窮文」 참조
11) 黃廷堅 「與王觀復書」 黃啓方 『北宋代文學批評資料彙編』. 臺灣, 成文出版社 p.13.

를 꾸며 주었으며, 연이어 과거에 합격하여 친지들을 놀라게 하고 명성을 사방에 떨치게 하여 고귀한 사람들까지 모두 그를 우러러보게 하였다고 하였다.

즉 시를 통하여 인간을 교화하고 우주만물의 오묘하고 은미한 이치를 밝힐 수 있으며 作詩者의 명성을 드날리게 할 수 있다고 하였는데, 이는 유교적 문학관에 입각한 시의 功效論을 수용할 것이다.

2) 意·氣論

이규보는 作詩에 있어서 趙조 劉勰을 비롯한 중국 역대 문인들의 영향을 받아 意와 氣를 중시하였다.

문학작품이라면 적어도 청신한 뜻의 표명과 나타내려는 뜻에 밀착하는 수사의 운용이 과불급없이 조화되어야 하므로 意가 중요함을 누구나 수긍할 수 있는 일이다. 그러나 氣의 문제는 意처럼 명료하게 규명되어 있지는 않다. 많은 詩論家들이 시에 있어서의 氣의 중요성을 말하였지만 기의 의미와 역할에 대한 견해가 논자에 따라 차이가 있다.

詩에 意와 氣의 중요성을 강조한 이규보는 이에 대하여 어떤 견해를 가지고 시론을 전개하였고, 이것이 그의 문학에는 어떻게 반영되었나 살펴보고자 하며, 특히 意와 氣가 天賦的 生得的인것이냐, 後天的으로 기를 수 있는 것이냐에 대한 이규보의 견해를 중점적으로 규명해보고자 한다.

이규보는 시의 요체를 의와 기로 본다.

> 대저 시는 意로 근본을 삼는다. 뜻을 세우기가 가장 어렵고, 文辭를 연결하는 것은 그 다음의 일이다. 意는 또한 氣로써 근본을 삼으며 氣의 우열때문에 뜻이 심후한 시와 천박한 시가 있게 된다. 그러나 氣는 天에 근

본을 두고 있어서 배워서 얻을 수 있는 것이 아니다. 그러므로 氣가 졸렬한 자는 문사를 아로새기는 것만을 공교롭게 여기고 뜻을 우선으로 삼지 않는다. 대체로 문장을 아로새기고 詩句를 화려하게 꾸미면 정말 아름답기는 하지만 속에 깊은 뜻이 없어서 처음에는 완상할만하다가 거듭 씹어 보면 맛이 이미 없어져버리고 만다.12)

하였다. 훌륭한 시가 될 수 있느냐는 시 속에 심후한 뜻이 함유되어 있느냐의 여부에 달려있고, 심후한 뜻을 함유하는 것은 뛰어난 氣를 가져야 가능하나, 기는 배워서 얻을 수 있는 것이 아니요, 천에 근본을 둔 것이라고 하였다. 즉 의는 기를 으뜸으로 삼으며 氣가 優하면 意가 심후해지고 氣가 劣하면 意가 천박해진다고 하였고, 기는 天에 근본을 두고있다고 하였다. 그러면 이규보가 말하는 기는 무엇을 의미하는가? 기의 字典的 의미로 문학과 연관 지을 수 있는 것을 들어보면 '신체의 근원이 되는 생활력' '원기·만물생성의 근원력' '기상' '質性' '우주의 만물을 생성하는 質料' 등으로 표현하고 있으며,13) 현대의 학자들은 기를 天分 혹은 才能으로 보기도 하고,14) 先天的으로 타고난 기상,15) 생명력16) 등으로 보기도 하였으며, 재주(才)와 담력(膽)과 식견(識)과 역량(力)을 포괄하는 개념으로 보기도 하였다.17)

이규보가 기에 대하여 정의를 내리지는 않았으나 그가 말하는 기는 生命力 創意力과 氣象을 의미하는 듯하다. 그래서 말단적 기교의 법칙에 구애됨이 없이 前人이 말하지 않은 것을 말하고 前人이 드러내지

---

12) 22.「論詩中微旨略言」
13) 諸橋轍次『大漢和辭典』6. p.847
14) 朴性奎,『李奎報研究』계명대 출판부 pp.24~27
15) 沈浩澤,「漢文學에서의 氣의 개념」『韓國學論叢』
16) 黃啓方, 같은 책. p.16
17) 車柱環,「中國詩論」『心象』1975. 9. pp.114~142

않은 것을 드러내야 한다는 것을 시를 짓는 척도로 강조한 것이다. 즉 활달한 기상과 왕성한 생명력이 詩意를 豪健深厚하게 하여 좋은 시를 이루게 하지만, 위축되고 섬약한 기상과 생명력으로는 뜻이 천박한 시 밖에 지을 수 없다는 것이다. 崔滋는 이규보의 시를 평하여,

> 근래에 李學士 春卿(이규보의 字)의 詩稿를 얻어서 읽어보니 警策이 될 만한 句가 매우 많았고, 장편 가운데 末句로 갈수록 기상이 더욱 씩씩해서 마치 탁 트인 거리를 달려가는 천리마를 길 가운데서 억지로 세워 놓은 것 같다.18)

하였다. 전속력으로 달리는 천리마를 갑자기 멈추게 한다면 거친 숨을 내쉬며 다시 내달을 듯한 기세를 나타낼 터인데, 이규보의 시에 衆人을 압도하는 이러한 씩씩한 기상이 나타나 있다는 것이다. 이것이 곧 이규보가 意의 근본이 된다고 본 氣인 것이다.

고려시대 이규보보다 앞선 인물인 최자, 이인로 등도 문학에서의 기의 중요성을 강조하였고 당시 고려문학에 영향을 끼친 北宋의 文人들인 蘇轍·劉弇·黃廷堅 등도 모두 氣를 중시하였다.

이규보가 氣는 不可學得이라 하였다 하여 後天的인 養氣를 부정한 것으로 보아서는 안된다. 「驅詩魔文」에서 遇景觸物하면 이를 詩로 표현하지 않고는 견디지 못하는 자신의 성벽을 詩魔라 부르고 이 시마가 그에게 "그대의 氣를 웅장하게 해주고 文辭를 아름답게 꾸며 주었다." 하기에 이에 승복하였다고 하여19) 좋은 시를 짓기 위한 끊임없는 노력이 氣象을 웅장하게 해준다고 본 것이다. 이는 곧 後天的인 養氣의 가능성을 긍정한 것으로 前述한 "氣本乎天 不可學得"이라 한 논지와는

---

18) 崔滋, 같은책 中 第19話
19) 「驅詩魔文」

모순되는 듯이 보인다. 그러나 「論詩中微旨略言」의 내용도 詩의 조탁·丹靑에만 노력해서는 시 속에 웅장한 기상을 함유시킬 수가 없으며, 수식에만 지나치게 용심하지 말고 의경을 直敍할 때 天然의 기상이 자연스럽게 발현된다는 뜻으로 보아야 하며 이것이 氣의 先天說을 주장한 것은 아니라고 본다. 이규보가 시는 意로 근본을 삼고 意는 또한 氣로 主를 삼는다고 하였으므로, 氣가 만약 天賦的인 것이어서 기를 수 없는 것이라면 인위적인 노력으로는 심후한 뜻을 지닌 시를 지을 수 없게 되며, 그렇다면 그가 飢渴寒暑를 잊으면서 시를 짓기 위해 전심전력으로 노력한 것이 (이 말은 驅詩魔文에 있는 것임) 무엇을 위해서인지 의심이 생기게 되고, 인위적으로 가능한 것은 이규보가 배격하는 彫鏤丹靑밖에 없다는 모순에 봉착하게 된다. 그러므로 이곳에서 언급한 '天'을 自然·天然 등의 의미로 보고 '不可學得'의 해석도 綴辭를 위한 공부만으로는 自然 속에 충만한 氣를 나의 浩然雄壯한 氣로 삼아 詩意 속에 內含시킬 수 없다고 한 것으로, 後天的인 養氣의 가능성을 부정한 것으로 보아서는 안된다.

이규보는 前述한 바와 같이, '대저 시는 意를 근본으로 삼는다. 意를 세우기가 가장 어렵고 文辭를 연결하는 것은 그 다음의 일이다.'[20] 하여, 훌륭한 시가 되려면 시 속에 심후한 뜻이 內含되어 있어야 한다고 하였다. 시의 근본인 意는 작자가 표현하고자 하는 主題를 말하며, 즉 시에서 밝히고자 하는 주제가 시의 근본이고 이를 文辭로 표현하는 형식은 그 다음의 문제라고 본 것이다.

  作詩尤所難 시짓기가 더욱 어려운 것은
  語義得雙美 말과 뜻이 함께 아름다워야 해서라네

---

20) 주36)과 같은 곳

(中略)
意本得於天　　뜻은 본시 하늘에서 얻는 것이므로
難可率爾致21)　쉽게 이르게 하기가 어렵다네

하여, 훌륭한 시가 되려면 詩와 意 즉 綴辭와 시의 주제 내용이 모두 훌륭해야 하며, 이는 쉬운 일이 아니라 하고, 뜻은 본래 하늘에서 얻는 것이어서 쉽게 이룰 수 없는 것이라고 하였다. 意는 難可率爾致라 하여 갑자기 이르게 하기는 어렵다고 한 것은 後天的인 노력으로는 불가능하다는 것이 아니고 쉽게 접근이 가능한 天을 뜻하는 것으로 보아야 함을 의미하는 것이다.

그러므로 이 시에서 말한 天을 孟子에서 '順天者存 逆天者亡'이라 한 곳의 天이나, 中庸에서 이른바 '誠者天之道也 誠之者人之道也'이라 한 곳의 天으로 보아 天之道를 실현하고자 노력하는 것이 人之道이므로 '意本得於天 難可率爾致'를 深厚한 詩意는 본래 天道에서 얻어지는 것이므로 天道를 깨닫고 이를 이루고자 부단히 노력하여 知的 道德的으로 높은 차원에 이른 사람이 아니면 갑자기 이루려 해도 되지 않는다는 의미로 보아야 한다. 그러므로 수양과 학식이 부족한 사람들은 높은 意境에 도달할 수 없으므로 彫鏤丹靑에만 힘쓰게 된다는 것이다.

평범한 독서와 수양을 통하여 심오한 학식과 인격을 갖게 된다면 天道와 합치되는 차원높은 意를 가질수 있고, 이것이 문학으로 발현되면 훌륭한 작품이 될 것이므로 意를 天賦的으로 보는 것은 인간의 노력으로 이룰 수 있는 분야를 너무 좁혀놓는 것이 되며 이규보의 의도도 이런 것은 아니어서 意境을 심후하게 하기 위하여 스스로 많은 노력을 기울였던 것이다.

---

21) 後集1. 「論詩」

2. 作詩論

이규보는 심중에 시상이 생겨서 시로 발현되고 세상에 발표되기까지의 과정을 몇 편의 글에 소상히 밝혀 놓았다. 그가 시가 이루어지는 과정에 대하여 말한 것을 보면,

> 대저 시는 뜻(意)을 으뜸으로 삼는 것이니 뜻을 베푸는 것이 가장 어렵고 말을 만드는 것(綴辭)은 그 다음의 일이다.22)

> 또 글이란 情에 연유하여 발로되는 것이므로, 마음 속에 부딪치는 것이 있으면 반드시 밖으로 드러나서 막을 수가 없는 것이다.23)

하였는데, 遇景觸物하여 이것이 마음에 부딪치면 心外로 발현되어 시가 되며, 心意가 詩化하려면 綴辭의 과정을 거쳐야 하므로 철사는 說意 다음 단계의 일이어서 '綴辭次之'라 한 것이다. 이는 「詩經序」의 '詩者志之所之也 在心爲志 發言爲詩 情動於中而形於言'이라 한 말을 그대로 부연한 것이니, 詩序에서 情志라 한 것을 이규보는 情·意로, 發言이라 한 것을 形于外라는 同意異語로 바꾸어 쓴데 불과하다. 詩序에서 밝힌 시가 이루어지는 단계를 도해하면,

마음(心) → 뜻(志) → 말(言) → 시(詩) 24)

이렇게 된다. 이규보의 上記 所言도 같은 방식으로 도해하면,

---

22) 주12)와 같은 곳
23) 27. 「與朴侍御犀書」
24) 趙載勳, 「詩經에 나타난 詩觀考」(公州師大 『錦江文化』14. p.107)

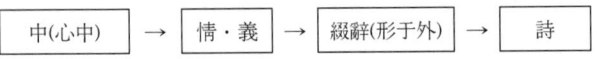

이렇게 된다. 즉 시경서의 所論과 이규보의 소론이 일치하는 것임을 알 수 있다. 이를 부연하면, 한 수의 시가 이루어지려면 심중에 뜻(志·情·意 등으로 표현)이 생겨서 綴辭를 거쳐 발현되어야 한다는 것이다. 철사란 무엇인가.

「綴」의 字意는 '聯之以絲也·連也·係也·結也·緝也·飭也·表也'[25] 등이므로, 실로 옷감을 짜듯이 文辭를 얽어서(構文하여) 뜻을 밝힘·文辭로 修飾함·文辭로 表現함 등을 뜻한다. 綴辭란 첫째, 心中의 뜻을 詩化하기 위하여 形式을 갖추는 일, 즉 字數·平仄·押韻·對偶를 맞추는 일로서 이것이 이루어지지 않으면 漢詩가 될 수 없다. 둘째 詩의 主題를 玲瓏 明確 美麗하게 발현시키는 일로서 故事의 引用 文辭의 修飾 및 推敲 등을 총칭한 말이다. 즉 詩意와 綴辭는 시의 내용과 형식으로서 어느 쪽도 缺해서는 시가 성립될 수 없는 作詩의 양면인 것이다.

그러면 意를 詩化하기 위한 綴辭는 어떻게 해야 하는가. 이규보는 이에 대하여,

> 자신이 먼저 韻을 달 때 뜻에 방해가 되는 것 같으면 고치는 것이 옳다. 和韻하는 시에 만약 險韻이 있으면 먼저 韻의 안치를 생각한 후에 뜻을 세워야 한다. 詩句가 對偶를 맞추기 어려워 오래도록 沈詠해도 얻을 수 없으면 즉시 끊어버리기를 아까워 하지 않아야 마땅하다.……더러는 後句로서 前句의 폐단을 求하기도 하고 한 字를 잘 써서 한 句를 편안하게 할 수도 있으니 이런 것을 유의하지 않을 수 없다.[26]

---

25) 諸橋轍次, 같은책 8, pp.1101~1102
26) 주36)과 같은 곳

하여, 아무런 제약이 없는 상태에서 시를 지을 때는, 생각했던 詩韻이 詩意와 맞지 않으면 운을 바꾸어야 한다고 하였다. 즉 意와 韻이 조화를 이루지 못할 때는 운을 바꾸어야 한다는 것으로, 시의 형식의 일부인 운보다 내용이 되는 뜻이 더욱 중요하다고 본 것이다.

남이 지은 詩에 和韻할 때 만약 韻字를 고르기 어려운 險韻이면 앞의 作詩방법과는 반대로 운이 온당한가를 먼저 생각하고 뜻을 거기에 맞추어야 한다고 하여 일반적인 作詩단계와는 상반되는 과정을 제시하였다. 近體詩의 律詩와 排律은 首兩句와 末兩句를 제외한 諸聯의 出句와 對句가 對偶를 이루어야 하는데 出句를 완성한 후 아무리 沈吟해도 對句의 적절한 對偶가 생각나지 않으면 이미 지어 놓은 出句를 미련없이 버린 후에 처음부터 다시 생각해야 한다고 하였고, 一聯의 兩句 가운데 對句를 절묘하게 지어서 出句의 하자를 구제할 수도 있고 한 字를 잘 써서 한 句 전체를 빛나게 할 수도 있으므로 一字一句도 소홀히 할 수 없다고 하였다. 이것이 作詩에 있어서 押韻・對偶・構想・措字 등을 어떻게 해야할 것인가를 밝힌 이규보의 철사론이다.

設意와 綴辭의 과정을 거쳐 시가 이루어졌다 해도 곧바로 세상에 발표해서는 안되고 타인의 평도 들어보고 결함이 될만한 부분은 없는가 거듭 推敲를 해 보아도 疵失을 발견할 수 없을 때 내놓아야 한다고 하였다. 그는,

> 시의 결함을 말해주는 사람이 있으면 기쁜 일이다. 그러나 그의 말이 옳으면 받아들이고 옳지 않으면 나의 뜻대로 할 뿐이다. 어찌 듣기 싫어하기를 마치 임금이 諫言을 거절하는 것과 같이하여 끝내 그 허물을 모르고 넘길 필요가 있겠는가. 무릇 시가 이루어지면 반복하여 관찰하되 자기가 지은 것이라고 생각하지 말고 다른 사람이나 또는 평생 심히 미워하는 자의 시를 보듯이 하여 그 결함을 열심히 찾아도 찾을 수 없게 된 후에야 그 시를 세상에 내놓아야 한다.[27]

하여, 타인의 비평을 어떤 자세로 수용할 것이며 시의 퇴고는 어떤 자세로 할 것인가에 대하여 교훈이 될 만한 말을 하였다. 시의 결점을 말해 주는 사람이 있으면 기쁜 일이라고 하여 타인의 비평을 고맙게 여기고 겸허하게 받아들이되 비평 가운데는 옳은 것도 있고 그른 것도 있으므로 이를 수용하느냐 않으냐는 스스로의 기준에 따라 결정하면 된다고 하고, 자기 시의 결점을 지적 받으면 마치 왕이 간언을 물리치듯 받아들이지 않아 끝내 허물을 고치지 못하는 사람도 있는데 이는 온당한 자세가 아니라고 하였다.

또한 시가 이루어지면 바로 발표하지 말고 스스로 객관적 입장에 서서 반복 관찰하여 결함을 찾아내기를 평소에 미워하는 사람이 지은 시의 결점을 찾아내는 태도로 하여도 결함을 발견할 수 없게 된 뒤에야 발표해야 한다고 하였다.

이와 같이 이규보는 마음 속에 뜻이 생기는 設意단계부터 綴辭를 거쳐 시가 이루어진 후 반복하여 퇴고를 해보고 남의 평도 들어본 후 결함이 없으면 세상에 내놓아야 한다고 作詩過程을 단계별로 매우 합리적으로 설명하였다. 한편, '지금까지 논한 바는 시 뿐 아니라 文도 동일하다. ……시와 문은 역시 같은 법칙이다.'[28] 하여, 詩와 文의 창작원리를 동일하게 보았다.

3. 文學格調論

이규보가 風格이 높다고 본 작품과 풍격이 떨어진다고 본 작품이나

---

27) 같은 책, 같은 곳
28) 같은 책, 같은 곳

작가를 살펴보면 그의 文學觀과 批評意識의 일단이 드러날 것이므로 本節에서는 그가 높이 평가하여 效倣하려 한 작가나 작품은 어떤 것이 며, 배격하려 한 작품은 어떤 것이었는가를 살펴보고자 한다.

이규보는 개성이 있고 독특한 意境을 그려낸 작품을 높게 보아,

옛날 李翺가 말하기를, '六經의 文辭는 뜻과 말을 창조하고 서로 모방 하지 않았기 때문에 春秋를 읽을 때는 詩經이 있지 않은 듯하고, 시경을 읽을 때는 易經이 있지 않은 듯하다……聲律이 생긴 이래 近古의 시인들 로 唐代의 陳子昻·李白·杜甫……등은 넓고 풍부하고 자유로워 河水와 淮水를 기울이고 바다를 쏟아놓은 듯한 호맹한 기상을 구사하지 않은 사 람이 없으나, 하나도 선배의 體를 본받아 그 골수를 빼어 먹었다는 말은 듣지 못하였다.……그러나 각기 一家를 이룸으로서 배와 귤의 맛이 다르 나 입에 맞지 않은 것이 없는 것과 같았다.29)

하였다. 즉 一家를 이룬 문인은 각기 자기식으로 글을 지었고, 남의 글 을 모방하지 않았다고 하여 독창성과 개성을 중시하였다. 위로 공자· 맹자·순자·양웅으로부터 唐代의 初唐四傑·이백·두보 등과 宋代의 왕안석·사마광·구양수·소순 三父子·매요신 등이 모두 자기의 개성 대로 독자적인 시문을 지었던 바와 같이 스스로 일가를 이루도록 노력 해야 하는데 요즈음 사람들은 한결같이 東坡의 詩體만을 효방하려 한 다고 개탄하고, 옛시인들은 남의 시문을 그대로 답습하는 일이 없어서 뜻이 새롭고 원숙하였는데 이는 經史百家와 옛 성현의 말에 훈도되어 賦詠할 때 이를 익숙하게 商酌하여 썼기 때문이라고 하였다. 즉 깊은 수양과 광범한 지식을 具有하고 있어야 개성에 맞는 독창적인 시문을 창작할 수 있고, 남의 시문을 답습만 한다면 이는 탁본을 하는 것과 같

---

29) 26.「答全履之論文書」

아서 지묵만 허비할 뿐 세상에 도움이 되지 않는다고 하였다.

이규보는 문학은 독창성과 함께 심후한 뜻이 함유되어 있어야 한다고 하였다. 뜻이 심후하여 거듭 저작해 보아도 맛이 무궁한 시를 격조가 높은 것으로 보았고, 彫鏤丹靑만 일삼은 것은 처음 읽을 때는 맛이 있는 듯하지만 거듭 저작해보면 맛이 이미 사라져 버린다고 하였다. 즉 시는 言盡而意不盡하고 意盡而味不盡해야 한다고 본 것이다.

이규보가 함축을 중시한 예를 하나 더 들어보면,

> 내가 전에 梅堯臣의 시를 읽고 마음속으로 대수롭지 않게 여겨 옛사람들이 그를 詩翁이라 부른 이유를 알지 못했는데 이제 열람해보니 겉으로는 연약한 듯하나 속에 단단한 뼈대를 함유하고 있어서 참으로 시 가운데 빼어난 것이었으니 梅의 시를 안 뒤에야 시를 아는 자라고 이를 만하다.[30]

하여, 거듭 읽을수록 알찬 내용을 느낄 수 있는 시를 높이 보고, 이런 시를 이해하려면 장기간의 수련을 통하여 형성된 높은 안목이 필요하다고 하였다. 이런 류의 시는 직설적인 표현보다는 고도의 은유로 표현된 경우가 많으며 수사상의 노련한 기술이 발휘된 시이다.

이규보는 매요신의 시와 함께 陶淵明 시의 恬淡和靜함을 최고의 風格으로 극찬하여,

> 도잠의 시는 無慾淡白하고 온화 고요해서 文王의 訟詩를 타는 비파의 朱絃과 疏越이 부드럽고 느린 소리를 내지만 한 번 타면 세 차례나 탄복하게 되는 것과 같다. 그 詩體를 본받고자 하나 끝내 비슷하게도 할 수 없으니 내 능력이 더욱 가소롭다.[31]

---

30) 21.「論詩說」
31) 같은책. 같은 곳

하였다. 즉 도연명의 시를 恬淡和靜해서 시의 眞味가 은은히 스며 나와 거듭 잔잔한 기쁨을 느낄 수 있게 하는 최고의 경지로 보고, 자신도 이를 본받고자 하였으나 도저히 이룰 수 없으니 스스로 생각해도 자기의 시인으로서의 능력이 가소롭다고 하였다. 이렇게 격조가 높은 시는 꾸밈이 없지만 아름답고(質而實綺) 메마른 듯 하지만 속으로는 살이 쪄서(癯而實腴) 외면만 공교롭게 꾸며 衆人들의 떠들썩한 찬양을 받는 시와는 달리 홀로 고요히 앉아 곰곰이 생각해 보면 깊은 뜻이 이해되고 머리가 끄덕여진다는 것이다. 이규보는 이렇게 도연명을 높이 평가하여 그에 대한 찬탄과 존경을 시로도 표현하였다.

  吾愛陶淵明 내가 도연명을 사랑하는 것은
  吐語淡而粹 이성이 맑고 순수해서라네
  (中略)
  至言本無文 지극한 말은 꾸밈이 없는 법이니
  安事彫鑿費 어찌 아로새김을 일삼으랴
  平和出天然 자연에서 나온 평화로운 말들
  久嚼知醇味32) 오래 씹을수록 순후한 맛 알게 되네

하여, 平淡 無文 和平 天然을 사랑하고 彫鑿을 일삼지 않는 도연명은 순수한 太古의 백성처럼 인간의 본성을 그대로 지녔다고 높이 숭상하였다.

 이규보는 만년에는 中唐詩人 白居易의 시를 특히 좋아하여 많은 和韻詩를 지었고, 항상 白樂天集을 곁에 두고 있었다 한다. 그는 樂天의 詩에 대하여,

  백공의 시를 읽으면 입에 걸리지 않고 그 文辭가 平易 淡淡 和平하여

---

32) 14.「讀陶潛詩」참조

마치 직접 대면해서 자세히 일러주는 것과 같다. 비록 당시의 일을 보지 못하였으나 직접 본 것처럼 상상할 수 있으니 이 또한 一家의 詩體이다. 옛사람 중에 백공의 시를 매우 천근하다 하여 囁嚅翁(수다스러운 노인)으로 지목한 자도 있었는데, 이는 필시 시인들이 서로 경멸해서 한 말일뿐이지 어찌 반드시 그러해서였겠는가33)

라 하고, 낙천시를 좋아함은 平淡和易해서라고 하였다. 그가 낙천시를 酷愛한 것은 兩人의 노후의 생활과 지향점이 일치했던 것도 하나의 이유가 되었으리라고 본다.

이규보는 李白이 格外語를 구사하여 자유분방한 시를 지은 것으로 보아 謫仙이라고 부른 賀知章의 말이 맞는다고 하였고,34) 李白 杜甫의 시는 熊膰豹胎와 같아서 세상에서 그 빛을 바라보고 그 소리에 놀라지 않는 자가 없다고 하였으며,35) 東坡는 近世이래로 富贍하고 豪逸하여 시가 뛰어나다고 하였다.36)

우리나라 시인의 시로는 乙支文德의 遺隋將于仲文詩를 句法이 奇古하고 綺麗彫飾之習이 없다고 찬양하고,37) 신라 眞德女王이 唐 高宗에게 보낸 太平訟을 高古雄渾하여 初唐諸作에 비하여도 손색이 없다고 하였으며,38) 吳世才의 詩는 遒邁勁俊하다고 높이 보았고,39) 慧文禪師는 山人體에 익숙하여 幽致自在한 시를 지었다고 하였다.40)

---

33) 後集11.「書白樂天集後」
34) 14.「讀李白詩」참조
35) 22.「唐書杜甫傳史臣贊議」
36) 주 53)과 같은 곳
37)『白雲小說』第1話
38) 같은 책, 제2화
39) 21「吳德全載戟嚴詩跋後」
40) 37「文禪師哀詞」

이규보는 또한

> 萬景이 마음을 건드리매 情緖가 스스로 뒤흔들려서 시를 지을 생각을 하지 않았는데도 나도 모르게 시가 저절로 지어졌다.[41]

하여, 억지로 고심하고 노력해서 지은 시보다 정서가 저절로 感發하여 스스로도 모르게 지어진 시 즉 自然히 流露된 시를 좋은 시로 보았다.

이규보가 品格이 떨어진다고 본 시는 어떤 시인가. 누차 언급한 바와 같이 氣象이 纖弱하고 含意가 不實하며 華美하게 꾸미기만 한 시를 배격하였고, 신중한 사색을 거칠 수 없이 지어야 하는 走筆詩와 지나치게 형식에 얽매이는 廻文詩는 詩體를 손상키킨다고 보았다. 또한 作詩者가 피해야 할 9종의 詩體를 九不宜體라 하여 다음과 같이 열거하였다.

① 載鬼盈車體 : 한 편의 시 속에 古人의 名을 多用한 시
② 拙盜易擒體 : 古人의 뜻을 훔쳐쓰기를 능숙히 하지 못하여 쉽게 탄로가 나는 시
③ 挽弩不勝體 : 근거도 없는 强韻으로 압운한 시
④ 飮酒過量體 : 자신의 능력으로는 감당하기 어려운 險韻으로 압운한 시
⑤ 設坑導盲體 : 險僻한 詩語를 써서 독자를 미혹시킨 시
⑥ 强人從己體 : 말이 順하지 않은데도 남에게 이를 따르도록 강요하는 시
⑦ 村夫會談體 : 상스러운 말을 쓴 저속한 시
⑧ 凌犯尊貴體 : 聖人을 함부로 들먹인 시
⑨ 莨莠滿田體 : 시어가 거친데도 깎아내지 않고 그대로 쓴 시

---

41) 23 「南行月日記」

九不宜體 가운데 ①·②는 用事가 적절하지 않거나 古人의 뜻을 서툴게 훔쳐 쓴 시이고, ③·④는 押韻이 부적절한 시이며, ⑤·⑥·⑦·⑨는 세련되고 정선된 시어를 쓰지 않고 험벽하고 상스럽고 거친 시어를 쓴 시이고, ⑧은 성현을 모독하는 불경한 시이다. 이렇게 用事를 잘못했거나 古人語를 부적절하게 攘取한 시, 압운이 부적절한 시, 措辭를 잘못하여 저속한 시어를 사용한 시, 불경한 시 등은 品格이 떨어지는 시로 보았다.

V. 結 語

지금까지 일별하여 본 이규보의 문학사상을 다음과 같이 요약 정리할 수 있다.

그는 전통적으로 전래해오는 유교적 문학관에 입각하여 문학의 본질을 六經에 含有된 道 즉 仁義禮智 孝悌忠信을 언어 문자를 통하여 발현하는 것으로 보고, 詩는 詩經을 典範으로 思無邪하고 溫柔敦厚한 性情을 드러내어 治國에 資하고 백성을 風化하는 詩敎를 중시하였고, 그러다보니 뜻은 천박하면서 외모만 華美하게 꾸미는 시는 배격하게 되었다.

그는 문학을 통하여 나라에 기여하고 명성을 드날리면 우주의 심오한 섭리와 이치를 밝힐 수 있고, 삼라만상의 미를 발현시킬 수 있다고 보았다.

시는 意를 主로 하고, 意는 氣로써 主를 삼는다고 하여, 意와 氣를 강조하였고, 기상이 왕양한 사람이라야 심후한 뜻을 지닌 시를 지을 수 있으며, 그가 '氣本乎天 不可學得' '意本得於天'이라한 것은 氣와 意가

天賦的이어서 後天的으로 배워서 얻을 수 없는 것이라는 뜻이 아니고, 문학공부에 字句나 아로새기는 細技만 배워가지고는 얻을 수 없다는 뜻으로 한 말이며, 이곳에 쓰인 天은 自然·天道라는 의미로 보아 人爲的인 노력으로도 도달이 가능한 경지로 보았다.

詩人이 遇景觸物하게 되면 心中에 情·意가 나타나 이것이 言語 文字로 발현되는 것이 詩이며, 心中의 情意를 적절한 綴辭로 詩化해야 하므로 意와 語 즉 내용과 형식이 서로 조화를 이룰 때 좋은 시가 이루어지며, 시가 완성되면 즉시 발표할 것이 아니라 결함이 없는가 거듭 살펴보고 남의 평도 들어본 후 疵失을 발견할 수 없을 때 발표해야 한다고 하였다. 그는 作者의 개성이 드러난 독창적인 詩·심후한 뜻과 함축이 풍부한 시·恬淡和靜한 시·質而實綺한 시·平易淡淡한 시·自由奔放한 시·富贍豪逸한 시·高古雄渾한 시·遒邁勁俊한 시·幽致自在한 시 등을 격조 높은 시로 보고, 기상이 섬약하고 뜻이 천박하며 화미하게 꾸미기만 한 시를 배격하고 走筆詩와 廻文詩를 詩體를 손상하는 시라 하였으며, 시인이 피해야 할 9종의 不宜體를 열거하였다.

그는 임춘 이인로 등 죽림고회 구성원들의 문학론을 받아들여 이를 더욱 심화하고 체계화하였으며, 그의 문학사상은 최자와 이제현에게 수용되어 더욱 정교한 사상으로 발전하였다.

한편 麗末 麗初의 艶麗하고 哀傷的인 晩唐詩風이 무신란이 발발한 후 약 30년간의 변환기를 거쳐 최씨집권시대부터는 호방하고 기상이 왕양한 宋 蘇東坡의 시풍으로 바뀌었으며 이를 주도한 인물의 한 사람이 이규보였다. 그는 새로운 문학양식의 도입 창작도 시도하여 宋에서 유행하던 詞를 짓고 설화문학에서 일보 전진한 개인의 창작적 산물인 假傳도 지어 새로운 문학의 선단을 열었다.

이규보 이전의 문인들은 개인적인 불운이나 곤고를 詩化하기는 하였으나 社會의 비리나 불의를 비판하고 풍자하는 시를 지은 일이 없었는데, 이러한 사회시도 이규보로부터 開端되어 그 후 한문학사에 면면히 이어오는 하나의 조류를 이루게 되었다.

그는 그의 시대까지 전해오던 각종 양식의 문학에 두루 능통하여 시와 산문 諸體에 모범이 될만한 작품을 고루 남겨 문학도들이 전범으로 삼을 수 있게 하였으며 아울러 새로운 문학의 端初를 열었으므로 과거 문학의 集大成者요 새 문학의 開端者라고 할 수 있다.

李奎報의「東明王篇」硏究

Ⅰ. 序

　우리民族 部族國家時代의 創國事實을 傳해주는 散文으로 된 建國 神話는 數種의 史書에 多數 記錄되어 있지만 希臘의 敍事詩인 일리아드(希 Ilias, 英 Iliad)나 오디세이아(Odysseia)에 比肩할만한 英雄敍事詩는 오랫동안 著錄된 바 없다가 12世紀 高麗代에 이르러 비로소 나타난다.

　英雄敍事詩란 民族的 英雄의 行爲를 中心으로 하는 歷史的 事件을 壯重雄大한 結句로 描寫한 韻文詩를 말한다. 原始 氏族社會에서 階級國家社會로 移行하는 過渡的인 時期에 原始的 共同體가 分解함으로써 原始的 社會가 崩壞되고 國家가 形成되게 된다. 이러한 時代에는 民衆을 指導하고 外敵이나 自然과 勇敢히 싸우는 英雄이 必要하게 된다. 이러한 英雄에 의하여 過渡的인 混亂이 克服되면 過去之事는 훌륭한 追憶이 되고, 過去를 回想하고 자랑하려는 마음이 생기게 되며, 이러한 心情에서 英雄敍事詩는 歷史的인 英雄時代가 끝난 뒤에야 成立하게 된다.

　우리나라에도 部族國家時代의 여러 英雄들의 創國說話가 傳해 오는 것으로 보아 古代부터 英雄敍事詩가 있었을 법하나 12世紀末 以前 까지는 이러한 敍事詩가 나타나지 않았다. 12世紀에 이르면 高麗社會 는 武臣의 亂이 일어나 文武 支配層의 激甚한 交遞現狀이 일어나고, 武臣間의 政爭이 끊임없이 이어져서 中央의 政界는 갈피를 잡을 수 없을 程度로 混迷로 거듭하였고, 地方에서는 武臣政權에 對한 不滿, 또는 下流層의 身分解放 등을 目的으로 한 反亂이 頻發하였다.

對外的으로는 이제까지 우리나라를 父母之國으로 섬기던 女眞族이 金을 建國한 後 形勢가 逆轉되어 金과 高麗의 關係는 君臣의 關係로 되었으니 民族의 鬱忿이 極에 達하게 되었다. 이러한 時期에 안으로 는 高麗王朝의 正統性을 強調하고 밖으로는 우리民族의 優秀性을 宣揚하기 위한 英雄敍事詩로 創製된 것이 李奎報의 東明王篇이다.

Ⅱ. 東明王篇의 梗槪

東國李相國集 卷三에 收錄된 東明王篇은 說話的 性格을 띤 우리 나라 最初의 代表的인 長篇 敍事詩로서 그 體裁를 보면, 287字로 된 序에, 東明王의 神異之事를 처음에는 荒唐奇詭之事라고 여겨 吾曹의 說할 바가 아니라고 생각하였다가 癸丑 四月에 舊三國史의 東明王本紀를 再三 耽味하여 그 根源을 살펴보고서는 「非幻也乃聖也 非鬼也 乃神也」라 確信하고, 東明之事는 「非以變化神異 眩惑衆目 乃實創國之神迹」이므로 天下 사람들로 하여금 우리나라가 聖人이 建國한 나라 임을 알리고자 詩를 지어서 記錄한다고 作詩動機를 略述하고 있다.

本詩는 141聯 1410字의 五言古詩로 되어 있고 本詩의 사이사이에 2210字의 注를 달아 놓았다.

作品을 便宜上 序章, 本章, 終章으로 나누어 그 줄거리를 살펴보면, 序章(第一聯부터 第六十二聯까지)에는 東明王 誕生 以前의 系譜를 記述하였는 바 冒頭에는 中國 古代 帝王들의 靈聖之事를 敍述한 후 天之子 解慕漱가 漢 神雀 三年(B.C 59) 땅으로부터 2億萬 8千 7百里에 이르는 蒼穹에서 五龍車를 타고 내려와 아침에는 人世에 居하고 저녁에는 天宮속으로 돌아가며 지내다가 銅室을 지어놓고 柳花를 誘惑한 後 柳花의 父인 河伯과 神變之事로 겨루어 이긴 후 河伯의 承諾을 얻어 柳花와 結婚하고 홀로 하늘로 올라가 버린 후 柳花는 金蛙王이 데려가 別宮에 起居하게 하기까지의 이야기로 되어 있다.

本章(第六十三聯부터 第百二十二聯까지)은 東明王의 出生부터 高句麗 建國까지의 이야기로 柳花가 懷日하고서 낳은 朱蒙은 幼時부터 出衆神異한 行動을 많이 하였고, 자라서는 扶餘太子 帶素의 妬忌로 온갖 試鍊을 겪다가 南來하여 君臣의 位를 略定하고, 仙人의 後裔인 沸流王 松讓과 다투어 沸流國을 倂合하고 昇天한 內容이 記述되어 있다.

終章(第百二十三聯부터 第百四十一聯까지)에는 東明王의 元子 類利가 南行하여 父位를 繼한 일을 記述한 후, 이 東明之事는 舊三國史에 所錄된 直筆文으로 一字도 虛字가 없이 「萬世之所聾」가 된다 하고 中國에도 歷代 帝王의 創國時에는 神異之跡이 많이 나타났었음을 說明하였다.

作品 全篇을 通하여 登場하는 人物들을 보면 解慕漱, 東明王, 河伯, 松讓, 類利 등의 英雄과 金蛙, 帶素, 烏伊, 摩離, 陝父 및 柳花, 萱花, 葦花 등의 三姉妹가 登場하여 蒼天, 地上, 水中 등에서 各種 神異之事를 展開하고 있다.

Ⅲ. 東明王篇의 創作動機

1. 李奎報의 生涯와 時代的 背景

　東明王篇의 作者 李奎報는 1168年(高宗 22)에 出生하여 1241年(毅宗 28) 74歲로 沒하였다. 그는 23歲(明宗 20)에 進士試에 及第하고 26歲時 (明宗 23)에 舊三國史를 읽고 크게 느낀 바 있어 東明王篇을 지었다. 32歲에 全州牧使錄兼掌書記가 되고 35歲時에는 東京叛亂平定에 從軍 하였으며, 40歲時에는 崔忠獻을 위하여 茅亭記를 짓고 權補直翰林이 되었다. 그 後 各種 要職을 歷任하고 70歲時에 金紫光錄大夫 守太保 門下侍郞으로 致仕하였으며 74歲(高宗 28)에 卒하매 諡號를 文順公이 라 하였고 東國李相國集 53卷을 남겼다.

　李奎報의 家系는 黃麗(麗州)人으로 鄕吏에 從事하는 土着 地主의 집안이었고, 驪州와 開京西郊에 약간의 田庄과 약간명의 奴婢를 所有 하였다. 家系와 官位는 閑微하였으나 새로운 社會條件에 적응하면 서 前進할 經濟的 社會的 基盤을 구축하고 있어 武臣亂으로 舊貴族 勢力이 沒落한 後 支配層의 改編過程에서 재빨리 새로운 支配層에 便乘하려 努力하던 新進士類層의 一人이었다.

　當時의 國內外情勢를 보면 對內的으로는 1170年(毅宗 24)에 武臣 鄭 仲夫, 李義方등이 叛亂을 일으켜 文臣을 虐殺한 後 李高, 李義方, 鄭 仲夫, 慶大升, 李義旻, 崔忠獻등으로 執權者가 옮겨지면서 政爭은 激 化되고 社會는 混亂하여 下層農民 및 賤民層의 抵抗運動이 頻發하였 고, 對外的으로는 10世紀에 唐이 亡한 後 北方에서 遼, 金, 元 등이 차례로 興起하여 高麗에 壓力을 加하였으므로, 高麗로서는 그 存立이 危殆로운, 對內的으로 多事多難한 時期였다.

2. 東明王篇 創作의 動機

英雄의 建國敍事詩는 다른 文學作品과는 달리 時代的 狀況에 더욱 敏感한 影響을 받고, 作者의 創意力이나 主觀의 介在度가 적은, 比較的 客觀的인 作品이다. 12世紀末에 東明王篇이 創作된 것도 바로 이러한 作品이 나올 수 있는 與件이 成熟돼 있었기 때문이니, 그 時期에 그러한 作品이 나올 수 있었던 동기를 살펴보면 다음과 같다.

첫째, 睿宗時부터 高麗에 가해지기 시작한 金의 壓力에 대한 반발과, 武臣集權後의 政爭과 混亂의 와중에서 政界의 强者로 登場한 李義旼이 十八子讖을 믿고 高麗王朝를 무너뜨리고 自身이 王이 되기 爲하여 地方의 草賊들과도 潛通하면서 온갖 횡포를 恣行하고 있었으므로 高麗는 高句麗의 後繼國으로 歷史의 正統을 繼承한 나라임을 강조하고 高句麗 舊疆의 회복이 民族의 至上課題라는 民族主義的 立場에서의 國家觀을 確立시키고자 것이 東明王篇 創作의 動機가 되었으리라고 본다. 當時 高麗人의 高句麗 舊疆 回復을 爲한 意志는 建國初부터 一貫해서 내려온 國是로서,[1] 당시에 慶尙道地方에서 頻發한 民亂이 新羅復興運動的 性格을 띠고 있었던 데 對하여 高麗야말로 高句麗를 繼承한 正統性을 지닌 國家임을 이 作品을 通하여 강조하고자 한 것이라고 믿어진다.

둘째, 10世紀以後 北方의 遊牧民族들이 遼, 金 등의 强大國으로 發展한 後 高麗에 壓力을 加해오고 모두가 稱帝建元하게되니 高麗야말로 이러한 野蠻遊牧民들과는 類가 다른, 天帝의 子孫이 建國한 나라

---

[1] 太祖는 高麗建國後 西京을 重視하여, 西京으로 遷都하여 北進의 前進基地로 삼을 뜻을 가지고 있었으며 訓要 10條에도 北進의 意志를 남겨놓았고, 그 後 이 政策은 高麗의 一貫된 國是가 되었다.

라는 天孫思想을 강조하여 選民意識을 鼓吹시키고, 이를 通하여 民族的인 自負心을 높이려한 것도 東明王篇 創作의 動機가 되었을 것이다.

셋째, 上記한 바와 같은 時代的 背景 속에서 자란 李奎報가 吳世文[2]이 지은 歷代歌와 舊三國史의 東明王本紀를 읽어보고 民族의 傳統과 遺緖의 認識에 새로운 啓示를 받게 되었다고 보여진다. 東明王篇 序에「하물며 東明王의 일은 變化와 神異로서 뭇사람들의 눈을 현혹시키려 한 것이 아니요, 실로 創國의 神跡이니 이러한 것을 記述해 놓지 않는다면 後世에 볼 것이 무엇이 있으랴. 이때문에 詩를 지어 記錄해서 天下 사람들로 하여금 우리나라가 본시 聖人의 나라였음을 알게 하고자 한다.」[3]라하고 本詩 終章에「……하물며 이것은 곧이곧대로 쓴 史書이니 한 字도 헛된 字가 있을 수 없고……萬世에 아름다운 일이다.」[4] 하여, 다정다감한 26歲의 靑年 李奎報가 비록 科擧에는 登科하였으나 아직 宦路에는 오르지 못하여 現實에 不滿을 품고 울적한 나날을 보내고 있을 때에 東明王篇을 읽고 創國의 벅찬 감격과 情熱을 散文만으로는 表現하기 困難하여 詩로 表現한 것이라고 보여진다.

以上 세 가지 創作動機가 複合的으로 作用하여 12世紀末(1193年) 26歲의 靑年 詩人 李奎報에 의하여 우리民族 最初의 建國敍事詩가 創作되어졌다.

---

2) 吳世文은 李奎報와 忘年友를 맺었던 吳世才의 형으로 生沒年은 未詳이나 李奎報보다 30歲정도 年上이었다고 보여진다.
3)「東明王篇序」"矧東明之事 非以變化神異 眩惑衆目 乃實創國之神迹 則此而不述 後將何觀 是用作詩以記之 欲使夫天下 知我國本聖人之都耳"
4) "……況是直筆文 一字無虛字 神哉又神哉 萬歲之所矗……"

Ⅳ. 作品의 分析

1. 作品의 形成

　東明王篇은 前述한 바와 같이 앞에 創作動機를 밝힌 序를 記載하고 五言古體의 282句로 된 本詩와 詩의 未盡한 部分 또는 詩로 表現하기 困難한 部分에 注를 揷入하여 注가 무려 2210字에 달한다. 東明王篇의 注는 本詩만 가지고도 意味가 未盡한 部分에 붙여 解說한 것으로, 詩句에 對한 說明的인 內容으로 作者가 붙인 解說도 있고, 舊三國史의 內容을 原典 그대로 引用한 것으로 보이는 部分도 있다. 原典인 東明王本紀 가운데 詩로 表現하기에 適合하지 않은 部分을 注로 處理하여, 創作의 뜻으로 本篇을 쓴 것이 아니라 創國의 歷史的 事實을 傳하는 것(述而不作)이 作者의 本意였음을 드러내고 있으며, 注를 빼놓고 本詩만 본다면 事件展開의 連結, 意味의 連續이 不可能하므로 本篇은 반드시 注를 本詩의 一部로 보고 그 比重도 本詩와 同列에 두어야 할 것이다.

　한편 이 詩를 비록 李奎報가 創作하였다 하더라도 李奎報의 創作性은 散文으로 된 東明王의 創國說話를 五言古律로 形式을 바꾸어 놓는데 지나지 않았을 뿐으로, 內容은 舊三國史의 東明王本紀에 充實하여, 이를 더욱 劇的으로 表現한데 그쳤을 뿐이다. 이런 面은 敍事詩가 詩人의 主觀보다는 傳해오는 事實을 客觀的으로, 敍述하는 內容으로 되어 있다는 一般的인 特徵에 東明王篇도 附合된다는 것을 意味한다.

　東明王篇은 비록 五言古律로 表現된 創國敍事詩이지만 作詩에 있어서 形式에 크게 拘礙받지 않고 內容 爲主로 敍述한 것이다. 創國의 事實을 五言詩로 記述해 나가다가 五言으로 表現하기 困難한 部分은

無理를 해서 詩로 表現하지 않고 注로 處理한 點이나, 每聯의 偶句끝에 仄聲韻인 紙韻 및 紙韻의 通韻(尾, 蟹, 賄韻)과 寘韻 및 寘韻의 通韻(未, 霽韻)으로 각운하다가 이 二韻만으로는 意境을 沮害할 듯하면 果敢히 平聲韻을 쓰기도 하였다. 換韻을 하려면 2個聯 以上에 同一韻을 쓰거나 한 聯의 兩句에 同一韻을 써서 最小限 同一韻을 二回以上 써야 함이 古詩나 近體詩를 莫論하고 正則인데. 이 詩에는 이 法則을 무시한 部分이 간혹 있다. 例를 들면 仄聲인 紙 및 寘韻으로 詩가 이어지다가 第16聯의 「從者百餘人 騎鵠紛襂褵」의 〈褵〉, 第33聯의 「馬搰一畫地 銅室欻然崎」의 〈崎〉, 第100聯의 「形勝開王都 山川鬱靠歸」의 〈歸〉등 한 字씩만 平聲인 支韻으로 되어있고, 上記 三個例外에는 모두 仄聲韻中의 上聲(紙) 및 去聲(寘)韻으로 전개되다가 第119聯에는 「有人數千計 斲木聲髣髴」이라 하여 〈髴〉한 자만이 入聲인 物韻으로 되어있다. 이상 4個例는 作詩法則을 무시한 部分으로 무리한 脚韻이 意境을 沮害할 듯하면 果敢히 變則的으로 換韻하고 意境을 살리는 데 충실하고 있다.

  이는 李奎報가 平素에 詩는 意로써 爲主해야 한다고 주장한 그의 文學觀을 반영한 것이라고 본다. 意境은 詩의 個性이어서 李奎報는 個性이 모자란 詩는 아무리 詩句를 다듬어도 자기의 限界를 벗어나지 못한다고 보았다. 그는 綴辭보다 意境을 더 重要하게 보아서 만약 押韻한 것이 意境을 沮害할 것 같으면 韻을 바꾸어야 옳다고 보았는바[5] 이런 面이 當代에 그와 雙璧을 이루었던 李仁老와 대조적인 面이다.

---

[5] 李奎報撰「白雲小說」"夫詩以意爲主 設意最難 綴辭次之 意亦以氣爲主 由氣之優劣 乃有淺深耳, 然氣本乎天 不可學得 故氣之劣者 以彫文爲工 未嘗以意爲先也 盖雕鏤其文 丹青其句 信麗矣 然中無含蓄深厚之意 則初若可翫 至再嚼則味已窮矣 雖然 自先押韻 似若妨意 則改之可也"

李奎報의 意境論은 그의 文學觀의 獨創性을 말해주고 있다. 그가 詩作에 있어서 形式이나 修辭보다 個性的인 創意를 重視한 점은 漢詩가 갖는 特殊性에 지나치게 束縛되어 情調表現에 支障을 가져와서는 안 된다고 보았기 때문이며, 東明王篇도 이러한 생각을 바탕으로 지어졌으므로 正統漢詩의 性格에 背馳되는 점이 있다 해도 그것을 탓할 수는 없는 일이라고 생각한다.

한편 一部 論著에 東明王篇의 創作時期를 13世紀라고 記錄한 것이 보이는데,6) 李奎報의 26歲時인 明宗 23年 癸丑年(1193年)에 創作되었으므로 12世紀末로 바로 잡아야 되리라고 본다.

2. 內容의 展開

東明王篇은 解慕漱, 東明王, 琉璃등 三代에 亘한 個人의 傳記的 敍述로서 李佑成教授의 考察7)과 같이 個人의 傳記가 빠지기 쉬운 單純함과 無味乾燥함을 脫避하기 위하여 複數의 原理, 對立의 原理를 利用하여 이야기를 이끌어 나갔다. 즉 東明王의 誕生까지는 解慕漱와 河伯의 對決, 東明王의 成長時에는 扶餘王子 帶素와의 對決, 東明王의 創國時에는 沸流王 松讓과의 對決, 琉璃의 南來時에는 無父之子라는 婦人의 욕설에 자극을 받는 등 主人公과 相對役과의 對立衝突을 거쳐 새로운 局面으로 轉換하는 手法을 써서 無味乾燥해지기 쉬운 內容을 緊迫感이 감돌고 興味盡盡하도록 엮어 놓은 것은 成功的인 作品構成이라고 본다.

---

6) 『現代文學』, 1955. 10月號, 梁在淵 〈東明王解說〉, p.234.
　張德順, 『國文學通論』, 新丘文化社, 1961, p.349.
7) 李佑成, 「高麗中期의 民族叙事詩」, 『成大論文集』 第7輯(1962), pp.102~105.

東明王篇을 通하여 高句麗 建國 이후의 社會相의 一面도 推察할 수 있다.

첫째, 이 時代 住民들의 普遍的인 思想으로 太陽崇拜思想이 있었음이 보인다. 本詩 및 注에「海東解慕漱 眞是天之子」,「解慕漱爲天帝子來都」,「天帝遣太子 降遊扶餘王古都 號解慕漱 從天而下……」,「朝居人世中 暮反天宮裏」 등으로 表現하여 解慕漱가 天帝의 子임을 밝히고 있다.

李在秀敎授의 說에 의하면 我國에서 天帝子로 표기한 部分을 中國과 日本의 文籍에서는 日子, 日神子라 하여 天帝가 곧 日(太陽)이요 日神임을 알 수 있다고 하고,

「崔南善氏는 太陽이 出沒하는 光景을 東明王篇에 形容하기를 解慕漱는 五龍이 끄는 車를 타고, 從者 百餘人은 다 白鵠을 타고 彩色 구름이 뜨고 音樂 소리가 雲中에 震動하고 처음에는 熊心山 위에 오랫동안 머물고 있다가 世上으로 비로소 내려오니 머리에는 까마귀 깃으로 만든 갓을 쓰고 허리에는 놀라운 光彩나는 칼을 차고 있었다 하니, 이것은 얼른 보면 貴人行次의 器具를 말하는 것도 같지만 仔細히 살펴보면 아침에 해가 떠서 하늘에는 노을이 뜨고 눈부신 光線이 높은 山으로부터 始作하여 世上을 비추는 光景을 그린 것이다. 또 아침에는 人間의 世上으로 내려왔다가 저녁이면 天宮으로 돌아간다고 한 것은 해가 낮에 비치다가 저녁이면 들어가는 事實을 말한 것이다. 이를 天帝子, 天王郎이라 하였는데 天帝가 太陽임은 이야기의 辭說로 明白히 알 수 있다.」[8]

「……解慕漱가 龍車를 타고 내려오는 것은 日出과 日行의 光景을 描寫한 것이 分明하다. 白鵠을 탄 從者란 것은 해 뜰 때의 구름이 뭉게뭉게 함을 形容한 것이요, 鳥羽의 冠이니 龍光의 劒이니 하는 것은 모두 日輪

---

8) 李在秀,『韓國小說研究』, 宣明文化社, 1969, p.27.

과 日光에 대한 表象에 불과하다. 東明神話의 이 부분만은 옛날에는 我國에도 있었든 듯한 自然神話의 남아 있는 부스러기로 볼 수도 있다.
朴燕巖의 「熱河日記」 7月 12日條에 日出하는 壯觀을 王의 行次에 比喩하여 다음과 같이 形容하였다. 해는 임금의 氣象이니 堯를 기리는 말에도 「望之如雲 就之如日」이라 하였다.」9)

라 하여 相異한 傳統과 宗敎를 가진 集團들을 太陽崇拜思想으로 統合하여 思想의 統一, 宗敎의 統一을 기하였다고 보았다.

둘째, 東明王 說話가 形成되었던 시기를 前後하여 石器時代에서 靑銅을 사용하는 시대로 옮겨졌음이 추측된다. 詩 가운데 「馬撾一劃地 銅室欻然峙」라 하고 注에 「以馬鞭劃地 銅室俄成壯麗」라 한 것으로 보아 靑銅을 매우 貴重하게 생각하였고 靑銅으로 만든 집인 銅室을 가장 좋은 집으로 생각하였음이 드러나 있는 바, 이는 靑銅器時代의 到來를 意味하며, 社會의 일반적인 發達段階로 보아도 金屬을 사용하는 시기에 이르러서 統治權이 强化된 部族長이 등장하게 됨으로 一般的인 社會 發達段階가 이 詩에 그대로 반영된 것으로 보여진다.

셋째, 東明王 神話가 등장하던 시기가 狩獵牧畜을 주로 하던 社會에서 農耕社會로 移行하던 시기였음이 나타난다.

詩에 「雙鳩含麥飛 來作神母賜」라 하고 注에

「朱夢臨別 不忍睽違 其母曰 汝勿以一母爲念 乃裹五穀種以送之 朱蒙自切生別之心 忘其麥子 朱蒙息大樹之下 有雙鳩來集 朱蒙曰 應是神母 使送麥子 乃引弓射之 一矢具擧 開喉得麥子 以水噴鳩 更蘇而飛去云云」

이라 하여, 朱蒙이 母堂과의 離別에 臨하여 차마 떠나지를 못하니 그

---

9) 上揭書, pp. 27~28.

의 母堂께서 "너는 이 어미 때문에 염려하지 말라"하고 五穀의 種子를 싸주며 전송하였다. 朱蒙은 母親과의 생이별로 마음이 처절해져서 그 種子를 잊고 왔다. 그 뒤 朱蒙이 큰 나무 아래에서 쉬고 있는데 한 쌍의 비둘기가 와서 앉으니 朱蒙이 "이것은 神母께서 種子를 보내주신 것이다."하고 활을 당겨 쏘니 한 화살에 모두 맞아 떨어졌고, 목을 갈라 씨앗을 얻은 후에 비둘기에게 물을 뿜으니 다시 소생하여 날아갔다 하였는데 이 오곡의 種子를 가져온다는 이야기는 이 時代부터 비로소 農耕이 시작된 것임을 보여 준다.

넷째, 北方으로부터 南下한 騎馬部族의 代表로서, 土着民의 代表인 沸流國의 松讓王과 재주 겨루기, 歷史의 先後겨루기 등에 勝利하여 天帝의 子孫인 朱蒙이 仙人의 後裔인 松讓王을 누르고 統治者가 되었다고 한 것은 遊牧中心의 流移民集團이 土着 農耕民을 倂合하여 建國한 部族國家가 高句麗임을 나타내고 있다.

建國 初創期의 高句麗는 아직 君臣間의 威儀가 갖추어지지 않은 部族國家 時代의 素朴한 君臣關係였음이 보여진다. 詩에서 「形勝開王都 山川鬱嶞巋 自然茅蕝上 略定君臣位」 '形勝의 땅에 王都를 여니 山川이 울창하고 우뚝하였다. 자연의 띠자리 위에 대강 君臣의 位를 定하였다.'라 하여 創國時의 質朴했던 社會의 모습이 이 몇 句節 속에 적나라하게 表現되어 있다.

3. 作品속의 東明王

英雄의 創國神話를 敍事詩化한 東明王篇 속에서 主人公인 東明王이 어떻게 그려져 있는가에 대하여는 李佑成敎授께서 論破한 內容을 중심으로 略述하고자 한다.[10]

첫째, 東明王의 超人的인 能力이 詩全篇에 잘 描寫되어 있다. 그의 出生부터가 神異하게 그려져 있으니, 天帝子 解慕漱와 結婚한 河伯女 柳花가 金蛙王의 別宮에서 懷日하고 낳은 아기가 朱蒙으로, 卵生이었 으며 馬牧과 深山에 버렸으되 百獸가 모두 옹위해 주었고, 出生해서는 骨表가 奇偉하였다. 또한 成長해 가면서 拔群의 才能을 발휘하니 扶 餘王子 帶素가 투기를 하게 되었으며 朱蒙이 帶素의 무리를 避하여 南來時에는 淹滯水에 이르렀을 때 魚鼈들이 首尾를 나란히 하여 우뚝 하게 다리를 놓아주어서 마침내 渡江에 成功하도록 天帝와 河伯이 陰 助해 주었다 하였다.

그의 立國 및 沸流國 併合時에는 갖가지 神異한 奇蹟으로 松讓王 을 懼伏시켰고 在位 19年만에 升天하였다하여, 出生부터 升天까지가 모두 그의 超人的인 英雄의 모습을 여실히 들어내고 있다.

둘째, 朱蒙 自身도 天孫으로서의 높은 矜持를 지니고 있었음이 나 타나 있다. 天之孫으로서 厮牧에 從事함을 부끄럽게 여겨 가슴을 어루 만지며 슬퍼하였고, 天孫이요 河伯의 外孫인 自身이 渡江을 못하고 帶素에게 禍를 당할 危機에서 좌절될 수 없음을 강조하였으며, 이러한 矜持가 創國의 開拓精神으로 발현되어 황량한 황무지에서 새 나라를 건설할 수 있었던 것이다.

셋째, 詩 全篇을 통하여 倫理觀이나 道德性은 무시되어 있다. 對決 에서의 勝利와 創國을 위하여 雪色의 麂을 거꾸로 매달아 놓은 凶暴 한 行爲도 서슴지 않고, 松讓王과의 對決에서는 鼓角을 훔치고 기둥 을 썩은 나무로 세우는 속임수도 자행하였으며, 名馬를 차지하기 爲하 여는 말의 혀 밑에 바늘을 꽂아 金蛙王을 속여 駿馬를 下賜받는 등 自 然的 人間의 素朴한 我欲만이 드러난다. 그러나 이러한 事實들이 讀

---

10) 李佑成,「高麗中期의 民族叙事詩」,『成大論文集』第7輯, 1969, pp.103~105.

者에게 不快感이나 嫌惡感을 주지 않고 오히려 흥미를 느끼게 하는 것은 文明에 세련되지 않은 古代的 人間의 體臭에서 풍기는 健康하고 新鮮한 매력 때문이라고 본다.

넷째, 西洋의 英雄叙事詩가 大部分 女子를 爲한 싸움인데 比하여 本篇에서의 女子와의 關係는 後嗣를 얻는 것이 目的일 뿐 愛情같은 것은 全的으로 무시하고 있어 戀愛나 사랑의 場面은 一句도 나타나지 않으며, 住民과 國土를 얻기 위하여 싸우는 部族國家時代 征服部族의 族長을 노래한 叙事詩가 東明王篇이다.

V. 東明王篇의 文學史上의 位置

東明王篇은 우리民族 最初의 建國叙事詩로서 極히 重要한 作品인데도 文學史에서 應分의 位置를 점하지 못하고 있는 것이 現實이다.

李奎報는 內外 政局이 急變하는 時期에, 對外的으로는 이제까지 高麗를 父母之國으로 섬기던 女眞族이 세운 金에게 臣事하게 되어온 國民이 울분을 품고 있었고, 個人的으로는 科擧에 及第하고도 아직 出仕하지 못하여 울울불락한 生活을 하고 있던 중 舊三國史의 東明王本紀를 읽어보고 憂國의 衷情에서 젊은 詩人의 슬기와 情熱을 온통 쏟아 民族文學思想 不朽의 名作을 創作한 것이 東明王篇이다.

그가 東明王篇을 創作하게 된 心情은 東明王篇序에 「矧東明之事 非以變化神異 眩惑衆目 乃實創國之神迹 則此而不述 後將何觀 是用作詩以記之 欲使夫天下 知我國 本聖人之都耳」라 하여 我國의 創國之神迹을 後人에게 傳하고 我國이 聖人之都임을 깨우치기 爲해서였다고 기술하고 있다.

李奎報는 自身보다 한 世代쯤 앞서 살았던 吳世文이 지은 中國과 我國 역대 君王들의 治績을 노래한 歷代歌(現在不傳)를 읽어보고, 當代에도 稀貴本이 된 舊三國史 東明王本紀를 接한 後 創國의 神異之事에 감동하여 東明王篇을 지은 것이다. 詩의 形式은 歷代歌의 영향을 받고, 內容은 舊三國史를 忠實하게 반영하였다고 보며, 新羅 眞德女王代 唐高宗에게 보냈던 五言古律로 된 太平詩에서도 形式을 본받은 것으로 추단된다. 李奎報의 白雲小說에「新羅眞德女王太平詩 載於唐詩類記 其詩高古雄渾 比始唐諸作 不相上下…」라 極讚한 후 太平詩를 실어 놓은 것으로 보거나 太平詩의 形式이 五言古律로 된 點으로 보아 이렇게 추정하는 바이다.

李奎報보다 50여년 늦게 탄생한 李承休는 忠烈王代에 我國과 中國의 歷代史蹟을 노래한 敍事詩 帝王韻記를 지었는바 이것은 東明王篇의 영향을 받고 蒙古의 侵入으로 신음하던 民族의 울분을 발산한 作品이다. 兩 作品의 相距는 비록 數十年에 불과하지만 時代는 蒙古와의 오랜 抗爭끝에 몽고에 完全히 服屬했던 시기이므로 이렇게 變化된 社會狀도 두 作品의 性格에 영향을 끼쳤다고 본다. 兩 作品을 比較해 보면 東明王篇은 東明王이라는 하나의 영웅을 노래한데 비하여 帝王韻記는 檀君부터 高麗 忠烈王代까지를 包括하였고, 東明王이 高句麗라는 한 部族國家의 族長에 不過하여 高麗國民 全體의 始祖로서의 崇仰의 對象이 될 수 없었는데, 帝王韻記에서는 이 面이 一步 진전되어「…於中何者是大國 先以扶餘沸流稱 次有尸羅與高禮 南北沃沮濊貊膺 此諸君長問誰後 世系亦自檀君承…」이라 하여 扶餘, 沸流, 尸羅(新羅), 高禮(高句麗), 南北沃沮와 濊貊등의 君長이 모두 檀君의 後裔라 하여, 平安道 地方에 傳해오던 建國神話의 主人公 檀君을 民族全體의 始祖로 승화시킨 것은 東明王篇보다 進展된 面이다. 反面에 東

明王篇이 情熱的이고 潑剌하여 活氣에 넘치는 英雄詩인데 比하여 帝王韻記는 形式的이고 客觀的이며 冷情하게 民族史를 敍述한 歷史詩이다.

東明王篇의 影響의 受用과 發動관계를 要約해 보면 太平詩, 歷代歌 및 舊三國史 東明王本記의 영향을 받아 東明王篇이 나왔고, 東明王篇의 영향을 받아 帝王韻記가 나왔으며, 이러한 敍事詩들이 後代에 歌辭로 發展하였다는 견해도 있는바[11] 보다 적극적인 硏究를 통하여 영향의 授受관계를 밝혀야 하리라고 본다.

---

11) 이병기・백철 공저『국문학전사』, 신구문화사, 1976, p.108.

「東明王篇」의 形式에 대한 一考察

I. 序言

　지금까지 우리나라 漢詩 作品中 가장 많은 학자들에 의하여 연구가 이루어 진 것이 李奎報가 지은 高句麗의 建國敍事詩「東明王篇」이다. 많은 학자들이「東明王篇」의 창작동기, 작품의 구조와 배경, 비교문학적 분석 등 다양한 연구 업적을 남겨 놓았으나,「東明王篇」의 문학작품으로서의 결함이나 한계를 지적한 경우는 거의 없는 형편이다. 다만 李佑成의「高麗 中期의 民族敍事詩」[1]에서 鄕歌體나 당시에 새로운 문학형식으로 선을 보인 別曲體로 짓지 않고 五言句의 漢詩體로 창작한 점과, 東明王이라는 突出한 英雄의 超人的인 공적을 찬양하면서 民衆의 뒷받침을 看過한 點 등을 당시의 시대상과 대비하여 비판한 것을 유일하게 지적할 수 있을 것이다. 그러나 이 비판도 漢詩에 능했던 李奎報에게 漢詩가 아닌 다른 形式으로 詩를 짓지 않은 것을 탓할 수 있는가는 다시 한 번 생각해보아야 할 것이고, 東明王의 建國 過程에 民衆의 뒷받침에 관한 기술이 빠진 것을 비판한 것도 「東明王篇」의 底本이 된 〈舊三國史〉「東明王本紀」에 없는 것을「東明王篇」에

---

1) 李佑成,「高麗 中期의 民族敍事詩」(『成大論文集』第7輯. 1962.) pp.84~117

첨가하기를 기대한 것으로도 볼 수 있으므로 이것도 재고를 요하는 부분이다.

    1193년에 26세의 청년 李奎報에 의하여 창작된 「東明王篇」이 800여 년이 지난 지금에 보아도 그 결함을 발견할 수 없을 정도로 完整한 작품인가. 작품을 제대로 분석 고찰하려면 긍정적인 관점에서도 살펴보고 부정적인 관점에서도 살펴보아 이를 종합할 때에 비교적 객관적인 결론이 도출될 수 있고, 작품을 올바로 파악할 수 있게 된다. 그런데 지금까지의 연구가 우리나라 최초의 建國敍事詩라는 이유 때문에 긍정적인 면에 치우쳐 있으므로 본고에서는 「東明王篇」의 形式上의 缺陷을 중점적으로 고찰하고, 아울러 지금까지의 연구 업석 가운데 「東明土篇」의 詩形式에 대하여 그릇되게 기술한 부분이 散見되므로 그 誤謬를 바로잡아 보려는 것도 본고의 목적의 하나이다.

Ⅱ. 硏究上의 誤謬

1. 詩形式에 대한 誤謬

    「東明王篇」의 詩形式에 대하여 몇 편의 논문에서 그릇된 정의를 내리거나 모호하게 표현한 부분이 발견되므로 본고에서는 이런 사례를 적시하고 이를 바로잡아 보고자 한다. 黃淳九는,

> 「東明王篇」은 李奎報 자신이 표제 앞에 밝히고 있듯 古律詩 五言을 說話體의 형식으로 채용하고 있다.[2]

---

  2) 黃淳九, 「敍事詩 東明王篇 硏究」 國民大 博論. 1990. p, 67. 이 외에 上記 論文 p, 52, 116, 118에서도 東明王篇을 古律詩라 하였음.

하여, 「東明王篇」의 詩形式을 古律詩라 하였다. 그러나 결론부터 말한다면 漢詩에 古律詩라는 형식은 존재하지 않으므로 「東明王篇」에도 古律詩라는 이름을 붙일 수가 없으며, 이규보 자신이 표제 앞에 「東明王篇」을 古律詩라고 밝혀 놓은 일도 없다.

그러면 왜 「東明王篇」이 古律詩라는 견해가 나오게 되었는가. 이규보의 문집인 〈東國李相國集〉을 보면, 前集(全集) 卷 一부터 卷 十八까지와 後集 卷 一부터 卷 十까지 총 28卷의 目次에 古律詩라는 大題目을 붙이고 그 밑에 詩 한 首 한 首의 題目을 기록해 놓았으며 「東明王篇」도 卷三의 古律詩라는 大題目 아래에 속한 여러 詩 가운데 한 首의 詩 이므로 「東明王篇」의 詩 형식을 古律詩로 본 듯하다.

〈東國李相國集〉에서는 詩를 詩型別로 분류하여 수록하지 않고 古體詩와 近體詩, 五言詩와 七言詩의 구별이 없이 창작된 순서대로 수록하였으므로 各卷 목차의 大題目을 古律詩라 한 것이다. 즉 古律詩의 「古」字는 古體詩를, 「律」字는 近體詩를 의미한다. 盛唐이후 平仄과 對偶의 格律을 遵守하여 창작한 詩를 近體詩, 今體詩, 또는 律詩라고 불렀다. 곧 이곳의 「律」字는 律詩(近體詩)를 칭하는 말이다. (律詩의 의미는 두 가지이다. 廣義로는 近體詩의 諸詩型의 總稱이고, 俠義로는 近體詩 가운데 8句로 된 詩만을 칭한다. 이곳의 「律」은 廣義의 의미로 쓰인 것이다.) 즉 이곳의 古律詩는 古體詩와 近體詩를 뜻하며, 古體詩와 近體詩를 구별하지 않고 한 卷속에 창작된 순서대로 등재하였으므로 대제목을 古律詩라고 붙인 것이다.

한편 張德順은,

> 민족적 영웅의 행위를 중심으로 하는 역사적 사건을 장중 웅대한 結構로 묘사한 운문시를 보통 영웅서사시라고 한다. 여기 우리 민족의 영웅이요, 고구려 시조인 동명왕의 행위를 五言絶句의 운문체로 묘사한 이규보

의 「東明王篇」을 영웅서사시로 보려는 것이다.3)

하여, 「東明王篇」을 五言絶句의 韻文體로 보았다. 「東明王篇」이 五言詩인 것은 사실이나 絶句는 아니다. 중국 詩論書에 絶句에 대하여 설명해 놓은 것을 보면, 施補華의 〈硯傭說詩〉에,

　　絶句는 律詩의 半을 截取한 것으로 律詩의 首聯과 尾聯을 截取하여 이룬 것도 있고, 前半首를 절취하여 이룬 것도 있으며, 中間의 二個聯을 절취하여 이룬 것도 있다.4)

하여, 8句로 이루어 진 近體詩인 律詩의 半을 截取하여 4句로 이루어 놓은 近體詩만을 絶句라 하였으며, 董文渙의 〈聲調四譜〉에는,

　　絶句라 이르는 것은 한 句만으로는 詩를 이룰 수 없고, 雙句가 되면 聯을 이루고 聯이 이루어지면 對가 생기며, 雙聯이 이루어지면 韻을 달 수 있고 黏이 이루어지게 된다. ……黏과 對와 聯과 韻은 반드시 4句가 있어야 갖추어지므로 이를 「絶」이라한 것이다.5)

하여, 漢詩를 이루는 조건인 黏, 對, 聯, 韻 등을 모두 갖추는데 「絶對的으로 필요한 최소한의 句」가 4句이므로 4句로 된 詩를 絶句라 한다고 하였다.

---
3) 張德順, 「英雄敍事詩 東明王篇」 (『李奎報研究』 새문사. 1986) p, 三~2. 이외에 張德順, 『國文學通論』 新丘文化社. 1960. p, 325에도 동일한 내용이 수록되어 있음.
4) 王力, 『漢語詩律學』 北京大. p, 34에서 再引用.
　絶句 蓋截律詩之半 或截首尾兩聯 或截前半首 或截中二聯而成.
5) 前揭書, p, 34.
　….絶句云者 單句爲句 句不能成詩 雙句爲聯 聯則生對 雙聯爲韻 韻則生黏……無論古律 黏對聯韻 必四句而後備 故謂之絶.

한편 〈聲調四譜〉에서는 絶句를 古體絶句, 近體絶句, 拗體絶句 등으로 나누고,[6] 近體絶句는 每句의 平仄이 近體詩의 平仄格律을 따른 것이고, 古體絶句는 平仄의 格律을 따르지 않은 것이며, 拗體絶句는 平仄의 일부가 近體詩의 格律에 不合한 것이라 하였다. 이 주장을 모두 수용한다 해도 絶句는 4句로 된 詩만을 칭하며, 근자에는 4句로 이루어 진 近體詩만을 絶句라 부르므로 242句로 이루어진 長篇의 「東明王篇」을 絶句라 칭하는 것은 語不成說이다. 「東明王篇」은 長篇의 五言古詩이지 五言絶句가 아니다.

2. 押韻형식에 대한 誤謬

黃淳九는,

東明王篇은 ...... 脚韻을 上聲인 紙韻의 一韻으로 전체 시의 통일을 꾀한다. 총 282행이 五音步로 구성되고 매행마다 脚韻은 上聲인 紙韻으로 균일화되어 있다면, 이는 매우 정제된 형식미를 느끼게 할 뿐더러........[7]

라 하여, 「東明王篇」을 上聲인 紙韻으로만 押韻한 一韻到底 형식의 詩로 보았다.

그러나 「東明王篇」은 上聲 紙韻에 속하는 字 만으로 押韻이 된 詩가 아니다. 紙韻으로 압운이 된 부분은 58個所뿐이고, 같은 上聲인 尾韻으로 押韻된 곳이 8個所, 蟹韻으로 押韻된 곳이 1個所, 賄韻으로 押

---

6) 前揭書. p. 41 參照
7) 黃淳九. 前揭書. p, 52 및 67.

韻된 곳이 2個所로 上聲韻으로 押韻된 곳이 도합 69個所이며, 去聲인 寘韻으로 押韻된 곳이 64個所, 未韻이 4個所, 霽韻이 1個所, 遇韻이 1個所로 去聲으로 押韻된 곳이 도합 70個所이고, 그 외에 平聲인 支韻으로 押韻된 곳이 1個所, 入聲인 物韻으로 押韻된 곳이 1個所로서 總 141韻 282句로 이루어진 長篇 五言古詩이다.

  古體詩의 用韻法을 살펴보면 한 首의 詩 전체가 一個의 韻으로 押韻된 一韻到底法과, 韻目表上 동일한 韻部(攝)에 속하는 隣韻을 섞어서 押韻을 한 通韻法과, 중간에 운을 바꾼 轉韻(換韻)法의 三種으로 大別할 수 있다. 通韻에 대하여 보다 더 詳述해보면 唐代에는 모든 韻을 15攝으로 나누고 古體詩를 지을 때에는 같은 攝에 속하는 같은 聲調의 韻이면 섞어서 押韻할 수 있었고, 上聲韻과 去聲韻을 함께 押韻하기도 하였으며, 이를 上去通押이라 칭하였다.8)

  「東明王篇」은 上記 上去通押法을 적용하여 止攝에 속하는 上聲 紙, 尾韻과 去聲 寘, 未韻으로 총 141個의 押韻處 가운데 134個所를 押韻한 것이며, 나머지 7個所는 聲調가 다르거나 攝이 다른 韻으로 押韻을 하였으므로 문제가 된다.

  그러나 이 7個所 가운데도 平聲 支韻으로 압운된 1個所(제32句 騎鵠紛糝襹의 「襹」字)는 같은 止攝에 속하고 平聲韻이 上聲 또는 去聲과 通押이 된 경우도 희소하지만 과거의 詩에도 간혹 있었으므로 용인할 수 있고, 上聲인 蟹韻 1個所(제116句 奇獸行駊騀의 「騀」字)와 賄韻 2個所(제242句 宮闕高嶋嵬의 「嵬」字와 제264句 蛟龍盤怪傀의 「傀」字) 및 去聲인 霽韻 1個所(제136句 百獸皆擁衛의 「衛」字) 등 4個의 韻은 蟹攝에 속하는 韻으로, 晩唐 이후에는 止攝과 蟹攝의 相通이 허용되었으므로 문제될 것이 없다. 다만 去聲인 遇韻으로 압운이 된 곳(제268句 其興多

---

8) 王力. 前揭書. pp. 316~362 參照.

殊祚의 「祚」字)과 入聲인 物韻으로 압운이 된 곳(제238句 斮木聲髣髴의 「髴」字) 등은 어떤 경우에도 통운이 허용되지 않는 字로 압운을 하였으며, 특히 入聲韻은 다른 聲調의 韻과는 절대로 通韻할 수가 없는 獨立性이 매우 강한 聲調이므로 入聲인 物韻으로 압운한 곳은 아무리 합리화하려 해도 합리화할 수가 없다. 즉 이 두 곳은 韻을 맞추지 못한 곳 즉 出韻이 된 곳으로 押韻法上 瑕疵를 犯한 것이다.

한편 제108句 「刺革從竅出」의 句末 「出」字를 註에 「叶韻」이라 하여 韻이 맞는다고 李奎報 자신이 밝혀 놓았다. 이 「出」字를 「출」로 읽으면 入聲인 質韻이 되고, 「추」로 읽으면 去聲인 寘韻이 된다. 이곳에 「叶韻」이라고 註에 밝혀 놓은 것은 이를 「추」로 읽으면 운이 맞는다고 한 것이다. 그러나 이 句는 "가죽을 찔러 (구멍을 내고) 그 구멍으로 나갔다"는 뜻이고, 이런 뜻에 맞추어 읽으면 「出」을 「출」이라 읽어야 한다. 이를 「추」로 읽으면 「내보내다」라는 他動詞가 되어 의미가 통하지 않게 된다. 즉 韻에 맞추어 읽으면 文意가 통하지 않게 되고, 文意에 맞게 읽으면 韻이 맞지 않게 된다. 그러므로 이곳에 李奎報가 叶韻이 된다고 註를 달아 놓은 것은 이 詩에서 韻을 맞추기 위하여 얼마나 用心하였는가를 보여주는 단적인 예로 볼 수 있으며, 이렇게 押韻을 위하여 무리를 하면서도 결국 詩에서는 큰 詩病으로 볼 수 있는 出韻을 범한 것이다.

지금까지 고찰한 바와 같이 「東明王篇」은 紙韻 一韻으로 통일되어 있는 一韻到底 형식의 시가 아니다. 止攝에 속하는 上聲 紙韻과 去聲 寘韻을 중심으로 같은 攝의 尾, 未, 支韻 및 이웃 蟹攝에 속하는 蟹, 賄, 霽韻 등 8個의 韻을 通用하여 押韻한 詩로, 그 가운데 紙韻과 寘韻이 主가 되고 나머지 韻들이 從이 된 主從通韻의 형식을 취하고, 아울러 上聲韻과 去聲韻이 通押된 上去通押의 형식을 취한 通韻詩로서,

押韻處 일부에 韻에 맞지 않는 자를 쓴 出韻이 된 詩로 보아야 한다.

Ⅲ. 東明王篇의 缺陷

「東明王篇」은 282句 1410字의 本詩와 그 사이 38個所에 2256字의 작가 자신이 직접 쓴 註를 삽입하여 총 3666자로 이루어져 있다. 학자들이 本詩만을 연구의 대상으로 삼지 않고 註까지 연구 대상에 포함시키는 것은 詩만 읽어서는 스토리의 전개과정을 이해하기 어렵고 註까지 함께 보아야 高句麗의 創國 과정과 그 主役들의 활약상을 제대로 이해할 수 있기 때문이며, 이런 형식으로 창작된 것을 찬양한 논문도 보인다.

그러나 이런 형식의 詩는 독자들을 감동시키기에는 적절하지 못한 면이 있다. 독자가 五言句로 된 시를 읽다가 중간에 散文으로 되어 있고 詩보다도 양이 많은 註를 읽고, 註를 읽은 후에 다시 詩를 읽고 하기를 반복하여 이 長篇의 詩를 독파한다면 高句麗 建國 神話의 내용을 소상하게 이해하는 데는 도움이 되겠지만 詩的인 感動을 느끼기는 어렵게 된다. 詩는 처음에 읽고 느끼는 감동이 독자의 뇌리에 오래 남게 되는데 詩와 註가 뒤섞인 작품을 통하여 감정이 고양된 경지에 이른다는 것은 불가능하기 때문이다.

詩만 읽어서는 海慕漱, 朱蒙, 類利 등의 建國과 守城을 위한 英雄이고 超人的인 活躍相을 제대로 이해할 수가 없고, 註까지 읽다보면 雄大한 創國의 과정과 그 주인공의 활약에 대한 감동을 느끼기 어렵게 된다면 이런 형식으로 쓰여진 작품이 歷史를 記述한 기록으로는 성공했다고 볼 수 있을지 모르나 文學的으로도 과연 성공한 작품으로 볼 수 있는 것인지 의문을 갖게 한다. 이렇게 本詩와 作者의 自註가 混淆되어 있는 詩는 整齊美를 상실하여 거칠고 산만한 느낌을 갖게 하며, 이것을 「東明王篇」의 결함으로 지적할 수도 있을 것이다. 李奎報는 「東明王篇序」에서,

　　唐 玄宗本紀와 楊貴妃傳에는 方士가 하늘에 오르고 땅에 들어갔다는 기록이 없는데, 오직 시인 白樂天이 이 일이 인멸될 것을 두려워하여 노래를 지어 기록하였다. 저것은 실로 荒唐 淫亂 奇怪 虛誕한 일인데도 오히려 이를 읊어서 후세에 보여주었는데, 더구나 東明王의 일은 變化와 神異로 衆人들의 눈을 현혹하려 한 것이 아니고, 실로 나라를 창건한 神聖한 자취인데 이런데도 이를 기록해놓지 않는다면 후세 사람들이 장차 무엇을 볼게 있겠는가.9)

하여, 白樂天이 唐 玄宗과 楊貴妃 사이의 사랑 이야기를 荒唐無稽하게 과장해 놓은 野史까지도 이를 후세에 전하고자 「長恨歌」를 지었는데, 하물며 創國之神迹인 東明王의 행적을 詩歌로 지어 남겨놓지 않는다면 후세 사람들이 볼게 무엇이 있겠는가 라고 생각하여 이를 짓게 되었다고 作詩 動機를 밝혀 놓았다. 즉 白樂天의 「長恨歌」에 자극을 받은 것도 「東明王篇」 창작 동기의 하나라는 것이다.

「長恨歌」는 七言 118句의 古詩로 平聲韻과 仄聲韻을 필요에 따라 수시로 바꾸어 押韻하여 지은 轉韻(換韻)詩이다. 그러나 「東明王篇」은 「長恨歌」의 영향을 받았으면서도, 詩 형식은 五言詩로 하고 押韻法은 通韻法을 써서 「長恨歌」와는 다른 형식을 취하였다. 「長恨歌」는

---

9) 李奎報, 『東國李相國集』 卷三. 「東明王篇 幷序」
　　……唐玄宗本紀 楊貴妃傳 幷無方士昇天入地之事 唯詩人白樂天恐其事淪沒 作歌以志之 彼實荒淫奇誕之事 猶且錄之 以示後世 矧東明之事 非以變化神異眩惑衆目 乃實創國之神迹 此而不述 後將何觀

118구의 七言古詩로 30回나 換韻을 하여 詩를 완성한 換韻詩인데 비하여, 「東明王篇」은 282句의 五言古詩로 止攝에 속하는 上聲과 去聲 韻으로 주로 押韻이 된 通韻詩이다.

韻目表에 나열된 총 106개의 韻들은 각기 包括하고 있는 字數가 일정하지 않아서, 字數가 많은 寬韻으로 押韻할 때는 詩 짓기가 비교적 용이하고, 字數가 적은 窄韻, 險韻으로 押韻하여 詩를 짓기는 비교적 어렵게 된다. 이에 李奎報는 字數가 매우 많은 止攝의 上聲 紙韻과 去聲 寘韻을 위주로 押韻을 한다면 「東明王篇」을 詩化하기가 용이하리라고 보고 젊은 혈기로 면밀한 사전 준비가 없이 作詩에 착수하였다가, 止攝의 韻만으로는 詩化하기가 困難한 부분이 생기자 어쩔 수 없이 出韻을 하거나 내용의 일부를 註로 처리한 것으로 보이며, 이는 李奎報의 치밀하지 못한 성격의 일단이 드러난 것이고, 이런 이유 때문에 金農巖을 비롯한 朝鮮朝의 文人 일부가 李奎報의 詩를 거칠다고 貶下하였다고 볼 수도 있는 것이다.

「東明王篇」을 창작할 때에 白樂天의 「長恨歌」와 一樣으로 平聲韻과 仄聲韻을 필요에 따라 자유로이 바꾸어 押韻하는 轉韻詩 형식으로 지었다면 註로 처리했던 부분까지 本詩 속에 흡수할 수 있었을 것이고, 出韻도 犯하지 않게 되어, 詩가 더욱 整齊되고 散漫한 느낌을 줄일 수 있어서 독자에게 더욱 큰 감동을 줄 수 있었을 것이다.

한편 이 詩에 수록된 高句麗의 創國過程 및 그 主人公들의 超人的이고 英雄的인 행동을 단순히 時間帶別로 個人傳記的 記述形式으로 기술하지 않고 對立的인 複數의 構造로 구성하여 單調로움을 없애고 興味津津하게 읽을 수 있도록 한 것을 많은 학자들이 「東明王篇」의 長點으로 지적하고 있다. 그러나 「東明王篇」의 바탕이 되었고 창작 동기가 되었던 〈舊三國史〉 「東明王本紀」의 記述樣式이 어떻게 되었었는가를 확인하기 이전에는 이러한 對立的인 二重構造를 李奎報의 創意力과 卓越한 作詩 技法의 發露라고 찬양하는 일은 일단 유보해야 마땅하다고 본다. 이는 〈舊三國史〉「東明王本紀」는 高句麗의 創國 과정과 그 주인공들의 활약상을 時間帶別로 單純하게 記載한 單純構造였던 것이 李奎報의「東明王篇」에서 獨創的인 再構成을 거쳐서 對立的인 二重構造로 변한 것인지,「東明王本紀」 자체가 처음부터 對立的인 二重構造로 되어 있었는지를 현재로서는 〈舊三國史〉의 不傳으로 규명할 수가 없기 때문이다.

Ⅳ. 結 語

本攷에서는 앞에서 밝힌 바와 같이「東明王篇」의 硏究家들이 詩의 형식에 대하여 그릇되게 기술한 부분 일부를 지적하여 이를 바로잡고,「東明王篇」이 詩로서 어떤 문제점을 내포하고 있으며, 그 원인은 무엇이었을까를 推斷하여 보았다.

「東明王篇」의 詩 형식에 대하여는 이미 李奎報의 아들 李涵이 지은 李奎報의 年譜 26歲條에,

> 4월에 〈舊三國史〉를 얻어 東明王의 事蹟을 읽어보고 기이하게 여겨서 古詩를 지어 그 神異함을 기록하였다.[10]

하여, 이를 古詩라고 밝혀 놓았는데도 後世의 연구가들이 詩의 형식으로 존재하지도 않는 古律詩라 하기도 하고, 4句로 된 近體詩만을 絶句

---

10) 李奎報, 前揭書,「年譜」癸丑, 公年 二十六
　　四月得舊三國史 見東明王事 奇之 作古詩以紀其異

라 稱함을 看過하고 141韻 282句의 長詩를 絶句로 보기도 하였으며, 止攝에 속하는 上聲韻「紙」와 去聲韻「寘」및 그 隣韻들을 섞어 押韻한 通韻詩를「紙」韻 一韻으로 一貫한 一韻到底의 詩로 보는 誤謬를 犯하기도 하였다. 본고에서는 이러한 오류를 지적하고,「東明王篇」은 長篇의 五言古詩로 通韻의 형식으로 押韻한 詩임을 밝혀 놓았다.

「東明王篇」은 本詩와 作者의 自註가 뒤섞여 있어서 整齊美를 상실하고 독자에게 시적 감동을 느끼기 어렵게 하는 결함이 있는데, 이는 止攝의 上聲韻과 去聲韻 만으로 押韻하는 通韻法을 썼기 때문에 止攝의 韻으로는 押韻할 수가 없는 부분은 出韻을 하거나 註로 처리할 수밖에 없었던 데에 그 원인이 있다고 보았고,「東明王篇」도 만약 白樂天의「長恨歌」처럼 押韻에 轉韻法을 구사하였다면, 出韻도 면하고 註로 처리했던 부분을 本詩로 흡수하여, 보다 더 整齊된 詩가 될 수 있었을 것이라고 보았다.

지금까지 발표된 많은 논문에서「東明王篇」이 스토리의 전개 과정에 複數의 原理를 이용하여 풀로트를 전개시켜서, 단조롭기 쉬운 說話를 興味津津하고 迫進感이 넘치는 詩로 轉換시킨 것을 李奎報의 업적으로 보고 극구 찬양하고 있으나, 李奎報가 작품의 바탕으로 삼았던 〈舊三國史〉「東明王本紀」의 構造에 대한 규명이 이루어지지 않는 한 이를 李奎報의 업적으로 보는 견해는 留保해야 한다고 보았다.

本攷에서「東明王篇」의 缺陷을 일부 지적했다해서「東明王篇」이 지닌 文學史上의 重要性이 沮喪되지는 않으리라고 믿고, 그럴 의도도 없으며, 다만「東明王篇」을 객관적으로 보고자 한 것일 뿐임을 添言하는 바이다.

〈參考〉 韻目表上으로 본 「東明王篇」의 押韻處 및 押韻回數

攝	通	江	止	遇	蟹	臻	山	效	果	假	宕	梗	曾	流	深	咸
平聲	東冬	江	支微 1	魚虞	齊 佳灰	眞文元	寒刪先	蕭肴豪	歌	麻	陽	庚靑 蒸		尤	侵	覃鹽咸
上聲	董腫	講	紙尾 58 8	語麌	薺 蟹賄 1 2	軫吻阮	旱潸銑	篠巧皓	哿	馬	養	逈梗		有	寢	感琰豏
去聲	送宋	絳	寘未 64 4	御遇 1	霽 泰卦 隊 1	震問願	翰諫霰	嘯效號	箇	禡	漾	敬徑		宥	沁	勘豔陷
入聲	屋沃	覺				質物月 (1)1	曷黠屑				藥	陌錫 職		緝		合葉洽

「東明王篇」의 押韻 內容

元氣判流渾　天皇地皇氏(上 紙)　十三十一頭　體貌多奇異(去 寘)
其餘聖帝王　亦備載經史(上 紙)　女節感大星　乃生大昊摯(去 寘)
女樞生顓頊　亦感瑤光暉(上 尾)　伏羲制牲犧　燧人始鑽燧(去 寘)
生稷高帝祥　雨粟神農瑞(去 寘)　靑天女媧補　洪水大禹理(上 紙)
黃帝將升天　胡髥龍自至(去 寘)　太古淳朴時　靈聖難備記(去 寘)
後世漸澆漓　風俗例太侈(上 紙)　聖人間或生　神迹少所時(去 寘)
漢神雀三年　孟夏斗立巳(上 紙)　海東海慕漱　眞是天之子(上 紙)
初從空中下　身乘五龍軌(上 紙)　從者百餘人　騎鵠紛襂襹(平 支)
淸樂動鏘洋　彩雲浮旖旎(上 紙)　自古受命君　何是非天賜(去 寘)
白日下靑冥　從昔所未視(去 寘)　朝居人世中　暮反天宮裏(去 寘)
吾聞於古人　蒼穹之去地(去 寘)　二億萬八千　七百八十里(上 紙)
梯棧躡難升　羽翮飛易瘁(去 寘)　朝夕恣升降　此理復何爾(上 紙)
城北有靑河　河伯三女美(上 紙)　擘出鴨頭波　往遊熊心涘(上 紙)
鏘琅佩玉鳴　綽約顏花媚(去 寘)　初疑漢皐濱　復想洛水沚(上 紙)

王因出獵見	目送頗留意(去 實)	玆非悅紛華	誠急生繼嗣(去 實)
三女見君來	入水尋相避(去 實)	擬將作宮殿	潛候同來戲(去 實)
馬撾一劃地	銅室欻然峙(上 紙)	錦席鋪絢明	金罇置淳旨(上 紙)
蹋躍果自入	對酌還徑醉(去 實)	王時出橫遮	驚走僅顚躓(去 實)
長女曰柳花	是爲王所止(上 紙)	河伯大怒嗔	遣使急且駛(去 實)
告云渠何人	乃敢放輕肆(去 實)	報云天帝子	高族請相累(去 實)
指天降龍馭	徑到海宮邃(去 實)	河伯乃謂王	婚姻是大事(去 實)
媒贄有通法	胡奈得自恣(去 實)	君是上帝胤	神變請可試(去 實)
漣漪壁波中	河伯化作鯉(上 紙)	王尋變爲獺	立捕不待跬(上 紙)
又復生兩翼	翩然化爲雉(去 實)	王又化神鷹	搏擊何太鷙(去 實)
彼爲鹿而走	我爲豺而趡(上 紙)	河伯知有神	置酒相燕喜(上 紙)
伺醉載革輿	竝置女於騎(上 紙)	意令與其女	天上同騰轡(去 實)
其車未出水	酒醒忽驚起(上 紙)	取女黃金釵	刺革從竅出(去實. 入質)
獨乘赤霄上	寂寞不廻騎(去 實)	河伯責厥女	挽吻三尺弛(上 紙)
乃貶優渤中	唯與婢僕二(去 實)	漁師觀波中	奇獸行駊騀(上 蟹)
乃告王金蛙	鐵網投溪溪(上 紙)	引得坐石女	姿貌甚堪畏(去 未)
脣長不能言	三截乃啓齒(上 紙)	王知慕漱妃	仍以別宮置(去 實)
懷日生朱蒙	是歲歲在癸(上 紙)	骨表諒最奇	啼聲亦甚偉(巨 未)
初生卵如升	觀者皆驚悸(去 實)	王以爲不祥	此其人之類(去 實)
置之馬牧中	群馬皆不履(上 紙)	棄之深山中	百獸皆擁衛(去 霽)
母姑擧而養	經月言語始(上 紙)	自言蠅嘈目	臥不能安睡(去 實)
母爲作弓矢	其弓不虛掎(上 紙)	年至漸長大	才能日漸備(去 實)
扶餘王太子	其心生妬忌(去 實)	乃言朱蒙者	此必非常士(上 紙)
若不早自圖	其患誠未已(上 紙)	王令往牧馬	欲以試厥志(去 實)
自思天之孫	厮牧良可恥(上 紙)	捫心常竊導	吾生不如死(上 紙)
意將往南土	立國立城市(上 紙)	爲緣慈母在	離別誠未易(去 實)
其母聞此言	潸然抆清淚(去 實)	汝幸勿爲念	我亦常痛痞(上 紙)
士之涉長途	須必憑騄駬(上 紙)	相將往馬閑	卽以長鞭捶(上 紙)
群馬皆突走	一馬騂色斐(上 尾)	跳過二丈欄	始覺是駿驥(去 實)

潛以針刺舌	酸痛不受飼(去 寘)	不日形甚癯	却與鴛駘似(上 紙)
爾後王巡觀	予馬此卽是(上 紙)	得之始抽針	日夜屢加餒(去 寘)
暗結三賢友	其人共多智(去 寘)	南行至淹滯	欲渡無舟艤(上 紙)
秉策指彼蒼	慨然發長唶(去 寘)	天孫河伯甥	避難至於此(上 紙)
哀哀孤子心	天地其忍棄(去 寘)	操弓打河水	魚鼈駢首尾(上 尾)
屹然成橋梯	始乃得渡矣(上 紙)	俄爾追兵至	上橋橋旋圮(上 紙)
雙鳩含麥飛	來作神母使(上 紙)	形勝開王都	山川鬱靠巋(去 寘)
自坐茀蕝上	略定君臣位(去 寘)	咄哉沸流王	何奈不自揆(上 紙)
苦矜仙人後	未識帝孫貴(去 未)	徒欲爲附庸	出語不愼莞(上 紙)
未中畫鹿臍	驚我倒玉指(上 紙)	來觀鼓角變	不敢稱我器(去 寘)
來觀屋柱故	咋舌還自愧(上 紙)	東明西狩時	偶獲雪色麂(上 紙)
倒懸蟹原上	敢自呪而謂(去 未)	天不雨沸流	漂沒其都鄙(上 紙)
我固不汝放	汝可助我憤(去 寘)	鹿鳴聲甚哀	上徹天之耳(上 紙)
霖雨注七日	霈若傾淮泗(去 寘)	松讓甚憂懼	沿流謾橫葦(上 尾)
士民競來攀	流汗相악眙(去 寘)	東明卽以鞭	劃水水停沸(去 未)
松讓舉國降	是後莫予訾(上 紙)	玄雲羃鶻嶺	不見山邐迤(上 紙)
有人數千許	撕木聲髣髴(入 物)	王曰天爲我	築城於其址(上 紙)
忽然雲霧散	宮闕高킈嵬(上 賄)	在位十九年	升天不下莅(去 寘)
倜儻有奇節	元子曰類理(去 寘)	得劍繼父位	塞盆止人罵(去 寘)
我性本質木	性不喜奇詭(上 紙)	初看東明事	疑幻又疑鬼(上 尾)
徐徐漸相涉	變化難擬議(去 寘)	況是直筆文	一字無虛字(去 寘)
神哉又神哉	萬歲之所韙(上 尾)	因思初創君	非聖卽何以(上 紙)
劉媼息大澤	遇神於夢寐(去 寘)	雷電塞晦暝	蛟龍盤怪傀(上 賄)
因之卽有娠	乃生聖劉季(去 寘)	是惟赤帝子	其興多殊祚(去 遇)
世祖始生時	滿室光炳煒(上 尾)	自應赤伏符	掃除黃巾僞(去 寘)
自古帝王興	徵瑞紛蔚蔚(去 未)	末嗣多怠荒	共絶先王事(上 紙)
乃知守成君	集蓼戒小毖(去 寘)	守位以寬仁	化民由禮義(去 寘)
永永傳子孫	御國多年紀(上 紙)		

李奎報의「驅詩魔文」研究

Ⅰ. 序言

　白雲居士 李奎報(1168~1241 : 高麗 毅宗22~고종28)는 13世紀 高麗의 文學界를 代表하는 文人으로서 2千餘首의 詩와 數百篇의 散文이 그의 文集인 東國李相國集 53卷 속에 수록되어 있다. 그 가운데 詩에 대하여는 꽤 많은 연구논문이 쓰여져서 연구업적이 축적되어 왔으나 文에 대한 연구는 상대적으로 활발하지 못한 편이다.

　散文 가운데 東國李相國集 卷 20에 수록된 韻語 8篇·語錄 1篇, 卷 21의 說 13篇·序 15篇, 卷 22의 論 16篇, 卷 23~25의 記 25篇과 後集 卷 11의 序·記·議·問答 13篇 등은 現代的 意味의 隨筆의 諸條件을 모두 갖춘 훌륭한 수필문학 작품들이다. 이들 가운데는 가벼운 마음으로 쓴 戲文들도 있지만 이들 속에도 白雲의 文學論이나 思想이 담겨져 있으므로 결코 소홀히 취급해서는 안되리라고 본다.

　上記 散文 가운데 卷 20에 수록된 韻語類 8篇 中의 하나인 驅詩魔文은 韓退之의 送窮文을 效倣하여 지은 作品으로 白雲이 지은 隨筆類中의 白眉이므로 이를 中心으로 白雲 隨筆의 특징을 살펴보고, 아울러 이곳에서 밝힌 주목할만한 詩論을 근거로 白雲의 詩論에 대한 從來의 견해를 보완해 보고자 한다.

白雲이 말하는 詩魔란 興이 일 일을 만나거나 事物을 對할 때마다 이를 詩로 表現하지 않고는 견딜 수 없도록 痼疾化된 詩癖을 稱하며, 詩癖이 深化되면 魔가 된다고 하여 詩魔를 詩癖이 한단계 더 고질화된 것으로 본 일도 있으나[1] 대체로 시벽과 시마를 같은 의미로 混用하였다. 구시마문 外에도 「詩癖」[2] 「次韻和白樂天病中十五首幷序」[3] 「復自傷詩癖」[4] 「答客問詩幷序」[5] 「又吟」[6] 「三魔詩」[7] 등을 지어 시마(시벽)를 괴로워하는 뜻을 표하였다.

Ⅱ. 驅詩魔文의 內容과 構成

驅詩魔文은 韓退之의 送窮文을 效倣하여 지은 것이라고 작자 스스로 밝혀 놓았다.

韓退之의 送窮文은 智窮・學窮・文窮・命窮・交窮 等 5名의 窮魔가 자신에게 붙어서 춥고 배고프게 하고 성격이 거만하고 모나게 하며, 神機를 훔쳐 세상에 드러나게 하고, 원만한 교제를 못하게 하며, 利는 남에게 돌리고, 責은 스스로 차지하게 한다고 하면서 이들을 추방하려다가 窮鬼들에게 반격을 당하여 굴복하고 그들을 다시 上座에 모셨다는 내용으로 되어 있으며, 韓退之가 船車와 糗粻을 준비하여 窮鬼들

---

1) 李奎報, 『東國李相國集』 後集 10. "予年老…… 不宜成癖 成癖則魔……"
2) 後集 1.
3) 後集 2.
4) 後集 8.
5) 後集 8.
6) 後集 8.
7) 後集 10.

을 쫓아내려하자 窮鬼가 이에 반격을 가하고 한퇴지가 이를 다시 반박하자, 궁귀들이, 그대의 名聲을 세워주고, 君子들이 그대를 좋아하게 하였고, 天理에 통하게 하였으며, 詩書에 밝게 해 주었는데 어찌 우리를 쫓아내려 하는가 하고 항의하자 한유가 이에 氣가 꺾여서 이들에게 사과하고 다시 上座에 모셨다 하여, 한유의 궁귀 배척·궁귀의 반박·한유의 재배척·궁귀들의 재반격·한유의 굴복 등의 순서로 구성되어 있다.

이를 效倣한 白雲의 驅詩魔文은 자신에게 붙어서 괴롭히는 詩魔의 罪 다섯 가지를 나열하면서 그를 쫓아내려 하자 詩魔가 이를 반박하고, 이에 백운이 오히려 시마에게 굴복하여 다시 받아들여 스승으로 삼는 것으로 되어 있다. 한유의 送窮文이 한유의 공격→궁귀의 반격→한유의 재공격→궁귀의 재반격→한유의 굴복의 순으로 되어 있는데 반하여 백운의 驅詩魔文은 백운의 공격→시마의 반격→백운의 굴복의 순으로 되어 있어 구조상 송궁문보다는 단순하다. 이렇게 구조가 단순화되었다 하여 내용도 단순화된 것은 아니다.

送窮文에서 窮鬼를 꾸짖는 말이나 궁귀의 반박이 모두 逆說的으로 자신의 智·學·文이 남보다 뛰어나고 마음이 고우며 정의감이 강하고 利益을 탐하지 않고 교활하게 면종복배를 못하고 心肝을 그대로 드러내는 솔직성을 과시하고 이런 장점을 지닌 자신이 부귀를 누리지 못하는 시대상황을 풍자한 것이다.

驅詩魔文도 詩魔를 꾸짖는 부분이나 시마가 반박하는 부분이나를 막론하고 대부분이 詩의 功效를 찬양하고 자신의 詩才를 자랑하는 내용이다. 이를 구체적으로 살펴보면, 質朴無文하고 淳厚正直하며 꾸밈이 없던 인간에게 어느 틈에 詩魔가 들어와 붙어서 아름답게 꾸며 사람들을 현혹하고, 온갖 교태로 아양을 떨어 筋骨을 녹이며, 우뢰가 진동하고 풍랑이 일게 하니 이것이 시마의 첫째 죄라 하였다.

인간이 알기 어려운 混沌冥漠한 天地의 神秘 즉 天機를 당돌하게도 정탐 발설하여 하늘과 귀신이 못마땅하게 여겨 신인의 생애를 각박하게 하니 이것이 두번째 죄라 하였다.

運荷月露, 鳥獸蟲魚, 草木花卉 등의 千態萬貌를 모두 取하여 詩化하면서 빼어놓거나 아끼는 것이 없어 하늘이 꺼리게 된 것이 세번째 죄라 하였다.

詩를 통하여 미운 사람을 공격하고 좋은 사람을 찬양해서 戰伐이나 賞罰褒貶을 마음대로 하며, 분수를 뛰어넘어 國事를 批評하고 萬類를 조롱하여 憎惡와 猜忌의 對象이 된 것이 네번째 죄라 하였다.

시마가 사람에게 붙어서 作詩에 열중하게 되면 外貌나 處身에 무관심하게 되고 作詩의 고통으로 몸이 마르고 괴로운 소리를 내며 표정이 일그러지고 정신을 소모시키고 심장을 깎아내어 근심이 일게 하고 調和를 해치게 되니 이것이 다섯번째 죄라 하였다.

이렇게 다섯 가지 죄를 지닌 시마가 과거에 曹植, 李白, 杜甫, 李賀, 柳夢得 등에게 붙어서 온갖 괴로움을 겪게 하며 그들의 인생을 그르치다가 이제는 白雲 자신에게 붙어서 정신이 흐릿하고 어리석어지며 벙어리나 귀머거리처럼 되고 形迹이 시마에 얽매어서 飽渴이나 寒暑도 느끼지 못하고 노비가 게으르고 사나워도 무관심하고 정원이 황폐하고 가옥이 기울어져도 무관심하게 되었다. 또한 가난하면서도 富하고 貴한 자에게 오만하고 말이 방자 불손하며 얼굴은 뻣뻣하고 온공하지 않으며, 여색에 쉽게 미혹되고 술을 마시면 거친 행동을 하게 되었다. 이런 저주스러운 시마가 속히 달아나 숨지 않으면 찾아서 죽이겠다고 하였다.

이에 시마가 반격하기를 내가 비록 하찮은 마귀이지만 上帝가 알아주는 존재로서 그대가 태어날 때부터 天帝가 나를 보내어 그대를 따르게 하여 그대의 성장을 계속 지켜보았고, 그대가 성인이 된 후에는 그대의 氣를 웅장하게 하고 그대의 詩語를 아름답게 꾸며 주었으며 科擧에 連年 합격하게 해 주었고 天地가 감동하고 名聲이 天下에 드날리게 하여 列侯貴戚이 우러러보게 하였으니 내가 그대를 보필하기를 가벼이 하지 않은 것이요 하늘이 그대를 넉넉하게 해 주기를 풍부하게 한 것이다. 말을 함부로 하는 것, 처신을 잘 못하는 것, 酒色을 탐하는 것 등은 각기 관장하는 魔가 따로 있으니 내가 맡은 바가 아닌데 그대는 스스로 삼가하지 않고 미친듯 어리석은듯 행동하면서 그대의 허물을 내게 전가하는가 하였다. 이에 白雲이 前非를 뉘우치고 시마에게 절을 하고 스승으로 모셨다고 하였다.

이 驅詩魔文에서 白雲이 詩魔를 꾸짖은 말이나 시마가 이에 반박한 말이 모두 白雲이 생각하는 詩의 功能과 自身의 詩才를 逆說的인 방법으로 자랑한 것이며, 이를 통하여 그의 詩論의 一端도 파악할 수 있다.

Ⅲ. 隨筆로서의 驅詩魔文

現代文學理論에서는 隨筆을 一定한 形式이 없는 自由로운 글로서 形式 뿐 아니라 內容이나 表現方式도 제한이 없으며 作家의 개성 및 재치와 익살과 批評정신이 발로되고 品位있고 간결한 散文으로 표현된 문학이라고 定義하고 있다.

驅詩魔文은 이러한 현대수필의 모든 요건을 고루 갖추고 있다. 文章의 形式은 散文이면서도 韻語를 주조로 하여 聲調의 和諧에 유의한 美文으로 되어 있다. 즉 序言格인 第一段을 제외하고는 押韻을 한 四

言句 中心으로 隔句有韻體로 되어 있어서 韻散文混用의 獨特한 형태를 이루고 있다. 이를 李相國集에서는 「韻語」라는 類目 속에 넣어 一種의 韻文으로 처리하고 있지만 中國 歷代로 이어져 온 詩體중의 어디에도 해당되지 않으며, 散文體中의 雜記類로 분류할 수밖에 없고 現代의 文學형태로 본다면 文章의 聲調에 대한 재치를 한껏 발휘하고 독특한 개성이 발로된 수필로 보아야 한다.

　文章의 形式에만 白雲의 개성이 발휘된 것이 아니고, 내용에도 백운의 인간성이 물씬 풍긴다. 詩魔의 죄 다섯 가지를 數罪한 것이 뒤집어 보면 詩의 功效를 說破한 것이며, 이에 대한 詩魔의 반박 역시 시의 공효를 주장한 것으로 驅詩魔文은 白雲의 詩觀을 逆說的으로 표현한 것이다.

　白雲은 시마의 죄를 논하면서 시마와는 상관이 없는 자신의 결함까지도 시마 때문이라고 슬쩍 떼어 넘긴다. 즉 큰소리를 잘치고 오만불손하며 女色에 쉽게 미혹되고 술버릇이 나쁜 점 등도 시마 때문이라고 책임을 전가한다. 이에 입에서 나오는 언동과 처신 및 酒色을 좋아하는 것은 내가 관장하는 바가 아닌데 스스로 삼가하지 않고 미친 행동을 하고는 어째서 내게 책임을 전가하는가 하고 시마가 반격을 하자, 자신이 과오를 순순히 시인하고 물러선다. 이 부분에서 심술꾸러기 어린이 같은 순진무구한 재치와 익살이 한껏 발휘되어 있어 독자로 하여금 미소를 머금게 하며 白雲 수필의 묘미가 이런 곳에 있다고 생각된다.

　이는 자신이 인격적 약점을 솔직하게 고백한 것으로도 볼 수 있으나 흔히 詩人들은 오만불손하고 언동을 함부로 하며 주색을 즐기는 輕蕩한 부류라는 世人의 인식을 반박한 것이라고도 볼 수 있다. 詩魔의 대답은 오만함과 경탕함은 나와 상관이 없다는 말로 끝나지만 이 말은 詩人이 作詩三昧境에 빠지는 것도 修己의 과정으로, 이런 과정을 통하여 영롱한 시를 지을 뿐 아니라 性情이 淸淨無垢(思無邪)하게 되고, 溫柔敦厚해지며 이러한 修己는 治人으로 이어져서 邇之事父 遠之事君할 수 있게 되고 天地와 鬼神도 감동시킬 수 있는 것인데 이러한 시의 공효를 부인하고 언행이 방자하고 주색을 즐기는 것이 詩 때문이라고 보는 것은 그릇된 인식이라고 주장한 것이다. 이런 주장을 재치있는 戲文으로 표현하여 독자로 하여금 가벼운 기분으로 읽을 수 있도록 한 것이 이 글의 長處이다.

이렇게 재치와 익살이 번뜩이는 戲文은 흔히 가볍고 들뜬 문장이 되기 쉬운데 이글은 해박한 식견과 평생을 연마한 문장력으로 品位있고 重厚한 文體로 文才를 한껏 발휘하였으며, 現代 수필이 갖추어야할 모든 요소를 고루 갖추고 있다.

Ⅳ. 驅詩魔文을 通해 본 白雲의 詩論

지금까지 白雲의 詩論을 연구한 論著의 대부분이 驅詩魔文을 단순한 戲文으로 보아 附隨的인 자료로만 취급하였다. 「論詩說」[8] 「論詩中微旨略言」[9] 「答全履之論文書」[10] 「上趙太尉書」[11] 「論詩」[12] 등 白雲이 詩論이나 文學觀을 직접적으로 밝힌 글들을 一次的인 자료로 취급하고, 백운의 시론이 간접적으로 內含된 「驅詩魔文」은 二次的인 자료로 가볍게 취급하거나 아예 무시해 버리는 것이 일반적인 경향이었다.

---

8) 李奎報,『東國李相國集』 21.
9) 李奎報,『東國李相國集』 22.
10) 李奎報,『東國李相國集』 23.
11) 李奎報,『東國李相國集』 26.
12) 李奎報,『東國李相國集』 後集 1.

本攷에서는 아무런 제약이 없이 自由로운 立場에서 자신의 뜻을 밝힌 수필류의 「驅詩魔文」이 오히려 白雲의 진실 솔직한 뜻을 밝히는데 보다 적절할 수도 있다고 생각하여 구시마문에서 주장한 논지를 글거로하여 上記 자료들에 수록된 백운의 시론을 재조명해 보는 방법을 취하였다.

驅詩魔文에 나타난 白雲의 詩論中 特히 주목해야 할 부분이 「雄子以氣 飾子以辭」이다. 시마가 백운의 氣를 웅장하게 해 주고 文辭를 아름답게 꾸며 주었다는 것은 詩를 짓고자 노력하는 성벽 때문에 스스로의 기상이 웅장해져서 그것이 웅장한 기상이 함축된 시로 발현되었고, 아름답고 영롱한 詩語로 시를 지을 수 있게 되었다는 것이다. 遇興觸物할 때마다 이를 詩化하다 보니 氣가 雄壯해졌다면 後天的인 노력으로 養氣가 가능하다는 말이 된다. 그런데 「論詩中微旨略言」에서는,

> 대저 시는 뜻으로 으뜸을 삼으며 뜻을 베풀기가 가장 어렵고 文辭를 연결하는 것은 그 다음의 일이다. 뜻은 또한 氣로 主 삼으며 氣의 優劣에 따라 깊고 얕음이 있게 될 뿐이다. 그러나 氣는 하늘에 근본을 두고 있어서 배워서 얻을 수 있는 것이 아니다. 그때문에 氣가 열등한 사람은 文을 아로새기는 것을 공교롭게 여기고 일찍이 뜻을 앞세우지 않는다. 대체로 그 文을 아로새기고 그 詩句를 울긋불긋하게 꾸며 놓으면 진실로 아름답기는 하다. 그러나 속에 심후한 뜻을 함축하고 있지 않으면 처음에는 완상할 만한 것 같지만 거듭 씹어봄에 이르르면 맛이 이미 다하게 된다.[13]

라 하여, 氣는 本乎天한 것이라 不可學得이라 하였다.

---

13) 李奎報, 『東國李相國集』 22. 「論詩中微旨略言」
　　夫詩以意爲主 設意最難 綴辭次之 意亦以氣爲主 由氣之優劣 乃有深淺耳 然氣本乎天 不可學得 故氣之劣者 以雕文爲工 未嘗以意爲先也 蓋雕鏤其文 丹靑其句 信麗矣 然中無含畜深厚之意 則初若可玩 至再嚼則味已窮矣

이것을 從來의 해석처럼 氣는 天賦的인 것이라 後天的으로 배워서 얻을 수 없는 것이라고 본다면 「驅詩魔文」의 주장과는 相反되게 된다. 이 문제에 대하여 지금까지의 대부분의 論著들은 前者는 戱文이고, 後者는 白雲이 本格的으로 전개한 詩論이라고 생각해서인지 前說을 무시하고 後說을 좇는 입장을 취하여 왔다. 本攷에서는 前者의 입장에 서서 後者의 설을 조명해보고자 한다.

白雲과 同時代 人物로 백운의 선배인 林椿은,

글짓기의 어려움은 옛부터 일컬어져온 일이고 배운다고 잘할 수 있는 것이 아니다. 지극히 剛한 氣가 心中에 충만하여 外貌로 드러나고 말로 발현되되 그런 과정을 스스로도 알지 못하는 것이다. 진실로 그 氣를 기를 수 있다면 비록 붓을 잡고 이를 배우지 않는다해도 文은 스스로 기이해질 것이다. 氣를 기르는데 名山大川을 두루 열람하여 天下의 奇聞壯觀을 구하지 않는다면 胸中의 뜻을 넓힐 수가 없다. 이때문에 蘇子由(蘇轍)는 山은 終南山·嵩山·華山의 높음을 보고, 물은 黃河의 큼을 보고, 人物은 毆陽公 韓太尉를 본 뒤에야 天下의 大觀을 모두 보았다고 하였다.14)

하였고, 宋의 蘇轍은

나는 본래 글짓기를 좋아하여 매우 깊이 생각해 보았는데 文이란 氣가 발현된 것이라고 생각한다. 그리고 文은 배운다고 잘 지을 수 있는 것 아니지만 氣는 기르면 이르게 할 수 있는 것이다. 孟子가 "나는 浩然한 氣를 잘 길렀다" 하였는데, 지금 그 文章을 보면 寬厚宏博한 氣象이 天地사이에 충만해서 그 기가 큰 일에나 작은 일에나 모두 알맞는다. 太史公은

---

14) 林椿, 『西河集』 4. 「上李學士書」
  文之難尙矣 而不可學而能也 蓋其至强之氣 充乎中而溢乎貌 發乎言而不可知者耳 苟能養其氣 雖未嘗執筆而學之 文益自奇矣 養其氣者 非周覽名山大川 求天下奇聞壯觀 則亦無以自廣胸中之志矣 是以蘇子由 以爲於山見終南嵩華之高 於水見黃河之大 於人見毆陽公韓太尉 然後爲盡天下之大觀焉

천하를 여행하며 名山大川을 두루 관람하고 燕·趙사이의 호걸들과 교유하였기 때문에 그 문장이 疏蕩하고 기이한 기상이 있다. 이 두 사람이 어찌 이런 문장짓기를 배워서 그렇게 된 것이겠는가. 그 기가 胸中에 충만해져서 외모로 넘쳐나와 말로 표현되고 문장으로 발현되었는데도 氣 때문에 그렇게 된 것임을 몰랐을 뿐이다.[15]

라고 하였다.

上記 세 引用文에서 언급한 氣를 學者들은 天分 혹은 才能으로 보기도 하고[16], 先天的으로 타고난 氣象[17], 生命力[18] 肉體的 콘디숀[19] 등으로 보기도 하였으며, 재주(才)와 담력(膽)과 식견(識)과 역량(力)을 포괄하는 개념으로 보기도 하였다.[20] 本攷에서도 氣를 才膽識力을 포괄하는 의미로 보고 논의를 전개하고자 한다.

白雲은 氣를 '不可學得'이라 하였고, 林椿과 蘇轍은 文을 '不可學而能也' 또는 '不可以學而能'이라 하였다. 모두가 배워서 잘할 수 있는 것이 아니라는 동일한 뜻인데, 林椿과 蘇轍의 말은 文이 天賦的 生得的인 것이므로 不可學而能한 것이 아니라 氣를 養致하면 文은 저절로 寬厚宏博하고 益自奇하게 된다고 보아 단순한 글짓기공부만으로는 좋

---

15) 蘇轍,『欒城集』22,「上樞密韓太尉書」
    轍生好爲文 思之至深 以爲文者氣之所形 然文不可以學而能 氣可以養而致 孟子曰 我善養吾浩然之氣 今觀其文章 寬厚宏博 充乎天地之間 稱其氣之大小 太史公行天下 周覽四海名山大川 與燕趙間豪俊交遊 故其文疏蕩 頗有奇氣 此二子者 豈嘗執筆學爲如此之文哉 其氣充乎其中 而溢乎其貌 動乎其言 而見乎其文 而不自知也
16) 朴性奎,『李奎報硏究』pp.24~27.
17) 沈浩澤,「漢文學에 있어서의 氣의 槪念」(『韓國學論集』8집, 계명대, p.79).
18) 黃啓方,「北宋文學批評資料彙篇」, p.16.
19) 金容沃,『동양학 어떻게 할 것인가』, P.111
20) 車柱環,「中國詩論」27 (『心象』75.9, pp. 141~142).

은 글을 지을 수 없고 氣를 기르면 文도 자연히 훌륭해진다고 생각한 것이다. 白雲이 '氣本乎天 不可學得'이라 한 것도 氣가 人爲的으로는 어쩔 수 없는 天賦的인 것이므로 後天的으로는 기를 수 없다는 것이 아니라 辭의 彫琢丹靑에만 노력해서는 詩 속에 웅장한 기상과 심후한 뜻을 함유할 수 없으니 修飾에만 用心하지 말고 意境을 直敍할 때 자연스럽게 기상이 발현된다는 뜻으로 한 말로 보아야 한다. 白雲이 詩는 意로 근본을 삼고 意는 또한 氣로 主를 삼는다고 하였으며, 氣가 풍부한 사람만이 詩 속에 심후한 뜻을 함축할 수 있으므로, 氣가 天賦的인 것이어서 기를 수 없는 것이라면 人爲的인 노력으로는 심후한 뜻을 지닌 詩를 지을 수 없게 되며, 그렇다면 飽渴寒暑를 잊으면서 詩를 짓기 위해 전심전력으로 노력한 것이 무엇을 위해서인지 의심이 생기게 되고, 人爲的으로 가능한 것은 白雲이 배격하는 雕鏤丹靑 밖에 없다는 모순에 봉착하게 된다. 그러므로 이곳에서의 '天'을 自然·天然 등의 뜻으로 보고 '不可學得'의 해석도 綴辭를 위한 공부만으로는 自然 속에 충만한 氣를 나의 浩然 雄壯한 氣로 삼아 詩意 속에 內含시킬 수 없다고 한 것으로 後天的인 養氣의 가능성을 부정한 것이 아니며, 이렇게 본다면 일견 모순된 듯한 '雄子以氣'와 '氣本乎天 不可學得' 사이의 피상적인 차이도 해소된다.

이들 三人 모두가 文은 氣가 主가 되는 것이므로 氣가 심중에 가득 차서 詩文으로 발현되면 별도로 글을 잘 짓기 위한 공부를 하지 않아도 寬厚宏博하고 深厚한 뜻을 함축한 시문이 된다고 본 것이다. 蘇轍 外에도 北宋의 文人들 中 夏竦·李廌·劉弇 등 많은 사람들이 이와 유사한 氣論을 주장하였고 이런 주장이 高麗文人들에게 영향을 끼친 것으로 보인다.

白雲이 詩論을 전개하면서 말한 '天'이 人爲的으로는 도달할 수 없는

경지를 뜻하는 것이 아님은 다음의 例에서도 증명된다.「論詩」詩에,

作詩尤所難	시짓기가 더욱 어려운 것은
語意得雙美	말과 뜻을 함께 아름답게 해야해서이네.
含蓄意苟深	함축한 뜻이 진실로 깊으면
咀嚼味愈粹	씹을수록 맛이 더욱 순수해지네.
意立語不圓	뜻이 섰어도 말이 원만하지 않으면
澁莫行其意	난삽하여 뜻을 펼 수 없게 되네.
就中所可後	그 가운데 뒤로 돌릴 수 있는 것은
彫刻華艷耳	아름답게 아로새기는 것이네.
(中略)	
意本得於天	뜻은 본래 하늘에서 얻는 것이라
難可率爾致21)	쉽게 이르게 하기는 어렵다네.
(後略)	

라 하여, 훌륭한 詩가 되려면 語와 意, 즉 形式과 內容이 모두 훌륭해야 하며 이는 쉬운 일이 아니라고 하고, 뜻은 본래 하늘에서 얻는 것이므로 쉽게 이르게 할 수 없는 것이라고 하였다. 意는 '難可率爾致'라 하여 갑자기 이르게 하기는 어렵다고 한 것은, 불가능하다는 뜻이 아니라 쉽게 이르게 할 수 없다는 뜻일 뿐이며, 이곳의 天은 비록 쉬운 일은 아니지만 人爲的인 노력으로 접근이 가능한 天을 뜻하는 것이다.

즉 孟子의 '順天者存 逆天者亡'이라 한 곳의 天이나, 中庸에서 '誠者 天之道也 誠之者人之道也'라 한 곳의 天道로 보아 天之道를 실현하고자 노력하는 것이 人之道이므로, '意本得於天 難可率爾致'를 심후한 詩意는 본래 天道에 부합해야 하는 것이므로, 天道를 깨닫고 이를 이루고자 노력하여 심오한 식견과 인격을 갖추게 된 사람, 즉 天道에 접

---

21) 李奎報,『東國李相國集』後集 1.「論詩」

근한 사람이 아니면 갑자기 이루려해도 이루기가 어렵다는 뜻으로 보아야 한다.

한편 白雲은 驅詩魔文에서는 '雄子以氣 飾子以辭'라 하고, 「論詩中微旨略言」에서는 '設意最難 綴辭次之'라 하였으며, 「論詩」詩에서는 '語意得雙美'라 하여 詩를 論할 때는 언제나 意(氣)와 辭(語)를 함께 언급하였다. 이는 詩는 내용과 형식이 조화를 이루어야 한다는 평범하면서도 변할 수 없은 상식을 말한 것으로, '綴辭次之'라는 말도 詩를 지은 때는 내용을 먼저 생각하고 이를 文字로 표현하는 것은 다음 단계의 일이라고 본 것일 뿐 綴辭의 중요성을 부정한 것이 아니며, 이는 上記 論詩詩로도 증명이 된다. 이렇게 語와 意가 雙美하여 조화를 이룰 것을 주장한 白雲을 主意論者 또는 設意論者라고 한 쪽으로 치우친 칭호로 부르는 것은 적절하지 않다고 본다.

V. 結 語

本攷에서 白雲의 驅詩魔文을 고찰해 본 論旨를 요약 정리하면 다음과 같다.

구시마문은 한퇴지의 송궁문을 效倣한 수필로서 시마의 罪를 논하면서 이를 쫓아내려다가 시마의 반박에 굴복하여 다시 스승으로 모셨다는 내용으로 되어 있으며, 시는 미개한 인간을 지혜와 학식이 높은 인간으로 변화시키며, 신비하고 오묘한 天機를 알아내고, 아름다운 경치를 빠짐없이 묘사하며, 時政과 人物을 풍자 포폄하고 作詩三昧境에 이르면 餘他의 일에는 무관심하게 되고, 詩는 名聲과 출세에도 영향을 준다고 하였다. 이렇게 시마를 꾸짖는 말이나 시마의 반박을 통하여 逆

說的으로 詩의 功能을 긍정하고 자신의 詩才를 자랑하고 있다.

구시마문은 백운이 그의 文才와 個性을 유감없이 발휘한 韻散混用式의 독특한 文體로 재치와 익살과 비평정신을 품위있고 간결한 문장으로 표현하여 현대 수필의 요건을 두루 구비한 백운의 수필문학 작품의 白眉이다.

한편 구시마문에서 시마가 백운에게 자랑한 '雄子以氣 飾子以辭'라 한 말을 토대로 백운의 다른 글에서 언급한 이와 연관된 시론들을 재조명하고 재해석해 보았다. 즉「論詩中微旨略言」에서 '氣本乎天 不可學得'이라 한 곳과「論詩」의 '意本得於天 難可率爾致'에 쓰여진 天은 人間의 능력으로는 전혀 접근이 불가능한 彼岸의 天이 아니요, 인간이 이해하고 자기의 意와 氣로 胸中에 內含하여 詩로 發現시킬 수 있는 天地自然 자체 또는 그 理法으로서, 語辭를 꾸미기 위한 공부만으로는 얻을 수 없으며, '不可學得'이라 한 것이 氣는 天賦的인 것이라 後天的으로 養氣함이 불가능하다는 의미로 쓰인 것은 아니며, 이곳의 學은 綴辭之學 즉 글짓기 공부만을 의미한다고 보았다.

白雲은 雄壯 浩然한 氣를 길러(閱歷·內養 등 구체적인 養氣의 방법은 不言及) 이를 바탕으로 광범한 독서와 깊은 사색을 통하여 얻게 된 深厚한 뜻이 원만하고 적절하게 言語로 발현되어 詩化하면 훌륭한 詩가 되는 것이요, 氣를 웅장하게 하고 意를 심후하게 하는데는 用心하지 않고 修辭에만 힘써서는 含蓄과 餘韻이 풍부한 시를 지을 수 없다고 한 것이다.

또한 白雲의 詩論은 시의 내용(意·氣)과 형식(語·辭)을 함께 중요시하여 그 가운데 어느 한 부분에라도 결함이 있으면 좋은 시가 될 수 없다고 일관되게 주장하였다. 이렇게 내용과 형식의 조화를 강조하였으므로 그의 詩論이 어느 한 쪽으로 치우친 것으로 이해해서는 안 된다고 보았다.

「驅詩魔文」을 통하여 본 李奎報의 詩論

Ⅰ.

　「驅詩魔文」은 東國李相國集 卷20에 수록된 8篇의 韻語中의 한 작품으로 韓退之의 「送窮文」을 效倣하였으며, 白雲이 지은 手筆類中의 白眉이다.

　「驅詩魔文」은 白雲이 자신에게 붙은 詩魔의 罪 다섯 가지를 나열하면서 詩魔를 쫓아내려하자 詩魔가 이를 반박하고, 이에 白雲이 詩魔의 주장에 굴복하여 다시 맞아들여 스승으로 삼았다는 내용으로 되어 있으며, 白雲이 詩魔를 꾸짖은 부분이나 시마가 이에 반박한 내용들이 모두 詩의 功效를 찬양하고 자신의 詩才를 逆說的인 方法으로 자랑한 것으로, 이를 통하여 그의 詩論의 一端도 파악할 수 있다.

　지금까지 白雲의 詩論을 연구한 論著의 대부분이 「論詩說」[1] 「論詩中微旨略言」[2] 「答全履之論文書」[3] 「上趙太尉書」[4] 「論詩」[5] 등 白雲

---

1) 李奎報,『東國李相國集』21.
2) 李奎報,『東國李相國集』22.
3) 李奎報,『東國李相國集』23.
4) 李奎報,『東國李相國集』26.
5) 李奎報,『東國李相國集』後集 1.

이 詩論이나 文學觀을 직접적으로 밝힌 글들을 一次的인 자료로 취급하고, 백운의 시론이 간접적인 방법으로 표현된「驅詩魔文」은 단순한 戲文으로 보아 二次的인 자료로 가볍게 취급하거나 아예 무시해 버리는 것이 일반적인 경향이었다.

「驅詩魔文」이 戲文이라 해서 作者가 심심풀이로 가볍게 쓴 글은 결코 아니다. 깊은 사색과 치밀한 구성으로 이루어진 작품이면서도 독자들이 가벼운 마음으로 읽을 수 있도록 배려하였고, 또한 이런 면에 성공한 작품이다.

本攷에서는 아무런 부담이나 제약이 없이 자유로운 입장에서 자신의 뜻을 밝힌 수필류의「驅詩魔文」이 白雲의 진실 솔직한 뜻을 밝히는데 보다 적절할 수도 있다고 생각하여 이를 근거로 다른 자료에 수록된 백운의 시론을 재조명해 보고자 한다.

白雲이 말하는 詩魔란 遇興觸物할 때마다 이를 詩로 표현하지 않고는 견딜 수 없도록 고질화된 詩癖을 稱하며 시벽이 深化되면 魔가 된다고 하여 魔를 癖보다 더 심한 것으로 본 일도 있으나, 대체로 시벽과 시마를 같은 의미로 混用하였으며,「驅詩魔文」外에도「詩癖」[6]「次韻白樂天病中十五首」[7]「復自傷詩癖」[8]「答客問詩幷序」[9]「三魔詩」[10] 등을 지어 詩魔(癖)를 괴로워하는 뜻을 표현하기도 하였다.

---

6) 李奎報,『東國李相國集』後集 1.
7) 李奎報,『東國李相國集』後集 2.
8) 李奎報,『東國李相國集』後集 8.
9) 李奎報,『東國李相國集』後集 8.
10) 李奎報,『東國李相國集』後集 10.

Ⅱ.

「驅詩魔文」에 나타난 白雲의 詩論中 대부분은 詩經大序나 그 밖의 儒敎經典에서 詩의 功效에 대하여 표현한 견해와 같으며, 李相國集에 수록된 다른 자료에 나타난 詩論과도 차이가 없으므로 本攷에서는 論外로 하고, 詩魔가 白雲에게「雄子以氣 飾子以辭」라 한 말을 주목하여 이를 중심으로 고찰하고자 한다.

詩魔가 白雲의 氣를 웅장하게 해주고 文辭를 아름답게 꾸며주었다는 것은 詩를 짓고자 끊임없이 노력하는 고질화된 性癖때문에 자신의 기상이 웅장해져서 그것이 雄壯한 氣象이 함축된 詩로 발현되었고, 아름답고 영롱한 詩語로 詩를 지을 수 있게 되었다는 것이다. 遇興觸物할 때마다 이를 詩로 표현하다보니 氣가 웅장해졌다면 後天的인 노력으로 養氣가 가능하다는 말이 된다.

그런데「論詩中微旨略言」에서는,

> 대저 시는 뜻으로 근본을 삼는다. 뜻을 세우기가 가장 어렵고 文辭를 연결하는 것은 그 다음의 일이다. 意는 또한 氣로 근본을 삼으며 氣의 優劣때문에 뜻이 深厚한 詩와 淺薄한 詩가 있게 된다. 그러나 氣는 하늘에 근본을 둔 것이라 배워서 얻을 수 있는 것이 아니다. 그러므로 氣가 열등한 사람은 文辭를 아로새기는 것을 공교롭게 여기고 뜻을 앞세우지 않게 된다. 대체로 그 글을 아로새기고 그 詩句를 울긋불긋하게 꾸며 놓으면 진실로 곱기는 하다. 그러나 속에 심후한 뜻을 함축하고 있지 않으면 처음에는 완상할 만한 것 같지만 거듭 씹어보면 맛이 이미 없어져버리고 만다.[11]

---

11) 李奎報, 『東國李相國集』 22.「論詩中微旨略言」
夫詩以意爲主 設意最難 綴辭次之 意亦以氣爲主 由氣之優劣 乃有深淺耳 然氣本乎天 不可學得 故氣之劣者 以雕文爲工 未嘗以意爲先也 蓋雕鏤其文 丹

라 하여, 氣는 本乎天한 것이라 不可學得이라 하였다.

이 부분은 白雲의 詩論가운데 가장 중요한 부분이다. 이것을 종래의 해석처럼 氣는 인간의 노력으로는 기를 수도 줄일 수도 없는 天賦的인 것이라 後天的으로 배워서 얻을 수 있는 것이 아니라고 본다면「驅詩魔文」의 주장과는 相反되게 된다. 이 문제에 대하여 지금까지의 대부분의 論著들은 前者는 戱文이고, 後者는 白雲이 本格的으로 전개한 詩論이라고 생각하여 前說을 무시하고 後說을 좇는 입장을 취하여 왔다. 本攷에서는 이와는 반대로 前者의 입장에 서서 後者의 설을 조명해보고자 한다.

白雲과 同時代 人物로 백운의 선배인 林椿은,

> 글짓기의 어려움은 옛부터 전해온 일이고 배운다고 잘할 수 있는 것이 아니다. 지극히 剛한 氣가 心中에 충만하여 外貌로 드러나고 말로 발현되되 그런 과정을 스스로도 알지 못하는 것이다. 진실로 그 氣를 기를 수 있다면 비록 붓을잡고 이를 배우지 않는다해도 文은 스스로 기이해질 것이다. 氣를 기르는데 名山大川을 두루 열람하여 天下의 奇聞壯觀을 구하지 않는다면 胸中의 뜻을 넓힐 수가 없다. 이때문에 蘇子由(蘇轍)는 山은 終南山·嵩山·華山의 높음을 보고, 물은 黃河의 큼을 보고, 人物은 毆陽公 韓太尉를 본 뒤에야 天下의 大觀을 모두 보았다고 하였다.[12]

하였고, 宋의 蘇轍은

青其句 信麗矣 然中無含畜深厚之意 則初若可玩 至再嚼則味已窮矣
12) 林椿, 『西河集』 4. 「上李學士書」
文之難尙矣 而不可學而能也 蓋其至强之氣 充乎中而溢乎貌 發乎言而不可知者耳 苟能養其氣 雖未嘗執筆而學之 文益自奇矣 養其氣者 非周覽名山大川 求天下奇聞壯觀 則亦無以自廣胸中之志矣 是以蘇子由 以爲於山見終南嵩華之高 於水見黃河之大 於人見毆陽公韓太尉 然後爲盡天下之大觀焉

나는 본래 글짓기를 좋아하였는데 文이란 氣가 발현된 것이라고 생각한다. 그리고 文은 배운다고 잘할 수 있는 것이 아니지만 氣는 기르면 이르게 할 수 있는 것이다. 孟子가 "나는 浩然한 氣를 잘 길렀다" 하였는데, 지금 그 文章을 보면 寬厚宏博한 氣象이 天地사이에 충만해서 그 기가 큰 일에나 작은 일에나 모두 알맞는다. 太史公은 천하를 여행하며 名山大川을 두루 관람하고 燕・趙사이의 호걸들과 교유하였기 때문에 그 문장이 疏蕩하고 奇氣가 있다. 이 두 사람이 어찌 이런 문장짓기를 배워서 그렇게 된 것이겠는가. 그 기가 胸中에 충만해져서 외모로 넘쳐나와 말로 표현되고 문장으로 발현되었는데도 氣 때문에 그렇게 된 것임을 몰랐을 뿐이다.[13]

라고 하였다.

上記 세 引用文에서 언급한 氣를 學者들은 天分 혹은 才能으로 보기도 하고[14], 先天的으로 타고난 氣象[15], 生命力[16] 등으로 보기도 하였으며, 재주(才)와 담력(膽)과 식견(識)과 역량(力)을 포괄하는 개념[17]으로 보기도 하였다. 本攷에서도 氣를 才・膽・識・力을 포괄하는 의미로 보고 논의를 전개하고자 한다. 이렇게 보면 위에 열거한 氣에 대한 개념이 대체로 포괄된다고 보아서이다.

---

13) 蘇轍,『欒城集』22,「上樞密韓太尉書」
   轍生好爲文 思之至深 以爲文者氣之所形 然文不可以學而能 氣可以養而致 孟子曰 我善養吾浩然之氣 今觀其文章 寬厚宏博 充乎天地之間 稱其氣之大小 太史公行天下 周覽四海名山大川 與燕趙間豪俊交遊 故其文疏蕩 頗有奇氣 此二子者 豈嘗執筆學爲如此之文哉 其氣充乎其中 而溢乎其貌 動乎其言 而見乎其文 而不自知也
14) 朴性奎,『李奎報研究』pp.24~27.
15) 沈浩澤,「漢文學에 있어서의 氣의 槪念」(『韓國學論集』8집, 계명대, p.79).
16) 黃啓方,「北宋文學批評資料彙篇」, p.16.
17) 車柱環,「中國詩論」27 (『心象』75.9, pp. 141~142).

白雲은 氣를 '不可學得'이라 하였고, 林椿과 蘇轍은 文을 '不可學而能也' 또는 '不可以學而能'이라 하였다. 모두가 배워서 잘할 수 있는 것이 아니라는 동일한 뜻인데, 林椿과 蘇轍의 말은 文이 天賦的 生得的인 것이므로 不可學而能한 것이 아니라 氣를 養致하면 文은 저절로 寬厚宏博하고 益自奇하게 된다고 하였다. 즉 이곳의 「學」을 綴辭之學으로 한정하여 단순한 글짓기공부만으로는 좋은 글을 지을 수 없고 氣를 기르면 文도 자연히 훌륭해진다고 한 것이다. 白雲이 '氣本乎天 不可學得'이라 한 것도 氣가 人爲的으로는 어쩔 수 없는 天賦的인 것이므로 後天的으로는 기를 수 없다는 것이 아니라 辭의 彫琢丹靑에만 노력해서는 詩 속에 웅장한 기상과 심후한 뜻을 함유할 수 없으니 修飾에만 用心하지 말고 意境을 直敍할 때 자연스럽게 기상이 발현된다는 뜻으로 한 말로 보아야 한다. 白雲이 詩는 意로 근본을 삼고 意는 또한 氣로 主를 삼는다고 하였으며, 氣가 풍부한 사람만이 詩 속에 심후한 뜻을 함축할 수 있다고 하였으므로, 氣가 天賦的인 것이어서 기를 수 없는 것이라면 人爲的인 노력으로는 심후한 뜻을 지닌 詩를 지을 수 없게 되며, 그렇다면 飽渴寒暑를 잊으면서 詩를 짓기 위해 전심전력으로 노력한 것이 (이 말은 驅詩魔文 속에 있는 것임) 무엇을 위해서인지 의심이 생기게 되고, 人爲的으로 가능한 것은 백운이 배격하는 雕鏤丹靑 밖에 없다는 모순에 봉착하게 된다. 그러므로 이곳에서의 '天'을 自然·天然 등의 뜻으로 보고 '不可學得'의 해석도 綴辭를 위한 공부만으로는 自然 속에 충만한 氣를 나의 浩然 雄壯한 氣로 삼아 詩意 속에 內含시킬 수 없다고 한 것으로 後天的인 養氣의 가능성을 부정한 것이 아니며, 이렇게 본다면 일견 모순된 듯한 '雄子以氣'와 '氣本乎天 不可學得'이라는 두 말의 차이도 해소된다.

이들 三人 모두가 文은 氣가 主가 되는 것이므로 氣가 심중에 가득 차서 詩文으로 발현되면 별도로 글을 잘 짓기 위한 공부를 하지 않아도 寬厚宏博하고 深厚한 뜻을 함축한 시문이 된다고 본 것이다. 蘇轍 外에도 北宋의 文人들 中 夏竦·李廌·劉弇 등 많은 사람들이 이와 유사한 氣論을 주장하였고 이런 주장이 高麗文人들에게 영향을 끼친 것으로 보인다.

白雲이 詩論을 전개하면서 말한 '天'이 人爲的으로는 도달할 수 없는 경지를 뜻하는 것이 아님은 다음의 例에서도 증명된다.

　　作詩尤所難　　시짓기가 더욱 어려운 것은
　　語意得雙美　　말과 뜻을 함께 아름답게 해야해서이네.
　　含蓄意苟深　　함축한 뜻이 진실로 깊으면
　　咀嚼味愈粹　　씹을수록 맛이 더욱 순수해지네.
　　意立語不圓　　뜻이 섰어도 말이 원만하지 않으면
　　澁莫行其意　　난삽하여 뜻을 펼 수 없게 되네.
　　就中所可後　　그 가운데 뒤로 돌릴 수 있는 것은
　　彫刻華艶耳　　아름답게 아로새기는 것이네.
　　(中略)
　　意本得於天　　뜻은 본래 하늘에서 얻는 것이라
　　難可率爾致[18]　쉽게 이르게 하기는 어렵다네.
　　(後略)

라 하여, 훌륭한 詩가 되려면 語와 意, 즉 形式과 內容이 모두 훌륭해야 하며 이는 쉬운 일이 아니라고 하고, 뜻은 본래 하늘에서 얻는 것이므로 쉽게 이르게 할 수 없는 것이라고 하였다. 意는 '難可率爾致'라 하여 갑자기 이르게 하기는 어렵다고 한 것은, 불가능하다는 뜻이 아니라 쉽게 이르게 할 수 없다는 뜻일 뿐이며, 이곳의 天은 비록 쉬운 일

---

18) 李奎報, 『東國李相國集』 後集 1. 「論詩」

은 아니지만 人爲的인 노력으로 접근이 가능한 天을 뜻하는 것이다.

즉 孟子의 '順天者存 逆天者亡'이라 한 곳의 天이나, 中庸에서 '誠者 天之道也 誠之者人之道也'라 한 곳의 天道로 보아 天之道를 실현하고자 노력하는 것이 人之道이므로, '意本得於天 難可率爾致'를 심후한 詩意는 본래 天道에 부합해야 하는 것이므로, 天道를 깨닫고 이를 이루고자 노력하여 심오한 식견과 인격을 갖추게 된 사람, 즉 天道에 접근한 사람이 아니면 갑자기 이루려해도 이루기가 어렵다는 뜻으로 보아야 한다.

한편 白雲은 驅詩魔文에서는 '雄子以氣 飾子以辭'라 하고, 論詩中微旨略言에서는 '設意最難 綴辭次之'라 하였으며, 論詩詩에서는 '語意得雙美'라 하여 詩를 論할 때는 언제나 意(氣)와 辭(語)를 함께 언급하였다. 이는 詩는 내용과 형식이 조화를 이루어야 한다는 평범한 상식을 말한 것으로, '綴辭次之'라는 말도 詩를 지은 때는 내용을 먼저 생각하고 이를 文字로 표현하는 것은 다음 단계의 일이라고 본 것일 뿐 綴辭의 중요성을 부정한 것이 아니며, 이는 上記 論詩詩로도 증명이 된다. 이렇게 語와 意가 雙美하여 조화를 이룰 것을 주장한 白雲을 主意論者 또는 設意論者라고 한 쪽으로 치우친 칭호로 부르는 것은 적절하지 않다고 본다.

Ⅲ.

지금까지 「驅詩魔文」에서 詩魔가 白雲에게 자랑한 '雄子以氣 飾子以辭'라 한 말을 토대로 白雲이 다른 글에서 언급한 이와 연관된 詩論들은 재조명하고 재해석해 보았다.

즉 「論詩中微旨略言」에서 '氣本乎天 不可學得'이라 한 곳과 論詩詩에서 '意本得於天 難可率爾致'라 한 곳에 쓰여진 天은 人間의 능력으로는 전혀 접근이 불가능한 彼岸의 天이 아니요, 閱歷과 독서를 통하여 이해하고 이를 자신의 意와 氣로 胸中에 內含하여 詩로 發現시킬 수 있는 天地自然 자체 또는 그 理法으로서, 語辭를 꾸미기 위한 공부만으로는 얻을 수 없으며, '不可學得'이라 한 것이 氣는 天賦的인 것이라 後天的으로 氣를 기를 수 없다는 뜻으로 쓰인 것은 아니며, 이곳의 學은 綴辭之學 즉 글짓기 공부만을 의미한다고 보았다.

　白雲은 雄壯 浩然한 氣를 길러(閱歷·內養 등 구체적인 養氣의 방법에 대하여는 언급한 일이 없음) 이를 바탕으로 광범한 독서와 깊은 사색을 통하여 얻게 된 深厚한 뜻이 원만하고 적절하게 言語로 발현되어 詩化하면 風格이 높고 氣勢가 펼쳐진 훌륭한 詩가 되는 것이요, 氣를 웅장하게 하고 意를 심후하게 하는 데는 用心하지 않고 修辭에만 힘써서는 含蓄과 餘韻이 풍부한 시를 지을 수 없다고 한 것이다.

　또한 白雲의 詩論은 시의 내용(意·氣)과 형식(語·辭)을 함께 중시하여 그 가운데 어느 한 부분에라도 결함이 있으면 시가 될 수 없다고 일관되게 주장하였다. 이렇게 내용과 형식의 조화를 강조하였으므로 그의 詩論이 어느 한 쪽으로 치우친 것으로 이해해서는 안 되리라고 본다. 이렇게 본다면 13世紀의 고려 文人 가운데 林椿은 後天的인 養氣나 縮氣를 인정하였고, 白雲은 氣의 天賦說을 주장하였다고 보아 양인의 說이 相反된 듯이 보는 견해도 피상적인 관찰이며 氣에 대한 양인의 견해는 차이가 없다고 보아야 할 것이다.

附 錄

李奎報 年譜

年譜 序

아들 涵이 아버님의 前後文集(前集 41卷·後集 12卷)을 편찬하고 아버님께서 손수 草해 놓으신 家狀을 근거로 하여 다시 年譜를 작성하였다. 涵이 옛 사람의 文集을 보니 每年條에 그 저술한 本末과 理由를 자세히 갖추어놓아 참고할 수 있게 하였는데, 대체로 옛 사람의 시집에 저술한 年月을 반드시 모두 기록해 놓은 것은 아닌데 어느 기록에 근거하여 자세히 실어 놓았는지 알 수가 없다.

지금 아버님의 文集에는 年月을 표시하지 않은 것이 많기 때문에 각각 해를 따라 일일이 표시할 수는 없고 다만 열에 한둘 정도만 적어 놓았을 뿐이다. 그러나 公이 비록 한 해나 한 달인들 어찌 저작을 중단한 일이 있겠는가.

年 譜

戊子(毅宗 22·1168)

공은 이 해 12월 16일 癸卯에 태어났는데 名은 奎報이고 字는 春卿이며 黃驪縣 사람이다. 아버님의 名은 允綏이고 벼슬이 戶部郞中에 이르렀으며, 어머님은 金氏로 金壤郡 사람으로 外祖의 名은 仲權(후에 施政으로 고쳤음)이고 中古의 名儒였으며 과거에 급제하여 벼슬이 蔚珍縣尉에 이르렀다.

公이 태어난 지 석달만에 악성 종기가 온몸에 번져 아무리 약을 써도 치료가 되지 않아 아버님께서 松岳祀宇에 가서 산가지를 던져 生死를 물으니 산다고 하였고, 약을 쓸까 쓰지 않을가를 물으니 쓰지 말라 하였다. 이 이후 약을 바르지 않자 피부가 모두 문드러져서 얼굴을 분별할 수 없었으며, 乳母가 항상 두 팔에 밀가루를 바른 뒤에야 안고 다닐 수 있었다. 어느 날 유모가 안고 문밖에 나가자 한 노인이 지나가며 말하기를, "이 아이는 千金같이 귀한 아기인데 어찌 이렇게 버려 두느냐. 잘 보호해 길러라."하였다. 유모가 달려와 아버님께 아뢰자 아버님은 神人일 것이라고 생각하여 사람을 시켜 좇아가다가 길이 세 갈래가 되어 3인에게 좇게 하였지만 모두 발견하지 못하고 돌아왔다.

처음 이름은 仁底였는데 己酉年에 司馬試를 보려 할 때 꿈에 村夫 같은 사람들이 모두 검은 베옷을 입고 마루 위에서 술을 마시는데, 곁에 있는 사람이, "이들이 28宿이다."하기에 공이 놀랍고 송구스러워 두 번 절하고, 금년 시험에 합격할 것인가 않을 것인가를 묻자 어떤 사람이 한 사람을 가리키며, "저 사람이 奎星이므로 알 것이다."하여, 공이 나아가 묻다가 그의 대답을 듣기 전에 깨어서 그 꿈을 끝까지 꾸지 못한 것을 한스럽게 여겼다. 곧 다시 꿈을 꾸게 되었는데, 그 사람이 와서 알려주기를, "그대는 반드시 壯元으로 합격할 것이니 염려하지 말라. 이것은 하늘의 기밀이니 누설하면 안된다." 하였으므로 지금의 이름으로 고쳤고 科試에 나아가 과연 壯元으로 합격하였다.

己丑(毅宗 23·1169)

庚寅(毅宗 24·1170)

辛卯(明宗 1·1171)

이 해에 嚴君께서 戌州 수령으로 나아갔으므로 任地에 따라갔다.

壬辰(金 大定 12년, 明宗 2·1172)

癸巳(大定 13년, 明宗 3·1173)

甲午(大定 14년, 明宗 4·1174)

이 해에 嚴君께서 內侍로 被召되자 따라서 京師로 돌아왔다.

乙未(大定 15년, 明宗 5, 1175)

丙申(大定 16년, 明宗 6·1176)

丁酉(大定 17년, 明宗 7·1177)

戊戌(大定 18년, 明宗 8·1178)

이 해에 숙부 直門下省 李富가 省郎들에게 자랑하기를, "내 조카가 나이가 얼마인데도 글을 잘 지으니 불러 시험해 보면 좋겠다"하자 모든 省郎들이 흔연히 맞이하여 聯句를 짓도록 命하였다.

그때 마침 外郡에서 바친 종이를 받았으므로 '紙'자를 지적하자, 공이 말이 떨어지자마자 '紙路長行毛學士'(종이 위로 길게 달리는 것은 모학사[붓]요)라 하였다. 제랑들이 손수 이를 기록하고 또 대구를 지으라고 명하니 곧 '盃心常在麴先生'(잔 속에 항시 있는 것은 국선생[술]이로다.)이라 하였다. 성랑들이 모두 탄복하고 奇童이라 부르며 칭찬하고 격려하여 돌려보내었다.

己亥(大定 19년, 明宗 9·1179)

庚子(大定 20년, 明宗 10·1180)

辛丑(大定 21년, 明宗 11·1181)
　이 해에 비로소 文憲公徒에 적을 두고 誠明齋에서 공부를 하였다. 夏課 때마다 先達들이 諸生을 모아놓고 촛불에 금을 그은 후 韻을 정해주고 시를 짓게 하면서 「急作」이라 하였는데, 공이 연이어 1등을 하자 여러 선비들이 기이하게 여기기 시작하였다.

壬寅(大定 22년, 明宗 12·1182) 공의 나이 15세
　이 해 6월 하과에서 또 急作詩를 지었는데 마침 誠明齋에 한림으로 임명된 사람이 있어서 「內直玉堂」으로 제목을 정하고 운을 정해주자 공이 짓기를,

獨直偏知殿閣凉	홀로 숙직하며 전각의 싸늘함을 문득 느끼는데
金蓮花燭炤華堂	연꽃 모양의 촛불이 화당을 밝히네
露凝仙掌驚秋冷	이슬 어린 선인장에 가을이 싸늘한데
月透紗窓信夜長	달빛 스미는 사창에 밤도 정녕 길도다
七寶床前宮漏永	칠보상 앞에는 물시계소리 연잇고
九華帳裡御爐香	구화장 속 어로에선 향기가 피어오르네
詞頭初罷銀河曙	시짓기 끝나자 하늘이 밝아오니
喜見高天瑞日光	높은 하늘 상서로운 햇빛을 기쁘게 뵈오리라

하였다. 선달 咸淳 등이 모두 감탄하고 칭찬하기를 마지않으면서 높여서 1등으로 삼았는데 1등은 오직 공뿐이었으니 그 특이함을 보인 것이다. (이 시는 어려서 지은 것이므로 문집에는 싣지 않았다.)

癸卯(大定 23년, 明宗 13·1183) 공의 나이 16세

  봄에 嚴君께서 水州의 수령으로 나아갔다. 공은 머물면서 司馬試를 보았으나 합격하지 못하였고, 가을에 水州에 가서 아버님을 뵈었다.

甲辰(大定 24년, 明宗 14·1184) 공의 나이 17세

乙巳(大定 25년, 明宗 15·1185) 공의 나이 18세

  봄에 水州에서 돌아와 司馬試를 보았으나 낙방하자 가을에 되돌아갔다.

丙午(大定 26년, 明宗 16·1186) 공의 나이 19세

  봄에 嚴君께서 교체되었으므로 따라서 京師로 돌아왔다.

丁未(大定 27년, 明宗 17·1187) 공의 나이 20세

  이해 봄에 다시 司馬試를 보았으나 낙방하였다. 公이 4·5년 이래로 술을 마시며 함부로 놀고 스스로를 檢束하지 않고 오직 風月만 일삼으며 科擧之文을 전혀 익히지 않았으므로 시험을 계속 보았지만 합격하지 못한 것이다.

戊申(大定 28년, 明宗 18·1188) 공의 나이 21세

己酉(大定 29년, 明宗 19·1189) 공의 나이 22세

  이해 봄에 司馬試에 응시하여 첫째로 합격하였다. 十韻詩를 짓게 하고 제목을 「先王制軒冕著貴賤不求美」로 정하자 공이 破題하여 짓기를,

    太古無軒冕　　태고에는 헌면이 없었으니
    誰分貴賤流　　누가 귀천을 구분할 수 있었으랴
    制之然後著　　제정된 뒤에야 쓰게 되었지만
    美也不曾求　　아름다움은 일찍이 추구하지 않았다네

하였고, 한 句에는 이르기를,

    始造聞黃帝　　처음 만든 사람은 황제라고 들었으니
    徒行豈孔丘　　어찌 공구가 도보로 다녔으랴

하였다. 座主 柳公이 감탄하고 찬양하기를 마지않으며 드디어 첫째로 뽑았다.

庚戌(大定 30년, 明宗 20·1190) 공의 나이 23세
6월에 禮部試에 응시하여 同進士로 합격하자, 공은 열등한 성적으로 합격한 것을 꺼려 합격을 사퇴하려 하였으나 嚴君께서 준절히 꾸짖고 前例도 없었기 때문에 사퇴할 수기 없었다. 크게 취하여 賀客들에게 이르기를, "내가 과거에는 비록 하위로 합격하였으나 어찌 3·4차 문생들은 陶鑄할 사람이 아니겠는가"하자 앉아있던 하객들이 입을 가리고 몰래 웃었다. 공이 科擧之文 공부를 일삼지 않아 賦를 지은 것이 거칠고 格率에 맞지 않았으며, 또 시험장 안에서 奉命承宣 朴純과 座主가 王이 下賜한 술을 公에게 큰 잔으로 한 잔을 먹였으므로 크게 취하여 휘갈겨 썼다가 찢어서 버리려 하자 옆자리에 있던 孫得之가 빼앗아서 바쳤다. 시의 제목이 「戴君若鼇冠靈山」이었는데 공의 시 제 4구에,

    壯似支三聳　　웅장함이 흡사 삼신산을 지탱하고 솟은 듯하니
    憂无釣六鼇　　여섯 자라를 누가 감히 낚아가랴

하였고, 제 5구에서는

    奉天呈屹屹　　하늘 받들기를 우뚝하게 하고
    負山出滔滔　　산악 짊어지긴 끊임없이 하네

하였는데, 知貢擧 李知命이 이 구를 아껴서 드디어 물리치지 않은 것이다.

辛亥(大金 明昌 2년, 明宗 21·1191) 공의 나이 24세

가을 8월에 아버님 喪을 당하였다. 天磨山에 寓居하면서 스스로 白雲居士라 칭하고 「天磨山詩」를 지었는데 잃어버려서 前集에는 수록하지 못했다가 뒤에 찾아 後集 제1권에 실었다. 首句에,

　　世人但取山崔巍　　세상 사람들이 산의 높음만 취하여
　　乃以天磨而號之　　천마로 이름을 붙였네

한 것이 그 시이다. 후에 늘 이 산에 노닐면서 시를 지었으니, 「北山雜題」「重遊北山」 등이 그것이다.

壬子(明昌 3년, 明宗 22·1192) 공의 나이 25세

이해에 「白雲居士語錄」 및 「白雲居士傳」을 지어 자신의 行止를 밝혀 놓았다.

癸丑(明昌 4년, 明宗 23·1193) 공의 나이 26세

이해에 百韻詩를 지어 侍郞 張耆牧에게 올리자 張公이 후하게 禮遇하여 뵈올 때마다 늘 술을 준비하였다가 함께 마셨다. 4월에 「舊三國史」를 얻어 東明王의 事績을 읽고 기이하게 생각하여 古詩를 지어 그 특이함을 기록하였다.

甲寅(明昌 5년, 明宗 24·1194) 공의 나이 27세

이해에 「論潮水書」를 지어 東閣 吳世文에게 주었고, 「天寶詠史詩」 43수를 짓고 모두 注를 달아놓았으며, 또 「理小園記」를 지었다.

乙卯(明昌 6년, 明宗 25·1195) 공의 나이 28세

이해에 「和吳東閣三百韻」詩를 지었다.

丙辰(明昌 7년, 明宗 26·1196) 공의 나이 29세

4월에 京師에 亂이 일어나 姊夫가 남쪽 黃麗로 유배되었는데 5월에 공이 누님을 모시고 찾아갔다. 이해 봄에 어머님이 막내사위가 원으로 나아가 있는 尙州에 머물고 계셨으므로 6월에 黃麗로부터 尙州로 가서 찾아 뵈었으며, 寒熱病을 얻어 몇 달동안 고생하다가 10월에 이르러서야 돌아왔다. 시집 가운데 南遊詩가 무려 90여 수나 되는데 黃麗와 尙州에서 지은 것들이다.

丁巳(承安 2년, 明宗 27·1197) 공의 나이 30세

겨울 12월에 冢宰 趙永仁과 相國 任濡·崔詵·崔讜 등이 聯名으로 箚子를 올려 공을 추천하면서, 지방관에 임명하여 장차 文翰의 임무를 맡길 준비를 하자고 청하자 王도 允許하였는데, 掌奏承宣 某가 과거에 公에게 약간 유감이 있어서 이때에 箚子를 빼앗아 吏部에 회부하지 않고 갑자기 잃어버렸다고 거짓말을 하였다. 冢宰도 箚子를 회부한 일이 없다고 해명하면서 이를 조사하지도 않았다. 詩集에 있는 「上趙令公詩」에 이르기를,

昔見銀盃嘗羽化　옛글에서 은잔이 날개가 달려 날아간 기록을 보았는데
今聞箚子忽登仙　이제 차자가 갑자기 신선이 되어 사라진 소문을 듣게 되었네

하자, 선비들 중에 탄식하지 않는 사람이 없었다. 또 「上趙太尉書」를 지어 그 사유를 규명해 달라고 호소하였다.

戊午(承安 3년, 神宗 1·1198) 공의 나이 31세

己未(承安 4년, 神宗 2·1199) 공의 나이 32세

　5월에 知奏事相公(뒤에 晋康公이 되었다) 댁에 千葉榴花가 탐스럽게 피자 賓客들을 불러 감상하면서 시인 李仁老·咸淳·李湛之와 公을 불러 시를 짓게 하였다. 그후 어느 날 우연히 주변 사람들에게 이르기를, "들으니 문신 四相國이 아무개를 추천하였다가 이루지를 못하였고 또 箭子를 빼앗은 자가 있다고 한다"하였는데, 이에 비로소 公을 등용할 생각을 갖게 된 것이다.
여름 6월 頒政에 全州牧司錄 兼 掌書記로 임명받아 9월에 全州에 부임하였다.
이 해에 지은 것으로 古律詩가 무려 15·6수나 된다.

庚申(承安 5년, 神宗 3·1200) 공의 나이 33세
이 해에 지은 것이 무려 30여수이다.
겨울 12월에 罷免당하여 全州에서 떠났다. 공이 처음 전주를 다스릴 때 通判郎將 아무개가 욕심이 많고 방자하였는데 공이 굽히지 않고 공적인 일로 누차 그를 격노하게 하자 通判이 분함을 이기지 못하고 또 일을 제 마음대로 하고자 하여 드디어 모함을 한 것이다.
떠나와서 廣州에 이르러 마침 연말을 맞았는데 妻兄 晋公度가 書記가 되어 그의 집으로 맞이하였으므로 연말을 보내면서 시 한 수를 지어주었다. 그 首句에,

偶霑微祿官江南　　우연히 하찮은 관직으로 강남에서 벼슬살았네.

한 것이 이 시이다.

辛酉(承安 6년, 神宗 4·1201) 공의 나이 34세

봄 正月에 廣州에서 돌아왔다.

여름 4월에 竹州로 가서 어머님을 모시고 開京으로 돌아왔다. 이보다 앞서 姉兄이 黃驪에서 竹州監務로 보임되자 누님과 어머님이 그 任所로 가 있었는데 이해 4월에 어머님이 개경으로 돌아오고자 하시므로 공이 모시고 온 것이다. 「遊竹州萬善寺」시가 있는데 이때에 지은 것이다. 5월에 「四輪亭記」를 지었고, 6월에 「南行記」및 「自竹州昇母赴長安」시를 지었는데 이 일을 기록한 것이다.

壬戌(泰和 2년, 神宗 5·1202) 공의 나이 35세

여름 5월에 母親喪을 당하였다.

12월에 東京에서 반란이 일어나 雲門山의 도둑떼들과 함께 擧兵하자 조정에서는 三軍을 출동시켜 정벌하면서 軍幕에서 과거급제자로 벼슬이 없는 사람을 강제로 修製員에 충당하려 하여 세 사람을 뽑았으나 모두 평계를 대어 피하고 취임하지 않자 공에게 이르렀는데 강개하여 말하기를, "내 비록 겁쟁이지만 또한 나라의 백성이니 國難을 피하는 것은 사나이가 아니다." 하고 드디어 종군하였다. 이에 幕府에서 기뻐하여 상주하여 兵馬錄事 兼 修製員을 삼았으니 대체로 그의 의기를 펴 준 것이다. 이 달에 출발하여 淸州에 머물면서 「幕中書懷」를 고시 18운으로 지어 同營의 제공들에게 주었고, 또 尙州에 머물면서 「觀金上人草書」를 고시 15운으로 지었다.

癸亥(泰和 3년, 神宗 6·1203) 공의 나이 36세

공이 東京 軍幕에 있으면서 2월에 「上都統副使書」를 짓고 전쟁에 죽은 사람을 장사지내는 일을 의논하였으며, 古詩와 律詩를 지은 것이 무려 10여수이다.

甲子(泰和 4년, 神宗 7·1024) 공의 나이 37세

3월에 군사가 개선하였으므로 公도 따라서 開京으로 돌아왔다. 시집에,

獵罷論功誰第一　사냥 끝났으니 논공에 누가 제일인가
至今不記指縱人　지금까지 지휘한 사람은 기억해주지 않네

한 것이 있는데, 많은 군사들이 상을 받았으나 공만이 못받았으므로 섭섭한 생각이 없을 수 없어서 이렇게 짓게 된 것이다.

乙丑(泰和 5년, 熙宗 1·1205) 공의 나이 38세

이해에 「上崔相國詵書」를 지어 벼슬을 구하였다.

丙寅(泰和 6년, 熙宗 2·1206) 공의 나이 39세

丁卯(泰和 7년, 熙宗 3·1207) 공의 나이 40세

겨울 12월에 直翰林院에 權補되었다. 公은 은거하면서 杜門不出하고 있었지만 해마다 史舘·翰院·國學 등의 儒官들이 인물을 추천할 때면 항상 公을 으뜸으로 놓았으며, 左右에서도 칭찬하는 사람이 많았다. 晋康公도 衆人의 뜻을 어기기가 어려워서 등용할 생각을 갖게 되었으나 특별한 계기가 없음을 아쉽게 여겼었는데, 때마침 茅亭을 짓자 李仁老·李元老·李允甫 및 公에게 記를 짓도록 명하고 儒官宰相 4인에게 평가하도록 하여 公이 1등을 하자 그 시만을 판에 적어 걸어놓도록 하였다. 12월에 이 관직에 補하자 「初入翰林」시 2수를 짓고 또 「止止軒記」를 지었다.

戊辰(泰和 8년, 熙宗 4·1208) 공의 나이 41세

한림의 權補(임시직원)를 면하고 眞補(정식직원)가 되었다.

己巳(泰和 9년, 熙宗 5·1209) 공의 나이 42세

庚午(大安 2년, 熙宗 6·1210) 공의 나이 43세

辛未(大安 3년, 熙宗 7·1211) 공의 나이 44세

壬申(大安 4년, 康宗 1·1212) 공의 나이 45세

  정월에 壬午衛錄事參軍事에 임명되었고, 6월에 翰林兼官에 缺員이 생기자 頒政때를 기다리지 않고 兼直翰林院에 임명하고 本職은 그대로 두었다. 「再入玉堂詩」2수를 지었다.

癸酉(崇慶 2년, 康宗 2·1213) 공의 나이 46세

  12월에 晋康侯의 아들 相國이 밤에 큰 잔치를 베풀고 縉紳貴介들을 초대하였는데 공은 8品微官으로 특별히 부름을 받아 참여하였다. 한밤중에 相國이 이르기를, "그대의 走筆詩에 대하여 소문은 들었으나 보지는 못하였으니 오늘 시험해 봄이 어떠한가"하고 이어서 李仁老에게 운을 부르게 하여 40여운에 이르렀으며 「燭」으로 제목을 정하고 이름난 기생에게 먹을 갈게 하였다. 시가 완성되자 相國이 크게 감탄하면서 이튿날 그 시를 부에 가지고 가서 晋康侯에게 아뢰고 불러서 능력을 시험해 보도록 청하였다. 晋康侯가 처음에 듣지 않자 두 번 세 번 아뢰니 그제서야 불렀다. 도착하자 相國이, "이 사람은 술을 마시지 않으면 뜻대로 할 수가 없다"하고, 곧 발빠른 사람에게 명해서 그의 집에 가서 술을 가져오도록 하였는데 도착하기 전에 晋康侯가 술을 준비하여 따라 주었다. 相國이 또, "이 사람은 음주정도가 깸과 취함의 중간에 이르러야 된다."하고 잔을 헤아리며 마시게 하고, 얼근해지자 晋康侯 앞으로 나아갔다.

  후의 앞에 筆匣이 있고 붓 10여자루가 있었는데 상국이 몸소 좋은 것을

골라 주었다. 때마침 뜰에 공작이 놀고 있자 후는 그 공작으로 제목을 정하고 琴相國에게 운을 부르게 하여 40여운에 이르렀으나 붓을 한 순간도 멈추지 않자 후가 감탄하며 눈물을 흘렸다. 물러나오려 하자 후가 즉시, "뜻한 바를 말하라"하였다. 공이, "제가 이제 8품이니 7품을 제수해 주시면 만족하겠습니다."하였다. 상국이 여러차례 눈짓을 하며 곧바로 參官을 바란다고 말하게 하려 하였다. 그날 相國이 집으로 돌아와 꾸짖기를, "그대가 관직을 바람이 어찌 그리 낮은가, 어째서 참관을 희망하지 않았는가"하자 공이, "제 뜻입니다."하였다.
12월 반정에 7품을 뛰어 司宰丞에 임명되었다.

甲戌(貞祐 2년, 高宗 1·1214) 공의 나이 47세

乙亥(貞祐 3년, 高宗 2·1215) 공의 나이 48세
여름 6월에 공이 시를 지어 參職의 품계를 구하자 晋康侯가 그 시를 典籤 宋恂에게 보이면서, "이 사람은 뜻이 높은 자이니 응당 품계를 높여 주기를 바라는 것은 아닐 것이고, 임시로 굽혀서 말한 듯하다. 만약 상께 아뢰어 곧바로 參官에 제수하면 그의 뜻이 어떠하리라고 생각하는가?"하자 恂이, "그렇게 한다면 그가 기뻐할 것은 말할 것도 없고 또한 衆人이 바라고 있는 바입니다."하였다. 批勅을 내릴 때에 右正言知制誥를 삼자 7월에 「初拜正言」시를 지었고, 10월에 「朝享大廟頌」을 지었다.

丙子(貞祐 4년, 高宗 3·1216) 공의 나이 49세

丁丑(貞祐 5년, 高宗 4·1217) 공의 나이 50세
봄 2월에 右司諫知制誥로 임명하고 紫金魚袋를 하사하였다. 이해 가을에 公的인 일 때문에 停職되자 공은 「上晋康侯書」를 지었다.

戊寅(貞祐 6년, 高宗 5·1218) 공의 나이 51세
봄 正月에 左司諫으로 옮겼고, 나머지 직책은 그대로였다.

己卯(貞祐 7년, 高宗 6·1219) 공의 나이 52세
봄에 공이 탄핵을 받아 免官되었다. 전년 12월에 지방에서 八關賀表를 올리지 않은 자가 있어 公이 이를 문책하려 하자 琴相國이 굳이 말렸었는데, 이달에 이르러 晋康侯가 그 이유를 따지고 즉시 琴相國과 公을 탄핵하였다가 琴相國은 용서받고 公만 免官되었다. 4월에 桂陽都護府副使兵馬鈐轄로 나가게 되어 5월에 계양에 부임하였다.

庚辰(貞祐 8년, 高宗 7·1220) 공의 나이 53세
여름 6월에 試禮部郎中起居注 知制誥로 소환되어 7월에 계양에서 돌아왔다. 전년 9월에 晋康公이 薨하고 아들 相國(崔瑀)이 대신 정권을 잡았기 때문에 이런 명이 있게 된 것이다. 12월에 試太僕少卿으로 옮겼고 起居注는 그대로였는데 이를 사양하는 表를 지었다.

辛巳(貞祐 9년, 高宗 8·1221) 공의 나이 54세
여름 6월에 寶文閣待制 知制誥에 임명되자 사양하는 표를 지었다.

壬午(貞祐 10년, 高宗 9·1222) 공의 나이 55세
여름 5월에 太僕少卿에 卽眞되었다.

癸未(貞祐 11년, 高宗 10·1223) 공의 나이 56세
겨울 12월에 朝散大夫 試將作監에 임명되었고 待制는 그대로였다.

甲申(高宗 11·1224) 공의 나이 57세
여름 6월에 將作監에 卽眞되었다.

겨울 12월에 明年에 실시할 司馬試의 座主가 되자 사양하는 표를 지었다. 12월에 朝議大夫 試國子祭酒 翰林侍講學士에 임명되고 知制誥는 그대로였으며 이를 사양하는 표를 지었다.

乙酉(高宗 12·1225) 공의 나이 58세

봄 2월에 司馬試를 주관하여 詩賦로 李惟信 등 16인을 얻고 十韻詩로 安謙一 등 50인을 얻었으며 明經으로 康得希 등 3인을 얻어 王께 아뢴 후 발표하였다.
겨울 12월에 左諫議大夫에 임명되고 나머지는 그대로였으며 사양하는 표를 지었다. 이해에「王輪寺丈六靈驗記」를 짓고, 또 칙명을 받아「太倉泥庫上梁文」을 지었다.

丙戌(高宗 13·1226) 공의 나이 59세

겨울 12월에 祭酒로 卽眞되었다.

丁亥(高宗 14·1227) 공의 나이 60세

戊子(高宗 15·1228) 공의 나이 61세

봄 正月에 中散大夫 判衛尉事에 임명되었고 나머지는 그대로였다.
여름 5월에 同知貢擧로서 春場(禮部試)을 관장하여 李敦 등 31인을 얻고, 明經에 鞠受圭 등 4인을 얻어 왕께 아뢴 후 발표하였다.

己丑(高宗 16·1229) 공의 나이 62세

庚寅(高宗 17·1230) 공의 나이 63세

庚寅 11월 21일에 멀리 蝟島로 유배되었다. 이해 八關會에 왕을 모시고 연회를 하는데 일을 舊例에 어긋나게 처리한 자가 있었으니 이는 樞密

車公이 시킨 것이었다. 知御史臺事 王猷가 성이 나서 執事者가 제대로 못하는 것을 꾸짖었는데 車公은 王猷가 宰相을 꾸짖었다고 오해하여 王께 일렀다. 그때에 公과 左丞 宋恂도 옆자리에 있었으므로 이들도 부추겼을 것이라고 의심하여 모두 遠島로 流配한 것이다. 이날 출발하여 靑郊驛에서 자고 12월에 保安縣에 이르러 머물면서 바람이 순조로울 때를 기다리다가 26일에 위도로 들어갔다.

辛卯(高宗 18·1231) 공의 나이 64세

봄 정월 15일에 고향인 黃驪縣으로 量移(유배지를 좀더 편한 곳으로 옮김)되었다. 22일에 竹州에 가서 萬善寺에서 묵었다. 공은 일찍이 辛酉年에도 이 절에 유람하면서 板上에 있는 諸公의 시의 和詩를 지은 일이 있는데 落句에,

好在靑山色　　푸른 산빛을 잘 간직하거라
休官欲重尋　　벼슬 그만 둔 후 다시 찾겠노라

하였었다. 이제 벼슬이 떨어진 후 다시 왔으니 이는 詩讖(시로 앞날을 예언함)에 가깝다고 할 만하다. 다시 두 수의 和韻詩를 지었다.
가을 7월에 黃驪에서 京師에 이르렀다.
9월에 오랑캐의 침입에 대비하여 白衣로 保定門을 지켰는데, 詩集에,

猶勝炎州嵐瘴地　　남녘 땅 풍토병 있는 고장에서
折腰甘向海村民　　해촌민 향하여 굽실거리는 것보다는 낫도다

한 것이 이것이다. 공이 散官으로 있으면서도 達旦(蒙古)과 통화하는 書表나 文牒은 모두 위촉받아 지었다.

壬辰(高宗 19·1232) 공의 나이 65세

己丑年에 王師가 사망하였는데 이해에 文人들이 上께 건의하여 公에게

명하여 碑銘을 짓게 하였다.

여름 4월에 官職이 回復되어 正議大夫 判秘書省事 寶文閣學士 慶成府 右詹事 知制誥로 임명되었다. 6월에 도읍을 옮기자 公은 江都에 집을 짓지 않고 河陰의 客舍 西廊을 빌어 그곳에서 살았으며 시 두 수를 지었다. 9월에 留守中軍知兵馬事가 되었다.

癸巳(高宗 20·1233) 공의 나이 66세

여름 6월에 銀靑光祿大夫 樞密院副使 左散騎常侍 翰林學士 承旨로 임명되었다가 아들 涵이 直翰林院이 되었으므로 父子가 같이 근무할 수 없어 寶文閣學士로 바꾸었다.

8월에 樞密院에 숙직하면서 시 4수를 지어 內省의 相國 金仁鏡에게 주었다.

겨울 12월에 金紫光祿大夫 知門下省事 戶部尙書 集賢殿大學士 判禮部事로 임명되자 또 사양하는 表를 지었다.

甲午(高宗 21·1234) 공의 나이 67세

여름 5월에 春場 知貢擧로 科試를 주관하여 金諫成 등 31인을 얻고 明經에 李邦秀 등 2인을 얻어 발표하였다.

겨울 12월에 政堂文學 監修國史에 임명되었고, 왕명을 받아 松廣寺住持 眞覺國師의 비명을 지었다.

乙未(高宗 22·1235) 공의 나이 68세

봄 정월에 太子大保에 임명되었다.

겨울 12월에 參知政事 修文殿大學士 判戶部事 太子大傅에 임명되었다.

丙申(高宗 23·1236) 공의 나이 69세

여름 5월에 知貢擧로서 春場 과시를 주관하여 朴曦 등 29인을 얻고 明經에 李克松 등 3인을 얻어 발표하였다.

겨울 12월에 表를 올려 퇴직을 청하자 왕께서 그 표를 宮內에 두고 내시 金永貂를 보내어 간곡하게 말리면서 다시 집무하도록 명하였다. 공이 병이 깊다고 하자 晋陽侯도 호적의 나이를 줄이겠다고 하면서 머물러 있도록 권하여 공은 어쩔 수 없이 11월에 일어나 일을 보았다. 그러나 황공스럽고 편안하지가 않은 뜻을 누차 시를 지어 나타내었다. 공은 나이를 줄인 것을 전혀 다행으로 여기지 않고 사실대로 진술하면서 간절히 퇴직을 빌었으나 풀려나지 못하자 시에 이르기를,

有面不敢擡　얼굴이 있어도 감히 들 수가 없고
慙愧已不少　부끄러움이 이미 적지 않도다

한 것이 이것이다.
12월에 守太尉에 임명되었다.

丁酉(高宗 24·1237) 공의 나이 70세

가을 7월에 칙명을 받들어「東宮妃主諡哀冊」을 지었다. 공은 다시 표를 올려 퇴직하기를 매우 간절히 빌었다.

겨울 12월에 金紫光祿大夫 守太保 門下侍郎平章事 修文殿大學士 監修國史 判禮部事 翰林院事 太子太保로 벼슬을 물러났다. 이해에 또 칙명을 받들어「大藏經刻板君臣祈告文」을 지었다.

戊戌(高宗 25·1238) 공의 나이 71세

겨울 12월에 칙명을 받들어「上蒙古皇帝表狀」과「送晋卿唐古官人書」를 지었다.

己亥(高宗 26·1239) 공의 나이 72세

　칙명을 받들어 몽고 황제에게 올리는 表狀을 짓고, 겨울 12월에 다시 같은 表狀과 晉卿에게 보내는 글을 지었다.

庚子(高宗 27·1240) 공의 나이 73세

辛丑(高宗 28·1241) 공의 나이 74세

　공이 비록 벼슬에서 물러나 집에 있었으나 國朝의 高文大冊이나 外國 朝廷과 往來하는 書表 등을 지을 일이 있으면 짓지 않은 일이 없었다. 7월에 병으로 눕자 晉陽公이 듣고 名醫들을 보내어 문안하고 치료하기를 끊이지 않았고, 공이 평생동안 지은 前後文集 53권을 가져다가 工員을 모집하여 인쇄하도록 하면서 매우 급하게 독촉하였으니, 公의 案前에 보여서 그 마음을 위로하고자 해서였는데, 워낙 거창한 일이라 완성되었음을 알릴 수가 없었다.
　그 후 9월 2일에 홀연히 누워 늘 누워 있던 자리에서 떠나 서쪽을 향하고 누워 오른쪽 갈빗대를 자리에 붙이고 밤이 되자 갑자기 운명하셨다. 上께서 訃音을 들으시고 크게 애도하면서 담당관서에 명하여 喪事를 처리하게 하고, 또 近臣에게 명하여 誄書를 지어 善終한 것을 찬미하며 시호를 文順公이라 지어주었고, 12월 6일 경인에 鎭江山 東麓에 葬事지내었다. 공은 평생동안 집안 살림을 경영하지 않고 늘 詩酒로 自娛하였고, 침상에 있을 때도 시짓기를 중단한 일이 없으며, 또 楞嚴經 읽기를 즐겨서 經을 등지고 외우기도 하였다. 臨終할 때에 이르러 妻子들을 물리쳐서 시끄럽게 떠들지 못하게 하고 자연스럽게 세상을 버렸으니 활달한 眞人 君子라 이를 만하다. 아아! 涵이 그때 洪州의 守로 나가 있었으므로 臨終을 보지 못하였으니 평생토록 애통함을 어찌 말라 형용할 수 있으랴.

제2부
麗末·鮮初의 文學硏究

13世紀 高麗文人의 文學觀 小考
『補閑集』編纂動機에 對하여
益齋의 文學觀 – 櫟翁稗說을 中心으로 –
淸 譚瑩의 益齋詩에 對한 評攷
高麗詩話에 나타난 氣에 대한 意識
保閑齋의 文學世界

13世紀 高麗文人의 文學觀 小考

Ⅰ. 序 言

　1170年 武臣亂이 勃發하면서 高麗政局은 一變하여 武臣이 文臣들을 頤使하고, 武臣間의 政爭으로 混亂이 계속되다가 崔忠獻의 執權以後 小康을 되찾고 文臣들도 차츰 再登場하게 된다.
　이 崔氏執權期가 대체로 13世紀에 該當되며, 이 期間에 많은 文人이 등장하여 詩論·詩評·詩逸話 등을 수록한 詩話集도 刊行하게 된다. 이 時期의 文人들은 어떤 文學觀을 가지고 作品活動을 하였는가에 對하여 筆者는 일반적인 見解와 다른 생각을 가지고 있으므로 이 문제를 考察해 보고자 한다.
　本攷에서는 이 기간에 특히 頭角을 나타냈던 代表的 文人인 李仁老·李奎報·崔滋가 지은 破閑集·白雲小說·補閑集 등 세편의 詩話에 실려 있는 詩論을 中心으로 考究하고, 白雲小說만은 後代人이 李奎報의 東國李相國集을 抄錄하였음이 확실하기 때문에[1] 東國李相國集과 一致하는 內容만을 對象으로 삼기로 한다.

---

1) 丁奎福,「白雲小說의 彙者에 대하여」.(『人文論集』第27輯, 高麗大 文科大學, 1982) 參照.
　柳在泳,『白雲小說硏究』, 圓光大出版局, 1978. 參照.

近來에 高麗朝 文人들의 文學觀에 관한 研究가 활발히 이루어져서, 대체로 高麗中期에는 審美主義的 純粹文學觀이 擡頭하여 載道的 文學觀과 對立하였다는 見解가 通說로 되어있다.

具體的인 例를 들면, 文璇奎교수는

……그는 많이는 功利的 觀念을 가졌던 것이 事實이었으나, 一方 다른 文學的 觀念의 潮流가 있었는데, 그것은 文藝를 진실로 사랑하는 사람들의 審美的 觀念이었다. 文學이 道德宣揚의 道具되기를 拒否하고, 文學이 立身出世上의 利用物임을 否定하며, 文學은 人生과 더불어 獨自的으로 있는 것이고, 文學은 人生과 社會를 解剖하여 참다웁고 아름다움을 究明하는 學問이고, 文學은 짓는 이의 本然의 精神에 依해서 되어지는 아름다운 存在라고 주장하는 審美的 觀念은 眞正한 文人들 間에 堅持되었던 것이다.[2]

라고 하여 高麗朝 文學이 儒學思想의 抑壓 및 文學의 獨自性을 否定하는 思想에 강력히 反撥하고 正面으로 反擊을 加하여, 文學이 어느 敎理나 어느 主義에 依해서 이루어질 수 있는 것이 아니라는 文學의 本然性과 獨自性을 주장하는 審美的 文學觀을 確立시켰다고 力說하고 있다. 또한 全鎣大교수는

麗朝詩學에서 文以載道說을 主張함은 當然한 歸結이다. 作品 自體에서는 儒敎의 至高한 理念을 表出하고 作品에서 풍기는 香氣로 佛敎의 高逸함을 그들은 찾았던 것이다. 이렇게 하여 麗朝人은 現實의 不條理와 混濁에서 精神的인 安寧을 찾았다고 할 수 있다. 그러면서도 모든 創作 活動을 儒家에 從屬시키지 않고, 文學의 自主性내지는 文藝至上主義를 追求한 것이 麗朝人의 特性이다. 民族的 自主性을 부르짖은 麗朝人은

---

2) 文璇奎, 『韓國漢文學』, 二友出版社, 1982, p.168.

民族的 意識의 自覺을 고취시켰고, 이를 위하여 많은 苦心을 하였다. (中略) 中國의 思想이나 詩學을 받아들임에도 無條件의 受容이 아니라 理論的 確立을 위한 受容이었다. 결국 麗朝는 文以載道說과 文藝至上主義, 民族主義를 文學의 背景으로 하였다.[3]

라고 하여, 載道說과 文藝至上主義가 並存하였고, 中國의 文學思想에서 탈피한 獨自的인 文學思想을 갖고자 노력했다는 것이다.

  筆者는 高麗 文人들이 과연 上記 論旨와 같이 載道主義 文學觀과 文藝至上主義 文學觀이라는 각기 상이한 文學觀을 가지고 서로 對立的인 立場에서 자기의 주장을 전개한 일이 있었는가, 또는 많은 學者들이 李仁老를 用事論者, 李奎報를 新意論者(혹은 設意論, 主意論), 崔滋를 折衷論者로 보는 견해에 對하여도 의견을 밝혀 보고자 한다.

Ⅱ. 純粹文學觀은 存在했는가

本來의 儒敎的 文學觀(本稿에서는 先秦時代의 儒敎的 文學觀만을 稱함)은 文學의 功用性과 藝術性을 調和하고 있으며, 서로 對立하는 것으로 보지 않았다. 그후 曹丕의 「典論論文」이 發表되면서 後世의 文學者들은 여기에 수록된

    蓋文章 經國之大業 不朽之盛事 年壽有時而盡 榮樂止乎其身 二者必至之常期 未若文章之無窮

이라는 글을, 文學이 儒家思想의 壓制에서 벗어나서 文藝至上主義的

---

3) 全鎣大, 「高麗朝詩學硏究」, 서울大 大學院, 1974, pp.38~39.
   全鎣大(外), 『韓國古典詩學史』, 弘盛社, 1981, p.56 참조.

立場을 밝힌 것으로 보고, 麗朝의 文人들도 이러한 見解를 받아들여 文藝至上主義的 文學觀을 갖게 된 듯이 말하는 견해가 있다.4)

그러나 「典論論文」을 자세히 살펴보면, 이 글이 결코 文學의 獨立을 宣言한 글이 아님을 알 수 있다.

「典論論文」은 第一段에서 文人들이 서로 相對方의 短點을 헐뜯는 것을 비난하고, 第二段에서 建安七子들의 文學을 品評한 후, 文體를 四科로 나누어 特徵을 설명하고, 四科에 두루 能通하기가 어려움을 말하였으며, 第三段에서 文氣論을 展開하여 文의 主가 되는 氣는 先天的인 것으로 努力해서 얻어지는 것이 아니라 하고, 第四段에서는 文章의 功能을 力說하여 文章이야말로 經國之大業이요 不朽之盛事로서 年壽나 榮樂과는 比較할 수 없는 價値를 가지고 있다고 했다. 이 第四段의 內容은 얼핏 보기에는 文章의 價値를 最高의 位置에 올려놓았으므로 이것이 곧 儒敎의 束縛에서 文學의 獨立을 宣言한 것으로 보기 쉬우나, 上記 內容에 이어서

是以古之作者 寄身於翰墨 見意於篇籍 不假良史之辭 不託飛馳之勢 而聲名自傳於後 故西伯幽而演易 周旦顯而制禮5)

라 하여 曹丕가 經國之大業이요 不朽之盛事라 한 文章이 결코 文學的인 文章이 아니요, 「周易」과 「禮記」임을 가리키고 있다.

「周易」은 五經의 하나로 占書요 哲學書이며, 「周禮」는 周代의 官制를 敍述한 冊이므로 「典論」에 쓰여진 文章이라는 用語는 文藝的인 文章을 의미하는 것이 아니고 修養과 治國에 基本이 되는 功利的(道學的)인 文章을 말한 것이다.

---

4) 全鎣大, 「高麗朝詩學硏究」, 서울大 大學院, 1974, p.33 參照.
5) 曹丕, 「典論論文」, (『文運』 卷 52, 台灣, 中華書局)

이렇게 본다면 「典論」이 결코 文學의 獨立을 宣言한 글이 아님이 自明해지고, 「典論」의 영향을 받아 우리나라에도 純粹文學觀이 나타났다는 견해는 再考를 要하게 된다.

「典論」과 類似한 견해는 아래에 引用한 例文과 같이 麗朝의 詩話에서도 散見된다.

ⓐ 天下之事 不以貴賤貧富爲之高下者 惟文章耳 盖文章之作 如日月之麗天也 雲烟聚散於大虛也 有目者無不得睹 不可以掩蔽 是以布葛之士 有足以垂光虹霓 而趙孟之貴 其勢豈不足以富貴豐家 至於文章 則蔑稱焉 由是言之 文章自有一定之價 富不爲之減[6]

ⓑ 蓋文章得於天性 而爵祿人之所有也 苟求之以道 則可以易矣 然天地之於萬物也 使不得專其美 故角者去齒 翼則兩其足 名花無實 彩雲易散 至於人亦然 畀之奇才茂藝則革功名而不與 理則然矣 是以自孔孟荀揚 以至韓柳李杜 雖文章德譽足以聳動千古 而位不登於卿相矣……[7]

ⓐ는 吳世才가 집권층의 미움을 받아 官職에 오르지 못하고 貧窮하게 살다가 客死했으나, 그의 文章만은 世人이 모두 인정하였으므로, 天下之事 가운데 文章만은 貴賤貧富로 그 高下에 영향을 줄 수도 없고 그 빛을 가릴 수도 없는 一定不變의 價値를 가지고 있다고 한 것이다.

이를 「吳世才가 富貴榮達을 위해 詩를 쓴 것이 아니라 오직 藝術世界에 精進했음을 말함으로써 文藝至上主義者의 片貌를 알려 주는 것이라」[8]고 하고, 「文學 本然의 獨自性을 주장한 것이라」[9]고 보는 견해

---

6) 李仁老, 『破閑集』下, 『高麗名賢集』 2, 大東文化硏, 1980.
7) 같은 책, 같은 곳.
8) 全鎣大, 같은 논문, p.34.

도 있으나, 이것을 文藝至上主義 文學觀을 주장한 것이요, 道學과는 別個의 文學의 獨自性을 나타낸 것이라는 생각은 再考해 보아야 한다. 道學的 文學觀이란 性情을 醇化하고 治國과 敎化에 도움을 주는 것이 文學의 本質이라고 보는 文學觀이요, 富貴爵祿을 추구하는 것이 文學의 本質이라고 보는 견해가 아니므로, 文藝至上主義나 審美主義에 對한 相對槪念의 設定에 誤謬를 犯하여 對比할 가치가 없는 것을 對比시킨 것이다. 「破閑集」의 이 글은 富貴와 文章을 비교할 때 文章이 더욱 價値있는 것이라는 주장일 뿐인데, 이를 마치 〈富貴追求文學〉과 〈純粹文學〉의 對立인 것처럼 보고, 富貴追求의 文學이 곧 儒敎的 道學的 文學이라고 인식하는 것은 지나친 論理의 飛躍이며, 이곳의 文章이 꼭 文藝的 文章을 뜻한다고 볼 수도 없다.

ⓑ는 文章은 天性을 통해서만 얻어지는 것이므로 道로써(道에 맞게) 구해야 쉽게 얻어질 수 있고, 훌륭한 文才가 있다해서 반드시 爵祿이나 功名이 따르는 것은 아니라는 견해일 뿐이다. 天性이나 道라는 개념은 「中庸」의 「天命之謂性 率性之謂道」의 性·道와 같은 의미로 쓰여진 것으로서, 天性이나 道를 통해서 얻어지는 文章이란 오히려 載道의 文章으로 보아야지, 純粹文學에 精進해서 얻어진 文章이라고 볼 수는 없고, 이 글을 「文學의 本然性이나 獨自性을 주장한 例」[10]로 볼 수도 없으며, 이곳의 文章이란 孔子·孟子·荀子·楊雄의 文章과 韓愈·柳宗元·李白·杜甫의 文章을 모두 포괄하는 것으로 「典論」에서 「周易」과 「周禮」를 代表的 文章으로 例擧한 것과 유사하며, 純粹한 文藝的 文章만을 일컫는 것이 아님이 확실하다.

위에 들은 ⓐⓑ 두 例文이 文章이 富貴나 爵祿보다 價値있는 것이라

---

9) 文璇奎, 『韓國漢文學』, 二友出版社, 1982, p.168.
10) 全鎣大, 같은 논문, pp.34~35 參照.

는 點은 인정하고 있으나, 반드시 文學이 어느 敎理나 主義에 依하여 이루어질 수 없는 것이라는 文學의 本然性과 獨自性을 주장한 것은 아니고 載道的 立場에 對立하는 純粹文學的・審美的 立場에서 쓴 글도 勿論 아니다. 또한 立身出世나 富貴功名을 爲한 文學은 載道的 立場에 선 사람이라면 載道之器로서의 役割을 못했다 해서 비난할 것이요, 純粹文學的 立場에 선 사람이라면 文學을 手段視했다 해서 비난할 것이므로, 이를 비난했다 해서 모두 純粹文藝主義者로 볼 수도 없는 것이다.

지금까지의 설명을 요약 정리해 보면, 破閑集에서는 貧富貴賤과 文章은 別個이고 富貴보다 文章이 더 價値가 있다고 말했을 뿐인데, 麗代에 純粹文學觀이 있었다고 보는 학자들은 이를 확대해석하여 〈富貴〉와 〈富貴追求의 文學〉을 同一視하고, 〈富貴追求文學〉을 〈載道的 功利的 文學〉과 同一視하며, 〈文章〉이란 말을 〈文藝至上主義的 純粹文學〉과 同一視한 후, 이러한 論理로 導出한 功利主義文學과 文藝至上主義文學이 對立한 듯이 말하고 있다.

高麗朝 文人 가운데에 文藝至上主義的 文學觀을 가진 者들이 있어서 儒敎的 功利主義 文學觀을 가진 者들과 對立했다는 견해를 上記 破閑集을 통하여 立證하려면 〈富貴〉와 〈富貴追求의 文學〉이 同意語이고, 〈富貴追求의 文學〉과 〈功利的 文學〉이 同意語이며, 〈文章〉과 〈文藝至上主義文學〉이 同意語임을 증명해야 되며, 이것이 不可能하다면(勿論 不可能하다) 破閑集의 上記 引用文을 根據로 高麗朝에 文藝至上主義的 文學觀을 가진 文人集團이 있었다고 주장하는 것은 虛構일 뿐이다.

또한 高麗時代에 載道說과 純粹文學觀이 竝存・對立하고 있었다고 보는 사람들이 흔히 引用하는「補閑集」의 下記 내용을 보자.

睿宗御宇 尙章句好遊宴 時曾王父尙書崔瀹 在綸閣 乃上書 略曰 昔
唐文宗欲置詩學士 宰相奏曰 詩人多輕薄 昧於識理 若承顧問 恐撓聖聰
文宗乃止 帝王當好經術 日與儒雅討經史 諮諏政理化民成俗之無暇 安
有事童子之雕虫 數與輕蕩詞臣吟風嘯月 以喪天衷之淳正耶 上優納 有
一詞臣 承隙曰 所言儒雅 別是何人 瀹短於風月 不樂人唱和 故有此言
上怒左遷爲春州副使 方上道 和人贈別云 吾家世受盛朝恩 欲繼忠淸不
墮門 但把螢光增聖日 敢將蠡測議詞源 自慙風月無功業 回望霄雲已夢
魂 駭汗未收還感泪 謫來猶得駕朱轓11)

崔瀹이 睿宗에게 上書하여, 詩人들은 輕薄하고 識理에 어두우며, 어린이들처럼 雕虫이나 일삼는 무리이니 이들과 어울리면 天衷의 淳正함을 잃을 염려가 있으니 삼가시고, 帝王은 마땅히 儒雅들과 더불어 經史를 討論해서 政理・化民・成俗에 힘써야 한다고 주장한 이 글을, 儒家가 文學과 文人을 正面으로 排斥한 것으로 보고, 이에 對하여 한 詞臣이 틈을 엿보아「所言儒雅別是何人 瀹短於風月 不樂唱和 故有此言」이라고 王에게 헐뜯어서 瀹을 春州副使로 貶謫시킨 일을 文學의 獨自性을 否定하는 固陋한 儒學者에 대한 正面反擊으로 보아, 이 兩人의 주장을 道學派와 純粹文學派가 對立했던 예로 들고 있다.12)

그러나 崔滋가 자기의 曾祖父인 崔瀹이 文學의 價値를 이해하지 못한 固陋한 儒臣으로서, 純粹文學派의 反擊을 받아 春州로 左遷되었다는 뜻으로 이런 글을 補閑集에 수록했을 것인가. 이 글은 當時의 時代狀을 이해하면 그 含意를 더욱 명확히 알 수 있다.

十一年 夏四月 至西京 置酒大洞江 扈駕諸王宰臣樞臣侍臣 西京留守

---

11) 崔滋,『補閑集』上,(『高麗名賢集2』, 成大 大東文化硏, 1980.
12) 文璇奎, 같은 책, pp.168~169 참조

分司三品以上侍宴 風日淸和 王悅懌 與侍臣唱和 時國家閑暇 王尙章句
好遊宴 知制誥崔瀹上書曰 昔唐文宗欲置詩學士 宰相奏曰 詩人多輕薄
昧於識理 若承顧問 恐撓聖聰 文宗乃止 帝王當好經術 日與儒雅討經史
諮諏政理化民成俗之無暇 安有事童子之雕虫 數與輕蕩詞臣吟風嘯月 以
喪天衷之淳正也 王優納之13)

夏四月甲子朔 至西京 置酒大洞江船上凥賀諸王宰樞侍臣西京留守分
司三品以上侍宴 風日淸和 王悅懌 與侍臣唱和14)

라 하여 睿宗 11年 4月 王이 西京에 幸行하였을 때 平素에 過度하게 遊宴을 즐기는 것을 보고 崔瀹이 諫한 것으로, 王도 깨달은 바가 있어 훌륭한 건의라고 받아들였던 것이다. 그러나 內心으로는 瀹을 괘씸하게 여겼던 듯, 어떤 詞臣이 틈을 엿보아 瀹이 風月에 익숙하지 못해서 이런 건의를 한 것이라고 모함을 하니, 이를 기화로 春州로 좌천시켰다는 말이다.

睿宗이 얼마나 頻數히 酒宴을 베풀고 左右의 文臣들과 唱和하였는가는「高麗史」및「高麗史節要」에 無數히 수록된 기록으로 알 수 있으며, 한번 시작한 酒宴은 으레 새벽까지 계속되어, 그로 인한 國政의 弊端 또한 매우 컸었다. 이러한 王의 주위에 모여들어 王의 遊宴에 侍宴하던 臣下의 大部分은 王의 비위를 맞추는데 汲汲한 奸臣들로서, 王을 神仙같은 帝王이니, 太平好文之主니 하면서 온갖 달콤한 말로 아첨하기에 힘썼으며, 그들이 王과 唱和한 詩는 詔詞요 阿諛詩일 뿐 文學作品으로서는 一顧의 價値도 없는 醉興을 돋우기 위한 술안주거리에 불과한 것들이었다. 이러한 弊習이 곪아터진 事件이 毅宗때 일어

---

13) 鄭麟趾(外),『高麗史』, 世家十四, 睿宗十一年四月條.
14) 金宗瑞(外),『高麗史節要』卷八, 睿宗十一年四月條.

난 武臣亂이며, 武臣亂의 原因은 벌써 이때부터 胚胎하고 있었던 것이다.

崔瀹이 王에게 이런 글을 올릴 때의 官職이 知制誥이다. 知制誥란 詩文에 能通한 當代 最高의 文人이 擔當하는 地位이므로 崔瀹이 短於風月하였다는 것은 語不成說이며, 瀹이 興觀群怨이라는 詩의 功效조차 몰라서 作詩를 童子之雕虫에 비기고, 詩人을 吟風嘯月 하는 輕蕩한 詞臣이라고 罵倒하였다고는 볼 수 없다. 瀹이 排擊한 輕蕩한 詞人이란 王의 방탕한 생활을 부추기면서 자신의 悅樂追求와 出世에 汲汲한 阿詔輩들이었고, 童子之雕虫이라 매도한 詩는 이들이 지은 阿諛 詩였다.

崔瀹의 上書에 反駁한 사람은 이에 위협을 느낀 詞人으로서 瀹이 短於風月하기 때문에 이 같은 글을 올렸다고 모함하면서 그들의 行爲를 合理化한데 不過하며, 그 주장이 결코 純粹文學論은 아니다. 瀹이 春州로 赴任할 때 어느 知人이 지어준 贈別詩에 和答한 上記 七言律 詩만 보아도 瀹이 얼마나 長於風月하였나를 증명하기에 충분하다.

이제까지 살펴본 바로 崔滋가 曾祖父 瀹의 이야기를 補閑集에 실은 이유도 自明해진다.

崔滋는 補閑集序에서 「文者蹈道之門」이라 하여 道를 行하는데 功效가 있는 文만을 眞實한 文으로 보았다. 道에 功效가 없는 文은 童子之雕虫이요, 이런 글을 일삼는 者들은 輕蕩한 詞人이라는 文學觀이 自身의 先祖로부터 물려받은 家傳의 文學觀임을 밝히기 위하여, 또한 瀹은 直諫을 서슴치 않았던 忠臣이요, 國家의 危機의 機微를 미리 간파하고 이를 求하기 위하여 힘쓴 분이요, 正道에 어긋난 文人과 文學을 敢然히 배척한 분이라는 것과 그의 詩才를 자랑하기 위하여 이 내용을 「補閑集」에 수록한 것이다. 이 外에도 그의 先祖인 崔冲·崔惟

善・崔惟吉・崔思諏를 자랑하는 글을 「補閑集」에 수록하여 자신의 家系를 과시하고 있다. 그러므로 崔瀹이 睿宗에게 올린 上書와 이를 배척한 詞臣의 말이 道學派와 純粹文藝派間의 文學論爭은 결코 아니며, 正軌에서 逸脫한 王을 바로 잡으려는 忠臣의 努力과 이를 막으려는 奸臣의 妨害이었을 뿐이다.

지금까지 高麗時代에 純粹主義(審美的)文學觀을 가지고 文學活動을 한 文學潮流가 있었다고 주장하는 학자들이 論據로 제시한 것들이 實은 純粹主義文學觀이 存在했음을 立證하는 근거가 될 수 없음을 밝혔다.

麗朝 文人들 사이에 文學觀의 對立은 없었으며 모든 文人들의 文學은 人間의 性情을 醇化하고 治國・敎化・易俗에 資할 수 있는 것이어야 한다는 共通의 基準(功利主義文學觀・載道說)을 가지고 文學活動을 하면서 이에 위배되는 極度로 形式化된 場屋之文이나 阿諂의 도구로 쓰인 阿諛詩를 비판하였을 따름이며, 載道說에 對立하는 純粹主義文藝思潮는 存在하지 않았다.

이 時期의 文人들은 道라는 하나의 槪念이 眞善美를 모두 包容하고 있다고 생각하여, 美를 眞이나 善을 떠나 存立할 수 있는 別個의 價値로 인정하지 않았다. 다시 말하면 高麗朝 文人들의 생각에는 載道的인 文學이 곧 純粹文學이었고, 道를 떠난 文學이란 생각조차 하지 않았던 것이다.

Ⅲ. 設意論과 用事論이 對立했는가

麗朝의 文人들은 어떤 文學觀을 가진 文學活動을 하였을까? 그들이 必須的으로 읽은 基本書籍이 儒敎經典이었으므로 이 經典에 수록된

文學에 關한 觀念은 麗朝의 文人들에게도 커다란 영향을 주었을 것이다.「論語」나「詩經」序를 보면 儒敎的 文學觀이 後代人이 혼히 생각하듯 功用性만을 强調하고 藝術性은 무시한 偏狹하고 獨善的·排他的인 文學觀이 아니요, 서로 矛盾되는 것 같은 藝術性과 功用性을 調和하고 中庸을 保持한 文學觀임을 알 수 있다.15)

儒敎的 文學觀이 藝術性보다는 功用性이 顯著하기는 하였지만 後世人들의 주장처럼 功用性만을 고집하거나 藝術性만을 고집하여 서로 衝突하지는 않았다. 孔子와 子夏의 問答을 보면,

    子夏問曰 巧笑倩兮 美目盼兮 素以爲絢兮 何謂也 子曰 繪事後素 曰 禮後乎 子曰 起予者商也 始可與言詩已矣.16)

라고, 孔子는 女人의 美貌를 노래한 詩句를 그림 그리는 일에 비유하여,「그림 그리는 일은 흰 바탕이 마련된 뒤의 일」이라고 繪(文)보다 素(質)를 강조하기는 하였지만 繪를 否定하지는 않았으니, 이는 文(藝術性)과 質(道)의 調和, 즉 文質彬彬한 상태를 詩의 最高境地로 본 것이다.

孔子가「詩三百 一言以蔽之曰 思無邪」17)라 하여 詩經詩가 眞情의 流露요 詩 三百篇의 價値가 純粹性에 있다하고, 荀子는「詩三百 中聲所止」18)라 하여 詩經詩는 中和之聲이 머무는 곳이라 하였으니, 詩는 마땅히 그래야 된다고 생각한 것이며,「詩可以興 可以觀 可以群 可以怨」19)이라 하여 詩가 感興을 자아낼 수 있다는 것은 詩가 사람을

---

15) 車相轅,『中國古典文學評論史』, 汎學圖書, 1975, pp.13~18 參照.
16)『論語』, 八佾篇
17)『論語』, 爲政篇
18)『荀子』, 勸學篇

감동하게 해서 詩의 世界로 이끌려 들어가게 됨을 말한 것이니, 風俗 之盛衰를 觀察할 수 있고(觀), 서로 모여서 切磋할 수 있으며(群), 지도 층을 諷刺할 수 있다는(怨) 功用性과 함께 藝術性도 배제하지 않은 것 이다.20)

「詩經」序에서는「詩者 志之所之也 在心爲志 發言爲詩 情動於中而 形於言」이라 하여 詩란 뜻을 말로 드러낸 것, 즉 情志가 마음속에서 움직여서 말로 나타낸 것이라 하였고,「正得失 動天地 感鬼神 莫近於 詩」라 하여 得失을 바로잡고 天地와 鬼神을 감동시키는 데는 詩보다 더 좋은 것이 없다고 詩의 價値를 極度로 높이고 있다.21) 바꾸어 말하 면 正得失 動天地 感鬼神할 수 있고 마음을 온유돈후하게 할 수 있는 詩라야 훌륭한 詩이며 詩의 目標가 바로 여기에 있다는 것으로, 이는 곧 詩의 功能으로 經世治用과 情緖感發을 모두 인정한 것이며, 情志 가 言으로 適切히 드러나게 하기 위한 修飾도 인정한 것이다.

이러한 文學觀은 麗朝詩話에도 그대로 반영되어, 崔滋는

> 文者 蹈道之門 不涉不經之語 然欲鼓氣肆言 竦動時聽 或涉於險怪 況 詩之作本乎比興諷諭 故必寓託奇詭 然後其氣壯 其意深 其辭顯 足以感 悟人心 發揚微旨 終歸於正……22)

라 하여 文이란 道를 實踐하는 文이니 법도에 어긋나는 말은 쓰지 않 는다. 그러나 기운을 돋구어 말을 극진히 함으로써 듣는 사람을 감동시 키려고 때로는 險怪한 것도 말하게 된다. 더구나 詩를 짓는다는 것은

---

19) 『論語』, 楊貨篇.
20) 車相轅,「孔子의 詩說」, (『心象』창간호, 1973.10 參照)
21) 車相轅,「毛詩序」, (『心象』, 1973.11. 參照)
22) 崔滋, 『補閑集』序, (成大 大東文化硏, 『高麗名賢集』 2, p. 105)

比・興・諷諭에 根本함에 있어서랴. 그러므로 반드시 奇詭함에 의탁한 뒤라야 기상은 씩씩해지고 뜻은 깊어지며 말은 뚜렷해져서 人心을 感悟시키고 은미한 뜻을 發揚할 수 있게 되어 마침내 바른 방향으로 돌아가게 된다고 하였다.

文이란 常法(道・經)이 될만한 내용을 含有하고 있어야 하지만, 이를 적절히 表現해서 讀者를 감동시키고 깨우치기 위하여는 險怪・奇詭한 用事도 필요하고, 이러한 修飾을 통하여 氣壯・意深・辭顯이 이루어지므로 設意(內容)와 用事(修飾)가 모두 作詩의 不可缺의 要素임을 강조하여 어느 한쪽에 치우치지 않았다.

흔히 李仁老는 用事論을 주장하고 李奎報는 新意論을 주장하여 兩論이 對立하였고 이러한 對立은 兩人의 文學觀의 差異 때문에 빚어진 것으로 보고 있지만[23] 筆者는 이에 同意할 수가 없다.

設意와 用事는 作詩의 兩面이기 때문에 어느 쪽도 소홀히 할 수가 없는 것이며, 麗朝 文人들도 勿論 이렇게 생각하였고, 이 問題에 對한 見解差異는 없었다고 본다. 李奎報가 用事를 否定한 일도, 李仁老가 新意를 배격한 일도 없었다. 李奎報의 주장을 보면

    夫詩 以意爲主 設意最難 綴辭次之 意亦以氣爲主 由氣之優劣 乃有深淺耳 然氣本乎天 不可學得 故氣之劣者 以雕文爲工 未嘗以意爲先也 盖雕鏤其文 丹靑其句 信麗矣 然中無含蓄深厚之意 則初若可翫 至再嚼則味已窮矣[24]

---

[23] 徐首生,『高麗朝漢文學研究』, 螢雪出版社, pp.60~62. 174~190, p.198.
全鎣大(外),『韓國古典詩學史』, 弘盛社, 1981, pp.56~68. 및 73~82.
趙東一,『韓國文學思想史試論』, 知識産業社. 1978. pp.77~84.
趙鍾業,『高麗詩論研究』, 大田, 1963, p.11 및 pp.26~39.

[24] 李奎報,『東國李相國集』卷 22, (成大 大東文化研,『高麗名賢集 1』, p.242, pp.579~580.)

이것이 과연 綴辭를 무시한 글인가? 이 글의 文意는 詩經序의 「詩者 志之所之也 在心爲志 發言爲詩……」와 비교해 보면 명확해 진다. 詩經 序를 圖解하면

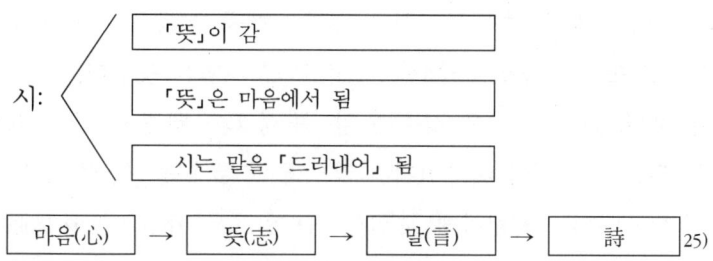

이렇게 된다. 즉 마음속에 있는 뜻이 말로 드러나서 詩가 된다는 말인데, 白雲도 위의 글에서 類似한 주장을 하고 있으므로 이것도 圖解하면,

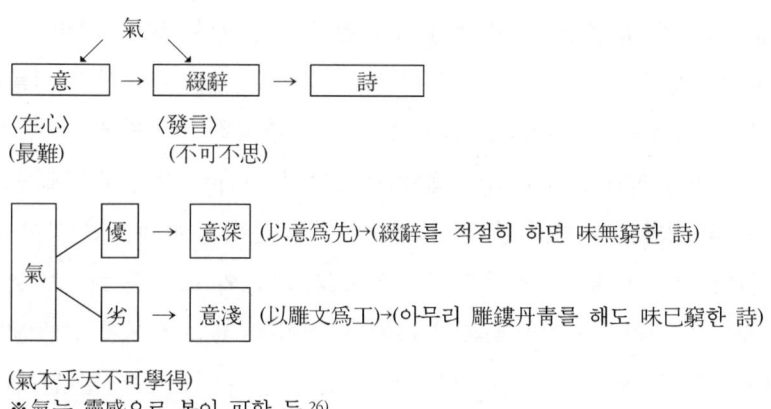

(氣本乎天不可學得)
※氣는 靈感으로 봄이 可할 듯.26)

---

25) 이 圖解는 趙載勳,「詩經에 나타난 詩觀考」(公州師大,『錦江文化 14』, 1981. p.107)에서 전재하였음.
26) 趙鍾業, 같은 책, p.36에는

이렇게 된다. 이 圖解를 敷演해 보면 詩는 設意(在心)와 綴辭(發言)의 段階를 거쳐 이루어짐을 말한 것일 뿐이지 綴辭를 무시한 것이 아니다.

綴辭란 무엇인가?「綴」의 字義는 聯之以絲也・連也・係也・結也・緝也・飾也・表也[27]이므로 綴辭란 連辭・緝辭・飾辭・表辭로 풀 수 있다. 즉 文辭를 連結함・실로 옷감을 짜듯 文辭를 모아서 뜻을 밝힘・文辭로(또는 文辭를) 修飾함・文辭로 表現함을 뜻한다.

綴辭란 첫째, 詩의 形式을 갖추는 일, 즉 字數・脚韻・平仄・對偶를 맞추는 일로서 이것이 이루어지지 않으면 漢詩가 될 수 없다. 둘째, 詩意를 玲瓏・明確・美麗하게 發顯시키는 일로서 用事・換骨奪胎・雕文・琢句 등, 故事의 引用・文辭의 修飾 및 推敲를 總稱한 말이다. 이렇게 作詩에 있어서 絶對 不可缺한 綴辭를 白雲이 소홀히 할 수 있었겠는가? 綴辭次之의 뜻은 作詩의 段階로 보아 設意 다음의 일이라는 의미일 뿐이다.

意는 또한 氣(靈感)에 依해서 左右된다고 보았다. 氣가 優한 者는 心中에 含蓄한 뜻이 深厚해져서 적절한 綴辭로 이를 詩化하면 씹을수록 맛이 나는 詩가 되지만, 氣가 劣한 者는 淺薄한 생각밖에 할 수 없으므로 이를 糊塗하기 위하여 雕鏤 丹靑에만 힘써서 얼핏 보기에는 고운 듯 하지만 詩의 根本인 意가 庸劣하기 때문에 吟味해보면 맛이 금방 없어져서 그 결점이 노출된다는 뜻으로, 設意와 綴辭를 對立的으로 본 것이 아니라, 設意와 綴辭의 段階를 거쳐 詩가 이루어지며 設意가 淺薄하면 아무리 修飾을 加해도 좋은 詩가 안 된다는 주장일 뿐이다.

(天) - (氣) 優 → 以意爲主(達意氣) → 含蓄深厚---(內容)
　　　　　　劣 → 雕文爲工(綺麗文辭) → 浮靡淺薄---(形式)

이렇게 도해하여 氣優者는 內容論者가 되고 氣劣者는 形式論者가 된다고 보았다.

27) 諸橋轍次,『大漢和辭典』卷8, pp.1101~1102.

이는 위 인용문에 이어지는 白雲의 다음 글로 보아 더욱 명확해 진다.

    雖然 自先押韻 似若妨意 則改之可也 唯於和韻之詩也 若有險韻 先思韻之所安 然後措意也 句有難於對者 沈詠良久 不能易得 則卽割棄不惜宜矣, 方其構思 思若深僻則陷 陷則著 著則迷 迷則有所執而不通也 唯其出入往來變化自在 而達于圓熟也 或以後句救前句之弊 以一字助一句之安 此不可不思也28)

이것이 白雲의 綴辭論이요 前引文에 이어지는 作詩論이다. 押韻・對偶・構思・措字에 대하여 언급한 이 글은 和韻詩를 지어 서로 주고 받을 때, 자신이 먼저 詩를 짓는 경우에는 押韻한 것이 뜻을 방해할 것 같으면 韻을 바꾸는 것이 옳고, 남이 먼저 지은 詩에 和韻할 때는 남의 詩韻에 맞춰야 하기 때문에 먼저 韻이 온당한가를 보고 뜻을 거기에 맞춰야 한다고 하였다. 즉 남의 詩에 和韻하는 경우에는 綴辭爲先 設意次之해야 한다고, 一般的인 作詩段階와는 反對되는 과정을 제시하고 있다.

또한 後句로 前句의 폐단을 求할 수도 있고 一字로 一句의 편안함을 도울 수도 있으니 이런 문제를 생각 않을 수 없다고 綴辭의 重要性을 강조하고 있다. 더구나 詩句의 雕鏤丹靑까지도 肯定한 사람이 白雲이다. 「唯能雜用淸警・雄豪・姸麗・平淡 然後體格備 而人不能以一體名之也29)」라 하여 雕鏤丹靑을 통한 姸麗도 적절히 驅使할 줄 알아야만 體格을 갖춘 것이라 하였다. 또한

    人有言詩病者 在所可喜 所言可則從之 否則在吾意耳 何必惡聞如人

---

28) 註 9)와 같은 책, 같은 곳.
29) 같은 책, p.580.

君拒諫 終不知其過耶 凡詩成 反覆視之 畧不以己之所著 觀之如他人及 平生深疾者之詩 好覺其疵失 猶不知之 方可行之也[30])

라 하여 他人의 詩評도 傾聽할 것과, 詩의 推敲에 관해서도 모범적인 주장을 하였는데 推敲의 대상이 意라기보다는 意의 表現方法(綴辭)이라고 보아야 할 것이다.

李奎報가 新意를 강조한 것은 사실이지만 이것을 綴辭와 맞세워서 말한 것은 아니며, 全履之에게 보낸 편지에, 자기는 新語로 시를 지었고 남의 詩를 모방하거나 도둑질하지 않았으며 그 이유는 어려서부터 많은 독서를 하였지만 정독한 일이 없어서라고 주장하고 있지만,[31]) 이 주장도 액면 그대로 받아들이기보다는 당시 속된 詩人들이 蘇東坡의 詩風만을 오로지 效倣하던 風潮를 배격한 것으로 보아야 한다. 白雲은 어느 特定人의 文體를 效倣하지는 않았지만 그의 詩에는 經書·佛典·諸子·史書·諸家의 文集 등에서 詩想이나 詩語를 끌어다 쓴 것이 枚擧할 수도 없을 정도로 頻出하며, 白雲도 이를 공공연히 인정하고 자랑하기까지 하였다. 白雲이 作詩를 위한 用事의 資料를 얻기 위하여 얼마나 노력하였는가를 보면,

僕自九齡 始知讀書 至今手不釋卷 自詩書六經諸子百家史筆之文 至於幽經僻典梵書道家之說 雖不得窮源探奧鉤索深隱 亦莫不涉獵泳採菁撫華 以爲騁詞擒藻之具 又自伏羲以來 三代兩漢秦晋隋唐五代之間 君臣之得失 邦國之理亂 忠臣義士奸雄大盜 成敗善惡之跡 雖不得幷包幷

---

30) 같은 책, 같은 곳.
31) 같은 책, 같은 곳에
 "……余自少放浪無檢 讀書不甚精 雖六經子史之文 涉獵而已 不至窮源 況諸家章句之文哉 旣不熟其文 其可效其體 盜其語乎 此所以不得不作新語"라 하였음.

括 擧无遺漏 亦莫不截煩撮要鑑觀記誦 以爲適時應用之備32)

라고, 모든 典籍을 涉獵하여 좋은 글귀를 따서 글을 아름답게 꾸미는 자료(用事의 자료)로 삼지 않은 것이 없고, 歷史的 事實中 중요한 것들을 간추려 記誦하여 適時에 應用(用事)할 준비를 하지 않은 것이 없다고 하였다. 즉 자기의 생각을 詩文으로 적절히 표현하기 위한 〈用事(綴辭)를 위한〉資料準備가 남보다 廣範하였기 때문에 어느 한 文人의 文風에 얽매일 필요가 없었으며, 이것이 讀書의 範圍가 狹小한 사람들의 눈에는 新語로 創作하는 것처럼 보였을 것이고, 一部 文人들이 이것을 稱讚하니 白雲도 이를 자랑스럽게 여겨 수긍하였던 것이다.

白雲의 詩論이 가장 的實하게 나타난 다음 시를 보자.

〈論詩〉
作詩尤所難	시 짓기가 더욱 어려운 것은
語意得雙美	말과 뜻이 함께 아름다워야 해서이지.
含蓄意苟深	함축한 뜻이 진실로 깊어야
咀嚼味愈粹	씹을수록 맛이 더욱 참되어지지.
意立語不圓	뜻이 섰어도 말이 원숙하지 못하면
澁莫行其意	깔끄러워 그 뜻을 펼 수가 없네.
就中所可後	이중에 뒤로 돌릴만한 것은
彫刻華麗耳	화려하게 아로새기는 것이네.
華艶豈必排	화려하게 고움을 어찌 반드시 배척하랴만
頗亦費精思	이 또한 많은 정신을 써야 한다네.
攬華遺其實	꽃만 잡고 그 열매는 놓치니
所以失詩旨	시의 본지를 잃는 이유가 되네.
邇來作者輩	근래의 시짓는 무리들은
不思風雅義	風雅의 본뜻은 생각지 않고

---

32) 같은 책, p.575.

外飾假丹靑	밖만 꾸미고 거짓 단청만 하여
求中一時嗜	한때의 기호만 맞추려 하네.
意本得於天	뜻은 본래 하늘에서 얻는 것이라
難可率爾致	쉽게 이루기 어렵네.
自揣得之難	스스로 얻기 어려움을 알고는
因之事綺靡	그 때문에 꾸미기만 일삼아서
以此眩諸人	이것으로 모든 사람을 현혹시켜
欲掩成所匱	깊은 뜻 없음을 감추려하네.
此俗浸已成	이런 폐습이 차츰 이루어져
斯文垂墮地	사문(道)이 땅에 떨어졌네.
李杜不復生	이백·두보 다시 나오지 않으니
誰與辨眞僞	누구와 함께 진위를 가리랴.
我欲築頹基	내 허물어진 기반을 다시 쌓으려하나
無人助一簣	아무도 조금도 돕는 이 없네.
誦詩三百篇	詩經 三百篇을 암송한들
何處補諷刺	어느 곳에 풍자하여 보익하리.
自行亦云可	스스로 하는 일이 또한 옳다 해도
孤唱人必戲	외로운 외침이라 남들은 비웃으리.

 이 詩에서 白雲은, 語와 意가 雙美한 詩라야 좋은 詩이기 때문에 作詩가 어려운 것이라 하여 意와 語를 같은 정도로 중요시하고, 뜻을 세우는데 말이 圓熟하지 못하면 難澁해져서 뜻을 옳게 펼 수 없다고 하였다. 意를 적절하게 표현하기 위한 언어는 세련된 詩語를 적절히 구사한 것이어야 하며 이러한 시어는 고대시인들에 의하여 이에 갈고 다듬어진 말들로 用事에 해당하는 것이 많이 포함되게 마련이므로 用事의 배격이란 있을 수 없고 백운도 용사를 배격한 일이 없다. 즉 백운은 용사는 설의를 함축성 있고 여운이 풍기도록 표현하는 하나의 방법으로 보고 그릇된 用事만을 배격하였을 따름이다. 또 詩를 華麗하게 彫

刻하고 丹靑하는 일도 굳이 배제할 것은 없지만 여기에 精神을 써서 뜻을 잃게 되는, 즉 꽃만 거두고 열매를 잃는 시가 되지 않도록 경계해야 한다고 하였으며, 當時의 대부분의 詩人들이 外飾으로 衆人의 눈을 眩惑시켜 깊은 뜻이 없음을 감추려하기 때문에 이것을 바로잡으려 했던 것이다.

이 詩를 통하여 白雲이 設意를 강조한 이유도 確然해진다. 당시의 時風이 外華에 치우쳐 詩旨를 소홀히 했기 때문에 이를 바로잡고자 設意를 강조한 것일 뿐, 用事를 反對하거나 輕視해서가 아니다. 즉 雕鏤丹靑에 기울어진, 用事에 치우친 詩風을 바로잡아 設意와 均衡을 회복하기 위하여 設意를 강조한 것일 뿐, 用事 自體를 배격한 것은 아니다.

李奎報가 設意와 用事를 모두 重視한 것처럼 李仁老도 用事를 강조했다해서 設意를 무시한 것은 아니다. 李仁老는

 昔卜商詩序曰 在心爲忠 發言爲詩 楊子雲亦曰 言 心聲 盖心也者 雖際天蟠地 而常潛於寂默杳冥之間 不可以得見其形狀 心托於言而後顯 發於詩而後著 如金石無聲物也 叩之則鳴[33]

이라 하여 卜商(子夏)이 썼다는 詩經序와 楊子雲의 말을 내세우고, 이를 敷演하여 마음이란 비록 하늘에 닿을 수도 땅에 서릴 수도 있는 것이지만 항상 고요하고 아득한 사이에 잠복해 있어서 그 형상을 드러낼 수 없는 것이요, 말에 의지해야 나타나고 시로 발현돼야 명료해지는 것이, 金石은 소리가 없는 물건이지만 두들기면 소리를 내는 것과 같다고 하였다. 즉 마음은 言과 詩를 통해서만 發顯될 수 있다는 것으로,

---

33) 李仁老, 「雙明齋集序」, (『東文選』卷 83)

詩經序의 말을 그대로 수용한 것이며, 白雲이 마음속에 設意한 것을 綴辭하여 詩를 이룬다고 한 말과도 같은 뜻이다.34) 이는 基本的인 詩觀에 眉叟와 白雲이 差異가 없음을 뜻한다.

흔히 眉叟가 新意論(內容論)에 對立하는 用事論者(形式論者)라는 증거로 다음의 글들을 들고 있다.

ⓐ 琢句之法 唯少陵獨盡其妙(中略) 且人之才 如器皿方圓 不可以該備 而天下奇觀異賞 可以悅心目者甚夥 苟能才不逮意 則譬如駑蹄臨燕越千里之途 鞭策雖勤 不可以致遠 是以古之人 雖有逸才 不敢妄下手 必加鍊琢之工 然後足以垂光虹蜺輝映千古 至若句鍛季鍊朝吟夜諷 撚鬚難安於一字 彌年只賦於三篇 手作推敲 直犯京尹 吟成大瘦 行過飯山 意盡西峰 鍾撞半夜 如此不可縷擧 及至蘇黃 則使事益精 逸氣橫出 琢句之妙 可以與少陵幷駕35)

ⓑ 詩家作詩多使事 謂之點鬼簿 李商隱用事險僻 號西崑體 此皆文章一病 近者蘇黃崛起 雖追尙其法 而造語益工 了無斧鑿之痕 可謂靑於藍矣(中略) 句法如造化生成 讀之者莫知用何事(中略) 吾友耆之亦得其妙(下略)36)

ⓒ ……其用事益精 此古人所謂蹙金結繡而無痕跡37)

ⓐ에 대하여 趙鍾業교수는

---

34) 趙東一, 같은 책. p.79에는 이 글을 李仁老가 表現의 중요성을 강조한 것으로 보아 李奎報가 設意의 중요성을 강조한 것과는 대립적인 견해를 표시한 것으로 기술하고 있다.
35) 李仁老, 『破閑集』上
36) 같은 책 下.
37) 같은 책 같은 곳.

이것은 要約한다면, 사람의 才質은 局限되어 있는 器具와 같기 때문에, 萬能的인 神과 같이 모든 事物의 極度에 適應할 수가 없다. 그러기에 아무리 뛰어난 才質이라도, 반드시 鍊琢之工을 加한 뒤에야 〈이규보의 말과 다른 점〉 그 事物의 極致에까지 描寫할 수가 있고 萬世에 示範이 될 수 있다는 것이다.[38]

라하고 이는「形式으로서 內容을 規定해 보려는 態度」라 하였다.

諧備할 수 없다는 人之才는 어떤 재능인가? 天下의 奇觀異賞으로 心目을 기쁘게 하는 것이 매우 많아서, 이를 詩로 쓰고 싶은 생각(意)은 떠올랐는데 才不逮意 재능이 뜻에 미치지 못한다는 말이므로 이곳의 人之才는 表現能力을 뜻한다. 이곳의「苟能才不逮意~不可以致遠」의 의미는 白雲의「氣之劣者~昧己窮矣」와 말은 다르지만 뜻은 같으며, 그 뒤로 이어지는 兩人의 文章도 모두 綴辭(用事)에 對한 내용으로 琢句의 필요성과 요령을 설명한 것이다.

李仁老는 뜻을 적절하게 드러내기 위한 表現能力에는 限界가 있으므로 使事・鍛鍊・吟諷등의 괴로운 琢句과정을 거쳐야 垂光虹蜺하고 輝映千古하며 逸氣橫出한(逮意한) 좋은 作品이 나온다고 하였다. 즉, 아무리 훌륭한 뜻을 가지고 있다 해도 이를 적절히 표현하여 시화하지 않으면 빼어난 기상이 자유로이 분출되는 좋은 시가 될 수 없다는 것이다. 무지개처럼 영롱하고 千古에 빛을 드리운다는 것은 意(體・內容)를 적절히 表現(用・形式)해서 作者의 設意가 제대로 드러난 것을 말하며, 眉叟가 用事와 推敲를 강조한 것이 逮意를 爲해서이므로 이것도 白雲과 다른 견해가 아니며, 白雲도 이를 眉叟만큼이나 重視했음은 이미 앞에서 설명하였다. 이 글을 통하여 推敲의 겨를이 없이(鍊琢之工

---

38) 趙鍾業, 같은 책, p.29.

이 없이) 지어야 하는 走筆詩를 反對한 것으로는 볼 수 있지만(白雲도 走筆詩를 批判하였음) 이것을 形式(用事)으로 內容(設意)을 規定해 보려는 태도로 이해할 수는 없다.

ⓑ에서는 詩人이 作詩할 때 古人의 이름을 用事의 재료로 많이 써서 지은 詩를 點鬼簿라 하는데 이러한 험벽한 用事를 많이 사용한 서곤체 등은 文章의 결점이지만, 조어가 공교로워서 用事의 흔적(斧鑿之痕)이 없는 詩는 出藍한 詩이며, 소동파·황산곡과 함께 林椿이 이런 경지에 이르는 詩人이라 하였고, ⓒ에서는 林椿은 詩의 用事가 精巧해서 흔적(斧鑿之痕)도 없이 古人의 詩를 잘 빌어 썼다고 하였다.

이것은 험벽한 用事를 사용하는 것이 文章의 病인줄을 알면서도 이를 容認한 것이므로 李仁老를 用事論者로 보기도 하지만, 眉叟가 좋은 用事로 본 것은 點鬼簿나 험벽한 用事가 아니요, 斧鑿之痕이 없이 시속에 자연스럽게 융화된 用事이며, 麗代에 이러한 用事를 배격한 詩人이 없으므로 眉叟만을 用事論者로 보는 것은 부당하다. 新意論者로 보는 李奎報도 詩文의 創作을 위하여 必要한 部分을 모든 典籍에서 발췌 記誦하여 聘詞擒藻之具로 삼아 適時에 應用(用事)할 수 있도록 對備하였으며, 「一篇內多用古人之名 是載鬼盈車體也 攘取古人之意 善盜猶不可 盜亦不善 是拙盜易擒體也」39)라 한 것이 用事에 反對한 것이 아니라 一篇內에 古人之名을 〈多用〉한 詩와 古人之意의 攘取를 〈不善〉하게 한, 卽 用事를 잘못한 詩를 말한 것으로 點鬼簿·載鬼盈車體라는 말로 眉叟와 白雲이 모두 文章之病으로 보았다. 〈點簿鬼와 載鬼盈車體는 같은 뜻임〉40)

眉叟는 詩意와 表現이 一致하지 않은 生澁한 用事, 해진 옷을 천과

───────────────
39) 李奎報, 같은 책, p.59.
40) 諸橋轍次, 같은 책, 권12, p.1025 참조.

색이 전혀 다른 것으로 기워 놓은 듯 不調和가 드러나는 用事를 배격하고, 詩意를 영롱히 드러내어 調和가 잘되고 斧鑿之痕이 없는 天衣無縫한 用事는 容納한 것이다. 즉 用事도 잘 쓰면 藥이 되고 잘 못쓰면 病이 된다고 본 것으로 잘 썼다는 것은 뜻과 表現이 一致하는 詩이고 잘못 썼다는 것은 뜻을 表現하는데 不適한 用事를 한 詩를 말한다.

作品의 경향이 白雲의 詩는 詩意를 직설적으로 표현하고 氣가 豪壯하였고, 眉叟의 詩는 詩意를 완곡하게 表現하고 用事와 修飾에 能하여 精巧한 것이 特徵이나(이러한 兩人의 특징을 대조해 놓은 기록이「補閑集」에 많이 보임)41) 이것이 詩觀의 差異때문이라기 보다는 兩人의 性格·氣質의 差異때문이며, 뜻이 깊은 시를 쓰려면 詩意가 함축되어 여운이 풍기는 비유법을 쓸 경우가 많이 있게 되고 이런 형의 시는 用事를 써서 표현하는 경우가 많으므로 作詩者가 用事를 배격할 수는 없는 것이다. 용사를 않고 시의를 直敍하는 시는 詩經 六義中 賦體에 해당한다 할 수 있고 用事를 한 詩는 比體나 興體에 가까운 시가 되기 쉽다고 할 수 있으며 用事를 했느냐, 않았느냐를 가지고 詩의 우열을 논하기는 불가능하고, 더구나 이제까지 아무도 도달하지 못했던 새로운 境地를(新意를) 詩化하고 싶은 마음은 모든 作詩者들의 공통된 慾望일 것이므로 어느 특정인만을 新意論者로 보는 것도 옳지 않은 자세이다. 崔滋가「補閑集」에서 白雲을 新意에 능하다하고 用事에 능한 眉叟보다 높이 평가한 것은 당대의 대표적 문인인 양인 중 기상이 호방했던 白雲詩가 기질이 纖弱한 眉叟詩보다 詩格이 높다고 보았고, 당시의 정치상황이 무신정권에 냉대를 받던 미수를 폄하하고 白雲을 부각시킬 필요가 있었으며, 東山叟가 白雲에게 입은 은혜(崔滋는 無名의 문인에서 白雲의 천거로 文柄을 잡게 됨)42)도 양인의 비교평가에 영향을 끼쳤

---

41) 趙鍾業, 같은 책, p.35 참조.

다고 본다.

　이 시대의 文人들은 詩論으로 志(在心)→發言→詩라는 詩經序의 理論을 수용하여 意(心)→言→詩(眉叟), 設意→綴辭→詩(白雲), 氣(壯)→意(深)→辭(顯)→詩(東山叟)라는, 말은 다르나 뜻은 같은 공통의 기초 위에 서 있어서 시의 본질이나 작시과정에 대한 이견이 전혀 없었으며, 백운을 新意論者로, 眉叟를 용사론자로 보아 양인의 시론이 대립했던 것처럼 인식하는 것은 그릇된 견해라고 본다.

　詩賦가 科試科目으로 설정되면서 문학인구가 급증하여 文運興隆에 공헌하였지만, 많은 문인들이 출세의 道具化하고 극도로 형식화한 科體詩를 전습하여 시의 함의보다는 형식을 중시하는 기풍이 만연하게 되었고, 이들의 시가 철학(道)이 담겨있지 않고 創作詩로서의 가치가 없는 시로 전락하여, 뜻 있는 문인들이 이를 場屋之文이라고 배격하고, 이러한 文風을 개탄했던 것이다.

　이 시대 문인들이 배격한 시는 극도로 형식화해서 뜻을 자유로이 표현하기에 적합하지 않게 된 科體詩, 왕이나 권력자에게 빌붙어서 아첨과 출세를 위하여 지은 阿諛詩였으며, 이를 배격한 이유는 興觀群怨・感悟人心・歸於正이라는 시의 功能을 發揚하기에 부적했기 때문이다. 곧 이 시대 문인들의 문학적 당위와 문학적 현실의 괴리 때문에 생긴 갈등의 표출이 마치 문학관의 대립처럼 보이기도 하였으나, 이는 정통적인 문학관에 입각하여 시를 짓는 문인들이 출세와 아부의 도구로 시를 짓는 문인들을 비난하고, 비난받은 문인들이 상대편을 음해할 목적으로 반격을 가하거나 자신을 변호한데 불과하고, 詩觀이나 詩論의 相異 때문에 대립한 것은 결코 아니었다.

　高麗時代의 사회적 분위기를 근세조선시대와 비교해 보면, 상이한

---

42) 鄭麟趾(外),『高麗史』卷 102, 列傳 15,「崔滋」

사상이 서로 대립하던 시대가 아니요, 조화의 시대였고 화합의 시대였다. 성리학이 전래되기 전까지는 儒佛仙 三敎가 대립없이 공존하면서 서로의 단점을 보완하는 역할도 하였고,[43] 이런 기풍이 문학의 발전에도 영향을 주어 조선조에 비하여 豪放·汪洋한 경향을 띠게 되었다. 天地與我並生하고 萬物與我爲一하는 主客一體的 宇宙觀과 物外에서 無何有鄕을 그리는 老莊思想이 시인의 상상력을 풍부하게 하고 기상을 크게 하여 豪放하고 飄逸하며 탈속한 시를 짓게 하였고 시의 품격을 높게 하였다. 또한 교종에 대신하여 선종계통의 불교가 주류를 이루면서 불사의식보다는 참선을 중시하게 되니, 그 영향을 받아 깊은 사색에서 우러나온 格調높은 詩를 짓게 되었다.

Ⅳ. 結論

지금까지 麗代에 文藝至上主義(純粹主義)를 주장하며 道學派와 對立하던 文人이 있었는가, 13世紀의 代表的文人인 李仁老·李奎報·崔滋는 각기 다른 文學論을 주장한 일이 있는가, 당시의 文人들은 어떤 文學觀을 가졌으며, 文學的인 理想과 現實은 어떠하였는가를 살펴보았다.

麗朝 文壇에는 載道的 立場에 反對하는 文藝至上主義思想을 가진 純粹文學派는 存在하지 않았으므로 道學派와 純粹文藝派間의 對立은 없었으며, 對立이 있었다고 주장하는 學者들은 資料의 不適切한 引

---

43) 같은 책 권 93, 列傳 6, 「崔承老」에 "三敎 各有所業而行之者 不可混而一之也 行釋敎者 修身之本 行儒敎者理國之源 修身 是來生之資 理國乃今日之務"라 하였음.

用과 解釋으로 잘못 생각하게 된 것일 뿐이다. 당시의 文人들은 道라는 하나의 槪念이 眞善美를 모두 包容하고 있다고 생각하여, 美를 眞이나 善을 떠나 存在할 수 있는 別個의 價値로 認定하지 않았으므로, 載道的인 文學이 곧 純粹文學이었고, 道를 떠난 純粹文學이란 생각 밖의 일이었고, 道에서 逸脫한 것은 아름다울 수도 없다고 보았다.

麗朝의 文人들에게 經世治用的인 文學觀은 저항없이 容納되어, 文學을 蹈道之門으로 보았고(崔滋), 文學을 通하여 歷金門上玉堂하여 代言視草하고 批勅・訓令・皇謨・帝誥의 詞를 지어 四方에 宣揚함을 目標로 삼아 帝王을 輔弼하고 百姓을 風化함을 평생의 뜻으로 알았으며(李奎報)44), 이러한 文學觀은 當代文人들의 공통적인 생각이었다.

麗朝 文人들의 詩論은 詩經序의 詩論인 心中의 뜻(意)이 말(辭)로 發顯된 것이 詩라는 것을 모두 인정하여, 眉叟는 表現의 才能이 心中의 意에 미치기 어렵기 때문에(才不逮意) 意를 드러내기 위한 用事의 재능을 硏磨해야 함을 주장하였는데, 이 때문에 用事論者로 稱해지기도 하나 用事의 目的이 逮意에 있기 때문에 設意論(內容論)에 對立하는 用事論(形式論)을 주장한 것이라고 볼 수는 없다. 또한 白雲이 詩는 以意爲主요, 設意가 最難하고 綴辭는 次之라 했다해서 用事論에 對立하는 新意論者로 보기도 하지만, 白雲 自身이 그의 文集 곳곳에서 綴辭를 적절히 하기 爲한 押韻・對偶・鍊琢・修辭・推敲등의 重要性을 강조한 것으로 보아 綴辭(用事)를 무시하거나 소홀히 한 일이 없으며, 東山叟를 新意論의 立場에서 用事論을 받아들인 折衷論者로 보기도 하나 누구도 新意論과 用事論을 받아들이지 않은 사람이 없으므로 東山叟만을 折衷論者로 보는 것도 부당하다.

漢詩란 어떤 것인가? 字數・平仄・押韻・對偶 등이 지켜지면서, 詩

---

44) 李奎報,「白雲小說」, (같은 책 p.575)

意를 일으키고(起), 이를 이어가다가(承), 다시 一轉하여 感興을 북돋우고(轉), 感動과 餘韻을 남기면서 끝맺는(結), 一定한 形式을 갖추어야 하며, 이런 形式속에 格調높은 詩意가 은은히 貫流하고 속속들이 배어 있어서, 씹을수록 맛이 나는「言外之味」・「景中有意」가 있어야 하는 것이다. 이러한 詩를 論하면서 內容과 形式을 어떻게 對立的인 것으로 볼 수 있으며, 어느 一方만을 논의할 수 있겠는가?

高麗時代 文人間에 對立이 있었다면 興觀群怨・溫柔敦厚라는 詩의 本質에 忠實하려는 사람들과, 文學을 出世와 阿附의 手段으로 이용하는 似而非 文人 사이의 對立, 또는 어느 한 詩風에 얽매여서 자기의 詩想을 자유롭게 표현하는데 制約을 느끼는 識見이 偏狹한 詩人에 대한 비판이 있었을 뿐, 文學觀의 差異에서 오는 對立은 없었다.

高麗는 958년부터 科擧制를 실시하여 詩賦頌策이 製述科의 試驗科目으로 設定되면서 文學人口는 急增하였으나 한편으로는 科體詩라는 極히 形式化된 文體를 專習하여 詩의 自由로운 發展을 沮害하기도 하였다. 또한 儒佛仙敎가 對立없이 並存하여 文學의 品格을 높이는데 寄與하였고, 麗末에 性理學이 傳來되면서 文學觀도 더욱 偏狹한 載道說이 대두하나 이 時期의 文學觀에 對하여는 차후의 연구로 미루는 바이다.

『補閑集』編纂動機에 對하여

Ⅰ. 序言

　高麗 後期 崔滋에 의하여 1254년에 편찬된 補閑集은 高麗朝 詩文學 研究에 지극히 귀중한 자료가 된다. 本攷에서는 補閑集이 과연 世人들이 일반적으로 이해하고 있는 바와 같이 이보다 앞서 편찬된 李仁老의 破閑集을 단순히 遞補하기 위하여 편찬된 破閑集의 續編(補閑集을 一名 續破閑集이라 稱함)的 성격을 띤 저술인가를 究明해 보고자 한다.
　어느 著述을 막론하고 그 著作의 背景 및 動機와 目的을 명확히 인식하고 읽지 않으면 객관적이고 정확한 이해가 불가능하므로 高麗朝 詩論을 研究하기 위한 基本書의 하나인 補閑集에 대하여도 이의 糾明이 필요하나 지금까지는 이에 관심을 가지고 연구해 놓은 업적이 零星한 실정이므로 이 문제를 밝혀 보려는 것이 本攷의 目的이다.

Ⅱ. 崔氏政權의 對文臣政策

　高麗의 人事行政制度를 보면 文官은 吏部, 武官은 兵部에서 管掌

하여 吏·兵部의 判事와 諸僚가 모여 官員의 履歷과 勤怠·功過·才能의 有無를 기록한 政案을 中書省에 올리면 中書省에서는 任免升黜을 假定하여 國王에게 上奏하고 門下省은 王의 制勅을 받아 施行 또는 拒否하게 되어 있으며 이런 頒政은 일년에 6월과 12월 二次를 行하며, 이 시기를 지나면 빈자리가 있어도 補充하지 않는 것이 원칙이었다.

그러나 武臣 執權期에는 이런 원칙이 제대로 지켜지지를 않았다. 崔忠獻은 집권 초기에는 極秘裏에 承宣을 심복으로 삼아 王을 감시하고 王이 인가한 人事書類라도 자신의 뜻에 맞지 않으면 承宣으로 하여금 兩部에 회부하지 않고 없애게 하여 관원의 인사에 간여하다가 後에는 兩部의 政案을 敎定都監에서 직접 私取하여 僚佐들과 恣意로 銓注를 행하였고, 이들이 모이는 곳을 政房이라 하였으며 왕은 괴뢰에 불과하여 정방으로부터의 注擬를 그대로 裁可할 뿐 거부할 수가 없었으며, 정방과 왕실과의 연락담당자를 政色承宣이라 하고, 그 밑에 政色尙書, 政色小卿, 政色書題 등을 두었다. 그 후에는 政房出身 文臣이 要職을 占하는 일이 많았으며 예를 들면 平章事 琴儀, 首相 金敞, 尙書 朴暄 등이 정방에서 진출한 자들이었다.

그 후 崔怡는 高宗 12年(1225) 이 제도를 더욱 강화하여 私策에 政房을 설치하고 백관이 정방에 가서 정식으로 政年都目(年例任免에 관한 이유서)을 바치는 의식을 거행하게 하였고,[1] 敎定都監에 명하기를 禁內六官에 文公을 보내어 科擧에 합격하고 아직 임명받지 못한 자로 才行이 있는 자를 천거하게 하여 敎定都監에 근무하게 하였으므로 怡

---

1) 『高麗史』 75 , 志29, 選擧3 및 李齊賢, 『櫟翁稗說』前集1, 第8話 참조.
※ 앞으로 주에 표시하는 『高麗史』의 페이지는 延世大東方學硏究所 影印本의 페이지임.

의 文客 가운데 당대의 名儒들이 많았고, 그들을 三番으로 나누어 교대로 書房에서 숙직을 하게 하였다.[2] 三別抄와 都房 36번이 崔氏政權의 武官親衛隊라면 書房 3番은 文官親衛隊라 할 수 있으며 문신집단인 書房도 崔氏政權 존재에 중요한 역할을 담당하였다.[3]

이렇게 문신에 관한 인사권까지 완전히 장악한 崔氏政權은 어떤 기준을 정하여 문신인사를 행하였나 살펴보자.

崔氏政權은 자신의 정권에 적극적으로 가담하지 않는 소극적인 參與文人들에게는 등용을 반대하거나 이미 등용된 사람이라도 능력이나 경력에 걸맞은 직위를 주지 않고 냉대하였다. 최씨집권초기 李奎報가 文臣 四相國의 천거로 왕의 允可까지 났으나 肆酒放曠하고 現實에 대해 비판적이라고 보아 등용을 저지한 것이나, 吳世才가 과거에 급제했고 文名도 있어서 衆望이 있었고 李仁老도 세 차례나 上書하여 추천하였지만 성격이 疎雋하다 하여 끝내 등용하지 않아 東京에 寓居하며 곤궁하게 살다 죽게 한 것이나,[4] 林椿이 문학에 탁월한 재능을 가지고 있었으나 謙恭畏愼하지 못하고 恃才傲物하다고 인식되어 끝내 一官도 얻지 못하고 궁핍 속에서 生을 마친 것 등[5]이 그 예이다.

崔氏政權에 참여는 하였으나 적극적으로 이에 가담하지 않아 냉대

---

2) 『高麗史 下』 129, 列傳42. 崔怡, (延大 東方學研究所. p.804)
「十四年 怡令教定都監 牒禁內六官 各擧登科未官有才行者 初忠獻置教定都監 掌庶事 怡因之 怡門客多當代名儒 分爲三番 遞宿書房」

3) 같은 책, 같은 곳.(p.814)
……及抗病 召仁烈・能 執手曰 君等保護此子 吾死無恨矣 抗死 殿前崔良白秘不發喪 按劒叱侍婢勿哭 與仁烈謀 以抗言傳于門客 大將軍崔瑛・蔡楨及能等 會夜別抄神義軍書房三番都房三十六番擁衛乃發喪 王卽授㼆借將軍 又命爲教定別監 百官皆詣門弔賀

4) 『高麗史』 102, 列傳, 李仁老 附 吳世才 參照.

5) 같은 책, 같은 곳. 附 林椿 및 李奎報 『東國李相國集』 26, 「上閔上侍湜書」 參照.

를 받은 문인으로는 李仁老(1152~1220)를 대표적으로 들 수 있다. 鄭仲夫의 난이 일어나자 한 때 山林에 들어가 華嚴僧統 寥一에게 의탁하고 있다가 庚子年 春場에 壯元하고 桂陽管記로 벼슬을 시작하여 左諫議大夫로 마쳤다. 遇景 落筆할 때는 詩詞가 샘솟듯하여 정체함이 없었으므로 당시 사람들이 腹藁라 불렀고 한때 林椿 吳世才등과 金蘭之交를 맺고 詩酒로 相娛하여 이들의 모임을 竹林高會라 불렀으며, 仁州李氏 名門의 후예로서 文章과 家門에 대한 긍지도 대단하여 남에게 쉽게 굴하지 않아 능력만큼 크게 쓰이지를 못했으므로 史傳은「性偏急忤當世」라 評하였다.

李仁老는 崔忠獻의 詩會에 참석하기도 하고 협력도 하였으나 완전한 심복으로 인징받지 못하여 當代 第一의 文章이면서도 단 한차례도 貢擧가 되어 試生을 선발하는 기회를 얻지 못하였다. 崔氏政權이 李仁老가 座主가 되어 門生을 거느리는, 즉 文官階層안에 李仁老 중심의 파벌이 형성되는 것을 용납할 수 없었으므로 科試를 관장할 기회를 주지 않았던 것이다. 李仁老는 죽을 때까지 이를 불만으로 여겼다.

 仙化하던 날 저녁 붉은 기운 한 줄기가 斗星과 견우성 사이로 뻗쳐 올라가서 밤이 다하도록 없어지지 않아 보는 이들이 괴이하게 여겼다. 이는 아마 先考께서 평소에 문장으로 명성이 드높다고 자부하셨는데도 提衡을 담당하지 못함을 원망하여 항시 우울하게 지내시다가 左諫議大夫에 올라 비로소 銓選의 命을 받았는데 試席도 열기 전에 하늘이 수명을 허락하지 않아서 갑자기 서거하셨으므로 胸中의 憤氣가 하늘로 뻗친 것인지도 모르겠다.[6]

---

6) 李世黃,「破閑集」(成大 大東文化硏究院,『高麗名賢集 Ⅱ』) pp.81~82.
 上仙之夕 有赤氣一條 上衝牛斗間 竟夜不滅 望之者皆怪焉 此蓋先人之平昔也 自負其文章聲勢 而恨不得提衡 居常鬱鬱 及登左諫議大夫 始受選銓之命

하여, 文才가 자신보다 뒤떨어지면서도 崔氏政權의 政房出身 側近들인 琴儀·金敞·朴暄 등이 수차 貢擧가 되어 銓選을 담당하였는데 자신은 提衡을 담당하지 못함을 원망하며 지내다가 모처럼 한 번 온 기회는 수명이 짧아 잃게 된 것을 죽어서 혼령이 된 후에도 분하게 여겼다는 것이다.

이로 미루어 보아 崔氏政權에서 對文臣정책중 가장 관심을 가지고 있었던 분야가 貢擧의 선임이었으며 심복이 아니면 貢擧가 될 수 없게 하여 批判的인 문신 그룹이 형성될 소지를 근원적으로 봉쇄하고, 자신의 심복이 뽑은 登科者들에게는 厚한 下賜品을 내려 登科初부터 崔氏政權의 威力을 과시하고 은혜를 베풀어 文士들을 手下에 끌어드렸다.7) 한편 집권무신을 諂事하던 정방출신 문신들은 華要를 剔歷하고 왕도 이들의 눈치를 살필 정도로 威福을 누려서 過失이 있어도 비호를 받았다.8) 예를 들면 戊寅年(1218) 八關會 행사시에 外方 수령들 중 賀表를 올리지 않은 자가 있어 李奎報가 이를 탄핵하려 하였으나 琴儀가 만류하여 중지했는데 崔忠獻이 이 사실을 알고 李奎報만 桂陽都護府使로 좌천시키고 琴儀는 不問에 붙인 일이 있었다. 그 후 李奎報도 崔氏政權의 철저한 신임을 받게 되었지만 그 이전까지는 조금만 과실이 있어도 혹독한 응징을 당했었다.

竹林七賢 중에서도 寬仁恭儉했던 趙通·皇甫抗·咸淳·李湛之 등

未開試席 天不暇年 奄然而逝 則其胸中憤氣 發而上衝者 未可知也
7) 『高麗史』 列傳 15. 琴儀. pp.245~6.
崔忠獻當國 求文士 有李宗揆者 薦儀 遂諂事忠獻 歷剔華要……熙宗四年 以右副承宣掌試 取皇甫瓘等 瓘等謁忠獻 忠獻贈隨從坊廂銀甁各一事 怡亦贈銀甁 又謁王 親賜酒果 仍觀各坊廂歌吹 命瓘等七人屬內侍 儀爲忠獻所昵 故待以厚禮如此……屢典貢擧 所選多名士 翰林曲有稱琴學士者是也
8) 『高麗史』 列傳 15, 琴儀.(pp.245~6), 金敞(p.251), 列傳38, 朴暄(pp.710~711) 參照.

은 큰 시련없이 평생을 마쳤으나 개성이 강했던 李仁老·吳世才·林椿 등은 전술한 바와 같이 시련을 겪었으며, 이들이 타계한 후에도 후세 사람들이 그들을 당대의 최고문인으로 생각하는 것이 못마땅하여 이들을 貶下하는 작업을 진행하였으니 그 단적인 예가 補閑集의 편찬이다.

> 學士 李仁老가 名章秀句를 대강 모아 책을 만들어 破閑集이라 했다. 晋陽公(崔怡)은 그 책의 내용이 광범하지 않다고 생각하여 나에게 이어 보충하도록 명하였다. 나는……三卷을 만들었으나 雕板할 겨를이 없었는데 지금의 侍中上柱國(崔沆)이 선인의 뜻을 追述하려고 그 책을 찾기에 삼가 써서 바친다.[9]

한 것으로 보아, 補閑集은 집권자 崔怡의 命으로 破閑集의 未廣함을 續補하기 위하여 쓴 것을 崔沆이 간행한 것임을 알 수 있다. 中外의 題詠으로 博奕보다는 나은 정도의 가치밖에 없는 것들을 모아 編次한 破閑集에 崔怡는 무슨 까닭으로 이토록 관심을 가지고 그 續補를 命한 것일까.「其書未廣」이라고 불만스럽게 여긴 이유는 무엇일까. 破閑集에는 82種의 詩逸話·詩評·詩論 등이 수록되어 있는데 著者自身 및 그의 家門자랑이 33話이고 林椿이 6回, 吳世才 1回, 咸淳 4回, 李湛之 3回, 趙通 1回 등 자신과 가까이 교유했던 七賢系 文人에 관하여 언급한 것까지 합치면 82話 중에 약 반인 40話가 자신 및 七賢系 文人에 대한 자랑이다.(한 이야기 속에 數人이 등장하는 경우가 많으므로 자신과 七賢系 문인을 언급한 回數의 누계와는 차이가 생긴 것임) 이러한 破閑集만이 세상에 유포된다면 武臣執權에 대하여 호감을 갖지 않았

---

9) 崔滋『補閑集』序
……然而 古今諸名賢 編成文集者 唯止數十家 自餘名章秀句 皆湮沒無聞 李學士仁老畧集成編 命曰 破閑 晋陽公以其書未廣 命予續補……爲三卷 而未暇雕板 今侍中上柱國崔公 追述先志 訪採其書 謹繕寫而進

던 문인들이 중심이 되었던 七賢系 文人들이 당대의 문학을 주도한 것으로 알려질 것이므로 執權者 崔怡가 破閑集은 칠현계 문인의 자랑에 치우쳐서 당시의 문단을 공정하게 반영하지 못한 편파적인 책으로 보게되어 이의 시정을 위한 같은 형식의 새로운 책의 편찬을 崔滋에게 命한 것이고, 崔怡의 이런 견해가 補閑集 편찬의 지침이 되었던 것이다. 즉 七賢系 文人을 깎아 내리고 武臣執權에 적극적으로 협력 추종하면서 문명도 높았던 李奎報를 부각시키려는 기본적인 목적을 가지고 편찬에 착수했던 책이 補閑集이다. 崔滋는 文才도 있고 李奎報에게 恩顧를 입어 그를 존경하였으며 崔氏政權에도 충성을 다하고 있었으므로 崔怡에게 이런 임무의 적격자로 인정되어 補閑集 편찬의 命을 받게 된 것이다.

Ⅲ. 補閑集의 編纂動機

竹林七賢 中에서도 武臣執權 下에서 가장 핍박을 당한 林椿・吳世才와 능력에 상응하는 대우를 받지 못했던 李仁老 등 三人中 李仁老와 林椿을 주로 배격한 것이 補閑集의 특징이며 이는 당시 집권층의 의도를 그대로 반영한 것이다.

上侍 閔湜이 李奎報에게 당부하기를, 「선비는 마땅히 謙恭畏愼을 목표로 노력해야 하는데도 林椿이 恃才傲物하다가 끝내 과거에 한번 급제도 못해보고 窮困하게 살다가 죽었다.」[10]고 한 말에서 최씨집권시

---

10) 李奎報,『東國李相國集』26,「上閔上侍湜書」.
……方從容笑談間 再三目予日 士當以謙恭畏愼爲志 近世有詩人 林椿者 恃才傲物 竟不登一第 至窮餓而死 觀子之才 不後林生 常謙恭卑損 略無怠傲之色 又觀相貌充澤決必當遠到者

대 집권층의 對林椿觀을 엿볼 수 있다. 즉 재주만 믿고 남에게(특히 고관에게) 굽히지 않고 아부하지 않는 林椿類의 처세로는 절대로 출세할 수 없었고, 항시 謙恭畏愼한 자세를 취해야만 宦路에 진출할 수 있었던 것인데, 李仁老는 破閑集에서 이러한 林椿을 극찬하고 그의 사후에는 遺稿를 모아서 文集(西河集 6卷)을 편찬해 주기도 하였다.

李仁老는 과거에 급제하여 仕宦할 자격을 갖춘 吳世才도 글을 올려 三次나 천거하였으나 끝내 官職을 얻지 못하고 東京 外家에서 寄食하다가 궁곤하게 생을 마치고 말았는데 그 이유가 재능과 학식은 뛰어났지만 방자하고 단정하지 못하여 당세에 용납되지 못하였기 때문이라 하였다.[11]

이러한 局外者들을 극찬하고 崔氏政權에 적극 협력했던 문인들을 거의 무시한 破閑集만이 세상에 유포된다면 崔氏政權의 이미지가 손상될 것을 우려하여 이에 맞설만한 동류의 책을 편찬하게 된 것이 補閑集이다. 本稿에서는 李仁老와 崔滋가 林椿과 吳世才를 어떻게 보았는가를 살펴보고 이어서 崔滋가 李仁老와 李奎報를 어떻게 대비하였나를 살펴보고자 한다.

1. 林椿

破閑集	補閑集
㉠ 詩家作詩多使事 謂之點鬼薄 李商隱 用事險僻 號西崑體 此皆文章一病 近者蘇黃崛起 雖追尙其法 而造語益工 了無斧鑿之痕 可謂靑於藍矣…吾友耆之 亦得其妙…皆播在人口 眞不愧於古人(卷下. 第4話)	㉡ 金翰林睡起云…林耆之云…文順公春眠云…金詩意雜是卽事林李兩詩意專睡起 李詩尤可警.(卷中. 第17話)

---

11) 『高麗史』列傳, 李仁老 附 吳世才.
性踈雋 不容於世 仁老三上書薦之 竟未得官 僑寓東京 窮困而卒

破閑集	補閑集
㉜ 西河耆之…其用事益精 此古人所謂鑿金結繡 而無痕迹(卷下. 第8話) ㉚ 白雲子棄儒冠學浮屠氏敎 包腰遍遊名山 途中聞鶯感成一絶…吾友耆之 失意遊江南 聞鶯亦作詩云…古今詩人托物寓意 多類此 二公之作 初無與之相期 吐詞悽惋 若出一人之口 其有才不見用 流落天涯 羈遊旅之狀 了然皆見於數字間 則所謂詩源乎心者 信哉(卷下. 第18話)	㉓ 林先生椿 贈李眉叟書云 僕與吾子 雖未讀東坡 往往句法 已略相似矣 豈非得於中者 闇與之合 今觀眉叟詩 或有七字五字奪東坡語 其豪邁之氣 富贍之體直與東坡吻合 世以椿之文 得古人體觀其文 皆攘取古人語咸至 連雖十字綴之以爲己辭 此非得其體奪其語.(卷中. 第18話)

    李仁老는 ㉓에서 蘇東坡·黃山谷이 用事에 능하여 그들이 인용한 故事가 詩속에 무르녹아 전혀 억지로 꿰매어 맞춘 흔적이 없어서 西崑體의 창시자인 李商隱보다도 뛰어났는데, 林椿역시 그 妙理를 터득하여 그의 시가 널리 전파되어 人口에 회자되니 진실로 蘇·黃 등의 고인에 부끄러운 것이 없다고 林椿의 탁월한 用事能力을 極讚하였다.
    ㉜에서도 林椿의 用事는 옛사람이 이른바 「鑿金結繡 而無痕迹」이라 한 말에 걸맞는다고 칭찬하였다.
    ㉚에서는 神駿과 林椿의 聞鶯詩가 兩人의 不遇를 꾀꼬리에 寓意하여 명료하게 드러내서 그들의 마음을 잘 표현했다고 하였다. 이 말 속에는 心에 근원을 둔 시라야 좋은 시라는 생각을 나타내고, 이런 시를 林椿이 잘 지었다고 본 것이다. 즉 林椿은 蘇·黃에 비견할 정도로 用事에 탁월한 재능을 발휘하였고 心(眞情)을 진솔하게 표현할 줄 아는 훌륭한 시인으로 보고「내 친구 耆之」라고 호칭하여 돈독한 우의를 나타내고 있다.
    이에 반하여 崔滋는 ㉒에서 林椿과 李奎報의 睡起詩를 비교하면서 李詩가 警策이 된다고 하여 林詩를 李詩의 아래에 놓았고, ㉓에서는 林椿이 당대에 蘇東坡의 경지에 이른 高麗 詩人은 자신과 李仁老 뿐이라고 한데 대하여 이를 부인하고 眉叟의 시는 東坡集에서 어느 때는

한 句(5字 또는 7字)를 그대로 따다썼지만 白雲은 4·5字도 따다 쓴 일이 없으나 豪邁한 기상과 富瞻한 文體는 東坡詩의 경지와 부합한다고 하여 東坡의 수준에 이른 시인은 林椿·李仁老가 아니라 李奎報라고 하였으며, 林椿을 더욱 혹평하여 椿이 古人體를 터득하여 문장을 지었다고 世人들이 알고 있지만 古人의 말을 數十字씩 연이어 표절하여 자신의 문장으로 삼았으므로 古人의 體를 터득한 것이 아니라 그 말을 빼앗아 쓴 것이라고 하였다. 이렇게 고인의 문장을 표절하여 자신의 글인 양 위장한 인물이라 혹평하였으며, 이례적으로 아무런 경칭도 붙이지 않고 「椿」이라고 맨이름을 표기하여 그를 경멸하였다. 즉 東坡의 경지에 이른 시인은 李奎報뿐이요, 李仁老와 林椿은 東坡의 시문을 표질한 사람들이라고 매도하였는데 이는 崔滋의 개인 견해라기보다 崔氏執權時代 집권층의 견해를 대표한 것으로 보아야 할 것이다.

2. 吳世才

破閑集	補閑集
⑪ 天下之事 不以貴賤貧富爲之高下者 唯文章耳 盖文章之作 如日月之麗天也 雲烟聚散於大虛也 有目者無不得覩 不可以掩蔽 是以布葛之士 有足以垂光虹霓 而趙孟之貴 其勢豈不足以富國豊家至於文章 則蔑稱焉 由是言之 文章自有一定之價 富不爲之減 故歐陽永叔云 後世苟不公 至今無聖賢 濮陽世材才士也 累擧不得第 忽病目作詩……三娶輒棄去 無兒息托錐之地 簞瓢不繼 年至五十得一第 客遊東都以沒 至其文章 豈以窮躓而廢之(卷下. 제22話)	㊛ 吳世才……平生詩藁山積 皆散逸 不傳于世悲夫二兄皆逵 世才老不得志 客遊東都 棄庵居士淳之贈詩曰……文順公少於吳三十餘年 結爲忘年交亦以詩寄之云……其爲一代英雄所稱慕如此(上. 第44話) ㊜ 吳世才賦北岳戟嚴云……有宋人見此詩 歎服間曰此人在乎至今何官 我宋有如此作詩者則必爵之 此詩非閑中題詠 殆被人占强韻令賦耳 哉字助也 亦難爲韻(上. 第46話) ㊞ 棄菴居士安淳之 以曠世大手於文章愼推 李眉叟嘗以書及詩求作汲古堂記 再三猶不應 李固迫之 乃不得已作記 以駁李所著汲古堂詩之意非之 唯於吳先生世才 一見歎服不已(中. 第24話)

李仁老는 ㉤에서 貴賤貧富와는 관계없이 스스로 일정한 가치를 가진 것이 문장이요, 문장의 가치는 어떤 힘으로도 가릴 수가 없으므로 평생을 困窮하게 살다가 죽은 吳世才도 그 문장만은 후세까지 빛날 것이라고 하였다. 이 글이 비록 吳世才의 훌륭한 文才를 나타내기 위하여 쓰여진 것이라 해도 그 내면에는 훌륭한 문인이 응분의 대우를 받지 못하는 당시의 사회 현실에 대한 비판이 내포되어 있으며 吳世才를 표면에 내세우고 자신의 불만도 함께 토로한 것으로 볼 수 있다.

崔滋는 ㉠에서 당시의 文名을 떨쳤던 棄菴居士 安淳之가 吳世才를 칭찬하고 李奎報도 吳世才를 稱慕하였음을 말하고, ㉤에서는 吳世才를 宋人들도 찬양하였다 하고, ㉢에서는 다시 吳世才의 시를 보고 탄복하기를 마지 않았던 安淳之가 李仁老만은 몹시 경멸하였음을 들어 眉叟를 貶下하고 있다.

李仁老와 崔滋가 吳世才를 찬양함은 공통적이지만 李仁老는 吳世才의 窮躓을 강조한데 비하여 崔滋는 탁월한 詩才를 더욱 강조한 것이 대조적이며 李仁老의 詩文이 吳世才만 못했음을 安淳之의 말을 빌어 강조하고 있다.

七賢中의 一人인 吳世才에 대하여 李仁老가 찬양과 동정을 표시한 것은 당연하지만 崔滋가 극찬한 것은 무엇 때문인가? 吳世才가 衆人이 공인하는 훌륭한 시인이었음이 첫째 이유이겠지만, 崔滋가 부각시키려한 李奎報와 비록 忘年交를 맺었다 해도 연령이나 학식으로 보아 李奎報에게 심대한 영향을 끼친 吳世才를 폄하하는 것이 최씨 武臣執權時代의 간판격 문인인 李奎報의 師承관계를 훼손시킬 염려가 있으므로 崔滋도 吳世才만은 世評을 그대로 받아들여 긍정적으로 언급한 것으로 보여진다. 崔滋 개인으로 보아서는 자신이 文柄을 잡는데 결정적으로 기여한 李奎報가 가장 존경했던 인물을 폄하한다는 것은 의리

상으로도 불가능했을 것이다.

3. 補閑集에서의 李仁老·李奎報 비교

㉠ 文順公與兪尹諸同年席上 和任副樞景謙寢屛六詠……李學士仁老……文順公新意入妙 李學士主語淸婉……李學士詩云圓砂 又言雲霞 此所謂喩中之喩也 如用他人韻賦之 押洪字甚善 文烈公詩如言七八月開花 文安公詩雖止言春及冬其意已盡文順公具言而辭趣深勁……(中.8)

㉡ 文烈公私慧素師猫兒云……文順公蟾云…… 眉叟蟻云……文順公形容甚工 李學士句句皆用事 文烈公寄意浮屠 言理最深 大抵體物之作用事不如言理 言理不如形容 然其工拙 在乎構意造辭耳(中.9)

㉢ 李學士逍遙園云……文順公獨樂園云……金翰林聚軒云……李學士奇辭妙意全用南華編 文順公出自新趣……(中.10)

㉣ 文烈公菊花云……文順公云……金翰林云……李學士重九後云……古今多以美女比花 文烈用善人事 意雖精當 事則荔拘 眉叟用龍陽事此詩家意外之喩警策 金詩有風人自寓之意 讀之悽然有感 文順公不用事不取比 直穿天心而已(中.11)

㉤ 李學士梅花云……皇祖私金樞密玉梅云……文順公李花云……金翰林李花云……李學士眉叟李花云……梅花二首用事雖異 皆取色言李花兩首 用事有深淺 優劣自分 眉叟但言李不言花 雖用事深何工 文順公率不用事 盖尙新意耳(中.12)

㉥ 李眉叟僧院茶磨云……拾栗云……一字一句巧琢淸玩……私賀新榜才三人云……此詩非徒琢磨 其措意用事尤妙 白芍藥云……文順公醉西施云……李眉叟盆竹云……文順公和朴丞家盆竹云……學士詩警

於眼相國詩警於心　然水盆白沙　宜養菖蒲非養竹　學者但取韻語淸婉而忘其意……(中.16)

　　㈢ p.33. ㈣(中.18)

　　㈤ 李眉叟明妃長篇略云……文順公云……前詩弄天機　後詩言人情　文順公蟬云……眉叟詩……眉叟詩言蟬甚詳　文順公言簡意新(中.20)

　　㈥ 棄菴居士安淳之　以曠世大手於文章愼推　李眉叟嘗以書及詩　求作汲古堂記　再三猶不應　李固迫之　乃不得已作記　以駁李所著汲古堂詩之意非之　金翰林克己　與安同邑又同時　安之文集中　未嘗一與金有唱和之作　唯於吳先生世才　一見歎服不已　見陳玉堂　詩曰　君才已過筠溪　小進之可至東坡　見文順公文藁　作小序略云　發言成章　頃刻百篇天縱神授　淸神俊逸　人以公爲李太白　盖實錄然以僕言之　其醉吟之際狂海蕩然錦腸爛然卽已相類　至於律格嚴整對偶眞切　於忽忽不暇中尤見功夫　似過之也.(中.24)

　　㈦ 己未仲夏　晋康公第千葉榴花盛開　公邀致李翰林仁老……李先達奎報　請賦之　席上拈韻禽字最强　李翰林云　錦幄朝遮日　金鈴曉起禽李先達云蓺　香晴引蝶　散火夜驚禽……以錦聯以第一　笙簧於都下　或曰　此聯雖富貴婉艶　其立對相似使事相近　未免詩家一病　後於南山里第北園　小峰上別開一閣　以白茅爲僻幪　命之曰　茅亭　又請李仁老李奎報及……作記　皆當時名儒　以李公奎報所述爲最　遂勒板于亭上.(中.27)

　　㈧ 每歲春秋轉大藏經及與消災道場　皆命誥院詞臣作四韻音讚詩　李公仁老初登誥院以謂音讚詩乃讚佛德也　大抵賦道場莊嚴觀覽景致　或歸美君主叙事說情皆非也　及製呈云　靈山當日鵲巢肩　濯濯還如出水蓮此雖句語有力　作巢肩是苦行時事　非讚萬德莊嚴也……夫音讚之法　若不能專讚佛寶　通讚三寶亦得……文順公云「……」　此通讚法寶僧寶

也……第一聯言設席頷聯頸聯皆讚三寶 落句言福利 此音讚詩之範也 雖鴻儒巨筆 猶局其前範 未免換骨 而文順公天變消災云「……」其語豪放不局 故拘凡滯俗者 或議其優蹇……(中.31)

㊄ 李學士眉叟春日江行云……此詩遺意雖大 拘於類喻 言不得肆 如文順公苦熱云……近於類喻而言肆意大……(中.33)

㊅ 李學士眉叟曰 杜門讀黃蘇兩集 然後語遒然韻鏘然 得作詩三昧 文順公曰 吾不襲古人語 創出新意 時人聞此言 以爲兩公所入不同非也 其壺奧雖異所入皆一門 何也 學者讀經史百 非得意傳道而止 將以習其語效其體 重於心熱於工 及賦詠之際 心與口相應 發言成章 故動無生澁之辭 其不襲古人 而出自新意者 唯構意設文耳 兩公所云不同者 殆此而已 詩文以氣爲立 氣發於性 意憑於氣 言出於情 情則意也 而新奇之意 立語尤難 輒爲生澁 雖文順公遍 閱經史百家薰芳染彩 故其辭自然當艷 雖新意至微難狀處 曲盡其言 而皆精熱(中.46)

위에 열거한 ㊂에서는 兩人의 詩風에 대하여 評하면서 白雲의 시는 新意가 妙境에 들어갔고 辭趣가 깊고 굳세며, 眉叟의 詩는 主語가 淸婉하고 比喩가 絶妙하다 하였다.

㊃에서는 文烈公(金富軾)·眉叟·白雲 등 3人의 動物詩를 비교하여 眉叟는 用事를 잘했고 文烈은 理致를 말한 것이 深遠하며 白雲은 동물 모습을 절묘하게 형용했다고 평하고서 體物詩에서 用事는 言理만 못하고 言理는 形容만 못하다고 하여 白雲詩를 최고로 眉叟詩를 최하로 놓았다. 그러나 用事도 言理나 形容을 위하여 한 것이요, 用事 자체가 목적이 아니므로 이런 견해는 眉叟를 貶下하기 위한 억설에 불과하다.

㊄에서는 兩人의 庭園詩를 비교하여 眉叟는 莊子에게 奇辭妙意를

완전히 따다썼고 白雲의 시는 新趣에서 나온 창작이라 하여 眉叟의 시가 독창성이 부족함을 암시하고 있다.

㉠에서도 菊花詩에 眉叟가 用陽事를 인용한 것은 詩家로서 意外之 喩를 구사한 것으로 警策이라 할만하고, 白雲은 用事나 比喩를 쓰지 않고 天心을 곧바로 표현하였다하여 意外之用事를 쓴 眉叟보다 直穿 天心한 白雲의 시가 더 좋은 듯이 말하였지만 餘韻·含蓄·暗示가 없이 직설적으로 표현한 것이 과연 좋은 시가 될 수 있는지 의문이다.

㉡에서는 兩人의 梨花詩를 비교하면서 眉叟詩는 오얏에만 언급하고 꽃을 언급하지 않아 내용이 보잘 것 없으니 용사가 잘 되었다해도 무슨 공교로움이 있겠는가 라고 깎아 내리고, 白雲詩는 전혀 用事를 않고 新意를 숭상했을 따름이라고 찬양하였다.

㉢에서는 兩人의 盆竹詩를 비교하여 眉叟詩는 外華에 치우쳐서 눈을 놀라게 할 만한 기발한 시구요, 白雲詩는 심금을 울릴 만한 마음을 놀라게 하는 시구라 하여 白雲詩를 보다 높게 평하면서 水盆白沙에는 菖蒲나 적합한데 眉叟는 그곳에 대를 기른다고 하였으니 진실에 부합되지 않는다고 하였다. 그러나 요사이도 盆土 위에 白沙나 깨끗한 자갈을 깔아 놓는 일이 허다하므로 이런 일을 흠잡는 것은 고의로 폄하하려 한 것으로 밖에 볼 수가 없다.

㉣에서는 林椿이 眉叟에게 보낸 편지에 당대에 東坡의 詩境에 이른 사람은 자기들 뿐이라고 한 말을 공박하여 眉叟詩를 보면 한 句 전부를 東坡集에서 그대로 따다 쓴 것도 있는데 白雲詩에는 4·5字도 東坡語를 따다 쓴 것이 없지만 豪邁之氣, 富贍之體는 東坡詩의 기상과 일치한다고 하였다. 즉 東坡의 경지에 이른 사람은 耆之나 眉叟가 아니요 白雲이라고 주장하면서 耆之의 文도 古人語를 표절하여 수 십 자씩 얽어놓아 자기의 글로 삼았으니 그 본체는 터득하지 못하고 그

말만 훔쳐 쓴 것이라고 耆之와 眉叟를 폄하하였다.

㈑에서는 兩人의 蟬詩를 評하여 眉叟詩는 매미에 대하여 매우 자세히 말했다 하고, 白雲詩는 말은 간략하나 뜻이 새롭다고 하였다.

㈒에서는 文章으로 曠世大手인 棄菴居士 安淳之의 말을 빌어 眉叟를 폄하하고 白雲을 극찬하였다. 眉叟가 安淳之에게 편지와 시를 보내어 汲古堂記를 지어 주도록 누차 요청하였으나 不應하다가 억지로 지어 주면서 眉叟가 지은 汲古堂詩를 반박 비난하였다 하여 大手의 눈에는 眉叟가 하찮은 인물로 보였음을 강조하면서, 安淳之가 白雲文藁의 소서에 이르기를, "말을 했다 하면 文章이 되어 頃刻間에 百篇을 이루어 하늘이나 귀신이 준 듯 시가 淸神駿逸하여 公을 李太白으로 여기는데 이는 사실대로 기록한 것이다. 그러나 내 생각에 그가 취해서 읊을 때 狂海처럼 蕩然하고 錦腸처럼 爛然함은 太白과 같지만 律格이 嚴整하고 對偶가 眞切함이 忽忽不暇中에 그 능력이 더욱 드러남은 더 낳은 듯 하다."하여 이백보다도 훌륭하다고 극찬한 말을 들어 眉叟보다는 월등히 격이 높은 시인임을 강조하였다. 이것이 비록 安淳之의 말을 옮겨 놓은 것이지만 白雲이 李白보다 整工한 시를 지었다는 말은 지나친 過讚으로 생각된다.

㈓에서는 權臣 崔忠獻의 저택에 千葉榴花(겹석류꽃)가 盛開했을 때 眉叟・白雲 등이 초빙되어 詩를 지었는데 眉叟의 詩가 第一로 뽑혀 都下에 회자되었고 그 詩가 비록 부귀롭고 婉艶하기는 하나 對偶가 相似하고 使事가 相近한 힘이 있어 詩家의 一病이 됨을 면할 수 없다고 하였다. 白雲의 榴花詩가 眉叟詩만 못하여 眉叟詩가 第一로 뽑혔을 터인데도 白雲詩의 缺陷에 대하여는 전혀 언급이 없이 眉叟詩만 깎아 내렸다. 후에 崔忠獻의 邸宅에 세운 茅亭의 낙성식 때에 역시 眉叟・白雲 등이 지은 茅亭記 가운데 白雲의 記가 뽑혀 亭上에 새겨서

걸었음을 첨언하여 詩 이야기 속에 記 이야기를 억지로 덧붙여서 기어이 白雲을 眉叟위에 올려놓으려는 作意가 엿보인다.

㋙에서는, 眉叟는 佛德을 찬미하는 音讚詩를 詩格에 맞게 짖지 못했으며, 白雲은 詩格에 맞는 좋은 詩를 지었다 하고, 白雲의 豪放不局한 시를 凡俗한 詩人들은 偃蹇하다고 하는데 이는 잘못이라고 世評에 대하여 白雲을 변호하였다. 그러나 白雲의 말대로 그의 詩가 直穿天心했고 雕琢이나 用事에 유의하지 않았다면 偃蹇하다는 世評은 당연한 것이며 그의 文集에 수록된 시의 대부분이 거칠고 다듬어지지 않은 것도 사실이므로 崔滋의 白雲에 대한 변호보다는 世評이 더욱 합당하다 할 수 있으며 이곳에서도 眉叟를 貶下하고 白雲을 높이려는 의도가 엿보인다.

㋵에서는 眉叟의 春日江行詩가 類喩에 얽매여서 말이 활달하지 못하다 하고 白雲의 苦熱詩는 類喩에 가까우면서도 말이 활달하고 뜻도 원대하다고 높게 평하였다.

㋲에서는 眉叟와 白雲 兩人이 當代 詩壇의 雙璧임을 인정하고 詩論도 兩人이 同根에서 出發했다고 보아, 眉叟가 "문을 닫아 걸고 蘇東坡 黃山谷의 文集을 熟讀한 뒤에야 詩語가 꿋꿋하고 韻이 쨍쨍울리는 作詩三昧境에 이를 수 있다"고 한 말이나, 白雲이, "나는 옛사람의 말을 蹈襲하지 않고 新意를 創出하였다"고 한 말은 兩人이 도달한 높은 경지는 다르지만 詩觀은 다른 것이 아니라고 하였다. 즉 眉叟가 東坡集을 숙독한 것처럼 白雲도 經史百家의 말을 익히고 그 文體를 본받아 이것이 마음 속에 쌓여 문장을 공교롭게 꾸미는데 익숙해져서 튀어나온 말은 곧 文章이 되면서도 生澁하지 않으며, 新意에서 나왔다는 것은 뜻을 構想하고 문장으로 늘어놓는 것뿐이요 兩人이 不同하다고 이르는 것도 이것뿐이라고 보아, 先人의 글 중에서 좋은 말 좋은 文體를 본받아 詩意를 적절히 표현하는 도구로 삼은 것은 共通이라 하였으

며, 但 眉叟가 先人들이 썼던 詩語나 用事를 즐겨 活用한데 비하여 白雲은 이의 承襲에 노력하지 않았다 하였다. 그러나 이것도 정도 문제로 白雲의 詩에도 많은 用事가 보이고 先人들이 썼던 詩語를 그대로 쓴 예도 이루 枚擧하기 어려울 정도로 허다하다. 한편 이 글의 文脈으로 보아 兩人이 도달한 경지가 다르다 한 것은 白雲의 경지가 眉叟의 경지보다 높다는 암시를 한 것으로 이것도 다분히 주관적인 견해이며 굳이 眉叟를 白雲밑에 두려는 作意가 엿보인다.

위에 열거한 兩人에 대한 비교로 보아 崔滋는 武臣執權期 詩壇의 雙壁이 眉叟와 白雲임을 인정하고 眉叟의 詩는 主語가 淸婉하고 比喩가 絶妙하며, 白雲의 詩는 新意가 妙境에 들어갔고 豪放不局하다고 兩人의 詩風을 評하면서도, 當代의 最高 詩人은 眉叟가 아니고 白雲임을 부각시키고자 作意的인 노력을 하였고 眉叟의 人格을 깎아 내리고 그의 詩를 酷評하는 말을 서슴없이 하였다. 이는 崔滋가 補閑集을 쓴 동기가 林椿 李仁老등을 貶下하고 崔氏政權에 적극 협력한 李奎報를 부각시키려는데 있었기 때문이며, 이것은 崔滋 個人의 뜻이 아니요 崔怡를 위시한 당시 집권층의 의도를 반영한 것으로 보아야 한다.

Ⅳ. 結 語

지금까지 本攷에서 考察한 내용을 要約해 보면 다음과 같다.
① 崔氏 武臣政權은 그 以前의 執權武臣들과는 달리 文·武臣의 人事權을 완전히 장악하고 專權을 휘두르며 政權에 批判的인 文臣이나 그럴 가능성이 있다고 인정되던 吳世才·林椿 등은 登用에서 배제하였고, 完全한 심복이 되기 어렵다고 생각한 李仁老도 冷待하였으며,

琴儀・朴暄・金敞 등 書房出身의 심복들은 특별히 우대하여 威福을 누리게 하였다.

② 崔氏政權의 武臣親衛隊가 都房 36번과 三別抄라 하면 書房 3번은 文官親衛隊라 할 수 있을 정도로 崔氏政權의 存立에 중요한 역할을 담당하였다.

③ 吳世才・林椿 등은 崔氏政權으로부터 배척을 당했고 李仁老는 능력에 상응한 대우를 받지 못하여 당대의 대표적인 文士이면서도 단 한번도 科試를 관장할 貢擧가 되지 못했음에 憤懣을 품어 死亡한 날 憤氣가 하늘까지 뻗혔다 한다.

④ 李仁老는 자신을 비롯한 竹林高會 構成員 위주의 詩話集 破閑集을 편찬하여 당시의 社會狀을 비판하고 당대의 대표적 문인이 자신 및 林椿・吳世才 등인양 표현하였으며, 이에 대하여 崔怡는 執權層의 냉대를 받던 그들이 文壇의 代表者들로 부각되는 것을 불만스럽게 여겼고, 破閑集은 當時의 文學界를 公正하고 廣範하게 반영하지 못한 편파적인 저술로 보았으며, 이런 破閑集만이 세상에 廣布된다면 崔氏政權에 대한 인식이 나빠질 염려가 있으므로 破閑集의 論持를 꺾을 同類의 책을 편찬하고자 하였다.

⑤ 崔怡는 崔滋에게 이의 편찬을 命하여 崔氏執權時代의 간판격 어용 문인인 李奎報를 크게 부각시키고 李仁老・林椿 등을 貶下하게 하였다.

⑥ 崔滋는 그가 편찬한 補閑集에 崔怡의 뜻을 충실히 반영하여,「李仁老는 표절의 명수이다」,「用事는 공교로우나 창의력이 부족하고 내용이 보잘 것 없다」,「실제와 부합하지 않는다」,「對偶가 相似하고 使事가 相近한 詩家之病을 犯하였다」,「詩語가 활달하지 못하다」,「당시의 高手들은 그를 경멸하였다」 등의 말로 貶下하고, 林椿에 대하여

도, 「古人語를 數十字씩 攘取하여 자신의 창작인양 위장한 비양심적 인물로 古人의 文體를 터득했다는 世論은 거짓말이요 표절에 능한 사람일 뿐이다」라고 깎아 내렸다.

⑦ 李奎報를 극구 찬양하여, 「辭趣가 深遠하다」, 「形容이 甚工하다」, 「用事도 取比도 않고 直穿天心한 詩를 지었다」, 「新意가 絶妙하다」, 「마음을 놀라게 할 만하다」, 「말은 간략하면서도 뜻이 새롭다」, 「狂海가 蕩然한 듯한 기상은 李白과 같고 格律이 嚴整하고 對偶가 眞切함은 李白보다 훌륭하다」, 「당시의 高手들이 극찬하였다」, 「詩語가 豪放不局하다」, 「類喩에 가까우면서도 시어가 활달하고 뜻이 원대하다」 등 온갖 美辭麗句를 동원하여 칭찬하였다.

⑧ 補閑集의 기록을 모두 비판없이 액면 그대로 받아들인다면 당시의 집권층이 목표한대로 유도되어 崔滋가 歪曲시켜 놓은 詩評을 그대로 承襲하는 愚를 범하고 公正한 考察을 할 수 없게 될 것이니, 補閑集 독자는 李仁老·林椿에 대한 評은 지나치게 貶下한 경우가 많고 李奎報는 過讚한 경우가 많음을 유의해야 할 것이다.

⑨ 이러한 補閑集의 편찬동기와 배경 및 그 결과로 나타난 현상을 유념하지 않고는 당시의 文學을 올바르게 이해할 수가 없을 것이다.

益齋의 文學觀
-櫟翁稗說을 中心으로-

Ⅰ. 序 言

　本攷는 14世紀 高麗의 代表的 文人인 李齊賢의 文學에 對한 認識을 그의 著書『櫟翁稗說』에 수록된 詩話를 中心으로 考察한 것이다.
　李齊賢의 生存期間은 元으로부터 歷史上 類例를 찾아 볼 수 없는 酷甚한 內政간섭을 받았고 附元 高麗人의 횡포 또한 극심하여 正義와 順理가 通하지 않던 社會였다. 한편 13世紀 武臣亂으로 몰락한 舊貴族層의 자리에 王權이 회복되면서 新興 士大夫勢力이 등장하기 시작하고, 安珦・白頤正 등에 의하여 程朱의 性理學이 도입되어 하나의 學統으로 뿌리를 내리려 하던 시기이기도 하였다.
　이러한 社會를 背景으로 안으로는 安珦・白頤正 등을 師事하여 性理學의 學統을 이어받고 밖으로는 萬卷堂을 中心으로 元代의 大學者들과 交遊했던 益齋의 文學觀은 어떠하였으며, 그의 文學觀이 위로 13世紀 文人들의 文學觀과 어떤 共通點과 差異點이 있으며, 後世 文人들에게는 어떤 影響을 끼쳤는가를 究明해 보려 하였다. 또한 性理學이 도입되어 정착하기 시작한 이 시기에 性理學의 傳來가 文學에 어떤 영향을 끼쳤는가. 當代 元의 代表的 文人들인 趙孟頫・閻復・姚燧・

元明善등의 文學觀이 益齋의 文學觀에 어떤 영향을 끼쳤는가 등도 살펴보고자 하였다.

그러나 『櫟翁稗說』에 수록된 內容中 詩話는 一部分에 不過하여 益齋의 文學에 대한 인식의 전모를 파악하기가 어렵고, 益齋의 영향을 받았으리라고 보이는 李穀 및 麗末三隱등은 그들의 文學觀을 나타낼 만한 글을 남겨놓은 것이 적어서 영향의 授受관계를 살피는 데 제약이 따랐다.

Ⅱ. 益齋의 生涯와 時代狀況

毅宗의 放蕩無檢한 生活과 武臣蔑視政策에 對한 반발로 일어난 武臣亂은 高麗의 政情을 一變시켜 武人들이 文人을 頤使하는 時代로 바뀌었으며, 武臣間의 政權爭奪戰으로 混迷하던 政局은 崔忠獻의 執權으로 다소의 安定을 되찾게 되었다. 崔忠獻 및 崔瑀・崔沆・崔竩 등 崔氏 一門이 絶對權力을 휘두르고 王은 꼭두각시에 불과하였던 13世紀 60여년 가운데 崔忠獻과 崔瑀가 執權하던 時期에는 그들의 執權基盤을 擴充하고 文人들의 行政技術과 文章力을 利用하기 위하여 文臣들을 登用하기 시작하였고, 이러한 政策에 호응하여 등용된 代表的인 文人들이 李仁老・李奎報・崔滋등이었다. 이 기간은 또한 6次에 亘한 蒙古의 侵入으로 國民은 塗炭에 빠져 헤매었고 國土는 荒廢하여 그 慘狀은 筆舌로 表現하기 곤란할 정도였으며, 崔瑀를 비롯한 執權層은 江華로 遷都하여 政權維持와 安樂追求에 汲汲할 뿐 百姓들의 困苦는 돌아보지도 않았다.

이러한 前代未曾有의 民族受難은 崔氏政權의 沒落과 함께 樣狀이

바뀌어 出陸還都와 親朝라는 蒙古에의 隸屬으로 歸結되었으며, 以後 약 一世紀間은 蒙古의 屬國으로 전락하여 王의 登位를 비롯한 國內問題에 酷甚한 간섭을 받게 되었다. 이 기간동안 비록 戰亂은 멎었지만 百姓들은 高麗朝廷과 蒙古朝廷을 섬겨야하는 二重의 徵求에 허덕이게 되어 그들의 苦痛은 戰亂이 계속되던 기간보다 나아진 것이 없었다.

이렇게 어려운 時期인 1287년(忠烈王13) 檢校政丞 李瑱의 아들로 태어난 益齋는 15세에 成均館에 壯元하고 大科에 丙科로 及第한 후 經籍을 부지런히 硏究하였고, 여섯 왕을 섬기면서 네 차례나 宰相의 位에 오른 大政治人이요, 大學者였으며 詩와 文에 두루 能하여 文筆로 國難克服에 기여한 文豪이었다.

忠肅王 7년(1320) 先王인 忠烈王이 蒙古의 內侍인 高麗人 伯顏禿古思의 참소로 吐藩땅으로 流竄되어 4년 간이나 謫居하게 되니 益齋는 元의 伯住丞相에게 글을 올려 王의 허물없음을 변호하고 방면해 주기를 청하니 元帝는 드디어 王의 配所를 朶思麻로 옮겨주었다.[1] 이때 益齋는 單身으로 忠宣王을 配所로 찾아가 문안하였다.

한편 賣國奴 柳靑臣・吳潛 등이 元의 中書省에 奏請하여 高麗國을 없애고 元의 地方行政區域으로 편입시키자고 주장하였는데 益齋가 忠義에 넘치는 辨駁의 訴를 올려 元帝를 감동시켜 그 策動을 막았다.[2] 이 때에 益齋가 아니었다면 高麗라는 國家는 영영 歷史에서 사라졌을 것이고 우리 民族이 현재까지 存立할 수 있었을는지도 의문스러우며 이렇게 본다면 益齋가 우리 民族史에 끼친 功勞는 至大하다고 할 수 있다.

忠肅王 後8年(1339) 王이 昇遐한 후 새로 登位한 忠惠王이 奸臣들

---

1) 『益齋集』附錄.「年譜」延祐七年~至治三年.
2) 같은 책, 같은 곳.

의 모함으로 元으로 압송되어 투옥되자 益齋가 글을 올려 前末을 辨析하여 復位케 하였고3), 恭愍王이 登位한 후 元에서 미처 귀국하지 않고 있을 때 都僉議政丞이 되어 국왕이 不在한 二個月동안 의연히 질서를 유지하여 국민의 동요를 막는 등 勳臣으로서 국권의 확립에 크게 공헌하고 恭愍王 16年(1367) 81歲의 天壽를 누리고 他界하였다.

그는 少時부터 場屋之文을 小技로 여겨 德性을 기르기에 부족하다고 생각하여 經典의 연구를 게을리 하지 않았으며 老後에는 틈틈이 저술에 몰두하여 孝行錄과 忠烈・忠宣・忠肅 三代의 實錄을 撰修하고 閔漬의 編年綱目 중에 빠진 것을 다시 纂定하였으며 國史와 紀年傳志도 撰修하였으나 현재는 모두 전하지 않고 다만 문집인 『益齋亂藁』와 『櫟翁稗說』만이 전해오고 있다.

益齋는 詩와 文에 두루 통달하여, 金澤榮은

　　工妙淸俊하고 萬象이 구비되어 조선 三千年에 第一의 大家이다.4) 우리나라의 詩는 高麗 李齊賢으로 으뜸을 삼는다.5)

하였고, 徐居正은

　　李相國(李奎報)・猊山(崔滋)・牧隱(李穡)등이 모두 큰 인물이었으나 아직 모두 미치지 못함이 있다. 오직 益齋만이 衆體를 갖추었으니 그 法度가 森嚴하다.6)

---

3) 같은 책,「年譜」至治三年條.
4) 金澤榮,『韶濩堂集』卷 10.
　李益齋之詩以工妙淸俊 萬象具備 朝鮮三千年之第一大家 是以正宗而雄也.
5) 같은 책, 卷 2「申紫霞詩集序」.
6) 徐居正,『東人詩話』卷上.
　李相國 李大諫 猊山 牧隱 皆以雄文大手 未嘗措手 唯益齋 法度森嚴

라고 극찬하고 있다.

『益齋亂藁』는 10卷 4冊의 詩文集으로 詩・詞・表・序・記・策問・論・頌・贊・箴・碑銘・墓誌銘 등이 수록되어 있으며 모든 文體에 一家를 이루었고 특히 詞는 중국 音韻에 能通하지 않으면 지을 수 없는 것으로 我國에서 益齋만이 능숙히 창작할 수 있었으며, 卷4에 高麗 歌謠를 漢譯하여 수록한 小樂府 11首는 한문학의 저변 확대에 지대한 공헌을 한 것이다.

『櫟翁稗說』은 忠惠王 3年(1342) 益齋가 官界에서 잠시 물러나 있었던 56歲 때에 저술한 것으로 前集 2卷・後集 2卷 都合 4卷으로 되어 있다. 前集 제1권에 17話, 2권에 43話, 後集 제1권에 28話, 2권에 25話로서 總 113話로 되어 있으며, 前集에는 序・歷史・逸話・滑稽 등이, 後集에는 序・詩論・詩評 등이 주로 수록되어 있다. 본고에서는『櫟翁稗說』에 수록된 詩論과 詩評을 중심으로 益齋의 문학론에 대하여 살펴보았다.

Ⅲ. 師承關係

益齋는 三韓功臣 全書의 후손으로 父 李瑱때부터 中央政界에 進出하였다. 李瑱(1244~1321)은 어려서부터 학문을 좋아하여 百家에 두루 능통하였으며 시 잘 짓기로 소문이 나서 사람들이 或 强韻으로 試驗해보면 붓을 잡자마자 곧 지어내기를 마치 미리 오랫동안 구상했던 것을 쓰듯 하므로 尙書 李松縉이 한번보고 기이하게 여겨 大器라고 칭상하였으며, 安東 府使로 나갔을 때는 民弊를 제거하고 학교를 일으켜 큰 치적을 남겼다.[7] 그는 한때 安珦의 천거로 國子監의 經史敎授都監使

를 지내기도 하였고,[8] 檢校政丞으로 致仕하였다.

이러한 父親의 기대를 한 몸에 받으면서 자란 益齋의 학문과 인격의 형성에 父 李瑱이 끼친 영향이 지대하였으리라고 보며, 祖 以上의 가계가 史傳에 不明이고, 益齋가 자신의 家系에 대하여 언급한 것에도 祖母 金氏의 性品이 근엄하였고 친히 아들에게 書史를 가르쳤다는 말은 있으나[9] 祖父나 그 以上의 조상에 대한 언급이 없는 것으로 보아 다른 勳臣 들처럼 蔭職을 거쳐 출세한다는 것은 기대할 수 없으므로 입신하려면 스스로 실력을 길러 과거에 급제하는 길밖에 없었다. 이러한 진취적인 가풍 또한 益齋가 대성할 수 있는 바탕이 되었으리라고 본다.

益齋는 15세 소년으로 登第한 후 朝野의 촉망을 한 몸에 받으면서 당대의 碩學들을 師事할 수 있게 되었다. 高麗에 性理學을 최초로 전래하여 학문발달에 공헌한 安珦(1243~1306)이 益齋등을 불러 시를 짓게 하여 그의 인품과 詩를 보고 "齊賢은 반드시 높은 벼슬을 하고 오래 살 것이다.[10]"라고 했다는 것으로 보아 安珦의 문하에 출입하면서 文才를 발휘하고 그의 총애를 받으며 영향을 받았음을 알 수 있다.

高麗의 性理學 발전에 一助를 한 權溥(1262~1346, 安珦의 문인)는 益齋의 장인으로 累代에 걸쳐 文翰의 任을 담당하였으며 知貢擧가 되어

---

7) 鄭麟趾,『高麗史』109, 列傳 22, 李瑱條
　　少好學 博通百家 有能詩聲 人或試以强韻 援筆輒賦 若宿構然. 尙書李松縉 一見奇之曰 大器也 (中略) 出爲安東府使 以袪民弊 興學校爲務
8) 같은 책 105, 列傳18, 安珦條
　　珦(中略)且薦密直副使致仕李瑱 典法判書李瑱 爲經史敎授都監使
9) 李齊賢,『櫟翁稗說』後集 卷2, 第27話
10)『高麗史』105, 列傳18, 安珦條
　　李齊賢李異同年生 俱有名 珦召令賦詩曰 齊賢必貴且壽 異則不年矣 果皆驗

益齋를 登第시킨 후 壻郎으로 맞은 것으로 보아 그의 器局을 일찍이 알아보았다 할 것이며, 그는 독서를 즐겨서 늙어서도 중단하지 않았고 朱子의 四書集註를 간행하도록 조정에 건의하여 性理學이 이로부터 번창하였다하며 『銀臺集』 20卷의 註를 달고 아들 準과 함께 歷代 孝子 64人의 행적을 적고 益齋로 하여금 贊을 짓게 하여 책명을 孝行錄이라 하였다한다.[11] 이로 보아 益齋의 학문 형성에는 權溥一門의 영향도 컸으리라고 생각되며 孝行錄은 權氏 一門과 益齋의 共著라 할 수 있다.

益齋는 또한 白頤正에게도 師事하였다. 白頤正은 忠宣王을 따라 燕京에 10년 간 머물면서 性理學 서적을 많이 구하여 가지고 忠肅王 元年(1314)에 귀국하니 李齊賢·朴忠佐 등이 스승으로 모시면서 배웠다고[12] 한 것으로 보아 20대 후반에 性理學을 본격적으로 배웠음을 알 수 있다. 그러나 益齋는 高麗 국권의 수호와 국왕의 보좌에 필생을 바친 정치인이므로 사변적인 性理學 연구에만 몰두할 수가 없었고 유머가 풍부하며 도학만을 심각하게 주장하지 않았으므로 후세에 "性理之學을 좋아하지 않았고 실없이 孔孟을 운위하며 心術이 바르지 않았다."는 비난을 받지 않았나 생각된다.[13] 이상의 기록들로 보아 我國 性

---

11) 『高麗史』107. 列傳20. 權溥條.
　溥性忠孝 惠族姻睦僚友 嗜讀書老不輟 嘗以朱子四書集註建白刊行 東方性理之學自溥倡註銀臺集二十卷 又與子準 裒集歷代孝子六十四人 使壻李齊賢著贊 名曰孝行錄行于世
12) 같은 책 106. 列傳 19. 白頤正條.
　時程朱之學 始行中國 未及東方 頤正在元 得而學之 東還李齊賢朴忠佐首先師受
13) 金宗瑞,『高麗史節要』卷26. 恭愍王 16年.
　…然不樂性理之學"『高麗史』110. 列傳23. 李齊賢. "然不樂性理之學無定力 空談孔孟 心術之端 作事未甚合理 爲識者所短

理學의 師承關係는 安珦·白頤正·權溥등을 통하여 朴忠佐·李齊賢 등에게 이어지고, 李齊賢은 이를 李穀·李穡등에게 전해주어(李穀·李穡 부자가 모두 益齋의 門生이었음)14) 麗朝 性理學의 學統이 성립되었 으며, 李瑱·權溥·安珦·白頤正 등이 모두 益齋의 학문과 문학에 지대한 영향을 끼쳤다고 본다.

高麗의 性理學은 기술한 경로 외에 다른 경로를 통하여 보다 일찍 전래되었을 가능성이 있음을 櫟翁稗說에서 암시하고 있다.

> 전에 神孝寺 堂頭 正文을 만났는데 나이 80세로 論語·孟子·詩經·書經을 잘 강론하면서 儒者인 安社俊에게 배웠다고 하였다.
> 전에 한 선비가 宋에 入國했다가 荊公(王安石)이 金陵으로 물러갔다는 말을 듣고 그곳을 찾아가 毛詩를 배웠는데 七代를 전하여 社俊에 이르렀다. 그러므로 시경은 오로지 王氏의 해설을 쓰고, 論語 孟子 書經의 해설은 모두 朱子章句 및 蔡氏傳과 맞았다. 당시에 이 두 책이 우리나라에 들어오기 전이었는데 社俊은 어디서 그 해설을 얻었는지 알 수 없다.15)

하였는데, 益齋가 56세時에 『櫟翁稗說』을 지었으므로 當年에 正文을 만났다 해도 正文은 益齋보다 24년 年上이 되며 安珦·白頤正·權溥 등과 비슷한 연배가 되고 『櫟翁稗說』을 지으면서 "일찍이 80歲된 정문을 만났다" 하였으므로 이들보다 연상이 될 가능성도 있다. 이렇게 본다면 性理學을 최초로 전래하였다는 安珦과 동년쯤 되는 正文이 스승

---

14) 李穡,「益齋亂藁序」(『益齋集』1)
    余豈知言者哉 仍父子爲門生 不敢讓姑志所見云
15) 『櫟翁稗說』 前集二. 第21話.
    嘗見神孝寺堂頭正文 年八十 善說語孟詩書 自言學於儒者安社俊 昔一士人 入宋 聞荊公退處金陵 往從之受毛詩 七傳而至社俊 故詩則專用王氏義 語孟 及書所說 皆與朱子章句蔡氏傳合 當是時 二書未至東方 不知社俊何從得其義

인 安社俊에게 국내에서 朱子의 四書集註와 蔡沈의 書經集傳을 통하여 경서를 배운 것이 되므로 性理學이 비록 官學으로서 널리 전파되게 된 것은 安珦・白頤正을 통해서라 할 수 있으나 私學(혹은 家學)으로 전래되어 전파된 것은 그보다 앞섰다고 보아야 할 것이다. 즉 王安石에게 직접 毛詩를 배운 高麗의 한 선비가 그 학문을 제자에게 전하고 제자는 다시 그의 제자에게 전하기를 거듭하여 七代 제자인 安社俊에 이르는 사이에 朱子와 蔡沈의 性理學이 전래되었으며 이것이 正文을 거쳐 益齋에게 알려졌다는 것이다. 이는 性理學이 安・白 등에 의하여 도입되어 관학으로 성립되기 전에 이미 사학에 의하여 전래되어 일부 계층에 전파된 증거로 볼 수 있을 것이다.

한편 忠宣王은 1314년(益齋 28歲時) 아들 忠肅王에게 讓位하고 燕京에 머물면서 萬卷堂을 세우고 益齋를 불러들여 원의 대표적 문인들인 姚燧・閻復・元明善・趙孟頫등과 교유하게 하였는데 益齋는 이들과 사귀면서 학문이 더욱 진보되어 姚燧 등이 칭찬하기를 마지않았다 한다. 이들이 모두 원대의 第一級 문인들이고 趙孟頫는 書藝의 大家이므로 益齋의 문학과 견문이 이들의 영향으로 더욱 진보되었던 것이다.

이렇게 益齋는 당시 高麗와 중국의 대표적인 문인들의 영향을 두루 받아 그의 학문과 인격이 圓熟한 경지에 이를 수 있었고 大文豪로서 崇仰을 받게 되었던 것이다.

Ⅳ. 文・道論

益齋 생존시의 高麗는 性理學이 廣布되기 시작하였고, 元은 學界가 性理學 일색이라고 할 정도로 性理學이 주류를 이루고 있었으며, 文學

에 관해서도 宋代 程子 朱子流의 載道說이 더욱 강화되어 墨守되던 시기였다. 益齋의 문학에 관한 생각도 이러한 시대상황의 영향을 아니 받을 수 없었다. 益齋가 연경에서 忠宣王과 나눈 문답을 보면,

> …또 신에게 묻기를 "우리나라는 옛날 문화수준이 중국과 대등하였었다는데 지금은 학자들이 모두 佛僧을 따르며 章句나 익혀서 彫蟲篆刻之徒는 참으로 많지만 經明行修之士는 극히 적으니 그 까닭이 무엇인가?" 하기에 신이 대답하기를 "…이제 전하께서 진실로 학교를 넓히고 교육을 충실히 해서 文藝를 높이고 五敎를 밝혀 先王의 도를 배우게 한다면 누가 참된 선비를 뒤로하고 佛僧을 따르겠으며 實學을 버리고 章句를 익히겠습니까. 그렇게 되면 장차 彫蟲篆刻之徒들이 모두 經明行修之士로 변하는 것을 보게 될 것입니다."16)

하였다. 經書에 밝고 行實을 잘 닦은 선비들이 필요하고 章句나 익혀서 글귀나 아로새기는 무리는 없어져야 한다는 생각을 王과 益齋가 함께 가지고 있었음을 이 글을 통하여 알 수 있다. 그러나 현실은 글귀나 아로새기는 무리들은 매우 많고 經明行修之士는 적으며 이를 시정하는 방법은 교육제도를 정비하여 유학교육을 충실히 하는 데 있다고 하였다. 그들이 經明行修를 위한 學은 實學이요 彫蟲篆刻하는 學은 虛學으로 보았으므로 이는 道學이 本이요 文學은 末이라고 생각한 것이다. 이런 생각이 반드시 性理學의 영향이라 할 수는 없다. 性理學 전래 이전에 지은 崔滋의 글에도 崔瀹이 睿宗에게 "시인들 중에는 경박

---

16) 같은 책, 前集一, 第12話.
　　又問臣曰 我國古稱文物侔於中華 今其學者 皆從釋子 以習章句 是宜雕蟲篆刻之徒寔繁 而經明行修之士絶少也 此其故何也 臣對曰(中略)今殿下 誠能廣學校謹庠序 尊六藝明五敎 以聞先王之道 孰有背眞儒而從釋子 捨實學而習章句者哉 將雕蟲篆刻之徒 盡爲經明行修之士矣

하고 識理에 어두운 사람이 많아서 왕이 이들과 어울려 吟風弄月하시면 天衷의 순정함을 잃게 되니 帝王은 마땅히 經術을 익히고 儒雅들과 經史를 토론하여 정치에 자문을 받고 백성을 교화시켜야 한다."17)고 건의했다는 것으로 보아 유교의 전통적인 文學觀은 바로 道가 本이요 文은 末로 보았음을 알 수 있다. 이러한 관념은 글을 배운 삶은 지배층이요 지배층은 백성들의 모범이 되고 그들을 교화해야 한다는 가치관 때문에 형성된 것이다. 經書의 뜻에 충실한 문장이 곧 道를 함유한 문장이요 이러한 문장만이 백성을 교화할 수 있으므로 彫琢만을 일삼아서 이루어진 美麗하기만 하고 윤리적 기준에 미흡한 문장은 배격했던 것이다.

한편 『益齋亂藁』에는 光宗이 雙冀의 건의를 받아들여 科擧制를 實施한 것은 文으로 백성을 교화하려는 훌륭한 뜻에서였지만 宋 徐兢이 撰한 『高麗圖經』에서 비판한 바와 같이 인재를 뽑을 때 詩・賦・頌 三題만 쓰고 時政은 策問하지 않아 唐代의 餘弊처럼 사람들이 문장의 修飾에만 치중하고 治國의 經綸이나 참된 學問에는 소홀하였음을 지적하여 經世治國에 도움이 되는 문이 價値있는 것이요 浮華한 문장은 쓸모가 없다고 보았다.18)

이러한 생각은 元代 東洋文學思想의 주류를 이루고 있었다. 元代의 학술사상은 程朱의 性理之學이 중심이 되어 한결같이 尊崇되었으며, 延祐年間부터 과거로 取士하게 되면서 朱子가 쓴 經書의 傳註가 取士의 規式으로 되었고, 元代의 文論도 兩宋 理學家의 文學觀을 그대로

---

17) 崔滋, 『補閑集』上, 第17話.
　　…詩人多輕薄 昧於識理 若承顧問 恐撓聖聰(中略)帝王當好經術 日與儒雅討經史 諮諏政理化民成俗
18) 『益齋亂藁』第9卷 下, 史贊 光王條.

이어받아 文以載道說을 주장하게 되었으며, 심지어는 文章이 道를 해치다고까지 생각하는 극단론도 나타났다. 그러므로 文士들이 글을 지으면서 工巧롭게 꾸미기만 힘쓰는 것을 他人이 쓴 각본대로 떠들어대는 俳優에 비겼고 이런 사람들을 逐末之士라고 貶下하였다. 즉 이 시대의 文論은 전통적인 유가사상이 주류를 이루어 文은 道가 本이고 辭(修飾)는 末로 보아 六朝式의 唯美文學을 반대하였다. 그 때문에 元代의 문장은 古文을 崇尙하였으며 古文家들은 載道思想을 위주로 하였으나 문장의 가치도 중시한 반면, 理學家들은 載道가 本이요 文章은 末이라 하여 性理之學만을 제창하고 文章은 道를 해치는 것으로 보았다.[19]

이러한 風潮가 益齋로 하여금 經明行修之士를 높이고 彫蟲篆刻之徒를 배격하는 생각을 갖게 하였고 과거를 통하여 取士할 때에도 器識을 중시하고 문장의 工拙은 그 다음의 문제로 생각해야 하며 程文의 嚴格한 격식에 합당한 글을 지은 자만을 과거에 합격시키면 인재를 구하기 어렵다고 보게 하였다.[20] 修飾과 形式에 치우친 程文을 좋은 글

---

19) 朱榮智, 『元代文學批評之硏究』(聯經出版事業公司, 臺灣), pp.121~122.
　　元代之學術思想 實以程朱性理之學爲中心 終元之世 程朱之學 定於一尊 延祐開科以後 且以朱子之傳註 爲朝廷取士之規定, 故元代之文論 大抵皆承受兩宋理學家之文學觀 主張文以載道 謂文章爲貫道之器 甚至以爲文章害道 故對文士之馳騁筆端 徒求工巧者 則比爲優孟 稱之曰逐末之士. 由此可見元代之文論 仍以傳統之儒家思想爲主流 主張文以載道爲本 辭爲末 反對六朝之唯美文學觀念 元代之文章 仍以古文爲宗 (中略) 又古文家之文論 雖以儒家載道思想爲主 然猶重視文章之價値 至於理學家則不然 一以載道爲本 文章爲末 提倡性理之學 而視文章爲害道

20) 『櫟翁稗說』前集二. 第9話
　　柳文正璥 四掌文衡 取人先器識而後文之工拙 所得皆知名士 位宰相者比肩 兪贊成千遇 嘗同知貢擧 性喜自用程文 有微疵必欲擯之 公不與之 較榜出 皆老於場屋者也 其後少至達官

로 보지 않는 견해는 元의 趙孟頫도 같아서 歐蘇程朱가 후세에 이름을 전할 수 있었던 원인이 어찌 程文을 잘 짓는 데 있었는가 반문하고 있다.21) 이러한 견해는 전대부터 있어왔다. 林椿은 場屋之文을 통박하여 '俳優者之說'이라고 매도하면서 이런 글은 진실한 문장이 아니라고 보았다.22) 이런 풍조의 영향을 일찍부터 받아서 益齋는 과거에 합격한 후 '此小技耳'23)라고 말했던 것이며, 形式보다 文章 속에 함유된 뜻을 중시하는 사상은 儒敎思想에 영향을 받은 文士들의 공통된 생각이었다.

그러나 益齋의 文論은 載道之文을 중시하기는 하지만 文藝文도 부정하지는 않았다. 『櫟翁稗說』序에서 經史를 언급한 글이 가치가 있음을 인정하면서도 詩經의 風과 雅에도 雕篆章句라 할 만한 부분이 있음을 예로 들고 閑悶을 제거하기 위하여 내키는 대로 쓴 이 글에 虛論이 섞였다 해서 괴이할 것이 없다고 주장하면서 공자도 쌍륙이나 바둑(博奕)이라도 두는 것이 無所用心하는 것보다는 낫다고 하였는데 雕篆章句는 博奕보다는 나은 것이니 크게 배격할 필요는 없다고 주장하고 書名을 '稗說'이라 한 것도 이 때문이라고 하였다.24) 즉 謹嚴한 人倫道德을 다룬 책은 아니지만 消閑의 資로 삼기 위하여 쓴 雕篆章句도 가치가 있다고 하면서 그 典據로 詩經과 論語를 들어서 後世 史家로부

---

21) 趙孟頫, 『松雪齋文集』 第6. 「第一散人文集序」(朱榮智, 『元代文學批評史』 臺灣, 聯經出版公司, 民國71, p.51) 參照.
22) 林椿, 『西河集』卷4. 答靈師書. "夫世所謂名儒者 不過工場句取科第爾" 「與趙亦樂書」"僕性本曠達 好問大道 不樂爲世俗應用文字…時所謂場屋之文者 讀之工則工矣 非有所謂甚難者 誠類俳優者之說 因自計曰 如是而以爲文乎則 雖甲之可曲肱而有也"
23) 『高麗史』110. 列傳23, 李齊賢條 參照.
24) 『櫟翁稗說』後集一, 「序」 參照.

터 실없이 孔孟을 운위하고 性理學 硏究에 열중하지 않았다는 비난까지 들었다. 이러한 益齋의 文論을 宋元代 文人들과 비교해 보면 修身하여 明道할 것을 주장한 理學家(朱子類)쪽 보다는 文에 치중하는 古文家(歐陽修・三蘇類)나 施事하여 致用함을 주장하는 정치가(司馬光・王安石類)에 가깝다고 할 수 있다.

이러한 益齋의 文學觀이 국익 수호에 效用을 발휘한 「上中書都堂書」[25], 「上伯住丞相書」[26] 등으로 나타났고 雕篆章句도 긍정하게 된 것이다. 즉 六經을 최고의 문장으로 인정하면서도 經世致用에 資할 수 있는 文이나 消閑에 資할 수 있는 詩도 역시 인간에게 필요함을 인정하였던 것이다.

한편 후세의 性理學者들과는 달리 佛敎・禪學・老莊에 조예가 깊은 자들이 그들의 사상을 표현한 문장들도 모두 좋은 문장으로 용납하고 있는 것으로 보아 麗代 문인들의 일반적 경향대로 儒佛仙의 諸思想을 모두 긍정하였으며, 性理學 일변도는 아니었다고 본다.

V. 詩論

1. 風格論

詩語(Poetic Language)는 일상어와는 다른 특질을 지니고 있다. 사전적인 뜻 외에 암시와 연상과 상징과 여운과 분위기를 수반하는 것이 詩語이다. 益齋도 이러한 詩, 즉 言盡而味不盡한 詩를 格調 높은 詩로 보았다.

---

25) 『益齋亂藁』 卷6.
26) 같은 책 같은 곳.

옛사람의 詩는 눈앞의 景物을 묘사하였지만 뜻은 말 밖에 있어서 말은 끝났으나 맛은 끝이 없다. 陶淵明의 「동쪽 울타리에서 국화를 꺾다가 고즈넉이 남산을 바라보노라」(採菊東籬下 悠然見南山)한 詩와 陳與義의 「문여니 비 온 줄 알겠는 것이, 늙은 나무 반쯤 젖어서일세」(開門知有雨 老樹半身濕)한 시가 이런 것이다. 나는 유독 「못둑에 봄풀이 돋았도다」 (池塘生春草)한 시를 사랑하는데 남에게 전하기 어려운 오묘한 경지가 있어서이다. 전에 餘杭 땅에 나그네로 있을 때 어떤 사람이 화분에 난초를 심어서 주기에 책상 위에 놓아두었다. 빈객을 접대하고 사물을 議論할 때는 향기를 느끼지 못했었는데, 밝은 달이 창을 비추는 깊은 밤에 조용히 앉아 있으니 향기가 코를 스치는데, 맑은 향기가 멀리까지 펴져 못내 사랑스러웠으나 말로 형용할 수가 없었다. 나는 혼연히 혼자 말하기를 '惠連을 만나 池塘生春草의 시구를 얻은 것과 같다.'27)하였다.28)

하여 益齋는 詩의 상징성을 중시하여 한번 읽으면 명료하게 작자의 뜻이 전달되는 시보다는 씹을수록 맛이 나는 詩, 읽고 또 읽어도 여운이 남는 시가 格調높은 시라 하였다. 깊은 밤에 달빛에 어울려 은은히 풍겨오는 난초의 향기처럼 청정한 마음으로 玩賞할 때 형언할 수 없는 感興을 느끼게 하는 시를 최고의 시로 본 것이다. 이는 곧 이미지를 함축적인 언어를 통하여 발현한 예술미를 강조한 것이라 할 것이며, 현대시론에서도 시를 구성하는 요소로 중시하는 시어・이미지・표현기교

---

27) 『南史』謝惠連傳. 謝靈運이 종일 詩를 구상하다가 이루지 못하고 잠이 들었는데 꿈에 族弟惠連을 만나 이 시귀를 얻었다 함.
28) 『櫟翁稗說』後集一. 第15話.
   古人之詩 目前寫景意在言外 言可盡而味不盡 若陶彭澤 '採菊東籬下 悠然見南山' 陳簡齋 '開門知有雨 老樹半身濕'之類是也 予獨愛 '池塘生春草' 以爲不傳之妙 昔嘗客于餘杭 人有種蘭盆中 以相образом者 置之几案之上 方其應對賓客 酬酢事物 未覺其有香焉 夜久靜坐 明月在牖 國香觸于鼻觀 清遠可愛 而不可形於言也 予欣然獨語曰 惠連春草之句也

등에 관한 益齋의 주장에 더 보탤 것이 없을 정도이며, 읽을수록 여운이 풍기는 시를 고요한 밤에 달빛을 받으며 피어나는 蘭香에 비긴 것은 절묘한 비유로서 필설로는 형용하기 어려운 경지를 나타낸 것이다. 난초는 그릴 수 있지만 난초서 피어나는 향기는 그릴 수 없듯이 시를 비록 문자로 썼지만 문자 밖으로 풍기는 상징적인 여운은 문자로 다시 표현할 수가 없으며, 이런 여운이 풍기는 시라야 좋은 시라는 것이다.

이와 유사한 견해는 崔滋의 글에도 나타난다.

> …文安公(兪升旦)이 이르기를 (中略)「지극히 오묘한 말은 오랫동안 감상해야 그 맛을 알게 되고 鄙近한 작품은 단번에 좋게 보인다. 학자는 글을 읽을 때 마땅히 熟讀하고 깊이 생각하여 심오한 뜻을 터득하도록 노력해야 한다.」하였고, 文順公(李奎報)은「전에 내가 歐陽公集을 보고 그 풍부함을 사랑했고, 두 번째 보고는 佳處를 터득했으며, 세 번째에 이르러서는 두 손을 모으고 탄복하였다. 또 梅聖兪集을 보고는 마음속으로 경멸하면서 고금에 詩翁이라 부르는 까닭을 깨닫지 못했었는데, 이제 다시 보니 겉으로는 약한 듯 하면서도 속에 뼈대를 품고 있어서 진실로 詩가운데 오묘하고 빼어났다. 梅詩를 이해할 수 있게 된 뒤에야 시를 아는 자라고 할 만하다.」하였고, 또「古人이 시를 評한 뜻을 늙어 가면서야 차츰 그 맛을 자세히 알 수 있게 되어 내 마음에 이해되지 않는 것이 없게 되었지만 謝公의 '池塘生春草' 句만은 어디가 좋은지 모르겠다」하였으니, 공의 말이 이와 같다면 알 수 있는 자가 그 누구이겠는가.29)

---

29)『補閑集』中. 第 46話.
…文安公嘗言…又曰至妙之辭 久而得味鄙近之作 一見則悅 學者看書 當熟讀之 深思之 期至於得意. 文順公曰 曩余見歐陽公集 愛其富 再見得佳處 至于三 拱手歎服 又見梅聖兪集 心竊輕之 未識古今所以詩翁者 及今見 外若羸弱 中含骨鯁 眞詩中之精雋也 知梅詩然後 可謂知詩者也 又曰 古人評詩之意 老而漸詳味 無不得於我心者 唯謝公 '池塘生春草' 未識佳處 公之所云猶若是 識者爲誰歟

하여 시의 참맛을 이해하는 것이 얼마나 어려운가를 兪升旦과 李奎報의 말을 빌어 강조하고 있다. 至妙한 말은 오랫동안 음미해 보아야 참맛을 이해할 수 있으며 좋은 시는 겉으로는 繭弱한 듯하지만 속에는 骨鯁을 함유하고 있어서 一見하여 그 참 뜻을 이해하기는 곤란하다고 본 것이다.

또한 杜工部의 시처럼 雄深·奇妙·高雅·宏遠한 詩句는 반드시 반복하여 자세히 열람하기를 장시간동안 해야 그 言外之美를 알 수 있으므로 배우는 자들이 좋아하지 않는다고도 하였다.[30]

시를 읽는 사람의 개성이 다르고 감상능력도 동일하지 않으므로 사람에 따라 좋아하는 시도 각기 다르게 된다. 益齋는 柳禹錫이 지은 「金陵五題」가운데 白樂天은 第一篇의 承句인 "潮打空城寂寞回"를 유독 좋아하여 後世 詞人들은 도저히 이같은 詩句를 지을 수 없을 것이라 하였는데, 蘇東坡는 第三篇을 써서 걸어 놓았으며 이것을 보고 어떤 사람이 結句 "一方明月可中庭"의 '可'를 '滿'으로 고치는 것이 어떠냐고 물었으나 東坡가 수긍하지 않았다 하고 古人들이 시에서 取하는 바가 이와 같다고 하였다.[31] 이 말은 개성에 따라 좋아하는 시가 다름과 시에 관한 높은 식견이 없고서는 제대로 감상할 수 없다는 것을 강조한 것이고, 東坡가 笑而不答하였다는 것은 대중이 쉽게 이해할 수 있는 범속한 시를 좋게 보지 않은 것이다. 風格이 높은 詩란 俗되지 않은 시라고 할 수 있다. 格이란 規矩·法度를 칭하는 말로 그것으로 사람됨을 평할 때는 人格·人品·風度라 하고, 詩文을 일컬을 때는 작자

---

30) 같은 책. 下. 第1話.
　　彼雄深奇妙高雅宏遠之句　必反覆詳閱　久而後得味　故學者不悅　如工部詩之類也…
31) 『櫟翁稗說』, 後集一, 第21話 參照.

의 才性을 충분히 발양해서 일종의 풍채를 아름답게 이루는 것을 말한다.32) 당시 元의 方回는 詩를 논할 때 '格高'를 제일로 쳐서 "論詩以格高爲第一"이라 하고 前賢의 詩를 배울 때는 겉모습만 모방할 것이 아니라 意會神合하도록 노력해야 한다고 하였으며,33) 이는 益齋의 風格論과 일치하는 견해였다.

이러한 益齋의 風格論은 자연히 대중적이고 깊이가 없는 시를 배격하게 되었다. 賢愚가 모두 좋아하는 시는 실은 좋은 시일 수가 없으므로 古人이 이르기를 "詩는 萬古에 떠들썩하게 전할 수는 있으나 공감을 얻기는 어렵고 좌중을 놀라게 할 수는 있으나 홀로 앉아 곰곰이 생각하는 사람의 뜻에 맞게 하기는 어렵다"하였는데, 이는 참으로 명언이라고 하여,34) 대중적인 시보다는 깊은 思索과 觀照를 통하여 참 맛을 알 수 있는 시를 높게 보았다. 이렇게 風格이 높은 시를 作詩한 시인 중에는 凡俗한 시에 익숙한 當時人들의 인정을 받지 못하여 일생을 불우하게 보낸 사람도 있음을 들면서 심히 애석해 하였다. 즉 黃山谷의 詩를 스승으로 삼아 詞嚴而意新하고 用事가 險僻한 詩를 잘 지었던 李湛의 詩가 雕鏤丹靑만을 일삼는 범속한 당시의 시풍과 배치되어 죽

---

32) 朱榮智, 『元代文學批評之硏究』(聯經出版事業公司,臺灣), pp.151~154.
何謂格高 格者規矩法度也 其在人曰人格 爲人品 品度之稱 其在詩文 則稱之曰風格 謂詩文之充分表理作者之才性 而蔚成一種風采…格高之論 可以不俗二字釋之

33) 方回, 『桐江集』 卷三. 「劉元輝詩摘評」(朱榮智, 『元代文學批評之硏究』), p.147.
"回嘗言 作詩先要格律高 學前賢詩 不可但模形狀 意會神合可也"
같은 책, 卷二十一. 「上元日大雪」, p.148. "詩先看格高而意又到語又工爲上 意到語工而格不高次之 無格無意又無語 下矣"

34) 『櫟翁稗說』, 後集二. 第8話.
古人云 詩可以喧萬古 不可以得首肯 可以驚四筵 不可以適獨坐 眞名言也

을 때까지 이름이 알려지지 못했음을 아쉬워하면서 학문을 닦은 사람은 世人의 崇仰을 받아야 함이 當爲인데도 현실은 그렇지 않다고 안타까와하였다.35) 그러나 超卓한 인물을 凡人이 알아 볼 수 없음은 어쩌면 당연하다고도 할 수 있을 것이다.

益齋는 또한 氣象이 활달한 生命力이 약동하는 詩를 좋은 詩로 보았다.

…(東坡의 詩는) 龍眠(宋李公麟)이 李廣(漢代의 名將)이 오랑캐의 활을 빼앗아 시위를 당긴 채 아직 쏘지 않고 있는 상태를 그린 것 같고, 悟生의 詩는 추격해 오는 騎兵을 쏘아 맞힌 상태를 그린 것 같다.36)

하여, 山人 悟生과 東坡의 詩 한 句씩을 예시하고 이를 評하기를, 東坡의 漁父詞는 李廣이 오랑캐의 활을 빼앗아 시위를 당기고 막 쏘려는 찰라와 같다고 하여 팽팽한 긴장감이 이 詩의 長處임을 강조하고 있으며, 悟生의 詩는 추격해 오는 기병을 쏘아 맞힌 것 같다고 하여 일이 이미 끝났고 긴장도 풀려서 詩의 氣勢가 東坡의 시보다는 약화되었음을 말하고 있다. 詩에서 氣를 중시함은 당시 시인들의 공통된 견해였다. 崔滋는,

…근래에 李奎報의 詩稿를 얻어서 읽어보니 警策이 될 만한 句와 新意가 매우 많았고, 장편 가운데는 末句로 갈수록 기상이 더욱 씩씩해서 마치 千里馬가 탁트인 거리를 달려가는데 길 가운데서 억지로 세운 것 같다.37)

---

35) 같은 책, 後集一, 第28話 參照.
36) 같은 책, 後集二, 第13話.
  東坡漁父詞云…如龍眠畵 李廣奪胡兒弓 引滿不發 悟生畵作射中追騎矣
37) 『補閑集』, 中, 第19話.
  …近得李學士春卿詩稿見之 警絶新意頗多 其長篇中氣至末句而愈壯 如千里驥足方展走通衢 未半途而勒止也

하였다. 千里馬가 전속력으로 달리다가 갑자기 멈추었다면 가쁜 숨을 내쉬며 다시 내달을 듯한 기세를 나타낼 터인데 李奎報의 詩에 이런 씩씩한 기상이 나타나 있다고 찬양하였다.

즉 오랑캐의 활을 빼앗아 적을 향하여 활시위를 한껏 당기고 있어 금방 화살이 날아갈 듯한 팽팽한 긴장감이 넘치는 詩나 비호같이 내달 던 천리마가 내 앞에서 갑자기 멈춘 듯한 위압감이 독자를 압도하는 시를 높이 본 것이다. 이는 後山詩話에서 "寧粗母弱 寧僻母俗 詩文皆然"이라 한 말과 같은 견해이다.

한편 不遇感傷之作에는 慷慨한 氣節이 나타나야하고,[38] 御詩에 對한 應製詩는 典麗해야 하며,[39] 諷諭를 含有한 시는 微而婉해야[40] 좋은 시가 될 수 있다 하였다.

즉 益齋는 蘭香처럼 餘韻을 풍기는 詩, 웅장 핍진한 기상이 나타나서 氣吞象外한 詩, 老健 典麗하고 微而婉한 詩 등을 格調높은 詩로 보았던 것이다.

2. 作詩論

益齋는 前代의 시인들과 같이 作詩에 있어서는 新意와 작자의 個性을 중시하였다.

　　蘇洵이 歐陽修에게 올린 편지에(中略), "執事의 문장은 孟子나 韓子의 문장이 아니요 歐陽子의 문장입니다"하였는데 詩역시 그러하다. 李白·

---

38) 『櫟翁稗說』, 後集二, 第17話 參照.
39) 같은 책, 第4話 參照.
40) 같은 책, 第7話 參照.

杜甫에게 歐公과 같은 시를 짓게 하여도 반드시 똑같게는 못 지을 것이며, 歐公에게 李杜와 같은 시를 짓게 하더라도 優孟이 손바닥을 치면서 담소하는 것과 같으리니 어찌 진짜 孫敖[41]라 할 수 있겠는가.[42]

하여, 시나 문은 작자의 개성에 맞게 자신의 방식대로 지어야 하고 타인을 모방해서는 좋은 작품을 창작할 수 없다고 하였다. 즉 文章과 詩는 작자의 개성이 나타난 것이므로 아무리 시를 잘 짓는 李杜같은 사람이라도 타인의 시를 모방하여 했다면 모방의 대상이 된 사람만큼 좋은 시를 지을 수 없었을 것이므로 作詩할 때는 타인을 모방하려 하지 말고 自己流로 창작해야 한다고 하면서, 陳澕의 詠柳詩는 唐 李商隱의 柳詩를 모방하여 지은 것인데 黃山谷이 말하기를 "남을 따라서 계책을 세운다면 끝내 남에게 뒤떨어질 뿐이요 스스로 一家를 이루어야 逼眞한 경지에 이를 수 있다."하였는데, 정말 그렇다고 하면서[43] 逼眞한 詩를 쓰려면 타인의 모방으로는 불가능하고 自成一家할 수 있어야 가능하다고 하였다.

詩中에 작자의 個性보다는 歷史的 眞實을 더욱 강조하는 詠史詩에 있어서도 作者의 新意를 강조한 것을 보면 益齋가 作詩에 있어서 新意를 얼마나 중시했는가를 알 수 있다.

古人들이 역사에 대하여 읊은 작품들이 많이 있는데 만약 금방 이해되고 금방 싫증이 난다면 곧 그 이유는 역사적 사실을 곧바로 서술하였을

---

41) 아무리 모방을 잘해도 진짜와 똑같게 할 수 없다는 뜻.(『史記』滑稽傳)
42) 『櫟翁稗說』, 後集一, 第24話.
    蘇老泉有上歐公書云云之文 非孟子韓子之文 歐陽子之文也 雖詩亦然 使李杜作歐公之詩 未必似之 歐公而作李杜之詩 如優孟抵掌談笑 便可謂眞孫敖也耶
43) 같은 책, 後集二, 第18話.
    山谷有言 '隨人作計終後人 自成一家乃逼眞' 信哉

뿐 새로운 뜻이 없기 때문이다.44)

하여 詠史詩에 있어서도 지금까지 타인이 밝히지 않았던 作者의 新意 (참신한 批判的 眼目・史觀)가 나타나야 한다고 주장하였다.

그러나 益齋가 新意를 강조했다 해서 作詩의 技法에까지 새로운 형식을 요구하거나 독창적인 시어를 사용하기를 요구한 것은 아니다. 형식적인 면은 古人을 模倣해도 可한 것으로 보아 옛사람의 시구를 모아 作詩하는 集句詩(一名 百家依體)도 긍정하여 崔集均의 集句詩를 자기는 따라갈 수가 없다고 찬양하였으며,45) 李湛이 詞嚴而意新하고 用事險僻한 黃山谷詩에 酷似한 시를 잘 지었다고 칭찬하여46) 文詞는 엄격하게 법도에 맞고 뜻은 새로웠으며 故事의 인용이 險僻하여 이해하기 어려웠다고 하였다. 이러한 益齋의 말속에서 오늘날 일부 학자들이 생각하듯 作詩에 있어서의 新意와 用事를 당시의 문인들이 대립적인 개념으로 보지 않았음을 알 수 있다.47) 作詩하면서 故事를 인용했다 해서 이것이 新意의 표현을 저해한다고는 생각하지 않았으며 作詩者의 뜻을 나타내는데 고인의 詩語를 본떠 새로운 機軸을 열어 詩를 짓는 '點化'도 作詩의 한 방법으로 인정하고 月菴長老(山立)가 이런 시를 잘 지었다고 하여,48) 新意의 표현이 반드시 새로운 詩語를 사용해야만 가능한 것은 아님을 밝히고 있다. 즉 作者가 느낀 감정이나 뜻을 적절히

---

44) 같은 책, 第19話.
   古人多有詠史之作 若易曉而易壓 則直述其事 而無新意也
45) 같은 책, 第15, 16話 參照.
46) 같은 책, 後一集, 第30話 參照.
47) 拙稿, 「13世紀 高麗文人의 文學觀」(公州師大論文集, 1982) 參照.
48) 『櫟翁稗說』, 後集二, 第9話.
   月菴長老山立爲詩多點化古人語…

표현하기 위한 수단으로 點化·用事·集句 등의 綴辭法을 적절히 활용하는 것이 新意의 意境을 해치는 것이 아니라고 보았다.

그러나 作詩에 있어서 對偶를 맞추는 일을 않을 수는 없지만 이 때문에 진실을 왜곡한다면 잘못된 것이라고 하였다.

> …글이란 對가 없을 수 없다. 그러나 對句를 쓰는데 眞實을 잃는다면 어찌 좋게 볼 수 있겠는가. 林宗庇가 權適에게 준 글에, 배타고 상국으로 가니/북방의 학자들 그대 앞설 이 없고/출세하여 고국에 돌아오니/東都의 주인이 감탄하네(乘船歸上國/北方學者莫之先/衣錦還故鄕/東都主人喟然歎)하였는데, 崔文淸이 '宋은 서쪽에 있는데 北方이라 한 것은 잘못이다.'하였다.[49]

하여, 崔滋의 말[50]을 인용하여 對偶가 아무리 잘 이루어졌어도 형식에 얽매어서 진실을 왜곡해서는 안 된다고 하였다. 上記 詩引에서 서쪽에 있는 宋을 '北宋'이라 한 것은 '東都'와 平仄의 對를 맞추기 위해서였다.(東과 西가 모두 平聲이므로 西字대신 仄聲인 北을 써서 對를 맞춘 것임) 그러나 失對를 않기 위해서 失實한 것은 本末이 전도된 것으로 생각한 것이다. 즉 平仄의 대를 맞추는 일과 眞實을 말하는 것이 서로 배치될 때는 진실을 취하고 失對를 감수해야 한다고 본 것으로 이는 詩의 形式的인 수식보다는 시의 내용을 더욱 강조한 것이다. 이 외에도 作詩에 있어서의 眞實을 강조한 예는 빈번히 나타난다. 즉 李白의 蜀道難과 白居易의 長恨歌를 예로 들면서 長恨歌中의 一部 寫景이

---

49) 같은 책, 第24話.
   …文未嘗無對也 然而用之失實 亦奚足尙哉 林宗庇投權 學士迪啓云 乘船歸上國 北方學者莫之先 衣錦還故鄕 東都主人喟然歎 崔文淸以爲宋西也 謂之北方謬矣
50) 『補閑集』上, 第20話 參照.

사실과 不合함을 지적하고 詩는 진실의 기록이어야 함을 강조하면서 詩話總龜[51])에도 이런 지적이 있다고 典據를 제시하였고, 杜甫의 시가 實景과 一致함을 강조하기도 하였다.[52])

3. 技巧論

作詩에 있어서 意境을 나타내기 위한 綴辭의 각종 기법을 益齋는 모두 용인하는 온건한 견해를 가지고 있었다. 章句나 아로새기는 雕蟲 篆刻之徒를 배격하고 經明行修之士를 높이 보았다 해서 益齋가 문학을 전적으로 부정한 것은 아니다. 그는 詩의 效用에 대하여 詩經 大序의 論旨를 그대로 받아들여,

 옛적에 官을 設하고 詩를 채집한 것은 章句나 아로새긴 것이 아니요 그 것을 가지고 백성들의 통치자에 대한 칭찬과 비난을 관찰하여 勸誡를 삼고자 해서였다.(中略) 그가 感憤해서 지은 詩에 풍속의 得失과 백성들의 哀樂에 관계되는 것이 10편중에 9편은 된다.[53])

라고 安軸의 詩를 評하면서 詩를 통하여 통치자는 백성들의 여론을 들어 勸誡를 삼을 수 있으며 詩는 風俗의 得失과 生民의 哀樂에 관계되는 것이라 하였다. 이러한 견해는 益齋의 청년기에 지대한 영향을 끼

---

51) 詩話總龜 : 宋院閱撰, 前集48卷, 後集50卷으로 되어 있음.
52) 『櫟翁稗說』, 後集一, 第16話 參照.
53) 李齊賢, 「關東瓦注序」『高麗名賢集』 2, 成大 大東文化研, p.433.
 古者置官採詩 非取其締章繪句而已 欲以觀其美刺而爲之勸誡也 當之(安軸의 字)學士 存撫江陵道集其所爲詩 若名之曰 關東瓦注 吟弄風月摹寫物像 固亦無讓於前人矣 其感憤之作 關乎風俗之得失 生民之休戚者 十篇而九 讀之使人慘然 嗚乎孰能誦之吾君之前乎

친 元 趙孟頫의 詩論에도 나타난다.

> 대저 詞章이 世道에 있어서 有益하지 않다고 할 수 없다.(中略) 진실로 도움이 없다면 聖人이 어째서 취했겠는가. 이로써 民風을 살필 수 있고 世道를 관찰할 수 있으며 인간됨을 알아볼 수 있고 草木鳥獸의 이름을 많이 알 수 있다.54)

하여, 美刺·治國·敎化에 資할 수 있는 理致가 함유되어 있는 시를 유익한 시로 보았다. 이러한 理致가 문자로 일정한 형식을 거쳐 발현하기 위한 외적인 요소의 하나가 技巧이다. 그러므로 내용은 없으면서 修飾과 技巧에만 힘쓴 外華而無實한 시는 배격하였으나 뜻을 나타내기 위한 표현수단으로서의 수식과 기교는 容認한 것이다. 益齋가 作詩上의 기교에 대하여 言及한 것을 보면,

> 文眞이 三角山 文殊寺를 두고 지은 長篇詩 가운데, (中略) 또 한 句는 「염불소리 종소리 가운데 한 등이 붉도다.」(鐘梵聲中一燈赤)하였는데, 이는 羅泌이 撰한 路史에 실려 있는 「어떤 사람이 불씨를 五代동안 꺼뜨리지 않고 전해왔는데 그 불빛이 핏빛처럼 붉었다.」한 것을 인용하여 長明燈임을 말한 것이다.55)

하여 文眞이 보통 사람이 쉽게 이해할 수 없는 險僻한 用事로 詩句를

---

54) 趙孟頫, 『松雪齋文集』, 卷六, 「薛昂夫詩集序」,(曾永義, 『元代文學批評 資料彙編』, p.448에서 再引).
   夫詞章之於世 不爲無所益 今之詩猶古之詩也 苟爲無補 則聖人何取焉 繇是可以觀民風 可以觀世道 可以知人 可以多識草木鳥獸之名
55) 『櫟翁稗說』, 後集二, 第11話.
   文眞有三角山文殊寺長篇詩(中略) 又一句云 '鐘梵聲中一燈赤' 羅氏路史載人有 '不改家火至五世 其火色正赤如血' 文眞用此事 以言長明燈也

巧妙히 꾸민 것을 찬양하였고, 전술한 바와 같이 李湛이 險僻한 用事를 써서 좋은 시를 지었지만 世人이 그 시의 가치를 이해하지 못하여 불우하게 일생을 마쳤다고 하였다.

이렇게 詩作에 있어서의 用事의 필요성을 인정하고 적절한 用事가 詩意의 발현을 돕는 役割을 할 수 있다고 보았으며, 古人의 시어를 點化하여 作詩한 시까지도 용납한 것이다. 點化는 고인의 시구를 본떴을 뿐이요 詩句를 그대로 갖다 쓴 것은 아니다. 그런데 集句詩(百家依體)는 古人이 지은 시구를 한 두 구씩 모아서 자신의 의경을 표현한 것으로 一句內의 일자일획도 창의성이 없는데도 이런 방법으로라도 시의를 적절히 표현하였으면 탓하지 않았고 오히려 그런 재능을 칭찬하였다. 즉 用事·點化·集句 등도 이를 적절히 활용하여 자신의 意境을 표현한다면 배격할 이유가 없다는 견해를 가졌던 것이다.

Ⅵ. 結 語

元이 高麗를 지배하던 14世紀는 민족사상 최대의 시련기였다. 이런 시기에 高麗의 국권 수호를 위하여 文筆로 힘겨운 투쟁을 계속한 益齋의 일생은 多難할 수밖에 없었으나, 이런 현실이 高麗와 元을 모두 益齋의 활동무대로 제공하여 국내의 安珦·權溥·白頤正 등과 元의 閻復·姚燧·趙孟頫·元明善 등 국내외 최고의 지성들과 접촉하며 학문과 인격을 수양할 수 있게 하였다.

당시 元의 學風은 性理學 일색이었고 이런 경향이 安珦·白頤正 등에 의하여 高麗에 전래되어 益齋에게 이어졌으며, 다시 益齋를 통하여 李穀 및 三隱에게 전해져서 高麗 性理學의 脈이 형성되었으나, 麗

代에는 아직 性理學的 思想이 문학을 강력히 지배하는 경향은 나타나지 않았다.

이런 상황을 배경으로 한 益齋의 文學觀을 살펴보면, 첫째, 文과 道의 관계에 있어서 文은 道의 전파를 위한 수단으로 보아 道가 本이요 文은 末이라고 생각하였지만 元의 도학자들과는 달리 文의 效用을 인정하였다. 즉 彫琢만을 일삼는 浮華하기만한 문장은 배격하였으나 消閑을 위한 文藝物도 긍정하였으며 詩經에도 이런 類의 詩가 있음을 강조하기도 하였다. 이로 보아 益齋의 文論은 도학자들보다는 文에 치중하는 古文家나 文이 治用에 資할 것을 주장하는 政治家類에 가까웠다고 할 수 있으며 儒學 외에 佛敎나 老莊思想을 含有한 작품의 가치도 인정한 것으로 보아 麗末까지는 性理學이 문학을 지배하는 상황은 벌어지지 않았다고 본다.

둘째, 그의 詩論을 보면 고요한 밤중에 淸淨한 마음으로 玩賞해 보아야 그 향취를 느낄 수 있는 蘭香처럼 은은한 여운을 풍기고 씹을수록 맛이 나는 言盡而味不盡한 詩, 즉 暗示와 聯想과 象徵과 餘韻과 雰圍氣를 隨伴하는 시를 格調높은 시로 보았으며, 기상이 활달하고 생명력이 약동하는 시, 老健 典麗한 詩 등을 높이 평가하였고, 詩는 美刺를 통하여 治者를 勸誡하고 敎化에 도움을 주어야 한다고 보았다.

셋째, 作詩에 있어서는 新意와 작자의 개성을 중시하여, 自己流의 詩를 짓고자 노력해야 훌륭한 시를 지을 수 있으며 他人의 시를 效倣하려면 늘 남에게 뒤떨어지게 된다고 하였다.

넷째, 시를 지을 때 用事・點化・集句 등을 綴辭의 방법으로 쓰는 것을 배격하지 않았고 오히려 이러한 기교수법을 적절히 구사하여 좋은 시를 짓는 것을 찬양하였으나, 對偶나 平仄 등의 형식에 얽매어서 진실을 왜곡하는 것은 本末이 전도된 것으로서 형식을 갖추기 위해서 진실을 왜곡해서는 안되며 形式과 意境이 배치될 때는 형식을 무시해야 한다고 주장하였다.

　『櫟翁稗說』에 前代의 文人인 崔滋가 지은 補閑集을 수차에 걸쳐 긍정적으로 인용한 것으로 보아 崔滋의 文學觀이 益齋에게 영향을 끼쳤다고 보며, 그의 文論이나 詩論이 元代 古文家들의 文學論과도 일치하므로 元代 학자들에게도 영향을 받은 듯하다. 이러한 益齋의 文學觀은 麗末 鮮初 문인들의 文學觀에도 영향을 주었다고 본다.

清 譚瑩의 益齋詩에 對한 評攷

I.

我國 麗末의 大 詩人 益齋 李濟賢(1289~1367)의 詩에 대하여 滄江 金澤榮은 '朝鮮三千年來第一大家'라 극찬하였고, 그 외의 모든 문인들의 評도 찬양 일색으로 되어있으며, 詩의 내용이나 형식에 대하여 결함을 지적하거나 비판을 가한 글은 찾아볼 수가 없다.

그러나 淸 咸豊 3년(我國 哲宗 4년. 1853)에 伍崇曜가 中國 魏代부터 淸代에 이르기까지의 歷代 名著를 모아 수록해놓은 〈粵雅堂叢書〉(總 318冊)[1])에 外國人의 저술로는 유일하게 我國 益齋가 지은 〈益齋亂稿〉 10卷과 〈拾遺〉 1권 및 〈集誌〉 1권이 수록되어 있으며(〈粵雅堂叢書〉「續集」第75~77冊)[2]) 그곳에 있는 譚瑩이 지은 益齋亂稿 跋文에,

其用韻不盡守唐宋人 部分亦與陰時夫周德清之書不符 豈是時吳棫鄭庠之說 已流布外國 抑其國別著有韻書 積習難返耶 未可也[3])

---

1) 諸橋轍次,『大漢和辭典』, 大修館書店, 卷 8, pp.898~900 參照.
2) 上揭書, 卷 8, p. 900 參照.
3) 文璇奎,『韓國漢文學』, 二友出版社, 1982, p.139에서 再引用.

그가 작품에 用韻한 것이 唐宋人의 用韻法을 다 그대로 지키지는 않았고, 부분적으로는 또한 陰時夫(宋末의 음운학자로 〈韻部群玉〉 20권을 지음) 周德淸(元의 음운학자로 〈中原音韻〉을 지음)의 音韻書와도 부합하지 않는다. 어쩌면 그때에 吳棫(宋代의 음운학자로 〈字學補韻〉을 지음) 鄭庠(宋의 음운학자로 〈古音辨〉을 지음)의 音韻說이 이미 외국에 유포되었던 것일까. 그렇지 않으면 그 나라에서 별도로 지은 韻書가 있어서 계속 누적된 습관을 되돌이키기가 어려워서였을까? 알 수가 없다.

라 하여, 益齋가 지은 詩 가운데 일부는 중국의 정통적인 用韻法을 준수하지 않았으며, 그 이유가 중국의 다른 韻書를 따라서였는지, 고려에 중국과 다른 고유의 운서가 있어서 그에 따라 압운을 해서였는지 알 수가 없다고 하였다.

本攷에서는 淸나라 譚瑩이 왜 益齋詩에 대하여 '其用韻不盡守唐宋人'이라고 비판하였을까를 益齋가 지은 近體詩 몇 首의 平仄과 押韻의 고찰을 통하여 검증해보고, 오랜 在元생활을 통하여 中國의 音律을 숙지하고 있었던 益齋가 무엇 때문에 이런 批評을 들을만한 시를 지었을까를 推察해보고자 한다.

Ⅱ.

우선 益齋의 대표작으로 일컬어지는 「山中雪夜」의 平仄과 押韻을 살펴보자.

紙被生寒佛燈暗
(仄仄平平仄平仄)

沙彌一夜不鳴鐘(冬韻)
(平平仄仄仄平平)

應嗔宿客開門早
(平平仄仄平平仄)

要看庵前雪壓松(冬韻)
(仄平平平仄仄平)

徐居正은 '讀之令人沆瀣生牙頰間'이라 하여, 이 시를 읽으면 사람들로 하여금 볼과 어금니 사이에서 道家에서 말하는 수명을 늘려주는 새벽 이슬(沆瀣)이 생기는 듯 하다고 극찬하였고, 김택영은 '公妙淸俊'하다고 극찬하였다.

이 시는 七言絶句 仄起式 首句不入韻詩로 平聲 冬韻으로 押韻이 되어 있다. 이 詩의 押韻에는 아무 문제가 없으므로, 平仄이 近體詩의 平仄格律에 不合하는 부분이 있는가를 살펴보기로 하자.

起句(第1句)의 平仄이 「仄仄平平仄平仄」으로 되어, 第6字「燈」이 近體詩 平仄의 禁忌事項인 孤平을 犯하였고 第2字「被」와 第6字「燈」의 聲調가 一致하지 않아 「二六對(正對)」라는 口訣에도 위배된다. 그러나 이는 平仄格律의 特殊形式을 적용한 것으로 근체시의 缺陷「詩病」으로 보지 않아도 된다. 즉 이 句의 平仄은 「仄仄平平平仄仄」으로 되어야 함이 원칙이나 腹節(第5, 6字) 兩個字의 平仄을 互換하여 「仄仄平平仄平仄」으로 바꾼 것으로 이를 王力은 子類特殊形式이라 하여, 平仄의 特殊形式의 일종으로 보고 前代 詩人들이 이 형식을 적용하여 지은 많은 詩句를 예시하고 있다.4)

承句와 轉句는 平仄의 格律을 완벽하게 준수하였으므로 聲調의 면

---

4) 王 力, 『王力全集』第14卷, 山東敎育出版社, pp. 120～130 參照.

에서는 論難의 여지가 없다.

　이 詩의 結句가 轉句와 聲調의 對偶를 이루기 위해서는「仄仄平平仄仄平」이 되어야 하는데,「仄平平平仄仄平」이 되어 轉句 第2字「噴」과 結句 第2字「看」이 모두 平聲으로 되어 對法을 어겨서 失對가 되었으며, 本句 內에서 二四不同 二六對(二四六分明)도 맞지 않게 되었다. 즉 이 詩의 結句 第2字는 반드시 仄聲字를 넣어야 할 자리인데 平聲字를 넣어서 近體詩에서는 큰 詩病으로 보는 失對를 犯하고, 二四六分明이라는 口訣에도 符合하지 않게 된 것이다.

　이어서 益齋가 高麗時代의 民間 俗謠를 七言絶句의 漢詩로 바꾸어 놓은「小樂府」11首의 平仄形式을 살펴보도록 하자.

　이 11首의 詩 가운데, 第2首「居士戀」의 轉句와 結句「余美歸來應未遠 精神早已報人知」의 平仄「平仄平平平仄仄 平仄仄仄仄平平」을 보면, 두 句의 第2字(轉句의 第2字「美」와 結句의 第2字「神」)가 모두 仄聲으로 對法을 준수하지 않았다. 이와 같이 失對를 犯한 것은 結句 第2字의 자리는 平聲字를 써야할 곳인데 仄聲字를 썼기 때문이며, 그 결과 結句 第2字와 第4字의 平仄은 不同(二四不同)해야 하는 平仄의 格律도 위배하게 된 것이다.

　第8首의 上聯 對句(承句)와 下聯 出句(轉句)「纓縷固應無斷時 與郎千載相離別」의 平仄은「平仄仄平平仄仄 仄平平仄平平仄」으로 되어 있다. 이 두 句의 第2字「縷」와「郎」은 聲調(平仄)가 일치해야 할 곳인데,「縷」는 仄聲이고「郎」은 平聲이어서 黏法을 위배하고 있다. 즉 失黏을 犯하고 있다.

　第10首의 承句「水精寺裏亦滄浪」과 轉句「上房此夜藏仙子」의 平仄은「仄平仄仄仄平平 仄平仄仄平平仄」으로 되어 있다. 두 句의 第2字「精」과「房」이 모두 양쪽에 있는 仄聲字 사이에 平聲字 한 字가

끼어 있어 近體詩의 禁止條件인 孤平을 犯하고 있다.

益齋의 小樂府 11首 가운데 上記 第2, 8, 10首 등 3首를 제외한 8首는 平仄의 格律을 위배한 부분이 없이 완벽하게 格律을 준수하였고, 第2首는 對法과 二四不同 위배, 第8首는 黏法 위배, 第10首는 犯孤平 등 平仄의 格律을 違背한 부분이 보인다.

Ⅲ.

第2章에서 益齋가 高麗에서 지은 詩 몇 首의 平仄을 살펴보았으므로, 本章에서는 益齋가 元나라에 滯留하면서 中國에서 지은 詩 가운데 몇 首를 골라 그 시들의 平仄을 살펴보기로 한다.

淮陰漂母墓
婦人猶解識英雄(東韻)
(仄平平仄仄平平)

一見慇懃慰困窮(東韻)
(仄仄平平仄仄平)

自棄爪牙資敵國
(仄仄仄平平仄仄)

項王無賴目重瞳(東韻)
(仄平平仄仄平平)

이 詩는 七言絶句 平起式 首句入韻의 형식으로 東韻으로 押韻하여 지은 것으로, 每句가 모두 二四不同 二六對의 平仄格律을 遵守하였

고, 上聯과 下聯 모두 出句와 對句 사이에 對法도 맞추었으며, 上聯 對句와 下聯 出句 사이의 黏法도 준수하였고, 近體詩에서 禁忌로 여기는 孤平과 三平調도 犯한 부분이 없는, 즉 聲調의 面에서는 전혀 疵失을 찾을 수 없는 완벽한 詩이다.

이어서 四川省 峨眉山에 올라서 지은 「上峨眉山」의 형식도 살펴보자.

蒼雲浮地面
(平平平仄仄)

白日轉山腰(蕭韻)
(仄仄仄平平)

萬像歸無極
(仄仄平平仄)

長空自寂廖(蕭韻)
(平平仄仄平)

이 詩는 五言絶句 平起式 首句不入韻의 형식으로 지은 詩로 蕭韻으로 押韻하였다. 近體 五言 平仄格律의 基本을 完璧하게 준수하여 平仄의 面에서는 하나의 모범으로 제시할만한 시이다. 즉 어느 한 곳도 平仄의 基本格律을 변형시킨 곳이 없는 모범적인 시이다.

益齋가 中國에서 생활하면서 元나라의 대표적인 학자요 문인이요 서예가인 趙孟頫의 詩에 和答한 「和呈趙學士子昂」도 살펴보자.

珥筆飄纓紫殿春(眞韻)
(仄仄平平仄仄平)
詩成奪得錦袍新(眞韻)
(平平仄仄仄平平)

侍臣洗眼觀風采
(仄平仄仄平平仄)

曾是南朝第一人(眞韻)
(平仄平平仄仄平)

이 詩도 七言絕句 仄起式 首句入韻의 平仄格式으로 眞韻으로 押韻하여 지은 것이다.

이 시의 起句와 承句는 平仄格律을 완벽하게 준수하였고, 轉句의 第1字「侍」는 平聲을 넣어야 할 자리에 仄聲字를 넣은 것으로 그 때문에 第2字「臣」이 近體詩에서는 禁忌視하는 孤平이 되었다. 그러나 結句 第1字「曾」이 仄聲을 넣어야 할 자리에 平聲字를 넣은 것으로 이렇게 되니 第2字「是」는 孤仄이 되었다. 이는 出句 平仄의 缺陷을 對句의 平仄을 바꾸어 구제한 것으로, 聲調上 破格의 美를 드러내기 위하여 故意로 平仄을 바꾼 것으로 볼 수 있으며, 그렇게 본다면 이 詩의 平仄도 결함이 없는 것으로 보아야 한다.

Ⅳ.

지금까지 살펴본 바로는 盆齋가 中國에 滯留하고 있을 때에 지은 詩들은 平仄의 格律을 엄격하게 준수하였고, 本國에서 지은 詩 가운데는 平仄의 格律에 위배되는 시들이 일부 보인다. 本攷에서 예시한 詩들이 盆齋의 詩 가운데 극히 일부에 불과하여 이것만으로 전체적인 경향을 논하는 것이 조심스럽기는 하나, 대체적으로 본국에서 지은 詩들은 平仄의 格律에 用心하지 않은 것이 아닌가 하는 느낌이 들며, 淸나라 譚瑩이 益齋難稿 跋文에서 '其用韻不盡守唐宋人'이라고 評한 것이 바로 이런 면을 지적한 것이라고 보여진다.

中國의 音律에 능통하지 않으면 지을 수 없는 문학양식이 「詞」이다. 益齋는 我國의 作家 가운데 가장 많은 53首의 詞를 지었고, 이 詞들의 平仄이 모두 詞譜에 완벽하게 부합하는 것으로 보아, 益齋가 漢語의 音韻에 익숙하지 않아서 本國에서 지은 近體詩의 일부가 平仄格律에 맞지 않게 되었다고는 절대로 볼 수 없다. 또한 益齋의 詞 가운데 「巫山一段雲」의 詞譜에 맞추어 中國의 瀟湘八景을 읊은 16首에 대응하기 위하여 지은 松都八景 16首를 제외한 작품 전부가 中國에서 中國의 事物에 대하여 노래한 것이고 本國에 귀환한 후에는 한 首의 詞도 지은 일이 없으며, 그 내신 우리나라 庶民들의 情緖가 잘 반영된 小樂府를 지었고, 七言絶句의 형식으로 지은 이 小樂府 가운데 一部가 平仄의 格律에 맞지 않게 된 것은 益齋의 어떤 의도가 반영된 것이 아닌가 하는 생각도 든다.

그 의도란 譚瑩의 지적처럼 中國의 다른 韻書를 따르거나 我國에 固有한 韻書가 있어서 그에 따랐기 때문에 야기된 것이 아니라, 중국의 字音과는 다르게 이미 우리 音化한 漢字音으로 我國의 讀者를 대상으로 하여 읊어야 하는 漢詩를 지을 때에 굳이 漢語의 平仄 格律에 맞추어 짓고자 무리하게 用心할 필요는 없고 詩意만 충실히 반영하면 된다고 생각한 것은 아닐까? 그래서 中國에서 中國의 讀者를 대상으로 하여 지은 詩는 철저하게 平仄의 격률을 준수하고, 我國에서 我國의 讀者를 대상으로 하여 지은 詩인 「山中雪夜」나 「小樂府」의 일부에는 平仄의 格律에 不合한 부분이 있게 된 것은 아닐까 하는 의문을 제기하면서, 추후의 詳考를 기약하는 바이다.

高麗詩話에 나타난 氣에 대한 意識

I. 序言

　13세기 이후 고려의 문인들은 氣에 대한 관심이 유난히 강하여 이 시대에 나온 詩話類에는 기를 강조하거나 기와 관련이 있는 시화가 대량으로 수록되어 있다.
　이 때문에 고려 문인들의 시론이나 시 비평을 연구하는 학자들도 고려 문인들의 氣 의식에 대하여 많은 연구를 하였고 그 연구 성과도 다대하다. 그러나 이미 발표된 논문 중에는 성리학 성립 이후 우주와 인간의 본질을 탐구하는 지극히 정교하고 思辨的인 이론으로 발전한 氣·理·性 등에 관한 관념을 원용하여 고려 문인들의 기의식 탐구에 적용하고 있는 바, 이런 이론이 아직 형성되거나 도입되지 않았을 때의 문학이론으로 정립된 고려 문인들의 기의식에, 이를 적용하는 것은 합당하지 않다고 보아, 본고에서는 고려 문인들이 생각하고 있던 기는 어떤 것이었는가를 그 시대 인물들의 氣論을 근거로 규명해 보고자 한다.
　한편 지금까지의 일부 연구자들은 고려 문인들의 기에 관한 의식이, 기는 先天的, 生得的인 것이라고 본 사람과 後天的 養氣論을 주장한 사람들로 二分할 수 있다고 보고 있는데, 과연 그렇게 볼 수 있는가도 재고해보고, 이 시대에 유난히 기를 강조한 이유가 무엇인가도 아울러 규명해 보고자 한다.

Ⅱ. 高麗詩話에 나타난 氣意識

고려시대의 시화는 13세기에 쓰여진 破閑集·白雲小說·補閑集과 14세기에 쓰여진 櫟翁稗說 등 4종이 있다.

이 가운데 백운소설의 찬자와 간행 연대에 대하여는 이설이 있으나 백운소설 내용의 대부분이 李圭報의 東國李相國集에서 전재한 것이므로 일단 이규보의 문학의식이 수록된 것으로 보아 이를 수용하고, 고찰의 순서는 작자의 생몰연대순으로 하여 李仁老의 파한집, 이규보의 백운소설, 崔滋의 보한집, 李濟賢의 역옹패설 순으로 이들 시화집에 발현된 氣에 관한 의식을 살펴보고자 한다.

1. 破閑集

파한집에서 '氣'字가 쓰여진 곳을 적출해보면 다음과 같다. (詩句 속에 들어있는 氣字는 考究 대상에서 제외하였음 : 以下同)

일련번호	수록된 곳	내 용
①	卷上 第 11話	* 便有蕭然氣勢 * 乾坤一氣
②	卷上 第 21話	* 及至蘇黃 則使事益精 逸氣橫出
③	卷中 第 3話	* 公平生使酒狂氣 雖王公大人皆憚之
④	卷下 第 30話	* 西都……氣象秀異
⑤	卷下 第 33話	* 今司空某……飄飄然有凌雲氣格

위 표에 모아놓은 바와 같이 파한집에는 氣字가 5個話에 6回 수록되어 있다. 이가운데 ①은 이인로 자신이 그린, 줄기만 있고 잎이 없는 '竹圖'에 대하여 타인이 '蕭然氣勢'라고 評한 것으로, 이 말은 깨끗하고 말쑥한 기품을 뜻하며, '乾坤一氣'의 氣는 우주 만물을 이루는 因素의 뜻으로 쓰인 것이다. ④는 평양기생 山河의 기상이 빼어나서 예부터 奇人異士가 많이 배출되었으며 詩人 鄭知常도 그 가운데 한사람이라는 것으로 이곳의 '氣象'은 山河의 기상을 나타낸 것이다. ⑤는 司空 (三公의 一人)벼슬을 하는 王의 조카 某氏世事에 얽매이지 않는 드높은 기품을 지닌 분이라는 뜻으로 '凌雲氣格'이라는 말을 쓴 것이다. 이 곳에서 詩論으로 주목해야 할 곳은 ②와 ③이다. ②에는 杜甫의 시는 琢句에 있어서 그 오묘함을 다하였고, 두보 이후 탁구의 오묘함이 두보와 비견될만한 사람은 소식과 황정견으로, 이들의 시는 使事가 더욱 정밀하고 자유분방한 기상을 거침없이 드러내었다(逸氣橫出)고 하면서, 그 예로 두시 가운데 '日月籠中鳥 乾坤水上萍'과 '十暑岷山葛 三霜楚戶砧'을 들었다. 위의 시는 日月과 乾坤을 극소화하고 洞庭湖를 극대화 하는 수사법을 구사하여 끝없이 넓게 펼쳐져 일렁이는 동정호의 장관을 표현한 것으로, 두보의 빼어난 기상이 안전에 전개된 장엄한 경관에 감동하여 탁구를 통하여 詩 속에 거침없이 분출한 예로 든 것이고, 아래의 시는 岷땅과 楚땅에서 오랜 세월 나그네로 고생한 모습을 五言 二句로 압축하여 표현한 것으로 독자에게 강한 비장감을 느끼게 하므로 또한 탁구를 절묘하게 한 예로 든 것이다. ③에는 두보의 시를 詩經 이후의 독보로 일컫는 것은 立語가 精硬하고 천지의 菁華를 刮盡해서 일 뿐이 아니요, 毅然한 忠義之節이 심중에 뿌리를 박고 밖으로 발현되어 儒夫들도 立志할 수 있게 하기 때문이라 하고, 이러한 氣節을 나타내는 我國人의 시로는 金永夫의 「有感詩」를 들었다.

「有感詩」

近聞隣國勢將危	근래 이웃나라 형세가 위태하다 하니
拓地開疆在此時	강토를 개척할 때가 바로 지금이로다.
素髮飄飄霜雪落	흰머리 누과 서리처럼 나부끼지만
丹心耿耿鬼神知	반짝이는 단심을 귀신은 알리라.
廉頗能飯非無意	염파가 밥을 잘 먹은 것은 뜻한 바가 있어서요.
去病辭家亦有爲	곽거병이 집을 사양한 것도 까닭이 있어서였네
默默此懷無處說	묵묵히 이 뜻을 하소연할 길 없어
每逢樽酒醉如泥	술 마실때마다 곤드레가 되네.

이어서 김영부의 拳拳한 憂國之誠이 老而益壯하여 凜然함이 泰山 華山과 그 높이를 다툴만 하며, 술에 취해 狂氣를 발하면 王公大人들도 모두 그를 꺼렸다고 하였다.

이는 金永夫의 나라를 걱정하는 忠義와 기상이 老而益壯하여 이러한 豪邁한 시를 지을 수 있었다는 것이며, 이 시는 또한 그 후 陳澕가 지은「奉使入金」詩에

西華已蘇索	서화는 이미 쓸쓸해졌고
北寨尙昏蒙	북채는 아직도 혼몽하네
坐待文明旦	앉아서 문명한 아침을 기다리는데
天東日欲紅	동쪽 하늘에 해가 붉게 솟으려 하네

라고 한 것과 더불어 고려인의 자주의식・문명의식을 드러낸 주목할 만한 시로서 시에 함유된 凜然慷慨한 기상은 金의 시가 陳의 시보다 월등히 우세하다.

2. 白雲小說

백운소설 제 26화에,

> 대저 시는 意로 근본을 삼는다. 意를 세우기가 가장 어렵고 文辭를 연결하는 것을 그 다음의 일이다. 意는 또한 氣로써 근본을 감으며 氣의 優劣 때문에 뜻이 深厚한 시와 淺薄한 시가 있게 된다. 그러나 기는 天에 근본을 두고 있어서 배워서 얻을 수 있는 것이 아니다. 그러므로 기가 졸렬한 사람은 文辭를 아로새기는 것만을 공교하다고 여기고 뜻을 우선으로 삼지 않는다. 대체로 문장을 아로새기고 시구를 화려하게 꾸미면 정말 아름답기는 하지만 속에 깊은 뜻이 없어서 처음에는 완상할 만하다가 거듭 씹어보면 맛이 이미 없어져버리고 만다.[1]

라고 氣에 관한 주목할만한 내용을 기술해 놓았다. 이는 시인이 시를 짓고 독자가 이를 감상하기까지에 무엇이 중요한 문제인가를 기술한 것이다. 이를 다시 作者的 意境、作品的 時境、讀者的 悟境의 관점에서 부연하면 다음과 같다.

* 시인이 邁景觸物하여 시상이 떠오르는 것이 意(意境)이다.
* 시에서는 이 의경이 중요하며 의경의 형성이 가장 어렵다.
'夫詩以意爲主 設意最難'
* 文辭를 연결하여 詩化하는 것은 의경이 형성된 이후의 일이고 設意보다는 덜 중요하다.
'綴辭次之'

---

[1] 李奎報 白雲小說 第26話 夫詩以意爲主 設意最難 綴辭次之 意亦以氣爲主 由氣之優劣 乃有深淺耳 然氣本乎天 不可學得 故氣之劣者 以雕文爲工 未嘗以意爲先也 蓋雕鏤 其文 丹靑其句 信麗矣 然中無含蓄 深厚之意 則初若可翫 至再嚼則 味已窮矣

* 철사를 통하여 詩속에 함유된 작자의 의경이 시경이다.
* 시경을 통하여 독자가 작자의 의경에 도달하는 것이 悟境이다.
* 의경의 형성에는 또한 작자가 품고 있는 氣가 중요한 역할을 한다.
'意亦以氣爲主'
* 동일한 邁景觸物을 통하여 형성된 의경들이 작자에 따라 深淺이 다른 것은 작자들의 氣에 優劣이 있기 때문이다. 즉 氣가 優한 사람의 意境은 深厚하고 氣가 劣한 사람의 意境은 淺薄하다.
'由氣之優劣 乃有深淺耳'
* 氣가 優한 作者의 深厚한 意境과 氣가 劣한 作者의 淺薄한 意境은 그대로 詩境으로 발현되고 이는 독자의 悟境도 그대로 전달된다.
* 氣가 劣한 詩人의 천박한 의경은 아무리 수식을 가해도 좋은 시가 될 수 없으므로 독자도 그 결함을 쉽게 발견하게 된다.
'故氣之劣者 以雕文爲工 未嘗以意爲先也 蓋雕鏤其文 丹靑其句 信麗矣 然中無含蓄深厚之意 則初若可翫 至再嚼則味已窮矣'

즉 詩는 作詩以前 시인의 心中에 형성된 의경이 가장 중요하고, 시인에 따라 의경에 심천이 있는 것은 氣의 우열 때문이므로 氣가 劣한 시인은 천박한 의경을 감추기 위하여 시의 수식에 힘쓰지만, 이는 바탕이 못난 얼굴에 화장만 요란하게 하는 것과 같아 독자들에게 그 결함이 바로 발각당한다는 것이다.(이곳에 쓰인 '氣本得於天 不可學得'에 대하여는 다음 章에서 고구하고자 한다.)

이 밖에 氣字가 쓰여진 곳은 백운소설 제 13화에, 이규보가 호를 백운거사라 한 이유를 설명하고 自贊文, '장차 원기의 모체(氣母 : 老莊의 道・自然)와 함께 無何有鄕에서 노닐리라.' 한 곳의 氣母가 있을 뿐이다.

3. 補閑集

보한집 속에 「氣」자가 쓰여진 곳을 뽑아 모아 보면 다음과 같다.

일련번호	수록된 곳	내 용
1	序	*鼓氣肆言 …… 其氣壯 ……
2	卷上 第 33話	*氣豪意豁
3	卷上 第 47話	*無和裕將大之氣
4	卷中 第 2話	*壯氣
5	卷中 第 3話	*氣壯
6	卷中 第 6話	*氣骨 *騁氣
7	卷中 第 18話	*豪邁之氣
8	卷中 第 19話	*氣至末句而愈壯
9	卷中 第 23話	*逸氣 *筆所未到之氣
10	卷中 第 24話	*欲壯其氣 *氣韻逸越
11	卷中 第 34話	*氣尙不窮 *氣已空
12	卷中 第 46話	*詩文以氣爲主 氣發於性 意憑於氣 *氣韻豪邁 *意與氣存乎其間
13	卷下 第 1話	*其氣飄然爽豁
14	卷下 第 5話	*氣尙生語欲熟 初學之氣 生然 後壯氣逸 壯氣逸 然後老氣豪 *氣生之句
15	卷下 第 12話	*氣呑象外
16	卷下 第 13話	*文以豪邁壯逸爲氣 *夫評詩者先以氣骨意格 *才縱而氣不怒
17	卷下 第 19話	*逸氣豪才
18	卷下 第 29話	*蔬笋之氣
19	卷下 第 36話	*蔬笋氣
20	卷下 第 37話	*氣韻不凡

위의 표와 같이 보한집에는 20個話에 30回나 氣에 관하여 언급하여, 최자가 기를 얼마나 중시하였는가를 엿볼 수 있게 한다. 특히 주목할 부분은 下卷 第 13話로,

  文은 豪邁壯逸로 氣를 삼고 勁峻淸駛로 骨을 삼고 正直精詳으로 意를 삼고 富贍宏肆로 辭를 삼고 簡古倔强으로 體를 삼는다.[2]

하여, 詩의 氣・骨・意・辭・體에 관하여 그의 견해를 밝혀 놓은 곳이다.

최자 뿐 아니라 13세기 이후 모든 고려 문인들의 기에 관한 의식을 고찰하려면, 상기 '豪邁壯逸爲氣'라 한 말을 기준으로 삼아야 하며, 지금까지 보아온 고려 문인들의 기론도 이에서 벗어난 것이 없다.

'豪邁壯逸'의 '豪'는 豪放・豪爽・豪雄・豪俊・豪快・豪宕・豪俠 등의 어휘들이 뜻하는 바와 같이 호협함・거침없음・시원시원함・뛰어남・작은 일에 얽매이지 않음・정의감이 강함 등을 뜻하고, '邁'는 멀리까지 씩씩하고 빠르게 나아감을 뜻하며, 壯은 크고 굳셈・강하고 혈기가 성함・젊음・용맹함 등을 뜻하고 逸은 자유로움・활달함・뛰어남 등을 뜻한다. 이러한 개념들이 모여서 형성된 복합적인 의미를 '氣'라 한 것이며, 위에 열거한 20개 시화에서 언급한 기들도 이러한 의미에서 벗어나는 것이 없다.

氣에 관하여 언급한 上記 30회 가운데 14회가 '豪邁壯逸' 4字中의 일부를 사용하여 기호・기장・기일・호기・장기・일기・豪邁之氣 등의 용어를 직접 쓰고 있고 4자중의 일부가 직접 쓰이지 않은 부분도 대부분이 이와 관련된 의미를 내포하고 있다.

이 최자의 기론을 근거로 하여 살펴본다면 기가 약한 시란 어떤 것인가도 자명해진다. 즉, 소견이 옹색함・힘이 없음・머뭇거림・시상의 전개와 진행이 느림・작은 일에 얽매임・논리가 모호함・읽은 후에 감동이나 자극이 약함 등을 뜻함을 알 수 있다.

이어서 보한집 가운데 기와 관련된 시론・시평 가운데 대표적인 예 몇 가지를 고찰해 보고자 한다.

---

2) 崔　滋, 補閑集 卷下 第 13話 文以 豪邁壯逸爲氣 勁峻淸駛爲骨 正直精詳爲意 富贍宏肆爲辭 簡古倔强爲體

요즈음 한림학사 李春卿(이규보의 字)의 詩稿를 얻어 읽어보니 뛰어나게 새로운 뜻이 매우 많았다. 長篇 가운데는 末句에 이를수록 기상이 더욱 씩씩하여, 마치 탁 트인 거리를 거침없이 질주하는 천리마를 중도에 억지로 세운 듯하다.[3]

하여, 이규보의 시는 의경이 머뭇거리지 않고 거침없이 전개되다가 말구에 이르러 팽만한 긴장감이 포화상태에 이르도록 압축한 순간에 갑자기 끝맺어서, 말이 끝난 후에도 그 기세가 여전히 남아있게 하여, 독자로 하여금 강한 감동을 느끼고 그 기상에 압도되게 한다는 것이다.

이는 기가 성한 시를 지으려면 豪邁壯逸한 기상이 말구에 응축되도록 해야 한다는 것이며, 최자의 이런 주장은 '이공(이규보)의 시는 시구가 늘어날수록 내닫는 기상이 더욱 씩씩하다.(吐辭漸多騁氣益壯)'[4]라고 한 곳에서도 드러난다. 그러면 「氣至末句而愈壯」한 시란 어떤 것인가 예를 들어보자.

「回鄕偶書」
　　　　　　　　賀知章
少小離家老大回　　어려서 집을 떠났다가 늙어서 돌아오니
鄕音無改鬢毛衰　　고향 사투리는 그대로인데 귀밑머리만 세었네
兒童相見不相識　　어린아이는 나를 알아보지 못하고
笑問客從何處來　　웃으면 묻기를 '손님 어디서 오셨어요?' 하네

이 시는 기구에서 일생동안의 시간을, 승구에서 근년 이래의 늙은 모습을, 전구에서 아이와 만난 시간을, 결구에서 아이와 문답한 한 순간

---

3) 前揭書, 第 19話. 近得李學士春卿詩稿 見之驚絶新意頗多 其長篇中氣至末句而愈壯 如千里駿足展走通衢 未半途勒止也
4) 前揭書, 第 6話

을 나타내어, 시의 진행이 冗長에서 漸短으로 結尾에 이를수록 더욱 촉급해지다가 홀연히 截斷하여, 강하고 긴 여운이 남은 言盡而意不盡 한시가 되도록 하였다. 어렸을 때 장부의 사방지지를 실현하고자 큰 뜻을 품고 고향을 떠나 온갖 고초를 겪다가, 아무것도 이룬 것이 없어 늙그막에 고향에 뼈나 묻고자 찾아온 늙은이에게, 자신을 당연히 알아보아야 할 집안 아이가 알아보지 못하고「객」은 어디서 오셨느냐고 묻는 찰나에, 일생을 헛 살은 희한과 원망과 원통함이 웃고 있는 아이와 슬퍼하는 노인의 대비로 收束된 결구에 포화상태로 응축되어 강한 비장감을 느끼게 하고, 아이의 묻는 말이 미처 끝나기도 전에 憂然히 절단하여 天頭萬緖의 答話가 일제히 言外에 湧出하도록 한 것이다. 이런 시가 바로 氣至未句而愈壯한 시이다.

보한집에서는,

謫仙(이곳에서는 이백이 아니고 이규보를 칭한다)의 빼어난 기상은 만상의 밖에 있어서 한 말로 수많은 시호들을 압도한다 … 두보의 시는 비록 5자안에서도 기가 상외를 삼키고 있으며 이규보의 시 또한 상외에서 얻음이 있다.5)

기운이 일월한 것이 태백을 닮았다.6)

하여, 이규보 시의 기상을 이백이나 두보 시의 기상에 비의하고 있다. 그러면 기탄 상외한 이백·두보의 시와 이규보의 시 1首씩을 예시하고 있다.

---

5) 前揭書, 第 23話. 謫仙逸氣萬像外 一言足倒千詩豪 …… 杜子美詩雖五字中 尙有氣吞象外 李春卿走筆長篇 亦象外得之
6) 前揭書, 第 24話. 氣韻逸越 侔於太白

1) 李白의 「早發白帝城」

　　朝辭白帝彩雲間　　아침에 채색구름 어린 백제성을 떠나
　　千里江陵一日還　　천리 밖 강릉 땅에 하루에 돌아왔네.
　　兩岸猿聲啼不住　　양쪽 언덕에서 원숭이 소리 끊이지 않는데
　　輕舟已過萬重山　　가벼운 배는 이미 겹겹산중을 지나왔네.

2) 杜甫의 「聞官軍收河南河北」

　　劍外忽傳收薊北　　검각 남쪽에 홀연히 계북을 수복했다는 소식이 들려와
　　初聞涕淚滿衣裳　　처음 듣고선 눈물로 옷을 가득 적시었네.
　　卻看妻子愁何在　　처자를 돌아보니 근심스러운 모습 어디로 갔는가
　　漫卷詩書喜欲狂　　아무렇게나 시서를 싸며 기뻐서 미칠 것 같네.
　　白日放歌須縱酒　　한 낮에 노래 부르고 술을 마시며
　　靑春作伴好還鄕　　봄날에 짝을 이루어 고향에 갈 생각을 하네
　　卽從巴峽穿巫峽　　파협에서부터 무협을 통과하고
　　便下襄陽向洛陽　　양양으로 내려가서 낙양을 향하리라.

3) 李奎報의 「自讚詩」

　　天地爲衾枕　　하늘과 땅을 이불과 벼개로 삼고
　　江河作酒池　　강물로 술 연못을 만들어
　　願成千日飮　　일천 날을 마시면서
　　醉過太平詩　　취한채 태평세월을 보내리라.

　1)에서 기구는 채운이 어린 백제성이라는 일개의 점만을 그리고, 승구에서는 백제성에서 강릉에 이르기까지 이 두 개의 점 사이를 천리장강이 한 줄기 선으로 이어주고 있다. 전구에서는 兩岸의 猿聲을 통하여 선의 양측에 이개의 면이 증가하였고, 결구에서는 양안 외에 다시 만중산을 배치하여 하나의 방대한 입체적 공간을 이루도록 하였다.
　한 척의 俓舟가 양자강이라는 한 줄기 線上을 萬重山 하나 하나를

뒤로하며 화살처럼 빠르게 순식간에 천리를 달려가고 활발한 원성의 음향이 배경음악을 이루며 쾌속으로 變換하는 場景을 통하여 분방하고 생동적인 호쾌한 기상을 발산하는, 그야말로 豪邁壯逸한 시이다.

2)는 安史의 亂으로 검외에서 피난생활을 하는 두보가 하남 하북이 모두 수복되었다는 소식을 듣는 것으로 시작되어, 그 기쁨으로 바보나 미치광이처럼 울다가 웃다가 처자를 보다가 시서를 쓰다가 노래를 부르다가 술을 마시다가 하는 모습을 빠른 속도로 이어 놓아, 지극한 기쁨에 어찌할 바를 모르는 모습을 잘 드러내었고, 한 수의 시 속에 6개의 지명을 써놓았으나 조금도 累濟됨을 느낄 수 없을뿐 아니라 이것이 도리어 跳躍前進하는 기상을 돕고 있으며, 미련 二句는 쉬지 말고 단숨에 읽어서 파협으로부터 무협을 지나 양양을 거쳐서 낙양에 이르는 傾刻千里之勢가 드러나도록 해야 한다.[7]

이 시는 忽傳・初聞・却看・漫卷・卽從・便下 등의 허자를 연이어 이어놓아, 창졸간에 느낀 놀라움과 기쁨을 말이 멈출 겨를이 없이 信筆直書하여 독자로 하여금 그 소리를 듣는 듯 그 모습을 보는 듯 느끼게 하고, 이토록 쾌속적인 시상의 전개가 독자로 하여금 자신도 모르게 手舞足蹈하게 하는 氣勝한 시이다.

3)은 천지를 좁게 여기는 기상과 세속적인 규범의 구검에서 벗어난 호방함을 발산하는 시이다.

위에 예시한 바와 같이 이백・두보의 시뿐 아니라 이규보의 시도 기탄상외한 기상을 지녀서, '氣壯辭雄'[8]하고, 호매한 기상과 부섬한 시체는 동파의 기상과 일치하며[9], 그가 술에 취하여 시를 지으면 '미친 파

---

7) 黃永武, 『中國詩學・設計篇』, 巨流圖書公司, 臺北, 1980. pp.48~50 참조.
8) 『補閑集』, 第 3話

도가 탕연히 일렁이는 듯하다'10)라고 평하여, 기가 장한 고려의 대표적인 시인으로 이규보를 들었다.

4. 櫟翁稗說

역옹패설에서 「氣」字가 쓰여진 곳을 뽑아 모아보면 다음과 같다.

일련번호	수록된 곳	내 용
①	後集 1 第11話	*氣吞象外
②	後集 1 第24話	*俗氣
③	後集 2 第16話	*氣節慷慨

역옹패설에 기자가 쓰인 곳은 이 3개소뿐으로, ①은 북원의 홍법사 비는 글을 고려 태조가 짓고 글씨는 당태종의 글씨를 집자하여 刻한 것으로 辭義의 雄深偉麗함이 玄圭를 들고 赤鳥를 신은 이들이 조정에서 읍양하는 것 같고, 대소의 해서와 행서들은 난새와 봉새들이 물에서 노는 것 같아 그 기상이 象 밖까지 아우르고 있다는 것이다. ②는 俗態와 같은 뜻이고, ③은 비장한 기상을 뜻한다. 이렇게 역옹패설에 이르면 기에 관한 언급이 현저히 줄어든다. 그러나 기가 응축된 시란 어떤 것인가에 관하여 주목할만한 시평이 실려 있다.

산인 오생의 황산강루시 락구에, '누워서 어부들이 뱃전에서 하는 말 들으니 / 도시에서 말 달리는 사람들 우리 무리 아니라 하네' 하였으며, 동파의 어부사에는 '강가의 말 탄 벼슬아치 / 내 작은 배 타고 남쪽 언덕으로

---

9) 前揭書, 第 18話
10) 前揭書, 第 24話

건너겠다네' 하였는데, 동파의 시는 용면이, 이광이 오랑캐의 활을 빼앗아 시위를 힘껏 당긴 채 아직 쏘지 않은 순간을 그린 것 같고, 오생의 시는 추격해 오는 기병을 쏘아 맞힌 상태를 그린 것 같다.11)

하여, 오생의 황산강루시와 동파의 어부사의 미련을 비교하면서, 오생의 시는 상황이 이미 끝나서 긴장감도 풀린 것 같고, 동파의 시는 漢代의 용장 이광이 적진으로 돌격하여 적의 활을 빼앗아 한껏 당기고 바로 그 적을 쏘려는 찰나를 용면(宋의 화가 이공린의 호)이 그려놓은 것 같다고 하여, 긴장의 극한상황에서 시를 끝맺어서 그 기세가 독자를 압도한다는 것이다. 이는 보한집에서 기가 장한 시의 기세를 '말구에 이룰수록 기상이 더욱 씩씩하여 마치 탁 트인 거리를 거침없이 질주하는 천리마를 중도에 억지로 세운 듯하다'고 비유한 것과 같은 것이다.

즉 기가 성하게 시작했다가 쇠한 상태로 끝난 시는 좋은 시가 아니며, 기가 말구로 갈수록 성해지다가 극성한 찰나에 종결하여 독자로 하여금 강한 감동과 여운을 느끼게 하는 시를 좋은 시로 본 것이다. 상기 표 ③의 '기절강개'도 임춘과 최자의 不遇感傷之作을 비교하면서 림시보다는 최시에 기절의 강개함이 잘 드러나 있다고 한 것으로, 不遇感傷之作도 비장한 기상이 독자를 강하게 자극하는 시가 좋은 시라고 본 것이다.

---

11) 李齊賢, 『櫟翁稗說』, 後集 2, 第 13話. 山人悟生黃山江樓詩落句云 臥聞漁父軸轤語 走馬紅塵非我徒 東坡漁父詞云 江頭騎馬是官人 借我孤舟南渡坡 如龍眠畵李廣奪胡兒弓 引滿不發 悟生畵作 射中追騎矣.

Ⅲ. 氣의 先天說과 後天說

고려 문인들의 기에 관한 의식에 대하여 지금까지 나온 논저의 일부는 조비가 전론 논문에서 주장한 先天說을 수용한 이규보 등과 맹자나 소철의 後天說을 수용한 최자 등으로 나뉘어진다고 보고있다.12) 과연 그러한지 본 장에서 다시 고찰해 보고자 한다.

이규보는 기에 대하여,

> ……의는 또한 기로 주를 삼고 기의 우열 때문에 천박한 시와 심후한 시가 있게 된다. 그러나 기는 천에 근본하는 것이라 배워서 얻을 수 있는 것이 아니다.13)

한 것으로 이규보가 기의 先天說을 주장한 논거로 삼는다. 그러나 이규보는 「驅詩魔文」에서 遇景觸物하면 이를 시로 표현하지 않고는 견디지 못하는 자신의 성벽을 시마가 붙어서 그렇게 되었다고 하고, 시마를 내쫓으려 하자 시마가 그에게 '내가 그대의 기를 웅장하게 해주고 그대의 문사를 아름답게 꾸며 주었다.'14)하기에 이에 승복하였다고 하였다. 이는 좋은 시를 짓기 위한 끊임없는 노력이 시 속에 웅장한 기상을 함유하게 해 준다는 것으로, 위의 논지와는 모순이 되는 듯이 보인다.

그러나 氣本乎天不可學得이라는 말도 이 말을 실어놓은 「論詩中微指略言」을 자세히 살펴보면, 시의 雕琢 丹靑을 위한 공부만으로는 시 속에 雄深한 기상을 함유하게 할 수가 없으니 수식에만 지나치게 용심하지 말고 의경을 直叙할 때 자연스럽게 천연의 기상이 발현된다는 뜻

---

12) 張鴻在, 『高麗時代 詩話批評硏究』, 亞細亞文化社, pp.187~201 참조.
13) 註 1 참조
14) 李奎報, 『東國李相國集』, 卷 20, 「驅詩魔文」. 雄子以氣 飾子以辭

으로 한 말임을 알 수 있다.

즉 論詩中微指略言이나 驅詩魔文을 종합해 보면, 기는 천부적인 면도 일부 있고 후천적인 養致도 일정정도 가능한 것으로 보아, 이규보는 先天說과 後天說을 모두 수용했다고 보아야 한다.

최자도,

> 시문은 기로 주를 삼고 기는 성에서 발현되며 의는 기에 의지한다.15)

하여, 기가 천성에서 발현하는 것으로 보아 先天說을 주장한 듯한 면도 있고,

> 氣를 고취하고 말을 활달하게 하여 당시에 듣는 이들을 감동하게 하려면 혹 險怪한 데로 나아가야 하고 …… 반드시 奇詭에 의탁한 연후에야 그 기가 장하게 된다.16)

> 무릇 새로 시를 배우는 이들이 그 氣力을 씩씩하게 하고자 한다면 (白居易의 詩는) 비록 읽지 않아도 되지만 ……17)

> 시평에 이르기를, 기는 생동함을 숭상하고 시어는 세련되게 써야 한다. 처음 시를 배울 때 기가 생동하게 한 뒤에야 장년에 기가 활달하게 되고 장년에 기가 활달하게 된 뒤에야 노년에 기가 호매하게 된다.18)

하여, 기를 고취할 수 있고, 기가 壯하게 할 수 있으며, 처음 시를 배울

---

15) 『補閑集』第 46話, 詩文以氣爲主 氣發於性 意憑於氣
16) 前揭書,「序」, 然欲敲氣肆言 竦動時聽 或涉於險怪…… 故必寓託奇詭 然後其氣壯
17) 前揭書 中, 第 24話, 凡新學詩 欲壯其氣力 雖不讀可矣.
18) 前揭書 下, 第 5話, 詩評曰 氣尙生於欲熟 初學之氣生然後壯氣逸 壯氣逸然後老氣豪.

때 기가 생동하는 시를 짓도록 노력해야 장년에 기가 활달하고 노년에
기가 호매한 시를 지을 수 있게 되며, 기가 장한 시를 지으려면 기가
장한 시인의 시를 공부해야 한다고 하였으니, 이는 후천적인 養氣가
가능함을 말한 것이다. 즉 최자도 이규보와 같이 기는 一定정도 先天
的으로 타고나기도 하지만 후천적인 양기도 가능하다고 본 것이다.
한편 林椿도,

> 무릇 글을 짓는 것은 기로써 으뜸을 삼는데, 여러 차례 우환을 겪다보니
> 정신과 뜻이 황폐해져서 기력이 쇠하여 꾸벅꾸벅 조는 노농처럼 되었습니다.[19]

하여, 타고난 기가 누차 겪은 우환으로 약화되어 좋은 글을 지을 수 없
게 되었다고 하였다. 즉 후천적인 영향으로 양기와 상기가 가능함을 말
하고 있으며 임춘은 특히 閱歷을 통한 양기를 주장하기도 하였다.[20]
지금까지 살펴 본 바와 같이 고려 후기의 시인들은 모두 시에 기가
함유되어있어야 함을 강조하면서 氣의 先天說과 後天說을 一定 정도
모두 수용하였고, 이는 현금의 관점으로 살펴보아도 온당한 견해라고
본다.

Ⅳ. 高麗詩話에서 氣를 강조한 까닭

지금까지 살펴 본 4종의 고려 시화집에서 기에 관하여 언급한 부분
을 다시 요약해보면 다음과 같다.

---

19) 林椿,「西河集」, 4.「與皇甫若水書」, 凡作文以氣爲主 而累經憂患 神志荒敗 睡睡焉 眞一老農也
20) 前揭書,「上李學士書」참조.

파한집에는 기상수이·릉운기격·사주광기·일기횡출 등 기와 관련된 어휘가 수록되어 있으나 문학에서의 기의 역할이나 의미 등에 관한 설명은 없고, 백운소설에 비로소 문학에 있어서의 기의 역할에 관하여 전술한 바와 같이 시의 핵심이 되는 요소가 기라 하였으며, 보한집에서는 서를 위시하여 곳곳에 기의 의의·기가 성한 작품 등에 관하여 기술해 놓아 가장 많은 관심을 나타내었다.

역옹패설에는 오생과 소식·임춘과 최자의 시를 기의 관점에서 비교한 부분 외에는 기에 관한 기술이 없어서 보한집에 비하여 관심이 현저히 약화되었다. 즉 이규보·최자 등이 활약하였던 13세기 무신집권기에 대한 관심이 가장 높았고, 국권이 다시 왕실로 환원된 14세기에 이르면 관심이 약화되었음을 볼 수 있다. 이는 무신집권기의 독특한 사회기풍과도 관계가 있다고 생각한다.

> 경인·계사년 이후로 재상에 무인이 많았다. 이의민의 두경승과 함께 중서성에 앉아 있다가, 이가 두에게 자랑하기를 '아무개가 제 용력을 자랑하기에 내가 한번에 쳐서 넘어뜨리기를 이와 같이 하였오.' 하며 주먹으로 기둥을 치니 서까래가 모두 흔들렸다. 이에 두가 대답하기를 '언젠가 내가 맨주먹을 힘껏 쥐고 휘두르니 사람들이 모두 흩어져 달아났다.' 하며 주먹으로 벽을 치니 주먹이 벽을 뚫고 나갔다.[21]

이는 무신집권기에 권력의 상층부에 있는 사람들이 치졸할 정도로 협기를 뽐내었으며 이런 풍상이 만연하여 문임들의 문풍에까지 영향을 주었고, 이런 기풍이 무신집권자 최우의 부탁으로 편찬한 보한집에 그대로 드러난 것이라고 본다.

---

21) 『櫟翁稗說』, 前集 2, 第 30話. 庚癸之後 宰相多武人 李義旼與杜景升 同坐中書 李誇於杜曰 某人自矜勇力 吾一擊仆之如此 因用拳撞柱 榱桷皆動 杜答曰 某時之事 吾以空拳舊擊 衆皆奔潰 亦撞之擊陷於壁

보한집에서 시는 풍격별로 등급을 정하여, 新奇絶妙・逸越含蓄・險怪俊邁・豪壯富貴를 上으로, 精雋邐緊・爽割淸峭・飄逸勁直・宏瞻和裕・炳煥激切・平淡高邈・優閑夷曠・淸玩巧麗를 次로, 生拙野疎・蹇澁寒枯・淺俗蕪雜・衰弱淫靡를 病으로 보았다.[22]

즉 상에 놓은 것 전부와 창 놓은 것 일부가 기가 성한 것들이며 淸警・恬淡・謹嚴・典實・閑雅・硏麗한 작품이 하나도 상품에 들지 않았음도 작품평가에 기를 얼마나 중시했는가를 단적으로 드러내는 주목할만한 부분이다.

逸氣豪才로서 이백의 氣韻逸越함과 백거이의 明道德 陳風諭를 겸전했다고 보한집에서 극찬한 이규보의 시를 성리학으로 수양된 조선중기이후의 일부 문민들이 '학식이 비루하고 기상이 용렬하여 격조가 떨어지고 말이 번다하며 뜻은 천박하다'[23]라고 폄하한 것도 시대의 풍상에 따라 시의 평가가 어떻게 달라지는가를 보여주는 대표적인 예이다.

소황지풍의 유행도 이 시기에 기를 숭상하게 된 이유의 하나이다. 과거의 방이 붙으면 다시 30명의 동파가 배출되었다고 할 정도로 동화의 시풍이 풍미하였으며, 파한집에는,

> 탁고의 법은 두보만이 홀로 오묘한 경지에 이르렀다 … 소식・황정견에 이르러 使事가 더욱 정밀하고 탁월한 기상을 자유자재로 분출하여 탁구의 오묘함이 두보와 비견할말 하다.[24]

하여, 일기가 횡출하는 시인은 두보 이후로는 소식과 황정견 뿐이라 하

---

[22] 『補閑集』下, 第 13話 참조.
[23] 金昌協, 『農巖集』34, 「雜誌外篇」, 其學識鄙陋 氣象庸下 格卑而調雜 語銷而意淺. 이 外에 李德懋의 『淸脾錄』7에도 이와 유사한 견해가 보인다.
[24] 『破閑集』上, 第 21話. 琢句之法 唯少陵獨盡其妙……及至蘇黃 則使事益精 逸氣橫出 琢句之妙 可以與少陵幷駕

였고, 보한집에서도 누누이 소식의 濠邁之氣를 찬양하고 있다. 이는 소식이 유·불·노장 등의 제사상을 자신의 시문 속에 자유자재로 구사하여 활달 왕양한 기상을 거침없이 표현한 것이 당시의 사회 분위기와도 부합하여 널리 유행하였고, 이런 현상이 문학에서 기를 더욱 중시하게 되었던 것으로 보인다.

V. 結 語

지금까지 고려시대에 간행된 시화집에서 기를 어떻게 보았으며 이것이 작가와 작품에 어떤 역할을 한다고 보았는가, 유난히 문학에서 기를 강조한 이유는 무엇인가 등을 살펴보았다. 이를 다시 요약 정리하여 보면 다음과 같다.

기란 인간이 마음 속에 품고 있는 豪邁壯逸한 기상을 말하며, 개인에 따라 기의 우열과 강한 사람은 심후하고 웅장 활달한 의경을 형성하게 되고 열하고 약한 사람은 천박하고 섬약한 의경을 형성하게 된다. 의경에 내함된 기는 의경을 시화한 시경으로 드러나고, 이를 읽는 독자들의 오경으로 전달되어 氣優한 시를 읽으면 강한 감동과 여운을 느끼고 氣劣한 시를 읽으면 아무리 조루단청을 잘 해놓았어도 맛을 읽게 된다고 보았으며, 이를 요약하면 다음과 같이 도해할 수 있다.

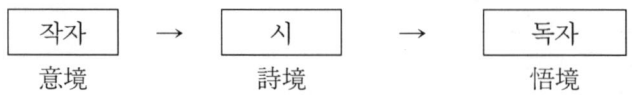

┌ 氣優 (심후한 의경)→(심후한 시경 : 의경 直叙)→(심후한 오경 : 강한 감동, 여운)
└ 氣劣 (천박한 의경)→(천박한 시경 : 수식에 치중)→(천박한 오경 : 味已窮)

기가 優한 시를 지어 독자에게 강한 감동을 느끼게 하기 위하여 詩境이 險怪로 나가기도 하고, 기가 결미부분에 포화상태로 압축되도록 하기도 하며, 시상을 빠른 속도로 진행하기도 한다고 보았다. 본고에서는 현금의 연구자들도 고려문인의 기의식에 관하여 연구하려면, 고도로 思辯化한 성리학적 기의식이 전래되기 이전의 당대 문인들의 기에 관한 관념 위주로 고찰해야 한다고 보았으며, 일부 논자들이 고려 문인들은 기를 先天的 생득적인 것으로 본 사람과 후천적 양기가 가능한 것으로 본 사람으로 양분할 수 있다고 보았으나, 이는 피상적인 관찰에 불과하고 고려 문인 모두가 先天說과 後天說을 모두 일정정도 긍정하는 온건한 절충적 견해를 가지고 있었음을 밝혀 놓았다.

　13세기에 간행된 고려 시화집에서 특별히 기를 강조한 것은 무신 집권기의 사회 기풍이 활달하고 호방한 기상을 중시했던 데에 영향을 받았고, 유・불・노장 등의 제사상을 모두 수용하여 이들 사상을 자신의 작품 속에 자유자재로 구사한 소동파의 호방한 시품이 유행한 것도 원인이 되었다고 보았다.

　한편 고려시대 기가 가장 웅장한 시를 지었다고 당대에 극찬을 받았던 이규보는 성리학으로 수양된 조선조의 일부 문인들이 폄하한 것을 시대의 풍상에 따라 작품에 대한 평이 달라지는 예로 들었다.

保閑齋의 文學世界

Ⅰ. 序

　보한재(保閑齋) 신숙주(申叔舟 1417~1475. 字는 泛翁. 諡號는 文忠公)는 15세기 조선조(朝鮮朝) 관각문인(館閣文人)의 태두(泰斗)로서 조정에서 간행한 각종의 관찬사업을 주도하였으며, 학자. 정치가, 행정가, 외교가, 장군 및 문학가로서 각 분야에 걸쳐서 범인(凡人)으로서는 이루기 어려운 찬연한 공적을 이룩한 분이다. 본 발표논문에서는 이러한 여러 분야 가운데 문학가로서의 활동에 한정하여, 보한재는 어떠한 사상과 관점을 바탕으로 하여 문학 활동을 하였고, 문학을 통하여 도달한 정신적 경지는 어떤 것이었는가를 중점적으로 살펴보고자 한다.

　보한재 자신은 아름다운 시문(詩文)을 지어서 이를 후세에 남기고 명성을 드날리는 것에 대하여 마음을 쓴 일이 없다. 삼불후(三不朽) 가운데 가장 으뜸가는 것이 입덕(立德)이고, 그 다음이 입공(立功)이며, 좋은 글을 남기는 입언(立言) 즉 문학은 그 다음의 일로 보았던 당대인들의 전통적인 관념에 따라, 보한재 자신도 입덕과 입공에 힘쓸 뿐이요 좋은 글을 남기려고 의도적으로 노력한 일이 없다. 이에 대하여 홍응(洪應 1428~1492)은,

그분의 숭고한 도덕과 위대한 업적은 비록 상(尙)나라의 이윤(伊尹)이나 주(周)나라의 강태공(姜太公)이라 해도 더 나을 것이 없었기 때문에 문장은 특히 대수롭지 않게 여겨서 가리워졌다. 그러므로 그 분을 말하는 자들이 그분의 도덕과 정치에 관하여는 찬양하면서도 문장은 언급하지 않았고, 그분 자신도 경세제국(經世濟國)을 급선무로 생각하고 문장의 수식을 숭상하거나 저술에 유의함을 좋지 않게 여겼기 때문에 형편에 따라 짓기는 하였으되 간직해 두지는 않았다.[1]

하였다. 그러므로 『보한재집(保閑齋集)』에 수록되어 있는 시문은 그의 저작중 일부에 지나지 않는다. 일본에 사행(使行)하였을 때에 지나는 곳마다 그 지방 호족들이 다투어 공(公)에게 시를 지어주기를 청하였고 이에 일일이 응해서 문학을 통하여 국위를 선양하였으나, 『보한재집』에는 이때에 지은 시가 전혀 수록되어 있지 않은 것이 그 단적인 예의 하나이다. 그러나 훌륭한 생각을 품고 있으면 이것이 자연히 말과 글로 드러나기 마련이므로, 그분이 의도하지 않았지만 남겨놓은 글들이 저절로 훌륭한 문장이 되어 하나의 전범(典範)이 되었으므로 당대 최고의 문장가로 공인을 받았고, 유명 인사들이 공(公)의 시문을 한편이라도 간직하고자 서로 다투면서 공의 시문을 받으려 애를 썼던 것이다.

훌륭한 문인의 문학을 고찰하려면 그의 사승관계(師承關係)를 살펴보아야 한다. 보한재는 문학과 서예에 뛰어났던 암헌공(巖軒公) 신장(申檣)의 셋째 아들로 태어나서, 어려서는 부친에게서 초사(楚辭)와 한퇴지(韓退之)의 시문(詩文)을 배워 암기하였고, 7세부터는 대제학을 지낸 윤회(尹淮. 1380~1436)에게 경(經)과 사(史)를 배웠으며, 이때에 그 문재(文才)

---

1) 『保閑齋集』「序(洪應)」
隆道德之崇 雖商之阿衡 周之大師 何以加諸 由其事業之大如是 故文章特餘事 而爲所掩이 故言公者 言公之道德政事 而不言文章 公亦以經濟治理爲急務 而不雅尙文藻留意 著述隨作 而棄之

와 기국(器局)을 알아본 스승이 16세가 되던 해에 당신의 손녀와 혼인을 하게 하여 윤회의 손서가 되게 된다. 그러나 이때에 이룩한 학문은 앞으로 공부를 하기 위한 바탕이 되었을 뿐이요, 정작 학문과 문학이 대성하게 된 것은, 22세시에 진사시(進士試)에 장원, 23세시에 생원시(生員試)에 2위, 문과(文科)에 3위를 한 후, 25세시에 집현전(集賢殿) 부수찬(副修撰)이 된 후 27세시에 일본국 통신사(通信使)의 서장관(書狀官)으로 일본에 다녀오기 전까지, 즉 집현전 학사로 근무한 25세에서 27세 사이 약 3년간 궁중에 비치된 각종 전적들을 열람하고, 세종의 명을 받들어 진관사(津寬寺)에서 사가독서(賜暇讀書)를 하면서 유가(儒家)의 제서(諸書)는 물론이고 불경(佛經)과 노장서(老莊書) 및 제자백가(諸子百家)의 서를 두루 섭렵하고부터로 보아야 할 것이다. 보한재 자신이 젊은 시절을 회고하면서,

> 내가 지난날 하급 관리로 있을 때는 분주한 공무를 마치고 밤이 되어 등심지를 돋우고 책을 펴 놓으면 정신이 맑아지기가 마치 아침 해가 솟는 것 같았다.[2]

하였다. 즉 왕권의 뒷받침을 받고 집현전에서 남의 숙직까지 대신하면서 밤새워 온갖 전적을 두루 섭렵한 것이 천부적인 재능과 어울려서 당대 문학의 제 일인자가 될 수 있는 바탕이 되었던 것이다.

본 발표에서는 이렇게 모든 전적을 섭렵하며 자신을 도야(陶冶)한 보한재는, 문학에 대하여 어떤 생각을 가졌고, 그런 사상이 문학으로 어떻게 발현되었으며, 보한재 문학의 특징은 무엇이고, 문학을 통하여 도달한 경지는 어떤 것이었는가를 살펴보고자 한다.

---

[2] 같은 책 「序(金宗直)」
    余昔卑官 晝日奔走 逮夜挑燈開卷 則神志醒然 如日之晨也

Ⅱ. 保閑齋 文學의 特徵

보한재 문학의 특징을 알아보려면 그의 문학에 대한 당대 및 후대인들의 평을 살펴보는 것이 첩경이라고 본다. 보한재의 뒤를 이어 문병(文柄)을 잡았던 사가(四佳) 서거정(徐居正 1420~1488)은 보한재의 문학에 대하여,

> 문장을 지으면 호방하고 풍부하여 빠짐없이 두루 미쳤으며, 아름답게 수식하는 것을 공교롭게 여기거나 질박한 것을 옛스럽다고 여기지 않아서, 그 평이함이 마치 좋은 벼「嘉禾」나 보리「異麥」가 달리 가미(加味)를 하지 않아도 스스로 지극한 맛을 지니고 있는 것과 같으며, 그 정채가 찬연한 것은 마치 상서로운 구름이나 빛나는 별처럼 스스로 발하는 광채가 남에게 숨길 수가 없어서, 보는 사람들이 모두 공경하게 되었다.[3]

하여, 호방하고 풍부하며 인위적인 수식이나 의도적으로 질박하게 함을 모두 꺼리고, 평이함을 숭상하였음을 보한재 문학의 특징으로 보았다. 홍웅은,

> 당시의 사명(詞命) 중에 그분의 손으로 지은 것이 많고, 그분의 문장은 혼후 순정하면서도 뛰어나게 활달해서, 공교롭게 꾸미고자 애쓰지 않았으되 공교롭고, 기이하게 하고자 하지 않았으되 저절로 기이해서, 책으로 꾸며 놓으면 찬연히 광휘를 발하여……읽는 사람으로 하여금 피로를 잊게 하니, 옛날 현인들의 저작이라 하더라도 이보다 더 나을 수는 없을 것이다.[4]

---

3) 같은 책「序(徐居正)」
爲文章 豪贍發越 善於鋪張 不藻飾爲工 刻削爲古 其平易處 如嘉禾異麥 至味自存 其精彩爛然者 則如商雲景星 不自韜光 而聳人觀聽矣
4) 1)과 같은 곳
當時詞命 多出其手 渾厚醇正 發越以肆 不要工而益工 不求奇而自奇 有若編

하여, 문장이 혼후(渾厚) 활달(豁達)하고 순정(純正)하며 꾸미지 않았으되 교묘하고 뛰어나서 읽어도 싫증이 나지 않는다고 하였다. 한편 김종직(金宗直. 1431~1492)은 공(公)의 문장에 대하여,

> 그분의 문장은 모두 인의(仁義)와 충의(忠義)에 근본을 두었고, 침착하고 여유있고 온화하고 맑으며 번거롭게 깎고 다듬지 않아도 저절로 법도에 맞아서, 양한(兩漢) 문장의 긴요현묘함과 성당(盛唐)의 심오한 작품과 방불하였으며, 비록 희롱삼아 갑자기 지어도 진실로 덕있는 사람의 말씀이 되었다. 또한 장강대하의 국량으로 널리 함축하고 크게 이용해서, 시를 읊고 문장을 지으면 기이한 변화가 갖가지로 나타났으니, 이런 점은 협소한 식견으로 필묵이나 희롱하는 사람으로는 아무리 노력해도 될 수 있는 것이 아니다.5)

라고 찬양하였다. 즉 공의 문장은 인의(仁義)와 충의(忠義)에 바탕을 두었고, 양한의 문장과 성당의 시들도 이보다 더 나을 수는 없다고 하면서, 이는 장강대하처럼 넓고 큰 국량의 소유자였기에 가능한 일이었다고 하였다. 김뉴(金紐. 1420~?)도 공의 문장에

> 공은 일찍이 중국에 사신으로 가서 문물을 여러 차례 관찰하였고, 동으로 일본을 유람하고 북으로 여진을 정벌하여 발자취가 천하의 태반에 미쳐서, 뛰어나게 넓고 큰 국량을 가졌기 때문에, 천지간 사물의 변화를 보고 듣는 대로 모두 문장으로 나타내었다. 그분은 호탕한 기상과 변화무쌍한 국량으

具 璨焉騰輝 (中略) 讀之 令人亹亹忘疲 古之作者 盖無多讓也
5) 2)와 같은 곳
其爲文章 皆本之仁義忠信 優柔和暢 卓犖恢閎 不煩繩削而自有法度 兩漢之要妙 盛唐之雋永 彷彿於諷誦之餘 雖弄翰戲語 率然而作 亦信其爲有德者之言矣 此亦其江河之量 弘涵演迤 而遇風成文 奇變百出 而然非可以筆墨蹊逕而求之者也

로 표현할 대상에 맞추어 문장을 지었기 때문에, 혹 분방호한하기도 하고, 혹 깊고 넓기도 하고, 혹 화평 원만하기도 하고, 혹 고상하기도 하고 기운 차기도 하고 점잖기도 해서, 장자(莊子)의 광달(曠達)과 한퇴지의 온순(溫醇)과 육지(陸贄)의 간절(懇切)함과 이태백(李太白)의 호일(豪逸)함과 위징(魏徵)의 인의(仁義)와 제갈량(諸葛亮)의 충정(忠貞)이 거듭거듭 나타나서 천태만상을 모두모아 집대성(集大成)하였으니, 진실로 덕과 문장을 양전(兩全)하고 위대한 사업을 실수 없이 처리할만하여, 옛사람들의 겉껍데기나 주어모아 한 구절 한 문장만 공교롭게 꾸며 놓고서 스스로 자랑하는 사람들과는 그 식견을 비교할 수가 없으니, 아아! 위대하도다.6)

라고 극찬하였다.

지금까지 공의 문장에 대한 제인(諸人)의 평(評)을 살펴보았다. 이를 통하여 보한재 문학의 특징을 대체로 다음과 같이 요약 정리할 수 있을 것이다.

첫째, 공의 호방(豪放)한 기상이 문학으로 발현되었음을 밝히고 있으니, 상기 제인의 평 가운데, '호방하고 풍부하다.' '활달(豁達)하다.' '장강대하(長江大河)의 국량(局量)을 가졌다.' '호탕(豪宕)한 기상.' '분방호일(奔放豪逸).' '광달(曠達)' 등의 평어(評語)가 모두 보한재 문학의 특징으로 호방한 기상을 지적한 것 들이다.

둘째, 문학 작품을 창작할 때에 인위적인 수식에 용심(用心)하지 않

---

6) 같은 책 「序(金紐)」
公嘗奉使觀上國之光者 非一再矣 而又東遊日本 北征沙漠 足跡半天下 有以極其絶特 博大之觀 故凡天地之間 事物之變 寓於目接于耳者 盡取而發之於文章 其疏宕奇氣 變化出沒 隨所寓而不同 而辭從之 故或奔放豪汗 或渟滀淵深 或和平而渾厚 或雅健而典重 莊生之曠達 韓子之溫醇 陸贄之懇切 李白之豪逸 魏鄭公之仁義 諸葛亮之忠貞 層見疊出 千態萬象 悉取而集其成焉 眞可謂有德有言 托不朽於盛事者矣 其視收拾古人糟粕 自負於一句一辭之工者 不可同年而語矣 嗚呼盛哉

고 자연스럽고 평이하게 짓고자 하였음을 밝히고 있으니, '아름답게 수식하는 것을 공교롭게 여기지 않았다.' '평이하면서도 지극한 맛이 있다.' '공교롭게 꾸미지 않았으되 공교롭다.' 라고 평한 것들이 수식에 용심하지 않았는데도 훌륭한 문장을 이루었음을 지적한 것이다.

셋째, 문학의 근본 바탕을 충군(忠君) 애민(愛民)에 두었다고 보았으니, '문장이 모두 인의(仁義)와 충의(忠宜)에 근본을 두었다.' '위징의 인의와 제갈량의 충정(忠貞)이 드러나 있다.' 라고 평한 것들은 충군 애민과 민본사상이 보한재 문학의 바탕을 이루고 있음을 밝힌 것이다.

Ⅲ. 保閑齋의 文學

보한재가 창작한 문학 작품들을 크게 운문(韻文)과 산문(散文)으로 대별할 수 있으며, 산문 가운데도 각 분야별로 문학성이 탁월한 작품이 문집 속에 다양하게 수록되어 있으나, 이에 대한 고찰은 후고로 미루고, 본고에서는 운문문학만을 고구해보고자 한다.

보한재의 운문 작품을 사부(辭賦)와 한시(漢詩)로 나누어 고찰해보면 다음과 같다.

1. 사부(辭賦)

사와 부는 춘추시대(春秋時代) 북방문학(北方文學)을 대표하는 시경(詩經)과 쌍벽을 이루고 있던 남방문학인 초사(楚辭)에서 발전한 것이다. 중국에서는 사와 부를 별개의 장르로 보기도 하고, 하나의 장르로 묶어서 보기도 한다. 본고에서는 사와 부를 하나의 장르로 묶어서 살펴보고자 한다. 사부(辭賦)는 운문으로 되어 있으면서도 매구(每句)의 자수(字數)가 일정하지 않고 구수(句數)도 제약이 없으며「혜(兮)」자를 빈용(頻用)하는 것이 그 특징으로, 시(詩)보다는 제약이 적어서, 다양한 감정을 자유롭고 활달하게 표현하는데 유리한 문학 양식이다. 사부류의 작품 가운데 도연명(陶淵明)의「귀거래사(歸去來辭)」나 소동파(蘇東坡)의「적벽부(赤壁賦)」는 인구(人口)에 회자(膾炙)되었던 대표적인 작품들이다.

보한재는 어려서 사부류(辭賦類)의 연원이 되는 초사를 익혔던 것으로 보인다.『보한재집』임원준(任元濬, 1423~1500)의 서(序)에,

> 공은 나이 열다섯에 선고(先考)인 참판공에게서 초사와 한퇴지의 시를 받아 통달할 때까지 읽고 암송하였으며, 이 때문에 젊을 때에도 사부를 지으면 다른 사람들의 작품보다 뛰어나서 유림들 사이에 회자(膾炙)되었다.[7]

한 기록이 이를 증명한다. 이렇게 청소년기부터 초사와 사부를 연마하였기 때문에 조선시대 문인 중에는 특출하게 사부류(辭賦類)의 명작을 많이 남긴 듯하다.『보한재집』제1권에는 7편의 사와 부가 수록되어 있고, 제12권에도 사 한 편과 부 한 편이 수록되어 있어서 이를 합하면 총 9편이 된다. 이 가운데 중요한 작품을 골라 살펴보면 다음과 같다.

* 일본국 서방사 우진기 병부(日本國栖芳寺遇眞記幷賦)

이 작품은 27세 되던 해 봄에 일본 통신사의 서장관으로 도일(渡日)하여 당시 일본의 수도인 경도(京都)에 이르러 사명(使命)을 완수한 후,

---

7) 같은 책「序(任元濬)」
公年十五 受楚辭韓詩於先正參判公 讀誦三昧 由是 少時辭賦 每居人前 膾炙儒林

7월 6일에 서방사(栖芳寺)라는 사원을 관광하고, 정교하게 다듬어놓은 건물과 정원의 절경을 노래한 것이다. 이 작품의 전반부는 산문으로 이루어진 「기(記)」로서, 서방사를 관광하고 돌아와 잠이 들었을 때에 꿈에 신선이 나타나서 서로 문답을 하다가 그 신선에게 시를 지어주고 깨어났었음을 기록하고, 후반에 「부(賦)」를 붙여 놓았다. 부(賦) 앞에 있는 기(記)는 당나라 왕발(王勃)의 「등왕각서(滕王閣序)」와 유종원(柳宗元)의 「마퇴산기(馬退山記)」를 염두에 두고 이를 효방(效倣)한 것으로, 절경에 대한 묘사가 지극히 섬세하여 직접 눈으로 보는 듯 하면서도 문장이 웅장 활달한 것이 특징이다. 후반부의 부는 소동파가 적벽강에서 노닐은 후 꿈에 도인을 만나 대화를 나누고 「적벽부(赤壁賦)」를 지었고, 사령운(謝靈運)은 꿈에 '지당생춘초(池塘生春草)'라는 시구를 얻은 후에 명시(名詩)를 지었으니, 나도 꿈에 신선과 대화한 내용을 부로 써놓지 않을 수가 없다고 하면서 52구로 된 장편의 부를 지었던 것이다. 부는 크게 세 단락으로 나눌 수 있으니, 첫째단락에서는 사명(使命)을 받들고 일본에 와서 임무를 수행했던 과정을 서술하고, 중간단락에는 서방사의 절경을 그려 놓았으며, 마지막 단락에는 꿈 이야기를 통하여 자신이 선경(仙境)에 들어서서 느꼈던 열락(悅樂)의 경지를 기술하였다.

이 작품은 소동파의 적벽부에 비견할만한 명작으로 절경을 완상(玩賞)한 후 꿈에 신선을 만나 대화를 나누고서 창작한 과정도 적벽부와 유사하다. 특히 표현이 웅장 호방하면서도 절경의 묘사가 섬세하고 핍진하여 문학성이 탁월한 작품이다.

* 팔준도부 병서(八駿圖賦幷序)

「팔준도부」는 태조 이성계가 고려 말에 왜구와 홍건적을 물리치고 조선왕조를 건국하는 과정에서, 하늘이 왕자(王者)가 될 인물임을 알아

보고 영물(靈物)인 여덟 필의 준마 팔준(八駿)을 내려주어 건국을 도왔으며, 세종이 집현전에 명하여 이 팔준마를 그림으로 그려서 바치게 하니, 그림은 당대 최고의 화가인 안견(安堅)이 그렸고, 보한재가 집현전을 대표하여 「집현전진팔준도전(集賢殿進八駿圖箋)」을 지어 팔준도와 함께 왕에게 올렸는데, 이때(29세시)에 지은 부가 바로 「팔준도부」이다.

이 전문(箋文)에는, '임금 될 사람이 나타나면 반드시 영물이 나와 이를 도왔으니, 금(金) 태조 아골타(阿骨打)는 자백(赭白)이라는 준마로 용강(龍江)을 뛰어 건넜고, 촉한(蜀漢)의 군주 유비(劉備)는 적로(的盧)라는 준마로 단계(檀溪)를 단숨에 뛰어 건너서 위기를 모면하였는데, 이는 모두 왕이 될 운명을 지닌 인물을 영물인 준마가 밀찬(密贊)한 것입니다. ....우리 태조께서는 사방으로 침노한 적을 정복할 때에 준마의 밀찬을 받아 적을 깨끗이 소탕하는 공을 세우셨으니, 그 공로를 당연히 널리 드러내야 하므로, 이에 주상께서 찬도(贊圖)를 만들어 올리도록 명하셨습니다.' 하여, 팔준도를 그려 올리게 된 동기를 설명하고 있다.

「팔준도부」서문에서는 고려 말 쇠란이 극에 달했을 때에, 하늘이 동방을 돌보시어 우리 태조를 낳으셔서, 37년간 수많은 전투를 겪으면서 적을 물리치고 백성들을 도탄에서 구한 것이 모두 말 위에서 이룩한 것이며, 그 가운데도 뛰어나게 공이 있는 말이 여덟 필이었으므로, 세종께서 후손을 위해 창업과 수성의 어려움을 잊지 않게 하기 위한 교훈으로 삼고자, 이를 그림으로 그리고 찬을 지어 올리도록 명하였으므로, 부를 지어 바치게 되었다고 그 경위를 서술하였다.

부의 본문은 크게 세 단락으로 나눌 수 있다. 첫째 단락에서는 세종대왕께서 미물인 준마까지 포장(襃獎)하시는 인자하심과, 준마들의 신비한 출생 및 훌륭한 자질과 능력을 찬양하고, 둘째 단락에서는 태조께서 이들 준마를 타고 왜구를 토멸한 일, 국태민안을 위하여 위화도에서

회군한 일, 홍건적을 파죽지세로 격파한 일 등을 기술하면서, 이러한 업적을 세울 때에 준마들이 성체(聖體)를 보우하여 신공(神功)을 세우도록 도와드렸으며, 이 준마들은 태조를 만나서 그 능력을 발휘할 수 있었으니, 이는 서로가 지우(知遇)를 만나 서로가 의탁하여 위대한 공업을 이룰 수 있게 된 것이라 하였다. 셋째 단락은 결론을 겸한 노래로, 하늘이 내려 준 준마를 찬양하는 것으로 종결하였다.

이 부(賦)는 서문을 제외한 본문이 2400여자에 이르는 방대한 내용으로, 패기가 넘치는 웅장 활달한 문장과 그 한계를 알 수 없는 박식함이 거침없이 분출된 명문으로, 하늘의 도움으로 조선 왕조를 건국하였음을 국문시가로 노래한 「용비어천가(龍飛御天歌)」와 쌍벽을 이루는 한문문학(漢文文學) 작품으로, 관각문학(館閣文學)의 최고 걸작이라 할 수 있는데, 「용비어천가」에 대하여는 수많은 연구가 이루어졌으나 「팔준도부」에 대하여는 아직까지 단 한 편의 연구 논문도 없는 것이 안타까운 일이다.

* 광거부(廣居賦)

「광거부」는 옛 성현들이 어진 마음을 사람이 거처할 편안한 집 즉 광거(廣居)로 삼았음을 본받아, 요(堯) 순(舜)이나 송대(宋代)의 주자(朱子) 정자(程子)처럼 옛 성현의 도를 따르면서 죽을 때까지 부단히 노력하여, 공자님의 광거에 승당(升堂) 입실(入室)하도록 노력할 것임을 다짐한 것이다. 이 부(賦)는 아마도 보한재가 옛날의 현인(賢人)을 본받고자 하는 뜻으로 당호(堂號)를 「희현당(希賢堂)」이라 지었던 시기인 29세 경에 창작한 것으로 보인다.

* 아악부(雅樂賦)

아악이란 우아하고 바른 음악, 즉 아정(雅正)한 음악이라는 뜻으로,

중국 고악(古樂) 계통의 음악으로서, 우리나라에는 고려 예종(睿宗) 때에 들어왔다. 세종(世宗)은 음악의 정리사업에 착수하여 박연(朴堧)으로 하여금 고대의 각종 음악 서적을 참조하여 주대(周代)에 가장 가까운 아악으로 복원하게 하였다. 박연의 아악 정리는 조선 음악의 독창성을 확립한 예술사상 획기적인 업적으로 평가되고 있다. 고대와 중세에는 예(禮)와 악(樂)이 국민을 통치하고 교화시키는 중요한 수단이었으며, 그 때문에 세종대에 그동안 쇠미했던 아악을 정리한 것이다.

「아악부」에서는 세종이 아악을 정리한 것이 서주시대(西周時代) 이후의 끊겨진 전통을 잇고, 당우(唐虞)시대의 이상정치를 실현하며, 백성의 교화와 심성의 순화는 물론이요 모든 짐승들까지도 따라서 춤추는 태평성대를 이룰 기틀을 마련한 것이라고 찬양하였다. 보한재는 이 「아악부」를 통하여 유교적 이상사회를 실현하고자 하는 자신의 포부를 드러낸 것이다.

* 화설제등루부(和雪霽登樓賦)

세종 32년(1450, 公 34세)에 명(明)나라의 한림시강(翰林侍講) 예겸(倪謙)이 칙사로 왔을 때에 공이 그를 접대하는 접반관(接伴官)이 되어 그와 창화(唱和)한 수많은 시를 남겼는데(이때에 예겸과 접반관들이 지은 시를 모아 중국에서 『요해편(遼海編)』이라는 시집을 간행하였으며, 그 속에는 공의 시문이 가장 많이 수록되어 있고, 이 책이 다시 조선으로 들어와서 공의 문집에 전재되게 되었다.), 그때에 예겸이 「설제등루부(雪霽登樓賦)」를 지어 명나라의 덕화(德化)와 조선의 찬란한 문물을 찬양하였는데, 공이 예겸이 지은 부의 운(韻)에 화운(和韻)하여 지은 것이 「화설제등루부」이다.

이 부에서는 예겸의 문재(文才)를 이소(離騷)를 지은 굴원(屈原)과 양도부(兩都賦)를 지은 반고(班固)에 비유하면서 극찬하고, 명나라와 우리 나라가 동문일궤(同文一軌)의 동일 문화권을 이루어 태평성세를 누리는 것이 모두 성천자(聖天子)의 홍은(鴻恩)이라고 찬양하고 있다. 이 부는 명나라 사신에게 우리나라에도 그와 문재를 겨룰만한 인물이 있음을 보여서, 문학적 재능을 통하여 국가의 문화적 수준을 과시하고 국위를 선양하려는, 즉 문학으로 국가를 빛내려는 이문화국(以文華國)의 목적으로 지은 일종의 외교문학 작품이라 할 수 있다.

* 그 외의 사부(辭賦)

위에 열거한 사부 외에, 명사(明使) 예겸을 압록강 가에서 전송하며 지은 「송내한사(送內翰辭)」, 집현전의 벽에 누군가가 써 놓은 사에 화운한 「화집현전벽상사(和集賢殿壁上辭)」(이 사의 제목은 원 제목이 너무 길어서 필자가 축약한 것임), 일암(一菴)이라는 스님에게 지어준 「추우사(秋雨辭)」 등이 있다.

2. 한시(漢詩)

『보한재집』에는 공이 지은 한시 1100여수가 수록되어 있다. 제2권과 3권에는 오언소시(五言小詩), 제4권부터 7권까지에는 칠언소시(七言小詩), 제8권에는 오언사운(五言四韻), 제9권에는 칠언사운(七言四韻), 제10권에는 오언고시(五言古詩), 제11권에는 칠언고시(七言古詩)를 등재하여, 시(詩)를 문체별(文體別)로 분류하여 수록하였다. 제12권에는 세종(世宗)대에 우리나라에 사신으로 왔던 명(明)의 한림학사(翰林學士) 예겸(倪謙)과 우리나라 문인들 간에 창화(唱和)했던 시들을 엮어서 명나라에서 간행되었던 『요해편(遼海編)』을 수록해 놓았다. 전술한 바와 같이 『요해편』에 공의 시가 가장 많이 수록되어 있으므로 이를 문집에 수록하면서 함께 창화하였던 다른 사람의 시도 모두 실어놓은 것이다. 본서에서는 다른 문집과는 다르게 근체(近體) 절구(絶句)를 소시(小詩), 율시(律詩)를 사운(四韻)이라 칭하여, 오언절구(五言絶句)와 칠언절구(七言絶句)를 오언소시(五言小詩) 칠언소시(七言小詩)라 하고, 오언율시(五言律詩) 칠언율시(七言律詩)를 오언사운(五言四韻) 칠언사운(七言四韻)이라 칭하고 있다.

공이 일생동안 창작한 시는 문집에 수록된 것보다 훨씬 많았으리라고 보는데, 공은 필요에 따라 시를 짓기는 하였으나 이를 보관하는 데는 신경을 쓰지 않았으므로 일실(逸失)된 것이 매우 많았으리라고 본다. 일본에 사신으로 갔을 때에 머무는 곳마다 그 지역 유지들이 시를 지어주기를 청하였고, 공은 거절하는 일이 없이 이들에게 시를 지어 주었다 하는데, 공의 문집에는 이때에 지은 시 가운데 수록된 것이 극히 적은 것도 바로 이 때문이었다.

공은 환로(宦路)에 진출한 이후 평생 동안 요직을 두루 역임하고 분주한 나날을 보내었으므로, 고요히 침잠(沈潛)하여 시를 지을 겨를이 없었을 것인데도 이렇게 많은 작품을 지은 것은, 당시의 고관이나 문인은 물론이요 승려들까지도 공의 시를 단 한 수라도 간직하는 것을 영예로 여겼고, 공도 이들의 요청을 가급적이면 거절하지 않고 들어주고자 노력하였기 때문으로 보인다. 공이 지은 시의 대부분이 다른 사람이 이미 지은 시제(詩題)와 시운(詩韻)을 그대로 넣어서 지은 차운시(次韻詩)로서 이렇게 지은 시가 전 작품의 약 8할을 점하고 있는 것도 이 때문이라고 본다.

본고에서는 공의 시를 그 주제(主題)에 따라 충군애민(忠君愛民) 의식, 장부(丈夫)의 기상(氣象), 강호자연(江湖自然) 희구(希求) 등으로 나누어 고찰해 보고자 한다.

1) 충군애민(忠君愛民) 의식(意識)

당(唐)나라 두보(杜甫)의 시는 어느 한 구절도 충군애민 사상이 함유되지 않은 것이 없다고 말한다. 공의 시 가운데도 수많은 시에 충군애민 의식이 드러나 있으며, 애국시인 두보의 시운에 차운(次韻)한 시도 다수 발견되는데, 이것도 두보와 의식이 같았기 때문으로 보아야 할 것이다. 그러므로 공의 시의 특징으로 첫째로 들어야 할 것이 충군애민의식의 발로라고 본다. 평생 동안 고위 관직을 역임하고, 조정에서 각종 전적(典籍)을 편찬할 때에 이를 주도한 대표적인 관각문인(館閣文人)이었기 때문에, 공의 시문 속에 충군애민의식이 발로되어 있는 것은 어쩌면 당연한 결과라고도 생각되며, 이렇게 투철한 충군애민의식을 가지고 이를 강한 의지로 실천하였기 때문에 정치, 외교, 국방, 학문, 문학 등 각 방면에 혁혁한 공적을 이룰 수 있었던 것이다.

그러면 이러한 충군애민 의식이 한시(漢詩)에 어떻게 발현(發現)되었는가를 살펴보자.

寄子濬	「자준에게 붙이다」
別來春欲盡	작별한 이래 봄이 다 지나가는데
回首路三千	고개 돌려 바라보니 삼천리길 아득하네
五雲天外遠	임금님 계신 곳 하늘 가 멀리라
歸思夢應先	돌아가고픈 생각에 꿈이 먼저 앞서네.[8]

---
8) 『保閑齋集』 卷第二
  (以下에서는 保閑齋集은 卷數만 표시함)

자준(子濬)은 한명회의 자(字)이다. 이 시는 공이 변방에서 한명회에게 지어 보낸 것인데도 한명회에 대한 그리움은 직접 말하지 않고, 빨리 가서 임금님을 뵙고 싶어서 꿈이 앞선다고 하였다. 아마도 한명회와 함께 국사를 처결하다가 홀로 변방에 와 있게 되었으므로, 그에 대한 그리움은 직접 표현하지 않아도 서로의 심정을 이해할만한 처지이므로, 함께 모시고 있는 왕에 대한 그리움만을 읊은 것으로 보인다. 이 시 속에는 어디에 가 있거나 마음은 온통 임금님 생각뿐이었음이 드러나 있으며, 이곳에서 지칭한 임금님은 세조를 일컫는 것이다.

공만이 일방적으로 왕을 사모한 것이 아니라 왕 또한 공을 끔찍이 아끼고, 공의 학문과 정치능력뿐 아니라 뛰어난 문재(文才)도 특별히 인정하여, 왕이 풍류를 즐길 때면 왕이 지은 시에 대한 화운시(和韻詩)는 으레 공에게 짓도록 하였다. 세조 5년(기묘) 2월에는 왕이 종친과 공신들에게 잔치를 베풀고 술이 거나해지자 잠저시(潛邸時)에 지은 오언절구(五言絶句)를 암송하면서 공에게 이를 부연하는 시를 짓게 하였다. 이에 공은 세조가 지은 오언절구(五言絶句) 20자 한 자(字) 한자를 시운으로 한 20수(首)의 시를 지어 바친 일도 있는데, 이것이 바로 세조에게 얼마나 지기(知己)로서의 예우를 받았는가를 증명하는 단적인 예이다.[9] 이 밖에도 세조의 어제시(御製詩)에 화운한 시가 문집 곳곳에 보인다.

공의 충절이 드러난 시는 그 수를 헤아릴 수가 없을 정도로 많다. 「자종성출사도강우음(自鍾城出師渡江偶吟)」시에서는 '이몸이 임금님 은혜에 보답하고자 생사를 가벼이 여김을 허리에 찬 장검만은 알고 있으리라. (一身報主輕生意 只許腰間尺劍知)'[10] 하여 여진을 정벌하려 두만강을 건

---

9) 卷第三

「己卯二月八日 上宴宗功于內殿 酒酣 因誦潛邸時所製詩句曰 至美不務治 大造無顯迹 驥足寧急展 鵬翔豈廣促 遂命臣分其字 衍爲二十首而進」

10) 卷第4

너면서 누가 알아주거나 말거나 왕을 위하여 생사를 돌보지 않는 충성심은 변함이 없을 것이며, 혹 다른 사람들은 몰라준다 해도 허리에 찬 장검만은 이를 알리라고 비장하게 읊고 있다.

이러한 충의심은 세조에게 올린 전문(箋文)에도 드러나 있다.

신이 어쩌면 이렇게도 행복한 태평성세를 만나 성스럽고 밝은 임금님의 알아줌을 입어서 의(義)로는 군신간이지만 은(恩)으로는 부자간처럼 되었는지 모르겠습니다. 다만 신으로서는 노둔한 자질을 더욱 가다듬고 못난 지혜를 다시 채찍질하여 은혜에 보답할 마음을 죽은 뒤에야 그치고자 할 뿐입니다. 이것이 바로 신의 직분이요, 또한 신의 지극한 소원이기도 합니다.[11]

하여, 왕의 후은(厚恩)에 감사하면서 보은(報恩)을 위하여 죽을 때까지 성심을 다하겠음을 맹세하고 있다. 이 글은 공이 「압록강변을 순시하고 안주에 돌아왔을 때에 왕께서 공의 아들 면(㴐)을 보내어 연회를 베풀어주고 옷과 신발과 어찰을 내려준데 대하여 사례하는 전문」의 일부로, 공의 왕에 대한 충의가 절절히 드러나 있다.

이렇게 충성을 다하며 국태민안(國泰民安)을 위하여 열심히 모셨고, 건의를 하면 공을 믿고 그대로 받아드렸던 세조가 승하하자, 이를 슬퍼하며 그의 위업을 기리는 만사를 짓게 된다.

光陵輓詞(第4) 「광릉만사」
遭逢自在閤　　왕위에 오르시기 전 의기가 상합하였고
國士便蒙知　　나라의 선비로 예우를 받았네

---

11) 卷第16.「巡江邊還到安州 上遣子㴐賜宴賜衣靴御札謝箋」
　　臣何幸當玆交泰之辰 猥受聖明之知 義爲君臣 恩猶父子 古所未有 臣何以堪 但當益礪鈍質 更策駑材 誓心圖報 斃而後已 此臣之職也 臣之至願也

萬里從羈鞚　　만리 사행(使行)에 모시고 다닐 때
千山備險夷　　험준하고 평탄함을 가리지 않았네
傾心輸肺腑　　마음을 기울여 진정으로 모셨고
附翼際昌熙　　빛나고 좋은 때에 가까이에서 보필하였네
奔走誓圖報　　맹세코 그 은덕 갚고자 분주했었고
終身以爲期　　이 목숨 다하도록 기약했었네.[12]

　이 시는 세조가 승하한 후 지은 만사 6수중 제4수이다. 세조가 왕위에 오르기 이전부터 의기가 상합하여 함께 중국에 사신으로 다녀왔고, 보위(寶位)에 오른 후에는 지근거리에서 보필하면서 성은에 보답하고자 동분서주하며 죽을 때까지 노력을 멈추지 않겠음을 기약했었는데, 그 충성의 대상이 되는 왕이 승하하였음을 슬퍼하고 있다.
　선왕(先王) 세종(世宗)에 대한 그리움과 충의를 나타낸 시도 곳곳에 보인다.

英廟遷陵挽詞 (第3)「영릉을 옮길 때의 만사」
功成治定樂升平　　공업을 이루어 태평성세를 여시고
讐校金鑒集俊英　　빼어난 인재들을 모아 서적을 교정하셨네
當日侍臣今白首　　당시에 모시던 이 신하 이제 흰 머리가 되어
不堪哀淚灑春風　　하염없는 눈물을 봄바람에 뿌린다오.[13]

　이 시는 세종의 능(陵)을 지금의 여주 영릉(英陵)으로 천장(遷葬)할 때에 지은 만사(輓詞) 4수중 셋째수이다. 세종대왕이 성군으로 태평성세를 이룩하고 집현전 학사들을 모아 전적을 수교할 때에, 젊은 신하로 이에 참여하였던 공이, 머리가 허옇게 센 늙은이가 되어 당시를 회고해보니

---

12) 卷第8
13) 卷第7

흐르는 눈물을 금할 수가 없다고 읊고 있다. 제 4수에서는 세종의 알아줌을 입었던 자신이 세종이 기대했던 만큼의 업적을 남겼는지 반성해보니 부끄러움을 느낀다고 하여, 성은에 보답하고자 스스로 끊임없이 노력하고 반성하는 모습을 드러내기도 하였다. 이 시에는 선왕에 대한 그리움과 지금의 국왕을 보필하여 태평성세를 이루려는 포부가 함축되어 있다.

공은 변방을 침노하는 야인들을 무찌르기 위하여 두만강을 건너면서도 목숨을 다 바쳐 국은에 보답하려는 결의를 굳게 다짐하고 있다.

　　自鍾城出師渡江偶吟
　　「종성에서 군사들을 출동시키며 강을 건널 때에 우연히 읊다」
　　日出愁州萬騎馳　　근심거리 많은 변방에 해가 뜨자 군사들은 치달리고
　　兀童河外曉霜飛　　올동하 건너편엔 새벽 서리가 날리네
　　一身報主輕生意　　이 몸 임금님 은혜 보답하고자 생사를 가벼이 여김을
　　只許腰間尺劍知　　허리에 찬 수척 장검만은 알고 있으리라.14)

이 시는 여진(女眞)을 정벌하고자 올동하(兀童河)를 건너면서 목숨을 걸고 적을 정벌하여 국은에 보답하겠다는 비장한 각오를 다짐한 것이다. 즉 나의 이 충성심을 세상 사람들 모두가 이해하지 못한다 해도 허리에 찬 이 장검만은 알리라고 비장하게 읊고 있다.

한편 임금이 성군(聖君)이 되기를 간절히 기원하는 시도 공의 문집에 산견된다.

　　琉璃井　　　　　　「유리정」
　　內中鑿新井　　　대궐 안에 새 우물을 파니
　　琉璃迸淸甘　　　유리 같은 우물물은 맑고 단 맛이 나네
　　鑿深風埃絶　　　깊게 파서 바람과 티끌이 이르지 않고

---

14) 卷第4

水靜澄潭潭	물이 고요하니 맑디맑도다
千尋有脩緶	천 길 되는 긴 두레박줄 드리워 있고
枯渴滋泓涵	가물어도 풍부한 물 넘치네
願言道聖澤	바라옵건대 성스러운 임금님의 은택도
四海添橫覃	이 샘물처럼 온 천하에 펼쳐지게 하소서.15)

이 시는 세조가 창덕궁에 4개의 우물을 파고, 그 가운데 한 우물의 이름을 유리정(琉璃井)이라 명명한 일이 있는데 이 때에 지어서 왕에게 올린 것이다. 티끌 하나 섞이지 않은 맑은 물이 끊임없이 솟아나와 모든 사람의 갈증을 없애주듯이, 임금님의 성스러운 은택이 온 천하에 고루 펼쳐지기를 기원한 시이다. 성군이 되려면 어떤 자세로 임해야 하는가를 곡진(曲盡)하게 아뢰면서, 공이 모시는 왕이 성군이 되기를 희구하고 있다.

공이 원상(院相)이 되어 어린 성종(成宗)이 왕위에 오르도록 주도적인 역할을 하고, 다시 영의정이 되어 국정을 처결하다가, 나라가 어느 정도 안정되자 영의정의 사직을 청하면서 올린 글에도 젊은 국왕에 대한 간절한 충성심이 배어 있다.

(전략) 순(舜) 임금은, '짐은 참설(讒說)과 잔학(殘虐)한 행동을 미워한다.' 하였고, 순임금의 신하인 고요(皐陶)는, '임금이 번거롭게 따지고 자질구레한 일에 간여하면 신하들이 게을러진다.' 하였으며, 익(益)은 , '어진 이를 임명하는 데에 이간질을 못하게 하고, 간사한 자를 제거하는 데에 주저하지 말아야 한다.' 하면서 또, '도에 어긋난 방법으로 백성들의 칭찬을 구하지 말고, 백성들의 뜻을 어기면서 자신의 욕망을 채우려 하지 말아야 한다.'하였습니다. 오자(五子 ; 書經의 篇名)에, '안으로 여색에 빠지고, 밖으로 사냥에 빠지거나 술을 즐기거나 음악에 빠지거나 집을 치장하는 일 가운데 한 가지만 행해도 망하지 않을 자가 없다.' 하였고, 중훼는,

---

15) 卷第10

'덕이 날로 새로워지면 온 나라가 따를 것이요, 자만하면 온 집안이 흩어질 것이다.' 하고, 또, '그 마지막을 삼가려거든 오직 그 처음부터 하여야 한다,' 하였습니다. 이윤은,'하늘이 재앙과 복을 내리는 것은 덕(德)이 있느냐 없느냐에 달려있는 것이니 왕은 오직 덕을 새로이 하여야 한다.' 하였고, 부열은, '나무가 먹줄을 따르면 바르게 되고, 임금이 간(諫)함을 따르면 성스러워지며, 신하는 명령하지 않아도 그 뜻을 받들 것이니, 오직 배우는데 있어서는 뜻을 겸손히 하고 민첩하게 힘쓰면 도(道)가 그 몸에 쌓이게 될 것입니다.' 하였습니다.16)

하여, 노퇴(老退)를 허락해주기를 빌면서, 옛 성현들의 몸가짐을 예로 들어 임금이 행해야할 일을 간곡하게 건의하고 있다. 즉 나라를 걱정하는 마음과 젊은 왕을 성군으로 인도하기 위한 이 충정은, 제갈량(諸葛亮)이 다시는 돌아오지 못할지도 모르는 전쟁터로 떠나면서 촉한(蜀漢)의 후주(後主)에게「출사표(出師表)」를 지어 올린 심정에 비견할 만 하다.

지금까지 공의 충군의식(忠君意識)에 대하여 살펴보았다. 이어서 공이 백성들에 대하여는 어떤 생각을 가지고 이들을 어떻게 대하였으며, 이러한 애민의식(愛民意識)이 공의 문학작품에는 어떻게 발현되었는가를 살펴보고자 한다.

공의 애민의식은 생명을 존중하는 의식이 그 바탕을 이루고 있다. 사람이 평생 동안 어떤 사상을 가지고 생을 영위하느냐에 따라 그 공과

---

16) 卷第16「壬辰五月初一日辭狀」
　(前略) 舜曰勅天之命 惟時惟幾 又曰 聖謨說殄行 皐陶曰 元帥叢脞哉 股肱惰哉 萬事墮哉 又曰 臨下以簡 御衆以寬 益曰 任賢勿貳 去邪勿疑 又曰 罔違道以干百姓之譽 罔咈百姓以從己之欲 五子曰 內作色荒 外作禽荒 酣酒嗜音 峻宇雕墻 有一于此 未或不亡 仲虺曰 德日新 萬方惟懷 志自滿 九族乃離 又曰 愼厥德 惟其始 伊尹曰 惟天降災祥 在德 今嗣王 惟新厥德 傅說曰 惟木從繩則直 后從諫則聖 臣不命其承疇 敢不祗若王之休命 又曰 惟學遜志 務時敏厥脩 乃來允 懷于玆道 積于厥躬 玆皆古之聖賢 施諸事業 而垂訓萬世者也

가 확연히 달라지게 된다. 전술한 바와 같이 공은 소년기에 윤회(尹淮)를 스승으로 모셨고, 윤회에게 그 기국(器局)을 인정받아 16세시에 그의 손서(孫壻)가 된다. 윤회는 병조판서와 대제학을 역임했던 사람으로, 젊어서 어느 여관에 투숙했을 때에 거위가 귀중한 구슬을 삼키는 것을 보고, 도둑의 누명을 쓰고 온갖 수모를 당하면서도 끝까지 참고 거위의 생명을 구해주었다는 일화가 전해오는 인물이다. 이런 인물을 통하여 전수받은 생명존중사상이 공의 천성적인 인자 관후함과 조화를 이루어, 지위와 계층을 초월하여 인간의 생명을 중시하고 타인을 위하는 인본사상(人本思想. humanism)을 갖게 된 것이라고 본다.

공이 과거에 합격한 후 23세시에 첫 벼슬인 전농직장(典農直長)이 되었을 때에 이조(吏曹)에서 공을 제집사(祭執事)로 임명하여 제사(祭祀)를 주관하도록 명하였다. 그 때에 이 명을 전하게 된 아전이 깜박 잊고서 공에게 명을 전하지 않아 제사를 주관하지 못하였다. 이것이 문제가 되어 헌부(憲府)에서 잘못을 추궁하자, 늙은 아전이 처벌받을 것을 불쌍히 여겨서 거짓 자복하기를, "아전이 명을 전했는데도 제가 나가지 않았습니다."하여 아전은 무사했고 공이 파면 당하였다. 내가 비록 죄가 없다 해도 내가 불이익을 당할지언정 남이 잘 못되는 것을 막으려고 첫 벼슬에서 스스로 면직당한 행동은 공의 스승이요 처조부인 윤회가 거위를 살린 행동과 그 궤를 같이 하는 것이라고 본다.17)

공이 일본에 통신사로 갔다가 돌아올 때에, 왜구에게 잡혀갔던 임신한 여인이 함께 귀국하기를 청하므로 데리고 왔다. 이때 갑자기 풍랑이 심하게 일자 배에 탔던 사람들이, "임신한 여인을 바다가 꺼려서 풍랑이 이는 것이니 이 여인을 바다에 던집시다." 라고 주장하였다. 이에 공이, "남을 죽여서 자신이 살기를 구하는 일을 나는 차마 못하겠다."하

---

17) 『保閑齋集』「年譜」公23歲條 參照.

며 반대하였는데, 조금 있다가 바람이 멎어서 무사히 귀국하게 되자, 사람들이 공의 지극한 정성에 하늘이 감동하여 무사할 수 있었다고 하였다 한다.[18]

이런 일화들이 바로 공의 생명존중을 바탕으로 한 인본사상을 드러낸 예로 볼 수 있다. 이런 인본사상이 공의 시문에 애민의식(愛民意識)으로 드러났으니, 그 양상을 살펴보면 다음과 같다.

次永柔東軒韻(其二) 「영유의 동헌운에 차운하다」
憐君佩綬宰荒城　그대가 인수를 차고 먼 지방에 수령으로 가게 된 것 아름답도다
爲吏莫如廉與平　관리에겐 청렴과 공평보다 더 중요한 것 없다네
從古政成無異事　예로부터 훌륭한 정치 이룸은 다른 일이 아니니
烹鮮不過順民情　다스림이란 백성들의 뜻에 따르는 것에 불과하다네.[19]

이 시는 종제(從弟) 설영조(薛榮祖)가 먼 지방의 수령이 되어 떠나게 되었을 때에, 이를 축하하고, 청렴과 공평으로 백성을 다스리며, 백성들의 뜻 즉 민의(民意)에 맞추어 다스릴 것을 간곡히 부탁한 것이다. 지방관이 민의에 따라 다스리고 스스로는 청렴하며 매사를 공정하게 처리한다면, 현대적 기준으로 보아도 이상적인 목민관(牧民官)이 될 수 있으리라고 보며, 이 시에서는 수령은 백성을 위해 존재하는 것이라는 민본사상을 일깨워주고 있다.

贈別江原監司李克敦(其一) 「강원감사 이극돈을 증별하다」
聖君霄旰爲憂民　성군께서 밤낮으로 백성 위해 걱정하시는데
今日分憂物望新　오늘 그대가 그 걱정을 분담하게 되어 기대가 새롭네

---

18) 같은 책 같은 곳. 公 27歲條 參照.
19) 卷第4

聞說東州民力盡　듣건대 관동에 민력이 탈진되었다 하니
須寬一分導深仁　모름지기 관대함으로 다스리고 사랑으로 인도하시라.[20]

　관찰사의 임무가 백성을 위하여 밤낮으로 걱정하는 왕의 노고를 분담하여 백성들을 인도하는 것이므로 그 임무가 막중하여 적임자를 고르기가 쉽지 않은데, 적임자인 그대가 이를 담당하게 되었으므로 기대기 새롭다고 하면서, 탈진한 관동지방의 민력을 회복하기 위하여 관대함과 깊은 사랑으로 그들을 인도하라고 권하고 있다. 이 시에서 성스러운 임금께서 밤낮으로 백성을 위해 걱정하신다고 한 것은, 백성이 왕을 위해 존재하는 것이 아니고 왕이 백성을 위해 존재하는 것이라는 것을 은유적으로 표현하여, 민본사상을 강조하면서, 왕까지도 백성을 위해 밤낮으로 노력하고 있으니, 관찰사로 가게 된 그대는 마땅히 백성들을 관대함과 인자함으로 인도해야 한다고 강조한 것이다. 백성들을 사랑할 것을 권면하는 시 한 수를 다시 보자.

用前韻又寄晋牧尹公　「먼저 지었던 시운으로 다시 진주목사 윤공에게 보내다」

水旱連數歲　수해와 한해가 몇 해를 연이어
南人飢火煎　남녘 사람들 굶주림에 고달프네
親民唯守令　백성을 친애함이 수령의 임무이므로
賢俊搜朝聯　온 조정에서 어질고 빼어난 이를 선발하였네
擧君宰巨州　그대를 큰 고을의 수령으로 선발하였으니
紛紛事務稠　업무가 매우 번다하겠지
設官本爲民　벼슬자리를 설치한 것은 본래 백성을 위한 것이지
軒盖匪以遊　수레타고 유람하라고 보내는 것이 아니네
責望備於賢　책임과 기대가 어진 그대에게 있으니
人將君是求　사람들이 모두 그대에게 기대하네

---

20) 卷第7

(中略)	(중략)
臨官欲出治	벼슬에 임하여 잘 다스리려 한다면
宜圖百歲規	의당 변함없는 규범을 만들어야지
推誠保赤子	정성을 다하여 백성을 어린아이 보호하듯 한다면
至愚還得知	지극히 어리석은 자도 지혜로워 지리라
民懷與民怨	백성이 그리워함과 원망함은
特在我所爲	다만 내가 하기에 달려 있는 것이네.[21]

이 시는 공과 동년급제자인 진주 목사 윤자영(尹子濚)에게 지어 준 것이다. 수해와 한해로 피폐해진 고을 사람들을 안도시키기 위하여 그대를 조정에서 특별히 선발하였고, 그대에게 기대하는 바가 지대하니 백성들을 어린아이 보호하듯이 잘 다스려서 통치자에 대한 원망이 없어지고 그 공적과 덕을 그리워하게 하라고 권하고 있다.

공이 지방관으로 부임하는 사람들에게 지어준 수많은 시들 대부분이 이와 같이 백성들을 어린아이 보호하듯이 보호하라는 것이다. 공의 시 가운데 많은 곳에 사회의 약자에 대한 연민의 정과 각별한 배려가 드러나 있다. 공이 후손을 위하여 지은「가훈(家訓)」에도, '관장(官長)이 된 사람은 아랫사람을 지성을 다하여 대접하고 일을 맡긴 후에는 의심을 하지 말라. ……한 집안의 가세가 흥하느냐 망하느냐의 여부가 여인에게 달려 있는데도 사내자식은 가르칠 줄은 알면서도 딸자식은 가르칠 줄을 모르니 잘못된 일이다.'[22] 하여 사회의 약자인 아랫사람과 가정에서의 약자인 부녀자에 대한 각별한 배려를 강조하고 있으며, 공이 서거하자 비복들이 모두 친 부모를 잃은 듯이 슬피 호곡했던 것[23]도 공이 평소에 인애(仁愛)와 관후(寬厚)함으로 아랫사람들을 대했기 때문

---

21) 卷第10
22) 卷第13「家訓」居官第5 및 敎女第6 參照.
23)『保閑齋集 補遺』姜希孟「文忠公行狀」參照.

이었고, 이런 사실들은 모두가 공의 인본주의(人本主義) 사상이 일상생활에 드러난 예라 할 수 있다.

2) 장부(丈夫)의 기상(氣像)

학문에 전념하는 사람들은 정교한 학리만 궁구하다 보니 기상이 위축되어 호방함이 부족하다는 평을 받기 쉽게 된다. 공도 젊은 시절에는 집현전의 학사가 되어 학문에만 전심한 시기가 있었다. 이 시기에는 조정에서도 집현전 학사들에게는 일반 행정직을 제수하지 못하게 하는 규정까지 두어 그들이 학문에만 전심하도록 하였다. 그러나 세종대왕은 일찍이 공의 호방한 국량을 알아보고 34세시에 공을 사헌부 장령으로 임명하였다. 이에 대하여, 공의 연보에는, '집현전 문사로 오래 있었던 사람에게는 행정의 직책을 맡기지 않았는데, 왕께서 선생이 경세제국(經世濟國)의 큰 그릇임을 알고 이 직책을 맡긴 것이다. (中略) 선생은 늠름한 옛 쟁신(爭臣)의 기풍이 있었으므로 왕이 칭상(稱賞)하였다.'[24] 하였으며, '세종이 (중략) 일찍이 세자(후의 文宗)에게 당부하시기를, 언문청에 있는 여러 학자들 가운데 문학적 재능과 정치적 능력을 겸한 사람은 숙주(叔舟)뿐으로 후일에 나라 일을 맡길 만하다.'[25] 하였던 것으로 보아, 공의 호한(浩汗)한 국량(局量)은 일찍부터 왕에게까지 알려졌던 듯하다. 이렇게 공의 호방한 기상이 널리 알려진 데에는 공이 일본에 통신사로 갔다가 귀국할 때에 일어났던 다음의 일화도 한 몫을 하였을 것이다.

---

24) 같은 책. 「年譜」公 43歲條 參照.
25) 같은 책 「序(任元濬)」 參照.

귀국할 때에 미처 연안에 닿기도 전에 회오리바람이 갑자기 일어 사람들이 모두 새파랗게 질려서 어찌할 바를 몰랐는데, 선생은 태연자약한 모습으로 천천히 말씀하시기를, "장부는 마땅히 멀리 사방을 유람하여 호기로운 기상을 드날려야 하는 것인데, 이제 일본국은 이미 보았으니, 오히려 이 바람을 타고 금릉(金陵. 당시의 명나라 수도. 지금의 남경)에 배를 댈 수 있게 되어, 예악 문물의 성대함을 실컷 볼 수 있게 된다면 어찌 기쁘지 않겠는가." 하니, 사람들이 모두 그 호방한 국량에 탄복하였다.[26]

이 일화를 통하여 보면, 공의 호방한 국량은 천부적인 기질이었다고도 할 수 있다. 이러한 공의 기상이 충군 애민의식과 어우러져서, 여진족에 대한 지배권을 놓고 명나라와 경쟁하였던 당시에, 공이 여진족 정벌에 성공하여 우리 조선이 주도권을 갖게 한 것이다. 이때에 공이 가졌던 포부와 기상은 국경지방에서 지은 변새시(邊塞詩)에 가장 잘 드러나 있으니, 주로 변방에서 지은 시문을 통하여 이를 살펴보자.

寄權正卿	「권정경에게 붙이다」
東極來千里	천리 밖 동쪽 끝에 온 이후
邊城月再盈	변성의 달 두 번이나 만월이었네
隔江皆虜聚	강 저쪽은 모두 오랑캐 마을이요
問地半胡名	지명도 절반이 오랑캐 이름이네
氈羯薰人苦	오랑캐 피륙냄새 사람을 괴롭히고
風沙拍面輕	바람과 모래가 얼굴을 때리네
和戎才正拙	오랑캐 귀화시킬 재주가 모자라서
兩鬢雪華明	귀밑머리가 눈처럼 희어지네.[27]

---

26) 「年譜」 公 27歲(癸亥)
及還到我國境未至岸 颶風忽作 衆皆失色 蒼皇罔措 先生身色自若 徐徐言曰 丈夫當遠遊四方 以暢奇氣 今旣見日本國 倘因此風 得泊金陵 飽見禮樂文物之盛 不亦快乎 人皆服其雅量

하여, 바람과 모래가 얼굴을 때리고 비릿한 오랑캐의 체취가 역겨운 함경도 변방에 와서 야인들을 귀화시키기 위하여 귀밑머리가 세도록 노심초사(勞心焦思) 하였음을 드러내고 있으며,

　　一身報主輕生意　이몸이 임금님 은혜에 보답하고자 생사를 가벼이 여김을
　　只許腰間尺劍知　허리에 찬 수척 장검만은 알아주리라.28)

하여, 강원 함길도 도체찰사 선위사(江原咸吉道都體察使宣慰使)가 되어 (44세시. 세조 6년. 1460) 도절제사를 비롯한 여러 장수들을 거느리고 여진을 정벌하고자 올동하(兀童河)를 건널 때에 죽기를 각오하고 필승을 기약한 충의와 이를 이루어내고야 말겠다는 굳건한 각오를 드러내었다.

　공은 이 정벌 즉 북정(北征)에서 대승을 거두었는데, 낮에 전투가 시작되어 밤까지 계속 싸우면서 적을 크게 무찌르고 야영을 하고 있는데, 한 밤중에 적이 갑자기 기습하여 왔다. 이때 진중이 소란해지고 장졸들이 당황해하자, 공은 미동도 하지 않고 누운 채 큰 소리로 절구(絶句) 한 수를 읊으니, 장졸들이 지휘관의 이런 안한(安閑)한 태도에 놀란 마음이 진정되어 안정을 되찾고 질서정연하게 각자의 소임을 다하였으며, 적들도 진중이 어지러워질 것으로 예측하고 그럴 때에 기습하려 한 것인데 이런 예측이 빗나가자 기습을 포기하고 스스로 퇴각하였다. 이때에 지은 시를 보자.

　　在阿赤河陣中偶吟　「아적하 진중에서 우연히 읊다」
　　虜中霜落鐵衣寒　오랑캐 땅에 서리 내려 갑옷이 차가운데
　　突騎縱橫百里間　돌진하는 기병들이 백리 사이를 종횡으로 내달렸네

---

27) 卷第8
28) 卷第4

夜戰未休天欲曉　야전 끝나기도 전에 하늘이 밝아오려 하여
臥看星斗正欄干　누운 채 바라보니 별들이 난간 위에 반짝이네[29]

 이 시는『보한재집』에 수록된 천 백 여수의 시 가운데 후대에 가장 널리 인구(人口)에 회자(膾炙)되고 있는 것이다. 적의 기습을 받고도 미동도 하지 않는 늠름한 장부의 기상이 잘 드러난 시이기 때문이다.
 그러나 이 한 수의 시를 읊었다 해서 소란하던 진중이 안정을 되찾았고, 이를 본 적들이 자신들이 예상했던 아군의 혼란이 야기되지 않자 퇴각했다는 것은, 이 시를 바로 공이 읊었기 때문에 가능했던 것이요, 만약 다른 장수가 똑같은 상황에 처하여 똑같은 시를 읊었어도 그런 결과가 나왔으리라고는 볼 수 없다. 그 이유를 들어보자. 공이 비록 문신이었으나 병법에도 정통하여 당시의 병서(兵書)들이 모두 공의 주도하에 편찬되었으니, 문종 1년(1451)에 결진(結陣), 용병(用兵), 군령(軍令) 등에 관하여 상세히 기술하고 그림을 곁들인『진법(陣法)』이라는 병서가 간행되었고, 세조의 명을 받아 공이 이에 주석을 가한『兵將說』을 편찬한바가 있으며, 세조 5년(1459)에는『兵政』의 편찬을 주도하고 그 발문(跋文)을 지었고, 세조 13년(1467)년에는『행군수지(行軍須知)』의 편찬을 주도하고 이에 주(註)를 달았으며, 예종 원년(1469)에는『武定寶鑑』의 교정을 보았다. 이와 같이 북정(北征)을 전후한 시기에 편찬된 병서들이 모두 공의 주관하에 이루어졌으니, 공이 병법에 정통하였을 것임은 불문가지이다.
 공이 찬진(撰進)한『병정(兵政)』의 발문(跋文)에,

  신(臣) 숙주가 병조(兵曹)의 여러 장수들과 함께 직접 지수(指數)를 받아 장졸(將卒)의 시위(侍衛), 취회(聚會), 연무(鍊武), 사열(査閱)의 모든

---
[29] 卷第4

제도를 비롯하여 공문의 규격과 예식에 이르기까지 모두 자세히 정하여, 앞으로 그것을 지키고 실천함에 있어 손바닥을 보듯이 어려움이 없게 되었으니, 이제 군사면의 급선무는 다 이루어졌다고 하겠습니다.30)

한 것도 공이 얼마나 병법에 능통하였을 것인가를 증명하는 예이다. 이어서 공은 장수의 조건과 자질에 관하여,

나는 일찍이, 장군이 되려면 덕과 재능을 충분히 구비하고 관후함과 엄격함을 함께 갖추고 있어야 한다고 들었다. 관후하기만 하고 엄격하지 못하면 사졸들을 통솔할 수가 없고, 엄격하기만 하고 관후함이 없으면 인심을 화목하게 할 수가 없으며, 사람들로 하여금 상관을 친근하게 여기고 윗사람을 위하여 목숨을 바칠 수 있게 하려면 덕이 없어서는 안 되고, 용감하지 못한 장수와 굳세지 않은 삼군(三軍)을 통어하려면 유능한 재능이 있지 않아서는 안 된다. 이 네 가지를 갖추고 충성과 신의로 이를 실천한 후에야 국가를 위하여 문호를 튼튼히 할 수 있다.31)

공은 당시 병법의 일인자(一人者)이면서, 스스로 이와 같이 훌륭한 덕과 재능을 갖춘 데다가, 관후함과 엄격함을 양전(兩全)하여, 관후하면서도 엄격한 지휘를 통하여 이미 모든 장졸의 존경과 신뢰를 받고 있었으므로, 적이 기습하였을 때에, 공이 전혀 동요하는 기색이 없이 시를 읊는 것을 보고, 소란하던 진중(陣中)이 안정을 되찾을 수 있었던 것

---

30) 卷第16.「兵政跋」
  臣叔舟與兵曹諸將 親承指授 凡將卒之侍衛聚會鍊閱規度 以至文移格例 莫不詳定 承守奉行 如指諸掌 至是而政之於兵 可謂先所務矣
31) 卷第15.「義州牧使兪益明詩卷序」
  叔舟嘗聞 爲將 有道德與才俱優 寬與猛相濟 寬而不猛 無以御士卒 猛而不寬 無以和人心 使人親其上死其長 則不可以無德 將不勇三軍不武 則不可以無才 俱是四者 而行之以忠信 然後 始可以專制方面 爲國家 壯藩籬門戶矣

이다. 즉 이 시를 덕과 능력과 관후함과 엄격함을 두루 갖춘데다가 병법에도 정통한 공이 읊었기 때문에 적을 물리칠 수 있었던 것이다. 장졸들이 공의 덕과 재능과 지휘능력을 신뢰 존경하고 있다는 심리까지 정확히 파악하고 적절한 시점에서 시를 지어 읊어서 소란한 진중을 안정시킨 것은, 공의 탁월하고 치밀한 지휘능력과 심리전술의 일단을 보여주는 하나의 사례인 것이다.

이와 같이 공은 변경에 나아가면 훌륭한 장수가 되고 조정에 들어오면 훌륭한 재상이 되어 출장입상(出將入相)이라는 말에 딱 어울렸던 분으로, 『논어(論語)』에, 군자는 어느 한 영역에만 정통한 인물이 아니요 무엇을 맡기거나 이를 능숙하게 처리할 수 있는 포괄적인 능력을 가진 인물이어야 한다는 「군자불기(君子不器)」라는 말이 바로 공의 인물됨을 상징하는 용어라 할 수 있다.

공은 이와 같이 문학을 통하여 웅혼한 기상을 드러낼 필요가 있을 때에는 이를 유감없이 적절히 드러내었으며, 이렇게 할 수 있었던 것은 선천적으로 타고난 바탕이 굉섬(宏贍)하였던 데다가, 천하를 경륜하였던 위인들의 행적을 기록해놓은 수많은 전적을 열독하고, 국내는 물론이요 중국과 일본까지 주유하면서 호방한 기상을 길렀던 것이 그 바탕이 되었던 것이라고 본다.

3) 강호자연(江湖自然) 희구(希求)

조선시대 대부분의 문인들이 크게 현달(顯達)하여 화요(華要)의 직책에 있으면서 자신의 일에 보람을 느끼고 열심히 복무하면서도, 마음속 한 구석에는 벼슬에서 물러나 강호자연 속에 은둔(隱遁)하여 전원생활(田園生活)을 즐기려는 생각을 품고 있었다. 이런 의식을 문학용어(文學

用語)로는 양면감정(兩面感情) 또는 모순감정(矛盾感情. ambivalence)이라고 한다.

보한재는 23세에 벼슬자리에 오른 후 요직(要職)에서 떠난 일이 없을 정도로 평생 동안 청요(淸要)한 직책을 두루 역임하며 36년을 분주하게 지내다가 59세에 생을 마감하였다. 공도 국왕을 보필하며 경세제민(經世濟民)에 심혈을 기울이면서도 한편으로는 강호자연에 은거하고픈 생각을 떨쳐버릴 수가 없었다. 강호자연을 희구하는 의식이 발로된 작품 일부를 예로 들어보자.

題安可度畵靑山白雲圖 「안가도가 그린 청산백운도에 쓰다」
白雲本閑物　흰구름은 본래 한가한 물건
抴向山中幽　그윽한 산 중턱을 두둥실 넘어가네
山靑雲自白　산이 푸르니 구름은 저절로 희고
兩美無時休　푸른산 흰 구름은 언제나 아름답네 32)

이 시의 제목에 나오는 「가도(可度)」는 당시 제일의 궁정화가(宮廷畵家)로 「몽유도원도(夢遊桃源圖)」를 그렸던 안견(安堅)의 자(字)이다. 즉 당대 제일의 화가 안견이 그린 「청산백운도(靑山白雲圖)」에 당대 제일의 문호(文豪) 보한재가 시를 써 놓은 것이다. 이 그림과 시의 주제가 된 청산과 백운은 온갖 번다한 일들이 사람을 괴롭히는 속세(俗世)와 상대(相對)를 이루는 것이다. 즉 이 시에서 언제나 변함없이 아름답다고 한 푸른 산과 흰 구름은, 홍진(紅塵)에 찌든 속세의 추악함 및 세상 인심이 조석으로 변하는 것과 대비해 놓은 것으로, 속세를 떠나 푸른 산 흰 구름 속에 은둔하여 지내고 싶은 공의 소망을 은유적 함축적으로 표현하고 있다. 이 시를 지은 정확한 연대는 알 수가 없지만, 아마

---
32) 卷第2

도 공이 안평대군(安平大君)의 지우(知遇)를 받으며 안평대군을 중심으로 안견을 비롯한 화가들과 공을 비롯한 많은 문사들이 하나의 문화인 집단을 형성하여 예술창작활동을 하였던 시기에 지은 것이 아닌가 추측이 된다. 그렇게 본다면 공은 젊은 시절부터 강호자연을 그리워하고, 강호자연이 진(眞)이요 인위적(人爲的)으로 이루어 놓은 세속적인 것은 위(僞)라는 도가적(道家的) 인식을 가지고 있었다고도 볼 수 있다.

공은 벼슬길에 나아가 공명(功名)을 이루는 것을 나와는 상관이 없이 내 곁을 스치고 지나가는 계절이나 바람과 같은 것으로 여겼다. 그래서, '공명은 모두가 내 몸과는 상관이 없는 몸 밖의 일 즉 신외사(功名身外事)'라 하였고, '벼슬이란 본래 뜬 구름같이 허무한 것인데, 어찌하여 백발이 되도록 이에서 벗어나지 못하는가(軒冕浮雲耳 其如白髮何)'[33] 라고 탄식하기도 하였다.

공의 시 가운데는 지방의 수령이나 관찰사로 나가는 사람에게 지어준 시, 스님들과 주고받은 시, 벼슬에서 물러나 고향으로 낙향하는 사람에게 지어준 시 등이 절대 다수를 점하고 있는데, 이런 시의 대부분이 강호자연과 가까워질 수 있게 된 상대방을 부러워하면서 벼슬에서 물러나 은거하고픈 간절한 소망을 드러내고 있다. 이런 예로 몇 수의 시를 들어보면 다음과 같다.

題崔提學德之休官赴靈巖舊隱詩卷
「제학 최덕지가 벼슬에서 물러나 영암의 옛 은거지로 가는 시권에 쓰다」

賦就歸來寂寞濱　　적막한 물가로 돌아가 귀거래사를 읊으며
紉蘭委佩作閑身　　난초 꿰어 길게 차고 지내는 한가한 몸 되었네
急流勇退知多少　　급류에서 용퇴할줄 아는 이 몇이나 되겠는가

---

33) 卷第2.「金豊德賡韻送寄又用前韻答之」

羞殺紅塵汩沒人　　속세에서 골몰하고 있는 내가 부끄러워지네 34)

이 시는 홍문관(弘文館) 제학(提學)으로 있던 최덕지(崔德之)가 벼슬에서 물러나 옛 은거지였던 영암(靈巖)으로 돌아가 은거(隱居)하려 하자 지인(知人)들이 전별의 시를 지어주어 이를 시권(詩卷)으로 만들 때에 써 준 것이다. 최덕지는 귀거래사(歸去來辭)를 읊으며 벼슬을 팽개치고 시골 전원으로 돌아간 진(晋)나라 도연명(陶淵明)이나 벼슬에서 쫓겨나 난초같은 향초를 차고 물가에서 노닐었던 초(楚)나라 굴원(屈原)과 같이, 벼슬에서 물러나 한가한 몸이 되었는데, 이는 급류처럼 위태롭고 번다한 일이 많은 환해(宦海)에서 떠나 스스로를 깨끗하게 보존하고자 하는 현명한 행위라고 하면서, 그러나 나는 그대처럼 현명하게 처신하지 못하고 세속에 골몰하고 있으니 스스로가 생각해도 부끄럽다는 것이다.

次權吉昌詩韻　　「권길창의 시에 차운하다」
汩沒塵中足強顔　　세속 일에 골몰하며 낯도 두껍게
不才況復忝崇班　　못난 재주로 높은 반열에 올랐네
且莫先人誇捷手　　남보다 먼저 빨리 사직했다 자랑마오
歸田有路竟同還　　전리로 돌아가기는 결국 같게 될 것이니
頭上流光不我留　　흐르는 세월은 나를 기다려주지 않는데
誰敎掉臂覓封侯　　누가 분발하여 봉후 되라 하였던가
欺世浮名知亦足　　세상 속이는 뜬구름 같은 명성 충분히 누렸으니
從君早晚共漁舟　　그대 따라 조만간 낚싯배 같이 하리라 35)

공이 47세 되던 해 8월에 우의정 권람(權擥. 封號 吉昌君)은 사직(辭

---
34) 卷第4.
35) 卷第6.

職)이 윤허되어 해임되었다. 당시 영의정부사(領議政府事 ;후에 영의정으로 명칭을 바꿈)로 있던 공은 늘 권람과 서로 먼저 사퇴하고자 다투었는데, 권람이 병 때문에 먼저 해임되어 벼슬자리에서 물러나게 되었다. 이에 공도 어떻게 하면 이 멍에에서 벗어날 수 있을까 고심하면서 잠을 이루지 못하고 있는데, 권람이 벼슬에서 먼저 해임된 것을 자랑하는 시를 지어 보내왔으므로, 공도 이에 화답하는 시 5수를 지어 보냈는데, 이 시는 그 가운데 제2수와 제4수이다.

공은 권람이 먼저 사직하게 되었음을 부러워하면서, 공도 불원간 전리(田里)로 돌아갈 수 있을 것이라고 희망을 피력하고 낚싯배 드리우고 함께 어옹(漁翁)노릇 할 날을 기대하고 있다. 같은 제목의 다른 시에는 옛부터「공(功)을 이룬 후에는 물러가야 하는 것」이 하늘이 정해준 이치인데, 그대는 이 기미를 간파하고 천명(天命)을 귀신같이 따랐으니 공성신퇴(功成身退)를 정확하게 실현한 것이라고 찬양하며 부러워하였다.

높은 벼슬이나 공명을 허무하게 여긴 시도 곳곳에 산견된다. '호걸들이 남긴 자취 물을 곳 없는데, 공명은 간 데 없고 빈 산 뿐이네(豪傑遺蹤問無處 功名寂寞四山空)'36) 하여, 나라를 지키고자 변경에서 온갖 고생을 다해가며 신명을 바쳤던 영웅호걸들도 이제는 다 사라져 간 데가 없고, 그들이 이루어 놓았던 공명도 텅 빈 산처럼 적막하다고 하면서 허무감을 드러내고 있다. 공이 환로(宦路)에 실망한 이유 가운데 하나는 부나비가 빛을 향해 달라들 듯이 영달을 위하여 이리 저리 쫓아다니는 속된 무리들의 괴롭힘 때문이기도 하였다.

和蓬原府院君鄭公韻(제3) 「봉원부원군 정공의 시에 화운하다」
功名忝世丞崇班　　공도 없이 외람되이 높은 반열에 오르니

---

36) 卷第4.「次熙川東軒韻」

趨走盡爲時俗顏　　따르는 무리들 모두가 영달 바라는 속된 얼굴이네
飽見物情隨冷暖　　권세 따라 변하는 인심 싫도록 보았으니
何如更與故人歡　　어떻게 하면 다시 옛 친구와 즐길 수 있을가[37]

하여, 권세를 따라 이리 저리 몰려다니는 속인들이 우글거리는 관계(官界)에 염증을 느끼고, 마음에 맞는 벗들과 청유(淸遊)를 즐기며 한가하게 지낼 수 있기를 희구하고 있다. 이 시는 공이 북정을 마치고 개선하였을 때에 윤지(尹志)가 술을 가지고 찾아와서 책 한 권을 꺼내놓았는데, 그 내용이 바로 봉원부원군 정창손(鄭昌孫)이 제공(諸公)들과 창화(唱和)한 시였다. 이에 밤이 깊도록 함께 술을 마시면서 슬픈 정감이 일어서 제공의 시운에 화운하여 바친 것이다. 이때의 공은 세조의 돈독한 지우를 받으면서 인신(人臣)으로서는 더 바랄 나위가 없는 영예를 누리고 있을 때이며, 그런 지위에 있다보니 온갖 아첨배들이 주변에 몰려들어 공을 괴롭히었고 그들의 뜻이 이루어지지 않으면 갖은 모함을 다 하였으며, 이렇게 되자 뜻 맞는 벗들과 청유를 즐기고픈 생각이 더욱 간절하게 일었던 것이다.

공은 일암(一菴), 정사(井師), 조상인(祖上人), 인윤(仁允) 명신(明信)등 많은 스님들과도 친숙하게 지내면서 시를 지어 주고받았다. 이들과 창화한 시 몇 수를 들어보자.

次一菴韻 (第1, 2) 「일암의 시운에 차운하다」
從君結契卄年强　　그대와 친교 맺은 지 이십여년
流水交情誰短長　　서로의 우정이 물같이 흐르는데 세월 따질게 있으랴
此身老去機關盡　　이 몸 늙어갈수록 세상 일 싫어지고
只愛曹溪一味香　　조계의 향기만을 사랑한다오

---

37) 卷第5.

少壯憑渠筋骨强	젊어서는 근골이 건장했었으므로
指揮馳走鐵槍長	쇠창들고 말달리며 지휘했었지
如今白髮紛垂耳	지금은 귓가에 흰 머리 드리운 채
數卷楞嚴一炷香	향불을 피우고 능엄경을 읽는다오[38]

하여, 나이가 들수록 불교의 오묘한 이치에 매력을 느껴서, 불경 가운데도 가장 사변적(思辨的)이고 의미가 심오하다는 능엄경(楞嚴經)을 향불을 피워놓고 읽으면서, 점점 싫증이 나는 속세에서 벗어나 안심입명(安心立命)하고자 하는 간절한 소망을 드러내었다. 이어 일암에게 준 시에는,

又次姜景醇贈一菴韻 「강경순이 일암에게 준 시운에 따라 또 짓다」

飽暖從前已知足	의식(衣食)이 만족함은 전부터 알고 있으니
死生到此寧顧餘	지금 죽는다한들 한될게 있겠는가
羨子逍遙塵世外	부럽구나 세속 밖에서 소요하는 그대
肯將山水換金魚	산수의 즐거움을 금어와 바꾸겠는가[39]

하여, 속세를 떠나 산수를 즐기며 소요하는 즐거움을 어찌 높은 벼슬아치가 차는 자금어대(紫金魚帶)와 바꾸겠는가, 하면서 산림에서 유유자적(悠悠自適)할 수 있는 스님의 안한한 생활을 부러워하기도 하였다.

공은 이시애(李施愛)의 난(세조 13. 1467)의 와중에서 생애중 가장 큰 시련을 겪게 되었다. 이시애는 함길도 길주의 호족으로 토호들이 차지하였던 수령 자리를 중앙의 경관(京官)으로 대체하려는 조정의 뜻에 불만을 품고 반란을 일으켜서 중앙에서 파견한 관원들을 살해하고, '신숙주와 한명회가 권세를 오로지하며 반역을 꾀하므로 이를 바로잡기 위하여 군사를 일으키게 되었다.' 라고 반란의 명분을 내세웠다. 이때에

---

38) 卷第6.
39) 卷第6.

공의 차남(次男) 면(㴐)이 함길도 관찰사로 있었는데 불리한 전세 하에서도 반군과 끝까지 싸우다가 반군에게 살해되었다. (후에 충의를 인정받아 영의정으로 추증됨)

그런데 세조는 공(公)을 질시하던 일부 신료들의 농간에 좌우되어, 다음과 같은 이유로 공을 의금부(義禁府)에 하옥시켰다.

> 상께서 이르기를, "지금 신숙주 한명회 등이 백관의 장으로 있으면서 뭇 사람들의 입에 오르내리니, 비록 반역을 꾀하지 않았다 해도 스스로 조심하지 않아서, 왕의 주변에서 못된 짓을 한다는 소리를 들어 의혹을 일으킨 것은 모두 자업자득한 것이다. 나도 약하고 위엄이 없게 처신할 수 없고 민심을 거역하면서 방편만 따를 수는 없으니 그들을 가두는 것이 좋겠다."40)

하여, 공과 한명회가 백관(百官)의 장(長)으로서 반란군이 난을 일으키는 구실을 제공하였으니 이는 처신을 잘못한 것이라 하면서, 공뿐만이 아니라 공의 아들들 가운데 미성년자를 제외한 3남 찬(澯), 4남 정(瀞), 5남 준(浚), 6남 부(溥)까지 함께 하옥시켰다. 이시애의 난 직전까지 약 5년간 영의정을 지내었고 아들들도 모두 문과에 급제하여 요직을 역임하였으므로 일부 신료들의 질시의 대상이 되었던 것이 이러한 위난을 초래한 원인이 된 것이다. 이때에 공에게 큰칼을 씌워 하옥시키면서 항쇄(項鎖)를 너무 빽빽하게 조여 놓아 물도 넘길 수가 없게 하였다. 이에 옥리에게 부탁하여 항쇄를 약간 느슨하게 하였는데, 이를 안 세조가, "신숙주에게 잘 보여서 후일에 덕을 보려고 항쇄를 늦춰 주었다." 하면서 의금부 낭관 남용신(南用信)을 잔인하게 거열형(車裂刑)으로 처형하

---

40) 「年譜」 51歲(丁亥)條.
上(中略)曰 今者 申叔舟韓明澮等 居百官之長 爲衆口所藉 雖非反逆 然不飭伴從 受君側之惡之名 以起遠近之惑 實皆自取 予亦不可暗懦無威 不從民心不思方便 姑可囚之

였다. 공은 의금부에 하옥된 지 4일만에 관저전(關雎殿)으로 옮겨져서 연금되었다가 하옥된 지 보름만에 석방되었다. 이때에 세조는 공과 한명회에게 어찰(御札)을 보내어,

  참소를 살피지 않고 급히 원훈을 가둔다면 누가 정성을 다하여 변방을 지키면서 적당들을 토벌하겠는가. 이 때문에 가두는 것은 옳지 않다. (前略)왕이 위엄이 없다는 말이 들리므로 가두었을 뿐이요 중신을 버리려 한 것은 아니었다. 위엄을 발동한 것은 국난을 제압하기 위한 방편이었고, 공로를 믿고 전횡을 한 것이 화를 자초한 것이지만 사실은 나에게 책임이 있다. 벼슬을 버리고 멀리 떠나거나 은둔할 생각을 하지 말라. 오랜 후에는 나의 뜻을 이해하게 될 것이다. 어려운 시운이 이르렀도다. 내 마음이 저상되었도다. 늙고 기력이 쇠하여 팔다리에 병이 났도다. 요즈음의 내 처사는 하늘만이 알리라.41)

하면서, 공과 한명회를 석방한 것이다. 이 어찰을 통하여도 당시에 세조의 의식이 정상이 아니었음을 알 수 있다. 세조 자신이 명하여 가두어 놓고서는 원훈을 가둔 것이 잘못된 일이라고 하다가, 국난을 제압하기 위한 하나의 방편으로 가둔 것이라고 하다가, 본인들이 화를 자초한 것이라고 하다가, 이것이 국왕인 자신의 책임이라고 하다가, 벼슬에서 물러나 은둔할 생각을 하지 말라고도 하여, 의식이 정리되어있지 않고 갈팡질팡하였음을 알 수 있다. 즉 이 사건을 처리한 세조가 온갖 병고로 총명이 흐려져서 정신이 혼미해졌고, 이 때문에 당시에 국정의 운영

---

41) 39)와 같은 곳.
  御札曰 一.(前略)聽讒不察 遽囚元勳 雖有情保驅 邊將於敵黨也 此不可囚也 一.聲言淸惡 勢已鴟張 中外洶洶 莫的是非 褻武之變可畏 君弱之言已行 故囚非爲投杼也 一.動威固勢 方便制難 且有自取 恃功專擅 實由我 一.勿爲高鳥之思 大隊之歌 久當知味 一.屯運至矣 身心喪矣 年老氣衰 股肱病矣 近日之事 天獨知之 上悲不自勝 命溥繼禧 往申叔舟韓明澮囚處 示其書而釋之

이 갈피를 잡기 어렵게 되었음을 알 수 있다. (세조는 그 후 1년여만에 병사하였음)

이와 같이 한 아들은 전사하고 본인과 네 아들들이 하옥되는 억울하고 기막힌 변고를 겪고 난 후, 공의 시문에는 이전에 창작한 시문과는 전혀 농도가 다르게 벼슬에서 물러나고 싶은 욕구가 강하게 드러난다.

변고를 겪고 난 이듬해(공 52세) 정월에 호를 희현당(希賢堂)에서 보한재(保閑齋)로 바꾸었다. 29세시에 안자(顏子), 증자(曾子), 맹자(孟子)와 같은 성현(聖賢)이 되기를 희구(希求)하여 당호를 희현당이라 정하였었는데(이 호는 명의 한림학사 황찬이 지어준 것임),[42] 뜻한바 즉 소지(所志)를 바꾸어 호를 보한재라 한 것에서도 벼슬을 사직하고 한가함「閑」을 누리며 살고자 하는 소망이 더욱 절실해졌음이 드러나 있다.

> 제가 강변에 별장을 새로 지었는데, 정자가 강을 끼고 있어서 동으로는 노량진이 바라보이고 서로는 양화진이 바라보이며, (중략) 관직은 이미 나의 분수를 넘었으니, 스스로 생각하건대 뜬구름 같은 인생은 문틈을 지나가는 햇살처럼 잠깐인데 골몰하며 지내어 무엇하겠습니까. 장차 이곳에 은거하여 본래의 뜻대로 살고자 하는데, 번잡함을 물리치고 회포를 푸는 데는 한가함이 제일이나 한가함 또한 얻기가 어려우므로 정자의 이름을 「보한(保閑)」으로 지었습니다.[43]

하여, 마포 한강 가에 별장을 짓고, 그곳에 세운 정자 이름을 「보한정(保閑亭)」이라 정하고, 세속에 골몰하지 않고 한가함을 누리며 여생을

---

42) 『保閑齋集 補遺』黃瓚「希賢堂詩序」參照.
43) 卷第17.「在燕京會同館呈倪學士謙手簡」
　　叔舟新置別墅江濱 有亭臨江 東望露梁 西望楊花 (中略) 官職已踰涯分 自念浮生隙駒 汨沒何爲 將欲棲息于斯 以守素志 惟排紛遣懷 莫如閑 而閑亦不易得 故以保閑名亭

보내고자 한 것이다. 그러나 다사다난한 국사가 계속 이어지면서 나라에 큰 일이 생길 때마다 공의 경륜과 식견을 필요로 하였기 때문에 벼슬에서 물러나 한가하게 은거함이 허락되지 않았다.

공의 52세시에 세조가 승하하자 국장도감(國葬都監)의 제조(提調)가 되어 장례를 주관하였고, 원상(原相)으로 국정에 공백이 생기지 않도록 조처하면서 예종(睿宗)의 즉위가 원만하게 이루어지도록 하였으며, 예종이 즉위 1년 만에 또 승하하자 조야가 당황해하고 대왕대비도 어찌할 바를 몰랐는데, 공의 건의로 성종(成宗)을 받들어 대통을 잇게 하였으므로 조야가 안정을 되찾았다. 이와 같이 국정의 큰 고비마다 공의 탁월한 경륜이 빛을 발하여 나라가 어느 정도 안정을 이루자 공은 다시 간곡하게 여러 차례 사임의 소를 올린다.

(전략) 이에 항상 분수에 넘침을 두려워하여 물러나려고 하였으나, 중간에 많은 변고를 당하여 감히 스스로 편안함을 취하지 못하였습니다. (중략) 신이 듣건대 사시(四時)의 절서(節序)도 한 계절의 공(功)이 이루어지면 물러간다 하였으니, 천도(天道)도 오히려 그러한데 하물며 사람에 있어서 이겠습니까. (중략) 신은 이미 미천한 나이가 55세나 되어, 살이 빠지고 여위었으며 이 마저 빠지고 기침도 나는데다가 정신도 쇠미해져서 건망증까지 생겼습니다. 백관의 장이 될만한 덕이 없을 뿐 아니라 이를 감당할 수도 없습니다. 엎드려 바라옵건대 신으로 하여금 한가한 곳에 물러가 여생을 보존할 수 있도록 허락하여 주시옵소서.[44]

---

44) 卷第16. 「辛卯十月二十四日辭免領議政上言」
(前略) 每自懼盈 思欲乞退 中罹多故 未敢自便 (中略) 臣聞 四時之序 成功者退 天道猶然 況在人乎 臣雖無可見功效 然在朝旣久 亦可以退矣 臣今犬馬之年五十五歲 肌膚消瘦 牙齒脫落 咳逆又作 神耗健忘 非徒無德 復長百寮 其於氣力 亦所不堪 伏望還收成命 許臣退閑以保餘齡 以全終始 不勝至願 拜手稽首 昧死以聞

하고 사임을 간청하였으나, '세조께서 매번 경(卿)을 위징(魏徵)에 비겼는데 어찌 사직을 하려 하는가.'하면서 윤허하지 않았다. 이에 공은 병가를 얻어 마포의 별서(別墅)인 보한재에서 지내면서,

  病固人所惡 병은 누구나 싫어하지만
  如我亦可誇 나 같은 이는 자랑할 수 있네
  聖上賜休暇 성상께서 휴가를 주시어
  江亭遠塵譁 강가 보한정에서 풍진을 멀리하게 되었네
  夜凉膚骨淸 밤이 서늘하여 살에 스미는 감촉이 맑은데다
  況若登仙槎 더구나 신선의 뗏목을 탄 듯 함에랴
  (하략)

  (전략)
  黃流噴香冽 황류주 익어서 향기를 뿜어내니
  高陽見齒牙 고양의 늙은이 기뻐서 웃네45)

하여, 병가(病暇)를 얻어 잠깐씩 보한정에서 한(閑)을 누리는 즐거움을 맛보기도 하였으나, 노퇴(老退)는 끝내 허락을 받지 못하였다. 공은 마음속으로 항시 보한정을 그리워하여, '근래 마포에는 가을 바람이 불 것이니, 강가를 느릿느릿 거닐고 싶구나.(近來麻浦秋風老 欲向江濱款段行)'46) 하면서, 강가에 은둔하고 싶은 소망을 간절하게 표현하기도 하였다. 이렇게 59년을 지낸 공은 59세가 되는 해의 달력에,

  書乙未年曆 「을미 년력에 쓰다」
  流光瞥眼逐蛇梭 세월이 베틀 사이를 지나는 북처럼 빠르고
  世事紛紛日更多 분분한 세상일은 날로 더욱 많아지네

―――――――――――
45) 卷第10.「謝洪仁山惠酒飱. 在麻浦」
46) 卷第5.「寄平安監司曺行源」

| 坐爾浮名空白首 | 뜬 구름 같은 명예 누리며 헛되이 늙은 이 몸 |
| 無如五十九年何 | 오십 구년 동안을 어찌할 수 없었도다47) |

하여, 일생을 되돌아보며 허무감을 토로하였다. 이 시는 노퇴하여 한(閑)을 누리며 한가히 지내려는 뜻을 끝내 이루지 못하고, 영의정이라는 현직에 있으면서 생을 마감하게 된 스스로의 운명을 예견하고 지은 듯 한 시참(詩讖)이 되어, 공은 결국 이 해 6월 21일에 운명하게 된다.

지금까지 살펴본 바로 보아 공이 최고의 가치로 여기고 문학을 통하여 마지막까지 추구하고자 한 것은,「공성명수(功成名遂)하였으니 신퇴(身退)하여 현거록야(懸車綠野)하고 시주(詩酒)를 매개로 뜻에 맞는 벗들과 청유(淸遊)를 즐기며 지상선(地上仙)처럼 지내는 것」이었음을 알 수 있다.

Ⅳ. 結 語

지금까지 보한재의 문학세계를 9편의 사부(辭賦)와 1100여수의 시를 통하여 살펴보았다.

보한재의 문학에 대한 세인(世人)들의 평을 정리해보면, 평자(評者)의 대부분이 공의 문학의 특징을, 충군애민(忠君愛民)에 바탕을 두었고 고대(古代) 제가(諸家)들의 문학과 사상을 집대성(集大成)하여 장강대하(長江大河)처럼 호방(豪放)하고 풍부(豊富)하며, 인위적(人爲的)인 수식(修飾)이나 의도적(意圖的)인 상고(尙古)가 없으면서도 진정(眞情)이 유로(流露)되어 찬연한 광채를 발하고 있다고 하였다.

---

47) 卷第7

이러한 평(評)을 들을 수 있었던 것은, 왕조실록(王朝實錄)에,

> 타고난 바탕이 고매하고 관후 활달하였고, 경(經)과 사(史)에 두루 능통하였으며, 어떤 사안을 논의할 때는 항상 큰 원칙에 따르고 자질구레한 일을 까다롭게 따지지 않았으므로, 대사를 결정하고 대의를 처리함이 마치 강하(江河)를 터놓은 듯이 시원시원해서 조야(朝野)의 모든 사람들이 중히 여기며 이에 따랐다.48)

한 바와 같이, 천자(天資)가 고매 관후 활달한데다가, 옛 경전과 역사서 및 제자백가의 서에 두루 능통하여, 어떤 사안을 처리할 때는 옛 고사를 참작하여 최선의 방법을 찾아 큰 원칙을 세우고 결단을 내렸으므로, 강하(江河)를 터놓은 듯이 명쾌하고 시원해서, 대궐 안팎의 모든 이들이 승복하였다 하였는데, 이런 것들이 문학에도 그대로 반영되어, 공의 문학이 호방하고 풍부하며 꾸밈이 없어서 자연스럽다고 한 것이다.

한편 공은 평생 동안 추요(樞要)의 직에 있으면서 공정함과 관후함을 신조로 하여 치군택민(致君澤民)에 진력하였으므로 공이 창작한 수많은 시문에 충군애민의식(忠君愛民意識)이 드러나 있으며, 특히 생명존중사상과 인본사상이 애민의식의 바탕을 이루고 있다.

공은 공무(公務)에 바쁜 나날을 보내면서도 마음속에는 항시 번거로운 세사(世事)에서 떠나 강호자연(江湖自然)에 귀의(歸依)하여 한가함 즉 한(閑)을 누리며 살 수 있게 되기를 희구하였고, 이시애의 난으로 옥고를 치른 이후에는 이런 소망이 더욱 절실해져서, 아호(雅號)도 희현당(希賢堂)에서 보한재(保閑齋)로 바꾸고, 여러 차례 사직(辭職)의 소(疏)

---

48) 『成宗實錄』卷56, 6年 6月條
　　天資高邁 寬厚豁達 博洽經史 議論常持大體 不爲苛細 處大事斷大義 如江河之決 朝野倚以爲重

를 올렸으나, 공의 탁월한 경륜을 필요로 하는 굵직한 사안이 연이어 발생하여 국왕의 윤허를 얻지 못하고, 59세까지 국사(國事)에 골몰하다가 생을 마치게 되었다.

  공의 시 가운데 약 80%가 요우(僚友)나 지인(知人)과의 증답시(贈答詩)이다. 이는 공무를 처리하는 여가에 교유(交遊)와 격려(激勵)를 위하여 지은 것들로서, 공이 소망했던 대로 몇 년간이라도 벼슬자리에서 벗어나 한(閑)을 누릴 수 있게 되었다면 문학성이 뛰어난 작품을 더욱 많이 창작할 수 있었으리라고 본다.

  또한 공이 창작한 9편의 부(賦)는 당대(當代)에도 유림(儒林) 사이에 회자(膾炙)되었던 명작들로서, 특히「적벽부」에 비견할만한「일본국서방사우진기병부(日本國栖芳寺遇眞記幷賦)」와「용비어천가」와 짝을 이루는「팔준도부병서(八駿圖賦幷序)」등은 많은 연구가 필요하리라고 보는데, 지금까지 이에 관한 연구가 전혀 없으므로, 앞으로 심도(深度)있는 천착(穿鑿)이 이루어져야 하리라고 보며, 본고(本攷)에서 고구(考究)하지 못한『보한재집(保閑齋集)』제14~17권에 수록된 각종 산문(散文)들도 문학성이 탁월한 작품이 많으므로 앞으로 이에 관한 연구도 이루어져야 할 것이다.

參考文獻

資 料

金富軾,『三國史記』
金宗瑞(外),『高麗史』, (延大 東方學研究所, 1981)
＿＿＿＿＿＿,『高麗史節要』, (民族文化推進會譯)
＿＿＿＿＿＿,『高麗史節要』
金昌協,『農巖集』
南龍翼,『壺谷詩話』
徐居正,『東文選』(民族文化推進會譯)
＿＿＿＿,『東文選』
＿＿＿＿,『東人詩話』
成俔,『慵齋叢話』
『荀子』,『老子』,『莊子』,『列子』,『楞嚴經』.
『詩經』,『周易』,『禮記』,『論語』,『孟子』,
李奎報,『東國李相國集』,(『高麗名賢集』Ⅰ, 成大 大東文化研究院, 1980)
＿＿＿,『白雲小說』,(『高麗名賢集』Ⅰ. 成大 大東文化研究院, 1980)
＿＿＿,『國譯 東國李相國集』, 民族文化推進會, 1979.
＿＿＿,『東國李相國集』
李德懋,『淸脾錄』
李睟光,『芝峯類說』
李承休,『帝王韻記』

李仁老,『破閑集』,(『高麗名賢集』Ⅰ, 成大 大東文化研究院, 1980)
_____,『破閑集』
李齊賢,『櫟翁稗說』
_____,『益齋亂稿』
林　椿,『西河集』
鄭麟趾(外),『高麗史』
曹　丕,「典論論文」,(蕭統,『文選』, 中華書局, 臺灣)
陳　澕,『梅湖遺稿』
崔　滋,『補閑集』,(『高麗名賢集』Ⅰ, 成大 大東文化研究院, 1980)
_____,『補閑集』
崔　滋,『拙藁千百』
許　筠,『惺叟詩話』
洪萬宗,『詩話叢林』

論 文

權斗煥,「李奎報의 隨筆文學」, 현상과 인식 4권 2·3호, 1980.
金慶洙,「李奎報 硏究」, 단국대 대학원, 1980.
_____,「李奎報의 詩에 대한 小考」, 국어교육 38호, 1981.
金東旭,「變革期의 文學人」- 李奎報, 比較文學 3·4집, 1979.
金時鄴,「武臣執權期의 文學的 轉換」,『韓國文學研究入門』3집, 지식산업사, 1982.
_____,「李奎報의 新意論과 詩의 特質」,『漢文學研究』3·4집, 한국한문학연구회, 1979.
_____,「李奎報의 現實認識과 農民詩」,『大東文化研究』12집, 성균관대, 1978.
金良洙,「富平에 남긴 李奎報의 글」,『畿甸文化研究』3집, 인천교대, 1973.
金暎春,「李奎報研究」, 漢文學研究 1집, 계명대, 1982.
金毅圭,「高麗武人政權期 文士의 政治活動」, 韓佑劤博士停年紀念史學論叢, 1981.

金正德,「李奎報의 漢詩研究」, 단국대 대학원, 1985.
金宗吉,「中國詩理論에 있어서의 格의 槪念」,『亞細亞研究』14권 1호.(통권 41호) 고려대 아세아문제연구소, 1971.
金周漢,「其詩不甚高小考」, 韓國詩歌研究, 白江徐首生博士還甲紀念叢刊行委員會, 1981.
金重烈,「高麗詩話의 文體」, 황희영박사기념회갑논총, 1982.
金鎭英,「武人政權期의 文壇・知性面에서 본 李奎報」,『국어교육』31호, 1977.
_____,「白雲居士李奎報의 文學世界」, 金亭奎博士頌壽紀念論叢, 1971.
_____,「白雲小說研究」, 국어교육 26호, 1975.
_____,「李奎報研究」, 國文學研究 15집, 1972.
_____,「李奎報의 文學에 대하여」,『서울여대논문집』8호, 1979.
_____,「林椿의 現實 認識과 文學」,『韓國古典散文研究』, 동화문화사, 1981.
金哲埈,「高麗中期의 文化意識과 史學의 性格」(李佑成(外),『韓國의 歷史認識』上.)
金學主,「中國에 견주어 본 李奎報의 氣論」,『震檀學會』48호, 1979.
金鉉龍,「李奎報文學의 諷刺性 考察」,『國文研究』30호, 1981.
金興圭,「李奎報의 意氣論」, 제3회동양학국제학술회의, 성균관대 대동문화연구원, 1985.
김 현,「中世知性과 權力」,『文學과 知性』創刊號, 1972.
閔丙秀,「古典詩論의 韓國的 展開에 대하여」,『진단학보』, 48호.
閔丙河,「高麗武臣執權時代에 대한 一考」,『歷史研究』6집, 1959.
朴斗抱,「民族英雄東明王篇說話考」, 효성여대『국문학연구』1집, 1976.
朴性奎,「補閑集考」,『語文論集』19・20호, 고려대, 1979.
朴菖熙,「東國李相國集作品年譜考」,『이화사학연구』5집.
朴菖熙,「李奎報의 東明王篇詩」,『歷史敎育』11・12호, 1969.
朴天圭,「三隱과 麗末漢文學」,『東洋學』89호, 단국대, 1979.
朴哲石,「韓國詩에 미친 老莊思想」,『월간문학』70년 7월호.
徐首生,「白雲小說研究」,『경북대 논문집』8집, 1964.
成樂熏,「韓國儒敎思想史」,『한국문화사대계』VI, 고려대 민족문화연구소, 1972.

宋龍恩,「李奎報研究」,『국어국문학연구』6집, 원광대, 1980.
申東旭,「高麗時代批評論考」, 杏丁李常憲先生回甲紀念論集, 1962.
申用浩,「13世紀高麗文人의 文學觀小考」,『공주사대 논문집』20집, 1982.
_____,「李奎報의 東明王篇研究」,『어문논집』21집, 고려대, 1980.
_____,「李奎報의 自我意識과 文學」,『한문학논집』2집, 단국대, 1984.
_____,「李奎報의 現實認識과 文學」,『공주사대 논문집』22집, 1984.
沈浩澤,「漢文學에서의 氣의 槪念」,『한국학논집』8집, 1981.
梁在淵『東明王解說』,「現代文學」, 1955. 10月號.
呂運弼,「李奎報研究」, 서울대 대학원, 1982.
柳在泳,「用事雜考」, 藏嚴池憲英先生古稀紀念論叢, 1980.
尹龍爀,「崔氏武人政權의 對蒙抗戰姿勢」,『史叢』21・22합집, 1977.
李能雨,「李奎報의 詩論」,『心象』2권 1호, 1974.
_____,「崔滋의 詩論」,『心象』2권 2호, 1974.
李東歡,「高麗竹林高會研究」, 고려대 대학원, 1968.
_____,「林椿論」,『어문논집』19・20호, 고려대, 1979.
李丙疇,「韓國文學上의 杜少陵」, 无涯梁柱東博士華誕紀念論文集.
李丙漢,「韓國古典詩論의 展開」,『서울대 문리대학보』, 통권25호, 1970.
李相翊,「麗朝散文學小考」,『국어교육』18~20합집, 1972.
_____,「崔滋의 文學理論」,『한문학연구』, 정음사, 1981.
李信馥,「李奎報의 文學思想」,『단국대 논문집』15집, 1981.
李庸昱,「李奎報研究・白雲小說을 中心으로」, 서울대 대학원, 1962.
李佑成,「高麗武人政權下의 文人知識層의 動向」,『영남대 문리대학보』8~10호, 1977.
_____,「高麗社會諸階層의 研究」, 성균관대 박사학위논문, 1974.
_____,「高麗詩人에 있어서의 文明意識의 形成」,『이화사학연구』3집, 1968.
_____,「高麗中期의 民族敍事詩」,『성균관대 논문집』7집, 1962.
李在秀,「朱蒙傳說(東明王篇) 考」,『한국소설연구』, 선명문화사, 1969.
李鍾文,「高麗前期의 文風과 金富軾의 文學」,『한문학연구』2집, 계명대, 1984.
李昌龍,「高麗詩人과 陶淵明」,『건국대 학술지』, 16집, 1973.

_____, 「高麗詩人과 杜甫」, 『省谷論叢』 7집, 성곡학술문화재단, 1976.
張德順, 「英雄敍事詩東明王篇」, 연세대 『인문과학』 5집, 1960.
_____, 「李奎報와 그의 隨筆」, 『수필문학』 41~42호, 1975.
張鴻在, 「李奎報의 文學批評研究」, 경희대 대학원, 1966.
全瑩大, 「李奎報의 漢詩」, 『京畿語文學』, 경기대, 1981.
丁奎福, 「白雲小說의 撰者에 對하여」, 『인문논집』 27집, 고려대, 1982.
鄭堯一, 「韓國古典文學理論으로서의 道德論 研究」, 서울대 박사학위논문, 1984.
鄭在洪, 「李奎報의 假傳體文學考」, 효성여대 『국문학논집』 8집, 1968.
趙載勳, 「詩經에 나타난 詩觀考」, 『금강문화』 14호, 공주사대, 1980.
陳祝三, 「李奎報研究」, 성균관대 박사학위논문, 1977.
車相轅, 「白雲詞考」, 『東亞文化』 11집, 1972.
_____, 「中國詩論」, 『心象』 창간호(1973)~1975, 4월호
車柱環, 「中國詩論」, (『心象』, 창간호~1973.11월호)
崔信浩, 「高麗詩話에 나타난 修辭에 대하여」, 『인문사회과학』 2집, 서울대 교양학부, 1970.
_____, 「文學理論에 나타난 氣에 대하여」, 『진단학보』 38호.
_____, 「韓國漢文學論의 發達過程」, 단국대 박사학위논문, 1977.
崔雲植, 「李奎報의 詩論」, 『한문학연구』 2집, 1977.
崔次鎬, 「李白이 李奎報의 詩에 끼친 영향」, 연세대 교육대학원, 1975.
河炫綱, 「高麗時代의 歷史繼承意識」, (이우성(외) 『한국의 역사인식』 상.)

著 書

金慶洙, 『李奎報詩文學研究』, 亞細亞文化社, 1986
金錫夏, 『韓國文學史』, 新雅社, 1975.
_____, 『韓國文學의 樂園思想研究』, 日新社, 1973.
金容沃, 『東洋學 어떻게 할 것인가』, 民音社, 1984.
金鎭英, 『李奎報文學研究』, 集文堂, 1984.
金春東, 『韓國漢文學史』, 油印本,

金春洙,『詩論』, 文章社, 1982.
金台俊,『朝鮮小說史』, 學藝社, 1932.
_____,『朝鮮漢文學史』, 朝鮮語文學會, 1931.
金學主(外),『中國文學史』, 汎學圖書, 1975.
金學主,『中國文學槪說』, 新雅社, 1977.
金興圭,『朝鮮後期詩經論과 詩意識』, 고려대 民族文化硏究所, 1982.
文璇奎,『韓國漢文學』, 二友出版社, 1982.
_____,『韓國漢文學』, 二友出版社, 1980.
朴性奎,『李奎報硏究』, 啓明大出版部, 1982.
朴晟義,『韓國文學背景硏究』, 二友出版社, 1978.
徐首生,『高麗朝漢文學硏究』, 大邱, 螢雪出版社, 1971.
申用浩,『李奎報의 意識世界와 文學論硏究』, 國學資料院, 1990
沈浩澤,『高麗中期文學論硏究』, 啓明大 韓國學硏究院, 1991
柳在泳,『白雲小說硏究』, 圓光大出版局, 1978.
_____,『白雲小說硏究』, 圓光大出版局, 1979.
_____,『역주 補閑集』, 圓光大出版局, 1981.
李家源,『韓國漢文學史』, 民衆書林, 1962.
李能和,『韓國道敎史』, 東國大, 1969.
李東喆,『李奎報詩의 主題硏究』, 國學資料院, 1990
李秉岐, 白鐵『國文學全史』, 新丘文化社, 1976.
李丙疇,『韓國文學上의 杜詩硏究』,
李炳漢,『漢詩批評의 體例硏究』, 通文館, 1974.
李符永,『分析心理學』, 一潮閣.
二友出版社, 1979.
李耘虛,『佛敎의 哲理와 修行의 完成』, 東國譯經院, 1983.
李在秀,『韓國小說硏究』, 宣明文化社, 1969.
李智冠,『韓國佛敎所依經典硏究』, 寶蓮閣, 1973.
印權煥,『高麗時代佛敎詩의 硏究』, 高麗大 民族文化硏究所, 1983.
張德順,『國文學通論』, 新丘文化社, 1960.
_____,『國文學通論』, 新舊文化社, 1960.
全鎣大(外),『韓國古典詩學史』, 弘盛社, 1981.

全鎣大, 『麗朝詩學研究』, 서울大 大學院, 1974.
趙東一, 『文學研究方法論』, 知識產業社, 1980.
_____, 『韓國文學思想史試論』, 知識產業社, 1978.
_____, 『韓國文學通史』 1, 知識產業社, 1982.
曺斗鉉, 『漢詩의 理解』, 一志社, 1976.
趙鍾業, 『高麗詩論研究』, 大田, 1963.
_____, 『中韓日詩話比較研究』, 台北, 學海出版社, 1984.
_____, 『韓國古代詩論史』, 太學社, 1984.
震檀學會, 『韓國史・中世篇』, 乙酉文化社, 1961.
車相轅, 『中國古典文學評論史』, 汎學圖書, 1975.
_____, 『中國文學史』, 東國文化社, 1958.
『韓國文化史大系』 V, 高麗大 民族文化研究所, 1967.
『韓國史』 4~8권, 國史編纂委員會, 1981.

外 書

郭紹虞, 『中國文學批評史』, 台灣, 泰盛書局, 1977.
邱燮右, 『白居易』, 台灣, 國家出版社, 1982.
羅聯添, 『隋唐代文學批評資料彙編』, 台灣, 成文出版社, 1978.
徐復觀, 『中國文學評論集』, 台灣, 學生書局, 1982.
王 力, 『漢語詩律學』, 北京, 1958.
林明德, 『金代文學批評資料彙編』, 台灣, 成文出版社, 1976.
張 健, 『南宋代文學批評資料彙編』, 台灣, 成文出版社, 1978.
朱永智, 『元代文學批評之研究』, 台灣, 聯經出版事業公司, 1982.
曾永義, 『元代文學批評資料彙編』, 台灣, 成文出版社, 1981.
陳鼓應, 『莊子哲學』, 台灣, 常務印書館.
馮友蘭, 『中國哲學史』 上, 複寫本.
黃啓方, 『北宋代文學批評資料彙編』, 台灣, 成文出版社, 1981.

漢文學과 漢文敎育(上)

2004년 2월 10일 인쇄
2004년 2월 20일 발행

저　자·신용호
발　행·김흥국
발행처·도서출판 **보고사**
등　록·1990년 12월(제6-0429)
주　소·서울시 성북구 보문동 7가 11번지
전　화·922-5120~1(편집), 922-2246(영업)
팩　스·922-6990
메　일·kanapub3@chollian.net
www.bogosabooks.co.kr
ISBN 89-8433-219-4 (93810)
ⓒ 신용호, 2004

정가 28,000원